PHILIPP KOHLHÖFER

Pandemien

Wie Viren die Welt verändern

S. FISCHER

Aus Verantwortung für die Umwelt hat sich der S. Fischer Verlag zu einer nachhaltigen Buchproduktion verpflichtet. Der bewusste Umgang mit unseren Ressourcen, der Schutz unseres Klimas und der Natur gehören zu unseren obersten Unternehmenszielen. Gemeinsam mit unseren Partnern und Lieferanten setzen wir uns für eine klimaneutrale Buchproduktion ein, die den Erwerb von Klimazertifikaten zur Kompensation des CO_2-Ausstoßes einschließt.
Weitere Informationen finden Sie unter: www.klimaneutralerverlag.de

Erschienen bei S. FISCHER

© 2021 S. Fischer Verlag GmbH, Hedderichstr. 114,
D-60596 Frankfurt am Main

Satz: Dörlemann Satz, Lemförde
Druck und Bindung: CPI books GmbH, Leck
Printed in Germany
ISBN 978-3-10-397089-0

INHALT

Vorwort von Christian Drosten   9

Intro   13

1   **SARS-CoC-2. PCR. Schweinegrippe. Kreuzimmunität. Spanische Grippe.**
Ein alter Bekannter   23
Es wird kleinteilig   57
Der Flügelschlag eines Schmetterlings   91

2   **Ebola. SARS. R-Wert.**
Das Tor zur Geschichte   129
Potenziell unangemessenes Verhalten   167
Coronaviren? Coronaviren!   207

3   **Masern. Impfen. Herdenimmunität. Cholera. Nipah.**
Parameter ändern sich   227
Laufen lassen   257
Ein historischer Fußabdruck   287

4   **HIV. Pocken. Verschwörungen.**
Alles Zufälle   321
Irgendwas kommt immer durch   353
Verschiedene Wahrheiten   385

5   **Hanta. Hendra. Neue Viren. Die Zukunft.**
Zwischen den Welten   429
Muster   467

Dank   489
Quellen   490

Die Lage ist unübersichtlich, während es wahllos tötet. Einen, und dann noch einen, und dann immer weiter, bis fast keiner mehr übrig ist.

Es beginnt überraschend, und zuerst ist es nur eine Störung im Alltag, nichts Besonderes, kann man kurz erledigen, ist weit weg. Niemand rechnet mit etwas Größerem, und vielleicht ist das nicht besonders schlau, schließlich ist das Gebiet groß und gewaltig und abgelegen, und passieren kann ohnehin immer alles. Außergewöhnlich ist das nicht, im Gegenteil: Es ist vorher passiert, und es wird wieder passieren. Irgendjemand hat sich irgendwann Gedanken darüber gemacht, und so gibt es Quarantänevorschriften und einen Plan, was zu tun ist, wenn dieser Fall eintritt, aber der beste Plan nutzt nichts, wenn ihn niemand beachtet. Und so verändert sich der Parasit im Laufe der Zeit. Er mutiert und wird dabei gefährlicher.

Es hätte bekannt sein können. Es kommt unvorbereitet.

»Ich bewundere die konzeptionelle Reinheit«, sagt Ash, der Androide. Sein Kopf liegt abgetrennt neben seinem Körper, bedeckt mit weißem Schleim. »Geschaffen, um zu überleben. Kein Gewissen beeinflusst es. Es kennt keine Schuld oder Wahnvorstellungen ethischer Art.« Er grinst dabei, er fühlt nichts, er sagt: »Ihr könnt es nicht besiegen.«

Und dann steht Ripley auf, und sie wird das Alien töten. Für dieses Mal.

VORWORT

von Christian Drosten

Popliteratur über Pandemie-Themen? Man mag sich wundern, warum ich als Wissenschaftler, der zuvor stets um differenzierte Nüchternheit bemüht war, nun ein Vorwort zu einem Buch beitrage, das eine so ganz andere Sprache benutzt, als man es beispielsweise aus Werken der Populärwissenschaft kennt.

Die einfache Antwort lautet: Ich kenne den Autor seit langem. Philipp Kohlhöfer und ich wohnten jahrelang in der gleichen Nachbarschaft in Hamburg und wurden Kiezfreunde. Gleichzeitig war Philipp immer schon von Wissenschaftsthemen fasziniert und schrieb darüber auf seine ganz eigene Weise – in der direkten Sprache des norddeutschen Hipsters, aus der beobachtenden Distanz eines Gebildeten, aber eben nicht Ausgebildeten. Zu SARS-Zeiten interviewte er mich dann einmal für den »Stern«. Lang ist es her. Ich ging meinen Weg weiter nach Bonn und Berlin. Die Kontakte wurden zwar seltener, rissen aber auch nie vollkommen ab. Bei Fragen rund um wissenschaftliche Themen rief er immer mal an. Über die Zeit entwickelten wir ein gutes Gefühl für die Sicht- und Sprechweise des anderen.

Sein nun vorliegendes Projekt berührt das wahrscheinlich größte Wissenschaftsthema dieses Jahrzehnts. Das Buch handelt nicht nur allein von der Covid-19-Pandemie, sondern auch von deren biologischen Hintergründen und jenen Personen, die als Wissenschaftler aktuell an einigen der relevantesten Themen für die Menschheit arbeiten. Wie auch mit den anderen Kolleginnen und Kollegen, die in diesem Buch vorkommen, hat Philipp daher auch mit mir längere Gespräche geführt und diese dann in seine Erzählung eingearbeitet. Immer in seinem ganz eigenen Stil, aber stets wahrheitsgemäß, vollständig und wissenschaftlich.

Das Buch ist kein COVID-19-Buch. Es berührt zwar den Beginn der Pandemie in Deutschland, holt aber weiter aus und biegt in einer Phase ab, in der es in Deutschland dann kontrovers wurde und die Balance in der öffentlichen Diskussion zu wackeln anfing. Gut so, denn diese Kontroverse ist kein rein wissenschaftlicher Gegenstand mehr, und Philipps Vorsatz war stets, ausschließlich Wissenschaftsthemen zu beschreiben.

Muss der dabei oft etwas ungewohnte Ton sein? Ich denke, es gibt durchaus eine Berechtigung dafür. Vor allem sehe ich eine wichtige Lücke, die bisher noch von kaum einem deutschsprachigen Beitrag besetzt ist. Während ganze Schülerjahrgänge nun anscheinend Virologen werden wollen, ist der Zugang zu einer wissenschaftlichen Vorstellungswelt mühsam, wenn nicht sogar ganz verschlossen. Das gilt insbesondere für die Jüngeren und diejenigen, deren Alltagserfahrung sich vielleicht in ganz anderen Lebenswelten abspielt. Zugang zu vermeintlich sperrigen Themen erhält man mitunter über Personen. Genau darin liegt neben der wissenschaftlichen Beratung mein bescheidener Beitrag zu diesem Buch. Wissenschaft ist auch nichts kalt Technisches, sondern wird von Menschen betrieben. Eine Konzentration auf die menschlichen Aspekte führt zwar nicht in die Tiefe der Forschungsstrategie und vermittelt auch keine Einblicke in die Zelle. Aber sie spannt eine wichtige Verbindung vom Alltag in den wissenschaftlichen Elfenbeinturm.

Hoffentlich entsteht dabei der Eindruck, dass dieser Turm so hoch und unerreichbar nun auch wieder nicht ist. Und hoffentlich entsteht durch die vorliegende Lektüre Neugier und Mut, sich der Wissenschaft zu nähern. Das ist mir ein persönliches Anliegen, denn auch ich habe die wissenschaftliche Karriere nicht mit der Muttermilch eingesogen. Auch ein Zugang zur Universität ist noch längst nicht ausreichend für die Ausübung eines Berufs oder auch die Verwirklichung eines Traums. Das nötige Selbstbewusstsein und eine gewisse Vorstellungskraft, die auch mit Emotionen einhergehen, gehören dazu. Dieses Buch leistet einen Beitrag zur Ausprägung einer solchen Vorstellungswelt.

Eine andere Funktion von Popliteratur möchte ich noch ansprechen. Man hat in diesen Tagen das Gefühl, dass die Töne in den Medien zwar schärfer werden, die Sachthemen dahinter aber immer mehr verschwimmen. Die Komplexität der Sachfragen geht im Markt der Aufmerksamkeit mitunter verloren. Auch in der Wissenschaft kommt es zu einer verstärkten Personalisierung und scheinbarer Lagerbildung, wie man sie bislang nur aus der Politik kennt.

Dem steht das Erleben eines Wissenschaftlers vollkommen entgegen. Wissenschaftliche Untersuchungen haben nicht das Ziel, eine bestimmte Meinung zu untermauern oder eine andere zu diskreditieren. Wenn sich Erkenntnisse ändern, können Wissenschaftler ihre Aussagen anpassen, ohne dass Kollegen einem das nachtragen oder dies gar als Gesichtsverlust empfinden. Nur im Zerrspiegel der Medien entstehen diese Vorstellungen.

Für Wissenschaftler ist die Kommunikation mit Öffentlichkeit und Medien ohnehin alles andere als attraktiv. Schon rein aus Gründen der Zeitökonomie können sie es sich gar nicht leisten, die Öffentlichkeit dauernd am eigenen Erleben teilhaben zu lassen. Hinzu kommt: Sie haben aus der ständigen Präsenz in der Öffentlichkeit keinen Vorteil, da über wissenschaftliche Erkenntnisse eben nicht in der öffentlichen Debatte entschieden wird.

Das vorliegende Buch verschafft vielleicht gerade durch seinen Blick auf Akzente eine Vorstellung davon, wie sich das Leben als Wissenschaftler anfühlt und dass dies ganz anders ist, als es Ihnen vielleicht einige Medien glauben machen wollen. Begeisterung für Inhalte ist eine der ganz starken Triebfedern dafür, dass man gern Wissenschaftler ist und in dieser Rolle auch bleibt. Ich hoffe sehr, dass der vorliegende Text diese Akzente transportiert, ohne eine Erfassung des abstrakten Ganzen oder ein Vordringen in die Tiefe der Details voraussetzen zu müssen.

Christian Drosten
Berlin, im Mai 2021

INTRO

Wir kommen in Frankfurt an, und das Land macht zu.
 Wir sind in Paris in der Woche zuvor, Hamburg hat Schulferien, und ich habe meiner Tochter versprochen, zum Eiffelturm zu fahren. In Italien gibt es bereits einen Ausbruch, und ich bin unsicher, ob wir wirklich fahren sollten. Einerseits: Wenn man etwas verspricht, hält man sich gefälligst daran. Andererseits gibt es längst überall erste Fälle, in Frankreich auch, Desinfektionsmittel wird geklaut und Klopapier gebunkert. Alles fühlt sich nach Endzeit an. Ist es nicht besser, ein Versprechen zu brechen, wenn man weiß, dass das Kind dann in Sicherheit ist?
 Ich überlege, wäge ab, bin in der einen Minute dieser Meinung und in der anderen jener. Und dann mache ich das, was das ganze Land tut: Ich frage jemanden, der sich auskennt.
 Ich rufe Christian an.
 Und dann fahren wir.
 Als wir wiederkommen, ist der Plan: nochmal kurz Opa und Oma »Hallo« sagen, ein Wochenende bleiben und dann zurück in den Norden. Aber an dem Wochenende wird das ganze Land heruntergefahren. Und drei Tage später transportiert die Armee in Bergamo Särge ab. Eine der besten Freundinnen meiner Tochter wohnt im Ort, in Hamburg vermisst mich keiner, ich habe nichts vor: Wir bleiben.
 Und man merkt gar nichts.
 Es fühlt sich bedrückend an, weil Ungewissheit immer bedrückend ist, aber es ist alles wie immer. Was nicht heißt, dass außerhalb meiner Dorfblase nichts ist: Menschen beginnen zu sterben, Grenzen werden geschlossen, Veranstaltungen verboten. Aber Landleben hat Vorteile. Man merkt so wenig, dass ich mich irgendwann frage, ob das wohl immer so ist, und als ich im örtlichen Kirchenbuch nachsehe, das seit ein

paar Jahrhunderten geführt wird, steht dort am Ende des Ersten Weltkriegs: »Dann kam die Revolution, von der man in unserer Gemeinde übrigens nichts merkte, denn alles ging in Ruhe seiner Arbeit nach.«

Weil ich Zeit habe und außerdem relativ regelmäßig mit Christian telefoniere, lese ich mich ein, man will ja mitreden können. Und dann kommen ein paar Dinge zusammen: Irgendwann im April erzählt er mir von den Mails, die er mittlerweile bekommt, der Lack der Zivilisation ist dünn und blättert schnell ab, wenn die Witterung umschlägt. Das Nichtstun wird außerdem langsam langweilig, und ich treffe beim Spazierengehen einen Bekannten von früher, es gibt noch keine Idee davon, dass es kein Jahr später eine Impfung geben könnte, aber dennoch kommt das Gespräch darauf.

WALD. SONNIG. AUSSEN.

ER
»Ob Impfungen wirklich nützlich sind, weiß man ja auch nicht.«

ICH
»Na ja, du hast als Kind weder Polio noch Diphterie bekommen, bist später nicht an Tetanus gestorben und bei bester Gesundheit – und auch schon über 40.«

ER
»Aber was ist denn mit den Langzeitfolgen?«

ICH
»Jahrzehnte glücklich und gesund zu leben scheint mir eine akzeptable Langzeitfolge zu sein.«

ER
»Du nimmst mich nicht ernst, du Depp.«

ABGANG. MECKERND.

Und ich merke, dass Zynismus vielleicht nicht das Richtige ist. Vielleicht muss man einfach besser erklären, denke ich, also lese ich noch mehr. Es gibt noch keinen Plan für ein Buch.

Was ich auch tue: Ich vertreibe mir die Zeit mit Tinder. Mittlerweile habe ich seit Wochen nichts anderes gemacht als Paper gelesen, die Titel haben wie »Longitudinal surveillance of SAR-like coronaviruses in bats by quantitative real-time PCR«. Ich habe mich mit Büchern beschäftigt über Pockenausbrüche in Westafrika in den 1960ern. Und dann matcht es. Mittdreißigerin, engagiert sich gegen alles, was mit -ismus endet: Rassismus, Faschismus, Sexismus, und findet Angela Davies gut, die amerikanische Bürgerrechtlerin. Wir machen smallen Smalltalk, und recht flott kommt die Sprache auf die Pandemie.

»Findest du nicht die ganze Sache etwas merkwürdig?«

Ich verneine. Kommt mir nicht merkwürdig vor. Sollte es? Und was genau? Die Antwort kommt sofort: Da gibt es ja diesen Virologen in Berlin. Sie macht drei Punkte in ihre Textnachricht … und das sieht so aus, als hätte sie sich schon sehr beherrscht, weil sie auch ein Emoji mitschickt, das die Augen verdreht. Der sei sehr panikorientiert. »Ach«, sage ich. »Warum denn das?« Ich bin sehr gespannt. Ich tue zumindest so, denn leider kann ich mir denken, was kommt. Und es kommt auch genau das.

Die Schweinegrippe war doch gar nicht gefährlich, blabla, man darf seine Meinung nicht sagen, sonst gilt man gleich als Verschwörungstheoretiker, blabla, das sieht alles gesteuert aus, blabla. Vor allem: Das Virus wurde nicht ganzheitlich betrachtet. Das sagt sie wirklich: Man könne ein Virus nicht abstrakt behandeln, sondern müsse ja immer seine Wirkung auf den menschlichen Körper mit einbeziehen. Ach was.

Sie sagt, dass sie Gesundheitswesen studiert, auf Erfahrungen und Gefühle hört und sich deswegen auskennt, und bei dieser Begründung kann ich dann auch nichts sagen. Ich versuche es trotzdem kurz, werde aber sofort ausgebremst mit einem forschen »Hey, kein Ding, du kommst auch noch dahinter.« Mit Ausrufezeichen, damit ich das auch wirklich mal verstehe. Sie sagt, ich muss aufwachen, aber sie will mich auch nicht zum offenen Denken motivieren. Und dann sagt die Kämpferin gegen den Faschismus zum Abschied leider das, was, nun ja, sprechen wir es halt mal aus, viele Faschisten sagen, die von rechts und die von links: Die Mainstreammedien haben mich manipuliert. Das System ist schuld und muss weg.

Ich finde das nicht, woraufhin sie findet, dass ich dann eben weg muss, und dann löscht sie mich – was so übersichtlich schlimm ist.

Ich glaube an die Aufklärung. Ich glaube, dass Information gut ist und helfen kann. Ich weiß aber, dass »Glauben« wissenschaftlich betrachtet keine besonders tragfähige Kategorie ist. Denn würden das alle so sehen, gäbe es keinen Grund, Wissenschaft abzuwerten. Letztlich zeigt sich in den Angriffen auf Wissenschaftler, wie ernst man Wissenschaft nimmt. Sonst wären die Angriffe nicht nötig.

Und weil das alles zusammenkommt und Christian sich in seinem Podcast ums Erklären bemüht, sprechen wir in einem unserer nächsten Telefonate, Frühsommer 2020, darüber, ein Buch zusammen zu schreiben. Mal alles in einen größeren Bezug setzen. Aus einer Reihe von Gründen wird daraus nichts, vor allem dem: Seriosität ist zeitaufwendig, und Zeit ist das, was in den Pandemiejahren 2020 und 2021 einer von uns beiden nicht hat. Spoiler: Ich bin es nicht.

Und dann mache ich es alleine. Er würde es bestimmt anders machen. Was nicht besser ist oder schlechter, sondern einfach anders. Er ist Wissenschaftler, und zwar ein sehr guter, ich nicht.

Dieses Buch ist daher Pop-Wissenschaft und kein Paper. Es zeichnet sprachliche Bilder, um Wissenschaft zu erklären und zu vereinfachen. Wenn die versehentlich etwas schiefer sind als beabsichtigt: Ich war's. Eventuelle Verkürzungen: Von mir. Alle möglichen Songzitate und Filmanspielungen sind auf meinem Mist gewachsen, und wenn der Text manchmal eine Cowboyattitüde hat, die breitbeinig durch die Gegend latscht, big gun, AC/DC, der ganze Kram: Das ist Absicht.

Christian hat ein Vorwort geschrieben, in der Tat. Das macht es allerdings nicht zu seinem Buch, und er bürgt auch nicht dafür, er weiß das, ich weiß es, und eigentlich weiß das jeder, denn das ist normaler Standard. Aber die Zeiten sind politisiert, weswegen ich das ausdrücklich erwähne. Und noch was: Ja, ich bin voreingenommen. Ich bin pro Wissenschaft. Dazu noch mal im ganzen Satz: Christian Drosten ist ein sehr netter und sehr angenehmer Typ. Das war vor zwanzig Jahren schon so, und das hat sich nie geändert.

Weil Wissenschaft das oberste Gebot dieses Buchs ist, auch wenn sie sehr populär daherkommt, handelt dieses Buch nicht von Quatsch wie »Das Virus ist ja nie isoliert worden«. (Doch, ist es.) Objektiv bedeutet nicht, beide Seiten wiederzugeben, wenn eine Seite schon lange widerlegten Unsinn erzählt. Objektiv zu sein ist was anderes als neutral zu sein. Man muss nicht so tun, als könne man keine definitiven Aussagen treffen. Doch, kann man. Muss man sogar. Es gibt einen Grund, warum wir nicht ernsthaft darüber reden, ob die Erde flach ist, Rauchen gesund oder man Virusinfektionen mit Liebe besiegen kann. Das ist nämlich falsch. Und damit ist die Debatte darüber zu Ende. Deswegen geht es in diesem Buch auch nicht um die Falsch-Positiv-Rate von PCR-Tests (okay, ganz kurz doch), das ist ungefähr hunderttausendmal seriös erklärt, und es geht auch nicht darum, ob Christian Drosten Pandemien erfindet oder sich daran bereichert, aber nur fürs Protokoll: Nein, tut er nicht.

Er bekommt kein Geld für den PCR-Test, ist an keinem Labor beteiligt, verdient nirgends mit, macht seinen Podcast for free, und für das Vorwort habe ich ihm nichts bezahlt und der Verlag auch nicht.

Die PCR wird dennoch erklärt. Erklärt wird auch Superspreading und Impfen, Evolution von Viren und der Reproduktionsfaktor, Herdenimmunität und Mutationen. Zur Sprache kommt das alles, weil es kein SARS-CoV-2-spezifisches Phänomen ist. In diesem Buch geht es nicht um eine Pandemie, sondern um viele (potenzielle). Das ist schlicht bei anderen Pandemien auch alles wichtig. Bei denen, die waren, und bei denen, die noch kommen, denn das wird wieder passieren – wenn wir unsere Art zu leben nicht ändern und Natur weiter so betrachten wie einen Joghurt mit Himbeergeschmack oder ein paar neue Sneakers: als Konsumprodukt.

Vor dem Hintergrund von SARS-CoV-2 soll das Buch erklären, warum und wie Pandemien entstehen. Und wieso Zoonosen immer öfter auftauchen. Denn seit Menschen jeden erdenklichen Winkel der Erde erschließen, steigt die Gefahr, dass Viren von Tieren überspringen. Einerseits. Andererseits sind Viren schon immer da. Wir sind von ihnen umgeben. Als vor etwa 700 bis 800 Millionen Jahren tierisches Leben entsteht, haben sie schon mindestens drei Milliarden Jahre der Evolution hinter sich – zusammen mit den Bakterien. Sie sind überall, in der Atmosphäre, in heißen Quellen und alkalischen Seen, im ewigen Eis und tief im Meeresboden.

Unser Planet besteht aus schätzungsweise 10^{33} Viren. Eine völlig unvorstellbare Zahl. Ständig werden neue Arten entdeckt oder bekannte verändern sich. Ihr Generationszyklus ist so schnell, dass Viren Evolution zum Zusehen sind. Und weil wir uns nicht getrennt von ihnen entwickelt haben, führt ihre Erforschung nicht nur zu einem besseren Verständnis von Naturgeschichte, sondern zu einem besseren Verständnis unserer selbst – denn rund neun Prozent unserer Erbsubstanz stammt direkt von Viren ab.

Darunter sind Hunderte Genschnipsel, die irgendwann eingebaut wurden, ursprünglich eine andere Funktion hatten, aber jetzt friedlich mit uns koexistieren. Weil zudem jede Zelle Abschnitte des Erbgutes enthält, die keine erkennbare Funktion besitzen, und weil davon wiederum ein großer Teil von Viren stammt, gehen rund vierzig Prozent des menschlichen Erbguts auf Viren zurück. Was nichts anderes heißt als: Wir haben nur ganz knapp die Mehrheit in unserem eigenen Körper. Viren leben auf uns und in uns, und vermutlich kontrollieren sie das Mikrobiom in unserem Darm. Und wenn wir auf die Toilette gehen, werden wir nicht nur Lebensmittelreste von vor ein paar Tagen los, sondern auch bis zu einer Milliarde Viren und hundert Millionen Bakterien, in einem Gramm wohlgemerkt. Letztlich sind wir Holobionten, so nennt sich das, mehrteilige ökologische Einheiten, die in einer Symbiose mit ihren Bakterien und Viren zusammenleben. Auch wenn wir Viren meist nur bei Ausbrüchen einer Krankheit wahrnehmen: Ein »Wir« gegen »Die« gab es noch nie. Sie sind ein Teil von uns. Und wir streng genommen nur Gäste in ihrer Welt.

Obwohl es vor allem am Anfang so aussehen wird, ist dieses Buch keine Chronik des SARS-CoV-2 Ausbruchs, das ist schon gemacht worden, und alles noch mal zu wiederholen, ist nur mittelspannend.

Dieses Buch handelt vielmehr vom Fahrradfahren zum Kanzleramt, Modern Talking in Rumänien und von Darth Vader. Es geht um Ebola und Aerosole, die Avengers und Tony Stark, den Unterschied zwischen DNA und RNA, um die Masern, Mike Tyson und HIV, die Foo Fighters und die Schweinegrippe, und es geht irgendwie auch darum, was eine Schlupfwespe mit Alien zu tun hat und welche Rolle Viren dabei spielen. Es geht um Influenza und um SARS, und um den Unterschied zwischen Rechthaben und Rechthaberei geht es auch.

Weil aber Pandemien nicht nur ein medizinisches Problem sind, sondern Erreger immer auf eine Gesellschaft treffen, die sich darüber dann selber sehr erregt, wird es auch darum gehen. Vielleicht ist die Pandemie vorbei, wenn dieses Buch erscheint, das kann sein (ist aber unwahrscheinlich), aber zu spät ist es dann trotzdem nicht, weil es nie ein Buch werden sollte, das sich um Tagespolitik dreht, sondern um Muster, die immer wieder auftreten. Seuchen sind keine Naturkatastrophen wie ein Erdbeben. Sie fallen nicht vom Himmel, sondern folgen auf Entscheidungen – und das muss auch keiner erfinden. Zoonosen tauchen aus dem Nichts auf, weil sie in ihren tierischen Wirten überleben können. Mindestens vierzig Viren haben Pandemie-Potenzial, zumindest sind das diejenigen, von denen das bekannt ist. Wie viele unbekannte Viren es darüber hinaus gibt, die dazu imstande sind, die ganze Welt zu infizieren, weiß niemand.

Die Geschichte von Seuchen ist immer groß und immer gleichzeitig auch persönlich, denn selbst die größte Krankheitswelle fängt klein an: mit dem Übersprung des Erregers vom Tier auf einen Menschen. Und auch wenn sich fast alle dieser Infektionen totlaufen, denn das tun sie in der Regel, dann passiert das eben doch nicht immer. Ein einziger erfolgreicher Übersprung zur richtigen Zeit genügt. Irgendwer ist immer Patient 0.

Dieses Buch erzählt von der größten Waffe, die die Menschheit im Kampf gegen Seuchen hat: Es ist eine Geschichte über Wissenschaft.

Philipp Kohlhöfer, Hamburg
April 2020 – Mai 2021

1

**SARS-CoV-2.
PCR.
Schweinegrippe.
Kreuzimmunität.
Spanische Grippe.**

KAPITEL EINS

Ein alter Bekannter

Die Besteigung eines Berges ist anstrengend, aber mit einem guten Team geht alles. Nicht jeden Bekannten will man wiedersehen. Oasis haben recht, ein Russe war allerdings der Erste. Die Beschimpfung von Studenten reicht als Alleinstellungsmerkmal vermutlich nicht aus, selbermachen kann aber nicht schaden.

Der Sound einer Snare Drum ist genauso gut wie kurze Wege, weiter weg als Brandenburg wäre trotzdem besser. Dracula und Stalin haben sich nie getroffen. In der Antarktis gibt es keine Fledermäuse, aber einen Bezug zum Tollwutvirus. Wir sind ein Dorfteich. Alleine sein kann man auch unter lauter Menschen.

Und wenn Geschichte nur aus alten Steinen besteht, dann sollte man die Berufswahl überdenken.

Als Christian Drosten zum ersten Mal von einem neuen Virus hört, sind es noch 72 Tage bis zur ersten Morddrohung.

Er hat gerade Silvester hinter sich gebracht. Er hat schlecht geschlafen und zu kurz. Es ist der erste Januar, er steht auf seinem Balkon und freut sich über die frische Luft. Berlin liegt zu seinen Füßen und sieht erschöpft aus. Er hat das Handy in der Hand. Gerade hat ein Kollege eine Mail geschrieben, in der es um eine Häufung von schweren Lungenentzündungen geht, virale Pneumonie in Zentralchina, in Wuhan.

Hm, denkt Drosten, mal sehen. »Angeblich gibt es pos. CoV-Nachweise (SARS-CoV)«, steht in der Mail.

Da ist das Wort. SARS. Er hat daran gedacht bei »viraler Pneumonie«, geht ja nicht anders, Lungenentzündung, viral, an was soll er sonst denken, es ist seine Krankheit, irgendwie. Es ist außerdem: ein lange nicht mehr gesehener Bekannter, auf den man keine Lust hat und von dem man dachte, dass er die Stadt vor langer Zeit verlassen hat. Und dann plötzlich sieht man ihn wieder, aus der Entfernung, nur kurz, wie er über die Straße huscht, aber er könnte es sein. Man hat ihn nicht vermisst. Hoffentlich kommt er nicht vorbei. Das geht gerade rum, schreibt der Kollege, verfolgt er seit gestern, hast du davon was gehört? Hat er nicht.

Das letzte Jahr war anstrengend. Drosten hat mit dem Institut für Virologie an der Berliner Charité ein deutschlandweites Netzwerk für Krankheiten aufgebaut, die von Tieren auf Menschen überspringen. Es gab viel zu organisieren, viele Reisen, viele Kongresse, viele Forschungsprojekte. Er hat an MERS geforscht, einem Coronavirus, das vor allem auf der arabischen Halbinsel vorkommt, in Dromedaren, und von dort immer mal wieder auf Menschen übergeht, unmittelbar vor Weihnachten erst kommt er zurück aus Saudi-Arabien. Er hat sich in den letzten Monaten zudem mit Viren in Insekten beschäftigt und alle möglichen Projekte koordiniert, Diagnostik, Virusökologie. Das neue Jahr sollte eigentlich etwas ruhiger werden. Er war länger nicht im Urlaub, und eigentlich war das der Plan, weit weg fahren mit der Familie, längere Ferien, ein paar Wochen bleiben, und Seuchen und Ausbrüche, Viren und Verdachtsfälle einfach in Berlin lassen.

Andererseits: Es ist ja noch nichts passiert. Solche Meldungen gibt es ständig, eine neue Krankheit hier, ein Ausbruch dort. In der überwiegenden Mehrzahl der Fälle ist das nicht wichtig, ein Hoax, eine Falschmeldung. Jemand hat ein Krankheitsbild verwechselt, das Virus gibt es schon, ein Missverständnis, ist doch keine Infektion, ein lokales Phänomen, eine Anekdote, die sich nicht verifizieren lässt. Kommt vor. Die normalen Erklärungen überwiegen. In der Mail steht: »Vielleicht aber auch alles nur falscher Alarm.«

Passieren kann ein Ausbruch allerdings immer. Seuchen gibt es nun mal, Infektionskrankheiten kommen vor, neue Krankheiten ebenfalls. Und so selten ist das auch wieder nicht. Ein ernsthafter Grund, warum gerade jetzt im Moment nicht irgendwo eine Krankheit von einem Tier auf einen Menschen überspringen sollte, fällt ihm nicht ein. Ausbrüche bleiben meistens klein oder laufen sich tot. Zwei oder drei Menschen können eine neue Krankheit haben, ausgelöst von einem Virus, das noch keiner kennt und das das Potenzial hat, zu einer globalen Katastrophe zu werden, aber wenn diese zwei oder drei Kranken nicht auffallen, überregional, und niemand die Fälle miteinander verbindet, weil die Cluster fehlen, dann erkennt keiner ein Muster, und die Welt wird entweder nie davon erfahren oder sehr viel später. So gesehen ist es nicht gut, von einem Ausbruch zu hören, was auch immer es ist, der sich in achttausend Kilometern Entfernung ereignet hat.

Drosten geht in die Küche. Er macht sich einen Kaffee und schwankt zwischen *Wird schon nichts sein* und *Was, wenn es stimmt?* Hoffentlich ist es nichts, denkt er. Der Kaffee läuft durch. Die Maschine brummt, und er atmet tief ein, es ist wie Luftholen vorm Tauchen. Hoffentlich stimmt es nicht. Er geht zurück auf den Balkon. Er sieht zum Fernsehturm, dann aufs Handy.

Er beginnt zu suchen. Bei ProMed, dem *Program for Monitoring Emerging Diseases*, Claim: »We report human, animal & plant infectious diseases«. Ein Nachrichtendienst für Infektionskrankheiten, nichts für die Popkultur, der Kreis der Interessierten ist überschaubar. 22 000 Follower bei Twitter, 80 000 Abonnenten des Newsletters. Es geht dort um Affenpocken und das West-Nil-Virus, um die Verbreitung eines Virus namens Chikungunya in Asien und die St.-Louis-Enzephalitis in den USA, eine Entzündung des Gehirns, die in irgendeinem County in sonstwo glücklicherweise doch nicht aufgetreten ist. War nur ein Missverständnis. Es ist das Klein-Klein der Infektionskrankheiten. Liest man eher nicht zum Spaß, sieht aus wie ein alter ftp-Service aus der Urzeit des Internet. Ist aber trotzdem eine wichtige Informationsquelle. 2003 hat Drosten über ProMed mitgeteilt, dass er das SARS-Coronavirus entdeckt und auch schon einen Test dafür hat, mit einer kurzen Anleitung.

Er scrollt ein bisschen auf der Seite herum, und es dauert nicht lange, bis er die Lungenentzündungen findet. Mist, denkt er. Und dann: Mal nicht zu hoch hängen. ProMed ist zwar vom Fach, aber eben auch nur eine Redaktion, keine Wissenschaftsbehörde, nichts Offizielles. Manchmal tauchen dort News auf, die abgeschrieben sind aus sozialen Netzwerken, Neuigkeiten zwar, aber Gerüchte, weder überprüft noch bestätigt. Kann alles stimmen, muss aber nicht. Er bleibt skeptisch und ist noch nicht wirklich überzeugt. Und vielleicht ist in dem Moment der Wunsch Vater des Gedankens.

Drosten läuft ein paar Schritte auf dem Balkon, hin und her, vor und zurück. Er spielt mit dem Handy in seiner Hand. Er überlegt, den Kollegen anzurufen, der ihm die Nachrichten geschickt hat, lässt es aber bleiben, denn der war Silvester noch bis spät abends im Labor. Verdacht auf MERS, eine Patientin, deren Probe sofort untersucht werden musste. Die Virologie der Charité ist sogenanntes Konsiliarlabor für Coronaviren, besondere Aufgaben für den öffentlichen Gesundheitsschutz, Spezialdiagnostik, kann nicht jeder. Was dazu führt, dass ständig irgendwelche Viren aus ganz Deutschland auf den Labortischen der Berliner landen. Die irgendeiner bearbeiten muss, auch an Silvester, mitten in der Nacht.

Ob aus einem neuen Erreger eine Pandemie wird oder eine Epidemie oder am Ende nur eine Handvoll Menschen irgendwo in Asien betroffen sind, spielt erst mal keine Rolle für diejenigen, die sich damit beschäftigen. Selbst wenn ein Ausbruch weit weg scheint, ziehen sich die Forschungsarbeiten bei einem neuen Virus mindestens über Monate hin, manchmal über Jahre oder gar Jahrzehnte. Analysieren, sequenzieren, die Zusammenarbeit mit der WHO und anderen Behörden, die Quelle des Virus finden. Und das alles eine Stufe hektischer, wenn SARS wirklich wieder da ist. Oder es zumindest ein SARS-ähnliches Virus ist.

Seit knapp zwanzig Jahren beschäftigt sich Christian Drosten mit Coronaviren. Er ist einer der führenden Experten weltweit, knapp 400 Studien hat er bisher zum Thema veröffentlicht. Darunter diejenige, die ihn in der Forscherwelt auf einen Schlag bekannt machte: 2003 entdeckt er den SARS-Erreger, gerade mal 29 Jahre alt ist er da – zeitgleich mit Kollegen der amerikanischen Gesundheitsbehörde CDC und einem Labor an der Universität Hongkong. Ein Coronavirus, das ist damals für alle überraschend, er weiß noch, wie er sich wundert und den Test mehrmals wiederholt, schließlich lösen die zwei damals bekannten Coronaviren allenfalls Erkältungen aus. Aber dieses Virus ist anders. Es ist weniger ansteckend. Aber viel tödlicher.

Schwere Lungenentzündungen können allerdings durch alles Mögliche ausgelöst werden. Aus China gibt es offiziell nichts, nicht an diesem Tag und an den folgenden auch nicht. Nur: Lungenentzündungen. Vielleicht SARS. Ein Markt für lebende Tiere wird erwähnt. Und angeblich ist Zhengli Shi, Virologin des Wuhan Institute of Virology, des einzigen Hochsicherheitslabors in ganz China, überstürzt von einer Konferenz in Shanghai abgereist. Gerüchte aus sozialen Medien.

Drosten denkt, dass Ausbrüche in Zentralchina ungewöhnlich sind. Normalerweise passiert so was eher im Süden des Landes, bisher war das oft so. Es gibt große Märkte und eine mächtige Tradition für den Verkauf und Konsum lebender Tiere. Dort ist der Übersprung zwischen Menschen und Tieren wahrscheinlicher. Er klopft mit den Fingern auf den Holztisch, der vor ihm steht. Es beginnt zu nieseln.

Wuhan ist schlecht, denkt er, die Stadt liegt im Zentrum des Landes, sie verbindet alle großen Ballungszentren und ist verkehrstechnisch so gut angebunden, dass ein Virus sich leicht in ganz China verteilen könnte. Das Institut dort ist bekannt für gute Forschung, die Kollegen sind rührig und interessiert. Drosten kennt Zhengli Shi seit Jahren, von Konferenzen. Sie wollten sich im Herbst 2017 in Wuhan treffen, wieder eine Konferenz. Die Termine waren abgesprochen und der Flug gebucht, aber dann kam irgendwas dazwischen, und Drosten blieb zu Hause.

Der Regen wird etwas stärker. Es ist windig und viel zu warm für die Jahreszeit. Drosten geht wieder in die Küche. Noch einen Kaffee, noch einmal durchatmen. Das neue Jahr ruhig anfangen klappt wohl eher nicht. Er wird sich morgen mit den Kollegen besprechen, und sie werden beschließen, einen Test zu bauen. In einem gesicherten Gefrierlager im Institut liegen alle möglichen Viren, SARS auch. Und wenn das wirklich ein Virus sein sollte, das SARS ähnelt, dann kann das ja zumindest nicht schaden. Technisch ist das kein Problem für das Team, ein großes Risiko besteht nicht. Wenn sich herausstellt, dass die Gerüchte genau das bleiben, nicht haltbares globales Geschwätz in sozialen Medien, dann ist die Arbeit von ein paar Tagen eben umsonst. Aber mehr ist dann eben auch nicht passiert.

An eine Pandemie glaubt Drosten zu diesem Zeitpunkt nicht, warum auch. Aber er weiß, dass es, wenn es nur annähernd so groß wird, wie es SARS 2002 und 2003 war, ein Riesending wird. Er steht in der Küche, lehnt an der Anrichte, aus dem Fenster beobachtet er die Wolken, die in dem grauen Berliner Himmel hängen, und er sieht sich nach China fliegen. Laborbegehungen machen, mit Mitarbeitern sprechen, Offizielle treffen. Sachen tun, die bei einem kleinen lokalen Ausbruch, einer Epidemie, normal sind. Er ist lange genug dabei, die Euphorie der Anfangstage ist weg. Er weiß, dass neue Viren, die einen Ausbruch auslösen, der etwas größer wird, lokal, an etwas anderes denkt er nicht, ein spannendes wissenschaftliches Projekt sind. Für alle aber, die zufällig keine Virologen sind oder Epidemiologien oder Immunologen und Soziologen, nerviger Mist, der Alltag zerstört und Gewohnheiten zertrümmert und manchmal noch Schlimmeres. Dass man sich nicht beliebt macht. Das war bei SARS schon so, und das liegt in der Natur der Sache.

»Das ist wie eine Mount-Everest-Besteigung«, wird er später sagen, »Teamarbeit. Alle müssen allen helfen, sonst klappt das nicht.« Er wird morgen ins Institut fahren. Er wird hoffen, dass die Arbeit der kommenden Tage umsonst ist. Dass es ein Gerücht bleibt.

Es ist Mittwoch. Es ist Neujahr.
Draußen sieht es aus wie ein normaler Tag. Er ist es nicht.

===

In ersten Tageszeitungen taucht der Ausbruch in den nächsten Tagen auf, immer klein, am Rand, und wenn man nicht sucht und sich nicht auskennt, übersieht man das, aber es ist prominent genug, dass Drosten abfotografierte Meldungen und Mails von allen möglichen Kollegen bekommt. Sie fragen, ob er eine Ahnung hat, was da gerade in China passiert. Einer schreibt: »Weißt du irgendwas Genaues über Wulan?« Der Name der Stadt ist in diesem Moment noch nicht besonders geläufig. Ein anderer leitet eine Nachricht weiter, geschrieben eigentlich an eine Kollegin, die vor 17 Jahren an SARS arbeitete. Es ist nicht viel Text. Nur eine Frage. Sie lautet: »Ist dein Baby wieder da?«

===

Er kommt mit dem Fahrrad, wie er das meistens macht, schließlich ist der Campus groß. DDR-Architektur wechselt sich ab mit Gründerzeitstruktur und neuen Gebäuden. Auf Teilen des Geländes hat man das Gefühl, in einem Park zu sein, wenige Menschen, viele Bäume, anderswo gilt das Gegenteil.

Die Charité ist, laut dem amerikanischen Magazin *Newsweek*, das fünftbeste Krankenhaus der Welt und das mit Abstand beste in Europa. Und garantiert eins mit der interessantesten Geschichte. Über 300 Jahre alt, 1710 als Pesthaus gegründet, und als die Seuche ausbleibt und das Haus nun schon mal da ist, zur Ausbildung von Militärärzten genutzt, immer mit einer Mischung zwischen Aufklärung und Militarismus. Eine Konstante in der sonst wenig konstanten deutschen Geschichte: Vorzeigeeinrichtung Preußens, des Deutschen Reiches, der DDR und der Bundesrepublik. Mehr als die Hälfte der deutschen Nobelpreisträger in Physiologie und Medizin hat hier gearbeitet, Robert Koch, Emil Behring, Paul Ehrlich, alles sehr imposant. Der Ort ist einer der forschungsintensivsten Einrichtungen der Welt, neben der Zusammenarbeit mit den beiden Berliner Universitäten besteht auch eine mit der Johns-Hopkins-Universität in Baltimore, der Universität in Oxford und der London School of Hygiene and Tropical Medicine, die wiederum von dem Belgier Peter Piot geleitet wird, dem Mitentdecker von Ebola. Christian Drosten grüßt, als er durch den Haupteingang fährt, man kennt sich.

Das Institut für Virologie sitzt in einem Nebengebäude, unauffällig duckt es sich weg zwischen den anderen Gebäuden, grau in grau, und natürlich ist das keine Absicht, aber Virologie im Januar 2020 ist fast genauso: unbemerkt und solide. Interessiert sich keiner für. Warum auch? Außen sieht das Institut aus wie ein Stück DDR, aber gebaut wurde es in den 1920er Jahren, die Renovierung ist bereits bei den Nebengebäuden angekommen. Innen beherbergt es eines der modernsten Labore des Landes. Christian Drosten schließt sein Fahrrad an einem Treppengeländer an. Als ob er in eine Vorlesung muss.

Eine Wand mit Büchern steht in seinem Büro, großer Schreibtisch, Tisch für Besprechungen, rund, Zimmerpflanze. Alles protestantisch zurückgenommen, wie das so ist in Berlin. Vom Arbeiten ablenken kann wenig.

Drosten setzt sich. Einmal kurz die Mails checken, bevor das Team zusammentritt. Über hundert sind es seit gestern, ungefähr so wie immer und weit weniger als das, was noch kommen wird. An die tausend werden es dann pro Tag im Schnitt sein, Beschimpfungen, Presseanfragen, Fans, Hobbyvirologen und Ministerien, aber bisher sind es meistens Kollegen, Wissenschaftler von überall, Deutschland, Europa, Asien, Amerikaner sind dabei, und der Ausbruch in China wird in manchen Mails erwähnt, aber er dominiert noch nicht. Das meiste ist wissenschaftlicher Alltagskram, Veröffentlichungen, Kongresse, Besprechungen.

Das Institut für Virologie ist relativ groß, etwa achtzig Mitarbeiter sind es. Ohnehin findet jeden Tag ein Meeting statt mit den verschiedenen Arbeitsgruppenleitern. Später wird einmal in der Woche ein großes Labor-Meeting für die experimentellen Arbeiten zum Coronavirus dazu kommen – die wiederum in mehreren Gruppen laufen. Daran nehmen an manchen Tagen zwanzig Leute teil, manchmal aber auch nur fünf. Die Laborarbeiten sind streng getaktet, oft ist keine Zeit.

Auf dem Tisch stehen Kaffeetassen von irgendwelchen Ausrüstern von Labordiagnostik, wenn von Messen was übrig bleibt, manche auch aussortiert, das, was zu Hause keiner mehr will. Niemand ist richtig nervös, aber alle haben das Gefühl, dass das größer werden kann und nicht so schnell verschwindet. Schließlich ist das Raunen auf Social Media lauter geworden, obwohl die Indizienlage sich nicht verändert hat. SARS.

»Wissen wir was Neues?« Allgemeines Kopfschütteln. Bestätigt ist immer noch nichts, aber auffällig ist, dass kein einziges der Gerüchte Influenza erwähnt, dabei wäre das eigentlich naheliegend. Schließlich ist Saison, das Virus zirkuliert. Sie diskutieren ein bisschen, was meint ihr, ist das wahrscheinlich, ein Coronavirus? Aber letztlich ist das Kaffeesatzleserei. Und so wird es schnell konkret: Wenn jemand eine Probe anliefert, mit Verdacht auf dieses Virus, was können wir tun? Schließlich sind sie das Referenzlabor in Deutschland für Coronaviren. Diejenigen, die sich auskennen und eine Idee haben müssen. Wenn die Gerüchte stimmen und SARS zurück ist, dann sollten sie vorbereitet sein.

Und tatsächlich hat Victor Corman, spezialisiert unter anderem auf Virusdiagnostik und klinische Virologie, aber eben auch auf die Evolution zoonotischer Viren, der Kollege, der Drosten in der Mail auf den Ausbruch in Wuhan aufmerksam gemacht hat, sich noch an Neujahr an den Rechner gesetzt und überlegt: Wenn wirklich ein neues SARS-Virus kommt, wie könnte das aussehen? Er kennt die Sequenzen aus den bekannten und in den letzten Jahren im Tierreich gesammelten Viren, alle tun das hier, und wenn man die aneinanderlegt, dann kann man sehen, welche Abschnitte gleich sind, immer. Und sehr wahrscheinlich wäre das auch bei einem neuen SARS-Coronavirus der Fall, spekuliert er. Es ist eine Vorhersage und eine Wette, gegründet auf Wissen, und sie wird sich später als richtig erweisen. Corman beginnt in der Folge damit, verschiedene Primer zu bauen, die passen könnten. Und als die Sequenz von SARS-CoV-2 später von den chinesischen Kollegen bekanntgegeben wird, kann das Team in Berlin schnell vergleichen.

Ob das zu dem Zeitpunkt wirklich notwendig ist, steht in den Sternen. Vielleicht ist die ganze Arbeit umsonst, Primer bauen sich ja nicht von selber, vielleicht, denkt Drosten, starten wir eine Maschine, die ins Leere läuft.

»Sollen wir?« Nicken
»Irgendjemand Einwände?« Keiner.

Drosten beugt sich nach vorne. Er nimmt einen Zettel und schreibt darauf Viren, die der Test später auf keinen Fall nachweisen darf. Er macht das, damit es mal gemacht ist, mehr für sich als für die anderen, schließlich weiß jeder Bescheid, aber doppelt hält besser. Er zieht einen Kreis um die Zahlen.

OC43
NL63
229E
HKU1

Dazu MERS und SARS-CoV-1. Coronaviren allesamt, schließlich sind die eigentlich nichts Besonderes, 1937 erstmals entdeckt, in einem Schwein. Mitte der 1960er als eigenständige Familie beschrieben. Grundlage des Tests muss dennoch erst mal SARS sein, von 2003. Etwas anderes ist schließlich nicht da.

Dabei gilt: SARS1 kann nicht zurückkommen, exakt in dieser genetischen Ausprägung ist das nicht möglich. Viren verändern sich – auch in ihrem natürlichen Reservoir, dem Tier. Würde ein Virus mit dem exakt gleichen Genom auftauchen, wäre klar, dass es aus einem Labor käme. Die Gruppe geht von einem verwandten Virus aus, sehr nahe verwandt vielleicht. »SARS ist zurück« bedeutet für sie »evolutionsbiologisch betrachtet, könnte ein Virus derselben Spezies wieder aufgetaucht sein«. Drosten sagt später: »Da kann man dann zum Beispiel davon ausgehen, dass die Protein-Funktion aller Abschnitte dieses Virus dieselben sind.« Und einen Test schon mal so anlegen. Die Arbeitshypothese lautet: Ist es aus derselben Spezies, wird es sich ähnlich verhalten. Und so ähnlich aussehen.

»Morgen um die gleiche Zeit?«
Morgen um die gleiche Zeit.

===

Es ist Sommer 2020, in Deutschland wird gegen Corona demonstriert und für den Kaiser, gegen Bill Gates und für einen Friedensvertrag, gegen 5G und für die Liebe, und knapp 1500 Kilometer entfernt erstickt der Mann in Zimmer 27, Station 4, Erdgeschoss, 68 Jahre alt, soweit bekannt keine Vorerkrankungen, an dem zähen Schleim, der seine Lunge verklebt hat.

Thushira Weerawarna steht unter der Dusche eines provisorischen Desinfektionszentrums, aufgebaut im Hinterhof des Krankenhauses in Brașov, Kronstadt, Land der Siebenbürger Sachsen, Rumänien, und kann nicht mehr. Die Sonne knallt vom Himmel. Im Hintergrund sozialistischer Charme, der ja überhaupt nichts Charmantes hat, Plattenbauten, Schlaglöcher, Betonwüste. Vorne eine Baustelle und ein Kiosk, Zwiebeln und Zitronen im Angebot, die gegen Entzündungen helfen und, so sagen das manche hier, bei Lungenentzündungen ist das bestimmt auch so.

Weerawarna sieht den Patienten am Tag zuvor noch. Er schiebt den Schlauch des Lungenspiegelgeräts über den Mund in die Luftröhre und von da weiter in die Lunge. Die Kamera überträgt die Bilder direkt an den angeschlossenen Monitor, so, wie es sein soll. Die Lunge sieht aus wie ein Schneesturm. Wie eine Welle, die bricht, dann, wenn die kleinen weißen Schaumkronen übernehmen. So, wie es nicht sein soll. Die Station ist bis auf den letzten Platz belegt, und das Zimmer ist voll. Ärzte und Pfleger stehen um das Bett herum. Der Mann ist nicht ansprechbar, schon seit Tagen nicht. Er weiß nichts von seinem Zimmergenossen, der eine Gesichtsmaske trägt, die ihm ein Sauerstoffgemisch in die Lungen presst, und der sich irgendwo zwischen Wachzustand und Delirium befindet, und er bekommt die Pfleger nicht mit, die ihn immer wieder wenden und manchmal das Fenster öffnen, stoßlüften, um die Viruslast zu senken. Er sieht die blaue Folie nicht, mit der das Bett beklebt ist, leicht zu reinigen nach dem Tod, und er bemerkt auch nicht, dass ein Dutzend Augenpaare immer wieder zwischen Schlauch und Monitor wechseln, um zu lernen. »Vorsichtig jetzt«, sagt Weerawarna, und alle nicken. Manche im Raum haben das schon mal gesehen, andere noch nie, gemacht hat es noch keiner von ihnen.

Weerawarna zieht einen Schleimpfropfen mit der Sonde aus der Lunge. Er arbeitet konzentriert und erklärt jeden Schritt. Blut kommt nach oben, zäh und schmierig und dunkel wie altes Motoröl. Läuft es schlecht, verwandelt die Entzündung die Lunge in einen Topf voller Sekret, und man kann darin fischen wie in einem See. Manchmal, sagt

Weerawarna, bildet er sich ein, dass man am Geräusch erkennen kann, was gleich zum Vorschein kommt. Schleim schmatzt, Blut ploppt.

Die Zuschauer nicken anerkennend.

Die meisten tragen FFP2-Masken, mindestens 94 Prozent Schadstofffilterung aus der Luft, manche FFP3, 99 Prozent, verwendbar gegen radioaktive Partikel und das, was sich »luftgetragene biologische Arbeitsstoffe der Risikogruppe 2+3« nennt, Viren, Bakterien und Pilzsporen. Dazu zwei Paar Handschuhe, manchmal drei. Skibrille, Überschuhe, weißer Schutzanzug, Protective Clothing Category III, entwickelt gegen Risiken, die »zu schwerwiegenden Folgen wie Tod oder irreversiblen Gesundheitsschäden führen können«, Packungstext. Amerikanischer Hersteller, Made in Vietnam, Do not re-use. Alles miteinander verklebt.

Hm, machen sie, denn mit dem Hören haben sie Erfahrung in Brașov. Bisher gehen sie so vor, wie Ärzte seit Jahrhunderten vorgehen: klopfen mit den Fingern auf den Brustkorb und hoffen auf Resonanz. Klingt die Brust wie die Snare Drum eines Schlagzeugs, die kleine Trommel, gut, aber wird das Geräusch tonlos und dumpf, dann ist die Lunge befallen, dann breitet sich eine Entzündung aus, und dann wird, je nach Erfahrung des Arztes, beatmet. Ohne die Lunge einmal gesehen zu haben. Ohne genau zu wissen, mit welchem Druck man am besten arbeitet.

Und als einer der Ärzte von Weerawarna übernimmt, um zu üben, röchelt der Patient und zuckt auf dem Bett, und sein Kopf krampft Richtung Nacken. Er streckt den Hals und irgendeine Flüssigkeit würgt sich aus seinem Mund, dann als Explosion, wie bei der Eruption eines Vulkans. Sie verteilt sich als Nebel über die Umstehenden, auf Masken und Gesichter, und wabert durch das Zimmer.

Scheiße, sagt der Arzt.

Ja, sagt Weerawarna.

Jemand holt Alkohol, Desinfektion, der über Brillen und Gesichter verteilt wird, und dann öffnet ein anderer das Fenster.

Und so steht Thushira Weerawarna, Chefarzt Innere Medizin 3, Schwerpunkt Pneumologie, Siloah St. Trudpert Klinikum Pforzheim, interdisziplinäres Lungenzentrum, und nebenbei engagiert im Berufsverband der Pneumologen in Baden-Württemberg e.V., schwitzend und

mit sehr gemischten Gefühlen im Desinfektionsnebel der Dusche. Er hat die erste Lungenspiegelung überhaupt durchgeführt in der Geschichte von Brașov. Um Kollegen anzulernen, dafür ist er hier, damit weniger Menschen sterben.
Und der Patient ist tot.

===

Wir sind keine Zuschauer, wir sind Teil der Show. Wir sind umgeben von Viren und Bakterien, Parasiten, Pilzen und Prionen, und das ist vollkommen normal.

Sie fliegen uns buchstäblich ins Gesicht, als Ergebnis eines globalen atmosphärischen Virenstroms, der über dem Wettersystem, aber unterhalb der Höhe der üblichen Flugreisen zirkuliert und Viren über den Planeten verteilt. 800 Millionen von ihnen werden täglich aus der Erdatmosphäre auf jedem Quadratmeter der Planetenoberfläche abgelagert, das schätzt man zumindest. In unserem Zahnbelag finden sich mindestens 10 000 Arten von Mikroben. Auf unseren Zähnen wohnen Lebewesen, die so spezialisiert sind, dass sie nur hinten links, zweiter Zahn, Innenseite, klarkommen, und beim Schneidezahn vorn sterben würden (abgesehen davon ist der Platz auch schon von jemand anderem besetzt). Und auch wenn das klingt, als wäre das dicht besiedelt: ist es nicht. Auf der menschlichen Haut finden sich rund eine Billion Bakterien, da kann man sich waschen, wie man will – und die sind nicht mal überall gleich verteilt, manche Plätze sind beliebter als andere. Die Stirn zum Beispiel ist nicht besonders populär, zu fettig. Dort finden sich nur ein paar Millionen Bakterien pro Quadratzentimeter. In warmen und feuchten Regionen steht man sich dagegen auf den Füßen. Unter unseren Achseln leben mehr Bakterien, als es Menschen auf der Erde gibt – und ernähren sich dort unter anderem von den rund zehn Milliarden Hautschuppen, die wir täglich abgeben. Und auch das ist wenig im Vergleich zum Hauptgewinn, den das Leben ziehen kann: Mikrobe in unserem Darm. Schön warm dort, man hat meistens seine Ruhe, und die Nahrung regnet auf einen herab. Das Paradies auf Erden ist nämlich nicht irgendeine Südseeinsel, das ist ein Missverständnis, das Paradies trägt jeder mit sich herum.

Und weil das dort so nett ist, kuschelig, einfach angenehm, ist es dementsprechend dicht besiedelt: Mehr Leben als in unserem Dickdarm gibt es nirgends auf dem Planeten. Würde man alles wiegen, was in und auf uns wohnt, rund 100 Billionen Mikroben sind es, vor allem Viren und Bakterien, es würde etwa anderthalb Kilo auf die Waage bringen.

Letztlich, so schnöde das ist, sind wir auch nichts anderes als ein mittelhessischer Dorfteich: ein Ökosystem, das von Ökosystemen beeinflusst wird. Und dabei ist es mit Viren und Bakterien am Ende wie in jeder durchschnittlichen Nachbarschaft: Man kommt nicht mit allen gut klar.

Denn umgeben sind wir nicht nur von Viren und Bakterien, die uns wohlgesinnt sind oder egal (das sind die meisten), sondern auch von Infektionskrankheiten. Dabei ist selbst das völlig normal – nur sind es eben die Bedingungen nicht immer, sie können es gar nicht sein. Umstände ändern sich, Gelegenheiten ergeben sich, Notwendigkeiten entstehen. Evolution hat kein Ziel, sondern ist ein stetes Ausprobieren. Und Viren sind Evolution mit Vollgas. Sie tauschen munter Gene und mutieren etwa tausendmal schneller als Bakterien, die wiederum rund tausendmal schneller mutieren als wir. Sie können sich dadurch bestens an ihre Lebensräume anpassen – und sich neue erschließen.

Wir sind nicht wirklich was Besonderes, Säugetiere, unser Erbgut ist fast deckungsgleich mit dem von Schimpansen und Mäusen, und selbst mit dem Pferd sind wir zu 50 Prozent identisch und mit der Banane auch. Wir sind Teil der Natur, die uns umgibt. Und deswegen auch anfällig, wenn sich die Umstände ändern.

Wenn eine Infektionskrankheit von einem Tier auf einen Menschen überspringt, den sogenannten Spillover vollzieht, und sich in ihrem neuen Wirt, uns, etablieren kann, spricht man von einer Zoonose.

Vermutlich hat kaum ein Begriff in letzter Zeit eine solche Karriere gemacht. Dabei zeigt schon das Wort selber, wie unspektakulär der ganze Vorgang eigentlich ist: *zoon*, Lebewesen, *nosos*, Krankheit, die griechischen Worte stehen für das Gewöhnliche. Lebewesen werden krank, und das ist nicht nur erwartbar, sondern auch nicht besonders selten. Nahezu zwei Drittel aller bekannten humanpathogenen Erreger, also solche, die beim Menschen eine Krankheit auslösen können, sind

Zoonosen. Sie werden übertragen durch direkten Kontakt, manche über Lebensmittel (oder das, was wir für Lebensmittel halten), andere über sogenannte Vektoren, das sind Zecken und Mücken. Manche Zoonosen sind uralt, wie etwa die Tollwut, klassische Zoonose, gibt es seit mindestens 4300 Jahren, zumindest findet sich da die erste Aufzeichnung: Ein babylonischer Gesetzestext legt fest, dass der Besitzer eines tollwütigen Hundes der Familie eines Bissopfers 40 Schekel in Silber zahlen muss, was einerseits ganz schön teuer ist, anderseits ja den Tod kompensieren muss, denn der tritt immer ein, das hat sich in Jahrtausenden nicht geändert. (Der Wert von Leben allerdings schon. Unterschiede werden aber schon immer gemacht: Sklaven sind billiger, die kosten nur 15 Schekel.)

Aber selbst wenn eine Zoonose neu auftritt, SARS-CoV-2 etwa, dann gilt das zwar für die daraus resultierende Krankheit, für den Spillover als solchen oft aber nicht, der ist erwartbar, schließlich gibt es Muster. Im Oktober 2007 veröffentlicht eine Fachzeitschrift namens *Clinical Microbiology Reviews,* kein Heft, das man nebenbei leicht wegliest, auf Seite 660, Jahrgang 20, Ausgabe 4, eine Studie eines Teams des Labors für neu auftretende Infektionskrankheiten, Abteilung für Mikrobiologie, Forschungszentrum für Infektionen und Immunologie, Universität Hongkong. Das Paper ist 34 Seiten lang, ganz hinten, fast am Ende, steht ein Satz, der damals irgendwie untergeht, in der Öffentlichkeit zumindest. »The presence of a large reservoir of SARS-CoV-like viruses in horseshoe bats«, steht da, »together with the culture of eating exotic mammals in southern China, is a time bomb.« Das Vorhandensein eines großen Reservoirs von SARS-CoV-ähnlichen Viren bei Hufeisenfledermäusen, zusammen mit der Kultur des Verzehrs exotischer Säugetiere in Südchina, ist eine Zeitbombe.

===

Die Lunge gleicht einem Schwamm, vollgesogen mit Sekret, und letztlich stirbt der Mann in Brașov, weil seine Organe versagen, eins nach dem anderen. Durch den Sauerstoffmangel schalten sie ab. Das dauert ein wenig, Organ für Organ, Zelle für Zelle, wie in einem Maschinenraum, in dem ein Gerät nach dem anderen ausgeschaltet wird. Ob das schmerzt oder nicht, kann niemand sagen, aber es gibt keinen Grund anzunehmen, dass es das nicht tut.

»Audio off« steht auf dem Monitor, und so piept das Gerät nicht, und kein Alarm geht los, und am Ende fallen drei Linien ab, eine gelb, eine grün, eine blau, und der Tod ist so technisch und einsam und gleichzeitig unspektakulär, wie der Tod im Krankenhaus meistens ist.

Das Schicksal der Intensivmedizin, sagt Thushira Weerawarna, ist ein Hochgefühl, das sich mit schlechter Laune abwechselt. Manchmal, sagt er, fühlt man sich unglaublich alleine, obwohl man doch ständig Menschen um sich hat. Man sieht Krankheiten vor allen andern und steht im Sturm, auch wenn rundherum noch die Sonne scheint. Er spreizt die Arme vom Körper und dreht sich in einem Nebel aus Desinfektionsmittel. Seine Füße stehen in einer entsprechenden Lösung. Zwei Meter weiter eine Assistentin, ebenfalls im Schutzanzug. Sie muss beim Ausziehen helfen, denn das geht nicht alleine. Viele Infektionen im Krankenhaus entstehen, wenn der Anzug ausgezogen wird.

Die Assistentin nimmt ihm die Brille ab. Sie wird desinfiziert. Die Handschuhe werden entsorgt, die Masken ebenfalls. Normale Duschen schließen sich an. Rote Duschvorhänge, abgeplatzte weiße Kacheln. In der Ecke, ganz hinten, steht ein Eimer, mit Wischmop darin. Für alle Fälle, falls sich einer übergibt. Zwischen Krankenhauskitteln und Straßenklamotten hängen Kreuze und Marienbilder an der Wand, und das kennt Weerawarna von zu Hause. Das Klinikum, in dem er arbeitet, ist ein evangelisches, und egal ob rumänisch-orthodox oder protestantisch: Gottes Hilfe kann ja zumindest nicht schaden.

===

Wenn wir an eine Pandemie denken, dann denken wir an etwas, das blitzartig um die Welt zieht und millionenfach tötet. An Leichensäcke und an entvölkerte Reihenhäuser. An etwas wie die Spanische Grippe. An die Pest. An irgendwas, das die Atemwege betrifft und durch die Luft übertragbar ist. Aller Voraussicht nach wird solch eine Krankheit immer eine Zoonose sein – weil das Potenzial dort am größten ist. Und wir es trotz aller Bemühungen bisher nicht annähernd geschafft haben, auch nur eine einzige zoonotische Krankheit auszurotten oder wenigstens zu kontrollieren. Denn eine Zoonose hat einen Wirt, unabhängig vom Menschen. Zoonotische Erreger können sich verstecken. Sie haben ein sogenanntes Reservoir – ein Tier, das selber kaum oder überhaupt nicht krank wird. Die Krankheit kann plötzlich auftauchen, töten, und ebenso schnell wieder für Jahre in einem Tier verschwinden.

Der erste Nachweis einer Zoonose überhaupt ist 10 000 Jahre alt und findet sich in den Beckenknochen eines Mannes aus Zypern, der an Brucellose leidet, einer bakteriellen Infektion, die unter anderem durch nicht pasteurisierte Milch übertragen wird, in diesem Fall vermutlich durch Ziegenmilch. Die Brucellose kann Entzündungen und Fieber auslösen, was manchmal zu Deformierungen von Knochen und Wirbeln führen kann. Für die CDC ist der Erreger eine Biowaffe in der Kategorie B, das ist die zweitschlimmste, er war Teil des Waffenprogramms der amerikanischen Armee, und das Robert Koch-Institut schätzt ihn ein als »bioterroristisch relevant«.

Das Auftreten des Erregers fällt in etwa zusammen mit dem Beginn der Landwirtschaft. Was Sinn ergibt, denn Zoonosen können nur dort auftreten, wo Menschen und Tiere in engem Kontakt zusammenleben – und Populationen, egal ob von Menschen oder Kühen, groß genug sind, damit ein Erreger sich verbreiten kann.

===

Vielleicht haben gewöhnliche Erkältungs-Coronaviren ebenfalls als Pandemie begonnen. Im Jahr 2005 untersuchen belgische Wissenschaftler Mutationen im Coronavirus OC43 und verfolgen sie zurück bis ins späte 19. Jahrhundert. Damals tötet eine hochinfektiöse Atemwegserkrankung Kühe, und nur kurze Zeit später, 1889, beginnt eine Pandemie. Sie tötet rund eine Million Menschen, in erster Linie Kinder und Ältere, und geht als »Russische Grippe« in die Geschichte ein – aufgrund der Antikörper, die bei den Überlebenden ein halbes Jahrhundert später gefunden werden, wird sie mit der Grippe in Verbindung gebracht.

Möglicherweise ist der Erreger aber kein Influenzavirus, sondern OC43, das kurz vor 1889 von Rindern auf Menschen überspringt. Allerdings ist »möglicherweise« das entscheidende Wort. Die Belgier sind sich nicht sicher, es ist eine These, mehr nicht, weil die Ursache nie endgültig anhand von Gewebeproben nachgewiesen wird. »Wäre möglich« schreiben sie dann auch und »könnte sein«. Klären lassen wird sich das vermutlich nie, aber allein die Überlegung, dass es so sein könnte, zeigt unabhängig vom aktuellen Beispiel: Coronaviren haben das Potenzial zum Übersprung. Es ist in der Vergangenheit passiert. Und es gibt keinen Grund anzunehmen, dass das in Zukunft nicht wieder passieren könnte.

===

Zoonosen sind keine Einbahnstraße: Eine Zoonose ist es auch, wenn eine Krankheit von Menschen auf Tiere übergeht. Wir stecken unsere Hunde und Katzen mit Tuberkulose an und mit Grippe, Touristen bringen Darmparasiten in Nationalparks, Menschenaffen leiden an Krätze und sterben an Masern und Polio.

Nicht alle Zoonosen sind die Killer aus unseren Albträumen. Bandwürmer gehören auch dazu und Lamblien, *Giardia intestinalis*, ein einzelliger Parasit, von dem garantiert die wenigsten je gehört haben und den man sich über kontaminierte Lebensmittel einfangen kann – und der einen dann wochenlang mit Durchfall plagt, stirbt man nicht von, braucht man trotzdem nicht.

Aber alle Killer aus unseren Albträumen sind Zoonosen. Ebola. Grippe. HIV. MERS. Dengue. Gelbfieber. Borna. Affenpocken. West-Nil. Marburg. Hanta. Lassa. Die SARS-Familie. Tollwut. Tuberkulose. Rinderwahnsinn. Milzbrand. Die Pest. Bis auf die letzten vier sind das alles Viren.

Und alle zusammen der Starschnitt der Apokalypse.

Die Posterboys.

===

Am 6. Januar finden in Beverly Hills die Golden Globes statt, morgens um zwei mitteleuropäischer Zeit, der sehr fantastische Film *Once upon a time in Hollywood* gewinnt den Preis für das beste Drehbuch, und knapp sechs Stunden später will Christian Drosten jetzt endlich mal wissen, was los ist. Das Team kommt gut voran mit dem Test, und die Frage ist: SARS oder nicht? Nichts Genaues weiß man nicht, und außerhalb einer sehr kleinen Fachrichtung in der Wissenschaft interessiert sich kein Mensch für Chinesen mit Lungenentzündung.

Drosten setzt sich an seinen Rechner. Er öffnet das Mailprogramm, drückt auf »Neue Mail erstellen« und überlegt kurz. Und dann schreibt er Zhengli Shi. Die beiden schätzen sich. Zusammengearbeitet haben sie noch nie, hat sich nicht ergeben, aber er war mehrmals Gutachter ihrer Paper – was bedeutet, dass wissenschaftliche Einreichungen auf Bitten der großen Wissenschaftsmagazine *Nature* und *Science* von den besten Wissenschaftlern des Fachgebietes gegengelesen und geprüft werden: Kann das so sein? Macht das alles Sinn? Haben die Autoren etwas übersehen? Gutachter raten, kritisieren, machen Vorschläge. Und sind beim nächsten Mal dann selber Autoren, die Vorschläge bekommen, kritisiert werden und Ratschläge erhalten. Von denen, die sie begutachtet haben. Alle müssen da durch, weswegen Wissenschaft ein Prozess ist, Erkenntnisgewinn dauert, Paper sind keine Sache von Tagen.

Vor Jahren nannte das Magazin *Scientific American* Shi Bat Woman. Hauptsächlich in Südchina sucht sie in Fledermäusen nach neuen Coronaviren, neuen Mitgliedern der Familie. 2017 legte eine ihrer Studien nahe, dass eine Vorform von SARS1 vermutlich aus einer Hufeisennase stammt, einer Fledermausart, die fast weltweit vorkommt, aber in dem Fall in einer Höhle in Yunnan wohnte, Südchina.

Die Mail, die er schreibt, ist kurz. Ich hoffe, es geht dir gut. Was machen die Fledermäuse? Was genau ist bei euch los? Kannst du mir sagen, was gerade passiert? Die Antwort kommt innerhalb weniger Stunden. Verklausuliert und eindeutig, beides gleichzeitig.

Am Anfang, in der Frühphase, sei sie in die Untersuchung eingebunden gewesen, schreibt Zhengli Shi. Was nichts anderes heißt als: Jetzt ist sie es nicht mehr. Aber die Situation sei nicht genau wie die vor Jahren. Sie schreibt, dass es vielleicht bald wieder weg ist, und Drosten ist beruhigt. Wohl doch was Lokales, denkt er, keine Pandemie in Sicht. Er liest weiter. Was das Virus selbst betrifft: Bitte lies unsere Paper. Sie schickt ihm zwei Referenzen, er kennt sie schon. Das eine heißt »Longitudinal surveillance of SAR-like coronaviruses in bats by quantitative real-time PCR«. Das andere: »Serological Evidence of Bat SARS-Related Coronavirus Infection in Humans, China«. In den Veröffentlichungen beschreibt Zhengli Shi ihre Untersuchungen an Fledermäusen und Menschen. Es gibt in einer der Studien Hinweise darauf, dass Fledermausviren auf den Menschen übertragen wurden. Die Viren, um die es geht, sind SARS-Viren, ganz nah verwandt mit dem Virus von 2003. Es stimmt also doch. Sie erzählt es ihm, ohne es ihm zu erzählen. SARS ist nicht gut, aber er hofft, dass sie recht behält und es kontrollierbar bleibt. Jedenfalls, das weiß er jetzt, wird der Test nicht umsonst sein.

Später wird Zhengli Shi sehr persönlichen Angriffen in den chinesischen sozialen Netzwerken ausgesetzt sein. Obwohl sie unzählige Paper über SARS-Viren veröffentlicht und möglicherweise vor Jahren sogar einen sehr nahen Verwandten von SARS-CoV-2 entdeckt hat – RaTG13 heißt das Virus, die beiden haben sich vermutlich vor zwanzig bis siebzig Jahren voneinander getrennt –, wird sie sich von Menschen, die sich noch nie in ihrem Leben mit Viren beschäftigt haben, anhören müssen, dass sie keine Ahnung habe. Sie wird als Panikmacherin gelten. Menschen werden sich berufen fühlen, sie zu bedrohen und zu beleidigen. Sie wird »ihr Leben wetten«, dass das Virus nicht aus ihrem Labor kommt, aber an den Beschimpfungen und Klugscheißereien wird das gar nichts ändern. Das alles wird in China stattfinden, weit weg von deutscher Öffentlichkeit. Und Christian Drosten wird das alles sehr bekannt vorkommen.

Er steht auf. Er geht den Flur hinunter, in die Küche, und holt sich einen Kaffee. In der kurzen Zeit, in der er nicht im Büro ist, bekommt er Dutzende Mails. Er scrollt durch, er liest gegen.

Und sieht eine Nachricht von Maria van Kerkhove, amerikanische Epidemiologin. Sie arbeitet in Genf, für die WHO. An Coronaviren. Sie schlägt ein Treffen vor. Kleiner Kreis, die besten Labore der Welt, erst mal per Videokonferenz. Es wird ein Vorgriff sein auf die Meetingkultur der nächsten Monate.

»Klar«, tippt Drosten in seinen Rechner. »Wann soll das denn stattfinden?«

Die Antwort: Sofort.

===

Weerawarna steht im Innenhof des Krankenhauses. Hinter ihm Hügel, alles bewaldet. Schloss Bran, das von Dracula, ist gerade mal dreißig Kilometer entfernt. Und obwohl Vlad III., historisches Vorbild der Romanfigur, Mitte des 15. Jahrhunderts Herrscher der Walachei und angeblich großer Fan von Pfählungen, das Gebäude vermutlich nie betreten oder besessen hat, ist er allgegenwärtig in der Gegend, und das passt, denn auch die Fledermäuse sind das.

Fledertiere eigentlich. Gesellig, kommunikativ, sehr mobil, nie alleine, kein anderes Säugetier ist dem Menschen in dieser Hinsicht ähnlicher.

Keine tausend werden sie später alle sagen, die sich mit Fledertieren und Viren auskennen. Vielleicht sind es 500, eine Studie behauptet das, aber vielleicht sind es auch nur 300, vielleicht 800. Eine Abgrenzung ist schwierig, denn die Definition, was eine Spezies ist, ist schwer bei Viren. Ein paar hundert, darauf können sie sich am Ende alle einigen. Ein paar hundert Coronaviren in Fledermäusen, und sie werden das beruhigend meinen, im Sinne von »sind ja nicht so viele«.

Wir kennen sieben.

===

Die Höhle ist lang und tief, an manchen Stellen eng und an anderen breit, es gibt schräge Wände und hohe Hallen und nirgends in Deutschland so viele Fledermäuse an einem Ort wie hier.

Überall hängen sie, an der Wand und an den Decken, sie fliegen um die Köpfe der Besucher, und man kann gar nicht anders, als an Bruce Wayne zu denken, den nie wieder jemand so gut spielen wird wie Christian Bale. Ein Tier verirrt sich in das Schloss, in dem er wohnt, er folgt ihm, steigt in einen alten Schacht, der zu einer Höhle wird, die erst eng ist und dann in einer Halle endet. Im Hintergrund ist ein Wasserfall, und es ist kalt, Wayne sieht seinen Atem, und er fröstelt, und erst passiert gar nichts, aber als er einen Leuchtstab in die Höhe hält, kommen sie zu Tausenden. So viele, dass er auf die Knie geht, um Schutz zu suchen. Aber dann steht er langsam auf, die Augen geschlossen, die Tiere fliegen weiter um ihn herum, er atmet ruhig. Es ist der Dämon, dem er sich stellt, und es ist die Sekunde, in der er zu Batman wird.

Und erzählt man das Mirjam Knörnschild, lächelt sie ziemlich gequält, verdreht die Augen, weil sie das schon tausendmal gehört hat, und sagt: »Au Mann.«

Die Kalkberghöhle in Bad Segeberg, Kleinstadt in Schleswig-Holstein, auf halbem Weg zwischen Hamburg und der Ostsee, ist das größte Fledermausquartier Nordeuropas. Rund 30 000 Tiere überwintern hier, manchmal auch ein paar tausend mehr, sieben verschiedene Arten, von Oktober bis März anwesend. Im Sommer ist es nicht ganz so voll, aber auch okay besucht, dann kommen manchmal auch andere Arten vorbei, und dann kann man die Höhle auch besichtigen, den begehbaren Teil zumindest. Und man hört, wie es bei Winnetou läuft: Direkt hinter dem Holzzaun, der an den Eingang der Höhle grenzt, werden regelmäßig Siedler skalpiert und Indianer erschossen, und manchmal ertrinken Menschen im Silbersee. An der Freilichtbühne, keine zehn Meter entfernt, werden die größten Hits von Karl May gespielt.

Mirjam Knörnschild steht ein Stockwerk tiefer. Sie hat eine Wärmebildkamera dabei, macht Aufnahmen und beobachtet die Tiere. Dokumentation, Datensammeln – Wissenschaft geht nicht ohne. Knörnschild ist Verhaltensbiologin, Dr. rer. nat. Zoologie, Museum für Naturkunde, Leibniz-Institut für Evolutions- und Biodiversitätsforschung, Berlin. Vor allem interessiert sie sich für die Kommunikation von Fledermäusen, aber manchmal sammelt sie auch Viren, tut den Kollegen aus der Virologie einen Gefallen. Kann man ja mal machen, wenn man die Tiere sowieso fängt, um sie zu markieren. Sie trägt eine Stirnlampe und Mundschutz, aber das hat nichts mit Corona zu tun, sondern es gilt, den umgekehrten Weg zu vermeiden: Die Tiere sollen nicht angesteckt werden, mit was auch immer gerade in Menschen zirkuliert.

Coronaviren gibt es zwar auch in den Tieren in Bad Segeberg, aber das ist erst mal kein Problem und heißt auch nichts, denn Coronaviren gibt es viele, in Hunden, Katzen und in Meerschweinchen und in Fledermäusen aus dem Landkreis Segeberg eben auch, genauso wie in Schmetterlingen in Brandenburg und Bayern. Die Virenfamilie ist nicht nur nicht wirklich neu, sie ist auch nicht besonders klein.

Knörnschild sieht die Tiere durch die Wärmebildkamera zittern. Wackelnde kleine Bälle an der Wand, halb behaart und halb aus dünner nackter Haut. Das Zittern ist nichts anderes als Dehnübungen vor dem Sport, Aufwärmen, die Tiere bringen sich in Schwung und bereiten sich auf den Flug vor. Fledermäuse sind flexibel, sie können ihre Körpertemperatur von 2 auf 42 Grad bringen. Was im Falle eines Virenübersprungs aus einem Fledertier bedeutet: Viren, die in einem Fledertier überleben, sind so abgehärtet, da kann ein Mensch noch so viel Fieber haben, das Virus wird davon nicht sterben.

===

An der ersten Videokonferenz der WHO nehmen zwanzig Leute teil. Jeder von ihnen beschäftigt sich seit Jahren mit Coronaviren, es sind die besten Experten der Welt. Spezialisten aus Hongkong, Fachleute der amerikanischen CDC, Kollegen aus Rotterdam, Deutsche, Australier, Briten. Zhengli Shi fehlt, sie würde eigentlich hier hingehören. Drosten weiß nicht, warum sie nicht teilnimmt, niemand erwähnt sie. Auch ein Ersatz für sie ist nicht dabei. Überhaupt niemand aus Festlandchina. Komisch, er denkt an ihre Mail.

Es ist Mittagszeit, sehr praktisch für die Europäer in der Runde. Alle anderen sind schon oder noch im Labor. In Asien ist es abends, für die Amerikaner früh am Morgen. Mittlerweile ist klar, dass sich das neue Virus zumindest in China weiterverbreitet. Jetzt ist die Zeit der Labore. Alle sitzen global verstreut und arbeiten klinisch-virologisch, beschäftigen sich also mit Diagnostik, und das ist ein Hinweis darauf, dass die WHO davon ausgeht, dass eine Pandemie zumindest nicht unwahrscheinlich ist, denn Grundlagenforschung ist wichtig und richtig, und wie eine bestimmte Enzymfunktion aussieht, ist schön und gut, hilft aber nicht, um einen großen Ausbruch einzudämmen. Diagnostik schon.

Danke, schön, dass Sie alle da sind und sich die Zeit nehmen. Die Aussagen der WHO sind diplomatisch und zurückhaltend, der Situation geschuldet, schließlich hat auch sie zu diesem Zeitpunkt keinen vollständigen Überblick. Aus dem Briefing ergeben sich Fragen: Wie ist die Situation bei euch vor Ort? Habt ihr schon mehr Informationen? Wir brauchen dringend einen Test. Hat jemand was? Je kleiner die Runde, desto persönlicher. Man kennt sich.

Wir haben eine Idee, sagt Drosten. Kann gut sein, dass es nicht mehr lange dauert, bis wir was liefern können. Er erzählt, dass sie in Berlin etwas vorbereiten auf der Basis von SARS1, die Feinjustierung fehlt noch, aber alles sieht gut aus. Vielleicht können sie demnächst einen ersten Labortest liefern. Die anderen sind überrascht, das geht schnell. Sofort sind mehrere Teilnehmer bereit, an der Vor-Erprobung des Test-Prototypen teilzunehmen.

Drosten rutscht auf seinem Stuhl herum. Er freut sich über den Austausch und weiß doch, dass dieses erste Meeting auch eines der letzten sein wird, wo man vernünftig sprechen kann, auf Arbeitsebene. Im nächsten Schritt werden zusätzlich die nationalen Labore für jedes Land teilnehmen. In Deutschland ist das das Robert Koch-Institut, gute Bekannte. Aber das ist eben nicht überall so. Es wird Teilnehmer geben, die keine Laborkapazitäten haben und keine Erfahrung, oft sind das Vertreter aus afrikanischen und asiatischen Ländern, denen nicht nur Erfahrung fehlt, sondern auch Geld. Deswegen können sie bei Fachdiskussionen oft nur zuhören, viele Fragen haben sie dennoch, was den Prozess verlangsamt. Die Zahl der Teilnehmer wird schnell auf das Zehnfache anwachsen – schließlich ist die WHO eine UN-Organisation, die alle mitnehmen muss. Es werden dann Untergruppen von Untergruppen gebildet, um noch irgendwie voranzukommen, aber auch das wird so riesig sein, dass sich die Teilnehmer nicht mehr kennen und es eine gefühlte Ewigkeit dauert, bis sich alle vorgestellt haben. Und dann weiß immer noch keiner, wer da eigentlich alles genau sitzt und zuhört. Weil einfach niemand nachvollziehen kann, wer sich einwählt.

Denn je größer es wird, desto weniger digital wird es, einfach weil viele Länder des globalen Südens einen schlechten Netzausbau haben. Telefonkonferenzen werden der Standard, aber die Verbindung wird schlecht sein. Ständig ist jemand weg, und ein anderer kommt neu dazu. Es gibt Rückkopplungen, und die Leitung klackt. Man hört merkwürdige Autogeräusche und Polizeisirenen, und man fragt sich, wo die alle sind. Drosten weiß das, weil es immer so ist. Viele, die jetzt noch dabei sind, werden später nicht mehr mitmachen, weil sich die Teilnahme nicht mehr lohnt.

Und die WHO kann wenig dagegen tun, weil die Teilnahme der La-

bore freiwillig ist (es sei denn, es sind die nationalen Labore, für die ist das Pflicht). Der Deal ist: Jeder gibt Wissen in die Runde und bekommt dafür Informationen von den anderen Laboren, zu Proben und Untersuchungsszenarien, kurzer Dienstweg, von der WHO vermittelt.
Normalerweise klappt das.
Diesmal nicht. Aus China kommt nichts.

===

Es gibt schon vermehrt Anrufe in letzter Zeit, sagt Knörnschild, von besorgten Menschen, die Fledermäuse im Garten haben und sie jetzt loswerden wollen, weil sie Angst haben, sich mit SARS-CoV-2 anzustecken. Sie sagt: »Das ist eine sehr verkürzte Darstellung«, und dabei seufzt sie ein bisschen, im Sinne von: nicht schon wieder. Die Haltung gegenüber Fledermäusen, sagt sie, hat sich zum Negativen verändert, ganz klar. Es bricht ihr das Herz, sie kann sich nichts Besseres vorstellen, als mit Fledertieren zu arbeiten. Immer noch, die Faszination wird einfach nicht weniger, seit 1998 nicht. Sie hat gerade Abitur gemacht und ist mit dem Vorsatz, Geschichte zu studieren, nach Mittelamerika gegangen, die Kultur der Maya, so was will sie machen, das findet sie gut, aber dann steht sie da im Dschungel, und das mit den Maya ist immer noch ganz interessant, aber am Ende ist ein Mayatempel auch nur ein Haufen Steine, und so richtig löst das nichts aus in ihr.

Ein paar Tage später trifft sie in Costa Rica zufällig zwei Biologen aus Kanada, Western University of Ontario. Sie untersuchen Fledermäuse, Smalltalk, was macht ihr denn so? Ach, mit Fledermäusen, kann ich mal eine angucken? Ich habe die noch nie im Leben gesehen. Es ist interessierte Höflichkeit, und die Kanadier sind, wie Nordamerikaner so sind: offen. Klar, sagen die. Aber warum nur gucken? Mach doch mit. Und so steht Mirjam Knörnschild im November 1998 in Cano Palma, Costa Rica, die Karibik ist dreihundert Meter entfernt, hilft beim Fledermausfang und macht Notizen – und sieht zum ersten Mal in ihrem Leben eine Fledermaus. Ein Exemplar der Art »Weiße Fledermaus«, *Ectophylla alba*, und den Namen trägt sie nicht zu Unrecht, Körper schneeweiß, die Flügel gelb, Nase und Ohren auch, so klein wie ein Tischtennisball, die Nase sieht aus wie ein Blatt.

»Die sind einfach entzückend«, sagt Knörnschild, »auf ganz vielen Ebenen.«

Sie steht im Wald, der Boden ist sumpfig, er schmatzt, wenn man drüberläuft. Es ist sehr schwül, alles ist feucht. Knörnschild hat das Gefühl, sie steht in einem Teller Suppe, sie wird von Moskitos zerstochen, und sie sieht sich um und denkt: So viele unterschiedliche Grüntöne habe ich in meinem ganzen Leben noch nie gesehen. »Halt mal kurz«, sagen die Kanadier, geben ihr das Tier in die Hand, und Knörnschild kann nichts anderes tun außer beeindruckt sein. Ich weiß gar nichts über die, denkt sie, und die Kanadier erklären ihr dann, kurz und knapp, wie die Tiere sich orientieren. Knörnschild kennt Säugetiere, die man eben kennt, Hunde, Katzen, Kühe, Pferde, aber Fledermäuse sind auch Säugetiere und haben mit allen anderen wenig bis nichts gemeinsam. Sie denkt: »Die sind wie Außerirdische.«

Und in genau der Sekunde ist ihr dann endgültig klar, dass ihr Plan, nach der Reise Geschichte zu studieren, kein besonders guter ist. Dass er womöglich nicht aus Interesse geboren ist, sondern aus Ideenlosigkeit. Das Tier in ihrer Hand, das ist spannend, und vor allem ist es nicht Vergangenheit, sondern das passiert im Hier und Jetzt. Sie lässt die Fledermaus frei und sieht ihr hinterher. Und fragt sich: Über was redet die mit ihren Kumpels? Erzählt sie von uns? Und dann sofort: Kann die das überhaupt?

Und weil Fragen immer der Anfang sind von aller Wissenschaft, führt das gleich zu noch mehr Fragen: Nehmen die sich selber wahr? Wie verständigen sie sich? Was wissen sie über die Welt? Wie sind sie organisiert? Es mündet in eine Dissertation in Zoologie, Universität Erlangen-Nürnberg, »Ontogenie des Lautrepertoires bei *Saccopteryx bilineata* – Evidence for vocal learning in a bat«.

Weit weg von Viren? Nicht wirklich, Sekunde, kommen wir gleich zu.

===

Als Brașov, Kronstadt, im frühen 13. Jahrhundert vom Deutschritterorden gegründet wird, geben sie ihr den Namen: Corona. Kein Witz. Um die Stephanskrone zu ehren, die ehemalige Krone des Königreichs

Ungarn. Im Stadtwappen ist die Krone bis heute zu sehen (von 1950 bis 1960 heißt die Stadt »Stalinstadt«, Augen auf bei der Namenswahl).

Weerawarna setzt sich auf einen großen Stein, nahe der Einfahrt des Hofs, der da liegt, als sei er platziert worden. Rangierspuren im Hof, der Anhänger irgendeines Baufahrzeugs steht herum, das Gras um den Stein ist hüfthoch. Er lässt sich darauf fallen, als wolle er nie mehr aufstehen. Sitzend verschwindet er fast im Gras.

Eine Mitarbeiterin bringt ihm eine Wasserflasche und deutet auf ihre Uhr. Der nächste Termin steht an. Workshop. Weerawarna nickt. Er dreht die Wasserflasche in der Hand und blickt in die Sonne, nach oben, dorthin, wo die Stadt in die Karpaten übergeht. Das Gebirge ist hier bis zu 2000 Meter hoch, der Wald wächst seit Jahrhunderten.

Die größte Zahl an Bären in Europa, die meisten Luchse, Tausende Wölfe, der größte Greifvogel des Kontinents. Eine Landschaft wie gemalt. Auf dem Hof Bäume, die sich selber ausgesät haben, und Zäune aus verrostetem Metall. Weerawarna wird viel erklären im Workshop, nach Erfahrungen fragen, demütig sein. Er stellt die Flasche ins Gras und geht zur Hintertür. Das Beatmungsgerät, mit dem er erklärt und arbeitet, hat er selber mitgebracht, neuester Stand der Technik, aber das alleine nutzt gar nichts. Wenn niemand weiß, wie es bedient wird, wird es erst in einer Abstellkammer landen, dann im Keller in der Ecke, ganz hinten, und irgendwann, wenn das schlechte Gewissen weg ist oder zumindest nicht mehr so stark, bei eBay. Er kennt das schon. Thushira Weerawarna dreht sich um und sieht in die Sonne, dann in den Wald.

Wenn er das Gebäude verlässt, wird es dunkel sein.

===

Er will eine andere Meinung hören. Von jemandem, dem er vertraut. Drosten hat Shi gefragt, was das Virus angeht, jetzt interessiert ihn eine Einschätzung der Gefährlichkeit. Außerdem muss der Test, an dem sie im Institut gerade arbeiten, validiert werden. Jemand muss von außen draufschauen, sie mit anderem Virusmaterial versorgen, ihr Verfahren ausprobieren, bevor es rausgegeben werden kann. Es braucht Leute mit allen möglichen Erkältungskrankheiten, die getestet werden, um auszuschließen, dass der Test auf die falschen Coronaviren anschlägt. Wäre schön, wenn die Leute nicht aus Brandenburg kommen oder Schleswig-Holstein oder Mitteleuropa, bisschen weiter weg wäre gut, um eine größere Brandbreite zu bekommen.

Drosten fährt ins Büro, mit dem Fahrrad. Es ist kalt, aber er macht das gerne, er kann sich kaum erinnern, wann er das letzte Mal mit dem Auto ins Institut gefahren ist. So geht es schneller, außerdem kann er gut nachdenken beim Fahren. Er denkt, er wird gleich mal Malik Peiris anrufen, sobald er da ist.

Peiris war bei der ersten Videokonferenz dabei. Er gehört zum harten Kern der Coronaforscher. Die globale Corona-Szene ist übersichtlich. Man kennt sich. In Deutschland gibt es neben Drostens Labor nur noch John Ziebuhr, Virologe der Justus-Liebig-Universität in Gießen, der seit Jahren an Coronaviren arbeitet. Im deutschsprachigen Raum kommt noch Volker Thiel dazu, Kollege aus Bern, aber das war es dann auch. Alle anderen werden erst im Laufe der nächsten Monate anfangen, sich mit den Viren zu beschäftigen, und hin und wieder wird man das auch merken. Die meisten Coronavirus-Forscher gibt es in den USA. Aber auch da sind das nur etwa zehn, fünfzehn Labore, je nach Definition ihrer Tätigkeit. Zwei in Holland, eins in Frankreich, eins in Spanien, zwei in England. Shengli Zhi in Wuhan. Und Malik Peiris in Hongkong.

Die beiden kennen sich seit 2003, seit SARS, sie haben das Virus zeitgleich entdeckt und isoliert. Peiris lehrt dort an der Universität, Fakultät für Medizin, Schule für öffentliches Gesundheitswesen. Er sollte bereits in Rente sein, dem Alter nach, aber das ist er nicht, seine Expertise ist gefragt.

Drosten und Peiris treffen sich jährlich in Hongkong, normalerweise. Drosten wird dann eingeladen von der Universität, Summer School nennt sich das, da unterrichtet er Studenten, und dabei treffen sie sich zum Austausch. Drosten ist sich sicher, dass die Reise in diesem Jahr ausfällt und der Unterricht auch. Ein Grund mehr, um zu telefonieren.

Außerdem müssen sie mal sprechen ohne die WHO. Ernsthaft, lösungsorientiert. Nicht dass das innerhalb des Rahmens der WHO nicht grundsätzlich möglich wäre, aber teilweise ist es sehr viel Show, weil im

Hintergrund oft irgendwer irgendwas will. Forschungsgelder, Feldstationen, Programme, eine Meinung verbreiten. Und so wird in den Meetings teilweise dann auch agiert. Vor allem wenn sie größer sind und aufgrund der Masse ihrer Teilnehmer unübersichtlich und eigentlich nicht mehr zu kontrollieren.

Im Büro ist die Sekretärin schon da. Sie hat mittlerweile gut damit zu tun, ans Telefon zu gehen. Ab und an kommen jetzt auch erste Anfragen der Presse, das ist noch übersichtlich, nimmt aber zu. »Hallo«, sagt Drosten und manchmal sagt er »Moin«, das hat er aus Hamburg mitgebracht. Bitte mal die nächsten zwanzig Minuten niemanden durchstellen, sagt er, wichtiges Telefonat. Später wird das sowieso nicht mehr gehen, aber im Moment ist es noch relativ einfach, mit ihm zu telefonieren.

Er setzt sich in seinen Bürostuhl, wählt Peiris Handy an, Freisprechanlage, die Hände gefaltet. Und der geht sofort ran. Nach Sekunden. Als hätte er gewartet. Sie begrüßen sich, etwas Smalltalk, und dann wird es sehr schnell sehr detailliert. Verbreitungswege und Ansteckungsgefahr, die Eigenschaften, die das Virus vielleicht haben könnte, und die Wahrscheinlichkeit der globalen Ausbreitung

»Und?«, fragt Drosten. »Was meinste?«

Peiris meint, dass es übel werden könnte.

===

Lange beschreibt man Viren ausschließlich anhand ihrer Krankheitsbilder, schließlich kann man sie nicht sehen. Dabei gilt die Bezeichnung »Virus« lateinisch für Gift oder Schleim, bereits seit dem ersten Jahrhundert vor Christus. Der römische Medizinschriftsteller Aulus Cornelius Celsus sucht damals einen Begriff, um den Speichel zu beschreiben, der Tollwut überträgt.

Unter anderem deswegen wird ein kleiner Berg in der westlichen Antarktis nach ihm benannt, der Celsus Peak, 1350 Meter hoch und Teil Großbritanniens, aber das ist sehr viel später.

===

Dmitri Iwanowski experimentiert mit Tabakpflanzen. Er arbeitet am Botanischen Laboratorium der Akademie der Wissenschaften in Sankt Petersburg, es ist 1892, und seit mittlerweile fünf Jahren beschäftigt er sich mit der Mosaikkrankheit, einer krankhaften Blattscheckung der Pflanze, die die Blätter deformiert und das Pflanzengewebe zerstört. Er ist Biologe und er weiß, dass es irgendeinen Erreger geben muss, er kann ihn nur nicht sehen.

Er glaubt nicht, dass Adolf Mayer recht hat, ebenfalls Biologe, dazu Chemiker und Agrarwissenschaftler. Mayer kommt aus Oldenburg, arbeitet in den Niederlanden an einer landwirtschaftlichen Hochschule und merkt dort, dass der holländische Tabakanbau von einem Schädling bedroht wird, den niemand kennt. Der ökonomische Schaden ist so groß, dass sich Mayer zu Beginn der 1880er Jahre der Sache annimmt, ist schließlich sein Fach. Er merkt schnell, dass es sich nicht um eine Erbkrankheit handeln kann: Er besprüht gesunde Tabakpflanzen mit dem Saft kranker Exemplare und stellt fest, dass die Krankheit sich so übertragen lässt. Der Krankheitserreger, schließt er richtig, muss sich im Filtrat befinden. Mayer vermutet Bakterien als Ursache, aber als er den Pflanzensaft unter dem Lichtmikroskop untersucht, findet er keine. Seine These: Es sind Bakterien.

Man kann sie zwar nicht sehen, aber das heißt eben nur, dass sie kleiner sind als die Bakterien, die man schon kennt. Der Gedanke ist nicht ganz abwegig, schließlich hat noch nie irgendjemand ein Virus gesehen, und wie soll man auf etwas kommen, von dem man nicht weiß, dass es existiert? Bakterien sind dagegen schon lange bekannt. Über zweihundert Jahre zuvor hat sie ein niederländischer Tuchhändler entdeckt, Antoni van Leeuwenhoek, gerade mal knapp einhundert Kilometer von Mayer entfernt. Es ist 1675, er ist Anfang 40, und sein Hobby ist die Mikroskopie. Er findet das so faszinierend, dass er sich über die damaligen Mikroskope ärgert, sie sind ihm zu schlecht. Durch den Tuchhandel wohlhabend genug, lernt er das Linsenschleifen und baut kurzerhand seine eigenen Geräte. Als er dann das Wasser in einem nahen Tümpel untersucht, findet er dort kleinste Tierchen. Er nennt sie *animalcules* – und wird nicht wirklich ernst genommen. Schließlich kann niemand sehen, was er sieht. Van Leeuwenhoek ärgert sich noch mehr, kommt aber trotzdem nicht auf die Idee, irgendwem von seiner

Produktionstechnik zu erzählen. Und so untersucht er Samenzellen, entdeckt die roten Blutkörperchen und ist überrascht über das wilde Leben in seinem Zahnbelag. Und hat das Wissen exklusiv.

Was auch immer er baut: Erst rund 150 Jahren nach seinem Tod werden Mikroskope mit ähnlich hoher Auflösung konstruiert. Und obwohl sich die Qualität seiner Mikroskope herumspricht und seine These der Kleinstlebewesen immer mehr Unterstützung findet – mindestens so brillant wie die Technik ist die Idee: nach innen sehen. Nicht den Himmel absuchen, keine unentdeckten Länder finden. Sondern eine Welt entdecken, die man mit dem bloßen Auge nicht erkennen kann.

Warum soll es also keine kleineren Bakterien geben? Was soll es denn sonst sein, denkt Mayer. Etwas nicht zu sehen heißt nicht, dass es nicht existiert. Weil er mit der Forschung an der Tabakpflanze nicht weiterkommt, verfolgt er die Arbeit nicht. Mayer beschäftigt sich in der Folge mit Problemen bei der Düngung und der Herstellung von Kunstbutter. Und überlässt die Tabakpflanze Iwanowski.

Der bepflanzt den gesamten Balkon des Instituts in Sankt Petersburg mit Tabak, selber züchten ist billiger, er kann sich die teuren Pflanzen aus dem Kolonialwarenladen nicht leisten. Es muss auch so gehen, und das tut es auch. Sein Tabak wird ebenfalls krank. Iwanowski zerkleinert die Pflanzen und presst den infektiösen Saft durch alle möglichen bakteriendichten Filter. Der Saft bleibt infektiös. Es wird nicht weniger, wenn er ihn verdünnt. Und auch nicht, als er die Flüssigkeit von Pflanze zu Pflanze überträgt. Er schwankt, ob das noch Bakterien sein können, aber er ist sich sicher, dass es etwas Belebtes sein muss. Er nennt es Virus.

Iwanowski veröffentlicht seine Arbeit auf Russisch und Polnisch, wechselt dann später an die Universität von Warschau, und es passiert das, was auch heute noch passiert, wenn jemand wissenschaftliche Texte auf Polnisch veröffentlicht.

Fast niemand bekommt es mit.

===

Dmitri Iwanowski wird der erste Virologe der Welt und Begründer der modernen Virologie, aber bis das Virus in der Tabakpflanze von einem britischen Team isoliert wird, dauert es bis 1935.

===

Einen genialen Geist, der aus dem Bett aufsteht und eine Idee hat, die aus dem Nichts kommt, das mag es zwar geben, aber das ist mindestens selten. Ideen entwickeln sich und Forschung ebenfalls. Sie korrigiert sich, rudert zurück, beginnt neu und wächst. Baut auf den Ideen anderer auf und fügt neue hinzu.

Isaac Newton, Naturforscher und Physiker, dazu Mathematiker und Theologe, im Prinzip Wissenschaftler für alles, in einer Zeit, in der es noch Universalgelehrte gibt, nennt das: »If I have seen further it is by standing on the shoulders of giants.« Wenn ich weitersehe, dann, weil ich auf den Schultern von Riesen stehe.

Wissenschaft ist keine Soloveranstaltung, eher eine Bandgeschichte, und so wird »Standing on the Shoulder of Giants«, veröffentlicht am 28. Februar 2000, zwar der größte Misserfolg in der Bandgeschichte von Oasis, aber eben auf Oasis-Niveau: Trotzdem Nr. 1- Album, diverse Singlehits, knapp zweieinhalb Millionen verkaufte Exemplare.

Und viel erfolgreicher als alles, was Liam Gallagher alleine veranstaltet.

===

Adolf Mayer wechselt zurück nach Deutschland, und sein Nachfolger an der Hochschule für Landwirtschaft im niederländischen Wageningen wird Martinus Willem Beijerinck. Der übernimmt auch sein Interesse an der Tabakpflanze – und bemerkt, dass dieses komische Zeug, das ein Russe namens Dmitri Iwanowski entdeckt hat, nur in lebenden Zellen vermehrt werden kann. In einer Petrischale ist es nicht möglich, das geht nur bei Bakterien. Er bestätigt damit die Virenthese.

Später wird Beijerinck für die Mikrobiologie ähnlich wichtig sein wie Louis Pasteur und eine Einladung von Robert Koch ablehnen, dessen Labor in Berlin zu besichtigen. Begründung: Von dem kann ich nichts lernen. Überliefert bleibt ebenfalls, dass Beijerinck ein sehr unbeliebter Mensch ist und dafür bekannt, seine Studenten ausgiebig zu beschimpfen.

Aber er schafft es weiter hinaus als Mayer und Iwanowski und auch als der Römer Celsus und als die Gallaghers auch.

1970 wird ein Krater auf dem Mond nach ihm benannt.

===

Peiris sagt am Telefon sofort zu, bei der Validierung des Tests zu helfen. Drosten kontaktiert danach noch Kollegen in den Niederlanden und Großbritannien, und auch sie sind sofort mit an Bord.

===

KAPITEL ZWEI
Es wird kleinteilig

Die Ähnlichkeiten sind erst mal gut genug, aber man muss dann noch mal ran. Dinosaurier haben es auch nicht leicht, Cheeseburger sind das Paradies, und dreißig Atemzüge pro Minute nicht gut. Manchmal sollte man nicht staubsaugen. Elvis Presley ist kein Diamant.

Schwertkämpfer trifft man nicht im Supermarkt. Gut aufgestellt sind wir trotzdem, denn das ist Sparta. Winnetou kann über den Zaun sehen, aber die Idee mit den Fledermäusen ist vielleicht idiotisch. Blonde Polizistinnen sind eher nicht im Krankenhaus, neun von zehn ist trotzdem viel zu wenig.

Und wenn die Namensfindung schon bei Kindern zum Problem werden kann, dann gilt das für Viren erst recht.

Fledermäuse orientieren sich durch Echo-Ortung, sie stoßen Schall aus in unterschiedlichen Tonhöhen, der im Kehlkopf produziert wird. Weil der Schall zurückkommt und verarbeitet wird, muss das Gehirn der Tiere in der Lage sein, feine Unterschiede in der Frequenz und der Zeit einordnen zu können, um daraus ein Bild zu bauen, mit dessen Hilfe sich das Individuum zurechtfinden kann. Kontrolle über Kehlkopf und Stimmbänder und die anschließende Verarbeitung im Gehirn sind hochkomplex, neuromuskulär betrachtet. Die wenigsten Tiere können das. Ohne das mystisch überhöhen zu wollen: Fledermäuse sind uns ähnlicher, als wir denken – was natürlich nichts daran ändert, dass unsere nächsten Verwandten Menschenaffen sind, aber die können nicht sprechen. Sich verständigen, das schon, aber eben nicht akustisch. Auch wenn man Schimpansenbabys in Windeln steckt und mit Menschen zusammen aufzieht, was Wissenschaftler in den späten 1940ern getan haben, dann passiert das nicht, und es ist ja nicht so, dass die nichts zu sagen haben, aber es ist einfach nicht möglich. Bei Fledermäusen schon. Und wenn man wissen will, welcher Selektionsdruck im Gehirn dazu führt, dass sich Sprache entwickelt hat, guckt man sich eben Fledermäuse an – weil Worte nicht versteinern und man sie in Fossilien nicht findet. Zudem ist ihr Sozialsystem relativ komplex, und wenn man ein komplexes Sozialsystem hat, dann muss man auch einen komplexen Kommunikationskanal haben. Und hat man einen komplexen Kommunikationskanal, dann wird das Sozialsystem immer komplexer. Denn wer sich unterhalten kann, kann sich besser in großen Gruppen organisieren. Dadurch werden die sozialen Interaktionen noch mal komplexer, weil man sich über viel feinere Nuancen austauscht, und das wiederum führt zu größeren Gruppen. Es ist ein positiver Feedback-Loop.

Knörnschild steht in der großen Halle der Höhle in Bad Segeberg, oben in der Ecke ist ein Loch, die Tiere fliegen raus und rein, von außen sieht es aus wie die Schießscharte in einem Bunker. Es herrscht viel Betrieb, was eigentlich erstaunlich ist, es ist zu früh im Jahr. Welche Arten im Moment hier sind, kann sie nicht sehen, zu weit weg, das Licht ihrer Stirnlampe ist zu schwach. Sie wird die Tiere später bestimmen. Sie hält ihre Wärmebildkamera in deren Richtung und sagt: »Man guckt, welche Tiere können kommunikativ welche Aspekte besonders gut, und was haben die Tiergruppen dann wiederum gemeinsam.«

Und abgesehen von Fledertieren gibt es bei den Säugetieren nicht so richtig viele Arten, die sich in riesigen Gruppen organisieren. Die Wahrheit ist: Es gibt nur eine einzige andere Tiergruppe, die das tut. Wir. Menschen.

Niemand ist so mobil und sozial und gesellig, nur wir beide. Menschen und Fledermäuse hängen gerne zusammen rum und kommen überall klar, abgesehen von Arktis und Antarktis. Wir bilden beide riesige Kolonien. Bei Fledermäusen gibt es Gruppen mit über einer Million Tieren, manchmal sogar deutlich mehr, was unseren Großstädten entspricht. Für Viren ist das alles zumindest nicht ganz schlecht.

Aber Fledermäuse haben eben einen ziemlichen Vorsprung. Es gibt sie seit über fünfzig Millionen Jahren, während moderne Menschen auf gerade mal 300 000 Jahre kommen. Und in all der langen Zeit in den Fledermäusen haben Viren bestimmte Strategien entwickelt, um zu überleben.

Denn das Leben in einer Fledermaus ist hart.

===

Fliegen ist anstrengend und eigentlich nichts, was Säugetiere tun. Fledermäuse sind die einzigen, die das können, alle anderen Säugetiere in der Luft gleiten nur. Ihr Herz schlägt dann rund eintausend Mal pro Minute, ihr Stoffwechsel ist fünfzehn Mal höher als im Ruhezustand. Eine Fledermaus braucht etwa doppelt so viel Energie für ihre Fortbewegung als ein am Boden lebendes Nagetier ähnlicher Größe. Die große Anstrengung fordert selbst auf molekularer Ebene ihren Tribut. Sie produziert ein Stoffwechselnebenprodukt, im Prinzip eine Entzündung. Zellabfall, der bei anderen Säugern einen Kollaps des Immunsystems auslösen kann. Bei Fledermäusen passiert das nicht, weil sie ihren Körper kontinuierlich mit großen Mengen an antiviralen Proteinen fluten, Interferonen. Was clever klingt, ist ein Trick, um Energie zu sparen – das Immunsystem der Fledermaus ist nicht besonders stark oder eben ganz besonders stark, Ansichtssache, aber anders organisiert. Es räumt schon vorher alles ab, was potenziell Schaden verursacht, weil später darauf keine Energie verwendet werden kann. Es ist ein Reparaturmechanismus, der auftritt, bevor größerer Schaden entsteht. Der Mechatroniker, der das Auto jeden Tag untersucht. Eine Putzfrau, die ständig kommt. Jeden Tag Geschirr spülen, auch wenn man nur einen Teller benutzt.

Was gut ist für Fledertiere, ist für alle anderen Säugetiere eher suboptimal – schließlich entwickeln sich Viren nicht ohne ihren Wirt. Um ihre Infektiosität in den Tieren zu erhalten, haben Viren in Fledertieren Wege gefunden, sich möglichst schnell von Zelle zu Zelle auszubreiten. Sie machen dann nicht krank, verschwinden aber auch nicht. Und Krankheitserreger, die daran angepasst sind, verhalten sich, wenn sie auf andere Säugetiere überspringen, zu deren Immunsystem wie ein Schwertkämpfer, der gegen jemanden antritt, der ein Küchenmesser hat.

Das Gute an Schwertkämpfern: Es gibt sie nicht so häufig. An der Käsetheke findet sich keiner und in der Gemüseabteilung auch nicht. Im Alltag kommen sie kaum vor. Und ein Virus aus einer Fledermaus ist auch kein Hund, der einem im Park über den Weg läuft, das Herrchen winkt ab, ach, der macht nichts, und eine Sekunde später springt der Köter dich an und sabbert dir das Hosenbein voll. Vielmehr geht es um die Möglichkeit des Übersprungs, um einen Zwischenwirt, den es meistens benötigt (nicht immer).

Die Frage ist: Was muss passieren, damit es zu einem Spillover kommt? Denn einfach so passiert es eben nicht.

»Nein«, sagt Mirjam Knörnschild, »das ist komplexer.« Sie sagt, sie erklärt das jetzt mal an einem Flughund. Weit und breit ist keiner zu sehen, es gibt keine in Norddeutschland, »von wegen«, sagt sie. Sie packt die Kamera ein und geht zum Höhlenausgang, Wurzeln wachsen von oben durch das Gestein und hängen wie ein Vorhang in die Mitte des

Raums. Eine Treppe aus dünnem Metall führt zu einer schweren Holztür, dahinter Stufen aus Stein, alles sehr atmosphärisch, und dann ist man draußen.

Vor der Höhle wimmelt es von Infotafeln, »Unsere Stars der Nacht«, heißt eine, mit Angaben über die Arten, die in der Höhle wohnen. Eine andere weist darauf hin, dass Fledermauskot ein hervorragender Dünger ist, 5,5 Prozent Stickstoff, 2,1 Prozent Phosphor, besonders geeignet für Rosen und Blattgemüse. Auf dem Boden sind kleine Fledermäuse aus Metall, damit man im Winter nicht ausrutscht, und vermutlich auch weil es lässig aussieht, wie die Waffen, die Batman wirft. Lichtschranken sind installiert, um die Fledermäuse zu zählen, Kameras, um sie zu bestimmen. Ein kleines Fledermauszentrum schließt sich an, Noctalis, Welt der Fledermäuse, wichtiger Kooperationspartner von Knörnschild und Ausgewählter Ort 2010, schon ein wenig her, eine Urkunde hängt an der Wand, unterschrieben von Horst Köhler, auch schon länger her. Es ist eine Mischung aus Forschung und Ausstellung. Ökologie der Tiere, Bild in der Gesellschaft und Geschichte. Viele Tafeln, viele Informationen. Kaffeetassen mit Fledermausmotiv im Erdgeschoss, Postkarten und Kuscheltiere. Vom Hinterhof ist der Blick auf den Kalkberg erstklassig.

»Sekunde«, sagt Knörnschild. Und dann verschwindet sie kurz, und als sie zurückkommt, hängt ein Flughund an ihrer Jacke.

===

»Das Genom von SARS 2 haben wir in Berlin zum ersten Mal gesehen, als das von den chinesischen Wissenschaftlern veröffentlicht wurde, kurz bevor sie es publizieren wollten. Das lief konkret so ab, dass ich von *Nature* das Paper zur Begutachtung bekam. Insgesamt waren wir drei Gutachter, die Namen der beiden anderen kenne ich aber nicht, denn das Verfahren ist anonym. Die Autoren des Manuskripts hatten das Genom damals nicht in eine Datenbank eingestellt oder sonstwo veröffentlicht, sie wollten das wahrscheinlich gleichzeitig mit der Publikation des Artikels tun. Aber so konnte das nicht funktionieren: Alle brauchten zu der Zeit die Information über das Genom. Ich habe da sofort zurückgeschrieben und gesagt, dass das natürlich super ist, dass sie geschafft haben, das Virus voll zu sequenzieren, aber wenn sie das Genom nicht zugänglich machen, dann könne ich das leider nicht begutachten. Wahrscheinlich haben die anderen Gutachter Ähnliches gesagt. *Nature* hat jedenfalls die Bitte sofort zu den Autoren weitergeleitet. Und am nächsten Tag wurde das Genom dann öffentlich gemacht, und das Journal bekam es auch von den Autoren direkt vorgelegt.«

Christian Drosten

===

Man braucht ein Virus zum Ausprobieren, eine Genomvorlage. Weil die Forscher in Berlin zu dem Zeitpunkt bereits wissen, dass das neue Virus ein SARS-Virus ist, nehmen sie SARS1, das drei Stockwerke tiefer im Keller liegt. Eingefroren bei – 80 Grad Celsius.

SARS-Viren sind untereinander so nahe verwandt, dass man sie alle mit einem Test erfassen kann. Und zwar nicht nur an einer Stelle des Genoms, sondern an mehreren Stellen, aber eben nicht überall – ein Test muss daher sehr spezifisch sein. Weil es SARS-CoV-2 zu dieser Zeit noch nirgends gibt, baut das Team um Drosten ein Primer-Design und probiert es mit dem SARS1-Virus aus. Sie haben ein gutes Gefühl dafür, welche SARS-verwandten Fledermausviren sie zu einem Sequenzvergleich nehmen müssen, Berufserfahrung. Schließlich haben die Wissenschaftler fünfzehn Jahre an der Beschreibung solcher Viren gearbeitet und kennen die Genomstellen, an denen alle Viren ungefähr gleich sind. Aber eben auch die Stellen, an denen sie sich unterscheiden. Sie kommen gut voran, und als die Chinesen dann die Sequenz von SARS2 veröffentlichen, sehen sie in der Charité, dass die meisten ihrer Designs gut passen. Drei sogar so gut, dass man mit ihnen weiterarbeiten kann. Nachdem die Sequenz des SARS2-Virus bekannt ist, werden kleine Abschnitte daraus als Dummy synchronisiert – um daran die neuen Tests zu perfektionieren. Die Berliner benutzen einen Trick in einem der Tests, mit dem sich SARS1 von SARS-CoV-2 direkt unterscheiden lässt: eine unterschiedliche Farbe, die die PCR-Maschine während der Reaktion ausliest, unterscheidet die beiden. Im echten Laboralltag braucht man diesen Trick nicht, denn das SARS1-Virus kommt beim Menschen schon seit siebzehn Jahren nicht mehr vor, es dient nur als Laborkontrolle. Schlägt der Test an, ist es immer SARS-CoV-2.

Mit den neuen Tests überprüft das Team nun eine große Zahl eingefrorener Proben von anonymen Charité-Patienten, die irgendwelche anderen Virusinfektionen der Atemwege hatten – alle, nur nicht SARS-CoV-2, das zu dieser Zeit noch gar nicht in Deutschland vorkommt. Auch Malik Peiris und die Kollegen in den Niederlanden und Großbritannien probieren die neuen Tests an klinischen Proben in ihren Laboren aus. Der Test ist dadurch schnell mit sehr robusten Validierungsdaten ausgestattet – und wird an die WHO weitergegeben, die ihn dann auf ihrer Homepage veröffentlicht.

===

Was war noch gleich ein Zytokinsturm?

Zytokine sind Proteine, eine ganze Gruppe davon, vermutlich gibt es mehr als einhundert verschiedene, genau weiß das keiner. Sie teilen sich in verschiedene Gruppen auf, die für alles Mögliche zuständig sind: Wachstum der Zellen, Spezialisierung, Neubildung, Informationsübermittlung, was eben so erledigt werden muss in einem Körper. Wenn eine virale Infektion im Gang ist, sind sie diejenigen, die den Kollegen Bescheid sagen, dass es jetzt langsam mal losgehen könnte mit der Reaktion. Die Zytokine beeinflussen sich gegenseitig, sie sind hintereinandergeschaltet. Wie eine Kaskade, die abläuft.

Aber manchmal will der Körper zu viel. Weil der Erreger so bedrohlich ist, tut er alles, um ihn so schnell wie möglich loszuwerden. Dann geht das Immunsystem nach dem Prinzip »viel hilft viel« vor und feuert mit den dicksten Kanonen, die es hat. Im Zuge der Immunreaktion werden Zytokine gebildet, und deren Funktion ist es dann, die Leukozyten an den Ort des Geschehens zu schicken – das sind die weißen Blutkörperchen, deren Job die Infektabwehr ist, die Frontkämpfer, Infanterie.

Auch hier gibt es verschiedene Untergruppen mit verschiedenen Funktionen, die alle ein Ziel haben: den Erreger unschädlich machen. Neben Viren sind das in der Regel Bakterien, Tumorzellen oder Giftstoffe, es können aber auch Würmer sein. Unter ihnen sind auch die

Killerzellen, fantastischer Name, da weiß man gleich, für was die zuständig sind.

Die Leukozyten fangen also an mit ihrem Job und räumen ab, was geht, bilden dabei aber ebenfalls Zytokine, um die Immunreaktion zu verstärken. Die wiederum neue Leukozyten in die Schlacht beordern. Und so weiter und so fort. Es kommt also ständig Verstärkung, dabei ist aber die Befehlskette abgerissen und die Schlacht unübersichtlich geworden. Alle sind in heller Aufregung und kriegen sich nicht mehr ein. Und das wiederum führt dazu, dass alles attackiert und zerstört wird, was gerade im Weg ist. Bei Atemwegsinfektionen eben das Lungengewebe. Ist das zerstört, füllen sich die Lungen mit Flüssigkeit, und die Lunge versagt, der Gasaustausch funktioniert nicht mehr.

Der Zytokinsturm trifft meistens ältere Menschen, Jüngere verfügen über eine höhere Anzahl von naiven Immunzellen, die dafür da sind, mit unbekannten Erregern umzugehen. Bei Älteren ist das nicht mehr der Fall. Stehen weniger naive Immunzellen zur Verfügung, reagiert die Abwehr verlangsamt. Zudem gilt: Je älter man wird, umso geringer ist die Anzahl der verschiedenen Abwehrzellen des Immunsystems. Hatten wir ja schon oben kurz erwähnt: Bei den Leukozyten gibt es verschiedene Zuständigkeiten. Manche sind nicht nur fürs Töten zuständig, sondern eben auch dafür, die Immunantwort zu bremsen. Ist wie in vielen Unternehmen, zwei ähnliche Abteilungen, überlappende Kompetenzen, der eine weiß nicht genau, was der andere tut. Und dann läuft es aus dem Ruder.

Bestimmte weiße Blutkörperchen bekommen ihre immunologische Prägung im Thymus, einem kleinen Organ, das sich hinter dem Brustbein befindet, mehr oder weniger direkt in der Mitte. Sie lernen, fremde Zellen zu erkennen und anzugreifen. Und vor allem Viren und Bakterien vom eigenen Körper zu unterscheiden.

»Thymos« beschreibt im Altgriechischen die Gemütslage des Menschen – basierend auf einem philosophischen Konzept, das von Platon stammt, also alles sehr beeindruckend und medizinhistorisch herleitbar. Im Deutschen wird es mit »Lebenskraft« übersetzt, und auch das ist ziemlich beeindruckend, weil passend. Schließlich wird hier die spezifische Abwehr geprägt. Wenn wir bei den Griechen bleiben: Das ist dort, wo die jungen Spartaner ihre Ausbildung bekommen. Wo sie nicht nur lernen, wie man das Schwert führt und den Speer und in der Phalanx kämpft, sondern eben auch, wie der Verbündete aussieht und welche Uniform der Gegner trägt. Und dann wird das Trainingszentrum zugesperrt.

Denn genau das passiert mit dem Thymus. Mit zunehmendem Alter schrumpft er und wird schwächer, er verkümmert – das beginnt bereits in der Pubertät. Das Immunsystem älterer Menschen kann daher kaum oder nur sehr schlecht auf ganz neue Erreger reagieren. Und dann wird eben mit dem gekämpft, was man zur Verfügung hat.

Abgesehen von unterstützenden Maßnahmen, etwa der Unterdrückung des Immunsystems, und maschineller Beatmung, läuft es heute mit Zytokinstürmen genauso, wie es das schon immer getan hat. Unser Immunsystem tötet uns, und wir können nichts dagegen tun.

===

Die Zahl der Mails nimmt zu, und wenn das auch in normalen Zeiten schon viel ist, so fällt doch auf, dass der Rauch dichter wird. Das Feuer wird größer. Drosten mailt und telefoniert, und manchmal hat er das Gefühl, dass das sein Tagesablauf ist: Mails lesen, Mails schreiben, konferieren und das in Mails packen, Mails anderer Konferenzen lesen und immer wieder telefonieren, weil es eben schneller geht. Gäbe es nur eine begrenzte Anzahl an Worten, die Menschen am Tag benutzen könnten, hätte er sein Limit schon am Vormittag erreicht. Es ist Wissensmanagement, mehr als aktives Forschen, aber das eine geht nicht ohne das andere, und kurz bevor die WHO den Test der Berliner auf ihrer Homepage veröffentlicht, wird wirklich jedem am Institut klar, dass das Virus ein globales Problem werden könnte.

Drosten bekommt eine Mail aus Thailand.

Absender ist die stellvertretende Chefin der Abteilung für Infektionskrankheiten der Chulalongkorn-Universität in Bangkok, Chula genannt, weil das weniger kompliziert klingt. Älteste Universität des Landes und angeblich die beste. »Lieber Christian«, schreibt sie. Sie hatten einen importierten Fall und dann noch einen und danach noch einen. Drosten liest die Mail, und ihm ist nicht wohl dabei. Das würde bedeuten, dass es in Wuhan sehr viele Fälle geben muss, mehr als offiziell bekannt, wenn zufällig in derselben Stadt im Ausland Patienten ins Krankenhaus kommen mit denselben Symptomen, die alle an SARS erinnern. Drosten schwant: Wenn das so weitergeht, wird es eine Pandemie, weil bereits jetzt die Ansteckungen nicht mehr nachvollziehbar sind. Wenn es schlecht läuft, denkt er, wird das eine echte Herausforderung für das öffentliche Gesundheitswesen.

Wir haben eine Probe bekommen, schreibt sie. Die liegt jetzt hier, aber mit unseren Analysemethoden können wir damit nichts anfangen. Wir sehen das Krankheitsbild, und wir wissen, dass irgendwas drin sein muss, das menschliche Zellen attackiert, aber wir wissen nicht, was, und wir können es auch nicht sehen. Sie schreibt: Was sollen wir machen? Könnt ihr uns helfen? Sie schreibt: Habt ihr einen Test?

Und Christian Drosten schreibt zurück: Ist unterwegs.

Er ruft im Labor an und gibt ihnen die Adresse der Kollegin, könnt ihr ein Paket nach Thailand schicken, mit allem, was sie benötigt? Danke.

Etwas später kommt eine Mail aus Vietnam. Gleicher Inhalt, anders formuliert.

Und der Paketdienst liefert auch dorthin.

===

Die PCR weist Erbgut von Organismen nach. Um welches Erbgut es sich handelt und welcher Organismus beteiligt ist, ist erst mal egal. Das Prinzip ist immer das gleiche. Und das macht sie sehr praktisch und universal einsetzbar.

Ohne die PCR müsste man beim Vaterschaftstest warten, bis das Kind da ist, und dann gucken, wem es ähnlich sieht. Das kann man natürlich machen, aber das ist etwas umständlich, und dann könnte man auch Seher und Wahrsager bei Tatortanalysen um Hilfe bitten, in Mordfällen oder bei Vergewaltigungen, oder, das wäre die andere Möglichkeit, man untersucht den Tatort nach DNA und macht dann eine PCR, um den Täter zu finden. Pferdefleisch in Lasagne findet man per PCR und ob das Olivenöl wirklich extra nativ ist oder vielleicht doch ein Best of aus dem, was von vor zwei Jahren noch übrig geblieben ist, klärt sich damit auch. Ob Bier schmeckt oder gesundheitsschädlich ist, hängt im Wesentlichen von der PCR ab, weil sie eine Verunreinigung mit Bakterien erkennt und die Vergiftung von Lebensmitteln mit Salmonellen eben auch. Unser Verständnis der Evolution, von Leben im Allgemeinen und unseren Vorfahren im Speziellen wäre ohne die PCR ein anderes oder eben sehr kreationistisch geprägt – weil kleinste Mengen von uralter DNA, die man in alten Knochen oder Haarresten in Höhlen in Ostafrika findet oder in Saurierausgrabungsstätten in Utah, ohne PCR deutlich weniger wert wären, da sie aus ganz wenig DNA Tausende Kopien erstellen kann. Oder Millionen. Oder Milliarden. Letztlich ist die PCR auch nichts anderes als ein Kopiergerät. Nur eben auf biochemischer Ebene.

===

Derselbe Mann, der 1983 den PCR-Test, Polymerase-Kettenreaktion, polymerase chain reaction, entwickelt, erzählt ein paar Jahre später, dass er ein gutes Verhältnis hat zu einem fluoreszierenden Alien-Waschbär, der irgendwo im Universum wohnt und den er erstmals im Wald hinter seinem Haus begrüßt. So einer wie Rocket Raccoon, der aus *Guardians of the Galaxy,* nur ohne Waffen.

Kary Mullis, kalifornischer Biochemiker, ist gerade auf dem Weg zum Klo, Plumpsklo, das ein paar Dutzend Meter entfernt steht von seiner Urlaubshütte, als der Waschbär wohlerzogen grüßt. Er sagt: »Guten Abend, Doktor.« Und Mullis erwidert: »Hallo.« Und hat dann, leider, leider, keine Erinnerung mehr.

Obwohl sein Erfinder später abdriftet: Der PCR-Test ist ein geniale Idee und so was wie die eierlegende Wollmilchsau der Molekularbiologie. Eine der wichtigsten Methoden des Fachs. Er vervielfältigt mit Hilfe eines Enzyms die Erbsubstanz, um genug genetisches Material für nachfolgende Untersuchungen zu erhalten. 1993 bekommt Mullis für das Verfahren den Nobelpreis für Chemie.

Ein knappes Jahr später erzählt er, dass er die Idee für den Test ohne den intensiven Gebrauch von LSD vermutlich nicht gehabt hätte. Und viel später, 2007, schaffte er es auf eine Liste der *New York Times,* die brillante Wissenschaftler aufführt, die später völligen Mist erzählen.

Mullis ist da bereits ins Lager der Aids-Leugner gewechselt. Er streitet ab, dass es das Ozonloch gibt, trifft Waschbären beim Pinkeln, preist die Macht der Sternzeichen und hat eine Firma gegründet, die die geklonte DNA von Marylin Monroe, Elvis Presley und James Dean zu Diamanten pressen will.
Hat nicht geklappt.

===

Die Vermehrung von DNA-Abschnitten nennt sich Amplifikation. Wenn nicht genug DNA vorliegt, um sie zu analysieren und zu identifizieren, muss sie zuerst amplifiziert werden – denn nur so können die Genome sequenziert werden. Man muss aber auch nicht das komplette Genom sequenzieren. Dank der PCR kann man sich auch auf den Abschnitt der DNA konzentrieren, der von Interesse ist. Funktioniert dann trotzdem.

Ein Genom, der Abstecher muss jetzt auch noch gemacht werden, ist der vollständige Satz von vererbbarer DNA oder RNA, den ein Organismus hat. Es enthält unter anderem alle Gene des Organismus. Und wer ein Genom sequenziert, der lernt den Organismus kennen, zumindest die Geninformation. Verwandte Arten haben verwandte Gene. Die PCR hilft damit also auch, Arten zu vergleichen, auch mit solchen, die bereits ausgestorben sind.

Sie hilft, den Schmuggel mit Tieren zumindest zu erschweren – und das klingt wie eine Nische, ist aber keine. Nach dem Waffen- und Drogenhandel ist der Tierschmuggel und der Handel mit Tierteilen eines der lukrativsten illegalen Geschäfte, die es gibt, und, ganz anderes Fach, die PCR hilft auch bei Transplantationen, weil sie die Genauigkeit der Gewebetypisierung verbessert und dadurch die Wahrscheinlichkeit einer Transplantatabstoßung verringert.

Ob man Dolly gebraucht hätte, das Klonschaf, sei's drum, das wäre vermutlich nicht nötig gewesen, aber ohne PCR hätte auch das nicht funktioniert. An der Sinnhaftigkeit der Früherkennung von Krebstumoren wird ja vermutlich niemand zweifeln, denn auch dafür benötigt man die PCR – und für die personalisierte Bekämpfung der Krebszellen auch (es sei denn, man will Krebs mit Vitamin C und guten Gedanken bekämpfen, das soll es ja auch geben). Alle möglichen Vireninfektionen werden mit der PCR nachgewiesen, das gilt für seltene Erreger, aber auch für alltägliches Zeug, wie etwa das Norovirus, das ständig in Kitas grassiert.

Und wenn man sich auf der nächsten Party langweilt, kann man einfach mal in den Raum werfen, dass wir nur wegen der PCR wissen, dass die Apfelsorte Golden Delicious ein Migrant ist aus dem asiatischen Raum und mehr als doppelt so viele Gene besitzt wie der Mensch.

===

Trotzdem liest man ja oft in diversen Foren, dass man der PCR nicht trauen kann, nun ja …, aber wer das mal selber ausprobieren will:

Zuerst wird die doppelsträngige DNA-Matrize, das *template*, das ist die Vorlage, die vermehrt werden soll, in zwei Einzelstränge getrennt. Das passiert mit Hilfe stabilisierender chemischer Komponenten und kurz unter dem Siedepunkt, bei etwa 95 Grad Celsius. Die Basenpaarungen brechen auf, zwei DNA-Stränge entstehen – die wiederum als Vorlage für die Produktion der neuen DNA-Stränge dienen. Man nennt das *Denaturierung* oder Schmelzen der DNA, und es ist der erste Teil in einem thermischen Kreislauf.

An die einzelnen Stränge werden dann Primer angelegt, das sind sehr kurze einzelsträngige DNA-Stücke, künstlich hergestellt, zwischen zwanzig und dreißig Basen lang. Primer gibt es auch im Kosmetikbereich, einfach mal #primer bei TikTok eingeben, da bekommt man das Funktionsprinzip von Teenagern erklärt. Der Make-up-Primer sorgt für die Grundierung, er kaschiert Unebenheiten und Falten und sorgt dafür, dass das, was obendrauf kommt, besser hält, ohne dass er selber auffällt oder das Ergebnis verfälscht – und das ist ein ähnliches Prinzip. Primer dienen der Vorbereitung, als Erkennungsmerkmal und Startpunkt des Kopiervorgangs der PCR.

Damit der Vorgang startet, muss sich der Primer mit seinem Gegenpart auf der zuvor geschmolzenen, also einzelsträngigen DNA verbinden, die Probe dazu abgekühlt werden auf kältere Temperaturen, etwa 55 Grad Celsius. Das nennt sich Anlagerung oder Annealing und ist Stufe zwei im thermischen Kreislauf.

Und dann beginnt die Extension, Stufe 3, Ausdehnung. Ohne eine Polymerase passiert allerdings gar nichts, das ist ein Enzym, das notwendig ist für die Vermehrung der DNA. Hat man das nicht, gibt es keine Zellteilung, auch im Organismus nicht, denn auch dort werden aus einer DNA zwei gemacht: eine für jede Tochterzelle. In der PCR wird in der Regel die sogenannte Taq-Polymerase verwendet. Sie ist aus einem hitzetoleranten Bakterium isoliert, Thermus aquaticus, das normalerweise in heißen Quellen und Geysiren lebt, das Ende der 1960er im Yellowstone-Nationalpark entdeckt wird und hier notwendig ist, weil die PCR-Temperatur jetzt wieder erhöht wird, auf 72 Grad Celsius. Die Polymerase bildet jetzt auf beiden DNA-Strängen, jeweils von einem Primer ausgehend, einen neuen Strang, komplementär und in entgegengesetzter Richtung zum Template-Strang, sie fügt dem neu entstehenden Einzelstrang dabei nacheinander DNA-Basen zu – so lange, bis ein neuer DNA-Strang und damit wieder ein doppelsträngiges DNA-Molekül entstanden sind.

Dieser Zyklus wird mehrere Male wiederholt, meistens vierzig- oder fünfundvierzigmal – die genaue Zahl hat nichts mit der unteren Nachweisgrenze zu tun. Vielmehr liegt es an der Reaktionschemie und der Auswertemaschine. Rein theoretisch kann eine PCR ein einziges Startmolekül von Template-DNA nachweisen.

Ist kein Molekül vorhanden, kann man so viele Zyklen machen, wie man will: Die Reaktion wird niemals positiv, auch nicht, wenn man hundert Zyklen macht. Hat man dagegen sehr viel Ausgangs-DNA (und weiß das auch schon, weil die Probe gut ist), braucht man weniger Kopiervorgänge: dann reichen auch zwanzig. In jeder Runde wird auch die Kopie der Kopie kopiert. Die Zahl der Kopien in der PCR wächst daher exponentiell – was dafür sorgt, dass in relativ kurzer Zeit viel DNA hergestellt werden kann.

Zur Analyse nimmt man die DNA-Lösung, das ist sozusagen das Produkt, das die PCR hergestellt hat, und trennt sie auf. Dabei nutzt man einen Zucker aus einer Alge, die Agarose. Sie hat eine gelatineähnliche Struktur, kleine Moleküle wandern schnell durch, große langsamer. Letztlich ist das auch nichts anderes als ein Sieb, nur eben nicht für Nudelwasser, sondern auf molekularer Ebene.

Bringt man DNA in ein Agarose-Gel und setzt sie dann unter elektrische Spannung, wandert die negativ geladene DNA zum Pluspol, und zwar umso schneller, je kürzer die DNA-Stücke sind. Da das PCR-Produkt aus vielen kurzen, aber jeweils genau gleich langen Stücken besteht, sammeln sich alle Stücke an einer Stelle des Gels. Und mit einem speziellen Farbstoff kann man das nachweisen.

===

Die Zahl der PCR-Zyklen, die es braucht, bis die Wahrnehmungsschwelle der Farbumwandlung erreicht ist, nennt man Schwellenzyklus, das ist der Ct-Wert, der *Threshold Cycle*, vom dem vermutlich mittlerweile jeder schon mal gehört hat.

Ein Ct-Wert von 30 bedeutet, dass dreißig Zyklen in der PCR nötig waren, bis die Farbumwandlung erkannt werden konnte. Je höher der Ct-Wert, desto geringer war zu Beginn der PCR die DNA-Menge in der Probe. Denn je weniger vorhanden ist, desto mehr Vermehrungszyklen sind nötig, um eine DNA-Menge herzustellen, die man im Gel sehen kann.

Bei den meisten PCR-Reaktionen dauert es zwischen fünfunddreißig und vierzig Zyklen, bis aus einem einzigen Template-Molekül eine sichtbare Menge hervorgegangen ist. Der maximale Ct-Wert ist dann zum Beispiel 37. Manchmal kann es sein, dass eine Verunreinigung aus der Patientenprobe den Ablauf der Reaktion stört, und dann dauert es eben ein paar Zyklen länger, und der Ct ist 39. Einen Wert über fünfzig gibt es aber nicht, selbst wenn man einhundert Zyklen machen würde. Denn weniger als ein Molekül kann am Anfang der Reaktion nicht drin gewesen sein.

===

Und weil zum Verständnis auch das benötigt wird: Die Weiterentwicklung der PCR ist die quantitative Echtzeit-PCR oder real-time PCR. Die wird, um auch diese Verwechslung auszuschließen, nicht als »RT-PCR« abgekürzt.

RT-PCR bedeutet vielmehr Reverse Transkriptions-PCR. Das wiederum ist ein Verfahren, das benutzt wird, wenn man RNA-Viren in der

PCR nachweisen will – also auch bei COVID-19, denn SARS-CoV-2 ist ein RNA-Virus. Durch die reverse Transkription wird dann vor der eigentlichen PCR-Reaktion die Virus-RNA einmalig in DNA umgeschrieben. Ab dann läuft alles wie bei der normalen PCR, weswegen es hier auch nicht unterschieden wird.

Die quantitative Echtzeit-PCR, die qPCR, ersetzt immer mehr die konventionelle PCR, weil sie weniger arbeitsaufwendig ist: Sie braucht keine Nachanalyse im Agarose-Gel. Vor allem erlaubt sie, den Fortschritt der Polymerase-Kettenreaktion während ihres Ablaufs zu überwachen, ohne die Reaktionsgefäße öffnen zu müssen. Das funktioniert dadurch, dass es neben den beiden Primern in der real-time PCR auch eine DNA-Sonde gibt. Die Sonde ist genau wie die Primer nichts weiter als ein kleines einzelsträngiges DNA-Molekül, allerdings trägt sie zusätzlich Farbstoffmoleküle. Sie bindet zwischen den Primern an die Template-DNA. In der Extensionsphase steht die Sonde der Taq-Polymerase im Weg, woraufhin diese die Sonde etwas lieblos behandelt und in kleine Stücke zerhackt. Dabei findet an der Sonde eine Farbumwandlung statt – dadurch, dass die Farbstoffmoleküle nun nicht mehr an einem einzelnen intakten Sondenmolekül hängen. Die Farbumwandlung kann man während der Reaktion messen.

Generell kann man sagen: Wenn eine Menge DNA hergestellt wurde, die man im Agarose-Gel mit dem Auge sehen kann, dann kann man in der real-time PCR auch die Farbumwandlung der Sonde nachweisen. Allerdings geht das ohne Öffnen der Reaktionsgefäße: Man schaut einfach mit einem Lichtmessgerät durch die durchsichtige Plastikwand der Gefäße hindurch.

===

Das alles geht sehr ins Detail, aber weil es nie besonders lange dauert, bis jemand auftaucht, der ganz genau weiß, dass SARS-CoV-2 nicht echt ist und die Pandemie nur erfunden, schadet es nicht, das einmal zu erwähnen. Vor allem, weil die Begründung der Leugner meist ist: Es gibt sehr viele falsch positive Reaktionen.

Richtig ist, dass PCRs falsch positive Reaktionsergebnisse liefern können. Falsch allerdings, dass es sehr viele sind. Im Gegenteil: Das passiert nur äußerst selten, wirklich selten, und eigentlich gibt es dafür nur drei mögliche Gründe.

Erstens kann im Krankenhaus oder im Labor ein Flüssigkeitströpfchen aus der einen Patientenprobe in die andere geraten, etwa wenn man aus Versehen die Deckel von Probengefäßen vertauscht. Menschliche Fehler kommen vor, die kann keiner ausschließen, aber deswegen macht es auch nicht jeder, sondern es gibt eine Ausbildung und Qualitätssicherung im Labor. Zweitens können PCR-Produkte nach der Reaktion in die Gefäße der nächsten Reaktion geraten und diese dann falsch positiv werden lassen. Früher kam das immer mal wieder vor, weil man die Reaktionsgefäße zur Analyse öffnen musste. Mittlerweile ist das Problem aber eigentlich nicht mehr existent, weil, siehe oben, die real-time PCR ein geschlossenes System ist. Drittens kann die Farbänderung an der DNA-Sonde in der real-time PCR in ganz seltenen Fällen zufällig geschehen, etwa weil sich ein Sondenmolekül selbst als Primer in ein PCR-Produkt eingebaut hat. Aber auch hier gilt: Das ist äußerst selten, so selten, dass es eine Rarität ist. Die PCR reagiert in Wahrheit sehr zuverlässig nur dann, wenn sie es auch soll.

Abgesehen davon ist eine positive Reaktion noch längst keine positive Diagnose. Wenn im Labor eine PCR positiv reagiert, wird das überprüft. Im Fall von SARS-CoV-2 bedeutet das: Eine PCR ist eine Doppeltestung. Was wiederum heißt, dass zwei voneinander unabhängige PCRs gemacht werden, die zudem auch verschiedene Gene des Virus nachweisen. Wenn nur eine positiv ist, wird der Test meist wiederholt. Da falsch positive Reaktionen immer schwach positiv sind, werden schwache Reaktionen grundsätzlich in Zweifel gezogen, vor allem dann, wenn sie nur bei einer von beiden Parallelreaktionen auftreten. Die Testung wird dann aus der gleichen Probe wiederholt. Außerdem kann man in diesen Fällen mit einer dritten unabhängigen PCR testen.

All das passiert, bevor überhaupt ein Befund, also eine medizinische Diagnose, herausgegeben wird. Dazu kommt oft weiteres Wissen, beispielsweise über die Ergebnisse einer Antikörpertestung beim selben Patienten oder die Kenntnis einer Voruntersuchung mit der PCR ein paar Tage vorher.

Bewertet wird von Laborärzten also nicht nur das Testergebnis aus der PCR-Maschine, sondern der gesamte Diagnostikfall – und der geht dann in die Meldestatistiken des RKI ein. Als Diagnose, nicht als rohes Testergebnis.

Zudem: Überall wo es gelungen ist, die Inzidenz auf annähernd null zu senken – Neuseeland und Australien, Südkorea und Singapur –, wurden über Monate jeden Tag Hunderttausende PCRs gemacht, ohne auch nur eine falsch positive Diagnose zu bekommen, selbst wenn in seltenen Fällen der eine oder andere PCR-Test mal ein falsch positives Signal gibt.

Der Unterschied zwischen PCR-Test und COVID-19-Diagnose ist wie der Unterschied zwischen einem EKG und einer Herzrhythmusstörung. Und da behauptet ja auch niemand, dass es keine Herzrhythmusstörungen gibt, nur weil EKGs in sehr seltenen Fällen fehleranfällig sind.

===

Dass die PCR Virus-Erbgut nachweist, heißt im Fall von SARS-CoV-2 auch, dass eine Infektion vorliegt.

Viren leben nicht. Sie müssen Menschen infizieren, um zu existieren – und um nachgewiesen werden zu können. Tote Viren kann man zwar rein theoretisch einatmen, aber die PCR könnte sie nicht nachweisen, es wären einfach zu wenige. Eine aktive Vermehrung, eine Infektion also, ist zwingend nötig. Und die PCR kann auch kein menschliches, bakterielles oder anderes virales Erbgut im Patienten mit der von SARS-CoV-2 verwechseln, dazu ist das Erbgut zu einzigartig, die PCR zu spezifisch.

===

Thushira Weerawarna hat Hunger.

Er hatte einen Kaffee zum Frühstück, es war wenig Zeit. Seit zehn Stunden wechselt er zwischen Seminarräumen und Intensivstation. Er lernt Kollegen an, erneut, weil nur Wiederholung besser macht, und erklärt die Sauerstoffsättigung im Blut. Aufgemalt auf großen Tafeln, in

Kreisen und Kringeln und vielen Zahlen und Beispielen, denn am Ende ist Überleben auch nur Mathematik.

Weerawarna trägt einen weißen Kittel während der Workshops, blaue Hosen, Krankenhauskleidung, wie er das gewohnt ist, aber in Brașov ist das Bild uneinheitlich. Man trägt, was man eben hat. Lila, rot, weiß, grün, sehr dunkles Blau und sehr helles, manchmal auch mit Streifen auf der Kleidung, und ein stilisiertes Blümchenmuster ist auch dabei. Die Angestellten müssen ihre Kleidung selber kaufen.

»Also«, sagt Weerawarna. Wenn er redet, hat er die Schläuche des Beatmungsgerätes in der Hand, und manchmal legt er den Kopf in den Nacken und zeigt, wie man die Schläuche auf keinen Fall einführt, wie der Kopf auf keinen Fall liegen soll. Die Maschine ist die Spende eines Freundschaftsvereins, Deutsch-Rumänische Gesellschaft Pforzheim, 40 000 Euro teuer. Weerawarna spendet sich selber. Geübt wird erst mal ohne Patienten, aber zur praktischen Erklärung geht es schnell auf die Station.

Ein Mann liegt dort, er tanzt auf der Matratze hin und her. Es ist mehr Aufpumpen als Beatmen. Sein Kopf ist nach hinten gestreckt, etwas seitlich, »Hm«, macht Weerawarna. Der Kopf liegt tiefer als der angespannte Oberkörper, der ein paar Zentimeter über der Matratze schwebt. Die Arme hängen an ihm wie vertrocknete Äste. Auf der Lunge lastet zu viel Druck. Der Beatmungsmodus muss angepasst werden und die Sauerstoffmischung ebenfalls. Zu viel Druck oder Volumen kann die ohnehin schon sehr mitgenommene Lunge weiter schädigen. »Viel hilft viel« ist möglicherweise eine gute Idee, am Wochenende beim Feiern in einem Bierzelt beim Feuerwehrfest, bei der Beatmung aber nicht wirklich ideal. Der Grat zwischen Nutzen und Schaden ist schmal – zumal jeder Patient anders reagiert. Weerawarna will das nicht einfach verfügen. Es soll auf keinen Fall nach kolonialer Geste klingen. Nicht nach »Ich weiß, was zu tun ist, und deswegen macht ihr es mal besser so«, weil man damit in der Regel das Gegenteil erreicht.

Er sagt: »Ich bin hier, um von euren Erfahrungen zu lernen.«

Er fragt: »Wie macht ihr es denn zum Beispiel bei ihm hier?«

===

Zehn bis zwanzig Atemzüge pro Minute sind normal. Bei mehr als dreißig schwebt der Patient in Lebensgefahr. Der gesamte Oberkörper arbeitet dann, um Sauerstoff in die Lunge zu bekommen und die Atmung zu unterstützen, Nacken- und Brustmuskeln zittern, selbst die Arme können rudern. Wenn sich die Haut beim Einatmen zwischen die Rippen zieht und wieder ausdehnt, sind die Lungenbläschen so verstopft, ist die Entzündung so weit fortgeschritten, dass man das sogar hören kann: Weil die Flüssigkeit sich in den Lungenbläschen sammelt, rasselt es beim Atmen. Auf dem Röntgenbild sieht eine Lungenentzündung weiß aus, wie ein Schneesturm, weil die verstopften Lungenbläschen die Strahlen absorbieren.

===

Wer viele Filme sieht oder Serien, der könnte denken, dass Beatmen von Polizisten durchgeführt wird, gerne auch: Polizistinnen, blond, Pferdeschwanz, die jemanden, der gerade in einen See gefallen ist oder mit dem Auto ins Meer gefahren, ein bisschen in den Mund pusten. Der Patient spuckt und würgt, es kommt Wasser und Speichel, und nach wenigen Sekunden berappelt sich der Beatmete, erinnert sich an alles und macht weiter mit seinem Leben. Der Käse ist gegessen, und alles ist gut. Keine große Sache.
Stimmt so nicht ganz.
Beatmen bedeutet: Das Virus hat gewonnen. Eigentlich. Niemand geht kurz ins Krankenhaus, lässt sich schnell beatmen und verabredet sich am Abend mit Freunden zum Bier. Beatmung ist keine Behandlung wie Aspirin, und der Kopfschmerz ist weg. Es ist eigentlich überhaupt keine Behandlung, sondern ein Überbrücken. Der Versuch, den Tod so lange aufzuschieben, bis der Körper ihn verhindern kann. Beatmen ist einerseits Hightech, die Maschinen, die Medikamente und die Menschen, und andererseits ein Zurückversetzen in eine Zeit, da es keine andere Option gab als Hoffen und Beten. Eine Verzögerung des Sterbens, so lange, bis man eben nicht mehr stirbt.
Atmet ein Gesunder ein, verkürzt sich der Atemmuskel, der Brust- und Bauchhöhle trennt: das Zwerchfell. Der Brustraum wird vergrößert, die Lunge dadurch erweitert und Unterdruck erzeugt – durch den

der Sauerstoff in die Lunge fließt. Die Bronchien in den Lungenflügeln verzweigen sich in immer kleinere Verästelungen. An ihrem Ende sitzen rund 300 Millionen Lungenbläschen. Weil deren Wände sehr dünn sind und sie von einem feinen Netz aus Blutgefäßen umgeben sind, wechseln die Sauerstoffteilchen dort ins Blut und weiter, über das Herz, in alle Zellen des Körpers. Kohlendioxidreiches und sauerstoffarmes Blut, das von den Zellen des Körpers kommt, nimmt den entgegengesetzten Weg und wird in der Lunge wieder mit Sauerstoff angereichert. Beim Ausatmen entspannt sich das Zwerchfell. Die Lunge zieht sich zusammen, der Austausch zwischen drinnen und draußen setzt sich fort.

Eine Beatmungsmaschine kann keinen Unterdruck erzeugen. Stattdessen leiten die Maschinen mittels Überdruck Sauerstoff in die Bronchien. Das kann, muss aber nicht klappen, denn manchmal wehrt sich die Lunge gegen die Beatmung.

Letztlich ist Beatmung ein Reinpusten. Und dafür ist die Lunge nicht gemacht. Durch die Beatmung wird das Gewebe manchmal hart und fest. Lungenbläschen überblähen. Luft geht rein, aber keine mehr raus. Narbengewebe entsteht. Um überhaupt noch Sauerstoff ins Blut zu bekommen, muss der Druck erhöht werden. Aber je mehr das Gerät arbeiten muss, um eine normale Sauerstoffversorgung und gleichzeitig die Entfernung von Kohlendioxid gewährleisten zu können, desto wahrscheinlicher ist es, dass gesunde, normale Bereiche der Lunge geschädigt werden. Es ist eine Gratwanderung: Wenn Luft mit zu viel Druck oder in zu großer Menge in die Lunge gepresst wird, kann sie überdehnen. Es kommt vor, dass Lungenbläschen reißen, selten, aber es passiert, und Luft sich rund um die Lunge ansammelt, so dass der Lungenflügel kollabiert. Die Lunge kann dann in sich zusammenfallen. Bei zu wenig Druck steigt der Kohlendioxidgehalt, dann funktioniert der Gasaustausch nicht. Ist der Druck zu hoch, ist es möglich, an der Beatmung zu sterben. Weil die Lunge zerstört wird. Ist der Druck zu niedrig, ist es möglich, an der Beatmung zu sterben. Weil die Gase nicht ausgetauscht werden. Zudem kann zu viel Sauerstoff die Lunge schädigen, können zu viele Radikale entstehen, es kommt zu Entzündungen im Lungengewebe.

Nach ein paar Wochen an der Maschine ist Treppensteigen das neue Bergsteigen.

Wer beatmet wird, ist Teil einer Maschine, mit der er verschmilzt. Aber ein Bett und ein Beatmungsgerät sind noch lange kein Beatmungsplatz. Ohne Team, das die Maschine bedienen kann, ist sie nutzlos. Dabei ist die Beatmung selbst nur eine Reaktion auf den Wert der Sauerstoffsättigung im Blut. Er zeigt an, wie hoch der Anteil der roten Blutkörperchen ist, die mit Sauerstoff angereichert sind. 98 Prozent oder 99, noch besser 100, das ist normal. Alles unter 97 Prozent ist suboptimal, und 90 klingt zwar gut, neun von zehn Schüssen gehen ins Tor, aber das reicht dem Körper bei weitem nicht, und dann hat man ein echtes Problem.

Wenn es eng ist im Mund, bricht beim Einführen des Beatmungsschlauchs manchmal der Kiefer, oder die Vorderzähne brechen ab, aber das ist ein kleineres Problem und zumindest nicht tödlich. Oft müssen Blutverdünner gegeben werden, weil jeder, der rumliegt und sich nicht bewegt, automatisch thrombosegefährdet ist, und im Fall von Covid-19 wird das Blut aller Patienten verdünnt, weil es bei der Krankheit zu kleinen Blutgerinnseln in der Lunge kommt.

Und weil ja immer eins am anderen hängt, kann das zu inneren Blutungen führen. Um weniger Druck auf die Lunge zu bekommen und die Luftverteilung zu ändern, werden Patienten immer wieder auf den Bauch gedreht. Dabei kann der Beatmungsschlauch verrutschen. Reanimieren geht allerdings nur in Rückenlage.

In Deutschland dauert die künstliche Beatmung durchschnittlich rund zwei Wochen. Das ist schnell. Und weil das Zwerchfell auch nur ein Muskel ist, gilt für ihn, was für andere Muskeln auch gilt: Wird er nicht trainiert, verkümmert er. Weil die Lunge sich an die Hilfe der Maschine gewöhnt hat, muss das Atmen neu gelernt werden.

Das alles gilt allerdings nicht, wenn man mit seinem Auto ins Hafenbecken fährt und kurz danach von einer blonden Polizistin mit Pferdeschwanz gerettet wird.

===

Alle nicken, wenn Weerawarna etwas erklärt, er hat es einfacher, weil er zwar Deutscher ist, aber nicht blond und blauäugig, und weil er heißt, wie er eben heißt, und das nicht besonders deutsch klingt. Weerawarna kommt nicht aus einer dieser Kleinstädte im Südwesten, die mit -ingen enden, aber er redet mit schwäbischem Akzent. Er ist aus Sri Lanka eingewandert, vor Jahrzehnten schon, er ist etabliert, und das finden die Rumänen gut, geht also. Wenn der das kann, hören wir ihm mal zu. Er ist gerne in Rumänien, gerne in der Klinik in Pforzheim, Arzt aus Leidenschaft. Lungenarzt, weil er das am sinnvollsten findet, schließlich kann man ein paar Wochen ohne Nahrung überleben. Selbst ohne Wasser ein paar Tage. Ohne Lungenfunktion ... na ja.

Weerawarna kommt erst mal für ein halbes Jahr nach Deutschland, das ist der Plan, zum Studieren. Sein Vater ist Arzt, das will er auch machen. Ein Onkel von ihm wohnt in Bonn. Der ist im Land, weil er eine Ehekrise hat, 1977, er muss mal raus, und weil er großer Fan ist von Daimler, beschließt er, sich mal das Land anzusehen, das so tolle Autos baut. Er setzt über nach Indien, kauft sich einen Daimler, packt ins Auto, was man eben braucht für eine lange Reise, und fährt bis nach Bonn. Gefällt ihm gut, er bleibt. Weerawarna ist beeindruckt von seinem Onkel, dass er Dinge durchzieht, und immer wenn der zu Besuch kommt und mit Freunden aus diesem anderen Land telefoniert, spricht er eine Sprache, die in Sri Lanka niemand versteht. Weerawarna ist 19 Jahre alt, hat gerade Abitur gemacht, und Sri Lanka ist ihm zu klein. Warum nicht mal den Onkel besuchen und sich diese Sprache aus der Nähe anhören?

Er hat wenig Geld, die Tante schenkt ihm eine Jacke – und alle gucken, immer. Tolles Land, denkt er. Alle so interessiert an mir. Und merkt Wochen später, dass er einen Frauen-Blouson trägt, Bündchen, endet kurz unterm Bauchnabel. Am ersten Tag nimmt sein Cousin ihn mit zu McDonald's. Er isst zwei Cheeseburger und weiß: alles richtig gemacht. Er sagt: »Ich dachte, ich bin im Himmel.« Weil er kein Wort Deutsch kann, macht er einen Sprachkurs bei der Caritas. »Hat nur fünf Mark gekostet«, sagt er, er ist schon ganz Schwabe. Er erzählt, er will Medizin studieren, und alle lachen ihn aus. Und dann bekommt er einen Studienplatz in Marburg.

Weerawarna steht vor dem Bett, der Mann hat Sonden auf der Brust und Schläuche in Nase und Mund. An der Wand vor der Tür der Station sind Spender mit Desinfektionsmittel angebracht, aber immer wenn jemand sie benutzen will, geht alles auf den Boden. Der Arm des

Spenders ist zu kurz. Weerawarna sagt: »Jetzt alle noch mal die Hände desinfizieren«, und hofft, dass es jemand merkt und die Aufhängung verändert.

Er muss dringend was essen.

Gegenüber gibt es Cheeseburger.

===

Mirjam Knörnschild hat Foxi am Arm hängen, Riesenflughund, eigentlich aus Indien, zutraulich und sympathisch und ziemlich anhänglich, und das gilt im Wortsinn. Das Tier wohnt in einem verglasten Flugraum, zusammen mit anderen Fledertieren, aber jetzt hängt es an ihren Schultern, groß wie ihr Unterarm, klettert an ihrer Jacke hin und her, beschnüffelt Hände und Haare und nuckelt an ihren Fingern.

Knörnschild steht im Hof des Fledermauszentrums, die Kalkberghöhe ist Teil ihrer Forschung, sie ist öfter mal da. Gute Infrastruktur, viele Tiere. Man muss nicht im Dschungel übernachten, und Jetlag hat man auch nicht. Alle Daten, die sie hier erhebt, fließen ein in eine große Sammlung, die ihre Arbeitsgruppe in Berlin aufbaut. Daten von Tieren aus allen Teilen der Welt werden dort gesammelt, mit dem Ziel zu verstehen, wie soziale und akustische Komplexität von Fledermäusen miteinander zusammenhängen. Letztlich geht es darum, die Ökosysteme zu verstehen, in denen sich die Tiere bewegen. Mit Viren hat das auf den ersten Blick wenig zu tun, auf den zweiten aber schon, denn nur wenn man weiß, wie die Tiere sich in ihrem Lebensraum verhalten, weiß man auch, ob und vor allem wie sie als Überträger in Frage kommen.

Ein paar Fledermäuse fliegen vorbei. Im Hintergrund der Kalkberg, früher 120 Meter hoch, jetzt nur noch 91, weil aus dem Rest Gips produziert wurde, aber immer noch sehr imposant. Eine Doktorandin klettert irgendwo dort oben, ihre Taschenlampe wackelt im Dunkeln. Fünfzehn Fledermausarten gibt es in Schleswig-Holstein, in Deutschland 27, aber ein paar sind nur ab und an zu Besuch. Und um die Zahlen noch komplett zu machen: In Europa sind es um die 53 Arten, das kommt darauf an, ob man den Kontinent meint oder das politische Europa, und weltweit 1423. Fledertiere machen fast ein Viertel aller bekannten Säugetierarten aus. Foxi wohnt in Bad Segeberg, um Sympathiepunkte zu sammeln, stellvertretend für alle anderen, und sie schafft das mit Leichtigkeit. »Hier«, sagt Knörnschild und reicht das Tier rüber. Man muss vorsichtig sein, es ist alles sehr zerbrechlich. Sie sagt: »Ich muss da gleich mal gucken gehen«, und meint die wackelnde Taschenlampe.

In Bad Segeberg fangen sie keine Tiere, um sie zu markieren und mit Sendern auszustatten. In so großen Kolonien ist das nicht sinnvoll, weil man schnell den Überblick verliert und einzelne Individuen in der großen Masse nicht aussagekräftig genug sind. Da geht es dann eher darum, warum die Tiere überhaupt in die Höhle kommen und warum sie ein paar Wochen vorher kommen, gucken und dann wieder verschwinden, bevor sie überhaupt einziehen. Es gibt ein paar Theorien, aber letztlich liegt die Motivation der Tiere im Dunkeln. »Das ist noch nicht genau verstanden«, sagt Knörnschild.

Was man weiß: Höhlen sind ein riesiger Umschlagplatz. Partner, Neuigkeiten, Viren. Dabei ist das gerade virologisch in Deutschland nicht besonders aufregend, weil es die Seuchen, die wir mit Horrormeldungen in Verbindung bringen, in Fledertieren hierzulande nicht gibt. Dem Image hat es trotzdem nicht geholfen.

Blutsauger, immer im Dunkeln unterwegs, das hat eine Tradition, Unglaube und Unordnung, Seelen fliegen nachts umher, weiß man ja, und worin sollen die sonst unterwegs sein, wenn nicht in Fledermäusen? Das allerdings ist keine Erfindung der modernen Christenheit. Schon im alten Rom schreibt ein Mann namens Divus Basilius: »Die Natur der Fledermäuse ist mit der des Teufels blutsverwandt.« Weil irgendeine Verbindung zur jenseitigen Welt besteht, besitzen Fledermäuse selbstverständlich magische Kräfte, und so wird Jungrittern im Mittelalter nahegelegt, gottesfürchtigen Mädchen Fledermausblut einzuträufeln, wenn sie durch sonst nichts von der Ehe zu überzeugen sind. Fledermauskonsum wird gegen Blähungen empfohlen, und außerdem regt er den Fluss der Muttermilch an. Und falls man schlecht schläft: einfach mal eine Federmaus kauen. In Südosteuropa wird zudem lange gedacht, dass die Pest kommt, wenn viele Fledermäuse gesichtet werden.

»Fledermäuse und Viren«, sagt Knörnschild, »ist vermutlich eine

Verbindung, die man ziemlich schnell zieht.« Beides irgendwie unheimlich. Beides irgendwie unverstanden.
Und beides viel wichtiger, als man denkt.

===

Drosten kommt früh ins Büro und geht spät, und am Wochenende ist er meistens auch da, und wenn nicht, dann sitzt er in diesen Tagen zu Hause in seinem Arbeitszimmer, rechts eine Wand voller Bücher, links ein paar Gitarren, und liest Paper. Die Fälle nehmen zu, aber immer noch ist die Debatte in erster Linie wissenschaftlich geprägt und nicht von konkreten Maßnahmen bestimmt. Und dazu gehört: Wie nennen wir das Ding?

Zuständig für die Benennung von Viren ist das International Committee on Taxonomy of Viruses, ICTV, Internationales Komitee für die Taxonomie von Viren, gegründet vor über fünfzig Jahren, um die Namen von Viren zu standardisieren, verbindlich, die Übersicht zu bewahren in einer immer globalisierteren Forscherwelt, damit alle wissen, wovon geredet wird – und ein Virus in Asien nicht einen anderen Namen bekommt als in Nordamerika, obwohl es das gleiche ist. Knapp 500 Virologen sind Mitglied in Dutzenden Untergruppen. Etwas weniger als sechstausend Viren sind mittlerweile benannt, einsortiert in Familien, Unterfamilien, Gattungen, und rund zweitausend Spezies. Klingt viel, ist aber wenig, weil es Schätzungen gibt, dass sich angeblich in einem Teelöffel Meerwasser etwa zehn Millionen von ihnen tummeln. Sämtliche Viren der Erde aneinandergereiht sollen eine Strecke abbilden können, die 200 Millionen Lichtjahre weit reicht, aber das ist alles sehr umstritten, weil die Anzahl der viralen Biomasse auf dem Planeten nicht wirklich bekannt ist. Zudem ist eine Definition von Virenspezies schwierig, wird teilweise willkürlich gemacht, und ein Einzigartigkeitskriterium fehlt auch. Und selbst wenn man das hat, dann sind die Grenzen ziemlich beliebig. Andererseits: Das ist meistens so, bei Artenbestimmung, egal ob das Viren sind oder Vögel.

Christian Drosten sagt: »Bei den bekannten Coronaviren in Fledermäusen wird man im Moment nicht auf tausend kommen.« Es ist völlig unklar, ob das der Beruhigung dienen soll, ob es eine Aussage ist im Sinne von »so viele sind das doch gar nicht«. Aber weil er Wissenschaftler ist und Wissenschaft aus der Sammlung von Daten besteht, ist das vermutlich einfach nur eine Zahl, ganz wertfrei. Wahrscheinlich reicht es, wenn man sich behält: Es gibt ziemlich viele Viren.

Er muss gleich noch mal die Mails kontrollieren. Sehen, was die Amerikaner meinen. Drei von ihnen sind Mitglied in der »Coronaviridae Study Group« der ITCV, die das Virus benennt, eine aus Chicago, einer von der Universität North Carolina und einer aus Iowa. Drosten ist dabei und John Ziehbur, der Gießener, er ist Vorsitzender. Dazu drei Niederländer, eine Spanierin und jeweils einer aus Hongkong und Großbritannien, und das war es schon. Mitglieder verschiedener Universitäten und Forschungszentren, allesamt unabhängige Wissenschaftler. Die anderen haben sich schon gemeldet, aber die Amerikaner sind zeitverschiebungsbedingt später dran.

Die WHO rät, bei der Benennung von Viren bitte zu bedenken, dass manche Namen negativ wirken, gerade wenn das Zeug ziemlich tödlich ist, weil es Vorurteile bilden und zementieren kann. Der Fluss Ebola, beschaulich in Nord-Ubangi im Kongo gelegen, wird vermutlich keine Touristenattraktion werden, und die Spanier fanden die Namensgebung »Spanische Grippe« auch immer suboptimal. Mehr technisch soll der Name sein, vielleicht die Krankheit beschreiben, wenn es geht in generischen Ausdrücken. Und das ist einerseits verständlich, löst aber andererseits auch Kritik aus, weil ein Virus, das einen Namen trägt, der wie die Gebrauchsanweisung eines Fernsehgerätes klingt, auch dieselbe emotionale Bindung schafft, nämlich keine, Farbbrillanz, Konnektivität, Lungenentzündung, neurologische Schäden. Und das ist möglicherweise ein Problem und nicht im Sinne von Wissenschaft, weil es entfremden kann und suggeriert, dass Viren mit Menschen nichts zu tun haben, wenn sie reduziert werden auf ein paar Nummern und Buchstaben.

Drosten geht in sein Arbeitszimmer und klappt den Rechner auf. Die Mails sind alle da. Mal sehen. Das Ganze zieht sich, alle Mitglieder haben schon ein paarmal telefoniert. Und eigentlich ist völlig klar, dass das neue Virus innerhalb der Definition der Spezies liegt. Das Genom ist ähnlich, aber doch so unterschiedlich, dass es eben gerade noch in die Definition der Spezies passt – es gibt bestimmte Proteine im Genom, die man hinsichtlich ihrer Unterschiedlichkeit klassifiziert. Letztlich bedeutet das nur: Wie viel Abweichungen sind dort? Im Fall des neuen Virus ist klar, dass es nicht wirklich ein neues Virus ist, sondern in allen Proteinteilen so nah mit den anderen SARS-ähnlichen Viren verwandt ist, dass man es als Teil von ein und derselben Spezies betrachten muss. Daran ändert auch nichts, dass es sich dann innerhalb dieser Spezies durchaus von den anderen SARS-ähnlichen Viren unterscheiden lässt, auch von SARS1. Es ist wie auch sonst bei Arten: Untergruppen und Individuen kann man natürlich unterscheiden, aber alle stehen miteinander in Verbindung. Also muss man dem neuen Virus den Namen »SARS« geben. Und trotzdem wird diskutiert. Vielleicht ist der Name ja doch zu politisch?

Abgestimmt wird am Ende ganz demokratisch, die Mehrheit gewinnt, jeder hat eine Stimme. Es wird intensiv diskutiert und dadurch ein Konsens gebildet, hart gegeneinander gestimmt wird nicht, das ist in akademischen Gremien nicht üblich, die besten Argumente setzen sich durch, die Zweifler schließen sich ihnen am Ende an. Abstimmungen sind daher meist einstimmig. Aber bevor hier etwas entschieden wird, muss noch der Brief diskutiert werden, der aus China kam. Eine Handvoll Wissenschaftler dort spricht sich gegen eine Verbindung des neuen Virus mit SARS aus, kann ja sein, dass das Genom ähnlich ist, aber der Name macht doch nur Trubel. Kann man das nicht einfach neuartiges Lungenentzündungsvirus nennen? Es ist alles sehr umständlich formuliert, und ob dahinter eine Anordnung steht oder nicht, von wem auch immer, können die elf nicht beurteilen, und abgesehen davon: Es ist Wissenschaft, nicht Politik, und das sollte der Maßstab sein. Sieht so aus, als ob sich eine Richtung abzeichnet. In den Mails der Kollegen klingt das so, aber richtig deutlich in einen Satz gepackt hat es noch keiner. Müssen sie die Tage wohl noch mal telefonieren.

Immerhin, denkt Drosten. Und dann sieht er, dass es danach weitergeht. Die nächste Runde, die nächste Frage: Wie bezeichnet man den Virusstamm? SARS-CoV-2? Oder doch lieber SARS-CoV-B? Oder vielleicht SARS2-CoV? Oder lassen wir es einfach bei 2019nCoV? Dann wäre auch SARS wieder nicht erwähnt und die politische Komponente mit abgedeckt.

Drosten stöhnt. Er antwortet später.
Er klappt den Rechner zu.

===

Die Liste der Krankheiten ist lang, die unter Beteiligung der oberen Atemwege ablaufen, unter Beteiligung des oberen Respirationstrakts. Sie sind teilweise völlig unterschiedlich, und ihr Schweregrad variiert stark. Virusinfektionen dominieren, aber auch manche bakteriellen Infektionen werden so übertragen.

Neben der Tröpfcheninfektion gibt es die aerogene Infektion, *droplet infection* und *airborne transmission*. Weil beides durch die Luft kommt und die Einsortierung für diejenigen, die erkranken, völlig egal ist, wird das oft verwechselt, dabei ist die Erkenntnis nicht wirklich neu. Sie wird erstmals Ende des 19. Jahrhunderts von Carl Flügge entwickelt, Bakteriologe und Hygieniker aus Hannover, und in den 1930ern von dem Amerikaner William Wells verfeinert: Tröpfchen sind größer und schwerer, weswegen sie sich relativ schnell auf die unmittelbare Umgebung übertragen. Weiter als einen Meter verbreiten sie sich selten, und es kann zwar sein, dass sie auf den Boden absinken, dort, je nach Erreger, Stunden oder Tage infektiös bleiben und durch Zufälle und Luftströme, Staubsaugen zum Beispiel, wieder aufgewirbelt werden und jemanden infizieren, aber dann läuft es schon sehr blöd. Normalerweise treffen sie direkt auf die Schleimhäute.

Bei der aerogenen Übertragung geht es weniger um Husten und Niesen als um Sprechen, wobei die Übergänge fließend sind. Letztlich sind es feinste Teilchen, Mikropartikel, die so leicht sind, dass sie länger in der Luft schweben und dadurch noch leichter werden und noch länger in der Luft bleiben können, weil ihre Wasserhülle verdunstet. Übrig bleiben dann infektiöse Tröpfchenkerne, und das macht den Schutz gegen sie kompliziert. Wegen ihrer geringen Größe können sie bis zu fünfzig Meter weit fliegen. Und während große Tröpfchen von den oberen Schleimhäuten abgefangen werden, haben die Kerne das Potenzial, in die Tiefen des Respirationstrakts einzudringen. Tief in die Lunge.

===

Die Menge an Aerosol, die man beim Singen oder lautem Sprechen ausstößt, ist etwa eintausend Mal höher als das, was man wegfliegen sieht.

===

Manchmal, sagt Mirjam Knörnschild, das kann sie kaum aussprechen, sie verzieht das Gesicht, es tut ihr fast körperlich weh, hat jemand die Idee, alle Fledertiere umbringen zu wollen, wegen der Viren, das ist ja alles so gefährlich. Es gibt Videos aus Afrika, in denen Polizisten mit Wasserwerfern in Flughundkolonien feuern, und dann sieht man Passanten, die schwerverletzte Tiere zu Tode treten. Man kann sich das kaum ansehen, wenn man ein wenig Empathie hat, und das ist auf allen möglichen Ebenen falsch, ökologisch, ökonomisch, medizinisch, moralisch. Knörnschild steht im Hinterhof in Bad Segeberg, Arbeit getan, sie trinkt eine Cola, und schüttelt sich bei den Gedanken an diese Videos.

Wenn sie in Mittelamerika arbeitet, Costa Rica und Panama, auf einer Insel mitten im Panamakanal, Barro Colorado Island, fünfzehn Quadratkilometer Regenwald, seit hundert Jahren Naturdenkmal, keine Einwohner, eine Forschungsstation, ist sie vier Wochen am Stück im Dschungel. Dann ist sie nicht nur bei Fledermäusen, sondern weg aus der Welt, und das ist hin und wieder gar nicht so schlecht. Sie ist gerne unter Leuten, nicht falsch verstehen, aber eben auch gerne mal nicht, und das Beste aus beiden Welten wählen zu können, findet sie gut. Sie sitzt dann auf dem Boden im Dschungel, Laptop auf dem Schoß, Richtmikrophone in Richtung der Tiere, beobachtet und hört zu. Sonst nichts. Denn weil man erst aus der Beobachtung eine Hypothese bilden kann und Verständnis nur aus einer Grundlage erwächst, die man zuerst erheben muss, ist gerade der Anfang der Erforschung einer neuen Kolonie eine sehr ruhige Angelegenheit.

Die Tiere, mit denen sie in erster Linie arbeitet, seit rund fünfzehn Jahren, Große Sackflügelfledermaus, riesiges Verbreitungsgebiet über das ganze mittel- und südamerikanische Tiefland, Kulturfolger, werden schnell zahm, wenn man sie in Ruhe lässt. Es sind kleine Kolonien, fünfzig Tiere maximal, bekannt dafür, dass sie gerne »schwätzen«, das heißt wirklich so. Sie haben ein überdurchschnittlich hohes Repertoire an Lauten, sind sehr gesellig und ortstreu. Nette und sympathische

Tiere, sie hängen an Bäumen und an Hauswänden, und manchmal auch an Wohnungstüren aus Holz, wenn es dort schön muckelig ist, tun keinem was und fressen Insekten weg.

Und sie tragen nicht mal Viren in sich, die für Menschen in irgendeiner Form relevant sind. Und dann diese Videos.

»Puh« macht sie. Schnell ein anderes Thema.

===

Ob Fledermäuse wirklich unverhältnismäßig viele Viren beherbergen, weiß kein Mensch. Während das manche Studien behaupten, sind andere viel vorsichtiger und gehen davon aus, dass die vielen Virenentdeckungen in Fledertieren nichts damit zu tun haben, dass es übermäßig viele Viren in den Tieren gibt – sondern an der Masse der Tiere und den vielen Studien, die mittlerweile erstellt werden. Untersucht man viele Tiere einer Gattung, in der es viele Arten gibt, findet man demnach zwangsläufig viele Viren, und ihre Anzahl wäre insgesamt nur durchschnittlich und erwartbar.

Fledermäuse hätten dann einfach das Pech, von Viren besiedelt zu sein, nach denen wir zufällig suchen. Denn in der Wissenschaft gibt es Moden und Trends wie überall sonst auch. Und in den letzten Jahren war es eben modern, bei Fledermäusen zu suchen. Aber wer viel sucht, der findet auch viel. Das kann jeder unter seinem Sofa ausprobieren.

Bei Fledermäusen zu suchen, ist allerdings insofern logisch, da sie Säugetiere sind – und wir auch. Die Wahrscheinlichkeit, dass deren Viren irgendwann den Wirt wechseln, ist größer als bei anderen Viren, etwa denen von Fischen, weil das ein zu großer genetischer Sprung wäre. Weil es aber unmöglich ist, alle Säugetiere einzufangen, konzentriert man sich auf diejenigen mit der höchsten Artenvielfalt: Fledertiere. Wobei man dann eigentlich Nagetiere untersuchen müsste, denn von ihnen gibt es noch mehr Arten. Betrachtet man Nagetiere und Fledermäuse allerdings gemeinsam, dann hat man mehr als die Hälfte aller bekannten Säugetierarten im Blick. Und mit ihnen ihre Viren.

Nur ist eine Fledermaus sehr viel einfacher zu fangen als eine Feldmaus. Weswegen das sehr viel weniger Forscher tun.

Zwar scheint die Diversität von Viren in Fledertieren am höchsten zu sein, aber selbst das ist nicht sicher. Und selbst wenn die Diversität hoch ist, heißt das erst mal nichts außer: Es gibt ganz schön viele. Ein Spillover findet nicht statt, nur weil es viele sind.

Ob es daher sinnvoll ist, ständig in Fledermäusen nach Viren zu suchen, ist eine ganz andere Frage. Kann sein. Genauso kann es sein, dass sich die nächste Virologen-Generation fragt, was damals der Blödsinn mit den Fledermäusen eigentlich sollte.

===

KAPITEL DREI
Der Flügelschlag eines Schmetterlings

Die Frage, wie Leben funktioniert, ist eigentlich nicht beantwortet, aber wichtig ist ja, dass es klappt. Nicht jedes Upgrade macht Dinge auch besser. Schulen werden geschlossen, und keinen interessiert es. Urin kann zaubern. Ein Schwein ist ein problematisches Tier, ein Cockerspaniel dafür die Zukunft.

Amerikaner erfinden content marketing, und das nervt bis heute. Schuld sind immer die anderen. Ant-Man wohnt am Rhein. Es gibt zu wenig Sex, das kann ja nicht gut sein. Eine Gartenschere spielt eine tragende Rolle, aber irgendwo in diesem Kapitel ist ein Hinweis auf Jörg Fauser versteckt.

Und wenn jemand Modern Talking mag, dann ist das auch noch dreißig Jahre später völlig unerklärlich.

Das Telefon klingelt, und die Anruferin landet automatisch im Sekretariat. Genau wie der Heizungsmonteur und die Doktoranden und die Bürger, die einfach mal ein paar Fragen haben zu Viren. Später wird der ganze Hass dort abgeladen. Noch geht es, in ein paar Monaten wird keiner mehr ans Telefon gehen, weil es überhandnimmt mit der schlechten Laune, aber jetzt sagt die Stimme am anderen Ende der Leitung: »Hallo, hier Angela Merkel. Ist Christian Drosten zu sprechen?«

»Oh«, macht die Sekretärin, und es dauert eine Sekunde, in der sie überlegt, ob das ein Scherz ist, aber dann entscheidet sie, dass dem nicht so ist, schließlich kommt ihr die Stimme bekannt vor, und sie bittet die Anruferin, kurz in der Leitung zu bleiben, sie sagt so was wie »Das wird wohl gehen« und sie fragt mal nach. Und Angela Merkel bleibt kurz in der Leitung.

Christian Drosten ist überrascht, kein Wunder, kommt ja nicht jeden Tag vor. »Was?« »Ehrlich?« Huch. Er schüttelt sich, Merkel will mit mir sprechen. Es dauert einen kurzen Moment, er muss den Satz aus den Ohren kriegen und in den Kopf. Vom Fühlen ins Verstehen übersetzen. Er sagt: »Mit so was rechnet ja keiner.« Sicher, sagt er der Sekretärin, »wir können jederzeit telefonieren. Auch gerne sofort.« Und dann dauert es noch eine Sekunde, Angela Merkel wird durchgestellt und sie sagt: »Hallo.« Sie sagt: »Wie geht's?«

Die beiden telefonieren kurz, und dabei stellt sich heraus, dass Merkel nur fragen wollte, ob sie mal länger reden könnten die Tage, jetzt im Moment hat sie wenig Zeit, aber wann würde es Ihnen denn passen? Sie sagt: »Vielleicht ginge es ja sogar persönlich.« Sie wisse ja, sagt sie, dass im Institut immer viel zu tun sei und dass Drosten wenig Zeit habe, aber sie würde sich freuen, wenn man sich mal treffen könnte. Vielleicht ginge das. Drosten sieht sein Telefon an, wie um sich zu versichern, dass das gerade wirklich passiert. Sie fragt: »Wie wäre es morgen?« Klar, sagt Drosten und er ist noch immer völlig überrascht, und Angela Merkel erwidert, dass sie sich das gleich mal in ihren Terminkalender einträgt und sich freut.

===

Auf dem Weg zu Bernhard Misof geht es an verschiedenen Lebensräumen vorbei, Arktis, Regenwald, Savanne, Wasser, Leben ist Vielfalt, und eins kann nicht ohne das andere.

Die Treppe hoch, Vorzimmer, kommen Sie rein, er ist Österreicher, und manchmal hört man das, kommens rein, dann klingt es nach langem Plaudern im Kaffeehaus, ohne Sachertorte leider, aber er ist gleich im Thema: evolutionäre Entwicklungsbiologie. Dabei geht es um die Frage, wie Unterschiede zwischen den Organismen im Genom angelegt sind, und das führt über den Umweg von toten Tieren direkt zu Viren.

Misof leitet das Forschungsmuseum Alexander Koenig in Bonn, Gründerzeitbau, geplant als Sammlung für Vögel, und die gibt es auch immer noch, genau wie Dinosaurier und Säugetiere, dazu Gliederfüßer, also Insekten und Spinnen, alles was kriecht, ein Paradies für Ant-Man und Spiderman. Über sechs Millionen Sammlungsstücke insgesamt, eine der größten Sammlungen in Deutschland.

Die Fenster sind auf, es ist warm, aber laut, das Museum liegt an der Adenauerallee, eine der großen Straßen in Bonn. Die Villa Hammerschmidt ist nicht weit entfernt, fünf Minuten zu Fuß, was kein Wunder ist, der Museumsgründer hatte es gerne fußläufig, und das war sein Elternhaus. Ein paar Meter weiter nur bis zum Rhein. Der UN-Campus ist die Straße runter und die Rheinaue ebenfalls, alles ganz hübsch in Bonn.

Misof fängt ganz vorne an beim Erzählen, ziemlich weit zumindest, und das ist auch nicht unwichtig, denn wie bei Lebensräumen gilt auch bei Arten und Lebensläufen: Alles beeinflusst alles.

»Also«, sagt er, einmal Luft holen und los. Er hat gerade seine Diplomarbeit beendet, es ist Ende der 1980er, da wird ein Genset im Genom entdeckt, die sogenannten Homöobox-Gene. Er sagt: »Sensationell.« Misof ist seit Jahrzehnten Biologe, er freut sich immer noch über die Berufswahl, und wenn er erzählt, dann benutzt er die Hände, und er lacht viel und ist begeistert, weil er das Thema so gut findet, weil er tut, was er tut, und die Fragen nie ausgehen. Und kleiner geht es ja auch nicht: Leben und alles, was dazu gehört. »Das ist superspannend«, sagt er, er sagt das oft, ein Ausrufezeichen in einem kurzen Satz versteckt, jetzt genau hinhören.

Die Homöobox-Gene sind dafür verantwortlich, ein Koordinatensystem in mehrzelligen Organismen anzulegen. Wo ist oben? Wo ist unten? Was ist vorne? Was hinten? Was wird auf der rechten Seite angelegt und was links? Jeder Mensch hat das, aber auch jede Qualle und jede Banane. Das Genset ist sehr klein, auf etwa zwölf Gene beschränkt. Mehr ist nicht. Und die helfen mit festzulegen, wie wir aussehen, prinzipiell.

Schön und gut, denkt Misof, aber wie wird diese Information genau in den Phänotyp übersetzt, in das einzelne Individuum also? Es ist eine der großen Fragen der Biologie, und sie ist bis heute nicht wirklich beantwortet. Er sagt: »Ein unglaubliches Ding, was wir da vor uns haben.« Er meint die Größe der Aufgabe. »Ein unglaublicher Rahmen.«

Denn das, was Leben wirklich ist, was es ausmacht, ist bis heute immer noch unklar, und das meint nicht den Sinn des Lebens, nicht unseren Platz im Universum, es meint nicht irgendeine spirituelle Geschichte, ob man durch seine Kinder weiterlebt oder endlich mal den Job kündigt, den man sowieso schon lange mies findet, sondern konkret: Es meint die Biologie. Leben. »Wir können bis heute nicht allgemein erklären, was das wirklich ist«, sagt Misof.

Im Genom gibt es Gene, und auf ihnen liegt die Information, wie wir auszusehen haben. Aber die Information führt nicht zu einem vorhersehbaren Ergebnis. Es ist kein Rezept wie im Kochbuch, man nehme dies und jenes und dann bekommt man dies und das. So ist es eben gerade nicht. Obwohl das erwartbar wäre nach den Regeln der Physik.

Leben findet immer irgendwelche Wege, und die sind nicht immer gerade und erklärbar und logisch. Das Rezept läuft in Wechselwirkung mit der Außenwelt. Man macht alles wie vorgeschrieben, Eier, Butter, Milch, Mehl, und es wird dennoch anders, vielleicht liegt es daran, dass der Ofen kaputt oder eine Zutat abgelaufen ist oder das Telefon klingelt, man wird abgelenkt und der Kuchen bleibt zu lange drin, was auch immer, man weiß es nicht. Und das beeinflusst das Ergebnis. Es sind Veränderungen, die nicht in der DNA nachweisbar sind – und die trotzdem entstehen, was sich Epigenetik nennt. Kleine Änderungen in einem eigentlich unabänderlichen System. Die epigenetischen Prozesse führen dazu, dass eine große Flexibilität vorhanden ist, die wiederum dazu führt, dass jeder von uns anders aussieht. Jede Art und jedes Individuum. Vielleicht bewirken dieselben Gene, die bei uns für die Ausbildung des Kopfes verantwortlich sind, bei Schimpansen gar nichts. Oder irgendwas, das gar nichts mit dem Kopf zu tun hat.

Wissenschaftlich formuliert heißt das: Es gibt eine phänotypische Plastizität. Eine lineare Eins-zu-Eins-Übersetzung der Information von der genetischen Ebene auf die phänotypische Ebene findet nicht statt. Warum das so ist, ist nicht wirklich klar.»Das ist so komplex«, sagt Bernhard Misof, »dass es bis heute noch nie wirklich generell entschlüsselt wurde.«

Eigentlich will er gleich weiterforschen, so klingt das zumindest, aber Misof erzählt auch gerne, und die Faszination muss er teilen. »Puh«, macht er. Er findet das alles »ungeheuerlich« und »unglaublich«, die Worte benutzt er immer wieder. Und weil er das nach Jahren immer noch findet, beschließt er, diese Gene näher zu analysieren, es wird sein Lebensthema. Er wird den Weg über die Insekten gehen, weil er Insekten mag, hat er immer schon.

Er macht eine Pause, die Spannung erhöhen, er sagt: »Es ist gut möglich, dass die Veränderung durch virale Elemente ausgelöst wird.«

Viren beeinflussen, wie wir aussehen. Das ist zumindest nicht unwahrscheinlich. Vielleicht haben wir deswegen blaue Augen und Insekten Flügel, wie weit das geht, ist unklar. Bei Viren, sagt Misof, denkt er an Evolution und an Möglichkeiten. »Für mich ist das Wort ganz positiv behaftet«, er ist kurz still. »Hm«, macht er. Er sagt: »Ist wahrscheinlich eine Minderheitenmeinung.«

Tatsächlich bestimmen Viren große Teile unseres Erbgutes. Fast die Hälfte unserer DNA geht darauf zurück. Misof sagt wissenschaftlich zurückhaltend: »Ich würde sagen, dass in fast jedem Erbgut auch viel Viren-DNA steckt.« Und beim überwiegenden Teil haben wir keine Ahnung, wofür er gut ist. Vielleicht für nichts, aber das ist wenig wahrscheinlich, und möglicherweise profitieren wir tatsächlich mehr von

Viren, als wir das im Moment überhaupt realisieren, aber daran denkt Bernhard Misof nicht, als er nach Bonn kommt, um die Molekularbiologie aufzubauen. Er kommt aus Yale, hat jahrelang dort geforscht, Ivy-League-Universität, viel besser geht es nicht, er kennt niemanden in Bonn, und er war vorher auch noch nie in der Stadt. Er denkt: So schlimm wird es schon nicht sein.

===

Alexander Koenig, Museumsgründer in Bonn, hat Zeit. Er hat außerdem Geld, ziemlich viel Geld. Der Wohlstand ist auf Zucker gebaut, ein ganzes Imperium an Zuckerraffinerien besitzt die Familie in Russland, riesige Ländereien, dazu Immobilien in Frankreich und später in Bonn, weil das auf dem Weg liegt vom Hauptquartier in St. Petersburg in den Sommerurlaub in die Provence, und da muss man ja nicht im Hotel übernachten, außerdem gefällt es der Mutter gut in Bonn. Die Familie kauft deswegen die Villa Hammerschmidt.

Koenig hat kein großes Interesse am Zuckergeschäft der Eltern, schön, dass es da ist, aber das war es dann auch. Er ist kein guter Schüler, interessiert sich für alles und nichts, aber mag Vögel. Er mag sie so sehr, dass er anfängt, sie zu studieren. Weil er sonst nicht viel zu tun hat, bereits reich ist und nichts arbeiten muss, auf das er keine Lust hat, zudem echtes Interesse, unternimmt er Expeditionen und beginnt, tote Tiere zu sammeln. Learning by doing, er sammelt und liest und reist und beobachtet und letztlich wird er dann Vogelkundler. Es ist kein klassischer Bildungsweg, aber er wird ernst genommen. Die Familie ist jetzt öfter in Deutschland, das Wetter ist besser als in Russland, es gefällt ihnen gut, lass uns bleiben.

Und die Sammlung wächst. Bald ist das Wohnhaus der Eltern, die Villa, zu klein. Man braucht was Größeres. Die Familie kauft noch eine Villa für die vielen ausgestopften Tiere, aber auch die ist bald zu klein, und daraufhin beschließen sie, es richtig anzugehen. 1912 wird der Grundstein für das Museum gelegt.

Der Grundstock sind die Vögel, aber die Sammlungen werden nach und nach erweitert und eben auch um Gliedertiere, und das hat mit Viren viel mehr zu tun, als man denkt. Denn alles, was wir an viraler Diversität und an Virenfamilien in Wirbeltieren und damit im Menschen kennen, kommt auch in Insekten vor. Und zwar in fast allen Arten – allerdings nicht genau identisch, aber das ist auch bei anderen Viren und ihren Wirten so gut wie nie der Fall.

Ob ein Virus von einem Schmetterling in Brandenburg überspringen kann, können wir aber erst wissen, wenn es so weit ist. Und wenn es ewig nicht passiert, dann heißt das nur: Es ist noch nie passiert. Es heißt nicht: Es wird nie passieren.

Alles mit einer Wahrscheinlichkeit von größer als null tritt irgendwann ein.

===

Wo wir gerade bei Vögeln sind: Alle Influenzaviren sind Vogelgrippeviren. Das gilt immer und für jedes Grippevirus, es gibt keine Ausnahme, und das ist erst mal gut, denn Influenzaviren infizieren respiratorische Zellen, indem sie an einen spezifischen Rezeptor auf der Zelloberfläche binden, ein Protein. Schlüssel, Schloss. Vögel und Menschen haben unterschiedliche Versionen dieses Rezeptors. Gibt es ja manchmal, dass es nicht so richtig passt. Warum soll für Viren was anderes gelten als für Beziehungen? Und in dem Fall: Influenzaviren können sich schlecht an menschliche Zellen binden. Die Infektiosität beim Menschen ist eigentlich gering.

Wenn die Schweine nicht wären.

Denn auch die haben Rezeptoren, beide Versionen allerdings. Was sie einerseits für eine breite Palette von Grippeviren empfänglich macht und andererseits bedeutet, dass dort, im Schwein, eine Umsortierung stattfinden kann. Grippeviren können Teile ihres genetischen Materials ziemlich leicht austauschen. Der Prozess nennt sich Reassortierung, und das passiert, wenn zwei verschiedene Viren dieselbe Zelle infizieren. Und um noch ein Fremdwort loszuwerden: Der Austausch genetischer Information als solcher, zwischen zwei Arten von Viren oder zwei Subtypen, das ist der Antigenshift. Dabei ist die Rekombination nichts Außergewöhnliches, kommt vor und ist nicht zu verhindern, schließlich wimmelt es von Viren. Die nächste Generation kombiniert die Eigenschaften ihrer Eltern, ist bei Viren auch nicht anders als bei

Kindern. Und während das beim eigenen Nachwuchs ziemlich toll ist, ist es bei Viren meistens egal. Die Rekombination ist Zufall, und die meisten Zufälle führen ins Nichts. Aber eben nicht alle.

Als im Winter 1997/1998 auf einem Geflügelmarkt in Hongkong H5N1 ausbricht, entsteht ein »Ebola für Hühner« und »die schlimmste Erkrankung, die jemals unter Tieren aufgetreten ist«, zumindest nennen die Wissenschaftler es so, die an der Eindämmung beteiligt sind. Es ist hochansteckend und ziemlich tödlich, und Letzteres gilt nicht nur für Hühner: Von den 18 Menschen, die sich infizieren, sterben sechs. Zur Eindämmung werden in einem Kraftakt anderthalb Millionen Hühner getötet, das gesamte Gelände wird desinfiziert und für sieben Wochen gesperrt. Der Erreger ist dennoch nicht verschwunden, taucht weltweit immer mal wieder auf, und im August 2011 infizieren sich in Ägypten 152 Menschen bei einem größeren Ausbruch. 51 überleben das nicht.

Weil eine Mensch-zu-Mensch-Übertragung nicht stattfindet, zumindest so gut wie nie, ist das Risiko, an H5N1 zu erkranken, bisher dennoch eher gering. Aber das muss nicht so bleiben. Ein umsortiertes Virus kann Tödlichkeit mit Infektiosität kombinieren. Und Grippeviren, die vorher nicht gepasst haben, können dann plötzlich doch wunderbar an die Rezeptoren im menschlichen Atemtrakt andocken.

Die WHO hat H5N1 denn auch 2006 auf Stufe 3 ihres sechsstufigen Pandemie-Warnsystems einsortiert, »an animal or human-animal influenza reassortant virus has caused sporadic cases or small clusters of disease in people«, steht da, »limited human-to-human transmission may occur under some circumstances«, aber da ist noch Luft nach oben, »(it) does not indicate that the virus has gained the level of transmissibility among humans necessary to cause a pandemic«. Auf Stufe 3 steht das Virus bis heute.

Aber das kann sich jederzeit ändern.

Ist ja nicht so, dass Schweine noch nie beteiligt gewesen wären.

===

Am Abend geht Christian Drosten in sein Arbeitszimmer, kramt ein kleines Büchlein aus der Schublade und einen Bleistift und beginnt, eine Vorlage zu zeichnen. Ein paar Skizzen, wie eine Epidemie verlaufen kann – wenn es gut läuft und wenn es schlecht läuft. Verrückt, denkt er, ich mache Skizzen für Angela Merkel.

===

Die Bronzestatue steht mitten auf dem Marktplatz. 70 Kilogramm schwer, 1,30 Meter hoch, es ist ein Kind, auf ein Podest gestellt. Lächelndes Gesicht, Kurzhaarschnitt, T-Shirt und Shorts. In der rechten Hand hält die Figur einen Frosch. Eine Anspielung auf die sieben Plagen. In der Offenbarung des Johannes kündigen sie die Endzeit an, die Einleitung zu Harmagedon, der letzten großen Schlacht.
Sie ist nicht gekommen.
Und die Endzeit wurde es dann auch nicht.

Auf Edgar Hernández ist man trotzdem stolz in La Gloria, Provinz Veracruz, Hochland von Mexiko, in der Mitte zwischen Pazifik und Mexiko-City gelegen. Man hat sonst wenig, La Gloria ist kein Touristenort, liegt nicht am Meer, knapp zweieinhalbtausend Einwohner, keine Industrie. Wer hier aufwächst, will schnell weg. Boden und Trinkwasser sind voller Nitrat, es stinkt. In der Nähe werden eine halbe Million Schweine gemästet. Und das wiederum hat unmittelbar mit Hernández zu tun. Es hat das Dorf berühmt gemacht.

Weil er krank wird.

Im März 2009, er ist fünf Jahre alt, bekommt er Fieber. Seine Glieder schmerzen. Sein Rachen brennt. Drei Tage verbringt er im Bett. Nach einer Woche ist er wieder wohlauf. Doch rund einen Monat später wird er als die Person ausgemacht, mit der alles beginnt. Er ist »Patient 0«, der erste nachgewiesene Fall einer neuen Grippeerkrankung: der Schweinegrippe.

Sie breitet sich rasant aus, erst in Mexiko, dann in den USA, schließlich global. Es gibt nur wenige Tote, allerdings sind die allermeisten zwischen 20 und 40 Jahre alt. An der saisonalen Grippe sterben hauptsächlich ältere Menschen. Und was vor allem beängstigend ist: Hernández hat eine Influenza vom Typ A/H1N1. Im Juni ruft die WHO den Pandemiefall aus.

Und daran schuld ist Albert Gitchell aus Chicago, 9. Kompanie,

3. Bataillon, 164. Brigade, Vater Klempner, Mutter aus Norwegen, später verheiratet mit Emma Puffer.

===

Gitchell wohnt in einem Zelt in Camp Funston, Kansas, mehrere tausend Menschen, zusammengewürfelt aus dem ganzen Land, inmitten der Vereinigten Staaten. Das Camp ist eines von vielen, denn die USA bereiten sich mit Hochdruck auf den Einsatz im Ersten Weltkrieg vor. Das Ziel der Männer in den Camps: Das Deutsche Reich besiegen. Zur Verpflegung der Auszubildenden werden große Herden von Schweinen und Gänsen rund um das Lager gehalten. Und zuständig ist unter anderem Albert Gitchell. Er ist als Koch eingeteilt, denn zuvor verdient er seinen Lebensunterhalt als Metzger.

Am Morgen des 4. März 1918 (manche Quellen reden auch vom 11. März, aber auf die eine Woche kommt es auch nicht an) meldet sich der Gefreite auf der Krankenstation des Camps. Hals-, Kopf- und Muskelschmerzen plagen ihn. Das Fieberthermometer zeigt 103 Grad Fahrenheit, rund 40 Grad Celsius. Die vorangegangenen Tage hatte er Essen im Camp ausgeteilt und A/H1N1 gleich mit. Mittags sind 197 Leute krank. Am Nachmittag melden sich weitere Rekruten mit gleichen Symptomen auf der Krankenstation. In den nächsten drei Wochen sind es mehr als tausend Patienten.

Im gleichen Monat werden 80 000 Soldaten aus den USA nach Europa verschifft, im April mehr als 100 000. Der Grundstein für die Pandemie ist gelegt.

Und Albert Gitchell wird später als der Mann ausgemacht, der die Pandemie startet. Am 6. September 1976 erscheint ein Text in *The Journal Herald*, Dayton, Ohio, publiziert von 1940 bis 1986, über die Spanische Grippe. Darin steht, dass Albert Gitchell Unsterblichkeit erlangt hat: »Als der Mann, dessen Niesen um die Welt ging und die schlimmste Plage in der Geschichte der Menschheit verursachte.«

Dabei mag Gitchell der erste registrierte Infektionsfall gewesen sein, dass er allerdings Auslöser der Pandemie ist, ist fraglich. Bereits im Januar und Februar bemerkt Loring Miner aus Haskell County in Kansas, dem Bundesstaat, in dem sich auch Camp Funston befindet, dass es zu einer Häufung von Erkrankungen mit Husten, Fieber, Kopf- und Gliederschmerzen kommt. Der Landarzt ist dem Alkohol nicht immer abgeneigt, aber er ist auch als gewissenhafter Mediziner bekannt. Er studiert die Krankheitsfälle und kommt zu dem Schluss, dass es sich dabei um eine besonders heftige Form von Grippe handelt, die von einem neuartigen Grippevirus verursacht sein könnte.

Er meldet seine Vermutung umgehend dem Public Health Service. Es passiert: nichts.

===

Albert Gitchell überlebt die Spanische Grippe. Er überlebt den Ersten Weltkrieg, Er ist 78 Jahre alt, als er 1968 in Hot Springs, Fall River County, South Dakota, stirbt.

===

Fünfzig Millionen Tote weltweit, mindestens. Vermutlich einhundert Millionen, und das sind dann mehr als in beiden Weltkriegen zusammen. Die Spanische Grippe ist hochansteckend und hat eine weltweite Sterblichkeitsrate zwischen zweieinhalb und fünf Prozent, was ein Vielfaches der gewöhnlichen Grippe ist. (Da sind allerdings oft bakterielle Zweitinfektionen der Lunge dabei, was für die Opfer zwar egal ist, tot ist tot, weswegen aber zuerst ein Bakterium als Auslöser vermutet wird.)

Die Truppenbewegungen des Weltkriegs helfen, das Virus in enormer Geschwindigkeit zu verbreiten. Nach Ankunft der US-Soldaten verbreitet es sich zuerst in Frankreich. Drei Viertel der französischen und rund die Hälfte der britischen Truppen sowie 900 000 Mann auf deutscher Seite erkranken. Die Notlazarette füllen sich in rasender Geschwindigkeit. Fälle werden in den folgenden Wochen in Polen, Russland, Nordafrika und Indien registriert, bevor es in Japan und China die ersten Infizierten gibt.

Nur wenige Regionen bleiben verschont: die Antarktis, Sankt Helena im Südatlantik und die Insel Marajó in der Mündung des Amazonas. Ebenso Australien. Zumindest fast. Denn als die Behörden von der Grippewelle, die in Europa wütet, erfahren, verhängen sie ab Oktober 1918 eine strikte See-Quarantäne. Alle Häfen sind betroffen. Besatzungen von anlegenden Schiffen dürfen das Land nicht mehr betreten. Die Spanische Grippe bleibt vor den Toren Australiens. Doch die Nachrichten über das Abebben der zweiten Welle erreichen auch die australischen Behörden, die daraufhin die Quarantänebestimmungen aufheben. Zu früh. Denn als die dritte Welle auf das Land zurollt, gibt es keine schützenden Maßnahmen mehr. 12 000 Australier verlieren ihr Leben.

Im Deutschen Reich sterben insgesamt 300 000 Menschen, in den USA 675 000. Generell gilt aber: In Europa, Nordamerika und Australien ist die Sterblichkeitsrate die niedrigste. In manchen Ländern Asiens ist die Wahrscheinlichkeit, an der Spanischen Grippe zu sterben, 30mal höher als in Teilen Europas. Doch auch in Europa gibt es erhebliche Schwankungen zwischen den Ländern. So liegt in Ungarn die Todesrate dreimal so hoch wie in Dänemark. Großstädte sind in der Regel aufgrund ihrer Bevölkerungsdichte stärker betroffen als ländliche Regionen. Und auch innerhalb von Ländern gibt es Gemeinden ohne Erkrankungen. In Gunnison etwa, einer Kleinstadt in Colorado, werden alle Hauptstraßen blockiert. Mit selbst errichteten Barrikaden, die zusätzlich auch noch bewacht werden, schützt man sich vor der Außenwelt. Niemand wird krank. Und so machen das auch die anderen, die gut durch die Spanische Grippe kommen: Lockdown. Schulen bleiben geschlossen, öffentliche Versammlungen sind verboten, niemand darf rein, niemand darf raus.

Für den Rest gilt: Es wird gestorben. Die durchschnittliche Lebenserwartung in den USA liegt 1917 bei 51 Jahren.

1918 bei 39 Jahren.

===

Die Wiederentdeckung eines der tödlichsten Viren aller Zeiten kostet 3200 Dollar. Für die Reise, das ist alles.

Johan Hultin, Schwede, seit 1949 in den USA, Mikrobiologe und manchmal »Indiana Jones« genannt, schneidet es 1997 mit einer Gartenschere aus den Lungen einer Mitzwanzigerin in einem Kaff im äußersten Westen Alaskas. Es ist sein zweiter Besuch in Brevig Mission, 388 Einwohner, benannt nach einem Pfarrer aus Norwegen, 218 Kilometer bis in den Nachbarort, der allerdings in Russland liegt. 46 Jahre vorher war er schon mal da. Hultin ist 72 Jahre alt und bestens gelaunt.

Er ist hier, weil er ein paar Wochen zuvor in der März-Ausgabe von *Science* einen Text gelesen hat über einen Mann, von dem er noch nie gehört hat: Jeffrey Taubenberger, in Landstuhl geborener Virologe am Institut für Pathologie der US-Streitkräfte, Armed Forces Institute of Pathology. Taubenberger ist kein Wissenschaftler mit großem Namen und er arbeitet an einem Institut, das kein Mensch kennt. Das AFIP, 1862 von Abraham Lincoln gegründet, sammelt und dokumentiert alle möglichen ungewöhnlichen Krankheiten, an denen amerikanische Soldaten sterben. Es ist auf dem Gelände des größten Militärkrankenhauses der Ostküste untergebracht – und fällt da kaum auf. Zwar ist Taubenberger gerade erst Chef der Abteilung für Molekulare Pathologie geworden, aber die versteckt sich im Keller, in einem Bunker, den keiner mehr benötigt, ohne Fenster und Tageslicht, versteckt hinter Stahltüren. Sein Labor besteht aus zwei Mitarbeitern – wenn man ihn mitzählt. Taubenberger mag ein unbeschriebenes Blatt sein, aber er hat eine große Idee: Er will die Spanische Grippe finden. Wissen, wie deren genetische Ausstattung war. Verstehen, woher sie kam und ob es wirklich eine Influenza war. Und wenn das wirklich so sein sollte: Aus welchem Stamm hat sie sich entwickelt? Kann sich so etwas wiederholen?

Es ist eher Mission als Vision. Eher profan und praktisch als wissenschaftlich inspiriert. Taubenberger sorgt sich um Budgetkürzungen. Niemand am AFIP kann etwas anfangen mit Molekularbiologie, die Methode findet einfach keine Verwendung. Er hat Angst, dass das Institut geschlossen wird (nicht unberechtigt, denn 2011 passiert das wirklich), und er tut das alles, weil er beweisen will, dass sein Job nicht überflüssig ist, sondern durchaus brauchbar. Die Idee: Auswertung der teils noch unberührten Gewebeproben. Und dazu will er mit der dicksten Kanone schießen, die ihm einfällt: der Spanischen Grippe. Schließlich lagern in seinem Bunker 2,6 Millionen Gewebeproben – mit allen möglichen Erregern. Es sind so viele, dass niemand genau weiß, was dort alles liegt. Gerade in den ersten Jahrzehnten ist die Buchführung mangelhaft, man hat Gewebe angeliefert, ins Regal gestellt und die Tür zugemacht.

Taubenberger gibt eine Suche in Auftrag, Gewebe von 1917 bis 1920, irgendwo wird sich schon was finden. Und tatsächlich tauchen 70 Proben auf, von Soldaten, die während der Pandemie gestorben sind. Allerdings sind nur sieben vielversprechend – und tatsächlich erweist sich eine nach der anderen als völlig nutzlos. Das Formalin, das das Gewebe konservieren soll, hat die RNA zerstört. Anderthalb Jahre werkelt das Zweierteam vor sich hin. Und findet gar nichts. Taubenberger bekommt immer schlechtere Laune, nichts geht voran. Dabei hat er gar nicht die Idee, das Virus wieder zum Leben zu erwecken. Mit einem kleinen Abschnitt des genetischen Codes wäre er zufrieden, das würde das Budget schon retten, aber selbst der findet sich nirgends. »Vielleicht«, denkt Taubenberger, »sollte ich meine Zeit für etwas anderes nutzen.«

Und dann bekommt er Probe Nummer 30. Ein Stück Lunge von Roscoe Vaughan. Der ist 21 Jahre alt und in Camp Jackson, South Carolina, stationiert, als er am 19. September 1918 mit Atemproblemen in die medizinische Abteilung des Camps eingeliefert wird. Vaughan ist Maler von Beruf, aus New York, eigentlich sollte er nach Europa verschifft werden, um noch in den Ersten Weltkrieg einzugreifen, aber am 26. September um 6.30 Uhr stirbt er. Als Todesursache wird eingetragen: Grippe, Lungenentzündung, beidseitig. Und Jeffrey Taubenberger hat seine Probe.

Gerade so. Denn nur einige wenige RNA-Schnipsel sind verwertbar. Man kann die Pandemie darin eher erahnen als nachweisen, sie hat nichts Bedrohliches und kommt eher als Lufthauch daher denn als epidemiologischer Sturm. Immerhin: Es reicht, um seine Motivation neu zu entfachen.

Mit seiner Assistentin Ann Reid verbringt er Tage und Nächte in seinem Bunker, um einen PCR-Test zu bauen. Ihn zu optimieren, anzupassen, weiter zu optimieren. Sie erstellen Primer. Sie tasten sich voran, werden immer genauer. Wie man das eben macht, wenn man einen Test baut, das ist damals nicht anders als heute. Ein bewährtes Verfahren.

Und dann gelingt es. Ein RNA-Strang beweist, dass die Spanische Grippe tatsächlich genau das war: eine Grippe. A/H1N1. Aber alle Versuche, das Virus komplett zu überblicken, scheitern. Es kann weder vollständig analysiert geschweige denn rekonstruiert werden. Die Gewebeproben sind zu schlecht. Dennoch: Taubenberger isoliert neun Fragmente, aus fünf verschiedenen Genen, Stückwerk allesamt. Und das ist vermutlich der Grund, warum *Nature* das Paper ungelesen zurückschickt. Nicht mal zum Peer-Review wird es angeboten. Die Konkurrenz von *Science* allerdings publiziert es. Leider, leider, steht im Paper, ist alles etwas dünn, wenig Material, es wäre schön, mehr davon zu haben, in besserer Qualität.

Und Johan Hultin liest davon knapp 4500 Kilometer entfernt. Er sitzt in San Francisco, da wohnt er jetzt, er hat dort als Pathologe gearbeitet, als Dozent in Stanford, und gerade langweilt er sich ein bisschen, und vielleicht denkt er, dass es daran nun nicht scheitern muss. Und er setzt sich hin und schreibt Taubenberger einen Brief.

Er kennt da ein Dorf, ideal für diesen Fall.

===

Am 15. November 1918, einem Montag, hat Brevig Mission 80 Einwohner – und dann erreicht das Virus den Ort, vermutlich auf einem Versorgungshundeschlitten. Am darauffolgenden Samstag hat das Dorf acht Einwohner. Eine Erwachsene, sieben Kinder, 17 Hunde.

===

Es ist der 25. Januar 1919, und es ist ein Samstag. In San Francisco findet im Dreamland Rink, einer Mischung aus Theater, Versammlungshalle und Rollschuhbahn, das Treffen der Anti-Masken-Liga statt. Die Vereinigung nennt sich »Hygiene-Spartaner«, was im Englischen mehr Schwung hat: Sanitary Spartans. Die zweite Welle der Spanischen Grippe befindet sich auf dem Höhepunkt, in jeder Woche sterben Hunderte, was die Stadt an der Westküste zu einer der am schlimmsten betroffenen Orte in den gesamten USA macht.

Demonstriert werden soll dennoch: Gegen »die ungesunde Anordnung, Masken zu tragen«. Redner erklären, warum es sinnlos ist, eine Maske zu tragen (obwohl die Fallzahlen sofort nach der Verordnung sinken). Star des Abends ist Eugene Schmitz, ehemaliger Bürgermeister der Stadt und wegen Korruption jahrelang Häftling in San Quentin, Spitzname: Der schöne Gene. Es kommen 4500 Menschen. Es ist eine Minderheit, sie ist laut. Sie verabschiedet eine Resolution, in der das Tragen von Masken als »eine Verletzung unserer persönlichen Freiheit« bezeichnet wird.

Der Eintritt ist kostenlos.

===

Na ja, schreibt Hultin, er will sich ja nicht aufdrängen, aber er war schon mal dort. Er weiß, wo der Friedhof ist. Ein paar Wochen nach dem großen Sterben wird in Brevig Mission ein Massengrab ausgehoben – von Goldgräbern, die wochenlang kein Gold suchen, sondern von Ort zu Ort fahren, um Leichen zu vergraben, bezahlt von der Regierung. Mit Verlaub, schreibt er sehr höflich, es gibt da den Permafrost, toll für das Konservieren von Gewebe, aber ziemlich schwierig mit der Ausgrabung. Er will sich ja nicht loben, aber er hat das schon mal gemacht. 1951, da war er junger Doktorand, Universität Iowa, und er hat gerade zufällig von der Spanischen Grippe gehört, zum ersten Mal in seinem Leben. Sein Professor redet mit einem Kollegen, und beide finden es schade, dass man die Krankheit von 1918 nie würde erkunden können, schließlich gibt es den Erreger nicht mehr. Es sei denn, jemand findet das Virus in einem Opfer.

Hm, denkt Hultin, ein paar Jahre zuvor ist er in Alaska. Er ist, kaum in den USA angekommen, alle Bundesstaaten auf dem Festland mit dem Auto abgefahren, einfach weil er mal gucken will, wie es da so ist, und in Alaska ist er hängengeblieben und hat ein paar Ausgrabungen unternommen. Zufällig hat er einen Anthropologen kennengelernt – und der wiederum kennt Gott und die Welt, und das stimmt fast wörtlich, denn er hat Kontakt zu allen möglichen Missionaren in Alaska. Die wiederum führen Sterberegister und wissen genau, wer wann an welchen Krankheiten starb und wie schnell das ging und vor allem: wo die Massengräber sind. Ein Thema für seine Promotion braucht Hultin ohnehin, und warum nicht das Angenehme mit dem Nützlichen verbinden? Er beschließt, nach Alaska zu fahren und die Spanische Grippe auszugraben.

Erst beim Graben kommt ihm der Gedanke, dass das auch alles in die Hose gehen kann. Die Frage ist nicht, ob er das Virus findet, sondern ob es eine gute Idee ist, ein Virus auszubuddeln und damit vielleicht zum Leben zu erwecken, das Dutzende Millionen Menschen getötet hat. Aber er ist jung und denkt: Wird schon passen.

Er arbeitet 18 Stunden am Tag. Es schneit und friert, und wenn er auf der linken Seite gräbt, macht er rechts ein Feuer, um den Permafrost zu schmelzen. Am vierten Tag findet er ein Mädchen, etwa zehn Jahre alt und so gut erhalten, dass er das blaue Kleid hübsch findet. Ihr schwarzes Haar ist ordentlich geflochten und mit rotem Garn zu Zöpfen gebunden. Zwei Wochen bleibt Hultin, und am Ende hat er fünf Leichen Gewebeproben entnommen. Er packt die Proben in mitgebrachte Thermoskannen, die er wiederum mit dem Schaum aus Feuerlöschern kühlt, die er ebenfalls mitgenommen hat. Er muss darauf achten, dass die Proben auf dem Rückweg nach Iowa nicht auftauen, denn vergammelt sind sie wertlos. Schließlich will er das Virus verstehen. Das ist sein Plan, aber 1951 ist das zu ambitioniert für die damalige Technik. Erst mit dem PCR-Test wird das machbar sein. Und so scheitert ein Versuch nach dem anderen. Die Viren vermehren sich nicht, weder in Hühnereiern noch in Mäusen. Hultin ärgert sich und hakt die Suche ab als Episode in seinem Leben.

Erst mal.

===

Der große Schrecken bleibt zunächst aus. Zwar sind insbesondere Menschen im Alter zwischen 20 und 40 betroffen, aber die erste Welle der Spanischen Grippe verläuft in den meisten Fällen mild. Die Leute werden krank, husten ein bisschen – und werden wieder gesund. Im Frühsommer 1918 ebben die Infektionen ab, die Grippewelle ist beendet.

Und das Geschrei geht los. War doch gar nicht so schlimm. Was soll das denn alles? In Deutschland gibt es eine ganze Reihe von Ärzten, die die Pandemie verleugnen und auch später daran festhalten werden. Eine »Modekrankheit«, wenn überhaupt, dann ist das eine »Pseudo-Influenza«.

Alles nur Panikmache.

===

Hultin schreibt seine Telefonnummer in den Brief, nur für den Fall. Und Taubenberger verliert keine Zeit. Ein paar Tage später ruft er an, es ist Montag. Er findet, dass das eine hervorragende Idee ist, klar, er hat Interesse, sicher, über neue Proben würde er sich sehr freuen. Er will wissen, wann Hultin denn losfahren könne. »Och«, sagt Hultin, diese Woche ist etwas unpassend. Was er nicht sagt: Er ist gerade dabei, eine Blockhütte in seinem Garten zu bauen, Vorbild sind die skandinavischen Hütten aus dem 14. Jahrhundert, und das will er erst noch beenden. Man muss Prioritäten setzen, aber das will er Taubenberger nicht erzählen, weil er nicht will, dass der denkt, er hat es mit einem Freak zu tun.

Hultin sagt: »Nächste Woche habe ich noch nichts vor.«

Am Freitag fliegt er los.

===

Während der ersten Welle der Spanischen Grippe schreibt eine Frau namens Ruby Reed, angestellt beim Roten Kreuz, einen Brief an das amerikanische Justizministerium in Washington und bittet um Aufklärung darüber, wie viele Krankheitserreger in Aspirin seien.

Und ein Apotheker aus West Virginia erzählt der örtlichen Zeitung, dass ein Bayer-Mitarbeiter ihm gedroht habe, dass, wenn er andere Produkte als Aspirin anbiete, »eines Tages einer von der Regierung den Laden betritt und Ärger macht«. »Die Regierung«, schreibt ein Zeitungskorrespondent aus Philadelphia, »hat Beweise, dass der Chefchemiker von Bayer gefährliche Drogen in die Tabletten gemischt hat.« Es gibt Gerüchte über Exekutionen von Militärärzten und Krankenschwestern in New Jersey, Spione allesamt, mit Bayer und dem Kaiser unter einer Decke, und außerdem ist ja das Aspirin in letzter Zeit so komisch grau

und sieht aus wie Kreide, und daran kann man ja erkennen, dass irgendwas zugesetzt ist.
    Dass die Krankheit das Deutsche Reich genauso hart trifft wie die USA und welchen Sinn es für die amerikanische Regierung haben soll, Krankheitserreger in deutschen Kopfschmerztabletten zu verheimlichen, wird nicht thematisiert.
    Bayer verdient auch während des Krieges mit Aspirin ganz hervorragend.

===

Am 14. Oktober 1918, es ist ein Montag, meldet der *San Jose Mercury Herald*, dass die Spanische Grippe eine kleinere Bedrohung ist als »die deutsche Friedenspropaganda«. Und zwei Tage später ist die Zeitung zumindest Miterfinder dessen, was später mal *Content Marketing* genannt wird: In genau der gleichen Schriftart, die für die Nachrichten verwendet wird, steht dort auf Seite 5, dass die Grippe, die im Moment grassiert, »nichts Neues« ist. Es ist »einfach die alte Grippe«. Nur »heruntergekommene« Menschen sind in Gefahr und was besonders hilft, sind Bettruhe, Abführmittel und vor allem große Mengen an Wick VapoRub.
    Ganz klein unten auf der Seite steht das Wort »Anzeige«.

===

Der Erreger holt kurz Luft, um dann mit aller Kraft zurückzukehren. In der Zwischenzeit hat sich eine mutierte Virusvariante durchgesetzt, die noch leichter von Mensch zu Mensch übertragen wird.
    Aggressiver und tödlicher rollt ab dem Spätsommer 1918 die zweite Welle über die Welt. Und die Ärzte haben keine Ahnung, mit was sie es zu tun haben, geschweige denn, was sie dagegen unternehmen können. Ihre Patienten spucken Blut. Blut und Schleim füllen die Lungen, bis sie darin regelrecht ertrinken. Auch Menschen mit asymptomatischen oder milden Krankheitsverläufen können nicht ausfindig gemacht werden, gibt ja keine Testmöglichkeiten. Damit entfällt auch die Möglichkeit der Quarantäne. Also wird den Patienten alles

verschrieben und jedes Medikament verwendet, das eventuell irgendeinen Nutzen haben könnte. Sogar der Aderlass wird teilweise wieder in das Behandlungsrepertoire aufgenommen. Im Fahrwasser der medizinischen Hilflosigkeit entsteht eine ganze Reihe von alternativen Heilmethoden. Naturheiler haben Konjunktur. So sollen auch Senfumschläge und das Verbrennen bestimmter Kräuter vor der Erkrankung helfen.

Hilft alles nichts: Oft nur zwei bis drei Tage nachdem sie die ersten Symptome zeigen, sterben die Patienten. Ihre Körper sind ausgelaugt und entstellt. Lungenentzündungen treten häufig auf. Einer starken Atemnot folgen dunkle Flecken, die sich in wenigen Stunden über das gesamte Gesicht ausbreiten. Manchmal verfärbt sich auch der ganze Körper, zuerst Hände und Füße, dann kriecht die Schwärze an Armen und Beinen entlang, bis sie Bauch und Oberkörper überzieht – bevor schließlich der Tod eintritt. Der Feind ist nicht nur unsichtbar und seine Wirkungsweise unbekannt, auch seine Geschwindigkeit und sein Erscheinungsbild sind erschreckend. So müssen zahlreiche Patienten an ihre Betten gefesselt werden, weil sie im Delirium um sich schlagen oder aus den Betten fallen. Teilweise fallen Zähne und Haare aus. Haben Patienten die Infektion überstanden, heißt das noch lange nicht, dass sie geheilt sind. Auch die Folgeschäden machen den Medizinern zu schaffen: Depressionen, Sehstörungen, Schlaflosigkeit, Schwindel, Gehör- und Geschmacksverlust.

Zudem findet ein wissenschaftlicher Austausch nicht statt, die Welt befindet sich nach wie vor im Krieg. In den zensierten Medien der kriegführenden Länder tauchen daher keine Berichte über die Heftigkeit der Grippe auf. Nur im neutralen Spanien berichtet man schon früh und offen über die erste Krankheitswelle. Auch der spanische König Alfonso XIII., sein Premierminister und Mitglieder des Kabinetts erkranken. Ganz klar also: Spanien war es.

Aufgrund der spanischen Berichterstattung wird die Krankheit außerhalb Spaniens zur »Spanischen Grippe« erklärt.

Allerdings passiert das erst später. Nur wenige Zeitgenossen nennen die Spanische Grippe so. In Spanien erkrankt man vielmehr am »Neapolitanischen Soldaten«, in Italien und Brasilien wird an der »Deutschen Krankheit« gestorben, aber die Senegalesen leiden an der

»Brasilianischen Krankheit«. Dänemark wird von »der Krankheit aus dem Süden« heimgesucht, während die Deutschen die »russische Pest« bekommen oder, wahlweise, wie die Briten, das »Flandern-Fieber«. Die Polen leiden an der »Bolschewikenkrankheit«, in Russland fürchtet man sich vor der »chinesischen Krankheit«, in Persien sind die Briten schuld, und wer in Japan die »amerikanische Krankheit« bekommt, ist möglicherweise in ein paar Stunden tot. Nur die Franzosen tanzen erst aus der Reihe. Sie erkranken sehr technisch an »Krankheit 11«, werden dann aber, als die tödlichere zweite Welle beginnt, von der »Schweizer Welle« heimgesucht. Vermutlich mangels direkter nerviger Nachbarn gehen die Amerikaner die Namensgebung pragmatischer an: Dort bekommt man das »knock-me-down«-Fieber.

Am originellsten werden die Ghanaer, allerdings auch am persönlichsten. Dort ist angeblich ein Herr Kodwo aus dem Badeort Moree, Goldküste, das erste Opfer der Spanischen Grippe. Viele Ghanaer sterben dann an »Kodwo«.

===

In den USA versucht eine Vereinigung christlicher Wissenschaftler, das Problem ein für alle Mal zu lösen, irgendwann reicht es ja auch mal. Die originelle Idee: Die Krankheit wegbeten.

Es klappt nicht.

Die deutschen Frontsoldaten sind in vier Jahren Gemetzel vom Glauben abgefallen. Sie vermuten, dass die Krankheit daran liegt, dass man in so einem Krieg einfach zu wenig Sex hat. Das kann ja nicht gesund sein.

Oder es gibt einfach zu viel Jazz, von rassistischen Arschlöchern auch damals schon »Affenmusik« genannt. Viele weiße Amerikaner geben der neu aufkommenden Musik die Schuld.

In New Orleans wird alles Mögliche verboten, die Infektionsgefahr ist einfach zu hoch, unter anderem auch Theater und Live-Musik, darunter auch Konzerte auf Flussschiffen. Und so nimmt ein Nachwuchsmusiker erst Gelegenheitsjobs an, bevor er eine Mischung aus Bar und Puff findet, in der er spielen darf. Später schreibt er einen Brief darüber, wundert ihn selber, warum der Laden nicht geschlossen ist, er vermu-

tet, weil er »drittklassig« ist und er nur »eine Menge Blues für billige Prostituierte und Stricher spielen konnte«. Nichts Wichtiges also.
Louis Armstrong ist 17 Jahre alt.

===

Johan Hultin erreicht Brevig Mission, Alaska, und bereits am Abend bespricht er die Sache mit den Ortsvorstehern. Er trifft die Dorfälteste und kann sie überzeugen. Sie ist davon beeindruckt, dass ein alter Mann vor ihr steht, dass er schon mal im Ort war und immer noch ein Virus verstehen will, das ihre Vorfahren beinahe ausgelöscht hat. Er darf graben. Weil er in der kurzen Zeit keine OP-Materialien besorgen konnte, hat er die Gartenschere eingepackt, mit der seine Frau sonst die Rosen schneidet – irgendwie müssen die Leichen schließlich geöffnet werden. Hultin bezahlt vier junge Männer, die ihm bei der Ausgrabung helfen. Jeder bekommt 200 Dollar für das Graben, und das wird das Teuerste sein an seinem ganzen Trip, Hultin finanziert ihn selber. Er schläft auf einer Luftmatratze auf dem Boden der Dorfschule und findet das ganz super. »Das war wie ein Picknick an einem Sonntag«, wird er später sagen, immerhin schneit es nicht rein.

Es ist Montag und gerade mal eine Woche her, dass er mit Taubenberger telefoniert hat, als Hultin die ersten Leichen findet. Was ihm nichts nutzt, sie sind angetaut und verwest, das Gewebe ist eher Schlamm als Fleisch. Am Dienstag vier weitere Leichen, drei davon in schlechtem Zustand. Aber in ihrer Mitte eine junge Frau, gestorben in ihren Zwanzigern, eher fett als dick, und das ist ein Glücksfall, denn das Fett des Körpers umschließt das Lungengewebe und präserviert so das Virus. Sie liegt nicht besonders tief im Boden, knapp 2,10 Meter.

Er nimmt die Gartenschere, öffnet den Brustkorb und legt die Lungen frei. »Großartig« findet er das. »Die Lungen waren noch voller Blut.« Er schneidet und schneidet und zerteilt und packt alles in Konservierungsflüssigkeit. Er schreibt ein Fax an Taubenberger, einen Satz. In den packt er nicht nur, dass alles nach Plan läuft, sondern genauso wichtig ist ihm zu erwähnen, dass er Lachs für zwei Dollar gekauft hat.

Bevor er abreist, muss er aber noch eine Sache erledigen. Als er zum ersten Mal im Ort ist, gibt es zwei weiße Holzkreuze. Von den Goldgräbern aufgestellt, von der Witterung inzwischen zerstört. Und so schläft Hultin in dieser Nacht nicht, sondern geht in den Klassenraum, in dem der Werkunterricht stattfindet, und baut sie neu. Zwei Meter hoch das eine, das andere knapp dreifünfzig.

Zu Hause verteilt Hultin das Lungengewebe auf vier verschiedene Pakete – in seiner Küche. Ein einziges ist ihm zu unsicher, er hat Angst, dass es unterwegs verlorengehen könnte. Er schickt sie zu Taubenberger. Sie werden alle ankommen.

Und dann geht Johan Hultin in den Garten und legt die Schere wieder zu den Rosen.

===

Roland Burkitt, britischer Arzt aus Kenia, kann sich 1918 vor Kunden nicht retten, was daran liegen könnte, dass er ein Heilmittel gegen die Spanische Grippe gefunden hat. Oder auch daran, dass er der einzige Arzt in ganz Nairobi ist.

Patienten, die an der Influenza leiden, müssen sich nackt ausziehen und werden zwischen kalte, nasse Laken gesteckt. Damit es immer saukalt bleibt, tränken Mitarbeiter die Tücher der Zitternden regelmäßig mit Eiswasser. Die Methode scheint aber universal einsetzbar, denn Burkitt nutzt sie auch zur Behandlung von Schlaflosigkeit, gegen Fieber und so ganz generell, als Stärkungsmittel, kann ja nicht schaden.

Er bekommt den Spitznamen »Dr. Kill or Cure«.

Töten oder Heilen.

===

Die Schließung der Schulen ist eine sehr umstrittene Angelegenheit. Während die einen mit dem öffentlichen Gesundheitsschutz argumentieren, legen die anderen dar, dass der Verlust von Bildungsstandards höher zu gewichten ist. Der Streit geht hin und her, es gibt Studien und Gegenstudien, Gutachten auf allen Seiten und schlechte Laune sowieso.

Einerseits wird allgemein anerkannt, dass die Schließung von Schulen eine nützliche Maßnahme zur Eindämmung von Infektionen ist, andererseits ebenso akzeptiert, dass ihre »Zweckmäßigkeit in einer

Großstadt im Falle einer Epidemie eine Maßnahme von zweifelhaftem Wert ist«, das schreibt zumindest das *Journal of the American Medical Association*, schließlich treffen sich die Kinder auch auf dem Weg zur Schule und zu Hause. Allgemein wird die Schließung von Schulen in großen städtischen Metropolen für weniger wirksam gehalten als in ländlichen Zentren, wo die Schule den Verbreitungspunkt der Infektion darstellt. Empfohlen wird das gute Durchlüften aller Räume.

In den USA einigt man sich schließlich auf gar nichts und lässt jeden Bezirk machen, wie er es für richtig hält. Spanien schließt alle Schulen, Großbritannien nur die Grundschulen. In Frankreich werden nur Schüler mit Symptomen ausgeschlossen, weil das aber bald sehr viele sind, wird beschlossen, dass die gesamte Klasse für 15 Tage zu Hause bleiben soll, wenn drei Viertel aller Schüler nicht da sind. Deutschland tut, was Deutschland gerne tut: Man diskutiert. Ja, nein, vielleicht, und macht dann ziemlich spät zu. An manchen Orten. Und nicht besonders lang. Die Schließungen werden den lokalen Behörden überlassen. Und auch Österreich ist spät dran. Andererseits: Man hat andere Sorgen. Der Krieg endet gerade. Das Essen ist knapp. Es gibt viel zu organisieren, die beiden Monarchien sind demnächst keine mehr.

An die Sorgen arbeitender Eltern denkt im Herbst 1918 kein Mensch.

===

Das Genom der Spanischen Grippe liegt da wie ein aufgeschlagenes Buch, offen und lesbar, als Jeffrey Taubenberger im Oktober 2005 die letzte Sequenz von A/H1N1 in *Nature* veröffentlicht. Seine Arbeit wird schnell als *Paper of the year* gefeiert, Studie des Jahres, und als einer der wichtigsten Durchbrüche. Kein Wunder: Die Arbeit liefert die Grundlage, um neue Influenzaviren zu untersuchen und Ähnlichkeiten zu vorherigen Ausbrüchen zu finden. Und zu denen, die noch kommen.

Das Schweinegrippe-Virus 2009 wird damit schnell als Verwandter jenes Virus identifiziert, das die Spanische Grippe ausgelöst hat. Ist schon okay, da nervös zu werden.

Und das liegt auch an Terrence Trumpey, Mikrobiologe am CDC in Atlanta und von der Pressestelle der Behörde »Flu Fighter« genannt –

ohne zu erwähnen, ob er die *Foo Fighters* auch wirklich mag. Die Band veröffentlicht im Sommer 2005 ihr fünftes Studioalbum, Riesenhit, es verkauft sich knapp drei Millionen Mal. Und sehr viel weniger beachtet wird, dass Trumpey ungefähr zeitgleich eines der umstrittensten Experimente durchführt, die jemals mit einem Grippevirus durchgeführt werden: Er will die theoretische Arbeit Taubenbergers in die Praxis übersetzen. Einen Toten zum Leben erwecken. Einen Massenmörder freilassen. Er will A/H1N1 wieder zusammenbauen.

Trumpey arbeitet in einem S3-Sicherheitslabor, das zu diesem Zweck aufgerüstet wird. Er ist der Einzige, der Zugang hat – ungewöhnlich, weil sonst immer nur im Team an hochpathogenen Viren gearbeitet wird. Wie bei James Bond ist auch bei Trumpey der Zugang zum Labor nur mit einem Scan des Fingerabdrucks möglich, und den Kühlschrank öffnen, in dem die Teile des Virus liegen, kann er nur, wenn er die Iris seiner Augen scannen lässt. Er nimmt präventiv ein Grippemittel ein, man weiß ja nie, und er verbringt den ganzen Tag im Labor, wortwörtlich, denn nach Hause gehen darf er erst spät in der Nacht, wenn kein Mensch mehr im Gebäude ist und alle Kollegen schon seit Stunden weg. Der Vorteil: Bevor er rumsitzt, kann er auch weiterarbeiten. Und so ist Terrence Trumpey schon nach wenigen Tagen fertig, viel schneller als vorgesehen. Er schreibt eine Mail an die Kollegen, in der er von Neil Armstrong klaut: »That's one small step for man«, schreibt er, »one giant leap for mankind.« Ein gigantischer Sprung für die Menschheit. Mit dem Potenzial, einer der letzten zu werden.

Denn das Virus macht weiter, wo es vor fast einhundert Jahren aufgehört hat. Erste Experimente mit Mäusen zeigen: Die Tiere verlieren gleich zu Beginn mehr als zehn Prozent ihres Körpergewichts, die Viruslast in ihrer Lunge ist 39 000-mal größer als in der Mäuse-Vergleichsgruppe, die mit einem normalen Grippvirus infiziert wird. Was nichts anderes heißt als: Es vermehrt sich im Lungengewebe 39 000-mal schneller als ein gewöhnliches Grippevirus.

Und dann sterben die Tiere reihenweise. Es stellt sich heraus, dass das Virus mindestens 100-mal tödlicher ist als alle möglichen anderen Grippeviren, mit denen Tumpey es vergleicht – woraufhin er beginnt, damit zu experimentieren. Er kombiniert das 1918er Virus mit anderen Grippeviren, ersetzt Eiweiße, verändert die Oberfläche, tut dies und je-

nes, hü und hott. Immer wird das Virus harmloser. Es ist keine einzelne Komponente, die das Virus so gefählich macht, resümiert Trumpey, sondern ein Best of. Das perfekte Blatt. Ein Spieler, der beim Roulette sein ganzes Geld auf die »17« setzt.
Und die 17 fällt.

===

Nach Kriegsende kehren die Soldaten in ihre Heimatländer zurück. Nicht nur sind die Transporte überfüllt, auch die hygienischen Umstände sind mangelhaft. Paraden und Siegesfeiern lassen die Menschen auf die Straßen strömen. Sie liegen sich in den Armen, jubeln, begrüßen die Kriegshelden – und schaffen so ideale Bedingungen für das Virus. Bis in den Sommer 1919 schwappt eine dritte Welle um den Globus.

Weswegen die American Public Health Association (APHA) im Dezember 1918 Richtlinien veröffentlicht, wie man mit einer Pandemie umgehen muss: Kinos schließen. Tanzlokale auch. Salons ebenso. Viele Menschen in geschlossenen Räumen, wird festgestellt, sind gefährlich, weil sich der Atem vermischen kann. Kirchen bleiben geöffnet, aber Gottesdienst darf nur mit Mindestabstand gefeiert werden. Beerdigungen, nun ja, sollten eigentlich verboten sein, aber diese Richtlinie ist inmitten einer doch eher tödlichen Pandemie schwer umzusetzen. Dann bitte im kleinen Kreis. Arbeitnehmer sollen zu Fuß an ihren Arbeitsplatz gehen. Patienten mit Lungenentzündung von anderen getrennt werden, und niemand dürfe sein Bett verlassen, bevor er nicht 48 Stunden lang fieberfrei sei. Händewaschen ist angeraten, Hygieneregeln sind hervorragend, und was man auch mal überlegen sollte, schließlich ist die Krankheit extrem ansteckend, und wer weiß, wenn manche Dinge in falsche Hände geraten: ein Gesetz gegen die Benutzung von Tassen.
Es kommt nicht.

===

2009 ist die Schweinegrippe dann doch weit weniger schlimm als befürchtet, glücklicherweise. Dennoch sterben laut CDC bis zu

575 000 Menschen weltweit an der Krankheit, alle im besten Alter und fast alle im südlichen Teil der Weltkugel, mit Abstand die meisten in Asien – was es einfach macht, das in Mitteleuropa einfach wegzulachen. Bisschen arrogant.

===

Die Statue von Edgar Hernández in La Gloria in Mexiko sieht Manneken Pis in Brüssel ziemlich ähnlich, und das ist Absicht. Die schnelle Genesung des Kindes führt nämlich dazu, dass sich ein wissenschaftlich nur so mäßig haltbares Gerücht verbreitet: Der Urin von Edgar Hernández hat Zauberkräfte. Er kann heilen. Wenn der Junge aufs Klo muss, flippen alle aus.

===

Die Spanische Grippe wird ausgelöst durch A/H1N1, und das passt ins Bild, denn seit Jahrzehnten werden große Grippepandemien durch Influenza A-Viren ausgelöst.

Hämagglutinin, das H, und Neuraminidase, N, sind Enzyme, die Viren auf der Oberfläche tragen, mit denen sie an Wirtszellen ankoppeln und sich vermehren können. Dabei nennt man die Proteinstruktur auf der Oberfläche des Virus Antigen. H hilft beim Andocken, N beim Ausbrechen, nachdem das Virus Kopien von sich selber in der Zelle erstellt hat. Je nach Kombination dieser Proteine in der Virushülle entstehen Namen wie H5N1 oder H7N9. 18 H-Untertypen und 11 N sind es bei Influenza insgesamt bisher, und viele sind so variabel, dass sie sich ständig verändern. Weil dazu noch zwei große Gruppen an B-Influenzaviren kommen, die für Menschen relevant sind, muss jedes Jahr ein neuer Impfstoff produziert werden – Monate im Voraus und in der Hoffnung, dass das, was produziert worden ist, noch wirkt, wenn der Ausbruch wirklich kommt. Die WHO berät dazu zweimal im Jahr, weil es zwei Influenzawinter im Jahr gibt, auf der Nordhalbkugel und auf der Südhalbkugel, und empfiehlt dann eine Zusammensetzung des Impfstoffes.

Weil alle menschlichen Influenzaviren ursprünglich von Vögeln stammen, eignen sich, bei allen technischen Fortschritten, noch immer Hühnereier, die anderthalb Wochen angebrütet sind, am besten für die Impfstoffproduktion. Viren vermehren sich dort so gut, dass es in dem Eiklar von Virus nur so wimmelt, relativ sauber und hoch konzentriert, was die Aufreinigung des Impfstoffs erleichtert. Dabei gilt in der Regel: ein Ei gleich eine Impfdosis. Rund eine halbe Milliarde Eier werden jedes Jahr gebraucht.

Weil das ziemlich viel ist, wird an Alternativen geforscht: dem Züchten von Influenzaviren in Zellkulturen. Das ist technisch aufwendiger, aber es geht voran.

Rund zehn Prozent des Impfstoffes entstehen mittlerweile so. Gewonnen aus Zellkulturen aus dem Nierentumor eines Hundes.

Es war ein Cockerspaniel.

===

An einem Morgen im Frühsommer sucht Christian Drosten auf YouTube »Profiteure der Angst«, diese Dokumentation, die 2009 bei arte lief und die ihm ständig vor die Füße gekippt wird. Das wollte er die ganze Zeit schon machen, ist aber nicht dazu gekommen. Ziemlich sicher weiß er, dass er da keinen Unsinn geredet hat, aber er will lieber noch mal nachsehen. Es ist nicht schwer, das Video zu finden. Er sucht die Stelle, an der er auftritt. Und auch die findet sich schnell. Ganz schön jung, mit Brille, damals noch in Bonn, Mann, ist das lange her.

Seine Sekretärin betritt das Büro. Der Gesundheitsminister Polens hat angefragt, ob man sich mal treffen könne. Er hätte gerne einen Überblick über die Situation. Soll sie da mal was ausmachen? Er nickt, kann sie, passt schon noch auch irgendwo rein. Er führt Gespräche in diesen Tagen mit Kanadiern und Australiern, Amerikanern und Briten, Franzosen und Italienern, Südafrikanern und Japanern und gefühlt allen anderen auch. Aber jetzt muss er erst mal ein Video gucken.

Er hört sich selber zu.

Er sagt: »Das Gefährliche an diesem Influenzavirus ist, dass es so viele trifft, dass es sich ganz weit verbreitet. Wenn man aber bei einem einzelnen Menschen schaut, der sich infiziert, kann man sagen, die Letalität, also die Wahrscheinlichkeit zu sterben, wenn man krank ist,

ist sehr, sehr gering. Die Letalität liegt wahrscheinlich im Bereich von 0,1 Prozent. Auch wenn die gegenwärtigen Statistiken es nicht erlauben, ganz präzise das auszusagen, denn es wird nicht mehr jeder Fall aufgezeichnet. Es gibt einfach zu viele Fälle. Vergleichen wir das mit SARS, sehen wir: Die Letalität ist dort hundertmal so hoch. Zehn Prozent aller Infizierten sind an SARS dann auch gestorben.«
So weit erst mal alles klar. Überrascht ihn auch nicht. Hatte er so in Erinnerung. Mal gucken, was noch kommt. Er sucht weiter nach Stellen, an denen er spricht. Dauert nicht lange.

Der Drosten von 2009 sagt: »Man könnte sagen, dieses Virus könnte sich bestimmte Gensegmente von bestimmten anderen sehr gefährlichen Viren aneignen, zum Beispiel von Vogelgrippeviren, und zu einem sehr gefährlichen Virus werden. Aber auch da, immer muss man sagen mit Vorsicht, das jetzige Virus ist eigentlich schon sehr, sehr erfolgreich, und man fragt sich, was so ein Virus davon hätte. So ein plötzlicher Mutationssprung geht fast immer damit einher, dass es dem Virus zumindest für eine Zeit schlechter geht als vorher. Denn das Virus will ja nicht Menschen töten. Das Virus will einfach existieren. Das kann es besonders gut, wenn seine Wirte sich unauffällig weiterhin in ihrer sozialen Umgebung bewegen, also eben nicht schwerkrank sind.«

Er sucht noch ein bisschen weiter, kann sich aber nicht mehr finden. Das war alles. Sonst sagt er nichts in diesem Film. Okay, denkt er, ich rede über die Evolution von Viren, die geringe Sterblichkeit für den einzelnen Menschen und dass das Schweinegrippevirus sich im Schwein mit Vogelgrippeviren mischen kann, aber dass das in dem Fall vermutlich nicht passieren wird. Erschließt sich ihm nicht, was das mit Panikmache zu tun hat. Und trotzdem ist die Kommentarspalte voller Leute, die das behaupten.

===

Ob eine Pandemie eine Pandemie ist, hat nichts mit der Tödlichkeit eines Erregers zu tun – sondern mit seiner Fähigkeit, sich über den gesamten Planeten zu verbreiten.

Das mag blödsinnig klingen, ist aber eigentlich logisch. Die Schwere einer Erkrankung kann kein Kriterium sein, zumal im globalen Maßstab. Oft verändert sie sich im Laufe einer Pandemie. Sie variiert zwischen Altersgruppen, Ethnien und Orten. Manchmal sogar innerhalb von Ländern und Städten. Und vor allem gibt es über die Schwere von Erkrankungen gerade zu Beginn von Pandemien, wenn es schnell gehen muss, nur unzureichende Datenmengen – zudem können Virenmutationen sich anders verhalten. Man weiß schlicht zu wenig, um die Ausrufung einer Pandemie davon abhängig zu machen. Dann muss man abwägen.

Sechs Abstufungen gibt es, von Phase 1 – ein Virus zirkuliert in Tieren, es gibt aber noch keine Übertragung auf Menschen – bis zu Phase 6 – ein Virus zirkuliert unter Menschen in mindestens zwei Mitgliedsländern der WHO in mindestens zwei der sechs WHO-Regionen. Die Schweinegrippe wird schnell ein Virus werden, auf das diese Kriterien zutreffen. Und ist damit eine Pandemie.

Und damit das nicht unter den Tisch fällt: Ja, es gibt kurz vor Ausrufung der Pandemie 2009 Änderungen in den Definitionsphasen. Das betrifft aber nicht die Kriterien für die Ausrufung der Phasen selber, dieser Teil hat sich nie verändert. Der Pandemieplan von 2009 nimmt vielmehr erstmals die Schwere einer Erkrankung als eigenen Abschnitt mit auf – und kommt damit den Kritikern entgegen. Koppelt das Risikomanagement aber ab von den virologischen und epidemiologischen Daten.

Abgesehen davon: Die WHO hat 194 Mitgliedsstaaten, was bedeutet, dass Änderungen ein längerer Prozess sind, fast egal, was man ändern will. Die Überarbeitung der Phasen beginnt daher schon Ende 2007 – und ist abgeschlossen, bevor H1N1 im Juni 2009 als Pandemie eingestuft wird. Für die Ausrufung spielt das keine Rolle.

Ist nicht so, dass das intern nicht umstritten ist. Noch scheinen die Sterblichkeitsraten nicht aus dem Ruder zu laufen, im Gegenteil. Aber was, wenn sich das ändert? Schließlich geht es hier um A/H1N1 – es ist der gleiche Viren-Subtyp, der auch die Spanische Grippe in einen Killer mit apokalyptischem Ausmaß verwandelt hat. Daher gibt es jeden Grund, vorsichtig zu sein.

In beiden Fällen ist der Erreger eine Mischung verschiedener Influenzastämme von Menschen, Schweinen und Vögeln aus drei Kontinenten, alle miteinander verschmolzen in einem Best-of-Album, dem

Schwein. 2009 sorgt das allerdings glücklicherweise dafür, dass die Pandemie zwar hochansteckend ist, aber weniger tödlich als erwartet. Denn das, was für Bakterien gilt, gilt auch für Menschen: Ein Virus, oder Teile davon, das unser Immunsystem bereits erlebt hat, schwächt eine Infektion mit einem ähnlichen Virus zumindest ab. Der Erreger der Spanischen Grippe ist mit dem Auslaufen der Pandemie 1920 nicht verschwunden.

Rund 450 Millionen überlebende Infizierte, ein Drittel der damaligen Weltbevölkerung, leben mit dem Virus weiter. Das spaltet sich auf, zwei Linien, eine im Menschen und eine im Schwein. Beide bestehen bis heute, das im Schwein entwickelt sich stetig weiter. Die menschliche Linie verursacht eine endemische Grippe, die bis 1956 anhält und die jährliche Grippezirkulation dominiert – und erst 1957 von einem neuen Stamm abgelöst wird, A/H2N2, der Asiatischen Grippe, zwei Millionen Tote weltweit. Die menschliche Linie verschwindet danach vollständig. Bis sie 1977 wieder auftaucht, aus Versehen freigelassen aus einem Kühlschrank irgendwo in der Sowjetunion oder China. Bis heute ist sie nicht verschwunden. Und das ist im Nachhinein vermutlich eine ziemlich glückliche Fügung.

Verantwortlich dafür ist vermutlich die »original antigenetic sin«, die Antigenursünde – die heißt wirklich so –, und das bedeutet, dass jemand, der schon einmal mit einer Variante eines Virus infiziert war, vermutlich bei einem zweiten Kontakt mit einer anderen Variante des gleichen Virus eine starke Immunantwort geben kann. Dabei geht es aber nicht um irgendeinen Kontakt, sondern um den allerersten (deswegen auch die Ursünde, was womöglich ein bisschen dramatisch formuliert ist). Wenn sich also ein Kleinkind mit einem Influenzavirus infiziert, dann versucht das Immunsystem, Antikörper gegen alle Moleküle der Virusproteine herzustellen – vor allem gegen die Antigene auf der Oberfläche des Virus. Und weil es eben alle sind, wird jede neue Virusvariante angesprochen und abgeschwächt, selbst wenn sie Jahrzehnte später erscheint.

Und weil die Spanische Grippe, A/H1N1, eben abgeschwächt weiter zirkuliert, hat die Immunabwehr von jedem, der vor 1957 geboren wird, ihr Erweckungserlebnis, die »original antigenetic sin«, mit A/H1N1 gemacht. Und die Jahrgänge, die um 1977 geboren sind, eben auch. Das Virus setzt sich zwar innerhalb der saisonalen Influenza-Zirkulation nicht durch, hat aber dennoch Einfluss auf eine Handvoll Jahrgänge Ende der Siebziger. Denn auch bei ihnen ist das Influenzavirus, das zuerst das Immunsystem konfrontiert, H1N1. Und das sorgt für eine zelluläre Hintergrundimmunität, die gegen A/H1N1 von 2009 immunisiert. So sehr, dass bei vielen Menschen sogar Antikörper gegen das Virus nachgewiesen werden können – obwohl sie noch gar nicht mit ihm infiziert sind.

Dazu passt, dass diejenigen, die doch sterben, vor allem junge Erwachsene sind, mittelalt, geboren nach 1980. Nur etwa zwanzig Prozent der Verstorbenen sind älter als 65 Jahre. Die Todesfälle sind zudem oft direkt auf das Virus zurückzuführen, was ungewöhnlich ist. Bei einer großen Influenzawelle führen meist Begleiterscheinungen wie zusätzliche bakterielle Infektionen zu einem schwerwiegenden Krankheitsverlauf oder gar zum Tod. Bei der Schweinegrippe jedoch gibt es viele Fälle, in denen die Lungenentzündung virusbedingt ist. Bei Infizierten ohne Hintergrundimmunität sorgt sie für schwere Schäden in der Lunge.

Die Wahrheit ist: A/H1N1 ist auch 2009 ein gefährliches Virus mit Potenzial zur Katastrophe, es wird aber durch unsere Immunabwehr massiv ausgebremst – gerade weil knapp einhundert Jahre zuvor Dutzende Millionen unserer Vorfahren daran gestorben sind.

Weiß da aber noch keiner.

===

Früher Abend, das Restaurant ist gut gefüllt, geschlossener Raum. Am Tisch nebenan findet eine Geburtstagsfeier statt. Gäste und Geburtstagskind begrüßen Thushira Weerawarna mit großem Hallo. Es hat sich rumgesprochen, da ist ein Arzt in der Stadt, ein Spezialist, der anpackt. Hand auf die Schulter, Umarmung links und rechts, Küsschen, in den Arm nehmen. Weerawarna lächelt, leicht gequält, manchmal beugt er sich ein wenig zurück, weil zehn Zentimeter Abstand besser sind als überhaupt keiner. Der Smalltalk dreht sich um Corona, geht nicht anders, deswegen ist er ja da, aber einen großen Eindruck macht das nicht. Die Krankheit betrifft die Kranken, sagen sie, und die sind im Krankenhaus, wegwischende Handbewegungen. Im Hintergrund spielt eine Band. Vielleicht zwei Meter entfernt. Die Sängerin gibt alles, und manchmal beugt sie sich beim Singen nach vorne und animiert das Publikum. »Schnaps?«, fragt der Gastgeber.

Weerawarna ist eingeladen von rumänischen Freunden, das ist nett und zuvorkommend, und so sind auch alle, gastfreundlich und liebenswürdig, und da gebietet es die Höflichkeit, dass man nicht einfach woandershin geht.

Er denkt: Augen zu und durch. Wird schon nichts passieren. Hofft er. Er sieht sich um. Niemand trägt eine Maske. Oder anders: Niemand trägt eine Maske über Mund und Nase. Manche als Schmuck am Handgelenk, andere als Variante eines Schals um den Hals, manchmal sieht sie von weitem aus wie ein Bart, weil sie am Kinn klebt, und einer, hinter der Theke, benutzt sie als Taschentuch. Er schnäuzt sich und steckt sie dann in die Hosentasche.

Serviert wird Fleisch mit Fleischbeilage. Würstchen aus Hack, Kuttelsuppe, Schweinebauch, in Schweinefett gebraten, dargeboten mit Schmalz, dazu Kohlrouladen, gefüllt mit Fleisch. Es gibt Schweinswurst auf Leberbasis und Sauerkraut mit Hackfleisch und Fleischbällchen. Sauerrahm in allen Variationen, Gemüseaufstrich und Polenta. Als Nachtisch wird ein Donut gereicht, zumindest so was in der Art, Papanasi, angeblich beeinflusst von der Küche Österreichs, k. u. k.-Zeit, gekochter Teig, der mit Käse gefüllt ist, darüber Schlagsahne, und als gesundes Alibi ein Handvoll Fruchtkompott. Alles sehr lecker. Und reicht, kalorienmäßig, gefühlt für mindestens eine Woche. »Mein lieber Mann«, sagt Weerawarna.

Er will den weiteren Ablauf besprechen. Was muss im Krankenhaus noch passieren? Was brauchen Pfleger und Ärzte, um mit der Beatmungsmaschine zu arbeiten? Er weiß, dass es noch einen Termin mit den örtlichen Honoratioren gibt. Muss er da was vorbereiten? Passt schon, sagen die Gastgeber. Sie wollen ein bisschen Tourismus machen. Dass er auch was sieht von der Schönheit des Landes. Man könnte hierhin fahren und dorthin, und auch da ist es nicht verkehrt. Und es stimmt ja auch: Brașov, Kronstadt, ist eine schöne Stadt. Zentrum der Siebenbürger Sachsen und der Aufklärung in Zeiten von Luther, reich geworden durch ihre Lage an Handelsrouten – und irgendwie auch Heldenstadt, weil bereits zwei Jahre vor der Wende 1989 Bürger gegen die Ceauşescu-Diktatur protestierten. Historisches Zentrum, mittelalterlicher Stadtkern mit Stadtmauer und Wachtürmen, alles renoviert, dazu die größte gotische Kirche südlich von Wien, die jeder nur Schwarze Kirche nennt, weil sie irgendwann mal brannte. Der Wald ist nicht weit entfernt. Ständig kommen Leute mit Mountainbikes vorbei, weil man in der Umgebung gut fahren kann. Es gibt Touren, um Bären zu beobachten. Im Sommer ist es warm und im Winter so kalt, dass die Gegend ein berühmtes Skigebiet ist.

Das kann man alles machen, sagt Weerawarna, aber vielleicht macht man doch erst mal die Arbeit. Er ist sehr höflich und sehr schwäbisch, erst mal alles wegarbeiten. Der Kellner bringt irgendeinen Schnaps, der in erster Linie nach Alkohol schmeckt. Er trägt seine Maske um den Hals. Weerawarna rückt ein Stück weg, aber der Kellner kommt hinterher und rückt das Glas näher an ihn heran.

Als die Band aufhört zu spielen, macht jemand das Best-of-Album von Modern Talking an. Als Hintergrundmusik gedacht, drängelt es sich unangenehm laut ins Ohr.

Es ist auch nach über dreißig Jahren noch grauenhafte Musik.

===

2
Ebola.
SARS.
R-Wert.

KAPITEL VIER

Das Tor zur Geschichte

Die Beweise sind eigentlich keine, aber erzählt wird die Geschichte trotzdem. Der sicherste Fahrradparkplatz des Landes ist mitten in Berlin. Schmetterlinge sind ein Tor in die Geschichte, Fledermäuse bringen Pizza, ein Waldspaziergang ist dennoch nicht unbedingt lebensgefährlich.

Ziemlich viel Leute haben Aliens im Garten. Die Isolation muss mindestens einen Mondzyklus halten. Schluckauf ist ganz schlecht, aber nicht besonders blutig. Gute Schuhe dafür um so wichtiger. Nicht auf jeder Welle kann man surfen. Kühe und Viren haben eine Gemeinsamkeit, Belgier Probleme mit der Aussprache.

Und wenn wir uns nicht endlich Mühe geben beim Klimaschutz, dann kann das zu Zahnfleischbluten führen.

Vor der Arbeit macht Christian Drosten einen Abstecher zum Kanzleramt. Ist ja nicht weit. Einmal quer rüber über die Spree, schon da. Vor dem Kanzleramt ein Pavillon voller Polizisten. Maschinenpistolen, Metalldetektoren, Überprüfung. Drosten hat sein Rad noch dabei. Er sieht sich um, sein Blick geht an Metallwänden vorbei. Er sucht einen Platz, an dem er es anschließen kann. Einer der Polizisten sieht ihn an und deutet den Blick richtig. »Ach«, sagt er. Er sagt, dass Drosten das Fahrrad mitnehmen soll. »Lehnen Sie es dahinten an die Wand«, er dreht sich um und deutet mit dem Kinn an eine Betonwand, dazwischen noch mal eine Polizeisperre, noch mal Maschinenpistolen, noch mal Kontrolle. Dahinter ist gut. Es gibt nichts, woran man das Fahrrad anschließen kann, grünes Metall, meterhoch, Skulptur in der Mitte, schwere Betondecke, wie in der Unterführung einer U-Bahn, eher funktionell als prunkvoll. Weiter hinten im Lichthof gibt es ein paar Bäume, Oliven, Feigen, kanadischer Efeu, das ginge, da könnte man vielleicht was anschließen, aber das Problem ist vernachlässigbar. Der Polizist sagt: »Hier kommt nix weg.« Es ist vermutlich der sicherste Fahrradparkplatz des Landes.

Nur ein paar Meter nach der Wand schließt sich ein Fahrstuhl an, und dann fährt man direkt nach oben, zu Angela Merkel. Sie kommt ihm entgegen. Kein Warten im Sekretariat, niemand sagt, schön, dass Sie da sind, setzen Sie sich mal kurz eine Minute und dann werden dreißig daraus, niemand holt ihn ab. Sie macht das selber. Sie sagt: »Ach hallo. Ist ja schön, dass wir uns mal sehen.« Und Christian Drosten denkt: Die ist ja wie im Fernsehen. »Sie ist komplett authentisch. Das ist so ein Moment, wo du denkst, ich kenne sie, schließlich ist sie irgendwie Teil deines Lebens, als Kanzlerin, aber du hast sie natürlich noch nie getroffen. Das ist total surreal.«

Ihr Büro auf der einen Seite, Kanzleramtsminister gegenüber. Anderthalb Stunden hat Merkel Zeit. Sie setzen sich in ihr Büro, Deutschlandfahne eine Armlänge entfernt. Toller Ausblick.

Drosten ist kurz beeindruckt, und dann erzählt er von SARS, den vermutlichen Überschneidungen mit dem neuen Virus und dem, was vermutlich anders ist. Er erzählt, wie es bei der Influenza ist und wie es bei der Spanischen Grippe war. Sie machen ein paar Rechnungen auf: Wie viel Intensivbetten gibt es in Deutschland? Wie lange dauert es in China bis zur Aufnahme der Patienten auf die Intensivstation und was kann man anhand der Wuhan-Zahlen schlussfolgern? Was passiert vermutlich, wenn das Virus durchläuft, ohne dass man was tut? Wie viele erwartbar schwere Verläufe gibt es? Und vor allem sagt er ihr, was er nicht weiß. Was man bisher einfach nicht wissen kann. Dass es Zeit braucht, ein neues Virus zu verstehen, und dass vieles noch erforscht werden muss.

Merkel ist im Thema. Drosten ist nicht der erste, den sie trifft und mit dem sie über das Virus redet, und er wird auch nicht der letzte sein. Sie hat viel gelesen, das Robert Koch-Institut hat sie bereits auf den aktuellen Stand gebracht. Drosten merkt das, sie fragt nach, ist interessiert und versteht die wichtigsten Zusammenhänge sofort. Persönlich werden sie sich nur noch einmal begegnen – in der Ministerpräsidentenrunde im März 2020. Ab dann finden die Wissenschafts-Beratungsrunden per Videokonferenz statt.

===

Bernhard Misof, Insektenfreund, findet das Krabbeln gut, seit er sich artikulieren kann, die vielen Beine, die Leistung, die Insekten bringen, ständig unterschätzt und doch als selbstverständlich wahrgenommen, das Leben, das überall stattfindet und das sich an fast alles anpassen kann.

Mit Schmetterlingen fängt es an bei Misof, er hat die Leidenschaft von seinem Opa übernommen, damals in Österreich. Der hat eine Sammlung der Tiere, und Misof übernimmt die später. »Cool« findet Misof das.

Das Wort kommt einem bei dem Begriff »Schmetterlingssammlung« nicht sofort in den Sinn, nicht als Erstes zumindest, weil »Schmetterlingssammlung« ein wenig so klingt wie »Briefmarkensammlung«, und da denkt nun auch keiner »wie lässig ist das denn?«. Aber so kann man sich täuschen, denn nur ein paar Meter von Misofs Büro entfernt ist die Schmetterlingssammlung des Museums Alexander Koenig aufgebaut. Ein Teil zumindest. Es ist eine der größten in Deutschland, über zwei Millionen Exemplare, davon Hunderttausende aus China.

Die Tiere sind Teil dessen, was sich »Forschungssammlung« nennt. Ihre Größe variiert von riesig bis winzig und deckt alle Kontinente ab. Dazu Zehntausende von Spinnenarten aus Afrika und Südamerika, und noch mehr Hautflügler, was Wespen und Bienen und Ameisen sind. Zudem wimmelt es von Fliegen und Mücken, und was Käfer betrifft …. glaubt man auch nicht, was alleine im Rheinland alles durch die Gegend kriecht.

Aber die Sammlung dient nicht nur dazu, sie anzusehen, das kann man zwar machen, und die Schmetterlinge sehen teilweise wunderschön aus, weil das Museum aber »Forschungsmuseum« heißt, geht es um viel mehr. Die Sammlung soll klären, warum uns umgibt, was uns umgibt.

Die Schmetterlinge sind ein Tor in die Geschichte.

Das Projekt heißt 1Kite, und das hat mit Kitesurfen nichts zu tun, sondern steht für eintausend Transkriptome von Insektenarten, die entschlüsselt und analysiert werden sollen, es ist die Summe aller von DNA in RNA umgeschriebenen Gene zu einem bestimmten Zeitpunkt (was »transkribiert« heißt, deswegen »Transkriptome«). Man macht das, um die Evolutionsgeschichte der Tiere nachzuvollziehen und im Idealfall einen Stammbaum zu erstellen. Um die Anpassungen der Tiere an ihre Umwelt zu verstehen.

Es ist ein internationales Forschungsprojekt, Chinesen und Amerikaner, Japaner und Österreicher, und zum ersten Mal gibt es die Chance, wirklich die Unterschiede in den Erbanlagen zu untersuchen und dadurch nachvollziehen zu können, was sie letztlich beitragen zu Aussehen und Verhalten. Jahrelang geht das nicht, weil die technischen Voraussetzungen fehlen, aber jetzt kann man die DNA verstehen und lesen.

Der Aufbau eines Zentrums für molekulare Biodiversitätsforschung ist Teil eines Angebotes an Misof, nach Bonn zurückzukommen, eigentlich will ihn niemand loswerden, aber er geht kurz nach Hamburg. Die Aufgabe dort ist spannend, er wird Direktor des Zoologischen Museums in der Hansestadt, aber das mit dem Projekt ist zu interessant, er kann es selber gestalten und aufbauen – machen Sie mal, Herr Misof –, und da rennt man bei ihm offene Türen ein. Es ist die Fortführung eines Interesses, das er seit Jahrzehnten mit sich herumträgt. Das er sich freiwillig beigebracht hat, neben der Schule, vor der Schule, er hat alles gelesen, was er damals bekommen konnte, Genetik in den 1980ern, viel war das nicht, aber je mehr er liest, desto mehr Fragen hat er, und dann liest er noch mehr, und in der Oberstufe, vier Jahre in Österreich, ist er teilweise befreit von Biologie und Naturwissenschaften und später auch teilweise von Physik, weil er alles schon weiß.

Misof will großer Theoretiker werden, ist sich aber eigentlich sicher, dass er es schon ist, und er schreibt später, als Doktorand, Publikationen, ohne Experimente zu machen, er ist sich sicher, dass er ohnehin weiß, was dabei rauskommt. Und als er die Experimente dann doch durchführt, merkt er, dass er vielleicht doch noch nicht so weit ist. Die Ergebnisse sind ganz andere, und er muss alles wegwerfen. »Übel genommen hat mir das keiner«, sagt er und lacht, und das liegt vielleicht daran, dass er nicht besserwissend rüberkommt, nicht belehrend und überheblich, sondern einfach gut informiert und charmant, und gut erzählen kann er auch.

Und als 1Kite beginnt und es daran geht, die Evolution und die Erbanlagen der Insekten zu verstehen, produziert es eine Unmenge an Daten, und Misof denkt: In den Genomdaten der Insekten müssten doch eigentlich auch Viren zu finden sein.

Vielleicht guckt man einfach mal nach.

Es ist die Umkehrung des normalen Weges und völlig neu, als das Projekt beginnt. Klassischerweise sieht man das Krankheitsbild und sucht dann nach einem auslösenden Virus. Es werden Kulturen angelegt, und dann sieht man nach, ob irgendwas pathologisch ist. Aber was, wenn man einfach erst mal in einem Tier sucht? Einfach, um die Diversität der Viren zu erfassen. Ein Tier, das ein paar Meter entfernt an einer Wand hängt? Kann man ja machen mit der Molekularbiologie.

Braucht man Modelle zu, die Virensequenzen erkennen in der Datenmasse, automatisiert, und die dann nach ähnlichen Sequenzen suchen, und das tun sie in Bonn und finden Hunderte neue Viren, die noch keiner kennt. Und wenn man die abgleicht mit Viren, die so ähnlich im Menschen auftreten, dann kann man einerseits eine neue Art klassifizieren, kommt andererseits aber auch der Frage näher, um die es eigentlich geht: Können Insekten Virenreservoire für Epidemien in Wirbeltieren darstellen?

Oder anders: Kann eine Pandemie ausbrechen, weil ein ähnliches Virus, das es im Menschen gibt, auch bei Mistkäfern zirkuliert? Oder Libellen?

Dass Insekten Reservoire für Viren sein könnten, die auch beim Menschen auftreten, ist naheliegend und doch wieder überhaupt nicht. Insekten sind die artenreichste Gruppe auf dem Planeten. Knapp drei Viertel aller beschriebenen Tier- und Pflanzenarten sind Insekten, und es wäre ziemlich unsinnig, sie nicht zu beachten. Aufgrund ihrer schieren Masse ist es fast zwangsläufig, dass Viren in ihnen vorkommen, die unseren ähnlich sind oder uns infizieren könnten.

Andererseits: Es sind Insekten. Und unsere Ähnlichkeit mit Käfern ist überschaubar. Und nur weil ein Virus in einer Hummel existiert, das einem Virus ähnelt, das bei uns eine Krankheit auslöst, heißt das nicht, dass jeder Waldspaziergang zur lebensgefährlichen Angelegenheit wird.

Er könnte aber.

===

Schlupfwespen, im Garten gerne genutzt zur Bekämpfung von Schädlingen, setzen ihre Larven durchweg in anderen Tieren ab, am häufigsten in Raupen, und eigentlich sollte das nicht gehen. Das Immunsystem des Wirtes sollte den Eindringling bekämpfen und töten. Was aber nicht passiert.

Bei der Eiablage wechselt nämlich nicht nur der Nachwuchs in den Wirt, sondern auch Millionen von Viren aus der Keimbahn der Wespe – und zerstören dort das Immunsystem des Opfers. Die Viren übernehmen danach die Biochemie der Raupe komplett und zwingen das Tier, eine Zuckerverbindung herzustellen, die es nicht benötigt, ohne Virenattacke nie produzieren würde und die ausschließlich den Larven nutzt. Ab diesem Moment ist die Raupe nur noch lebende Brutkammer für die Wespenlarven, schön warm und schützend, ein Zombie, der von innen aufgefressen wird. Allerdings selektiv: Damit das Opfer nicht zu schnell stirbt und die Larven mit ihm, sparen die Nachwuchsschlupfwespen die lebenswichtigen Organe aus, erst mal. Was allerdings nicht zwingend benötigt wird, fällt dem Parasiten zum Opfer, das gilt auch für die Geschlechtsorgane. Ein kastrierter Wirt verschwendet keine Energie für die Partnersuche und kann sie ganz dem Parasiten für dessen Wachstum zur Verfügung stellen. Kastrieren ist allerdings nicht wespenspezifisch, sondern eine Strategie, die zahlreiche Parasiten für sich entdeckt haben.

Nach ein paar Tagen oder Wochen, kommt auf die Art der Schlupfwespe an, fressen die Tiere sich durch den Wirt nach außen, spinnen Kokons auf seinem Rücken, in denen sie sich zu ausgewachsenen Tieren verpuppen, und fliegen davon. Erst dann darf der Wirt sterben.

Denkt da jetzt jemand nicht an Alien?

===

Für Charles Darwin ist die Schlupfwespe der Beweis, dass Gott möglicherweise doch nicht so gnädig ist, wie von der Christenheit erhofft. Ein wohlwollender Plan, schreibt Darwin, liegt der ganzen Sache vielleicht doch nicht zugrunde, wenn es solche Grausamkeit gibt.

Ein guter aber schon: Das Verhältnis zwischen Schlupfwespe und Virus ist nichts anderes als eine Symbiose. Putzerfisch und Hai, Kolibri und Blütenpflanze, Ameise und Blattlaus. Die zwischen Schlupfwespe und Virus entsteht vor rund 74 Millionen Jahren und ist so eng, dass das Virus nicht mal mehr als eigene Einheit existiert, sondern im Genom der Wespe eingebaut ist. Man könnte sagen, dass die Wespe das Virus domestiziert hat, wie der Mensch die Kuh.

===

Obwohl Insekten möglicherweise ein Reservoir für neue virale Erkrankungen im Menschen darstellen: Stand jetzt sieht es so aus, als ob sie kein großes Risiko für einen Spillover sind. Weil aber die virale Diversität in den Tieren unglaublich groß ist, und wissenschaftliche Erkenntnisse sich auch wieder ändern können, muss das nicht so bleiben. Zudem gilt es ohnehin nur für den direkten Übersprung. Wenn es einen Zwischenwirt gibt, der das Insekt und dessen Virus frisst, sich infiziert und sich das Virus im neuen Wirt verändert, etwa um seinem Immunsystem besser auszuweichen, und dessen Immunsystem wiederum unserem ähnelt und wir mit dem Tier oft Kontakt haben ... dann ist ohnehin alles wieder ganz anders.

===

Der erste Ausbruch ereignet sich im Juni 1976 im heutigen Südsudan. Arbeiter in einer Baumwollfirma erkranken. Weil das aber nicht ganz so zerstörerisch ist wie das, was zwei Monate später in Zaire erfolgt – heute die Demokratische Republik Kongo –, wird Ausbruch Nummer 2 der bekanntere.

Das erste Opfer ist Lehrer, Schulleiter, 44 Jahre alt. Mabalo Lokela wohnt in Yalikonde, einem kleinen Dorf, wie es viele gibt in der Region. Er kommt gerade aus dem Urlaub, er hat mit Freunden die Gegend erkundet, ein wenig Wandern, teilweise sind sie mit dem Auto gereist. Zwei Wochen lang waren sie im Norden der Provinz Équateur unterwegs. Der Name ist Programm, viel Regenwald, schwülwarm, die Provinz ist nur unwesentlich kleiner als Frankreich. Er hat Fieber und Kopfschmerzen, er fühlt sich müde und schlapp, und Blut läuft ihm aus der Nase. Er glaubt, er hat Malaria. Nasenbluten ist komisch, aber ansonsten ist das plausibel, die Symptome passen, und die Krankheit ist schließlich in der Region endemisch. Sie sind an dem Ufer eines Flusses entlanggegangen, Wasser ist immer gut für Mücken und so schnell fließt der Fluss auch wieder nicht, dass es nicht möglich wäre, sich dort infiziert zu haben. Was soll es anderes sein? Ernährt haben sie sich vom dem, was der Dschungel hergibt. Einheimische boten am Rand der Straße Affe und Waldantilope an, geräuchert und gegrillt. Affe, das weiß er noch, hat er nicht gegessen. Antilope schon, sehr lecker. Der Fluss ist hübsch, kann man besuchen, macht man nichts falsch. Die Einheimischen nennen ihn Legbala.

Komischer Name, denken die Belgier, Kolonialherren bis 1960.

Schwierig zu behalten, warum auch, kleiner Fluss, Seitenarm eines größeren, keine dreihundert Kilometer lang, tief im Dschungel, wirtschaftlich unbedeutend, muss man sich nicht merken. Sie können den Namen sowieso nicht aussprechen.

Sie nennen den Fluss Ebola.

===

Am 26. August geht Lokela in die kleine Krankenstation im Nachbardorf. Zum Glück ist sie nicht weit entfernt, einen Kilometer, das schafft er. Er kennt den Weg, er arbeitet dort an der Schule der Mission. Es geht ihm nicht richtig schlecht, aber gut eben auch nicht. Er hat Muskelschmerzen. Ach, sagen die Schwestern der Mission, belgische Nonnen, Gemeinschaft der Herz-Jesu-Missionare, Mission der Schwestern Unserer Lieben Frau vom Heiligen Herzen. Die Mission ist 1935 gegründet, die Krankenstation ist die mit Abstand am besten ausgestattete der Umgebung. Die Schwestern haben Erfahrung. Sie sagen: Das ist Malaria. Er bekommt Chloroquin und soll nach Hause gehen, sich ausruhen. Das wird schon wieder. Und tatsächlich sieht es auch kurz so aus. Das Fieber sinkt, und Lokela fühlt sich besser – aber nicht lange.

Am 1. September kommt das Fieber zurück, höher als zuvor, 39,2 Grad Celsius, und Lokela erneut in die Station. Ein paar Tage später ist sein Zustand kritisch, er übergibt sich ständig, hat Durchfall, ist verwirrt, und er bekommt etwas, das sich disseminierte intravasale Koagulopathie nennt, eine massive Störung der Blutgerinnung. Er blutet, ins Gewebe, von innen, überall, alles. Bevor er stirbt, gibt er das Virus weiter. Und es beginnt.

Die Zentralregierung sitzt knapp eintausend Kilometer entfernt, aber in Kinshasa reagiert man schnell. Die Regierung stellt die ganze Region unter Quarantäne und schickt zwei Ärzte aus der Hauptstadt. Sie kommen noch im September an, der Ort ist fast menschenleer, die Bewohner tot oder geflohen. Die beiden nehmen Blutproben der Kranken und führen Biopsien bei den Toten durch, und dabei fällt ihnen auf: Das hört überhaupt nicht auf zu bluten.

===

Die Piloten wollen nicht fliegen, aber sie tun es dann doch, weil einerseits ein Befehl nun mal ein Befehl ist und sie Teil des Militärs sind, andererseits landen sie 120 Kilometer entfernt. Den Rest muss das Team mit dem Jeep fahren, näher ran, das ist der Deal, geht es auf keinen Fall. Sie haben gehört, dass in den Wäldern um Yambuku die Vögel tot vom Himmel fallen und in den Straßen Berge von Leichen liegen. Nur Wahnsinnige können dorthin wollen. Als das Flugzeug auf der Piste im Busch landet, steigen sie nicht aus. Sie verlassen nicht mal das Cockpit. Die Turbinen laufen, während die fünf Passagiere aus der Maschine klettern und ihre Ausrüstung ausladen – und kaum ist das erledigt, drehen die Piloten ab und verschwinden.

Es ist der 20. Oktober 1976, als die fünf, zwei Belgier, ein Franzose, ein Amerikaner und einer der beiden Ärzte aus Zaire, der vier Wochen zuvor im Dorf war, im Ort ankommen. Sie entladen das Auto und laufen an Bäumen vorbei, an denen Zettel hängen. In der Sprache des örtlichen Stammes steht dort: »Haltet euch fern, oder ihr werdet sterben.«

Sie gehen trotzdem weiter – und treffen drei Schwestern und einen Priester in der Krankenstation an. Die brechen zusammen, als sie die Männer sehen. Fangen an zu weinen. Klammern sich aneinander. Wir werden sterben, sie auch, der Tod verschwindet nicht mehr von hier. Die Männer erklären, dass sie Wissenschaftler sind, geschickt von der WHO. Wir werden ihnen helfen, aber das ist eine Lüge, denn auch sie haben keine Ahnung, was gegen die Krankheit wirkt. Aber es funktioniert. Die Schwestern beruhigen sich. Sie erzählen von der Epidemie, wann es losging, wer betroffen ist, welche Kollegin wann starb. Dass sie nichts tun können. Sie haben Notizen gemacht über jeden Patienten und über den Krankheitsverlauf. Nichts hilft. Sie sehen den Patienten zu, wie sie sterben, und erwarten den eigenen Tod.

Und dann tun sie, was in Extremsituationen oft getan wird: Sie werden geschäftsmäßig. Die Betten sind alle verseucht. Am besten Sie schlafen auf dem Boden des Klassenraums. Hier können Sie sich hinlegen. Hier ist das Bad. Wir bereiten etwas zu essen zu für Sie.

Es gibt flämischen Rindereintopf.

===

Ebola kommt in einer blauen Thermoskanne.

Der Arzt aus Zaire, Jean-Jacques Muyembe, junger Virologe, in Belgien studiert, hat zwei Röhrchen mit Blut darin verpackt, gekühlt mit Eis, und einem Bekannten mitgegeben, der ohnehin nach Belgien muss. Der hat die Kaffeekanne im Handgepäck, normaler Linienflug. Als er sie im Institut für Tropenmedizin in Antwerpen abgibt, ist eines der Röhrchen zerbrochen und das Eis fast vollständig geschmolzen. In der Kanne schwappt eine wässrig-blutige Suppe voller Glassplitter.

Auf dem Zettel, den der Mann mitgebracht hat, steht, dass das Blut von einer schwerkranken Nonne kommt und dass es nett wäre, wenn irgendjemand der Kollegen den Inhalt der Röhrchen mal auf Gelbfieber untersuchen könnte. In Antwerpen gibt es kein Hochsicherheitslabor, normalerweise bräuchte man eines dafür, aber was soll man machen, in ganz Belgien gibt es das nicht und in Westeuropa nur ein einziges: die ehemalige Giftgasfabrik Porton Down, außerhalb Londons.

Naja, denkt Peter Piot, Gelbfieber, mache ich das halt mal. Er ist 27 Jahre alt, Nachwuchsvirologe. Seine Schutzausrüstung besteht aus Gummihandschuhen und einem weißen Laborkittel.

Er fingert das zweite Röhrchen aus der Blutsuppe in der Kanne. Und weiß schnell, dass es kein Gelbfieber ist. Tests auf Lassa und Typhus sind ebenfalls negativ. Um das Virus aus der Probe zu isolieren, muss er es erst vermehren, und so spritzt er das Zeug aus den Röhrchen in ein paar Labormäuse. Nichts passiert. Ein Tag, zwei Tage, drei. Und dann stirbt ein Tier nach dem anderen.

Unter dem Elektronenmikroskop entpuppt sich der Erreger als ein riesiges Virus. Es sieht ein wenig aus wie ein Regenwurm und erinnert an den Marburg-Erreger, 1967 erstmals im hessischen Marburg aufgetreten – mit Versuchsaffen aus Zentralafrika in die Pharmawerke im Ort importiert. In Hessen werden Impfungen gegen Kinderlähmung hergestellt, ein Lebendimpfstoff, und dafür braucht es Zellkulturen aus Nierengewebe der Grünen Meerkatze, einer Affenspezies, die zu Hunderten aus Uganda kommt. Und der Erreger gleich mit. Der erste Erkrankte ist ein Mann, zu dessen Aufgaben es gehört, die Schädel der Tiere zu öffnen.

Insgesamt infizieren sich 31 Menschen mit dem Virus, sieben sterben. Bei späteren Ausbrüchen in Afrika wird die durchschnittliche Todeszahl sehr viel höher sein.

Das Virus, das Piot durch sein Mikroskop sieht, ist nicht gleich, aber ähnlich.

Marburg ist T-Rex.

Ebola ist Godzilla.

===

Im Zaire sterben immer mehr Menschen, und die WHO weist die Belgier an, ihre Proben nach Porton Down zu schicken, in Antwerpen ist das zu gefährlich. Man braucht ein Sicherheitslabor, unbedingt. Machen wir, denken die Belgier, klar, kein Problem. Wenn wir fertig sind.

Und bei einer der letzten Untersuchungen will der eine Kollege dem anderen ein Röhrchen voller Virusmaterial zur Untersuchung reichen, aber er lässt es fallen, seine Hand zittert. Die Zeit zieht sich, das Röhrchen fällt. Es fällt und fällt, und alle sehen zu, und schließlich schlägt es auf. Auf dem Fuß des Kollegen zerplatzt es. Sein Schuh ist voller Virus, blutig und feucht, aber weil 1976 ist und die Menschen nur beim Sport Turnschuhe tragen und nicht in ihrer Freizeit oder am Arbeitsplatz, passiert nichts.

Der Kollege trägt dicke Lederschuhe.

Ebola kommt nicht durch.

===

Einer muss immer der Erste sein, und als die WHO im Herbst 1976 eine Mission zusammenstellt und Freiwillige sucht, ist nicht die Frage, ob jemand Lust hat, vielleicht ein neues Virus zu entdecken. Es ist eher ein kurzer Absatz, der mit einer Frage endet: Ihr könnt nach Zaire fahren. Wir wissen nichts. Wir haben keine Ahnung, ob es eine Heilung gibt, aber vermutlich ist das nicht der Fall, und wir wissen auch nicht, wie man sich vor einer Ansteckung schützt. Vielleicht kommt ihr zurück und tötet eure Familien mit dem, was ihr mitbringt, oder vielleicht fahrt ihr nach Zaire, um dort zu bleiben. Vielleicht endet dort alles für euch. Hat jemand Lust?

Jean-Jacques Muyembe meldet sich, er ist ohnehin vor Ort. Und Peter Piot meldet sich auch.

Als die beiden mit den drei Kollegen in Yambuku ankommen, ist ihnen klar, dass es sich um eine der tödlichsten Infektionskrankheiten handelt, die es gibt. Sie haben keine Ahnung, wie das Virus verbreitet wird. Tröpfcheninfektion, Körperflüssigkeiten, Moskitos, es kann alles Mögliche sein. Sie haben Handschuhe dabei, Skibrillen, Kittel – und Gasmasken auch, man weiß ja nie, aber die entpuppen sich in der schwülen Hitze des Urwaldes als völlig unpraktisch.

Die Ausbreitung des Erregers in der Krankenstation ist schnell nachvollzogen: Spritzen, damals aus Glas und wertvoll, kein Wegwerfartikel. Das Krankenhaus verfügt nur über fünf, die lediglich morgens einmal sterilisiert und danach von Patient zu Patient nur kurz mit sterilem Wasser durchgespült werden. Das mag fahrlässig sein, ist aber dem Mangel an Ressourcen geschuldet, Material, Mitarbeiter, Zeit, und warum soll das nicht reichen, hat es ja sonst auch immer.

Die fünf nehmen Proben und versuchen, Infektionsketten nachzuvollziehen – und tun ansonsten das, was seit Jahrtausenden bei Seuchen getan wird: Quarantäne, Isolation, Rückverfolgung und Einschränkung aller Kontakte.

Behandeln können sie niemanden.

318 Menschen werden sich infizieren. 284 sterben.

Es ist eine Quote von 88 Prozent.

===

Unter den Toten sind elf Schwangere, ihre Kinder werden rechtzeitig aus den sterbenden Körpern der Mütter geschnitten. Alle leben. Aber alle sind infiziert.

Neunzehn Tage später wird das letzte Kind sterben.

===

Das Team hat das gleiche Problem wie alle, die ein neues Virus entdecken. Bei der Tödlichkeit des Erregers ist es das Unwichtigste von allem, aber gemacht werden muss es dennoch: Wie nennen wir das Ding?

Niemand von ihnen kennt die Umgebung, keiner weiß, was sich anbietet. »Yambuku« ist keine gute Idee, das stigmatisiert den Ort, außerdem ist es schwer auszusprechen. Und so sehen sie auf einer Karte nach, die an der Wand hängt, auf der Suche nach etwas Besonderem – und entdecken einen Fluss. Laut Karte kann es nicht weit sein, er fließt direkt in der Umgebung, irgendwo hier, in der Nähe des Ortes. Sie sehen sich an. Wer ist dafür?

Ebola also.

Später wird sich herausstellen, dass die Karte sehr ungenau ist. Den Fluss gibt es zwar, aber er ist nicht annähernd in der Nähe, sondern einhundert Kilometer entfernt, zwei oder drei Tagesfahrten auf diesen Straßen, wenn es überhaupt welche gibt. Keiner der Opfer hat direkt mit dem Fluss zu tun, und der wiederum kann nicht das Geringste für das Virus.

===

Niemand im Sudan weiß, an was die Menschen sterben. Sie wissen nur: Es geht schnell. Blutiger Durchfall, Erbrechen, Kopfschmerzen, Fieber und das, was später immer wieder zitiert wird, aber eigentlich nicht die Regel ist: Das Blut läuft ihnen aus Mund und Nase (aus den Augen blutet keiner, das wird auch später nicht passieren, und das ist Teil der Legende).

Im Sudan werden bis Ende Oktober 284 Menschen erkranken, 151 überleben das nicht.

Es ist die harmlosere Variante des Virus, Sudan ebolavirus, SUDV.

===

Zwischen 1979 und 1994 ist Ebola, behülltes RNA-Virus, gerade mal 18 894 Basen groß, verschwunden. Kein einziger bekannter Fall taucht auf, und so werden die sechs Varianten, die es von dem Virus gibt, erst nach und nach entdeckt – vier tödliche, eine vermutlich nicht, und eine, Bombali ebolavirus, erst vor drei Jahren entdeckt, im Sommer 2018, ist zu neu. Über sie weiß man praktisch nichts.

Zaire ebolavirus, ZEBOV, ist das unangenehmste Mitglied der Familie, der durchgedrehte Irre, durchschnittliche Todesrate 83 Prozent, aber die anderen Geschwister will man auch nicht kennenlernen. Sudan, Tai Forest, Bundibugyo, insgesamt sterben etwa fünfzig Prozent der Kranken. Zwischen zwei Tagen und drei Wochen ist an Inkubationszeit alles dabei, durchschnittlich dauert es 6,3 Tage bis die Krankheit ausbricht.

Reston ebolavirus ist benannt nach einer Stadt in Virginia, knapp vor den Toren Washingtons. Das Virus wird dort 1989 in Langschwanzmakaken entdeckt, in einer Einrichtung für Versuchstiere, und obwohl es bei den Tieren dieselben Symptome auslöst wie andere Ebolaviren auch und die Affen reihenweise tötet, ist es für Menschen vermutlich harmlos. Zumindest ist bisher niemand nachweisbar daran gestorben. Warum das so ist, weiß keiner – zumal es genetisch besonders eng mit dem Sudan-Typ verwandt ist. Das Virus ist die einzige Ebola-Variante, die bisher nicht aus Afrika kommt, sondern sich auf die Philippinen zurückverfolgen lässt – dabei ist der geographische Ursprung umstritten. Kann es sein, dass Ebola nur nach Asien importiert ist? Kommt das Virus natürlich auf den Philippinen vor? Warum nur dort? Und wenn es so eng verwandt ist mit dem Sudan-Typ: Warum ist es in Afrika bisher nicht aufgetreten? Oder ist es das, und es hat nur keiner mitbekommen? Und immer wieder: Warum stirbt eigentlich niemand?

Reston ist eine noch größere Unbekannte als die anderen, aber weil das Virus Schweine infiziert, vor allem in den Atemwegen, und das auf den Philippinen und in China immer wieder vorkommt und daher niemand abschätzen kann, ob es nicht doch zu einem für Menschen tödlichen Virus mutiert, wird es weiterhin als Erreger der Biosicherheitsstufe 4 eingestuft.

===

Ebola versteckt sich noch lange nach dem Abklingen der Symptome im Körper. In den Augäpfeln. In der Muttermilch. Im Zentralnervensystem. Bekannt ist der Fall eines Mannes, der das Virus noch 565 Tage nach seiner Genesung in seinem Sperma mit sich herumträgt. Vielleicht erklärt die Hartnäckigkeit von Ebola, warum die Überlebenden von 1976 immer noch Antikörper gegen das Virus haben. Es scheint, als ob eine

Erkrankung für immer vor einer Wiederansteckung schützt, wie bei den Masern.

===

Zwar ist Mabalo Lokela das erste Opfer, das an ZEBOV stirbt, aber es ist unwahrscheinlich, dass er wirklich das erste Opfer ist. Vermutlich ist er nur das erste bekannte Opfer.

Die Familie der Filoviren, die 1982 definiert wird und zu der unter anderem Ebola und das Marburgvirus gehören, existiert seit mindestens zehn Millionen Jahren – darauf weisen Paläoversionen von Filoviren hin, die in Säugetieren gefunden werden.

Dabei ist die Trennung von Marburg- und Ebolavirus relativ neu: Rund 10 000 Jahre liegt das zurück.

Pi mal Daumen zu der Zeit, als die Landwirtschaft entstanden ist.

===

A82V verändert kleine Moleküle auf der Oberfläche des Virus und tritt noch in Guinea auf, gleich zu Beginn von 2014. Die Mutation sorgt dafür, dass es fortan zwei Hauptlinien gibt – eine, die die Epidemie auslöst und in dem westafrikanischen Staat bleibt, und eine andere, die sie ablöst, sich weiter und schneller ausbreitet und letztlich wieder in das Ursprungsland reimportiert wird. A82V ist für die große Mehrheit der Fälle verantwortlich.

Sie sorgt dafür, dass das Ebola-Virus eine menschliche Zelle leichter infizieren kann. Um das Vierfache.

Und vielleicht haben Menschen, die mit der Mutation infiziert sind, mehr Virus im Blut und ein um knapp ein Drittel höheres Sterberisiko als diejenigen mit der ursprünglichen Version. Allerdings beruht diese Annahme nur auf zweihundert analysierten Fällen. Ein Zusammenhang zwischen der Mutation und dem anschließenden rasanten Fortgang der Epidemie muss ohnehin nicht bestehen. A82V ist kein Beweis, dass sich die evolutionäre Fitness des Virus erhöht. Kann auch sein, dass die Infektion Schwung holt, als sie in dichter besiedelten Regionen ankommt, in denen die Quarantäne infizierter Personen schlechter funktioniert. Auffällig ist die Überschneidung dennoch, es ist die einzige Form des Virus, die in sechs weiteren Ländern auftritt.

Wenn die Übertragung des Virus über die Schwere der Erkrankung stattfindet, dann sorgt ein virulenteres Virus für mehr schwere Fälle – und somit dafür, dass mehr Viren übertragen werden.

Andererseits: Ebola überträgt sich auch ohne Mutation schon ganz okay. Und Versuche in Makaken und Mäusen mit der neuen Virusvariante zeigen teilweise sogar das Gegenteil. Der Krankheitsverlauf ist schwächer und die Virusausscheidung manchmal geringer, allerdings nicht viel. Das Virus könnte durch die Veränderung sogar abgeschwächt worden sein. Für die These spricht, dass der Ebola-Ausbruch in Westafrika derjenige ist, der mit etwa vierzig Prozent die geringste Sterblichkeit aller Ausbrüche überhaupt hat (abgesehen von einem in Uganda 2007). Weil zu einer hohen oder geringeren Sterblichkeit viel beiträgt, medizinische Versorgung, allgemeiner Gesundheitszustand, sozialer Status, Umweltfaktoren, Ernährung, ist auch das kein Beweis für nichts.

Kann beides wahr sein. Schlimmer oder nicht so schlimm.

===

Jedes Virus, das sich nach einem Spillover eine Zeitlang in einem neuen Wirt hält, hat andere Bedingungen, mit denen es klarkommen muss. Ist wie beim Sport. In der alten Trainingsgruppe läuft man so mit, klappt alles wunderbar, ist nicht mehr anstrengend, man kennt die Übungen und kann sich alles gut einteilen. Aber dann kommt plötzlich ein anderer Trainer, und die Trainingsgruppe wechselt auch. Andere Übungen für andere Muskelgruppen. Man schwitzt plötzlich wie verrückt und muss sich anstrengen, um nicht abzufallen.

Aber wie das so ist mit Training, völlig egal, ob man Kampfsport macht, Schach spielt oder Radrennen fährt. Oder ein Virus ist in einem neuen Wirt.

Man wird besser. Man passt sich an.

===

In experimentellen Infektionen zeigt sich, dass ZEBOV, das Zaire-Ebolavirus, sich im Atemtrakt von Schweinen vermehrt. In Nase und Nasennebenhöhlen, Rachen, Luftröhre, Bronchien und Lungenbläschen. Infizierte Tiere scheiden das Virus über die Atmung aus – und übertragen Ebola durch Aerosole auf bestimmte Makaken-Arten.
Ohne direkten Kontakt.

===

Ob A82V nur der vorläufige Schlusspunkt ist in einer Reihe von Anpassungen des Ebola-Virus an den Menschen und ob sich überhaupt irgendetwas spezifisch anpasst, kann nur beantwortet werden, wenn Ebola-Isolate vom Menschen mit denen im Reservoirwirt verglichen werden.
Aber das geht nicht, denn es ist nicht ganz klar, was das Reservoir überhaupt ist.
Denn das mit den Fledermäusen ist schwierig.

===

Die Belgier sind fertig, und die Ebola-Isolate aus Antwerpen werden schließlich nach Porton Down geschickt. 1916 gegründet, ist sie die älteste Fabrik für chemische und biologische Kriegsführung der Welt. Erst ein paar Jahre zuvor hat die britische Regierung die Existenz der Anlage zugegeben.
In Porton Down werden die Proben von Geoffrey Platt bearbeitet. Der verliert keine Zeit und sticht sich beim Versuch, ein Meerschweinchen mit Ebola zu infizieren, selber in den Finger. Er reißt den Handschuh ab, kann aber keine Anzeichen für eine Verletzung der Haut erkennen. Er desinfiziert den Daumen, versucht, das Blut herauszudrücken, aber das klappt nicht, und so weiß er nicht, ob es überhaupt eine Verletzung gegeben hat oder ob sie so klein ist, dass sie sich schnell wieder geschlossen hat. Was schlecht wäre.
Platt kommt in Quarantäne, wo er insgesamt vierzig Tage bleibt, und am sechsten Tag weiß er Bescheid. Er bekommt Fieber, nicht hoch, 37,4 Grad Celsius, eher erhöhte Temperatur, aber in seinem Körper

passiert etwas, das merkt er. Er fühlt sich etwas schlapp und hat leichte Bauchschmerzen, das ist alles. Das Fieber steigt auf 38 Grad, ihm wird übel, er hat das Gefühl, sich übergeben zu müssen, aber das muss er nicht.

Und dann ist alles weg. Am nächsten Morgen wacht er auf und fühlt sich hervorragend. Kein Fieber, keine Symptome, er hat Hunger und könnte die Quarantäne verlassen. Ein schöner Plan, sagen die Wissenschaftler und Pfleger in der Isolierstation im Krankenhaus Coppetts Wood im Norden von London, extra gebaut für die Isolation von hochansteckenden Krankheiten, aber vielleicht sollten wir das noch mal überdenken, denn in deinem Blut, na ja, da sind lange fadenwürmige Dinger drin, sehen aus wie das Marburgvirus. Ist wohl das neue. Vielleicht bleibst du noch.

Platt liegt in einem Zelt mit Unterdruck, und einen Tag lang ist alles toll.

Dann beginnen seine Haare auszufallen, aber das wird das kleinste Problem von Geoffrey S. Platt aus 26 St. George's Road, West Harnham. Das Fieber kommt zurück – und steigt schlagartig um vier Grad. Platt fängt an, sich zu übergeben. Er hat Durchfall, es ist eine Mischung aus Wasser und Blut. Seine Haut schwillt an manchen Stellen an, und er bekommt einen Ausschlag. Sein Urin ist geflockt von Proteinen, die dort nicht sein sollten, und in seinem Rachen wächst ein Pilz, der sich schnell ausbreitet. Es sieht so aus, als ob Platt demnächst stirbt.

Weil er aber das Glück hat, sich in einem Krankenhaus in Großbritannien zu befinden und nicht in einer Hütte in Zentralafrika, ist seine Versorgung ungleich besser. Die Briten lassen Blutserum von Überlebenden aus Zaire und dem Sudan einfliegen. Keiner weiß, ob das funktioniert, aber warum soll man es nicht probieren? Mehr als Sterben kann er nicht. Und so erhitzen sie das Blut auf sechzig Grad Celsius, um das Virus zu töten, testen auf Hepatitis, nicht dass sie ihrem Kollegen aus Versehen noch was anderes mitgeben, und pumpen es in Platts Venen. Er bekommt danach noch tagelang weiteres Serum.

Und Platt erholt sich. Niemand weiß, ob das am Serum liegt, es fehlt der Vergleich, vielleicht hätte er es auch so geschafft, aber nach knapp zwei Wochen hat er es überstanden.

Bis zu seiner vollständigen Erholung vergehen fast drei Monate.

===

Die Menge an Viren in Platts Blut wird nach der Einheit »guinea-pig infective units/ml« gemessen. Nach Meerschweinchen-Einheiten pro Milliliter.

===

Woran man an Ebola letztlich stirbt, ist völlig unklar. Niemand kennt den Mechanismus, und so kommt am Ende alles zusammen, und letztlich ist es einfach zu viel.
Blutungen sind kein Hinweis darauf, wer überlebt und wer nicht. Die Hälfte der Patienten blutet überhaupt nicht und stirbt dann trotzdem. Die inneren Organe lösen sich auch nicht auf, sie werden nicht zu blutigem Schleim, sondern stellen nur ihre Funktionen ein – was am Resultat nichts ändert.
Ebola löst alles Mögliche aus: Kopfschmerzen und Bindehautentzündung. Ohrgeräusche und Appetitlosigkeit. Halsschmerzen und Schweißanfälle. Zahnfleischbluten und Gelenkschmerzen. Und Schluckauf. Und es scheint so zu sein, dass genau das, in Zusammenhang mit schneller Atmung, ein Zeichen für den baldigen Tod ist: Schluckauf.
Das harmloseste aller Symptome. Etwas, das kleine Kinder ständig haben, als Fanfare des apokalyptischen Reiters.

===

Weil Ebola immer entweder im Wald auftaucht oder mindestens in der Nähe, ist es wahrscheinlich, dass der Reservoirwirt von Ebola ein Waldbewohner ist. Da nicht nur Menschen sterben, sondern auch Antilopen und vor allem Menschenaffen – und zwar so viele, dass Ausbrüche manchmal ganze Populationen vernichten –, ist der Wirt vielleicht ein Säugetier, weil der Übersprung dann einfacher ist. Aber weil es so oft dann auch wieder nicht passiert, ist der Reservoirwirt möglicherweise ein seltenes Tier oder eines, das wenig Kontakt hat mit Menschen.
Nach 1976 werden jahrzehntelang Proben genommen von Hunderten Tieren. Unter anderem wird gesucht in Zecken, Wanzen, allen

möglichen Affen, Antilopen, Fledermäusen, Stachelschweinen, Vögeln, Schlangen, Ratten, Schildkröten, Mäusen, Mangusten und Waldantilopen.
Das Ebola-Virus findet sich nie.

===

Ebola kommt in Wellen.
Das ist zumindest eine der Theorien für das Auftreten des Erregers. Danach gibt es einen ursprünglichen Ausbruch, irgendwann Anfang oder Mitte der 1970er. Die Mutter aller Ausbrüche, der Urknall, von dem sich alles weiterentwickelt. Das Virus ist demzufolge noch nicht besonders lange in der Region heimisch und hat einen einzigen Virusvorfahren, von dem alle Varianten des Ebolavirus abstammen.

Stimmt das, dann gibt es keine lokalen Epidemien, weil alle Ereignisse zusammenhängen. Das Virus weitet sein Verbreitungsgebiet aus und erschließt sich so immer neue Orte, an dem es neue Wirte infiziert. Wie Kreise, die im Wasser entstehen, wenn man einen Stein in einen See wirft. Das Virus wandert zwar, aber eben nicht besonders schnell, weil die Wirte es untereinander weitergeben, aber selber keine großen Strecken zurücklegen, sondern eher ortsgebunden sind. Die hohe Sterblichkeit auch unter Menschenaffen lässt darauf schließen, sagt die These, dass der Erreger auch für Tiere im Gebiet des Virus neu ist.

Tatsächlich hat eine phylogenetische Analyse von Virensequenzen gezeigt, dass alle Virenproben bisher auf den ursprünglichen Yambuku-Stamm zurückzugehen scheinen. Die genetischen Variationen, die bisher beim Zaire-Stamm aufgetreten sind, scheinen sich innerhalb der letzten vier Jahrzehnte entwickelt zu haben, und eine solche zeitliche Struktur durch Zufall zu finden ist eher unwahrscheinlich. Bereits im Januar 2004 erscheint eine Studie, die dieses Modell zugrunde legt und damit einen Ausbruch in Westafrika vorhersagt.

Allerdings sagt die These nichts darüber, warum sich aus einem Urvirus plötzlich ein Killer entwickelt haben soll und wo das Virus vorher ist.

Die andere Theorie geht daher davon aus, dass es Ebola schon ewig gibt. Das Virus ist nichts Besonderes, sondern allgegenwärtig, irgendwo in den Wäldern Zentralafrikas versteckt. Im Reservoirwirt ständig vorhanden. Manchmal wird jemand krank, manchmal eben nicht, und das fällt nur auf, seitdem die Menschen mobiler werden und die Gesellschaften, in denen sie leben, moderner und vernetzter. Es gibt immer eine unmittelbare Ursache, etwa wenn ein Jäger einen infizierten Schimpansen isst. Nach dieser Theorie findet jeder Ausbruch unabhängig voneinander statt. Zufall. Kommt vor.

Die unterschiedlichen genetischen Varianten des Virus werden als langfristige Isolation des Erregers gedeutet, was dann im Prinzip auch nichts anderes ist als die Darwinfinken auf Galapagos. Das Virus ist nach dieser These schon so lange da, dass es als Episode einer endlosen Serie immer mal auftaucht, leicht verändert zwar, aber die Show selber ist bekannt und nicht totzukriegen. Wie Star Wars und die dunkle Seite der Macht. Und ob das dann das Imperium ist oder die Erste Ordnung, ändert auch nicht wirklich was.

Dafür spricht, dass es in vielen afrikanischen Stammesgesellschaften der Region Vorschriften gibt, wie Ebola-Kranke behandelt werden sollen. Wie man sie isoliert. Welche Geister man beschwören muss. Soziale Regeln bilden sich nicht innerhalb weniger Jahre, sondern ihre Entstehung ist ein langer Prozess. Bei den Acholi etwa, einer Ethnie, die im Grenzgebiet zwischen Uganda, dem Kongo und dem Südsudan lebt, also genau dem Gebiet, in dem es immer wieder zu Ausbrüchen der Krankheit kommt, müssen Patienten in mindestens einhundert Metern Entfernung von allen anderen Häusern isoliert werden, in speziellen Hütten. Die Häuser müssen mit zwei langen Stangen von Elefantengras gekennzeichnet sein, eine auf jeder Seite der Tür, damit niemand aus Versehen die Hütte betritt. Vor allem Kinder sollen besonders geschützt werden. Die Pflege der Kranken übernimmt jemand, der die Seuche schon überstanden hat, und sollte es keinen geben, kommt ja vor bei Ebola, dann tun das wenige Alte, die ihr Leben schon gelebt haben, aber auf keinen Fall jemand anderes. Bewegung im Dorf und zwischen den Dörfern werden eingestellt, öffentliches Leben findet nicht mehr statt, solange die Krankheit im Ort ist. Auch verboten: Sex und Tanzen und alles, bei dem Körperflüssigkeiten ausgetauscht werden könnten. Sollte der Patient überleben, bleibt er einen Mondzyklus in Isolation, bevor er sich wieder frei bewegen darf, und wenn er stirbt, dann übernimmt der Pfleger die Beerdigung. Sie findet am Rand des Dorfes statt, alleine, eine Verabschiedung der Toten findet nicht statt.

Klingt auch nicht anders als moderne Seuchenpolitik. Die so modern letztlich gar nicht ist und sich schon seit Jahrtausenden bewährt hat.

Die Acholi glauben, dass Ebola kommt, wenn *jok* nicht respektiert wird, Geister, die im Prinzip wohlwollend sind und sich oft in der Nähe von Bergen und Gewässern aufhalten, aber eben auch tief im Wald. *Jok* stellt Ressourcen zur Verfügung, die man nutzen darf, aber die man eben auch schätzen muss und nicht ausbeuten und ausnutzen sollte. Tut man das und verärgert die Geister, dann schicken die das Gift.

===

»Ein signifikanter Zusammenhang zwischen dem Verlust und der Fragmentierung von Wäldern und Ausbrüchen der Ebola-Viruserkrankung (EVD) beim Menschen wurde dokumentiert. Die Abholzung kann die natürliche Zirkulation der Viren verändern und die Zusammensetzung, die Häufigkeit, das Verhalten und möglicherweise die virale Exposition von Reservoirarten verändern. Dies wiederum könnte den Kontakt zwischen infizierten Tieren und Menschen erhöhen.

Genauer gesagt zeigen wir, dass der menschliche Einfluss (…) sich mit Gebieten überschneidet, in denen Ebola-Ausbrüche durch Abholzung begünstigt wurden. Die Implikationen dieser Beziehungen für die Übertragung des Ebola-Virus müssen ernst genommen werden.«

Human activities link fruit bat presence to Ebola virus disease outbreaks,
Mammal Review, 30 October 2019

===

Zu Beginn ist es Cholera oder Malaria. Das liegt auf der Hand, schließlich passen die Symptome. Der Junge hat Durchfall, er übergibt sich und hat Fieber. Es ist Dezember 2013, die Cholera ist es dann leider doch nicht, und in einem Dorf namens Meliandou in Guinea läuft sich der größte Ebola-Ausbruch in der Geschichte warm. Am Ende infizieren sich 28 652 Menschen, 11 325 von ihnen sterben.

Émile Ouamouno, keine zwei Jahre alt, ist Patient null.

Es gibt vier Dutzend Hütten aus Lehm und gebrannten Steinen in Meliandou, Dächer aus Wellblech und Palmenblättern, gruppiert um einen leeren Dorfplatz. In der Nähe ist ein kleiner Fluss. Früher gab es tropischen Regenwald, aber der ist abgeholzt und durch ein paar einsame Bäume ersetzt, die zwischen Feldern wachsen. Die Bewohner bauen Reis und Maniok an, Bananen und Mais. Sie tragen Kleidung, die Europäer irgendwann in einen Altkleidersack geworfen haben, und in Minen rund um das Dorf wird Bauxit abgebaut.

Patient null ist mittlerweile seit über sieben Jahren tot. Mittlerweile wird das Dorf wieder von Motortaxis angefahren, die Isolation ist lange vorbei, die Menschen treiben Handel, die Aufregung hat sich gelegt.

Und den Baum gibt es auch nicht mehr. Aber das ist damals schon so, kurz nach dem Ausbruch, als eine Expedition den Ort erreicht, und nach dem Beginn der Seuche sucht. Der Baum steht etwa fünfzig Meter entfernt vom Haus des Vaters von Patient null. Er ist meterhoch, hat einen Hohlraum im Stamm, aber als das Team der Wissenschaftler ankommt, ist nicht mehr viel übrig. Er ist zum größten Teil verbrannt. Nur der Stumpf steht noch.

Aber in diesem Baum geht alles los. Sagt man. Und es klingt ja auch plausibel: Kinder des Dorfes scheuchen Fledermäuse durch die Gegend, die in dem Hohlraum des Baumes wohnen, Stöckchen in der Hand, laut schreiend. Manchmal schlagen sie die Tiere tot, manchmal spielen sie mit ihnen, manchmal essen sie sie, grillen sie überm Feuer. Jedes Klischee dabei. Und irgendwann springt Ebola von einer dieser Fledermäuse auf Patient null über. Émile Ouamouno hat Pech gehabt und mit ihm ganz Westafrika.

Überall veröffentlicht, geht um die Welt, BBC, CNN, Rätsel gelöst, Ursprung geklärt. Der Nachteil an der Sache: Dafür gibt es keinen Beleg. Das Einzige, das an dieser Geschichte sicher stimmt: Émile Ouamouno hat Pech gehabt und mit ihm ganz Westafrika.

Zur Zeit der Ankunft der Wissenschaftler liegt ein Stock vor dem Baum, warum auch immer. Daraus wird: Kinder haben mit dem Stock gespielt, im Baum, und damit Fledermäuse aufgescheucht. Warum der Baum brannte? Wer ihn angezündet hat? Was dann geschah? Alles völlig unklar. In der Asche finden sich Spuren von DNA von Mops condylurus, der Bulldoggfledermaus, sehr klein, Insektenfresser. Die ist bekannt dafür, Antikörper gegen das Virus zu besitzen. Sie übersteht eine experimentelle Infektion im Labor und hat dann so viel Virus, dass ihr eine Weitergabe zugetraut wird. Aber ob das in freier Wildbahn je passiert ist, liegt im Dunkeln.

Die Dorfbewohner berichteten, dass der Baum brannte und dass währenddessen ein »Fledermausregen« einsetzte. Kann sein. Aber sagt nichts darüber, ob irgendeine Fledermausart dort eine Kolonie hatte oder überhaupt nur ein einzelnes Tier in dem Baum wohnte. Abgesehen davon ist es mit Augenzeugenberichten immer so eine Sache und angesichts dessen, dass links und rechts Nachbarn an Ebola sterben und Menschen immer nach einfachen Erklärungen suchen, vermutlich noch mehr.

Die Eltern des Jungen sind getrennt, er ist überwiegend bei der Mutter, und weil der Vater kein Jäger ist, sondern Reisbauer und keine Tiere fängt, geht die Argumentation so: Émile Ouamouno hat vermutlich keine andere Möglichkeit gehabt, sich zu infizieren, als in diesem Baum. Anders als bei anderen Ebola-Ausbrüchen gibt es keine parallele Epidemie unter Wildtieren. Die Forscher fangen Fledertiere, aber das Virus in den gefangenen Tieren finden sie nicht. Das Verspeisen von Fledertieren in der Region und im Ort ist vor 2013 nicht ungewöhnlich. Niemals wird jemand krank. Und das alles führt zu der etwas überraschenden Schlussfolgerung: So wird es gewesen sein.

Abgeschwächt wird das Ergebnis in dem veröffentlichten Paper durch »könnte« und »vielleicht«, und später sagen die Forscher, dass sie »sehr unzufrieden« sind mit den Daten, aber das geht unter. »Ursprung entdeckt« klingt in den Headlines besser.

Die Sprachregelung der WHO ist eine andere.

Sie nennt den Beginn »unclear« und »unknown«.

===

Antikörper und Bruchstücke des Genoms. Mehr ist bisher nicht aufgetaucht. Obwohl seit Jahrzehnten intensiv gesucht wird, hat noch nie irgendjemand ein aktives Ebolavirus in irgendeinem Tier gefunden.

Die einzige Ausnahme: Das 2018 entdeckte Bombali ebolavirus, bisher harmlos, ist vollständig aus ebenjener Mops condylurus isoliert, die angeblich in Westafrika mit einem Stock geärgert wird.

Die Art kommt, abgesehen von den dichten Regenwäldern im Kongo, praktisch in ganz Afrika südlich der Sahara vor. Oft siedelt sie unter den Dächern von Häusern. Ähnlich riesige Verbreitungsgebiete haben die drei verdächtigten Flughundarten, auch keine schüchternen Tiere. Und das führt ganz zwangsläufig zu der Frage: Wenn das Virus den Menschen so nahe ist und der Wirt so oft vorkommt, warum ist Ebola dann so selten? Kann es sein, dass Fledertiere viel zu häufig sind, als dass sie eine Infektion auslösen könnten, die in knapp fünf Jahrzehnten gerade zwei Dutzend Mal aufgetreten ist? Warum kommt es nicht viel häufiger zu einem Spillover? Zumal es niemand jemals geschafft hat, eine Infektion aus einem Fledertier, das experimentell mit Ebola infiziert wurde, auf ein anderes Tier zu übertragen.

Antikörper zu haben oder Genfragmente zu finden heißt: mit dem Erreger mal in Kontakt gekommen sein. Irgendwie involviert sein. Es heißt nicht: Das ist der Reservoirwirt. Es heißt nicht: Das Virus kommt aus Fledertieren.

Ursprung aller Verdächtigungen ist letztlich eine einzige Veröffentlichung, *Nature*, November 2005. Die Überschrift des Papers lässt wenig Raum für Spekulation: »Fruit bats as reservoirs of Ebola virus«. Ist nur bisher nicht beweisbar und deswegen weit aus dem Fenster gelehnt. Die Arbeit ist die Hauptquelle aller folgenden Untersuchungen und Darstellungen in den Medien, sie bringt die Fledertiere als Untersuchungsgegenstand in Mode.

Erwiesen ist allerdings, dass der Nilflughund, Rousettus aegyptiacus, Fruchtfresser, Reservoirwirt des Marburgvirus ist. Aber das sagt eben auch nur: Das Marburgvirus kommt im Nilflughund vor. Beim Marburgvirus weiß man zudem, dass nur vier bis fünf Prozent einer Kolonie das Filovirus in sich tragen. Das ist nicht viel und eigentlich viel zu wenig und kleiner, als man es erwarten könnte bei einer großen Kolonie des Hauptreservoirwirtes. Denn ob der geringe Prozentsatz reicht, um eine ständige Infektion der Kolonie aufrechtzuerhalten, was wohl nötig wäre, um es nach außen zu tragen, ist unbekannt. Zwar können Fledertiere mehrere hundert verschiedene Virenarten beherbergen – aber das können Hunde auch. Und Katzen. Und jedes andere Säugetier.

Und was Ebola betrifft: Genetische Analysen aus Virussequenzen von Fledertierproben und denen von Menschen zeigen, dass alle Viren von Ausbrüchen nach 2001 einen gemeinsamen Vorgänger haben, der erst ein paar Jahre zuvor aufgetaucht ist. Bei einer angenommenen langfristigen Koevolution zwischen Virus und Fledertier, und nur die kann es bei einem Hauptwirt sein, ist das zumindest ungewöhnlich.

Zudem ist fast jeder der bisherigen Ausbrüche auf eine einzige Person zurückzuführen – bevor die Übertragung zwischen Menschen begonnen hat. Der Spillover ist daher nicht nur selten, sondern vermutlich auch an eine Reihe von Zufällen geknüpft. Nichts, was schnell passiert. Die geringe genetische Veränderung spricht dafür. Und das bedeutet eben nicht, dass das Virus ständig in Fledertieren hin- und hergetauscht wird. Die Mutationsrate wäre sonst vermutlich höher.

Fledermäuse und Flughunde als Überträger schließt das dennoch nicht grundsätzlich aus. Die Tiere haben eine längere Lebensspanne als die meisten anderen Säugetiere ähnlicher Größe. Sie können große Entfernungen zurücklegen. Ebola belästigt sie offenbar wenig. All das macht es aber eben auch nicht wahrscheinlicher, dass sie das Reservoir sind, nach dem alle suchen, um weitere Ausbrüche zu verhindern.

Denn das kann auch heißen, dass der eigentliche Wirt sich irgendwoanders versteckt. Und Fledertiere nur manchmal infiziert – die dann der Kurier sind, ein Transporter, der das Virus aufnimmt und in den Regenwäldern und angrenzenden Gebieten verteilt.

Derjenige, der die Pizza bringt.

Aber nicht der, der sie belegt.

===

Mirjam Knörnschild sitzt in Berlin in ihrem Büro, Naturkundemuseum, ehemaliges Dienstbotenzimmer unter dem Dach. Ihre Arbeitsgruppe forscht dort, vier Büros, Tausende Proben. Auf dem Weg zu ihr kommt man an ziemlich vielen toten Tieren vorbei, zuerst den Dinosauriern, ausgegraben in Tansania, Brachiosaurus, der ist mittlerweile umbenannt und heißt Giraffatitan, blöder Name, aber er bleibt das größte montierte Saurierskelett der Welt, Stegosaurus, Allosaurus, alles was in *Jurassic Park* rumläuft, man kommt am Urvogel vorbei, und dann durchquert man das Sonnensystem. Auf der gegenüberliegenden Seite Haie in großen Gläsern, eingelegt in Ethanol, und dann kommt der Star, Tristan Otto, T. Rex aus Montana, benannt nach den Söhnen der Besitzer, die das Skelett den Berlinern als Dauerleihgabe überlassen, Inventarnummer MB.R.91216. Es ist das einzige echte Skelett eines ausgewachsenen Tieres, das es in Europa gibt. Aber Tristan Otto ist im Moment nicht da, sondern auf Tour und macht gerade Station in Kopenhagen und deswegen kann man dort jetzt eine Ausstellung über Parasiten ansehen. »Life Undercover« heißt die, und wenn man dann weiß, was alles zusammen mit einem im Bett übernachtet, will man nicht mehr schlafen.

Treppe hoch, zack, und oben sagt Knörnschild: »In der Ökologie sind einfache Antworten halt oft nicht die richtigen – so entwickeln sich Dinge eben nicht.« Es wäre ihr lieber, Fledertiere wären ganz raus, aber so ist das nun auch wieder nicht. »Nein«, sagt sie »vermutlich nicht.« Aber es fehlt eben noch irgendwas, davon ist sie überzeugt. »Diese einfache Idee der Fledermaus-Mensch-Übertragung zeigt bisher einfach nicht in eine sehr vielversprechende Richtung.«

Kann sein, dass das Virus in irgendeinem Nagetier steckt oder einem Insekt, das die Fledermaus gefressen hat. Kann auch sein, dass es tatsächlich in großen Flughunden ist, aber einfach nur sehr saisonal, und die das nur ausscheiden, wenn irgendwelche Früchte reif sind. Und dann müssen vielleicht Schimpansen erst mal Früchte fressen, um krank zu werden. Knörnschild sagt: »Bei Viren ist ja alles vorstellbar.«

Sie geht zur Kaffeemaschine. Die Räume sind vollgestellt mit Wissenschaft, Bücher, Papierstapel, Modelle, dazwischen kleine Fledermäuse aus Stoff, und die Wahrheit ist: Wir leben als Art schon sehr viel länger mit den Tieren zusammen, als wir das nicht tun. Hunderttausende Jahre haben wir uns Höhlen geteilt, und es wäre einfach ungewöhnlich, wenn da ständig irgendwas einfach so übergesprungen wäre. Heute noch geht man als Virologe oder Ökologe meistens nicht mit Vollschutzmontur in Höhlen (manchmal allerdings doch), sondern einfach nur mit Mundschutz und Handschuhen. Und es passiert fast nie irgendwas.

»Ich glaube«, sagt Knörnschild, »dass man das ein bisschen ganzheitlicher sehen muss. Wie eine ökologische Artengemeinschaft.« Auf ihrer Kaffeetasse ist eine Fledermaus, alles andere wäre eine Überraschung, große Bilder der Tiere an der Wand, dazu Landkarten von Costa Rica und Panama, weil sie da oft ist und forscht. Drei Fenster, im Hinterhof steht ein Kastanienbaum, eines der Fenster ist gleichzeitig Notausgang. Falls es mal brennt, man weiß ja nie. Es ist ein ziemlich verrücktes Konzept, weil sich an das Fenster keine Treppe anschließt. Man steht dann auf einem kleinen Vorsprung, und ist man sehr, sehr sportlich und kann aus dem Stand sehr, sehr weit springen, Spidermann mindestens, alles andere ist unrealistisch, dann könnte man den Baum erreichen und vielleicht überleben. Ansonsten stürzt man einfach ein paar Stockwerke in die Tiefe. Besser, wenn es nicht brennt. Knörnschild grinst, zeigt auf den Vorsprung und sagt: »Da kann man toll Vögel füttern.« Sie sagt: »Ein Spillover passiert nicht im luftleeren Raum. Da sind fast immer verschiedene Arten beteiligt und verschiedene Bedingungen müssen erfüllt sein, damit ein Virus dann letztendlich auf uns überspringt.« Shake a tree and fruit will fall, ist ein Spruch, der manchmal benutzt wird in der Ökologie. Wenn man den Baum schüttelt, fallen Früchte runter.

Und mit Ökosystemen und Krankheiten ist das auch so. Unsere Ökosysteme sind jahrzehntelang ziemlich heftig geschüttelt worden, und es fallen eben immer mehr Krankheiten raus. Und nur Fledermäuse in den Fokus zu stellen ist da unter Umständen der falsche Weg.

Knörnschild sagt: »Mehr Schütteln hilft da nicht.«

===

Manchmal neigt auch der Wissenschaftsjournalist zur Yellowpressigkeit: »Horden von tödlichen Krankheiten« kommen aus Fledermäusen, schreibt der *New Scientist* im Februar 2014, und ein paar Monate später fragt *Wired*, warum Fledermäuse solch gute Wirte für Ebola sind, und noch ein wenig später nennt *NPR, National Public Radio*, ein Zu-

sammenschluss nicht-kommerzieller Radiosender in den USA, ein bisschen so wie der öffentlich-rechtliche Rundfunk, Fledermäuse »the most dangerous animals in the world«. Es könne sein, sagen sie in der Sendung, dass man, wenn Fledertiere in der Luft sind und man unten drunter steht, und sie müssen zufällig gerade, Ebola auf die Schulter kriegt.
Alles Quatsch.

===

Im Februar 1975 stirbt in Johannesburg ein Backpacker aus Australien, der sich irgendwo in Rhodesien, das, was heute Simbabwe ist, mit dem Marburgvirus angesteckt hat. Die Südafrikaner wollen das so nicht stehen lassen und starten zwei Expeditionen in das Nachbarland, auf der Suche nach dem Erreger. Sie vollziehen jeden Schritt des Australiers nach – und finden nichts. Sie wissen zwar, dass er und seine Freundin (auch sie wird krank, überlebt aber) auf dem Boden schlafen, dass sie rohe Antilope essen, eingesperrte Affen füttern, eine Höhle voller Fledermäuse besuchen. Aber direkt scheint der Kontakt nie gewesen zu sein. Die Südafrikaner nehmen Blutproben von allem, was sie finden können, und schließen dann aus, dass das Virus durch einen direkten Kontakt mit Affen und Fledermäusen, Vögeln und Nagetieren übertragen worden ist.

Das Einzige, was ungewöhnlich ist: Auf dem Rücken des Mannes findet sich eine rote Beule, ein Biss von irgendwas, aber er kann sich erst nicht erinnern und dann nicht mehr reden, und seine Freundin weiß auch nicht, was es sein könnte.

In dem Bericht, den die Forscher drei Jahre später schreiben, steht: »Wir glauben, dass die Marburgvirus-Infektion durch vektorielle Übertragung von einem noch zu identifizierenden Arthropoden erfolgte.« Ein Gliederfüßer. Größer geht es kaum: Die Gruppe umfasst Insekten, Spinnen, Krebstiere, Tausendfüßler.

===

1980 stirbt ein französischer Ingenieur, nachdem er eine Höhle in Kenia besucht hat. Selbe Höhle, sieben Jahre später: Ein dänischer Teenager stirbt, nachdem er sich mit einem Virus angesteckt hat, das eng mit dem Marburgvirus verwandt ist.
1998 bricht Marburg unter Arbeitern aus, die in einer Mine arbeiten und Gold abbauen.
Im Juni 2008 besichtigt eine Niederländerin eine Höhle in Uganda. Sie überlebt das nur um wenige Wochen.
In den Höhlen leben Fledermäuse. Ein direkter Beweis, dass sie für die Krankheit verantwortlich sind, kann trotzdem nicht gefunden werden.
In den Höhlen leben auch Arthropoden.

===

Weil seit Jahrzehnten gesucht wird und dennoch niemand den Beweis findet, dass Fledertiere die Wirte von Ebola-Viren sind, gibt es mittlerweile eine Debatte, ob man nicht mal woanders suchen sollte.

Tatsächlich werden Hunde immer mal wieder verdächtigt, und unmöglich ist es zumindest nicht, als Überträger zumindest könnte das eine Möglichkeit sein, denn auch Tollwut kommt in Fledermäusen vor. Aber 99 Prozent aller Infektionen gehen eben nicht von ihnen aus, sondern von: Hunden. Es gibt die These, dass Ebola sich vielleicht sogar in Pflanzen versteckt oder in Pilzen. Nagetiere wurden verdächtigt und Insekten auch. Vielleicht ist der Wirt so absurd unverdächtig, dass er niemandem in den Sinn kommt. Und weil Ausbrüche eigentlich immer in der Nähe von Flüssen stattfinden, könnte es auch sein, dass der Wirt im oder am Wasser lebt. Ideen, wie das Virus sich an Flüssen entlang fortbewegt, gibt es zumindest. Vielleicht verbindet es Organismen aus dem Wasser mit solchen vom Land. Und vielleicht ist auch alles ganz anders.

Ebola. Gewählt, weil eine Karte ungenau war und Belgier Probleme hatten mit der Aussprache des Namens eines lokalen Gewässers.

Kann sein, dass der Name doch ganz gut passt.

===

Das einzige Labor auf dem afrikanischen Kontinent, das für Viren der Sicherheitsstufe 4 ausgelegt ist, befindet sich in Johannesburg, Südafrika. Und so fliegt Robert Swanepoel, von allen Bob genannt, Universität Pretoria, Leiter der SPU, Special Pathogens Unit, National Institute for Communicable Diseases und damit zuständig für alles, was übelste Krankheiten auslöst, im Mai 1995 in den Kongo, damals noch Zaire. In Kikwit ist ein Maniok-Bauer erkrankt, in einem Gebiet, das früher mal Regenwald war und jetzt von Feldern mit einzelnen Bäumen abgelöst worden ist. Der Mann ist 42 Jahre alt, sein Feld liegt knapp fünfzehn Kilometer von seinem Heimatort entfernt, große Tiere gibt es keine mehr, sie sind längst ausgerottet, aber nachts wimmelt es von Nagetieren und Schlangen. Fledermäuse hängen in den Bäumen, und Mäuse rennen durch die Gegend. Wenn er nichts anbaut, streift der Mann durch den verbliebenen Restwald und sammelt Holz, das er zu Holzkohle verbrennt und als Brennstoff verkauft. Er wird die Krankheit nicht überleben. Der Ausbruch wird ein halbes Jahr dauern, 315 Fälle, 254 Menschen werden sterben. Viele von ihnen, das wird man später zurückverfolgen können, stecken sich bei gerade mal zwei Superspreadern an.

Kikwit liegt an einem Fluss, dem Kwilu, groß, schiffbar, wichtig für die Infrastruktur, denn er durchfließt, von Südosten kommend, das halbe Land. Swanepoel kennt sich aus mit Ebola und Marburg, er hat den Wirt gesucht, der für den Tod des Australiers verantwortlich ist, er ist Spezialist für Lassa und das Krim-Kongo-Fieber und hat Feldmissionen geleitet in zwei Dutzend afrikanischen Ländern. Er war in Afghanistan auf Erregersuche, aber auch in einem Krankenhaus in Johannesburg, er kennt das Große und das Kleine, und er weiß, dass sich das manchmal verbindet und man das Große nur im ganz Kleinen findet.

Swanepoel wird demnächst 60. Er weiß nicht, wie viele Chancen er noch bekommt. Mai ist kein guter Monat, warum auch immer, aber in diesen Wochen ist es besonders schlimm. Das Virus tötet 97 Prozent seiner Opfer. Der Südafrikaner kommt mit dem Flugzeug, und das ist auch die einzige Möglichkeit, die Stadt zu erreichen. Straßensperren des Militärs machen einen Zugang über den Landweg von Kinshasa unmöglich. Die Stimmung ist schlecht, kein Wunder. Die Menschen verdächtigen sich gegenseitig, Überbringer des Virus zu sein, irgendeiner muss ja schuld sein. Vielleicht die Armen. Vielleicht die Trucker. Vielleicht die Nutten. Bestimmt die Krankenschwestern. Es wird Zeit, den Wirt zu finden.

===

Die populärste aller Verschwörungstheorien ist die, dass es die Krankheit nicht gibt. Das Virus existiert gar nicht, und wenn doch, dann macht es nicht krank. Nichts, was man nicht mit gesunder Ernährung wieder in den Griff bekommen könnte. Ebola wird »die sogenannte Epidemie« genannt und in Wahrheit von etwas ganz anderem ausgelöst: von gierigen Ärzten.

Wie das so ist in Zentralafrika, der informelle Sektor ist der größte. Kikwit ist ein Umschlagplatz für alles Mögliche, viel Handel wird getrieben, das ist schon so, seit die Belgier 1901 zum ersten Mal am Fluss siedelten. Was auch umgeschlagen wird: Diamanten. Verkäufer sind Tagelöhner und Wanderarbeiter, die wochenlang in die Diamantengebiete des Landes ziehen, nach Angola oder Südafrika, dort illegal graben und die Edelsteine zurückschmuggeln in ihre Heimatstadt, um sie dort zu verkaufen. Geschmuggelt wird im eigenen Magen. Das ist billig, und jeder kann das, Knowhow braucht man keines, aber leider, blöderweise, haben die Ärzte der Stadt von der Praxis Wind bekommen. Unter fadenscheinigen Argumenten locken sie die Schmuggler ins Krankenhaus, etwa indem eine Epidemie erfunden wird – und dann schneiden sie sie auf. Natürlich wird dabei gestorben, denn Zeugen sind schlecht fürs Geschäft. Es ist ganz einfach: Ohne Diamanten keine gierigen Ärzte, keine Epidemie.

Dass muss so sein, liegt doch auf der Hand, schließlich beginnt das Sterben in den Krankenhäusern.

===

Swanepoel trifft unter anderem das Team, das später das Paper mit den Flughunden veröffentlicht, aber er trifft auch Jean-Jacques Muyembe, der schon 1976 dabei ist, ganz zu Anfang. Mittlerweile ist er der bekannteste Mikrobiologe und Virologe des Landes, hochangesehen. Als er in Kikwit ankommt, ahnt er, um was es sich handelt, aber er hofft, dass es eine andere Krankheit ist. Er schickt Blutproben an die Belgier nach Antwerpen, wie 19 Jahre zuvor. Und wieder bestätigen sie ihm: Pech gehabt. Ebola.

Und weil sich Geschichte vielleicht ja doch wiederholt, mischt auch die WHO wieder mit. Selbe Rolle: Die Proben sind zu gefährlich für Antwerpen, bitte alles abgeben in ein Hochsicherheitslabor. Diesmal tun die Belgier das ohne Murren, aber nach Porton Down geht nichts. Die Proben werden zur CDC nach Atlanta geschickt.

Muyembe sorgt dafür, dass Swanepoel ein Hilfslabor im örtlichen Krankenhaus einrichten kann, im ehemaligen Labor für Tuberkulose. Tagsüber ist er damit beschäftigt, Vorbereitungen zu treffen, um Tieren Blut abzunehmen und auf Ebolaviren zu untersuchen. Nachts zieht er mit einem Team los, um die Tiere zu fangen. Sie sammeln alles, was sie kriegen können: Fledermäuse und Flughunde, klar, aber auch Schlangen, Ratten, Mäuse, alle möglichen Insekten, Kakerlaken.

Er nimmt den Tieren Blut ab, aber untersuchen will er es doch lieber zu Hause, in seinem Labor.

Als er Kikwit verlässt, ist er genauso schlau wie alle. Immer noch ist die heißeste Spur auf das Virus eine von 1979. Damals werden Proben von Flughörnchen aus Kamerun analysiert. Sie haben Antikörper gegen Ebola. Wie die Flughunde später auch.

Das Virus haben sie nicht.

===

Handschlag ist eine Kulturtechnik, die keiner mehr anwendet, um sich zu begrüßen im Sommer 1995 in Kikwit. Stattdessen: Ellbogen an Ellbogen.

===

Die Ebola-Virus-Variante, mit der Swanepoel in Johannesburg arbeitet, heißt Zaire-95. Abgezapft aus einem der Opfer in Kikwit, er wird der Prototyp für die folgenden Arbeiten. Swanepoel injiziert das Blut in insgesamt 24 Pflanzen und 19 Tiere, zusammengesammelt in Südafrika, aus möglichst großen Teilen des Landes, Steppe, Höhlen, Feuchtgebiete, Savanne. Er will sehen, was passiert, und in den meisten Fällen ... passiert gar nichts. Das Virus kann sich nicht festsetzen. In Fledermäusen schon. Und zwölf Tage, fast zwei Wochen, hält es sich in einer Spinne.

===

Stegodyphus dumicola. Samtspinnenfamilie. Kommt in ganz Zentral- und Südafrika vor. Die Tiere bauen große Nester in Bäumen. Sie leben in großen Sozialverbänden. Die Männer sterben jung, sind nutzlos nach der Paarung, und verlassen die Kolonie so gut wie nie. Und die Frauen ohne Kinder, auch eigentlich ziemlich nutzlos, rein arterhaltungsmäßig betrachtet, helfen bei der Brutpflege – was so weit geht, dass sie sich vom Nachwuchs fressen lassen, weil der ja von irgendwas leben muss. Zwei Drittel der weiblichen Population bleibt kinderlos und wird verzehrt.

Ebola hält sich in Stegodyphus dumicola.

Aber: Mehr ist es vermutlich nicht. Die Virenmenge im Tier ist gering, Swanepoel geht davon aus, dass das Virus sich zwar hält, aber nicht im Tier vermehrt. Womit die Spinne als Wirt ausscheidet. Man kann Swanepoel fragen, und tut man das, antwortet er sofort, innerhalb weniger Stunden, grußlos, formlos, auf den Inhalt beschränkt, bitte nicht weiter stören, er ist immerhin schon Mitte 80.

Der Backpacker, sagt er, schwierig. Dort wo er gebissen wird, haben sie damals Nester von Falltürspinnen gefunden, Vogelspinnenartige, die so heißen, weil sie eine Höhle mit Tür bauen. Die Höhlen sind sehr schwer zu erkennen, was Sinn der Sache ist, das gilt für Beute und vermutlich auch für Australier. Falltürspinnen beißen Menschen, wenn sie nerven, das ist beobachtet worden. »Unwahrscheinlich«, sagt Swanepoel, dass ein Exemplar an der Kleidung des Backpackers hochgeklettert ist, um ihn in den Rücken zu beißen. Aber bekannt ist, dass er auf dem Boden übernachtet hat.

Untersucht hat Swanepoel diese Art nicht.

===

Die älteste bekannte Spinne der Welt war eine Falltürspinne. Sie stirbt im Mai 2018 mit 43 Jahren in Australien – weil eine Schlupfwespe Eier in ihr ablegt, die nur überleben, weil ein Virus ihnen dabei hilft, das Immunsystem des Wirtstieres zu überlisten.
Ihr Name ist: Nummer 16.

===

Man bekommt Fieber und Muskelschmerzen. Die Glieder tun weh. Schweißausbrüche. Schüttelfrost. Durchfall und Erbrechen. Erschöpfung und Müdigkeit. Kopfschmerzen und Übelkeit. Ein bisschen wie bei einer Grippe. Aber dann, nach ein paar Tagen, ändert sich das, die Reizbarkeit steigt, und die Stimmung schwankt. Das Gesicht errötet und die Bindehaut und der Rachen auch. Und dann beginnt das Bluten: Aus der Nase läuft es in großen Strömen, und das Zahnfleisch blutet. Es blutet in die Haut und den Darm und den Magen – was zu blutigem Durchfall führt und Bluterbrechen und großen dunklen Flecken auf der Haut. Der Tod tritt in der zweiten Woche ein, Multiorganversagen. Oder es passiert nichts von dem, das kann auch sein.

Die Sterblichkeitsrate beträgt zwei Prozent, manchmal aber auch fünfzig, und manchmal ist die Krankheit asymptomatisch, das ist abhängig vom Virusstamm. Vom Pech und Glück in der Lotterie des Lebens.

Die Krankheit überträgt sich durch Kontakt mit dem Fleisch oder Blut eines infizierten Tieres, Kühe, Hasen, Ziegen, Schafe, und manchmal auch durch Aerosole, Mensch zu Mensch. RNA-Virus, Inkubationszeit irgendwas zwischen zwei Tagen und zwei Wochen, eher früher, Hochsicherheitslabor Stufe 4, in den 1940ern und 1950ern erstmals entdeckt, beschrieben und isoliert, eine Behandlung gibt es nicht wirklich und einen Impfstoff auch nicht.

Die meisten Fälle tauchen auf in der Türkei und dem Iran. In Russland und Usbekistan. Das Virus kommt immer mal wieder vor in Zentralafrika und im Süden des Kontinents, im Mittleren Osten und in Zentralasien inklusive Indien. Und auf dem Balkan. In Griechenland ist es schon vorgekommen, und in Spanien gibt es vor ein paar Jahren ebenfalls einen Fall. 2006 wird der Überträger der Krankheit erstmals in Deutschland entdeckt, und mit ziemlicher Sicherheit wird er uns näher kommen in Mitteleuropa in den nächsten Jahren, denn er hat es gerne warm, und die Temperatur steigt.

Im Vergleich zu Ebola ist das Krim-Kongo-Fieber eine wirklich blutige Angelegenheit.

Es wird übertragen durch den Biss von Zecken.

===

KAPITEL FÜNF

Potenziell unangemessenes Verhalten

Die Viren lösen Erkältungen aus, aber 911 ändert alles. Masken oder Tee, das ist manchmal auch kein großer Unterschied. Vielleicht ist Kaffee schlecht für das Gehirn, sicher ist: Goldhamster sind hin und wieder Gold wert. P ist kein guter Buchstabe, und Gedichte schreiben ist auch nichts anderes als den R-Wert errechnen.

Das ist das Kapitel, in dem Mike Tyson mit Ebola verglichen wird und George Foreman mit HIV, und das ist beides nicht abwertend gemeint. Manche Viren sind chaotischer als die anderen. Bei schlechtem Wetter ist es nicht immer eine gute Idee, ein Butterbrot hinter dem Deich zu essen. Kate Winslet bleibt Kate Winslet.

Und wenn man Ferkel als Haustiere hält und die plötzlich alle sterben, dann sollte man Mund-Nasen-Schutz tragen.

Jeden Tag um elf Uhr am Vormittag plus minus, je nach Wichtigkeit anderer Termine, findet eine Besprechung in sehr kleiner Runde in Drostens Büro statt. Immer nehmen nur wenige Mitarbeiter teil, zwei oder drei Leiter aus verschiedenen Forschungsgruppen des Instituts, mehr nicht. Zwei diesmal. Es ist keine große Strategiebesprechung, sondern eher Abarbeiten von dem, was gerade anliegt in den einzelnen Bereichen. Der Versuch, Wissenschaft zu machen, die nichts mit Tagesaktualität zu tun hat. Es ist ein Update über Paper, die laufen, und solche, die man machen könnte. Projekte, die anstehen, und solche, die spannend werden könnten. »Was macht das *Nature* Paper?«, fragt Drosten. Sie müssen einen Abgabetermin halten, aber das ist kein Problem, läuft. Um Autophagie geht es im Paper, den Begriff kennt jeder, der schon mal gefastet hat. Aber hier ist die zelluläre Ebene gemeint, in Bezug auf SARS2.

Wie funktioniert das Virus? Wie kann man es blocken? Grundlagenforschung, aber mit einer Anwendung gegen ein Virus. Es geht um Eiweiße und Lipide, Verdauungssysteme von Zellen und das, was als Abfalleimer für Zellen dient und wie der von dem Virus manipuliert wird. B-Zellen, T-Zellen, Marker. Dazu Kreuzreaktion, biospezifisch, Beprobungen und das Sammeln von Daten. Wissenschaft, die erst mal keine Schlagzeile produziert, so wie es im Regelfall ist.

»Gut, das hätten wir? Was noch?«

Und da stellt sich heraus, dass es gerade ein europaweites Versorgungsproblem mit Hamstern gibt.

Die Tiere haben ähnliche Rezeptoren wie Menschen, und stecken sich besonders leicht mit SARS2 an, Symptome wie Atemnot, Befall der Lunge und direkte Ansteckung über Aerosole inbegriffen. Der Hamster-Krankheitsverlauf ähnelt dem eines Menschen mit Covid-19-Erkrankung, zumindest einer milden. Und das macht das Tier im Frühjahr und Sommer 2020 zu einem Blockbuster bei den Laboren, die Versuchsmodelle für SARS-CoV-2 aufbauen wollen. Drostens Institut zählt nicht dazu.

Selten hat das Wort Goldhamster besser gepasst.

===

In Italien tobt das Virus, und die ersten Fälle sind in Deutschland aufgetaucht. Thushira Weerawarna telefoniert mit einem Bekannten aus Sri Lanka. Sie reden über alles Mögliche und dann auch über das Virus, und der Bekannte fragt, ob es eigentlich genug Ausrüstung gibt bei ihnen. Klar, sagt Weerawarna, in Deutschland gibt es alles, Thema beendet. Sie reden noch ein bisschen weiter über Gott und die Welt, und dann muss Weerawarna Schluss machen, weil er zur Krisensitzung muss: die Lage in den Krankenhäusern, auf was muss man sich vorbereiten. Gesundheitsamt Pforzheim, vierzig Leute in einem großen Raum, niemand trägt eine Maske, das Fenster ist nicht geöffnet. Es ist die erste und letzte Sitzung, in Zukunft wird alles online stattfinden. Weerawarna erfährt: Wir haben keine Masken, es gibt nicht genug, auch in den Krankenhäusern sind nicht wirklich viele vorrätig, wir haben welche bestellt, Lieferzeit mindestens drei Wochen. Krass, denkt er, er steht auf, er muss mal telefonieren.

Masken, sagt er am Telefon, ich nehme, was immer du hast. »Oh«, sagt der Bekannte. Er hat nur so gefragt, hat ihn interessiert, nicht mit der Absicht, was zu verkaufen. Er ist kein Händler und will auch kein Krisengewinner sein. Außerdem ist der Export von Masken aus Sri Lanka verboten. Er sagt, er hört sich um. Und exportiert einen Tag später medizinische Masken. Deklariert als was anderes.

Als was?

»Produkte.«

Welche?

»Andere.«

Aber welche?

Er sagt: »Habe ich vergessen«, aber das hat er nicht. »Na ja«, sagt er, »Wege gibt es immer.« Sie kaufen 10 000 Masken, importiert aus Sri

Lanka als irgendwas, ein Mitarbeiter fährt nach Frankfurt, um sie persönlich am Flughafen abzuholen. Weerawarna sagt: »Es hat sich angefühlt, wie ein Care-Paket zu bekommen.«

===

In der Virologie in Berlin kommen die Mails jetzt regelmäßig. Unfreundlich ist eine Untertreibung. Sie klingen etwa so:
»Ihre Angst und Panikmache und ihre Zahlen die niemals eingetroffen sind und auch die zweite Welle die nie auftreten wird haben die Politiker veranlasst diese Maßnahmen zu treffen. Irgendjemand von den Abertausenden die Sie entweder durch Ihre Aussagen in den finanziellen Ruin getrieben haben, irgendjemand der seine Angehörigen verloren hat weil OPs verschoben wurden, irgendjemand der sich nicht von seinem sterbenden Elternteil hat verabschieden können Herr Drosten wird SIE als Schuldigen sehen und so ist es ja de facto auch. SIE SIND SCHULD HERR DROSTEN. Jeder weiß inzwischen der aufgeklärt ist um Ihre Rolle in der Schweinegrippe, JEDER kann nachvollziehen dass Sie nur Blödsinn labern,, ich bin sicher Sie können nachts ohne Tabletten gar nicht mehr schlafen so viel Angst um Ihr Leben haben Sie. Zurecht. Ich sage das im Guten, SIE SELBER KÖNNEN IHREN WAHNSINN STOPPEN indem Sie endlich ehrlich werden, Ich meine es gut mit Ihnen Herr Drosten glauben Sie es mir. Kein Geld der Welt von Bill Gates oder wem auch immer sollte das erlauben was Sie sich erlauben. Stichwort Kronzeugenregelung, klären Sie über die Hintergründe auf bevor es andere tun und Sie werden sogar als Held aus der Sache hervorgehen. Sollten Sie das nicht tun, werden Sie als gebrochener Mann oder eben gar nicht mehr lebend aus der Nummer herausgehen. Ein Freund!«

Der Absender handelt mit Kaffeemaschinen, Zubehör, der ganze Kram, er hat seine Handynummer angegeben und seine Adresse, und vielleicht hat er die Wahrheit im Kaffeesatz gelesen. Er schreibt:
»Denken Sie nicht es wäre an der Zeit sich bei dem deutschen Volk, nein, sogar DER WELT zu entschuldigen? Das würde Größe zeigen, die Menschen würden Ihnen verzeihen, und wofür haben Sie das alles getan? Für Geld? Von Bill Gates?«

===

Die Mails, die aus dem Institut für Virologie direkt an Polizei und Staatsanwaltschaft weitergeleitet werden, gehen zuerst in einen speziellen Ordner. Sein Name ist PUV. Potenziell unangemessenes Verhalten.

===

Die britische Website »thepigsite« bringt Analysen zum internationalen Schweinemarkt, sie beschäftigt sich mit Trends aus der Produktion und Innovationen aus der Vermarktung. Dass es sich bei Schweinen um Lebewesen handelt und nicht um neue Produkte aus dem Bereich Sitzmöbel, merkt man nur, wenn man den Punkt »Disease & welfare« anklickt. Da steht dann unter der Überschrift »airborne transmission« etwa »some viruses which are extremly small have been shown to be carried by wind for many kilometres«, und als Beispiel wird aufgeführt: »Influenza«.
Und ein Coronavirus.

===

Nach der Infektion dauert es maximal sechs Tage, meistens aber geht es sehr viel schneller. Die Todesrate ist schwindelerregend hoch, neunzig Prozent aller Infizierten sterben. Als im Herbst 2016 erste Fälle auftauchen und die Welle im Januar 2017 Schwung bekommt und 24 693 Tote fordert, weiß noch niemand, um welche Seuche es sich handelt. Erst etwas über zwei Jahre später wird das Rätsel gelöst werden. Bis dahin ist die Krankheit abgeebbt, erneut aufgetaucht und wieder verschwunden. Aber nicht weg.

Das Swine Acute Diarrhea Syndrome, das akute Diarrhoe-Syndrom der Schweine, ist ein Coronavirus, SADS-CoV. Es ist das vierte, das auf Schweinefarmen in China auftaucht, aber während man die drei anderen vernachlässigen kann, ist es das mit Abstand tödlichste. Für Schweine, präziser: Ferkel.

Aber es infiziert eben auch menschliche Lungenzellen. Es dockt an

Zellen an aus der Leber, dem Darm und dem Magen auch, und es funktioniert hervorragend mit menschlicher Nasenschleimhaut und fühlt sich wohl in den Zellen der Atemwege. Dabei funktioniert es anders als andere Coronaviren. Antikörper, die gegen SARS oder SARS-CoV-2 schützen, weil sie Rezeptoren blockieren und so die Übernahme der Zelle verhindern, laufen bei SADS-CoV ins Leere. Das Virus infiziert außerdem Zellkulturen von Affen, Katzen, Nagetieren und Hühnern. Es hat die Fähigkeit, von Tier zu Tier zu wechseln und dabei Artgrenzen zu überspringen. Menschen sind bisher dennoch nicht infiziert, aber das ist vielleicht einfach nur Glück, und deswegen erscheint im Oktober 2020 eine Studie in *PNAS*, einer der besten Fachzeitschriften der Welt, in einer Linie mit *Nature* und *Science*, herausgegeben von der National Academy of Sciences, der Akademie der Wissenschaften der USA. Sie nennt SADS-CoV ein »potenzielles Hochrisiko-Coronavirus« und plädiert dringend für mehr Forschung und Beobachtung.

Die Genomsequenz von SADS-CoV stimmt zu über 98 Prozent, 98,48, überein mit einem Coronavirus, das bei Hufeisenfledermäusen gefunden wird. In derselben Art findet sich ein anderes Coronavirus: SARS.

Der erste Ausbruch von SADS-CoV ereignet sich in Guangdong. Bis nach Hongkong sind es knapp 130 Kilometer.

===

HIV. Ebola. Lassa. Nipah. Masern. Tollwut. Hanta. Die SARS-Familie und MERS und Influenza auch. Die meisten neu auftretenden Krankheitserreger sind RNA-Viren. Wirklich überraschend ist das allerdings nicht. Es gibt einfach unglaublich viele von ihnen – und sie finden sich überall: in Wäldern, Ozeanen, der Atmosphäre und in Organismen.

Im Gegensatz zu DNA-Viren verfügen ihre RNA-Kollegen nur über ein Einzelstrangmolekül, auf dem die genetische Information gespeichert ist. Und das bedeutet: Es ist ein fehleranfälliges System. Es kopiert im Schnelldurchlauf, gibt sich keine Mühe, blickt nicht korrigierend zurück. Rotzt die Kopie eher so hin. Und dabei passieren eben jede Menge Fehler. Letztlich ist das auch nichts anderes als früher, als man, Minuten bevor der Unterricht beginnt, noch schnell die Hausaufgaben vom Klassenkameraden abschreibt, weil der Lehrer das gleich kontrolliert, aber der Klassenkamerad hat leider eine unleserliche Handschrift. Doch zum Glück geht es bei der Kontrolle nicht um Richtigkeit und den Lösungsweg, egal, Fehler macht jeder, Hauptsache, man hat da irgendwas stehen. Und wenn es sich als falsch erweist, als schlecht abgeschrieben, so what, halb so wild, macht man morgen einfach wieder so, in Mathe, und dann wird es schon passen.

Und genauso wie man die Hausaufgaben ja auch am Abend zuvor selber machen könnte, aber das beim besten Willen nicht geht, weil es Wichtigeres zu tun gibt, kann die RNA in ihrem Kopiervorgang nicht präziser arbeiten: Dafür ist das Genom zu klein. Es besteht aus viel weniger Basen als die allermeisten DNA-Viren. Was wiederum daran liegt, dass es nicht größer sein kann, weil der Kopiervorgang schlampig ist – es würden so viele Fehler entstehen, dass das Virus seine Funktionsfähigkeit verlieren würde. Es würde sich selber totkopieren. So passt es gerade noch. Zwar entstehen viele Fehler, denn nichts anderes sind Mutationen, aber eben nicht so viele, dass das Virus selber nicht mehr funktioniert. Mehr als genug allerdings, um sich ständig an neue Wirte und Gelegenheiten anpassen zu können. Die Mutationsrate von RNA-Viren ist mitunter eintausendmal höher als die von DNA-Viren. Um bei den Kopien mehr Sorgfalt walten zu lassen, bräuchte es mehr Enzyme, was bedeutet: mehr Informationen. Und das geht nicht ohne ein größeres Genom.

Was zu einem Paradox führt: RNA-Viren sind auf kleine Genome beschränkt, weil ihre Mutationsrate so hoch ist, und die Mutationsrate ist so hoch, weil sie auf ein kleines Genom beschränkt sind.

Die Lösung ist der Wirtswechsel. Die hohe Rate an Mutationen führt nämlich nicht nur dazu, dass RNA-Viren eine unglaublich schnelle Evolution durchlaufen können. Die Fülle der Variationen ist auch ihre Überlebensgarantie. Denn die allermeisten Mutationen führen in eine Sackgasse. Sie schaden dem Virus. Und sind doch der Ausweg aus einem evolutionären Problem, das RNA-Viren haben. Weil sie nicht größer werden, aber auch nicht weniger mutieren können, stecken sie fest in ihrer Rolle. Es sei denn, sie springen zu einer anderen Art.

Und bei jedem Wirtswechsel bietet eine hohe Mutationsrate eine gute Chance, auch im neuen Wirt zu überleben – zumindest so lange, bis der das Virus weitergegeben hat.

DNA-Viren organisieren sich anders. Sie verfügen über ein doppelsträngiges Molekül, die Doppelhelix, Watson-Crick, kann man gar nicht nicht gesehen haben, wenn man eine Schule besucht hat. Sie machen alles ganz ordentlich, geben sich Mühe bei der Kopie, und wenn doch mal was schiefgeht, kommt erst mal der Bautrupp und repariert, bevor es weitergeht. Die Mutationsrate der meisten DNA-Viren ist daher niedrig. Im Vergleich zu RNA-Viren vermehren sie sich nicht besonders schnell und sind nicht sehr flexibel. Eher die Traditionalisten unter den Viren. Hat immer schon funktioniert, bleiben wir mal dabei, keine Experimente. DNA-Viren sind aufgrund ihrer Größe komplexer. Sie können das Immunsystem fehlleiten und sind meist hoch spezialisiert. Ein Wirtswechsel fällt ihnen daher schwer – und es besteht auch nicht die Notwendigkeit, ihn zu vollziehen, weil DNA-Viren ihrem Wirt zwar auf die Nerven gehen, ihn in der Regel aber nicht sofort umbringen.

Während die RNA-Viren das Immunsystem des Wirtes mit der schieren Masse überrennen, lassen es die DNA-Vertreter vergleichsweise ruhig angehen. Was für eine träge Spezies wie unsereins allerdings immer noch ziemlich schnell ist.

===

RNA: Die Infektion ist in der Regel kurz, aber schwer. Schneller sein, härter zuschlagen, die Viren-Übertragung wird organisiert durch alle möglichen Körperflüssigkeiten und ist daher sehr effektiv. DNA: Abwarten, Tee trinken, das Immunsystem kommen lassen. Mit der Übertragung kann man sich Zeit lassen, die Infektion ist nicht besonders schwer, zieht sich aber ewig in die Länge, nervt und kostet Lebensqualität, aber man stirbt nicht in wenigen Tagen.

Wäre das alles ein Boxkampf, Team RNA würde versuchen, den Gegner in den ersten beiden Runden durch einen Schlagwirbel aller möglichen Kombinationen mindestens k. o. zu schlagen, aber besser tot, damit es nicht zu einem Rückkampf kommen kann. Team DNA hingegen hat nichts gegen dreckige Punktsiege nach zwölf Runden,

Konterboxer, wir haben Zeit. Und wenn das dann zu ständigen Revanchekämpfen führt, sei's drum, Hauptsache gewinnen. Und weil man lieber Mike Tyson zusieht als Axel Schulz und Graciano Rocchigiani immer einen höheren Unterhaltungswert hatte als Henry Maske, hat Ebola auch mehr Gruseleffekt als Herpes.

Allerdings gibt es, wie immer, Ausnahmen, die die Regel bestätigen. Floyd Mayweather war ein sehr unterhaltsamer Konterboxer. Und für Muhammed Ali gilt das ohnehin. HIV ist ein RNA-Virus, das sich nicht nur sehr lange hält, sondern sich sogar in die DNA des Wirtes einschreibt, damit es ewig da ist. Verschwindet einfach nicht. Der George Foreman unter den Viren. Manche DNA-Viren kopieren zudem nur auf einem Strang und gehen dementsprechend lässig mit ihrem Erbgut um, was wiederum zu vielen Mutationen führt. Und dann gibt es auch unter den RNA-Viren solche, die sich beim Kopieren Mühe geben und einigermaßen stabil daherkommen.

Über die Tödlichkeit sagt das nichts aus: Schätzungsweise 400 Millionen Menschen haben die Pocken alleine im 20. Jahrhundert umgebracht – mehr als das Zehnfache, dessen, was HIV bisher geschafft hat, und knapp achtmal mehr Opfer als das amoklaufende Influenzavirus, das für die Spanische Grippe verantwortlich ist.

Variola major, das Virus der Echten Pocken, ist ein DNA-Virus.

Andererseits hat der Leichenberg erst mal nichts mit der Letalität des Virus zu tun – sondern auch mit der Übertragbarkeit und den Möglichkeiten zur Behandlung der Krankheit. HIV ist schwerer zu übertragen als die Pocken, hat das Virus das Opfer allerdings einmal infiziert, dann ist es unbehandelt sehr viel tödlicher, weil es (fast) alle umbringt.

Es ist ein Irrglaube, zu denken, dass die erfolgreichsten Viren ihre Wirte nicht töten und im Laufe der Zeit harmloser werden. Das ist nur eine der möglichen Strategien. Die andere: Sich so rasend schnell im Wirt zu vermehren, damit der das Virus weitergibt, bevor er krank wird. Ist das geschehen, ist es für die Existenz des Virus nicht mehr von Bedeutung, dass der Wirt überlebt.

Das ist keine bessere oder schlechtere Strategie, es ist schlicht eine andere.

Denn am Ende ist es auch egal, ob Sugar Ray Robinson oder Michael Moorer, Evander Holyfield oder Wladimir Klitschko: Weltmeister waren sie alle.

===

Coronaviren werden das Spezialgebiet von Christian Drosten, weil Liu Jianlun auf die Hochzeit seines Neffen will.

Im Februar 2003 ist Drosten seit knapp zweieinhalb Jahren am Bernhard-Nocht-Institut. Er beschäftigt sich mit einem Verfahren namens quantitativer Echtzeit-PCR, qPCR, im Prinzip eine Weiterentwicklung der PCR. Es ist eine relativ neue Methode damals, die nicht nur die Nukleinsäuren vervielfältigt, sondern auch erfasst, wie viel von einem Erreger in der Probe vorhanden ist. Und sie ist viel weniger anfällig für Verunreinigungen. Er hat das in Frankfurt schon gemacht, während des Studiums, Nächte im Labor verbracht und Wochenenden auch. Technisch können das nicht viele in Deutschland zu der Zeit, im akademischen Bereich sind sie an der Goethe-Universität die ersten, die die Methode einsetzten, und das nutzt ihm jetzt, denn er ist in Hamburg, weil die virologische Arbeit im Tropeninstitut erweitert werden soll. Drosten ist PCR-Experte, er arbeitet an einem neuen Verfahren zur Erkennung unbekannter Viren in Proben.

Er hat keine Ahnung, wer Malik Peiris ist.

Und 911 ist nur die Nummer eines Raums in einem Hotel in Hongkong.

Das wird sich ändern.

Alles wird sich ändern.

===

Das berühmteste Zimmer der Infektionsgeschichte liegt mitten in Kowloon. Das Kwong-Wah-Krankenhaus ist um die Ecke, einfach nur geradeaus die Straße runter. In der Nähe sind Einkaufsstraßen, der Anleger für die vielen Kreuzfahrtschiffe ist nicht weit, und die bei Touristen beliebte Uferpromenade, von der man auf die Skyline von Hongkong blicken kann, befindet sich ebenfalls in der Nähe. Vom Hotel *Metropole*, Mittelklasse, 487 Zimmer – mittlerweile umbenannt, weil die Geschichte nicht gut endet –, bis zum Labor von Malik Peiris sind es zehn Kilometer. 8900 Kilometer Luftlinie nach Hamburg.

Als Liu Jianlun, 64 Jahre, Nierenarzt im Ruhestand, am 21. Februar 2003 um 17 Uhr nachmittags in Zimmer 911 eincheckt, fühlt er sich ein bisschen schlapp. Nicht schlimm, denkt er, nicht schlimm, sagt er zu seiner Frau, das hat nichts zu bedeuten, schließlich hat er gerade eine dreistündige Busfahrt hinter sich gebracht. Er kommt aus Guangzhou, etwas nordwestlich von Hongkong, Provinz Guangdong, direkt am Perlfluss und seinem Delta gelegen. Vielleicht liegt es aber auch an der ausgedehnten Shoppingtour gerade eben, mit dem Schwager? Und außerdem, das könnte es ja auch sein, war er vor ein paar Tagen erkältet, keine größere Sache und auch schon längst wieder erledigt. Zwar hatte er schlecht Luft bekommen, aber sich selbst zur Sicherheit Antibiotika verabreicht. Eine Röntgenaufnahme seiner Lunge sah gut aus, keine Probleme. Vermutlich ist sein Körper einfach noch nicht ganz erholt.

Liu hilft in der Ambulanz des Krankenhauses Zhongshan 2 aus, Station 3, 16. Stock. In letzter Zeit ist viel los. Eine komische Krankheit, die keiner richtig deuten kann, Husten, Schüttelfrost, leichtes Fieber und Kopfschmerzen, manche Patienten übergeben sich, andere haben Schnupfen. Hin und wieder ist einer mit Schwindel dabei, oder jemand hat Durchfall. Verschiedene Symptome und keines richtig ausgeprägt, wie bei einer leichten Erkältung eben – bis auf die schwere Lungenentzündung, die bei manchen folgt. Und obwohl ein paar gestorben sind: Liu macht sich keine Sorgen. Die Fälle sind überschaubar. Und was soll schon passieren, schließlich trug er einen Kittel, Handschuhe und einen Mund-Nasen-Schutz. Er geht früh ins Bett, er will ausgeruht sein, die Hochzeit seines Neffen steht an.

Er hat noch elf Tage.

===

Knapp drei Monate bevor Liu Jianlun nach Hongkong reist, begibt sich ein Mann in Südchina mit Atemproblemen in Behandlung. Es ist der 16. November 2002, und Christian Drosten arbeitet in dem Bewusstsein, dass die Erregersuche per PCR – man spricht von »Virus discovery« – immer wichtiger werden wird. Für Hamburg gilt das ganz besonders. Das BNI ist, auch historisch bedingt, ein Vorzeigelabor des Landes. Ständig kommen Proben von irgendwelchen importierten und exotischen Krankheiten in die Hansestadt. Meistens geht das gut aus. Im Labor entpuppt sich der vermeintliche neue Killer oft als etwas, das man schon kennt, irgendwas Behandelbares.

Bald wird Drosten mit einem neuen Erreger arbeiten. Er wird nicht nach Hamburg geschickt werden, sondern sich mehr oder weniger selber anliefern. Er wächst in der Lunge des Mannes aus Foshan.

===

Die Stadt liegt ebenfalls am Perlfluss, Provinz Guangdong, genau wie Guangzhou. Offiziell knapp zwanzig Kilometer entfernt, verwächst sie mit ihr und ist Teil der Wirtschaftszone des Perlflussdeltas, 7000 Quadratkilometer, 22 Millionen Einwohner. Der Mann ist 46 Jahre alt, sein Name wird nirgends auftauchen, zumindest nicht öffentlich. Er ist lokaler Beamter, so viel ist bekannt, und er bekommt Fieber und eine Lungenentzündung. Er wird der erste SARS-Patient – weil es noch keinen Test gibt und keine Idee, was er haben könnte, wird die Diagnose erst sehr viel später gestellt, aufgrund von Indizien. Er hat Symptome, die das Krankheitsbild ergeben, er steckt alle Verwandten an, die sich um ihn kümmern. Und die dann ebenfalls Symptome entwickeln. Weil die Krankheit kaum von anderen zu unterscheiden ist, nimmt niemand Proben. Es gibt kein Gewebe, kein Blut und keine Schleimproben, und das fällt auch lange niemandem auf, warum auch. Neue Fälle einer neuen Krankheit sind meistens erst einmal unauffällig. Weshalb niemand sie als das wahrnimmt, was sie sind. Ein Erreger, egal ob Virus, Bakterium, Prion, hat immer einen Vorsprung, denn um ihn zu entdecken, braucht es nicht nur einen einzigen Fall, sondern ein Cluster aus Fällen, die man miteinander verbinden kann.

Und so wird einfach nur notiert, dass der Mann eine Vorliebe hat für exotische Tiere, Schlangen etwa, die isst er besonders gerne, ein Vermerk in der Patientenakte, aber auch das: Nichts Besonderes, kommt vor in dieser Gegend. Als im Dezember ein Schlangen- und Vogelverkäufer in Shenzen an der Grenze zu Hongkong eine schwere

Lungenentzündung bekommt und daran stirbt, klingt das fast zwei Jahrzehnte später sehr vertraut. Am Jahresende 2002 ist das zwar ungewöhnlich, eine so aggressive Form der Lungenentzündung ist aber letztlich immer noch ein Einzelfall, kein Anlass für größere Sorgen. Etwa zur gleichen Zeit infiziert sich in Heyuan, knapp 200 Kilometer entfernt, ein Koch. Er bekommt ebenfalls eine Lungenentzündung. Im Krankenhaus steckt er acht Ärzte an. Und Anfang Januar, schon wieder dieselbe Gegend, Zhongshan, etwas südlich gelegen, eine Kleinstadt für chinesische Verhältnisse, drei Millionen Einwohner: noch ein Koch – der gerne Schlangen, Füchse, Katzen und Ratten zubereitet und mehrere Mitarbeiter des Krankenhauses ansteckt.

Fälle poppen auf und verschwinden. Es sind immer noch zu wenige für ein Muster, aber mittlerweile dann doch zu viele, als dass es nicht auffallen würde. Die Gesundheitsbehörden schicken im Januar 2003 Experten in die Krankenhäuser, die helfen sollen bei Therapie und Vorsorge, aber das ist getarnte Hilflosigkeit. Experten kann es noch keine geben. Schließlich gibt es noch nicht mal eine Krankheit. SARS hat noch keinen Namen, und selbst wenn das der Fall sein wird, ist es die Beschreibung eines Symptombildes, Severe acute respiratory syndrome, schweres akutes Atemwegssyndrom, keine Ursache. Dennoch: Die Experten schreiben einen Bericht. Eine Lungenentzündung sei das, allerdings atypisch und wahrscheinlich zurückzuführen auf ein Virus. Aber atypisch sein kann vieles und ist alles, was man nicht kennt. Atypisch heißt nicht zwingend »schlimm«. Und somit steht dort zwar, dass es keine gewöhnliche Krankheit ist – aber es klingt eben auch nicht besonders dramatisch, denn »Lungenentzündung«, das kennt man schon. Das Papier beschreibt die Symptome des Ausbruchs, Kopfschmerzen, Fieber und Schüttelfrost, Patienten haben heftigen Husten, ausgelöst von einer Lunge, die sich wehrt im Kampf gegen ihre Zerstörung, und sie schlagen Maßnahmen zur Eindämmung vor: Isolation, Social Distancing und vor allem Kontaktverfolgung, alles, was sich in der Vergangenheit bei Seuchen bewährt hat und was auch in Zukunft wieder funktionieren wird.

Der Bericht wird in allen Krankenhäusern der Provinz verteilt, die Gesundheitsämter bekommen ihn ebenfalls zu sehen. Die WHO wird den Vorgang später ausdrücklich loben, allerdings nur diesen Teil der

Arbeit, denn die Ausführungen werden vom obersten Gesundheitsamt der Provinz und vermutlich auch vom Ministerium in Peking als »Top Secret« klassifiziert, aus Sicherheitsgründen, denn eine neue Seuche passt nicht ins Konzept, das tut sie nie, aber gerade ist es besonders schlecht. Einerseits findet im März die Tagung des Nationalen Volkskongresses statt, und da sollte alles nach Plan verlaufen. Andererseits ist der Parteisekretär der Provinz, ein Mann namens Zhang Dejiang, erst wenige Wochen zuvor ins Politbüro berufen worden. Er will nicht gleich durch schlechte Nachrichten auffallen. Zhang hat an der Kim-Il-Sung-Universität in Pjöngjang, Nordkorea, studiert, Wirtschaftswissenschaften, was ja ein bisschen lustig ist und so ähnlich wie Landwirtschaft zu studieren auf dem Mond. Ganz Parteikader ist ihm Loyalität wichtiger. Und so entscheidet er, dass man eine neue Krankheit am besten dadurch behandelt, indem man sie totschweigt. Sie wird schon verschwinden.

Sie tut es nicht.

===

Allein in den drei Wochen bevor Liu Jianlun in Zimmer 911 eincheckt, gibt es 55 Fälle, 76 Prozent mit Atemproblemen, 27 mit Leberschäden. Alle Patienten haben Lungenentzündung und Fieber. Sie sind durchschnittlich 38,4 Jahre alt.

===

Zhou Zoufeng hat keine Ahnung, was ihn erwartet, als er Ende Januar 2003 Hilfe sucht. Er ist 46 Jahre alt und fühlt sich nicht besonders gut. Zhou arbeitet als Fischhändler in Zhongshan, dort, wo schon einer der Köche erkrankte. Er hat einen Laden auf einem großen Markt, er hat Fieber und Druck auf der Lunge, aber noch geht es. Er besucht verschiedene Krankenhäuser, aber keiner kann ihm helfen, niemand weiß, was ihm fehlt. Als er schließlich am 31. Januar in die Ambulanz des Krankenhauses Zhongshan 2 kommt, Station 3, 16. Stock, hustet er und hat leichtes Fieber, Kopfschmerzen und Schüttelfrost. Und er bleibt nicht lange. Sein Gesundheitszustand verschlechtert sich rapide, nach

18 Stunden wird er verlegt – und hat in dieser Zeit doch dreißig Mitarbeiter angesteckt.

Liu Jianlun, Arzt im Ruhestand, Termin auf einer Hochzeit, ist einer von ihnen. Vielleicht haben sie sich getroffen, vielleicht auch nicht. Vielleicht lief der Arzt durch einen Aerosol-Nebel. Vielleicht griff er in Rotz und Schleim an einer Türklinke. Vielleicht ist es banal, vielleicht kompliziert, es ist nicht mehr nachvollziehbar.

Klar ist, dass Zhou Zoufeng verlegt wird, nach Zhongshan 3. Die Klinik hat sich auf Lungenentzündungen spezialisiert, aber die Verlegung läuft nicht reibungslos, im Gegenteil. Im Krankenwagen übergibt sich der Patient und würgt. Er schnappt nach Luft, schwitzt – und er infiziert alle, die ihn begleiten, Fahrer, zwei Ärzte, zwei Krankenschwestern.

Innerhalb der nächsten Woche infiziert er 23 weitere medizinische Mitarbeiter, fast ebenso viele andere Patienten und weil er beliebt ist und eine große Familie hat, die ihn besucht, auch 19 Familienmitglieder. Und während im Krankenhaus Zhongshan Nr. 2 Panik ausbricht, weil immer mehr Ärzte krank werden, bekommt Zoufeng in Nr. 3 einen Spitznamen: Giftkönig. Er überlebt die Infektion, Dutzende andere, die er angesteckt hat, allerdings nicht.

Obwohl alles dafür getan wird und die Zensur auf Hochtouren läuft, kann die mysteriöse neue Krankheit im Februar 2003 nicht länger geheim gehalten werden. Gerüchte gehen um, irgendwas Gefährliches ist aufgetaucht, ein Virus vielleicht. Am 8. Februar wird mittags per SMS auf vielen Handys vor einer »tödlichen Grippe« gewarnt, und am Abend wird auf lokalen Internetseiten nach Wörtern wie »Vogelgrippe« und »Milzbrand« gesucht. Gerüchte verselbständigen sich – und sie sind eher lösungsorientiert. Niemand beschuldigt Bill Gates, George Soros kann auch nichts dafür, und ein Labor, das Viren produziert, spielt auch keine Rolle. Stattdessen wird erzählt, dass ein Neugeborenes eine Formel gemurmelt habe, die gegen die Erkrankung helfe. Der Trick: Man müsse sie nur aussprechen, während man Feuerwerkskörper zünde. Innerhalb von vier Tagen verbreiten sich vier verschiedene Versionen. Was auch helfen soll: Trinken von Mungobohnensuppe um Mitternacht. Als erste Zeitungen eine neue Krankheit andeuten, und

als Maßnahmen zur Vorbeugung die Verwendung von Essigdämpfen empfohlen wird, zur Reinigung der Luft, dazu häufiges Händewaschen, wird in der gesamten Provinz Desinfektionsmittel knapp. In manchen Städten findet man keinen Essig mehr in den Regalen.
Klopapier gibt es reichlich.

===

Die Gesundheitsbehörde von Guangdong beruft eine Pressekonferenz ein und teilt mit, dass es eine neue Krankheit gibt, kein Problem, alles unter Kontrolle. Liu Jianlun freut sich auf die Hochzeit. Christian Drosten sitzt in Hamburg in einem handtuchgroßen Büro und fragt sich, wie man eigentlich neue Infektionskrankheiten identifiziert.

===

Die erste Diagnose, die er in Hamburg stellt, die allererste, ist ein akuter Notfall. Als die Probe ins Labor kommt, deutet alles auf hämorrhagisches Fieber hin, irgendwas wie Ebola oder Lassa, Hanta oder Krim-Kongo, lebensbedrohlich allesamt. Krankheiten, die zwar starke Blutungen auslösen und Fieber, die aber nur anhand ihrer Symptome nicht eindeutig erkannt werden können. Es braucht immer eine virologische Diagnostik. Nur die wenigsten Labore können das, weil es Erreger der Risikogruppe 4 sind. Der Fall entpuppt sich als Hirnhautentzündung. Meningokokkenmeningitis, zudem Sepsis, passiert nicht oft, aber wenn, dann sterben zehn bis dreißig Prozent der Erkrankten, kommt auf die Form der Erkrankung an. Mit der PCR kann man das gut nachweisen, das Ergebnis kommt schnell, aber eben nur, weil die Krankheit schon bekannt ist.

Aber was, wenn es etwas ganz Neues gewesen wäre? Ein Erreger, den keiner kennt? Sie hätten nichts gefunden in Hamburg, weil sie sie nicht gewusst hätten, nach was sie suchen sollen.

Drosten hat eine Methode entwickelt, die verschiedene Primer ausprobiert. Die sind nicht ganz spezifisch, funktionieren aber auch, wenn die Sequenzen nicht genau aneinanderpassen. Das ist gut genug, weil sich das Erbgut damit trotzdem vervielfältigen lässt und man dann von dort weitermachen und die Suche anpassen kann. Erst das Schwert, bevor man das Florett nimmt. Er will damit unbekannte Erreger suchen und finden – einfach weil davon in Hamburg ständig welche ankommen. An Coronaviren denkt er nicht. Er weiß darüber nicht viel mehr als alle anderen. Sie existieren, lösen Erkältungen aus, alles halb so wild, muss man sich nicht drum kümmern. Coronaviren sind bekannt in der Tiermedizin, spielen beim Menschen aber kaum eine Rolle.

In der Labormedizin interessiert sich dafür Anfang 2003 kein Mensch.

===

Das *Metropole*, das jetzt nicht mehr so heißt, hat in der Nacht, in der es Liu Jianlun immer schlechter geht, eine Auslastung von neunzig Prozent. Zimmer 911 gibt es heute nicht mehr, schlechtes Karma, 913 liegt jetzt dort – genau in der Mitte eines langen Ganges, gegenüber vom Aufzug. Jeder, der die Etage betritt, muss dort vorbei.

Es ist unklar, ob Liu Jianlun sich in der Nacht vor der Tür übergibt, ob er nur oft und heftig hustet oder im Korridor an der Wand lehnt, und warum er überhaupt sein Zimmer verlässt, weiß auch keiner, man kann ihn nicht mehr fragen. Aber es geht ihm nicht gut. Er läuft herum und verbreitet dabei das Virus. Am nächsten Morgen ist er so krank, dass er es nur noch mit Mühe zur Rezeption schafft. Um zehn Uhr checkt er aus – und fährt sofort ins Kwong-Wah-Krankenhaus, fünf Blocks entfernt.

Mittlerweile hat sich die Krankheit herumgesprochen. Liu kommt sofort auf die Intensivstation. Er kann kaum noch atmen – und behauptet trotzdem, dass er nicht an der neuen Krankheit leidet. Die Schutzausrüstung, die Ärzte und Pfleger tragen, kommen ihm übertrieben vor. Ist schon nicht so schlimm. Aber seine Lunge sieht auf dem Röntgenbild fleckig aus, weiße Klumpen überall. Als die Ärzte ihm das Bild zeigen, hat er Probleme mit dem Sprechen, er nickt – und ist dann überzeugt. Er hat Angst, er erzählt mit brechender Stimme von Zhongshan Nr. 2. Den kranken Kollegen. Dem Giftkönig. Wenig später wird er bewusstlos. Innen wird Liu an eine Beatmungsmaschine angeschlossen. Und außen werden die Gerüchte stärker: Das Viertel wird unter Quarantäne gestellt. Der Flughafen geschlossen. Das Kriegsrecht ausgerufen. Und in der Nacht fliegen Flugzeuge, die keiner kennt, und versprühen eine unbekannte Substanz. Es bleiben Gerüchte.

Liu stirbt am 4. März.

Esther Mok liegt da bereits im Krankenhaus, zweieinhalbtausend Kilometer entfernt. Mok ist aus Singapur. Sie ist 22 Jahre alt und war in Hongkong shoppen, mit einer Freundin, ebenfalls krank. Beide haben in Zimmer 938 gewohnt, ein paar Meter entfernt nur von Liu Jianlun. Die Ärzte wissen nicht, was sie hat, keiner hat eine Idee. Sie machen Röntgenaufnahmen und wundern sich über die weißen Flecken auf ihrer Lunge. Mok wird stationär aufgenommen, aber nicht isoliert. Die Betten stehen eng beieinander, Patienten kommen und gehen, Angehörige ebenso. Niemand im Krankenhaus in Singapur kennt den Bericht der Experten in Guangdong, und so wundern sie sich, dass die Krankheit schnell schlimmer wird. Sehr viel schlimmer. Mok bekommt nur noch schwer Luft, sie wird auf die Intensivstation verlegt, ein Pastor kommt und betet mit ihr. In den nächsten Tagen werden krank: Ihre Mutter. Ihr Vater. Ihr Onkel. Ihre Oma. Vier Krankenschwestern aus der Station, auf der sie zu Anfang liegt. Der Pastor. 24 Menschen steckt sie insgesamt an.

Erst jetzt wird Maskenpflicht angeordnet. Jeder muss Kittel tragen und Handschuhe, und da wird klar: Es gibt viel zu wenig Material. Und so kurzfristig keinen Nachschub. Auf dem Schwarzmarkt steigt der Maskenpreis um das Vierfache, von zwei Dollar auf acht, pro Stück. Und mehr und mehr Menschen infizieren sich – vor allem im Krankenhaus. Weil es so viele sind, wird das Tan-Tock-Seng-Krankenhaus kurzerhand zur SARS-Spezialklinik erklärt. Insgesamt werden es am Ende in ganz Singapur 238 Fälle sein, 33 Patienten sterben, 13,9 Prozent aller Infizierten.

Die Patienten werden unter anderem behandelt von Hoe Nam Leong. Er hat Bereitschaftsdienst, er ist jung und enthusiastisch und er findet diese Patientin, von der niemand weiß, was sie hat, medizinisch interessant. Er will die Ursache von Moks Erkrankung finden, denn ein ähnlicher Fall findet sich nirgends in der Literatur, da kann er noch so viel suchen.

Sie ist eine Patientin, sicher, aber vor allem ist sie eine Herausforderung, die seinen Ehrgeiz weckt. Er besucht sie täglich, auch in seiner Freizeit, manchmal sogar zweimal am Tag. Ständig nimmt er Proben aus ihrem Rachen, was nichts anderes bedeutet als: Ständig kommt er ihr sehr nahe. Er trägt keine Maske, aber das ist nicht ungewöhnlich, denn das ist noch bevor Mok auf die Intensivstation kommt. Niemand trägt eine Maske.

Ein paar Tage später wird er krank. Er hat Fieber und Schüttelfrost. Es ist ein Sonntag und Singapur angenehm warm, Passanten tragen T-Shirts, aber Hoe sitzt im Auto, hat die Heizung so hoch aufgedreht, wie es geht, und hat das Gefühl zu erfrieren. Seine Muskeln tun weh und sein Rücken auch, aber er denkt nicht wirklich an die Patientin, die er ständig besucht. Dazu ist ihr Fall zu speziell. Außerdem hat er kein Problem mit dem Atmen. Er glaubt, er hat Dengue-Fieber. Unangenehm, verschwindet aber wieder in der Mehrzahl der Fälle. Nichts Besonderes in Singapur. Trotzdem passt ihm das nicht in den Kram. Am nächsten Tag will er nach New York fliegen. Die Reise ist seit Monaten vorbereitet. Es steht eine Konferenz an über Infektionskrankheiten. Er war noch nie in den USA. Er freut sich seit Wochen auf den Trip. Seine Frau kommt mit und seine Schwiegermutter, nach der Konferenz wollen sie noch ein bisschen Urlaub machen. Mal sehen, denkt er, wie es morgen ist. Er fährt nach Hause, trinkt viel und legt sich ins Bett.

Und am nächsten Morgen sind die Symptome tatsächlich weg.

Hoe wird fliegen.

Er kennt Christian Drosten nicht.

Er wird ihm das Virus bringen.

===

Am Ende der Woche ist eine Krankenschwester übrig. Sie pflegt die Patienten und ihre Kolleginnen, die ebenfalls krank sind, hohes Fieber, Luftnot, Erschöpfung. Wenn die Ärzte die Röntgenbilder ihrer Lungen ansehen, weiß und klumpig, sind sie still – weil sie nicht wissen, was sie tun sollen, und die Hilflosigkeit ihnen Angst macht. Sie denken, dass sie alle sterben werden, und bei sieben von ihnen ist das auch der Fall. Eine Letalität von knapp achtzehn Prozent.

Keiner der Ärzte im französischen Krankenhaus von Hanoi, Vietnam, weiß, was los ist. Keiner hat eine Idee, warum alle Röntgenbilder so aussehen wie das von Johnny Chen. Chen, Amerikaner, 47 Jahre alt, kommt aus Hongkong, er war davor in Guangdong und in Macao, und sie haben Gerüchte gehört über eine neue Grippe, die dort grassieren soll, irgendwo in Südchina, aber dass Chen auf der anderen Seite des Flurs gewohnt hat, das wissen sie nicht.

In Zimmer 910. Genau gegenüber von Liu Jianlun.

Er ist seit dem 26. Februar hier. Das Krankenhaus ist klein und überschaubar, 56 Betten, Lungenkrankheiten werden auch behandelt, aber eine Spezialklinik ist es nicht. Chen geht es immer schlechter, sein Fieber bleibt hoch, seine Lunge füllt sich mit Flüssigkeit, das Weiße in seiner Lunge wird größer und immer größer und sein Husten angestrengter. Schließlich kann er nicht mehr sprechen, zu wenig Sauerstoff. Seine Haut ist da schon grau. Er wird intubiert. Als Chen am Ende der ersten Märzwoche nach Hongkong verlegt wird, hat das Krankenhaus in Hanoi kaum noch genug Leute, um den Betrieb aufrechtzuerhalten, operieren ist schon länger nicht mehr möglich, zu viel Personal ist krank.

Carlo Urbani, genannt Carletto, ist da bereits vor Ort. Urbani ist 46 Jahre alt, Italiener, Lungenerkrankungen sind nicht sein Fachgebiet, er ist Parasitologe. Er ist, mehr oder weniger, die WHO in Vietnam. Das Büro ist klein. Seit 1993 ist er schon dabei, ein Routinier und immer noch ganz Mediziner. Er war Präsident von *Ärzte ohne Grenzen* in Italien und ist Teil der Delegation, die 1999 den Friedensnobelpreis in Oslo abholt. Er hält eine Rede dabei. Er sagt: »Es ist eine Pflicht, den Opfern nahe zu bleiben und ihre Rechte zu garantieren.« Und daran hält er sich. In Afrika, in Asien, jetzt in Vietnam. Er ist mit seiner Frau gekommen und seinen drei Kindern und arbeitet an Präventionsprogrammen, parasitäre Krankheiten bei Kindern. Als er den Anruf bekommt, ist er zu Hause, Westlake Distrikt, Kolonialstil. Es ist früh am Morgen, seine Kinder schlafen noch. Der Verkehr dringt durch sein Fenster. Was immer durch das Krankenhaus zieht, es ist kein Parasit, so viel ist Urbani klar, als er am Telefon mit einer Kollegin spricht.

Er wird da wohl mal hinfahren müssen, sagt er zu seiner Frau, aber weil Gerüchte kursieren über irgendetwas Schlimmes, bittet sie ihn, nicht zu fahren. »Was mache ich dann hier?«, erwidert Urbani. Er will keine E-Mails mehr lesen, und auf Stehempfänge und Cocktailpartys hat er auch keine Lust. »Ich bin Arzt«, sagt er, und dann fährt er los. Und findet lauter Kranke vor.

Weil keiner mehr da ist, macht Urbani eben alles selber: Rachenabstriche, Blut abnehmen, katalogisieren, ein bisschen Pflege der Patienten – und dann die Proben ins Labor bringen. Das ist keine Grippe, denkt er, zumindest keine normale, das geht zu schnell und ist viel zu aggressiv. Er hat ein Moped, und damit zwängt er sich durch den Dauerstau Hanois – und findet ein menschenleeres Labor vor. Hm, denkt Urbani, er geht durch die Gänge und findet dann doch eine Laborantin. Alle geflohen, erzählt sie ihm. Sie selber? Hat eine dreijährige Tochter, aber um die muss die Familie sich kümmern. Sie hat sich im Labor isoliert. »Pflicht«, sagt sie. Einer muss ja. Er nickt, lässt die Proben dort und fährt zurück ins Krankenhaus. Er tut das jeden Tag, manchmal vormittags und dann am Nachmittag noch mal. Er koordiniert Pläne mit den Behörden in Vietnam, redet mit der CDC in Atlanta, und obwohl er keine Lust mehr hat auf Mails, schreibt er doch noch ein paar. Es werden die wichtigsten seines Lebens. Es schickt sie nach Manila, ins WHO- Regionalbüro *Western Pacific*, das von einem Japaner namens Hitoshi Oshitani geleitet wird, der sie alle liest und daraus später ganz eigene Schlüsse ziehen wird – die wiederum dann weltweit beachtet werden. Oshitani bekommt jeden Tag eine Mail aus Hanoi.

    4. März _ Betreff: Severe Pneumonia Case in Hanoi
    5. März _ Betreff: Urgent: Severe Pneumonia Case in Hanoi
    6. März _ Betreff: Pneumonia in Hanoi: Situation Report
    7. März _ Betreff: Pneumonia in Hanoi: Situation Report
    8. März _ Betreff: Outbreak in Hanoi: Situation Report

»There is something strange going on«, schreibt Urbani unter anderem, »but I am not sure exactly what it is.« Er schreibt, dass die Situation sich zuspitzt, er bittet um Unterstützung, Masken und Handschuhe wären hervorragend. Die Mails finden ihren Weg an die Abteilung für übertragbare Krankheiten der WHO in Genf. Denn Urbani schreibt nicht nur, dass es in Vietnam eine neue Krankheit gibt, tödlich, hochansteckend, sondern er ist der Erste, der eine wissenschaftliche Definition liefert. Könnte eine Vogelgrippe sein, aber vielleicht ist es auch etwas ganz anderes. Nur wenig später warnt die WHO vor einer »weltweiten Gesundheitsbedrohung«, so schnell wie noch nie zuvor.

Und dann soll Urbani das Land verlassen, raus aus Vietnam. Nicht weil er nervt oder stört, sondern weil er zu viel arbeitet – und sich damit ständig in Lebensgefahr begibt. Die Kollegen wollen ihn in Sicherheit bringen, wenigstens ein paar Tage, er hat genug getan. Und so schickt ihn die WHO auf eine Konferenz in Bangkok. Parasiten, sein Thema.

Ursprünglich war die Reise ohnehin vorgesehen, aber dann ziert sich Urbani, die Arbeit, er hat keine Zeit, aber die Kollegen insistieren, und deswegen fliegt er dann doch. Auf dem Flug fühlt er sich nicht wohl. Er schwitzt, vielleicht hat er Fieber, er ist erschöpft. Nach der Landung weist er sich selber in ein Krankenhaus ein.

Zwei Wochen später stirbt Carlo Urbani in Bangkok an der Krankheit, die er entdeckt hat. Seine Lunge ist voller Flüssigkeit, sie transportiert keinen Sauerstoff mehr. Er bekommt einen Herzinfarkt nach dem anderen, und nach Nummer 4 geben die Ärzte auf, Reanimation erfolglos.

Bevor er stirbt, verfügt er, dass Proben aus seiner Lunge nach seinem Tod nach Atlanta geschickt werden, zur CDC, der amerikanischen Seuchenschutzbehörde.

===

Johnny Chen stirbt ebenfalls. Auch eine Frau aus Kanada stirbt – allerdings erst, nachdem sie ein paar Leute angesteckt hat, die auch nicht alle überleben. Sie hat auf Etage 9 übernachtet.

Und in Hongkong wird, schon etwas zuvor, ein 26-jähriger Mann in die allgemeinmedizinische Abteilung des Prince of Wales Hospital eingeliefert, über 1500 Betten, benannt nach Charles, dem ewigen Thronfolger. Der Mann hat kurz zuvor in der falschen Nacht das falsche Hotel besucht und dort die falschen Leute, die im falschen Stockwerk übernachtet haben, Zimmer 906, er lief einfach nur über den Flur. Liu Jianlun hat er nie getroffen. Er hat Fieber, 40,2 Grad Celsius, und Schüttelfrost und Durchfall, und wenn er hustet, kommt ein weißer

Schleim aus den Tiefen seiner Lunge. Kurz bevor er ins Krankenhaus kommt, übergibt er sich mehrmals. Aufgenommen wird er auf Station 8A, Bett 11, und was immer er genau hat: Die Krankheit ist extrem ansteckend und breitet sich schnell aus. Ärzte und Pfleger werden in zwei Teams eingeteilt. Das eine kümmert sich um die Patienten, die alle möglichen Krankheiten haben, das andere Team ... nun ja, muss den Scheißjob machen. Sie nennen es das »dirty team«, it's a dirty job, but someone's gotta do it, hilft ja nichts, und Kollegen mit kleinen Kindern dürfen ins »clean team«. Für alle anderen gilt: Freiwillige vor. Der Job ist nicht verlockend. Sie werden ihre Familien vermutlich wochenlang nicht sehen, kaltes Fastfood essen und auf Luftmatratzen in ihren Büros im Krankenhaus schlafen. Und sich vielleicht infizieren und dann an einem unbekannten Erreger ersticken (Alles das wird sich siebzehn Jahre später wiederholen).

Es dauert ein wenig, die Kollegen sehen sich an und überlegen eine Sekunde, und dann sagt der erste zu. Dann noch einer. Und dann alle anderen. Mehr als die Hälfte der Belegschaft wird sich melden, es wird nie einen Mangel geben. Selbst als alle Manpower der medizinischen Abteilung erschöpft ist, melden sich Freiwillige aus anderen Stationen, Orthopäden, Gynäkologen, Augenärzte.

===

Bevor die Teams beginnen, wird auf Station 8A ein Patient mit Dialyse behandelt – nicht weit entfernt von Bett 11. Er wird danach seinen Bruder in einem großen Wohnkomplex namens Amoy Gardens besuchen, auch dort kommt es zu einem Ausbruch: 321 Fälle, 42 Tote, Letalität 13 Prozent.

Amoy Gardens liegt in Kowloon, der Anleger für die vielen Kreuzfahrtschiffe ist nicht weit, und die bei Touristen beliebte Uferpromenade, von der man auf die Skyline von Hongkong blicken kann, befindet sich ebenfalls um die Ecke.

Bis zum Hotel Metropole sind es knapp sechs Kilometer.

===

In Singapur werden Schulen geschlossen. Märkte verboten. Geschäfte zugesperrt. Wer die Quarantäne bricht, muss in Haft oder zumindest eine Geldstrafe zahlen. Öffentliches Fiebermessen wird normal. Kampagnen starten, in denen darauf hingewiesen wird, dass man seine Hände waschen soll. Nicht auf die Straße spucken. Maske tragen. Zweimal am Tag Fieber messen. Jeder, der eine Temperatur von über 37,5 Grad Celsius hat, soll nicht zur Arbeit, dafür aber zehn Tage in Quarantäne. Ein ärztliches Attest ist nicht erforderlich. Um sicherzustellen, dass Patienten auch wirklich zu Hause bleiben, werden später Videokameras in ihren Wohnungen installiert. Verlässt trotzdem jemand seine Wohnung, bekommt er ein elektronisches Armband.

Esther Mok geht es langsam besser, aber ihr Vater stirbt. Dann ihre Mutter. Dann ihr Onkel. Und dazwischen noch der Pastor.

Und immer noch weiß keiner woran.

===

Liu Jianlun, der pensionierte Arzt aus Südchina, ist wahrscheinlich der erfolgreichste Vertreter in einer Kategorie, die niemand braucht und keiner will: Superspreading.

Mehr als 4000 Infektionen lassen sich, direkt und indirekt, auf ihn zurückverfolgen. Knapp die Hälfte der weltweit aufgezeichneten Fälle.

===

Für fast alle Infektionskrankheiten gilt: Die meisten Leute stecken niemanden an. Manche dafür ganz viele. Warum das so ist? Weiß man nicht genau.

Gelegenheiten, Örtlichkeiten, das soziale Verhalten und das Virus selber. Vermutlich ist es alles zusammen, kombiniert mit einer besonders hohen Viruslast des Übertragers. Große Ausbrüche gibt es auch ohne Superspreading, und Infektionen sind nicht davon abhängig. Ein paar Dinge machen es aber wahrscheinlicher, und das Muster ist ähnlich. Um konkret zu werden: Bei SARS-CoV-2 bedeutet das Chor, Kirchen, Schlachthöfe, Krankenhäuser und Karneval. Konferenzen, Hochzeiten, Kreuzfahrtschiffe und Ischgl. Innen, dicht beisammen, schwer atmen, laut reden, singen, schlechte Luftzirkulation. An der Luft ist das eher unproblematisch, und eine Maske beim Joggen alleine im Park ist gut, um sich auf einen Boxkampf gegen Apollo Creed vorzubereiten oder Ivan Drago, Kondition bolzen, ansonsten aber vernachlässigbar.

Bereits in den 1950er Jahren gibt es im Zuge der Masern-Forschung die Beobachtung, dass laute Stimmen zu einem höheren Ausstoß an Aerosolen führen können. Und dabei kommt es nicht nur auf die Aussprache an, man muss nicht sabbern beim Sprechen, sondern tatsächlich auch auf das, was man sagt. »P« etwa ist ein sogenannter Plosivlaut, das sind Konsonanten, bei denen der Atemluftstrom kurz blockiert wird, um sie auszusprechen. Der gestaute Luftstrom wird danach wieder freigesetzt, eher explosiv, das erzeugt den Klang. Und mehr Aerosol als etwa beim »F«, was ein sogenannter Frikativlaut ist (da wird im Mund die Austrittsstelle verengt und so der Laut erzeugt).

Was mittlerweile vermutlich alle schon mal gehört haben: Wie viele andere Individuen ein Infizierter ansteckt, der auf eine Population trifft, die keine Immunität gegenüber einem Erreger hat, hängt ab von der Basisreproduktionszahl, R_0. Dabei ist es egal, ob es sich um ein Land, einen Kindergarten oder einen Schweinestall handelt. Ist R_0 größer als 1, breitet sich die Infektion aus. Ist die Zahl kleiner, läuft sie sich langfristig tot. Je größer die Zahl, desto schwieriger ist eine Epidemie oder gar Pandemie zu kontrollieren, so weit, so klar.

Das Robert Koch-Institut legt den Wert für Covid-19 zwischen zwei und vier fest, wenn man nichts tut, das ist zumindest im Sommer 2020 so, und das ist etwa so hoch wie bei der Spanischen Grippe. Die amerikanische CDC sieht das allerdings anders und gibt den Wert an zwischen 3,8 und 8,9, was eine sehr große Streuung ist und die Verbreitung erst recht unkontrollierbar macht. SARS-Cov-2 läge damit möglicherweise nur knapp unter den Windpocken, mit einem R_0-Wert von 10,0 bis 12,0. Der Wert der Pocken beträgt 6,0 und der von Kinderlähmung ebenfalls, und das sind beides hochansteckende Krankheiten und dennoch nichts gegen die Masern – da liegt er nämlich bei 12,0 bis 18,0.

Ein mit Ebola infizierter Patient steckt durchschnittlich 1,5 bis 1,9 Menschen an, die saisonale Influenza liegt bei 1,0 bis 3,4, während HIV- und SARS-Patienten zwei bis fünf Menschen anstecken.

R_0 ist ein guter Wert, denn die Zahl packt viele Fragen in eine einzige Nummer. Sie liefert die Erklärung für die Verbreitung einer Infektionskrankheit und kann sie auch vorhersagen.

Zu verdanken ist R_0 unter anderem einem Briten namens Roland Ross, der schwer genervt ist von den vielen Mücken in Madras, heute Chennai, Ostküste Südindien, Golf von Bengalen. Ross ist dort 1881 als Arzt stationiert, er arbeitet für den Indian Medical Service, IMS, den militärischen Medizinischen Dienst in Britisch-Indien, aber richtig motiviert ist er nicht. Schließlich hat er nur seinem Vater einen Gefallen getan. Wäre es nach ihm gegangen, er wäre Maler geworden oder Dichter, gerne auch Mathematiker. Und weil seine Motivationsschwäche zusammenkommt mit wenig Arbeit vor Ort, schreibt er Gedichte, malt ein wenig, komponiert Musik und verfasst Theaterstücke und Romane – die jeder für unglaublich schlecht hält, weswegen er keinen Verleger findet.

Er meckert ein bisschen und schimpft und versteht die Welt nicht, wie kann das bloß sein, und verlegt seine Werke dann auf eigene Kosten einfach selber. Vor allem aber macht er sich Gedanken. Denn Ross behandelt malariakranke Soldaten, und ihm fällt auf, dass die Menge von stehendem Wasser mit der Menge der Moskitos und der Anzahl Malariakranker irgendwie zusammenhängt. Obwohl es bereits erste Vermutungen gibt, dass eine Verbindung besteht zwischen Moskitos und Malaria, ist die vorherrschende Meinung immer noch die, dass die Krankheit von schlechter Luft verursacht wird, den sogenannten Miasmen. Ross ärgert sich, diese verdammten Mücken, und der Gedanke bleibt in seinem Kopf.

Allerdings bleibt er da erst mal ziemlich lange. Ross sitzt seine Zeit ab, er langweilt sich, malt, liest über Malaria, bleibt interessiert und streitet sich mit Leuten, was er in Zukunft ständig tun wird. Er sieht, dass die Malaria Hunderttausende tötet, und schreibt ein Gedicht, in das er sein zukünftiges Forschungsfeld verpackt.

> In this, O Nature, yield I pray to me.
> I pace and pace, and think and think, and take
> The fever'd hands, and note down all I see,
> That some dim distant light may haply break.
> The painful faces ask, can we not cure?
> We answer, No, not yet; we seek the laws.

O God, reveal thro' all this thing obscure
The unseen, small, but million-murdering cause.

Not yet, aber 1892 kehrt er nach England zurück und belegt einen Kurs in Public Health, öffentlichem Gesundheitswesen, Weiterbildung, damit er sich nicht zu Tode langweilt im Arztberuf. Er bekommt mit, dass ein französischer Arzt im Blut von Malariapatienten kleine Parasiten entdeckt hat. Und hat damit sein Thema gefunden.

Ross beginnt zu experimentieren, inzwischen wieder in Indien. Er beobachtet Blut unter dem Mikroskop, tötet Mücken, unterhält sich mit Kollegen über Forschungsergebnisse, fängt wie besessen Moskitos, zapft jedem Blut ab, wirklich jedem, und das führt dazu, dass Patienten vor ihm flüchten und Kollegen bestätigte Malariafälle vor ihm geheim halten. Er lässt malariakranke Menschen von seinen Moskitos stechen und gibt gesunden Menschen Wasser zu trinken, in dem Moskitoeier schwimmen (nichts passiert). Weil alles nicht so richtig klappt und seine Forschung nicht vorangeht, will er alles hinschmeißen und Schriftsteller werden, jetzt aber wirklich. Und dann wird er selber krank. Schon zuvor hatte er darüber nachgedacht, dass man zur Bekämpfung der Malaria ein überprüfbares Modell braucht. Nachvollziehbar für jeden, eines, das mit Stellschrauben arbeitet, die man nachjustieren und verfeinern kann. Mathematik.

Er nimmt sich vor, an einer Formel zu arbeiten – wenn er überlebt, aber er ist sich nicht sicher, ob das auch passiert, also schreibt er schnell noch ein Gedicht, schwitzend, damit seine Kunst wenigstens bleibt.

What ails the solitude?
Is this the Judgment Day?
The sky is red as blood;
The very rocks decay
The world is white with heat;
The world is rent and riven;
The world and heavens meet;
The lost stars cry in heav'n

Judgement Day ist erst mal nicht, und so macht Ross weiter und entdeckt am 20. August 1897 Malariaparasiten im Magen-Darm-Trakt einer Stechmücke. Er beweist, dass Luft unschuldig ist, für Malaria kann sie nichts, das wird durch Mücken übertragen. Ross identifiziert die Gattung *Anopheles* als Überträger (wobei das etwas komplizierter ist, weil von den 420 Arten der Mücke nur rund vierzig Malaria übertragen).

Obwohl er den Lebenszyklus des Malariaparasiten bei Vögeln nachvollzieht und nicht bei Menschen, wird er dafür 1902 mit dem Nobelpreis für Medizin ausgezeichnet.

Als die Ergebnisse eine Woche nach seiner Entdeckung publiziert werden, schreibt Ross, zur Feier des Tages ... ein Gedicht. Wenn es sonst keiner tut, muss man das eben selber machen. Er lobt sich ausgiebig für die Meisterleistung, die da von Gott in seine Hand gegeben wurde. Unzählige Menschen werde es retten, weil er jetzt das Geheimnis kennt.

I find thy cunning seeds,
O million-murdering Death.
I know this little thing
A myriad men will save.
O Death, where is thy sting?
Thy victory, O Grave?

Tod, wo ist dein Stachel, dein Sieg, o Grab – ist vielleicht etwas vorschnell, aber sofort nach seiner Entdeckung beginnt Ross darüber nachzudenken, ob man Malaria verhindern kann, indem man die Anzahl der Mücken verringert. Der Gedanke kommt uns heute naheliegend und unspektakulär vor, aber irgendjemand muss ihn immer zuerst denken.

Ross erinnert sich an seine Beobachtung Jahre zuvor, den Zusammenhang zwischen Wasser, Mücken und Kranken. Er verbindet damit Populationsdichte und Krankheitsdynamik und legt so den wissenschaftlichen Grundstein jeder Pandemiebekämpfung. Er wird zum Vorkämpfer öffentlicher Gesundheitspolitik, die er allerdings nicht humanistisch begründet, sondern machtpolitisch, das ist eben billiger, bekämpft man die Krankheit, hat man wirtschaftliche Vorteile.

Ross erfindet zwar nicht die Datenerhebung, aber hebt sie auf ein neues Niveau und legt auch damit einen Grundstein im Umgang mit einer Epidemie. Er erfasst die Übertragungsdynamik und die Ausbreitungsrate, Material- und Personalmenge, die man benötigt zur Larvenkontrolle, berechnet alle möglichen Effekte, real und kumulativ, und macht Gesundheitsökonomie und Mathematik endgültig zu einem Werkzeug der Pandemieprävention und -bekämpfung.

Letztlich wird seine Formel so aussehen:

$$m' > \frac{gr}{a^2 b c e^{-gv}}$$

Aber richtig befriedigend findet Ross das nicht, nicht komplex genug für Mücke und Erkrankung. Er arbeitet an weiteren Formeln und Gleichungen und will Malaria besiegen, Tod, wo ist dein Stachel. Bis er merkt, dass das nicht funktioniert, der Stachel ist mächtiger, als er dachte, die Mücke nicht ganz so einfach kleinzukriegen ist und der Lebenszyklus des Erregers ziemlich kompliziert.

Seine Modelle zeigen dennoch einen kausalen Zusammenhang zwischen dem Verhältnis von Moskitos zu Menschen und der Zahl der Infizierten. Sie beweisen, dass es nicht nötig ist, jede Mücke zu töten, um Epidemien zu stoppen. Der Erreger, und das gilt dann auch für alle anderen Epidemien, benötigt eine kritische Dichte, eine Mindestgröße der Wirtspopulation, damit die Infektionen aufrechterhalten werden können. Wird die unterschritten, reißen die Übertragungen ab.

Über der Mathematik vergisst Ross seine Ambitionen als Schriftsteller.

===

Was Roland Ross nicht klärt, ist das Verhältnis zwischen Infektions- und Genesungsrate und Sterblichkeit, aber das übernehmen zwei Landsleute: William Ogilvy Kermack und Anderson Gray McKendrick, Epidemiologen und Stochastiker, Theoretiker der Wahrscheinlichkeit.

Letzterer kennt Ross, weil er ihm bei der Malariabekämpfung in Sierra Leone hilft. Kermack allerdings ist völlig fachfremd, und seine

Interessen sind mindestens vielseitig. Er beschäftigt sich zuvor mit der Milchleistung von Kühen. Danach wendet er sich der Fruchtbarkeit schottischer Frauen zu.

Beide treffen sich nur, weil es semioptimal für sie läuft. McKendrick ist, genau wie Ross, beim IMS, dem Indian Medical Service, und bekommt bei seinen Reisen durch das Land Tropische Sprue, eine Magen-Darm-Erkrankung, die sich dadurch auszeichnet, dass man ständig Magenkrämpfe und Durchfall hat und sich übergibt – was im Übrigen der Grund ist, warum man in Indien immer nur Wasser aus geschlossenen Flaschen trinken sollte. McKendrick hat Blähungen, so schlimm, so durchgehend, so immer da, dass er vor seinen Darmaktivitäten flüchtet, Home Sweet Home, bekanntes Essen, my home is my castle, Fleisch mit Minzsoße, Scheißwetter, das wird es schon richten. Und so kommt es tatsächlich.

In Edinburgh wird McKendrick Chef des Labors des Royal College of Physicians und damit Kermacks Vorgesetzter. Dessen Schicksal ist ungleich härter. Er ist 26 Jahre alt, als er bei einem Laborexperiment aus Versehen eine Explosion auslöst, die ins Auge geht. Wortwörtlich. Er bekommt Ätzlauge ins Gesicht, was dafür sorgt, dass er erblindet. (Das hält ihn allerdings nicht davon ab, 1938 ein populärwissenschaftliches Buch über Biochemie zu schreiben, das ein großer Hit wird.)

Nun sind beide Arbeitskollegen, verbringen viel Zeit miteinander und verstehen sich gut. Und entwickeln, wenn man schon mal Zeit hat und zusammensitzt, das sogenannte SIR-Modell, wobei S für *susceptible* steht, Anfällige, die die Weitergabe von Infektionen antreiben, I für *infected*, Infizierte, und R *recovered* bedeutet, genesen, aber R können auch Tote sein, persönlich nicht so schön, aber für das mathematische Modell egal, weil sie für den Fortgang der Infektion keine Rolle mehr spielen.

Alles zusammen ergibt N, die Anzahl aller Personen in der Gesellschaft. Abgesehen von N verändern sich im Laufe einer Epidemie die Zahlen und verschieben sich ineinander, weil es zu Beginn einer Pandemie mehr S gibt, dann mehr I und schließlich eine hohe Zahl an R.

Drei Variablen. Um aufzurechnen, wie sich ein Ausbruch entwickelt. Kermack und McKendrick lösen das mit einem System aus Differenzialgleichungen. In der Schule kommt das ab Klasse 10 vor, und jeder, der irgendwie im Thema ist, ist bis heute voll des Lobes über die Einfachheit des Models. Im Detail wimmelt es dennoch von ziemlich komplizierten Gleichungen.

Was man sich aber einfach mal behalten kann, ist, dass exponentielles Wachstum aus einhundert Infizierten innerhalb von gerade mal drei Wochen, einhundert Millionen Infizierte macht, und so was kann in Pandemien passieren, vor allem wenn es Atemwegserkrankungen sind. Durch erworbene Immunität oder Tod schwächt sich die Epidemie allerdings ab, sobald ein substanzieller Anteil der Bevölkerung die Infektion durchgemacht hat.

Und das SIR-Model beschreibt dieses Verhalten.

Was das Modell nicht beantwortet, ist, warum Pandemien enden. Liegt es nur am Wechsel zwischen S, I und R? Eigentlich kann das nicht sein, denn im Nachbardorf wohnen noch viele Nicht-Infizierte, noch viel S vorhanden, und da müsste ja nur mal einer zu Besuch kommen und die Krankheit übertragen.

Kermack und McKendrick fällt das selber auf, und so kommen sie auf die »Schwellendichte«, einen Wert, der beschreibt, wie viel Menschen auf relativ engem Raum zusammen sein müssen – unter Einbeziehung von Infektiosität, Sterblichkeit und Genesung oder Tod.

Eigentlich ist die Idee nur eine Weiterdrehung dessen, was Ross schon entwickelt hatte, aber erst als Kermack und McKendrick es 1927 aufschreiben, schaffen sie damit das Bindeglied zwischen Ross und George MacDonald, schon wieder ein Brite, ebenfalls Fachmann für Malaria. Er ist Epidemiologe und, genau wie Ross, im Herzen Mathematiker. Literarischen Ehrgeiz hat er allerdings keinen.

Er muss nicht mehr ganz von vorne anfangen und weiß nun, dass eine Epidemie von vier sich beeinflussenden Faktoren bestimmt wird, nämlich Dichte, Infektiosität, Sterblichkeit und Gesundung. Auch wenn alles ganz normal aussieht und scheint, als ob man sich keine Sorgen machen muss: Eine Veränderung einer der Parameter kann einen Ausbruch unkontrollierbar machen. Da können die anderen noch so normal wirken.

MacDonald beginnt, wie Wissenschaftler immer beginnen: Er stellt Fragen. Wie Ross wählt er die Malaria aus, weil er sich dort hervorragend auskennt.

Jahrelang arbeitet auch er in Sierra Leone. Dort fertigt er Studien an über die Auswirkungen von Malaria bei Kindern, er forscht in Indien am Malaria Survey of India und leitet im Zweiten Weltkrieg diverse Malaria-Feldlaboratorien. Später ist er von Anfang an eng in die Planung des globalen Malaria-Ausrottungsprogramms der WHO eingebunden, wird Leiter der WHO-Mission in Korea und auch Mitglied in Vereinigungen, die man heute garantiert anders nennen würde, wie etwa dem Kolonialen Medizinischen Forschungskomitee.

Die 1930er verbringt er forschend in Ceylon, dem heutigen Sri Lanka, und er wundert sich, warum Malaria alle paar Jahre endemisch auftritt und ganze Landstriche verwüstet, obwohl sie genau dort in den Jahren zuvor gar nicht aufgetreten ist. So ist er 1935 vor Ort, dem Spitzenjahr der Epidemie, als es in einigen Provinzen des Landes zu Zehntausenden Toten im Monat kommt, obwohl die Krankheit sonst immer relativ mild verläuft. Von fünfeinhalb Millionen Einwohnern der Insel steckt sich rund ein Drittel mit dem Erreger an. Die Epidemie schleppt nach, dauert am Ende fast zwanzig Jahre und kostet 150 000 Menschen das Leben. Und MacDonald will wissen, warum.

Zwar ist klar, dass sich die Mückenpopulation aufgrund einer Dürre vergrößert, in deren Folge neue Tümpel aus ehemaligen Flüssen entstehen, also neue Brutgebiete, und so die Tiere in neue Gebiete wandern können, aber andererseits: Eine Malariamücke ist ein relativ schlechter Flieger und bewegt sich im Laufe seines Lebens (es ist immer »ihr«, nur weibliche Mücken stechen) nur in einem Radius von maximal einhundert Metern. Wie hängt das alles zusammen?

Es dauert fünfzehn Jahre, um die Frage zu lösen.

===

MacDonald sammelt Daten.

Wie hoch ist die Dichte der Malariamücken im Verhältnis zu der Dichte der Menschen? Wie lange dauert es, bis ein Mensch sich von einer Infektion erholt? Wie viele infizierte Mücken gibt es, die aber noch nicht infektiös sind? Wie viele infektiöse Mücken gibt es? Und so geht das weiter: Wie hoch ist die Wahrscheinlichkeit, dass eine Stechmücke nach dem Stechen eines infizierten Menschen infiziert wird? Und wie hoch ist überhaupt der Anteil der Stiche von infizierten Stechmücken, die es benötigt, um einen Menschen zu infizieren? Die Todesrate der Moskitos. Die Anzahl der Eier, die ein Weibchen im Laufe seines Lebens legt. Und die durchschnittliche Anzahl der Blutmahlzeiten eines Moskitos. Und so weiter und so fort.

Während manche Antworten bekannt sind, sind es andere nicht. Und wieder andere Faktoren schwanken und sind von ziemlich unkalkulierbaren Dingen abhängig, etwa von der Art der Mücke oder davon, ob Kühe in der Nähe sind, weil Kühe manche Mückenarten von Menschen ablenken.

Dennoch: Anhand der Daten, die MacDonald sammelt, berechnet er, welche Variablen sich wie verändern müssen, damit aus einem kleinen Ausbruch eine unkontrollierbare Epidemie wird. Mit seinen Erfahrungen in Ceylon überprüft er seine Berechnungen – und wird bestätigt.

Für die Malaria-Epidemie in Ceylon errechnet MacDonald eine Basisreproduktionszahl zwischen 7,9 und 10,0. Darauf basierend hätte die Quote der Menschen, die sich hätten infizieren müssen, um eine Herdenimmunität für Malaria zu erreichen, bei etwa neunzig Prozent gelegen.

R_0 steht für die Verbreitungsgeschwindigkeit der Infektion, die auftreten würde, würde man sie ohne Maßnahmen durchlaufen lassen. Aber das tut keiner. Hat auch noch nie jemand getan. Seit Jahrtausenden gibt es Epidemien und Pandemien, und immer wird versucht, sie abzubremsen. Dabei ging es, wie bei Ross, nicht in erster Linie darum, Leute nicht sterben zu lassen, weil man das eben nicht tut, sondern immer um Ökonomie und Machtpolitik.

Humanismus und Ethik sind, historisch betrachtet ziemlich neue Ideen. Aber Tote sind unproduktiv. Sie arbeiten nicht, konsumieren wenig, zahlen übersichtlich Steuern und den Zehnten auch nicht, eignen sich nur bedingt als Soldaten, und ausbeuten lassen sie sich auch nur mäßig gut. Und die ganze Kombination führt zum Zusammenbruch des Staatswesens, wie wir es kennen. Es war und ist immer im besten Interesse eines Staates, seine Bürger oder Untertanen vor einer Seuche zu schützen. Das klappt, je nach wissenschaftlicher Grundlage, mal mehr und mal weniger gut, aber versucht wurde es immer.

Natürlich überlebt man als Gesellschaft die Pocken. Auch eine Luftübertragung (die es nicht gibt) der tödlichsten Ebolavariante Zaire, Todesrate bis zu neunzig Prozent, würde die Menschheit nicht ausrotten, war ja bei der Pest im 14. Jahrhundert auch nicht so. Auf individueller Ebene wäre das allerdings schon sehr unangenehm. Und das gilt auch umgekehrt: Auch wenn die individuelle Gefahr einer Epidemie nicht besonders hoch scheint, kann eine Gesellschaft damit trotzdem überfordert sein.

Hunderte Millionen Infizierte einer Krankheit, die auch nur eine Letalität von 0,5 Prozent hat, können gar nichts anderes bedeuten als Hunderttausende Tote. Das betrifft dann möglicherweise zwar manche Altersgruppen besonders, kommt auf die Seuche an, Alte, Junge, Mittelalte, aber letztlich doch alle, weil es bei Menschen aufgrund der Organisation ihrer Sozialverbände und deren Größe nicht möglich ist und war, bestimmte Gruppen zu separieren. Ändert auch nichts daran, wenn das ständig behauptet wird, bleibt trotzdem falsch. Und das gilt bei allen Epidemien.

Und da aus diesem Grund immer gegengesteuert wird, hat R_0 Schwächen. Und dann wird die effektive Reproduktionszahl wichtig, R. Sie gibt an, wie viele Menschen ein Infizierter unter den aktuellen Bedingungen im Durchschnitt ansteckt. Und diese Zahl kann sich ändern, weil Maßnahmen sich ändern oder weil ein Teil der Bevölkerung immun ist.

Kontaktbeschränkungen etwa verringern R – was trotzdem dann überhaupt nicht bedeutet, dass R_0 kleiner wird. Keine Covid-19-Fälle im Sommer bedeutet nur wirksame Maßnahmen und dadurch bedingt ein geringer R-Wert im Sommer – und nicht: »die Krankheit ist weg«. Da kann man noch so lautstark demonstrieren. Weil aber R_0 sich nicht verändert, bedeutet das automatisch steigende Fallzahlen, wenn Maßnahmen nicht verlängert, umgesetzt oder eingehalten werden.

Im Fall der Malariaepidemie im heutigen Sri Lanka ist die Maßnahme irgendwann das Insektizid DDT – was dann allerdings langfristig nicht funktioniert, weil einerseits die Mücken gegen DDT resistent werden, andererseits aber DDT so gut fettlöslich ist, dass es sich im menschlichen Gewebe anreichert, was auch wieder nicht wirklich gesund ist. Zudem kann die Strategie der Ausrottung nur eine Totalvernichtung der Mücke bei gleichzeitiger Auslöschung des Parasiten im Menschen beinhalten, denn übersieht man nur eine einzige infizierte Mücke oder einen einzigen infizierten Menschen, dann waren die ganzen Bemühungen umsonst. Und das ist schlicht unrealistisch. Malariaausbrüche in Sri Lanka werden dann weniger, und weniger schlimm, weil an den Variablen gearbeitet wird, etwa durch nichtmedizinische Eingriffe wie die Zerstörung von Brutgebieten für die Mücken.

Die Basisreproduktionszahl R_0 gibt außerdem nur den Durchschnittswert der Verbreitung an. Die Grundvoraussetzung für R_0 ist eine Verallgemeinerung. Jeder hat mit jedem gleich wahrscheinlich Kontakt. Sie lässt außer Acht, dass es Rampensäue gibt und Schüchterne, Beliebte und sozial Isolierte, die sich zwar im Büro irgendwas einfangen, aber nie aus dem Haus gehen. Diese Annahme verdeckt die Variabilität der Ausbreitung. Wenn neun von zehn Personen das Virus nicht weitergeben, aber der Zehnte gleich zwanzig Menschen ansteckt, liegt zwar der mittlere Wert bei zwei.

Aber die Aussagefähigkeit über die Verteilung der Fälle liegt dann doch eher bei null.

===

k, gesprochen »Kappa«, nach dem griechischen Buchstaben, bezeichnet die Variabilität, die R_0 nicht ausdrücken kann, ungleiche Verteilungsmuster, was wiederum Überdispersion genannt wird.

Letztlich beschreibt die Überdispersion die Streuung, die in einer Statistik auftritt. Denn bei einzelnen Ereignissen oder Individuen, seien es Mäuse oder Menschen, passiert das eben: Die Variation in den Daten ist größer, als man von dem jeweiligen Modell erwarten kann, das man anlegt. k ist der Wert, der diese Streuung ausdrückt. Das kommt bei allen möglichen Modellierungen vor. Und bei Infektionskrankheiten bedeutet k: Wie regelmäßig ist die Verteilung von Ansteckungen?

Ist der Wert klein, kommt es zu einem Ungleichgewicht in der Verteilung. Ist k hoch, wird der Krankheitserreger gleichmäßig verteilt, so dass jeder Infizierte ähnlich viele Menschen ansteckt.

Die Lungenpest hat einen Wert von 1,37, bei der Grippe liegt er bei 1. Die Verteilung des Erregers ist schwankungsfrei, die Infektionsgeschwindigkeit ist vorhersehbar. Für die Pocken liegt der Wert zwischen 0,32 und 0,72 und für SARS bei 0,16. Heißt: Die Ausbreitung von SARS ist ein ziemliches Chaos und im Einzelfall nicht vorhersehbar, weil dieselben Annahmen nicht immer zu denselben Ergebnissen führen.

Nach den Ausbrüchen in Singapur zeigt sich, dass fast drei Viertel aller Infizierten überhaupt niemanden ansteckten, weniger als ein Prozent der Fälle, während sechs Prozent hochansteckend sind und für fast alle anderen Übertragungen sorgten.

Auch als Ebola Anfang 2014 in Westafrika ausbricht, ist das Übertragungsmuster wenig homogen: Knapp drei Prozent der Infizierten stecken sechzig Prozent der Kranken an. Und bei SARS-CoV-2 sieht es so aus, als ob knapp zwanzig Prozent der Fälle für achtzig Prozent aller Ansteckungen verantwortlich sind.

Wenige Leute machen viel Arbeit, und leider weiß man vorher nicht, wer das ist.

Wenn aber wenige Infizierte für viele Ansteckungen sorgen, heißt das im Umkehrschluss: Bei den meisten Infizierten steckt man sich nicht an. Die Mischung aus hochinfektiös und kaum ansteckend ist das, was k ausdrückt und R_0 genauso wenig leisten kann wie R. Bei Überdispersion ist die Identifikation von Übertragungsereignissen, also Superspreading-Events, daher wichtiger als die Identifikation infizierter Personen.

Superspreading geschieht in Gruppen. Solange zwischen den Gruppen keine oder nur sehr schlechte Verbindungen bestehen, kann sich das Infektionsgeschehen in der Gesamtgesellschaft sogar totlaufen. Wahrscheinlicher ist allerdings, dass der Überblick über die Verbreitung einfach nur verlorengeht. Nimmt dann die Größe der einzelnen getrennten Gruppen zu und auch ihre Anzahl, acht Haushalte statt zwei, 50 Freunde statt 25, dann ist es wahrscheinlicher, dass eine Einzelinfektion, die von einer Gruppe in die andere getragen wird, beide Gruppen irgendwann verbindet. Und eine dritte und eine vierte.

Bis das passiert, wird das Infektionsgeschehen immer beherrschbar aussehen, ab dem Moment, wo viele kleine Cluster zu einem zusammenlaufen, ist es das aber plötzlich nicht mehr. Wenige miteinander interagierende Ereignisse reichen dann, um nicht nur einen großen Ausbruch zu haben, sondern sofort in die Katastrophe zu kippen. Wenn am

Montag alles in Ordnung ist, kann das Dienstag schon nicht mehr der Fall sein. Schwelleneffekte.

Ein kleiner Riss im Deich hinterm Haus ist nicht so tragisch, selbst wenn davor die Nordsee tobt. Auch beim zweiten Riss ist es immer noch gemütlich warm im Wohnzimmer, und bei Riss drei, nun ja, da kann man vom Fernseher aufstehen, in die Küche gehen und sich noch ein Brot schmieren, aber eigentlich ist die Katastrophe schon da.

Auch wenn wir das erst merken, wenn sich ein paar mehr Risse verbinden, der Deich bricht und das Meer zu uns nach Hause kommt und man den Abend spontan umplanen muss.

Zur Eindämmung einer Pandemie sind Superspreading-Events Fluch und Segen zugleich. Zwar werden besonders viele Menschen gleichzeitig infiziert, die wiederum weitere Ereignisse auslösen können, doch ist die Ausbreitung des Virus eben auch nachvollziehbar – obwohl die eine Person, die das Virus unverhältnismäßig stark verteilt, der Superspreader, zunächst unsichtbar ist. Aber Superspreading-Events lassen sich zu einem großen Teil verhindern. Und wenn nicht, können die Teilnehmer rückverfolgt und unter Quarantäne gestellt werden.

Im Frühjahr und Sommer und dann auch im Herbst und Winter 2020 verfolgt Japan diese Strategie äußerst erfolgreich. Es wird eher wenig getestet, dafür aber dort, wo es bereits Ausbrüche gibt, sehr intensiv.

Die Idee: nicht den einzelnen Infizierten verfolgen und darauf achten, wen er ansteckt, denn rein statistisch steckt er vermutlich überhaupt niemanden an, sondern eher dort nachsehen, wo der Infizierte sich angesteckt hat, denn das war vermutlich ein Superspreading-Event. Dann prüfen, wer alles dort war – und die alle in Quarantäne stecken, ohne das Ergebnis der Tests abzuwarten.

Der Weg scheint dem Chefberater der Regierung, ein älterer Herr, Virologe der Universität Tohoku, einer der besten im Land, sinnvoll, schließlich hatte er schon mal mit einem sehr ähnlichen Virus zu tun, mit SARS, und er denkt, na ja, wenn das ein Coronavirus ist und SARS sehr ähnlich, dann verhält es sich bestimmt auch so. Es ist eine Wette, denn eine ähnliche Krankheit ist schließlich nur ähnlich und nicht gleich, und ein Virus, das diese Krankheit auslöst, kann sich auch ganz anders verhalten. Es kann auch in die Hose gehen.

Aber weil Hitoshi Oshitani im Frühjahr 2003 das WHO-Regionalbüro *Western Pacific* in Manila leitet und dabei täglich eine Mail von Carlo Urbani bekommt, weiß er, was auf dem Spiel steht.

===

Kate Winslet, die Überlebende der *Titanic*, spielt im Film *Contagion* die Ärztin Erin Mears, die einem unbekannten Erreger hinterher ermittelt und das nicht überlebt. Das Vorbild für ihre Rolle ist Carlo Urbani.

===

Am 6. April 2020 spielen alle Top-10-Filme zusammen in den amerikanischen Kinos 126 Dollar ein. Ein Jahr zuvor sind es fast 54 Millionen Dollar.

KAPITEL SECHS

Coronaviren?
Coronaviren!

Die Aura wirkt, aber das Drogenmilieu ist noch lange nicht zurückgedrängt. In Hamburg ist man immer schon pragmatisch. Die Musik spielt trotzdem erst mal in Frankfurt. Eine Fernreise ist nicht immer eine gute Idee, manche Leute sehen wirklich aus wie im Kino, und Gott ist spannender als Eiskunstlaufen.

Neue Virusinfektionen sind wie eine Zahnpastamarke. Das Robert Koch-Institut hat Zweifel. Versteht man etwas nicht, muss man es übersetzen. Ein toter Italiener hilft bei der Lösung, aber die BRD GmbH hat damit nichts zu tun. Amerikaner, Deutsche und Hongkonger sitzen in einem Boot.

Und wenn man die Sonne schon nicht patentieren kann, dann sollte das, Achtung Wortwitz, ein leuchtendes Beispiel sein.

Ausgeschrieben ist eine AIP-Stelle, Arzt im Praktikum, das gibt es damals noch. Jemand soll eine PCR-Diagnostik aufbauen für seltene Krankheitserreger, Viren vor allem. Das Institut hat die modernen Maschinen, die man dafür braucht, aber niemanden, der sie bedienen kann, und PCR ist das Thema seiner Doktorarbeit: »Etablierung von Hochdurchsatz-PCR-Testsystemen für HIV-1 und HBV zur Blutspendertestung«, 122 Seiten, Frankfurt am Main 2001, offiziell eingereicht am 6. Februar 2002. Erstellt für die Goethe-Universität in Frankfurt, am Institut für Transfusionsmedizin und Immunhämatologie, Blutspendedienst des Deutschen Roten Kreuzes, Frankfurt-Niederrad, direkt am Main. Den letzten Teil seines Studiums verbringt Christian Drosten fast komplett im Labor, denn die Doktorarbeit ist ein einziges Experiment, schließlich gibt es die quantitative Echtzeit-PCR, die real-time quantitative PCR, erst seit Ende der 1990er.

Er bewirbt sich.

Das Tropeninstitut findet er faszinierend, der Hafen, Bernhard Nocht und Robert Koch, das Institut auf St. Pauli, die Atmosphäre der Stadt. Mittlerweile ist er Laborleiter, Molekulardiagnostik. Nicht weit vom Institut entfernt lebt er, er mag das so, er kann mit dem Fahrrad zur Arbeit fahren. Die Gegend hat »Potential und Ressourcen«, schreibt die zuständige Stadtentwicklungsgesellschaft, was man eben so schreibt, wenn das Umfeld total runter ist und man dringend Geld einsammeln muss für die Renovierung. Leider gebe es »schlechte Bausubstanz und Ausstattung der Wohnungen, Ausbreitung von Rotlichtmilieu und Vergnügungseinrichtungen, Unterversorgung mit Grün- und Freiflächen sowie starke Belastungen durch Parkplatzsuchverkehr«. Deswegen muss man da mal ran. Ziel unter anderem: »Das Zurückdrängen des Drogenmilieus«.

Aber die Mieten sind nicht teuer. Und langweilig ist es auch nicht. In der Parallelstraße lag früher der Pesthof, eine Mischung aus Krankenhaus und Verwahrungsanstalt, angelegt als Reaktion auf die vielen Epidemien, auf halbem Weg nach Altona, damals dänisch – was den Vorteil hatte, dass man die Kranken ganz bequem abschieben und den Dänen aufs Auge drücken konnte. Es gibt heftige Konflikte um einen Teil der Straße, denn ganz wie Hamburg das gerne tut, soll ein Gründerzeitkomplex abgerissen werden. Die Sanierung lohnt sich angeblich nicht, wird dann aber doch gemacht, und, wer hätte das gedacht, sie lohnt sich.

Drosten wohnt in einem Hinterhof. Forscht, arbeitet an seinen PCR-Tests und fusioniert Diagnostik und Virologie am BNI. Später wird er in Hamburg noch Leiter der klinischen Virologie werden und Facharzt für Virologie, Mikrobiologie und Infektionsepidemiologie. Aber das liegt in der Zukunft. Jetzt muss er erst mal seine Doktorarbeit fertig machen, das ist noch nicht ganz durch.

Die mündliche Prüfung steht noch aus.

In ein paar Tagen muss er noch mal nach Frankfurt.

===

Hoe Nam Leong wird Drosten das Virus bringen, aber jetzt sitzt er in New York und fühlt sich gut. Er hat kein Fieber mehr, er schwitzt nicht, er ist nicht mal erschöpft. Was immer es war, die Krankheit ist vorbei, und so nutzt er die Zeit vor der Konferenz. Zusammen mit seiner Frau und deren Mutter unternimmt er eine Stadtbesichtigung. Er fährt mit dem Bus durch Manhattan, besichtigt Chinatown und geht essen.

Und ein paar Stunden später, auf der Konferenz, bereut er das. Er hat keine Ahnung, von was geredet wird. Er ist anwesend, aber auch irgendwie nicht, sein Geist ist versteckt unter einer Decke von Schmerz und Nebel. Er kann den Gesprächen nicht folgen, an Diskussionen nimmt er nicht teil. Ging das schlagartig los? Vermutlich. Was er weiß: Es fühlt sich an, als würde es minütlich schlimmer. Er hat Muskelschmerzen wie nie zuvor, sein Kopf dröhnt, er schwitzt wieder. Er versucht, einen klaren Gedanken zu fassen. Die Symptome sind nichts, was er nicht schon vor zwei Tagen gehabt hätte. Er atmet flach, konzentrier dich, und dann merkt er: Etwas ist anders. Er bekommt schlecht Luft. Er ahnt, dass er vermutlich kein Dengue-Fieber hat.

In der Stadt, in der er noch nie war, sucht sich Hoe einen Arzt, und der macht eine Röntgenaufnahme. Und Hoe kann sehen, was er nicht sehen will. Weiße Flecken, rechter Lungenflügel. Ach, sagt der Arzt, das sei zwar eine ungewöhnliche Lungenentzündung, atypisch, aber das geht vorbei.

Hoe denkt an Singapur und Esther Mok und hat Angst, dass es tatsächlich vorbeigeht.

===

Hoe weiß, was er hat, und er weiß, wie das ausgehen kann. Er will nach Hause. Er ruft seine Familie an und einen befreundeten Arzt und erzählt ihnen von seiner Vermutung. Er wird die Konferenz abbrechen und sofort mit Frau und Schwiegermutter in ein Flugzeug steigen. Es wird SQ25 sein, Singapore Airlines, New York nach Singapur, mit einem Zwischenstopp in Frankfurt, aber das sagt er nicht. Vielleicht findet er die Idee, mit einer hochansteckenden und potenziell tödlichen Lungenkrankheit ein Flugzeug zu betreten selber dämlich, denn das ist sie. Der Kollege in Singapur findet das auch, und er informiert die Gesundheitsbehörden, die das Ministerium und die wiederum die WHO. Und mitten in der Nacht beginnt die Suche nach dem Flugzeug.

Der halbe Weg ist zurückgelegt, als die Crew die drei Passagiere bittet, sich ganz nach hinten zu setzen. Alle anderen Passagiere sollen nach vorne, so weit weg wie möglich. Drei Sitzreihen Abstand werden es sein. Die WHO hat das Flugzeug gefunden, die Deutschen wissen Bescheid.

Hoe hat Hustenanfälle.

===

Es ist der 15. März 2003, Vormittag, das Flugzeug ist in Frankfurt gelandet, und die Passagiere wundern sich, warum sie durch die Fenster überall Polizei sehen. Hinten sitzt Hoe und atmet schwer und sagt seiner Schwiegermutter, dass die Menschen, die gleich ins Flugzeug steigen, vielleicht ein bisschen komisch aussehen, wie mit Weltraumanzügen, sie soll sich nicht erschrecken und sich keine Sorgen machen.

Ich gehe auch ins Kino, erwidert die, ich weiß, wie die aussehen. Und dann betreten Männer das Flugzeug, und sie tragen Weltraumanzüge.

===

2003 gibt es noch keine »Coronaviridae Study Group«. Die Virenfamilie ist bis dahin einfach zu egal. Das International Committee on Taxonomy of Viruses, ICTV, Internationales Komitee für die Taxonomie von Viren, fragt auch keiner, und die Benennung des Virus ist auch keine Sache von mehreren Wochen. Letztlich ist es Marketing.

Sie sind zu viert an diesem Morgen in Genf im Hauptquartier der WHO und sie denken, dass das Ding einen Namen braucht. Die Fälle sind zu häufig, sie verschwinden leider nicht mehr, im Gegenteil: Ein neuer Fall ist gerade in Frankfurt gelandet. Sie können nicht mehr ständig von »atypischer Lungenentzündung« reden. Das ist zu unkonkret und kann alles bedeuten.

Früher war das einfach, da nannte man Erreger nach dem Ort, an dem sie zuerst auftauchten, Ebola, Marburg, Rift Valley, aber das ist nicht mehr zeitgemäß. Sie brauchen etwas, das die lokale Bevölkerung nicht stigmatisiert. »We have to brand this«, sagen sie, und das klingt, als ob es darum geht, eine neue Zahnpastamarke in den Markt einzuführen, aber letztlich ist es das: ein Produkt, das einen Namen benötigt für die Wiedererkennbarkeit. Er sollte alarmierend klingen, aber auch gut auszusprechen sein, so was wie Aids.

Sie überlegen ein wenig, werfen Vorschläge hin und her, und dann sagt Dick Thompson: »SARS.« Thompson ist Chef der Kommunikationsabteilung, er war 23 Jahre lang Journalist beim Magazin *Time*. Wenn man Dinge richtig kommuniziert, dann hat man die Bevölkerung auf seiner Seite, daran glaubt er fest. Dann kann man mehr Menschenleben retten, als Hochleistungsmedizin das je könnte. Und das fängt beim Namen an.

Warum denn »schwer« und »akut« gleichzeitig? Die anderen drei sind nicht sofort überzeugt. Das ist eine inhaltliche Doppelung, oder nicht? Es wird hin und her diskutiert, aber der Name soll auf die Dringlichkeit der Situation hinweisen. Außerdem rollt SARS gut von der Zunge. Und dann nicken alle, und Thompson setzt sich hin und schreibt eine Pressemeldung. Und nachdem er das wichtigste Wort seines Lebens formuliert hat, schreibt er den wichtigsten Text seines Lebens.

Die WHO erklärt SARS zu einer weltweiten Gesundheitsbedrohung und spricht eine Reisewarnung aus. Am Abend gibt die CDC eine Pressekonferenz. Sie nennt die neue Krankheit SARS und spricht von einer weltweiten Gesundheitsbedrohung.

===

Hoe kommt in die Klinik der Johann Wolfgang Goethe-Universität Frankfurt am Main, Haus 68, Isolierstation für Infektionsfälle. Er hat Angst vor jedem Hustenanfall, weil sich das so anfühlt, als würde er seine Lunge aushusten. Jeden Tag werden Abstriche genommen aus seiner Nase und aus den Augen auch. Sein Blut wird regelmäßig untersucht, und dann wird auch eine Bronchoskopie durchgeführt, eine Lungenspiegelung. Es dauert nicht lange, bis seine Frau zu ihm verlegt wird. Sie hat ebenfalls Symptome. Sie ist schwanger. Hoe glaubt nicht an Gott, aber er beginnt zu beten. Er ist verzweifelt, er weint, er kann nicht atmen und hustet und sitzt auf seinem Bett.

Und dann bietet er Gott sein Leben an, wenn das seiner Frau und das seiner ungeborenen Tochter verschont bleibt.

===

Die Gutachter plädieren für die bestmögliche Bewertung summa cum laude, ausgezeichnet. Drosten vereinbart Termine für die mündliche Prüfung. Das letzte Gespräch findet am 22. März statt, ein Samstagvormittag.

Am 22. März endet die erste Woche der Quarantäne für Hoe.

===

Das Rätsel ist da bereits gelöst, zumindest scheint es so: Ein Virus aus der Familie der Paramyxoviren verursacht SARS. Zur Familie gehören unter anderem die Masern. Am 20. März geht die Meldung durch die Presse, manche Experten zeigen sich wenig überrascht. Paramyxoviren sind eine Black Box, in der sich manchmal nervige und manchmal tödliche Viren versammeln, Schnupfen oder Lungenentzündungen, man weiß nicht, was man kriegt. In der DNA von Proben, die von SARS-Patienten aus Hongkong stammen, finden sich die Viren, ein Labor in Kanada bestätigt das. Auch in Frankfurt und Marburg werden Paramyxovirus-ähnliche Partikel in den Proben von Hoe gefunden.

Das RKI ist skeptisch und merkt an, dass es noch einer weiteren Abklärung bedürfe.

===

Christian Drosten kommt am Freitag in die Virologie in Frankfurt. Er will Hallo sagen, er hat schließlich jahrelang mit den Kollegen gearbeitet, aber niemandem steht der Sinn nach Smalltalk. Die Kollegen sind aufgeregt, sie haben die Proben des Arztes aus Singapur auf eine Zellkultur gepackt und dann gewartet, ob sie einen zytopathischen Effekt beobachten können, CPE, eine Veränderung der infizierten Zellen. Sie können. Eine ziemlich große Veränderung sogar: Die Zellen sterben.

Da muss etwas sein, irgendein Virus. In der Flüssigkeit der Zellkultur schwimmt es, aber keiner weiß, was es ist. Immerhin: Das Virus ist dort angereichert und schwimmt in einer relativ sauberen Flüssigkeit, kein Schleim aus dem Rachen oder der Lunge eines Patienten, sondern nur Nährlösung für Zellen. Sie haben ein Isolat, und eigentlich macht das die Untersuchung relativ leicht – wenn man weiß, was man sucht. Weiß aber keiner.

Drosten steht dann auch nicht lange in der Gegend herum, sondern erzählt, dass er in Hamburg eine neue Methode entwickelt hat. Er versucht, mit einer ungezielten PCR auf eine ungezielte Art und Weise Virussequenzen anzureichern und zu vervielfältigen. Es ist wie mit Schrot feuern, gucken, was man trifft, um dann dort spezifischer weiterzusuchen. Erst das Schwert und dann das Seziermesser. Heute ist das ein Teil dessen, was man Next Generation Sequencing nennt,

NGS, man hat einen höheren Durchsatz an DNA, den man testen kann. Das ist schneller und billiger und funktioniert parallel. Ein komplettes menschliches Genom, drei Milliarden Basen, kann damit innerhalb eines Tages sequenziert werden, der erste Versuch, ohne NGS, hat dreizehn Jahre gedauert. Es ist ein Rennwagen, aber den gibt es noch nicht im März 2003. Drosten hat sich die Zu-Fuß-Version davon selbst gebaut. Wenn ihr wollt, sagt er, kann ich ja mal schauen, ob ich finde, was da wächst. Die Frankfurter wollen, ja, klar, nur zu. Sie verschieben den Smalltalk, bis zum nächsten Mal, wir sprechen. Drosten kommt am nächsten Tag wieder, nach der Doktorprüfung, er stellt das Isolat auf den Beifahrersitz und fährt sofort los. Die Probe ist nicht infektiös, das Virus ist chemisch zerstört worden, es ist kein Risiko. Die Nukleinsäure, die die genetische Information enthält, wird dadurch nicht beschädigt. Man kann sie analysieren. Es fühlt sich trotzdem komisch an. Er fährt sehr vorsichtig.

Direkt ins Bernhard-Nocht-Institut.

Die Arbeit dauert bis in die Nacht. Die ersten Runden der Vermehrung von DNA-Abschnitten sind Zufallsamplifikation, schließlich weiß er noch nicht, was er sucht. Die PCR-Maschinen laufen, Drosten nutzt die Zeit, um zu schlafen. Am Mittag weiter: Analysieren, auswählen, noch mal amplifizieren, auf die Maschinen warten. Alles läuft ab in normalen Laboren, keine Raumanzüge, nur einfache Laborkittel und Handschuhe, Infektiosität gibt es keine, alles ist reine Molekularbiologie. Die Arbeit verteilt sich auf drei Laborräume und zwei Stockwerke, das verhindert Verunreinigungen der Proben, denn DNA fliegt durch die Luft, wenn man sie in solch großen Mengen vervielfältigt. Drosten hat das Hunderte Male gemacht, er hat die Erfahrung, die PCR ist ein Präzisionsinstrument, das er beinahe intuitiv bedienen kann.

Zehn Jahre später wird das alles automatisiert in einer Maschine ablaufen, siebzehn Jahre später wird die Sequenzevolution von SARS-CoV-2 ein großes Thema werden.

2003 ist es Pionierarbeit.

===

Hoe atmet. Er konzentriert sich auf nichts anderes. Atmen, mehr tut er nicht. Er will nicht beatmet werden, weil er weiß, dass er das vermutlich nicht überlebt. Egal was passiert, denkt er, egal wie schwer es ist und wie weh es tut, atme selber. Er trägt eine Gesichtsmaske und bekommt Sauerstoff aus einer Flasche. Er hat das Gefühl, es ist nicht genug. Hoe wird in dieser Nacht beinahe sterben.

Atme, denkt er. Atme.

===

In Hamburg legt Drosten ein Agarosegel an, eine pampige Masse, hergestellt aus Algen, die benutzt wird, um Nukleinsäuren zu trennen und in die einzelnen Bausteine aufzuspalten. Es ist der erste Schritt, um den genetischen Fingerabdruck zu bestimmen – um an die genetische Information eines Organismus zu kommen. Es ist anstrengend: Immer wieder muss er die DNA aufreinigen, weil er für sein Analyseverfahren einzelne Arbeitsschritte aus unterschiedlichen molekularbiologischen Verfahren zusammengezimmert hat, aber wenn er zu viel reinigt, verdünnt er die Ziel-DNA zu stark, und es bleibt nichts mehr zum Sequenzieren übrig. Außer ihm ist niemand im Labor. Ist das Gel angelegt, erstarrt es langsam. Eine Art Kamm stanzt kleine Löcher in die Masse. Mit einer Pipette gibt Drosten eine kleine Menge DNA aus den Arbeiten des Tages in jedes der Löcher. Obwohl das Virus tot ist und er nur mit einem Bruchstück des Genoms arbeitet, ist er äußerst vorsichtig. Kann sein, dass er morgen früh einem Killer ins Gesicht blickt.

Das Gel wird unter eine elektrische Spannung gesetzt. Sie bewirkt, dass das Erbgut sich in dem elektrischen Feld bewegt – unterschiedlich schnell, je nachdem wie groß die Stücke sind. Die DNA-Fragmente ziehen sich aufgrund ihrer Größe auseinander. Muster entstehen, die man unter UV-Licht sichtbar machen kann. Das Problem: Zu viel UV-Licht schädigt und tötet das Erbgut (was auch der Grund ist, warum man sich lieber nicht sonnt, weil zwar leichte Schäden in den Zellen vom Körper wieder repariert werden können, lange anhaltende UV-Bestrahlung die körpereigenen DNA-Reparatursysteme aber überlastet und zu Mutationen führt).

Drosten setzt einen UV-Schutz auf, wegen der Bindehaut. Er ist fasziniert von dem Ergebnis auf dem UV-Licht-Tisch: Hunderte starker, aber klar voneinander zu unterscheidender DNA-Fragmente. Sie sind in den PCR-Durchläufen des Tages und der letzten Nacht durch Zufall entstanden, aber eben nicht ganz durch Zufall. Die PCR-Reaktionen hat er so ausgerichtet, dass Virus-Gene, besonders solche von RNA-Viren, bevorzugt vervielfältigt werden.

Er nimmt das nasse Gel in die Hand, so weit weg von der UV-Lampe, dass die DNA-Fragmente fast nichts mehr abbekommen, um dann an der Stelle, an der es gerade noch geleuchtet hat, die Bande mit dem Skalpell auszustechen. Es ist seine eigene Methode und sie ist eher unkonventionell. Er setzt den UV-Schutz ab, er arbeitet mit den letzten Resten von UV-Fluoreszenz, die man gerade noch mit bloßem Auge sehen kann. Zum Schutz vor der Bindehautentzündung kneift er die Augen zusammen und schneidet mit seinem Skalpell. Am Ende hat er knapp sechzig kleine Gel-Würfel, in denen sich individuelle DNA-Fragmente befinden.

Sechzig Möglichkeiten.

Er verblitzt sich die Augen.

===

Seit Stunden sitzt er hier. Im ganzen Institut ist kein Mensch. Es ist mittlerweile früh am Morgen. Selbst St. Pauli, direkt um die Ecke, ist ruhig geworden, relativ jedenfalls, weil Ruhe in St. Pauli immer nur relativ ist. Seine Augen schmerzen, er ist übermüdet, er wird nicht aufhören, jetzt nicht, er will nicht morgen weitermachen, sondern das jetzt lösen. Wissen, was er vor sich hat.

Wieder Sequenzierung, eine PCR, noch ein Reinigungsschritt, schließlich eine Analyse auf einer Maschine namens Kapillarsequenzer, groß wie ein Kühlschrank. Sie bestimmt die Reihenfolge der Erbgutbausteine, die Basenpaare der Nukleinsäuren, die Bausteine der DNA. Man kann Erbgutabschnitte sequenzieren oder das komplette Erbgut, kommt darauf an, was man will: den Nachweis führen für einen Erreger. Ihn von verwandten Varianten unterscheiden. Hinweise auf seine Eigenschaften erhalten.

Als Nächstes: Die Sequenzen blasten und das bedeutet eigentlich nur, dass Gensequenzen in einer Gendatenbank verglichen werden. Im März 2003 geht das gerade im Internet, es ist der moderne heiße Scheiß, denn davor bekommt man einmal im Monat eine Sammlung von CD-ROMs zugeschickt, immer aktualisiert und immer ein bisschen mehr – aber auch nur, wenn man ein Abo abgeschlossen hat. Da zählt man dann die Virussequenzen ab und vergleicht, keine Software hilft und kein Algorithmus, und wenn man müde ist und sich verzählt, fängt man von vorne an. Drosten arbeitet so, als er seine Doktorarbeit macht. Als er nach Hamburg kommt, ändert sich die Vorgehensweise langsam. Die Genbank wird auf online umgestellt. Und so vergleicht er die Sequenzen mit allen möglichen Viren, gegen deren Genome die sequenzierte unbekannte DNA auch nur annähernd passt. Influenza- ist es nicht, Adenoviren – nein, Paramyxoviren – na ja, Enteroviren – sieht nicht annähernd so aus. Die ganze Palette, alles, was es sein könnte, und nichts davon ist es.

Christian Drosten sitzt am Tisch in seinem Labor und vergleicht, und er weiß, er hat etwas Neues, aber was er hat, weiß er nicht.

Er überlegt, er kann aufgeben und eben nichts finden, aber dann hätte er auch gar nicht anfangen müssen. Und dann: Warum übersetze ich nicht die Erbgutsequenz in ihre Eiweißsequenz? Das bietet neue Vergleichsmöglichkeiten – wenn er die Genbank ebenfalls in Eiweiße übersetzt. Der genetische Code ist schließlich redundant angelegt, mehrere mögliche Basengruppen kodieren für dieselbe Aminosäure, und so kann man auch entferntere Verwandtschaften zwischen Genen finden.

Und das tut Drosten dann, und tatsächlich tauchen Ähnlichkeiten auf – mit verschiedenen tierischen Coronaviren.

Die meisten stammen vom Rind.

===

Ein Rindercoronavirus? Er überprüft es erneut. Er steht auf, läuft im Kreis. Den Kopf frei kriegen. Hat er was falsch gemacht? Drei seiner Sequenzen stimmen mit demselben Rindervirus überein, völlig identisch sind sie nicht, haben dennoch eine höhere Ähnlichkeit als mit anderen Coronaviren, aus der Katze oder dem Schwein etwa. Und die Ähnlichkeiten liegen an verschiedenen Stellen des Genoms des Rindervirus. So viel Zufall kann es eigentlich nicht geben. Er ist sich trotzdem nicht sicher. Er weiß, dass Coronaviren bei Menschen vorkommen, dass sie harmlose Erkältungen machen und bestimmt auch mal auf die Lunge gehen können. Aber was ganz Neues? Im Menschen? Tatsächlich gibt es auch eine Ähnlichkeit mit einem menschlichen Coronavirus, aber die unbekannten Sequenzen sind eben nur ähnlich, gleich sind sie nicht. Was vor ihm liegt, ist etwas Eigenes.

Er denkt: Kann sein, es ist ja anscheinend auch eine ganz neue Krankheit. Ist also nicht total unrealistisch.

Seine Augen brennen so stark, dass er mittlerweile Kopfschmerzen hat. Er ist total übermüdet. Er trinkt noch einen Kaffee. Mittlerweile ist es kurz vor acht Uhr, Montagmorgen, gleich kommen die Kollegen zur Arbeit. Die Datenlage ist robust genug. Er entscheidet sich, er wird es ihnen zeigen. Und als der erste kommt, nickt er und findet das schlüssig, und das tut der zweite ebenfalls. Sie sprechen über Fehlerquellen, schließlich kann man durchaus mal was falsch machen, wenn man ein Wochenende durcharbeitet, nachts im Labor. Sie finden keine.

Das Virus scheint ein Coronavirus zu sein, und es ist in diesen Zellen.

Es ist Montag, der 24. März 2003. Christian Drosten hat Augenringe, sein Kopf dröhnt, und seine Augen schmerzen, und er ruft in Frankfurt an.

===

Die Kollegen in Hessen haben Serum von dem Patienten im Kühlschrank. Und sie haben den Patienten. Wenn er inzwischen Antikörper gebildet hat, ist das nachweisbar. Man kann das testen und abgleichen, und das tun sie – und dann legen sie sich fest: Das Virus ist neu, das Immunsystem des Patienten hat sich damit auseinandergesetzt und mit Antikörperbildung reagiert. Hoe ist also tatsächlich mit dem Virus infiziert.

Nur: Über das unbekannte Virus in den Zellen sagt es nichts aus.

===

Hoe geht es besser. Seiner Frau geht es gut, dem ungeborenen Kind ebenfalls. Er macht den Fernseher an, Eiskunstlauf, er sieht ein paar Minuten zu und langweilt sich. Er ist nach wie vor isoliert, und das einzige englische Buch, das es auf der Station gibt, ist die Bibel. Hoe glaubt nicht an Gott, er hat keinen Bezug zu Religionen. Aber Jesus ist besser als nichts. Und Gott hat ihn erhört. Hoe nimmt die Bibel, blättert ein wenig darin herum, und dann beginnt er zu lesen. Lukasevangelium. Geburt und Wiederauferstehung.

===

»Der bisher unbekannte Erreger der hochansteckenden asiatischen Lungenentzündung ist nicht – wie bisher vermutet – ein Paramyxovirus, sondern gehört zur Gruppe der Coronaviren. Dies fand ein Team aus Virologen des Hamburger Bernhard-Nocht-Instituts und der Universität Frankfurt heraus ... Bei dem Virus der Frankfurter SARS-Patienten scheint es sich um ein bisher unbekanntes Coronavirus zu handeln. Die in Hamburg gefundene Gensequenz ist in den Gen-Datenbanken bisher nicht verzeichnet. Coronaviren gehören zu einer großen und sehr heterogenen Virusfamilie, die in der Natur bei Mensch und Tier verbreitet ist. Die Coronaviren des Menschen führten bisher lediglich zu Erkältungskrankheiten.«

Pressemeldung, Bernhard-Nocht-Institut für Tropenmedizin, 25. März 2003

===

Am selben Tag findet eine Telefonkonferenz der WHO zu SARS statt. Es gibt eine durch ein Passwort geschützte Internetseite, auf der Daten und Zwischenergebnisse mehr oder weniger in Echtzeit zur Diskussion gestellt werden. 2003 ist das total verrückt. Drosten sitzt in seinem winzigen Büro, das Telefon ist auf laut gestellt, die Kollegen hören zu – genau wie bei der CDC in Atlanta, bei Malik Peiris in Hongkong und den Kollegen in Frankfurt. Drosten fängt an zu erzählen. Von seiner Methode, den Sequenzen, der Ähnlichkeit mit Coronaviren. Die Frankfurter ergänzen die Antikörpertests. Zusammen hat das deutsche Team die vollständigsten Daten, sie führen den kompletten Infektionsnachweis. Und dann merken Drosten, Malik Peiris und Thomas Ksiazek von der CDC, dass sie eigentlich vom selben reden.

===

Ksiazek arbeitet in Atlanta mit der Probe eines Mannes, den er nicht kennt und den er nie getroffen hat. Er heißt Carlo Urbani.

===

Die Amerikaner gewinnen ein paar Tage zuvor aus einer Probe aus der Lunge von Urbani ein Virusisolat – in Kulturzellen, wie sie auch die Frankfurter verwenden. Sie können das Virus nicht näher analysieren, stellen aber eine Riesenmenge davon her, in Zellkulturflaschen, die aussehen wie große Cola-Flaschen: Die Rollflaschen werden im Brutschrank auf eine spezielle Vorrichtung gelegt, so dass alle Wände mit Zellen bewachsen werden können. Die Methode hilft, sehr viel Virus herzustellen, selbst wenn man es nicht kennt. Das gewonnene Virus wird in Atlanta in einer Ultrazentrifuge aufkonzentriert – sie ist besonders schnell, in der Mikrobiologie nicht wegzudenken, bis zu 150 000 Umdrehungen pro Minute, 10^6 g Beschleunigung, man kann damit selbst Nanopartikel trennen – und anschließend im Elektronenmikroskop untersucht. Die Amerikaner finden Partikel, die typisch sind für Coronaviren. Sie gehen dem Verdacht nach und führen am Wochenende eine erste Coronavirus-PCR durch.
Zeitgleich mit Drosten in Hamburg.
Und genau wie in St. Pauli ist die PCR in Atlanta positiv auf Coronaviren.

===

Und dann ist Malik Peiris an der Reihe, und er hat ebenfalls ein Virus isoliert, ein Coronavirus. Er hat zudem den Antikörpertest der Frankfurter gemacht. Auch seine Patienten, gleich mehrere, haben Antikörper.

Die Gruppe beschließt, alles noch mal zu überprüfen. Wir sprechen morgen.

===

Mittwoch, 26. März. Die Amerikaner haben ihre PCR-Fragmente sequenziert. Es ist tatsächlich ein Coronavirus, dessen übersetzte Eiweiße Ähnlichkeit mit dem Rindercoronavirus haben. Wie in Hamburg. Malik Peiris hat in Hongkong über Nacht eine Coronavirus-PCR gemacht, ebenfalls positiv. Weil die Sequenzen aus Hamburg und aus Atlanta nicht übereinstimmen, sondern Ähnlichkeit mit unterschiedlichen Stellen des Rindercoronavirus haben, entschließen sich Hamburg und Atlanta zu einer gegenseitigen Überprüfung.

Die Amerikaner finden ein paar Tage später dieselbe Sequenz im Genom des Virus aus der Lunge von Carlo Urbani, die Drosten in Hamburg mit seinen Primern im Genom des Virus von Hoe Nam Leong gefunden hat. Umgekehrt findet Drosten die Sequenz aus Urbanis Virus in Hoes Virus.

Beide Patienten sind sich nie begegnet. Sie hatten dieselbe Krankheit, hervorgerufen durch dasselbe Virus.

Das Rätsel um den Erreger von SARS ist gelöst.

===

Mit der real-time PCR, damals eine neue Methode, baut Drosten einen spezifischen Labortest, besonders leicht anwendbar, jedes Labor kann damit arbeiten. Er veröffentlicht den Test im Internet. Verschenken ist selten und doch beste Wissenschaftstradition. Als der Amerikaner Jonas Salk 1955 einen Impfstoff gegen Kinderlähmung entwickelt, antwortet er auf die Frage, wem das Patent gehöre, mit einer Gegenfrage: »Kann man die Sonne patentieren?«

Später werden noch andere PCR entwickelt, bei denen verschiedene Genomregionen getestet werden, um den Nachweis zu verbessern.

SARS hat sich auf alle fünf Kontinente ausgebreitet, in 25 Länder (oder 33, je nachdem, wie man zählt, weil manche Staatsbürger eines

Landes in einem anderen behandelt wurden). Es hat 8096 Menschen infiziert und 774 getötet. Das sieht übersichtlich aus.
Es ist eine Letalität von 9,6 Prozent.

===

Das European Virus Archive Global, EVAg, ist ein Infrastrukturprojekt der EU. Neben vielen europäischen Virologielaboren sind auch Mitglieder aus Russland dabei und den USA, aus China und Australien, und auch Institute aus Afrika und dem Mittleren Osten.

Im EVAg soll die weltgrößte Sammlung zoonotischer Viren aufgebaut und beschrieben werden – um die Forschung an ihnen zu erleichtern. Sind die nötigen Sicherheitsstandards erfüllt, können Virusstämme zwischen den Laboren ausgetauscht werden.

Das SARS-Coronavirus *Isolat Frankfurt 1*, transkribierte RNA, in vitro, hat eine Lieferzeit von vier Wochen. Die Produktkennzeichnung ist 004N-EVA254.
Es wird bereitgestellt von der Charité in Berlin.

===

Die meisten E-Mails, die im Frühjahr und Sommer 2020 im Institut für Virologie der Charité landen, haben eine Gemeinsamkeit: Sie erzählen ziemlich viel über den Charakter der Absender. Manche sind so unangenehm, dass man sie lieber nicht zitiert. Andere sind nur beleidigend und wieder andere ein bisschen unterhaltsam.

Im Mai 2020, 12.10 Uhr, kurz vorm Mittagessen, haut eine Frau aus Gütersloh einen raus, der … nun ja … eher in die letzte Kategorie fällt. Auch sie gibt ihre Adresse an, sogar ihre Handynummer, falls man Rückfragen hat, hat man aber nicht, ist alles selbsterklärend.

»So jetzt habe ich ihnen mal was zu sagen her Tierarzt … wenn sie nicht endlich ihren Stock aus dem arsch nehmen und der Welt die Wahrheit über corona erzählen … denn komischer Weise kennt die Wahrheit jeder ausser sie und ihre anderen BRD GmbH verbündeten … andere Länder berichten bereits die hohle Frucht … glauben sie ernsthaft sie würden auch nur noch einen einzigen Zeh auf dieser Welt ohne Schutz betreten ... die Menschen würden sich schon um sie kümmern ... denken sie mal drüber nach sollte die Hurnfunktion dafür ausreichend vorhanden sein.«

Puh.

===

3

**Masern.
Impfen.
Herdenimmunität.
Cholera.
Nipah.**

KAPITEL SIEBEN

Parameter ändern sich

Die Masern bringen eine Überraschung mit, aber eine Kinderkrankheit sind sie trotzdem nicht. Das Virus ist die Pest, muss man nur mal in Hawaii nachfragen, Steve Jobs kann aber nichts dafür. Menschen sind wie Narwale. Captain America überwacht Sicherheitslabore, und ein paar Stuttgarter regen sich auf.

Impfgegnerschaft ist ein Geschäftsmodell, eine Impfung aber kein Smoothie. Ärzte, die Quatsch reden, gibt es schon lange. mRNA ist wie ein Thunfischsandwich, Eintracht Frankfurt der beste Fußballverein der Welt und fast so gut wie Fliegenfischen. Nur weil etwas lange dauert, dauert es nicht unbedingt auch lang.

Und wenn eine Impfung zu einem Schlaganfall führt, dann ist das Statistik.

Die Masern sind keine Zoonose, aber ihr engster Verwandter ist die Rinderpest, seit Mai 2011 offiziell ausgerottet. Sie entstammt, wie auch die Masern, der Familie der Paramyxoviren, Gattung Morbillivirus, einzelsträngige RNA. Die Krankheit ist der Grund, warum es überhaupt den Beruf »Tierarzt« gibt. Die Ausfälle in Rinderherden sind so groß, bis zu neunzig Prozent der Tiere sterben, dass das Problem dringend professionell angegangen werden muss.

Weil die Rinderpest Jahrtausende in vielen Gebieten endemisch ist, dazu hochansteckend und Menschen eng mit ihren Tieren zusammenleben, gibt es viele Gelegenheiten, überzuspringen. Und das passiert vermutlich vor rund 2500 Jahren, weil sich ein entscheidendes Detail ändert: die Populationsdichte. Viren springen immer wieder über, die Evolution sucht Möglichkeiten. Meist führt das zu gar nichts, das Virus kann sich in einer neuen Art nicht auf Dauer halten. Aber je öfter ein Übersprung passiert, desto wahrscheinlicher ist es, dass es irgendwann eben doch klappt. Vor allem dann, wenn sich die Parameter ändern.

Im ersten Jahrtausend vor Christus entwickeln sich neue Kulturtechniken in Europa und Asien – und mit ihnen neue Gesellschaftsformen. Erstmals entstehen große Städte mit mehr als 250 000 Einwohnern. Jetzt kann es zu einem Selektionsprozess kommen, in dem ein neues Virus durch Mutation entstehen und sich etablieren kann.

Nur ab einer bestimmten Größe kommt es in regelmäßigen Abständen immer wieder zu Epidemien. Bei den Masern sind das etwa jene rund 250 000 Menschen. Sind es weniger, stirbt das Virus mittelfristig aus – es gibt dann schlicht zu wenig Neugeborene, die noch infiziert werden können. Die Dichte der infizierbaren Individuen ist zu gering, weil alle anderen entweder immun sind oder tot. Das gilt allerdings nur bei Ausbrüchen, die keine Zoonosen sind, weil sich das Virus dann nicht in Tieren verstecken kann. Die critical size comunity, CCS, wird als epidemiologisches Phänomen erstmals bemerkt bei einem Ausbruch der Masern in den 1950ern in den USA.

Dabei ist ein Virus, das über die Atemwege zirkuliert wie die Masern, sehr viel ansteckender als eines, das über Körperflüssigkeiten übertragen wird, Ebola etwa. Aber die CCS hängt eben nicht nur von dem Virus und dessen Fähigkeit zur Übertragung ab, sondern auch von der Geschwindigkeit der Übertragung. Denn statisch ist gar nichts.

Ein Virus trifft auf eine Gesellschaft, so weit, so gemeinsam, aber reservierte Norddeutsche, die ohnehin nur unterkühlt in der Ecke stehen, kommen damit vermutlich besser klar als feiernde Rheinländer. Eine Gesellschaft voller individualistischer Schweden – jeder wohnt für sich alleine, und bevor man sich mal näher kommt als zwei Meter, muss was Außergewöhnliches passieren – ist besser gewappnet gegen Virenausbrüche als Bussi hier, Bussi da, kommt alle zusammen, Das-Leben-ist-schön-Italiener (was überhaupt nicht heißt, dass der Lebensentwurf der Italiener schlecht ist, im Gegenteil). Je nachdem wie eine Gesellschaft sich verhält, kann die Übertragung sehr hoch oder eben nicht besonders hoch sein. Und jede Veränderung des Verhaltens und der Umstände bewirkt eine Veränderung der Übertragungsmöglichkeiten, sei es, dass das vorgeschrieben wird oder freiwillig erfolgt. Aber auch hier gilt: einen Parameter alleine zu betrachten greift zu kurz. Entscheidend ist außerdem, wie hoch die Geburten- und Sterberate innerhalb einer Gesellschaft ist, weil das unter anderem darüber entscheidet, wie viele Menschen mit naiver Immunabwehr herumlaufen. Zudem ist wichtig, wie lange eine Person immun ist.

Da im Fall der Masern einerseits erst eine Innovation namens Landwirtschaft dafür sorgen muss, dass Menschen eng mit ihren Nutztieren zusammenwohnen, und andererseits jede Population, die zu klein ist, das Virus in eine Sackgasse führt, in der es sich totläuft, weil es nicht genug Opfer findet, hat es etwas gedauert.

Seither allerdings haben sie eine steile Karriere gemacht.

Sie sind, auch wenn sich diese Fehlinformation leider hartnäckig hält, keine Kinderkrankheit. Abgesehen davon: Das Wort ist eher unpassend, suggeriert es doch, dass Kinderkrankheiten etwas Leichtes sind, wie ein Kinderteller, was Kleines für zwischendurch. Aber tatsächlich bedeutet das nur, dass das Virus sich Wirte sucht, deren Immunsystem den Erreger noch nicht kennt – und das sind eben Kinder. Weil vor allem in Mitteleuropa die Impfmüdigkeit aber ständig zunimmt, werden in den letzten Jahren immer mehr Erwachsene krank, und von denen wiederum landet ein Viertel im Krankenhaus.

Die Masern sind das Gegenteil einer harmlosen Infektion. Eins von tausend ungeimpften Kindern stirbt – das ist eine Konstante. Klingt nicht nach viel, ist es aber, wenn viele krank werden, abgesehen davon gilt das nur für Industrieländer, und das ist auch nur das, was das Robert Koch-Institut als Sterblichkeit angibt. Die CDC geht von einem Todesfall pro 500 Kindern aus. In Entwicklungsländern ist die Rate ungleich höher: Dort sterben bis zu zehn Prozent aller Infizierten. Alleine 2019 sind das weltweit über 200 000 Tote, nach 140 000 im Jahr zuvor. Jeden Tag drei Flugzeugabstürze, mittelgroße Maschinen.

Würde vermutlich niemand mehr ein Flugzeug betreten, nimmt man hier aber so hin, ist ja nur eine Kinderkrankheit.

Und nach Jahren der Abnahme, im Jahr 2000 sterben noch mehr als eine halbe Million Menschen an den Masern, steigen die Zahlen wieder an. Die WHO erklärt die Krankheit daher bereits im Januar 2019 zur Bedrohung der globalen Gesundheit. Und das ist auch nicht weit hergeholt oder übertrieben, denn das ist sie in der Vergangenheit immer: Bis zur Einführung des Impfstoffs 1963 überleben weltweit Jahr für Jahr rund zweieinhalb Millionen Menschen die Infektion mit dem Masernvirus nicht. Und, quasi als Bonus, kleine Überraschung, wir haben da noch etwas vorbereitet, wenn keiner mehr damit rechnet, gibt es noch eine Krankheitsvariante namens »SSPE«, subakute sklerosierende Panenzephalitis, entzündliche, neurodegenerative Erkrankung des Gehirns.

Das Masernvirus ist eines der erfolgreichsten Viren überhaupt, es ist hochansteckend und befällt im Grunde alles: Knochenmark, Milz, Thymus, Niere, Verdauungsapparat, Leber, Haut, Augen, kaum ein Ort bleibt verschont. Und wenn man Pech hat, eben auch das Gehirn, weil es über die Blut-Hirn-Schranke ins Zentralnervensystem eindringen kann. Das Virus versteckt sich dann dort und bleibt jahrelang inaktiv, Kinder mit überstandener Maserninfektion werden in der Regel erst im Jugendalter befallen, irgendwann, wenn sie zwischen acht und fünfzehn Jahre alt sind, allerdings gibt es auch Fälle, die erst knapp drei Jahrzehnte nach der Infektion auftreten.

Bevor jetzt jemand »Panikmache« schreit: In den allermeisten Fällen passiert gar nichts, keine Frage, aber wenn ein Kind an SSPE erkrankt, dann endet das immer tödlich. Ausnahmen gibt es keine, nie. Die Erkrankung verläuft in mehreren Stadien, bis der Tod eintritt dauert es Monate, langsames Wegdämmern und langes Mitbekommen, dass sich was verändert inklusive. Untersucht man die Gehirne der Opfer nach ihrem Tod, sind sie voller Masernviren.

Und was die Stärkung des Immunsystems angeht, bei natürlich durchgemachten Infektionen: Nein. Es wird gar nichts gestärkt. Das Gegenteil ist wahr. Tatsächlich löscht das Masernvirus das Erregergedächtnis der Immunabwehr, genauer: die B-Gedächtniszellen, die nach einer Infektion Antikörper produzieren. Weil das Virus Immunzellen zum Absterben bringt und die Reifung von Abwehrzellen hemmt oder gleich ganz stoppt, kann selbst die bereits erworbene Immunität für andere Krankheiten komplett verlorengehen, wird in jedem Fall aber schwächer. Das Immunsystem ist monate- und manchmal sogar jahrelang anfälliger für Infektionen aller Art. Bei Erwachsenen dauert das sehr viel länger, weswegen es bei ihnen auch zu mehr Komplikationen kommt.

Kann man auch mal sagen, ist nämlich so: Masernpartys sind vorsätzliche Körperverletzung.

===

Das Masernvirus ist äußerst reduziert designt, könnte fast ein Produkt von Apple sein, ist aber noch erfolgreicher: Auf seinem RNA-Genom ist die Bauanleitung für insgesamt nur acht Eiweiße abgelegt. Sechs davon bilden das neue Virus und sorgen für dessen Vermehrung in den Zellen der Infizierten, die anderen beiden manipulieren die zelluläre Maschinerie des Wirtes. Das ist alles und das funktioniert seit Jahrtausenden wunderbar.

Aber das Virus hat sich spezialisiert. Es ändert seine äußere Gestalt nicht. Weltweit gibt es nur einen einzigen Serotyp. Man könnte es besiegen. Wenn alle mitmachen würden.

Manchmal klappt es: Die USA sind seit März 2000 offiziell frei von Masern, die Idee, das Virus auszurotten, gibt es dort bereits seit Jahrzehnten, im Grunde seit Aufkommen der ersten Impfung. Aufgrund der hohen Infektiosität hat es etwas gedauert, und ab und an kommt es dennoch zu regionalen Ausbrüchen, was aber immer eingeschleppte Fälle sind, oft von impfmüden Europäern.

Die Impfrate, die benötigt wird, um eine Gesellschaft gegen eine Krankheit zu immunisieren, kann man einerseits ausrechnen, andererseits: Man kann es einfach ausprobieren. Die Amerikaner haben damit, ganz Amerikaner, hands on, in den 1960ern einfach mal angefangen, learning by doing. Im Herbst 1966 sorgt ein Impfprogramm dafür, dass 55 Prozent aller Einwohner Baltimores gegen Masern immunisiert werden. Das reicht, denkt man, weil es 1930 angeblich einen natürlichen Fall von Herdenimmunität gibt. 53 Prozent der Einwohner Baltimores sollen Masern gehabt haben, was den restlichen 47 Prozent einen Schutz garantierte, angeblich, nichts Genaues weiß man nicht. Selbe Stadt, deswegen hat man das dort gemacht, wäre eine tolle Symbolik gewesen, hätte es denn geklappt. Hat es aber nicht. Die Masern treten erneut auf.

Na ja gut, sagen die Gesundheitsbehörden, versuchen wir es eben mal in anderen Städten mit siebzig Prozent, klappt nicht. 75 Prozent, fail. 80. 83. 85. Es geht über neunzig Prozent, schließlich hoch zu 95, und das ist einigermaßen okay, aber eigentlich sind 96 bis 99 Prozent notwendig, um Ausbrüche komplett zu verhindern.

1848 hat ein Schiff der amerikanischen Navy, die *Independence*, aus Mexiko kommend, die Masern an Bord, als es in Hawaii anlegt. Die Krankheit ist dort bis dahin unbekannt.

Als der Ausbruch abklingt, sind 40 000 der 148 000 Einwohner tot.

===

Das älteste Masernvirus der Welt überlebt zwei Weltkriege und zwei Diktaturen, es erlebt den Untergang der ersten deutschen Demokratie und den Versuch, das mit dem Sozialismus hinzubekommen und schließlich die Wiedervereinigung. Es versteckt sich in einer Lunge, die aussieht wie ein plattgefahrenes Tier auf einer Landstraße, und das Formalin, in dem es schwimmt, ist schon leicht gelblich. Es steht im Regal, seit 1912.

Das Mädchen, das am 3. Juni stirbt, fünf nach sechs am Morgen, ist gerade mal zwei Jahre alt. Durch die Masern verursachte Bronchopneumonie, eine Lungenentzündung, bei der auch das angrenzende Lungenbindegewebe betroffen ist. Sie ist vor ein paar Tagen erst in die Kinderstation der Charité aufgenommen worden, aber die ganze Sache entwickelt sich suboptimal, und so wird sie ein Ausstellungsstück. Warum ausgerechnet ihre Lunge entnommen wird, ist nicht überliefert. Möglicherweise weil sie die Jüngste ist, vielleicht auch weil es nicht weit ist von der Kinderstation zur Pathologie, und das ist einfach praktisch. Die Lunge liegt dort nicht alleine. Die Präparatesammlung im Medizinhistorischen Museum der Charité umfasst rund zehntausend Ausstellungsstücke, darunter auch eher Spezielles wie etwa Harnblasensteine von 1729.

Nebenan steht allerlei Gerät zur Behandlung von Kriegsverletzungen, die Deutschen hatten ja ein paar Gelegenheiten, um zu üben, es gibt eine Eiserne Lunge, Krankengeschichten werden nacherzählt, die nicht nur die Krankheit beschreiben, sondern sie in der damaligen Zeit verankern, und das erklärt manchmal mehr als die Krankheitsursache selber. Die obligatorischen Totenköpfe finden sich und zahlreiche Instrumente, die einen medizinischen Hintergrund haben, aber auch ohne große Probleme bei Hexenprozessen eingesetzt werden könnten, wenn durch Folter irgendein absurdes Geständnis erpresst werden muss. Es ist ein Rundgang durch drei Jahrhunderte Medizingeschichte. Einerseits. Andererseits aber eben nicht nur mit historischer Bedeutung gesammelt, sondern auch mit dem Ziel, Wissen weiterzugeben. Mittlerweile auch mikrobiologisch.

Und so mag die Lunge, in den Schrank gestellt und ein Jahrhundert dort vergessen, ein Stück Gewebe sein, aber sie ist eben auch ein molekulares Archiv. Das dabei hilft, die Entwicklungsgeschichte der Masern zu entschlüsseln.

===

Der Mann ist Arzt und Universalgelehrter, er schreibt gerne und liest viel. Er ist bekannt als großer Empiriker und für hervorragende Leichenkonservierung, die so erfolgreich ist, dass seine Methode knapp eintausend Jahre lang angewendet wird. Er ist eine Medizinlegende seiner Zeit, ein moderner Denker, und er ist außerdem der Erste, der hochprozentigen Alkohol herstellt, destilliert aus Wein, und das ist ganz bestimmt seine größte kulturelle Leistung.

Sein Name ist Abū Bakr Muḥammad ibn Zakariyyā ar-Rāzī, latinisiert Rhazes, und er wird nicht für harten Alkohol medizinhistorisch bekannt, unverständlich eigentlich, sondern: Er ist der Erste, der die Masern beschreibt, im zehnten Jahrhundert. Die Masern, schreibt er, sind schlimmer als die Pocken, sehr unschön.

Und deswegen nehmen lange alle an, dass die Seuche irgendwann im Mittelalter auf den Menschen übergesprungen sein muss, um das Jahr 900 plus minus, schließlich verlieren sowohl die Griechen als auch die Römer kein Wort darüber.

Aber als aus der Lunge des Mädchens in Berlin Ende 2019 ein fast vollständiges Maserngenom rekonstruiert wird, ändert sich das.

Die Wissenschaftler vergleichen das Erbgut mit bereits veröffentlichten Maserngenomen, 129 sind das insgesamt, und den verwandten Erregern Rinderpest und PPRV, dem Erreger der »Pest der kleinen Wiederkäuer« (die Krankheit heißt wirklich so und ist eine Tierseuche, die Schafe und Ziegen befällt), und so gelingt es ihnen, die Mutationsrate des Virus einzugrenzen und damit das Tempo seiner Evolution zu bestimmen. Die Unterschiede in den Viren-Sequenzen zeigen ungefähr, wann sich Masern und Rinderpest getrennt haben: Die Anzahl der Mutationen in der DNA eines Virus gibt Auskunft über seine Entstehungsgeschichte. Die ergibt sich aus dem Takt und der Anzahl der Erbgutveränderungen. Je mehr sich zwei Viren aus der gleichen Familie, aber aus verschiedenen Generationen voneinander unterscheiden, desto länger ist es her, dass sie sich getrennt haben – denn je mehr Zeit vergangen ist, desto mehr Mutationen sind festzustellen. Das Vorgehen nennt sich »molekulare Uhr«, und die zeigt an, dass sich das Masern- und das Rinderpestvirus zwischen 1174 vor Christus und 165 danach von ihrem gemeinsamen Vorfahren abgespalten haben müssen. Das ist eine ziemlich große Zeitspanne, und deswegen orientiert man sich am mittleren Schätzwert, 528 vor Christus. Knapp 1400 Jahre früher als bisher gedacht und die Zeit, in der es erstmals große Städte gibt, deren Bevölkerung dem Masernvirus die Möglichkeit bietet zu zirkulieren.

Und das wiederum könnte bedeuten, dass die in historischen Quellen beschriebenen Seuchen der Antike auf Ausbrüche des Masernvirus zurückgehen. Schließlich ist das Wort »Pest« damals keiner bestimmten Krankheit zugeordnet, sondern ein Synonym für Seuche und Epidemie. Dass »die Pest« für die Pest steht, das kommt erst sehr viel später.

Seither haben die Masern sich verändert. Die genetische Vielfalt des Virus ist durch die Impfkampagnen zurückgegangen, und wären die Masern eine Insektenart, die Blüten bestäubt, wäre das ziemlich unerfreulich, schließlich ist das typisch für Arten am Rand des Aussterbens, und das ist bei den Masern ja auch das Ziel.

Allerdings muss das Aussterben nicht zwangsläufig folgen. Narwalen geht es vergleichsweise gut, aber auch sie haben eine geringe genetische Vielfalt – und dafür kann nicht mal der Walfang was. Ihre genetische Übersichtlichkeit existiert schon seit rund einer Million Jahren.

Gibt übrigens noch eine Art, die eine sehr geringe genetische Vielfalt hat, und die ist auch nicht vom Aussterben bedroht: Homo sapiens.

===

Die Evolution von einem Virus auf einen neuen Wirt kann nur funktionieren, wenn das neue Wirtssystem auch in ausreichender Zahl zur Verfügung steht. Nur wenn ausreichend Individuen infiziert werden, Menschen zum Beispiel, besteht für Viren auch die Möglichkeit, sich an das neue Wirtssystem Mensch überhaupt anzupassen. Wenn der Raum eng wird für Menschen, weitet er sich für Viren.

Erst als in Mesopotamien die Leute anfangen, in die Städte zu ziehen und sich zusammenzuballen, ist genügend Raum für das Virus da, damit es zur Evolution und zu einem Selektionsprozess kommen kann, in dem dann eine Zufallsmutation entsteht, die sich etablieren kann. »Genau so«, sagt Gerd Sutter.

Sutter ist Tierarzt, mit allen Abkürzungen, die dazu gehören, Dr. med. vet., Dr. med. vet. habil., Fachtierarzt für Mikrobiologie. Aber eben auch Professor für Virologie, Tierärztliche Fakultät, Institut für Infektionsmedizin und Zoonosen. Leiter der AG Impfstoffforschung, Ludwig-Maximilians-Universität München, LMU. Sutter ist außerdem: ein sehr netter Typ, angenehm im Umgang, Urbayer, und manchmal versteht man nix, und dann muss er das Gesagte noch mal langsam wiederholen. Er neigt zum langen Satz, er hat viele gute Gedanken, und die müssen schließlich irgendwo untergebracht werden. Bodenständig, so sagt man das wohl, seine Kaffeetasse ist ein Werbegeschenk einer Baumschule aus Nebraska. »Our mission is to plant trees« steht darauf, kein Schnickschnack, es ist vermutlich die ehrlichste Selbstbeschreibung der Welt.

Auf dem Weg zu Sutter wird es immer kleinteiliger: Institut für Tierpathologie und Institut für Tierhygiene, Institut für Infektionsmedizin und Zoonosen, Lehrstuhl für Virologie. Direkt am Englischen Garten gelegen, weil Karl-Theodor, Kurfürst von Pfalz-Bayern so gerne dort gejagt hat und seine Pferde an Ort und Stelle versorgt werden sollten, aber das zuzugeben war schwierig, selbst damals, als es noch absolutistischer zuging. So wurde die »Thier-Arzney-Schule« 1790 gegründet, weil »Seiner Churfürstlichen Durchleucht Landesväterlichen Fürsorge für das allgemeine Beste Dero getreuen Unterthanen haben die Vortheile nicht verborgen bleiben können, welche dem Landmann durch Verbreitung der Thier-Arzneykunst bey einbrechenden Viehseuchen zur Verbesserung der Viehzucht gewährt werden.« Das Originaleingangstor von damals ist noch erhalten. Es steht etwas verloren am Rand des Geländes, bisschen zugewachsen, aber hübsch anzusehen. Vor dem Haus ein Panther aus Stein und um die Ecke eine Schlange, ebenfalls aus Stein, eher Anakonda als Ringelnatter, und das sind zumindest schon mal keine klassischen Haustiere.

Aber die Tradition an dieser Stelle endet bald. Das Institut zieht um, raus aus der Stadt, weil manchmal eben auch Kühe vorbeikommen müssen, und das ist in Schwabing zumindest kein Selbstgänger. Dem Gelände kann man das ansehen, zumindest von außen, investiert wird schon länger nichts mehr, der Asphalt bröckelt, und dass Farbe an den Häusern ist, fällt manchmal erst beim zweiten Hinsehen auf. Sutter findet das schade, weil es um die Ecke gute Biergärten gibt und die Isar, in der er im Sommer manchmal zum Fliegenfischen geht, in der Mittagspause.

Wenn er nicht mit Pocken hantiert.

Mit seinem Team benutzt er das Pockenvirus als Träger für Impfstoffe, ein sogenannter Vektor. Das klingt gruseliger, als es ist, denn das Virus, Modified-Vaccinia-Ankara-Virus, MVA, ist attenuiert. Das ist im Grunde nur ein komplizierteres Wort für »abgeschwächt« und bedeutet, dass die krankmachenden Eigenschaften gering sind oder ganz weg, während aber die Vermehrungsfähigkeit des Virus erhalten bleibt. Es ist ein Pockenvirus, aber eben nicht das, was jahrhundertelang Menschen millionenfach getötet hat. Vor mehr als dreißig Jahren wird MVA an der LMU entwickelt, ursprünglich als Impfstoff gegen die Pocken, aber weil das so gut funktioniert, wird es seit den 1990ern molekularbiologisch modifiziert, und Proteine anderer Krankheitserreger werden in das Virus gepackt. MVA funktioniert dabei im Labor unter anderem mit Antigenen gegen MERS und Influenza, Masern, Hepatitis C, Tuberkulose und verschiedene Arten von Krebs, und auch bei HIV wird bisher zumindest eine Immunreaktion erzeugt. Seit Sommer 2020 ist ein MVA-Vektor Teil eines in Europa zugelassenen Kombinationsimpfstoffes gegen Ebola. Es ist ein Pockenvirus, aber es ist eben auch eine Plattform, die man benutzen kann, um Bestandteile anderer Viren in den Körper zu transportieren. Ein Dienstleister, der alles Mögliche liefern kann. Wie Amazon, nur für Viren. Und nebenbei wird man noch gegen Pocken geimpft, man weiß ja nie.

Sutter sagt: »Wir können im Prinzip jede fremde genetische Information unter die Kontrolle unseres Impfvirus stellen.«

Er findet das ein bisschen schade, dass wir als Gesellschaft die positive medizinische Wirkung eines Impfstoffes nicht mehr richtig schätzen. Infektionskrankheiten sind schließlich nichts mehr, was uns tagtäglich begegnet, in der Regel zumindest.

Und es stimmt ja auch: Impfen ist eine der erfolgreichsten medizinischen Techniken, die wir haben, wenn nicht sogar die erfolgreichste. Und eigentlich ist es auch nichts anderes, als das Immunsystem zu stärken. Spezifisch stärken, sagt Sutter, weil es mit den allermeisten Angriffen gut klarkommt, und deswegen müsse man es gezielt auf den Erreger vorbereiten. Er steht auf, holt sich noch einen Kaffee. Er setzt sich wieder, beugt sich nach vorn, lehnt sich sofort danach wieder zurück und sagt: »Von den ganzen Grundlagen ist das total faszinierend.«

Eine Impfung bietet dem Körper eine Komponente eines Erregers, ein einziges Antigen eines Virus kann genügen, das Immunsystem in kleine Bestandteile zu zerlegen. Daraufhin werden spezifische Abwehrmechanismen gegen diese eine Komponente des Erregers gebildet, T-Zellen und Antikörper, und das Ganze in einer Art Gedächtnis verarbeitet – die sogenannten B-Lymphozyten übernehmen, auch kurz B-Zellen genannt, weil das praktischer klingt. Sie bilden Plasmazellen, die wiederum Antikörper ausschütten, und das hält teilweise ewig. Selbst wenn zehn Jahre später das geimpfte Individuum wieder mit dem Erreger konfrontiert wird, erinnert sich das Immunsystem sofort, sobald der Erreger damit beginnt, sich zu teilen, und diese eine spezifische Komponente freisetzt. Und dann ist das Immunsystem in der Lage, sehr schnell zu reagieren und eine Vielzahl von Abwehrmolekülen, Antikörper und T-Zellen zu bilden. Das verschafft dem Körper einen Vorsprung, der mitunter lebenswichtig ist, denn während es bei einem Erstkontakt mit einer Infektion bis zu zehn Tage dauern kann, bis das Immunsystem auf Touren kommt – man muss schließlich erst mal lernen, wie man miteinander umgeht –, sind die Gedächtniszellen ungleich schneller und liefern schon innerhalb von Stunden, weil es sich dabei eigentlich um die sekundäre Infektion handelt. Und dann lässt man das Immunsystem machen.

Sutter war bei der Bundeswehr, er hat seine Wehrpflicht abgeleistet in einem Labor, mikrobiologische Untersuchungsstelle der Veterinärmedizin der Bundeswehr. Bevor das losging mit dem Dienst, hatte er bereits einen Studienplatz in Tiermedizin, weil er Chemie und Biochemie glasklar und logisch findet, leicht verständlich dazu, und er das Theoretische mit dem Praktischen verbinden will, möglichst viel Naturwissenschaft. Chemiker war ihm zu eingleisig und Humanmediziner zu langweilig. Schließlich gibt es da nur eine Spezies, um die man sich kümmern kann, und er wollte sich lieber verschiedene Tierarten ansehen. Und so eben Tierarzt. Er hatte keine emotionale Verbindung zu einem Schwein, wenn es grunzte und er spürte nichts, wenn ein Hund bellte, er kannte auch keine Tierärzte, es war ein theoretisches Interesse, breiter medizinischer Ansatz, das große Ganze.

Und so bat er bei der Bundeswehr um eine berufsbezogene Verwendung – ohne Beruf. Er bekam den Platz trotzdem. Sutter lacht, als er die Geschichte erzählt, als ob er immer noch nicht glauben kann, dass das funktioniert hat. Im Wehrdienst das Klein-Klein der Labortechnik, Proben nehmen, Proteingele gießen, Antikörper-Tests machen.

Impfen ist, um im Bild zu bleiben, wie Aufrüsten, um den Krieg zu verhindern, wie die 1980er, Kalter Krieg und Interkontinentalraketen, nur ohne Schulterpolster. Oder vielleicht besser: eine Radaranlage, ein Frühwarnsystem. Die Waffen sind scharf, alle sind auf Habachtstellung, es wird vorgewarnt und vorbereitet, und das führt dazu, dass der Erreger sehr häufig ausgeschaltet wird, bevor eine Erkrankung eintritt.

Das bedeutet allerdings nicht, dass eine Impfung eine Infektion verhindert. Das kommt auch vor, bei manchen Erregern ist das so, Tollwut zum Beispiel, da kann man mit bestimmten Antikörperleveln im Blut eine Infektion abblocken, und das nennt sich sterilisierende Immunität. Aber das ist die Ausnahme, die die Regel bestätigt. Die allermeisten Infektionen infizieren Geimpfte trotzdem – aber sobald der Erreger sich das erste Mal vermehrt, wird das Immunsystem so schnell aktiviert, dass es nicht zu einer Erkrankung kommt. Im Endeffekt ist es das Gleiche: Niemand wird krank. Aber das bedeutet eben, dass manche Menschen doch eine Reaktion haben können. Der Erreger ist ja da.

Merkt nur keiner mehr, wenn alles gut läuft. Und weil es das in der überwältigenden Mehrzahl der Fälle tut, sind Impfungen Opfer ihres eigenen Erfolges – weil es mittlerweile eben alle für selbstverständlich halten, nicht an Tetanus zu sterben. Und der Erfahrungswert fehlt.

»Einer unserer Doktoranden«, sagt Sutter, einer aus dem Impfstoff-Forschungsgebiet Covid-19, ausgebildeter Tierarzt, Approbation, hat schon in anderen Infektionsherd-Modellen gearbeitet, »kommt eines Tages hier in mein Büro und sagt, dass er mir was erzählen muss.« Der Doktorand lacht und freut sich und ist ganz aufgeregt. »Und ich denke, okay, mach.« Und dann erzählt er, dass sie ja Mäuse geimpft haben, seine Stimme überschlägt sich beinahe, und die in der Kontrollgruppe, der Doktorand ist empört und überrascht, die sterben alle. Die Geimpften, sagt er, immer noch überrascht, da sieht man ja gar nichts. Die sind alle geschützt. Die leben. »Na hör' mal, habe ich gesagt«, sagt Sutter, »das ist ja total verrückt.« Er sagt das so lakonisch, wie es geht, und das klingt dann ein bisschen wie Gerhard Polt. Und seitdem, sagt er, ist das der Running Gag am Institut, lass mal Wunder vollbringen,

Mittwochnachmittag Leben retten, das Wunder der Impfung, huhu. Der Mitarbeiter wusste das natürlich. Er hat das ja gelernt. Steht in jedem Lehrbuch, Impfen ist gut. Kann man keine zwei Meinungen drüber haben, wenn man in die Medizingeschichte guckt.

»Aber er hat gesagt, es ist noch mal ganz was anderes, wenn man es dann sieht: Ich hab hier zehn Mäuse, die sind geimpft, und ich habe zehn Mäuse, die sind nicht geimpft.« Und es ist wie immer: Wissen und Erleben sind zwei Paar Schuhe, nicht unbedingt das gleiche Modell, man trägt sie nicht zur selben Zeit, und vielleicht hat man die einen auch lange nicht mehr angesehen und fast vergessen, dass man sie besitzt, weil sie ganz hinten im Schrank stehen, aber die Pocken will am Ende doch keiner haben.

Im Gang zu Sutters Büro hängt ein Bild mit den Konterfeis von Captain America und Flash und Spiderman, und noch irgendein anderer Typ, das ist der Normalo, und dahinter steht: Maskentragen ist nicht nur für Superhelden. Ein paar Meter weiter sind diverse Sicherheitslabore, und da sollte man das mit den Masken in jedem Fall beherzigen, Infektiöser Bereich S2, Gentechnisches Labor S1, das ist beides nicht besonders hoch, reicht aber, um sich was einzufangen. Mintgrüne Türen, überall Schilder, auf denen »Biogefährdung« steht oder »Vorsicht! Biogefährdung!« zusammen mit diesem Zeichen mit den drei verbundenen und nicht ganz geschlossenen Kreisen, das jeder kennt, der schon mal einen Zombiefilm gesehen hat.

Die anderen Labore sind im Keller. Durch den Unterdruck zieht es immer, und die Tür geht kaum auf. Weiße Kittel hängen im Eingangsbereich, dann: Sicherheitsschleusen, Pockenviren, Versuchsmäuse, die in kleinen Glasgefäßen auf Holzpellets leben. Zumindest bis sie ihren Zweck erfüllt haben, gestapelt in Metallregalen, sechs mal sechs Boxen, und es wäre eine ziemlich schlechte Idee, wenn man die Tiere danach in Kinderhände abgibt, weil es ja so süße Nager sind. Etwas entfernt von den Tieren stehen Tiefkühltruhen, die letztlich auch nichts anderes sind als diejenigen, die man zu Hause hat, größer, kälter, mehr Eis drin, aber statt Würstchen und Gemüse sind sie voller Viren, die wiederum in Metallboxen eingesperrt sind. Das MV-Pockenvirus-Vakzine steht in einem der Labore auf einer Arbeitsfläche, es ist hellrosa und abgefüllt in kleinen, fingerhutgroßen Gefäßen, die aussehen wie Schnapsgläser, ähnliche Farbe wie Rosé oder Himbeerlikör, und würde es bei einer Party in der Küche stehen, würde es vermutlich einfach getrunken werden. In München wird hauptsächlich an Impfstoffen geforscht, was immer auch eine Mischung ist zwischen Grundlagenforschung und Anwenderorientierung, aber das gilt im Prinzip für alle Forschung, die Grenzen verschwimmen immer mehr, aber nur Grundlagenforschung kann langfristig angelegt sein – und deswegen muss man sie betreiben. Bei Pockenviren kommt ja auch erst mal niemand drauf, dass sie auch als Impfstoff eingesetzt werden können gegen andere Krankheiten.

Sutter sagt: »Das sind ja eigentlich Infektionserreger, nur über Jahrzehnte der Forschung und der Entwicklung unschädlich gemacht. Aber für das Immunsystem treten die ja natürlich immer noch auf wie ein Infektionserreger.« Das Prinzip der Vektorimpfstoffe ist, dass harmlose Erreger mit einer Komponente eines gefährlichen Erregers ausgestattet werden, um das Immunsystem zu alarmieren. Dabei muss man eine Balance schaffen. Die fremde Gensequenz, das, was vom gefährlichen Virus im harmlosen steckt, muss von dem mitvermehrt werden und auch noch das Protein produzieren, auf das es ankommt, damit unser Organismus anfangen kann, auf die fremde DNA zu reagieren und die Waffen scharf zu stellen. Dabei darf das Protein des gefährlichen Virus das harmlose Virus aber nicht kapern und dessen Lebenszyklus zerstören, weil sonst eben gar nichts passiert. Bei hoch gereinigten Proteinimpfstoffen kann es passieren, dass sie gespritzt werden und das Immunsystem einfach gar nichts macht. Reagiert einfach nicht. Erkennt die Stoffe nicht als fremd. Sie sind zu sauber. Liegen dann im Gewebe rum und werden ignoriert. Und daher mischt man sogenannte Verstärker bei, Aluminium etwa, was letztlich dazu dient, kleine Entzündungsreaktionen herbeizuführen – was dann wiederum bewirkt, dass Fresszellen und Immunzellen angelockt werden und die Proteinkomponente attackieren. Weil aber bei einem Vektorsystem ein Virusteil auf einem Virus in den Körper kommt, braucht man dabei auch keinen Verstärker. Dabei muss das alles letztlich in großem Stil umsetzbar sein und nicht nur im Labor toll funktionieren, denn sonst kann man zwar tausend Leute impfen, und denen geht es dann gut, aber eben nicht eine Milliarde.

»Ich kann natürlich mit einer Vielzahl von molekularbiologischen

Systemen arbeiten, die wunderbar geeignet sind, um Mäuse zu impfen und kleine Mengen von Testimpfstoffen zu produzieren«, sagt Sutter. Nur nutzt das dann niemandem. Die beste Idee ist eine Totgeburt, wenn sie nur in kleinem Maßstab funktioniert. Es ist viel Vorarbeit nötig, die sich vielleicht mal irgendwann auszahlt.
Vielleicht aber auch nicht.

===

Es gibt keinen Impfstoff, der einhundert Prozent Wirksamkeit hat und null Prozent Nebenwirkungen. Schließlich wird das Immunsystem stimuliert. Man muss etwas spüren, anders geht es nicht. Nebenwirkungen sind aber eben auch: Die Einstichstelle wird rot. Man bekommt erhöhte Temperatur. Der Muskel schmerzt. Das bessere Wort ist daher dafür: Impfreaktion.

Allerdings kann man nie ausschließen, dass es unter Millionen Menschen, die geimpft werden, solche gibt, deren ganz bestimmte Konstellation des Immunsystems irgendetwas sehr Unerwünschtes produziert. Sinusvenenthrombosen etwa, den mindestens teilweisen Verschluss von Venen des Gehirns, genauer: der Hirnhaut, durch Blutgerinnsel, das ist ganz schlecht und das darf nicht passieren. Darf einfach nicht. Da gibt es auch nichts zu relativieren.

===

Nebenwirkungen, die super-selten sind, werden in den Testphasen zuvor nicht erkannt, weil die Menge der Teilnehmer bei Studien einfach nicht in die Millionen geht.

Impfen ist ein sehr emotionales Thema, aber die Wahrheit ist: Es gibt sehr, sehr wenige Impfschäden – was den Betroffenen natürlich nicht hilft, jeder Fall ist selbstverständlich einer zu viel. Mit dem Fliegen ist es so ähnlich: Sehr sicher, aber die Statistik ist nutzloses Wissen für denjenigen, der abstürzt.

Medikamente werden immer mit einem Restrisiko zugelassen, das gilt für alle. Das Restrisiko wird in Kauf genommen, weil man irgendwann an einen Punkt kommt, an dem der Nutzen des Medikaments größer ist als der potenzielle Schaden. Statistik. Die Risikominimierung durch weitere Forschung bringt dann keinen weiteren Nutzen, weil sie im Promillebereich liegt. Wie gesagt: Das ist dann immer noch Mist für jeden, dessen Immunsystem unvorhergesehen reagiert. Aber, auch das muss nochmal erwähnt werden, es ist eben sehr, sehr selten.

Daher ist es ... nun ja ... nicht richtig, dass Tausende von Kindern aufgrund einer Impfung Autisten geworden sind. Mitte der 1990er vertritt eine Anwaltskanzlei Eltern autistischer Kinder, die vermuten, dass die Krankheit am Masern-Mumps-Röteln-Kombinationsimpfstoff liegt. Stimmt nur nicht, und es gibt demzufolge auch keine Beweise. Um das Problem zu lösen, fälscht ein Arzt namens Andrew Wakefield kurzerhand eine Studie, in der das Gewünschte dann bestätigt wird. Er bekommt dafür 55 000 britische Pfund, getarnt als Drittmittel. Zusätzlich persönlich von der Kanzlei über 400 000 Pfund. Wakefield hat außerdem ein Patent auf einen eigenen Masernimpfstoff angemeldet, aber weil damals, und auch heute, nur noch der Dreifachimpfstoff verimpft wird, befürchtet er, dass niemand mehr seinen eigenen Einfach-Impfstoff nachfragt. Die Studie ist nichts als Marketing in eigener Sache, und das Wort »Interessenkonflikt« passt selten besser. Fast alle Koautoren distanzieren sich in der Folge von der Studie, und *The Lancet* zieht das Paper zurück. Wakefield verliert seine Zulassung und startet danach ein neues Geschäftsmodell: Impfgegner.

Dabei werden die Stoffe immer sicherer. Wir nehmen mehr Aluminium durch Schokolade oder durch Tee oder die Luft oder Brot und Brokkoli auf, als wir das jemals durch Impfstoffe machen könnten, einfach weil es das dritthäufigste Element der Erdkruste ist und sich überall befindet. Dazu wirkt Aluminium als Impfverstärker nicht mal besonders gut und wird deswegen mehr und mehr ersetzt.

Es gibt keinen Grund, sich ernsthaft vor Impfungen zu sorgen, weil sich auch niemand sorgt, wenn er morgens mit dem Auto zur Arbeit fährt. Und nur weil die Sicherheit bei Impfstoffen an allererster Stelle steht, kommen die Fälle ans Licht – weil in Deutschland vorgeschrieben ist, dass alles, was über eine normale Impfreaktion hinausgeht und in einem zeitlichen Rahmen mit der Impfung steht, dem Paul-Ehrlich-Institut gemeldet werden muss. Im Fall der Sinusvenenthrombose: Hätte das keiner getan, wäre es auch nicht bekannt geworden. Dann wäre sie trotzdem aufgetreten, es hätte aber niemand an Verbesserungen arbeiten können.

Und genauer kann man an dieser Stelle nicht werden, weil es auf die Art der Impfung ankommt und die Krankheit. Das Risiko, dass bei einer Impfung etwas sehr Unangenehmes passiert, ist extrem gering, dennoch: Es ist Risikoabwägung. Das ist im Kleinen so wie im Großen. Das gilt für die Benutzung ebenso wie für die Zulassung eines Impfstoffs. Allerdings, wie gesagt, für jedes andere Medikament auch. Und für das Aufstehen aus dem Bett. Oder das Liegenbleiben. Und eine Nutzen-Risiko-Einschätzung kann von Land zu Land unterschiedlich ausfallen. Und von Virus zu Virus auch.

Die Wahrscheinlichkeit, an den Pocken zu sterben, liegt durchschnittlich bei bis zu vierzig Prozent. Bei manchen Ausbrüchen überleben aber auch neunzig Prozent der Infizierten nicht. Die Wahrscheinlichkeit, an der Impfung gegen die Pocken zu sterben, beträgt anfangs zwischen einem und zwei Prozent. Ziemlich viel aus heutiger Perspektive.

Aber besser als vierzig Prozent. Die Impfung ist sehr beliebt.

Bei den meisten.

===

Alexander Milton Ross ist 1885 Arzt in Montreal, und er schreibt ein Pamphlet mit der Überschrift »Stop! Die Tyrannei des Doktorenhandwerks!!«. Menschen, schreibt er, werden wie dumme Tiere behandelt, und das liegt daran, dass Medien und Mediziner unter einer Decke stecken und eine verrückte Kampagne gestartet haben, in der es nur darum geht, mehr Geld zu verdienen. Man muss ja wirklich nicht über die Unterdrückung in Russland reden, im Zarenreich, schreibt er, denn offensichtlich wird das getan zu dieser Zeit, wenn man Unterdrückung auch im eigenen Land hat – durch die Gesundheitsbehörden. Eigentlich, schreibt er, gibt es keinen Grund, sich vor den Pocken zu fürchten, das sei keine schlimme Krankheit, sondern nur »senseless panic«, Panikmache. Er sagt: »Don't be alarmed by the smallpox.«

Die Pocken also. Vor ein paar Monaten sind sie mit dem Zug aus Chicago angereist – in einem Mann namens George Longley. Dem fällt das selber auf, Kunststück, Körper voller Pusteln, hohes Fieber, und er geht daraufhin sofort ins Krankenhaus. »Klar«, sagt der Arzt dort, »das sind die Pocken.« Und dann lehnt er eine Behandlung ab, denn Longley ist Protestant, aber das Krankhaus nur für Anglikaner, Pech gehabt, Wiedersehen, viel Erfolg. Seuchenpolitisch ist das nur mäßig clever, denn Longley steckt auf der Suche nach einer Behandlungsmöglichkeit alle möglichen Leute an (er findet schließlich einen Arzt, der ihn behandelt, und überlebt).

Aber die Toten sind trotzdem kein Grund zu impfen, sagt Ross, das ist zwar zu der Zeit schon lange möglich, aber eigentlich nur ein »Fetisch«. Zum Glück, sagt er, gibt es jetzt jemanden, der dagegen aufsteht: ihn. »The only doctor, who had dared to doubt.« Was er nicht sagt: Er hört sich gerne selber reden, sein Ego ist groß, seine Weltsicht eingeschränkt. Ross führt Kollegen auf, die ihn unterstützen, manche haben schon mal in dem Feld gearbeitet, andere haben von dem Thema keine Ahnung. Aber weil sie Ärzte sind, wird ihre Meinung gehört. Und Ross hat mehr Einfluss, als er selber denkt. Die Anti-Impfbewegung ist sehr stark in Montreal. Impfärzte sind Scharlatane, stimmt alles nicht, Betrug. Die Stadt wird weltweit bekannt: als Ort, an dem die Pocken nicht eingedämmt werden. Eine Stadt, die man unbedingt meiden sollte.

Das ist übertrieben, finden die Ärzte um Ross, schließlich sind die Pocken nur für einen kleinen Teil der Bevölkerung eine Gefahr. Das stimmt insofern, als das immer für alle Krankheiten gilt: Die meisten Leute sterben nicht. Zwei Prozent aller Einwohner Montreals dann aber doch.

Und das sind nur so wenige, weil, auch das ist ja immer so, die meisten Leute vernünftig sind. Sie lassen sich impfen, einerseits, und ergreifen, andererseits, freiwillig Maßnahmen, die später als Social Distancing Karriere machen. Andererseits sind zwei Prozent auch wieder ganz schön viel, für eine Krankheit, die da schon bekämpfbar ist. Außerdem sind das nur die offiziellen Zahlen, das ist damals schon klar. Bereits im August 1885 schreibt die *New York Times,* dass niemand weiß, wie viele Opfer es im privaten Umfeld gibt. Erhebt nämlich niemand.

Ross schreibt auch. Er nutzt das Facebook seiner Zeit, eine Zeitung, und gibt den *Anti-Vaccinator* heraus, Untertitel »advocate of cleanliness«. Impfungen, verkündet er da, sind nicht nur nutzlos, sondern viel schlimmer: »a fearful engine of destruction«. Kinder würden sterben deswegen, das schreibt er auch, genau wie den selten dämlichen Satz, dass die wahre Seuche ja nicht die Pocken sind, sondern die Impfung dagegen.

Nach Ansicht von Ross ist das verwendete Serum ein Gift, dreckig und ungesund, das die Pocken nicht verhindert, sondern häufig das Gegenteil auslöst: eine Pockenerkrankung. Dazu alle anderen möglichen Krankheiten, Cholera, Blutvergiftung, Typhus, Tuberkulose, Syphilis. Um die Krankheit nicht zu bekommen, soll man sich lieber gesund ernähren. Auch gut ist viel Bewegung an der frischen Luft. Ganz wichtig: »a healthy mind in a healthy body«.

Er schlägt außerdem vor, die Kanalisation auszubauen und dafür zu sorgen, dass jeder Zugang zu sauberem Wasser bekommt. Das ist nicht falsch, und in der Tat ist die ungleiche Qualität des Impfstoffs ein Problem. Manchmal klappt die Impfung gut, manchmal weniger gut, und manchmal löst der Impfstoff tatsächlich Syphilis aus, weil die Technik der Arm-zu-Arm-Impfung benutzt wird. Damit es schneller geht, wird ein Impfling nach dem anderen vakziniert, immer dieselbe Spritze. Weil der Impfstoff auf einem abgeschwächten Virus basiert, macht das die Impfung zu einer relativ riskanten Veranstaltung, die auch schiefgehen kann. Und so tut Ross, was oft getan wird und auch heute noch passiert: Er vermischt einen kleinen Anteil Wahrheit mit einer großen Menge Unsinn, zumal die Gesundheit nicht sein Hauptargument ist.

Sondern: Die Impfung ist ein Verstoß gegen die Menschenrechte. Ein Verbrechen. Niemand hat das Recht. Die eigene Kontrolle des eigenen Körpers. Die Freiheit wird eingeschränkt. Despotismus. Die Rechte der Kinder werden ignoriert. Er dagegen wähle: »Freiheit über die Sklaverei.« Es ist, wie immer, die ganz große Kanone, mit der geschossen wird.

Alexander Milton Ross aus Belleville, Ontario, Sohn von William und Frederika, verheiratet mit Hester Harrington, fünf Kinder, findet, dass man sich wegen der paar Toten nicht so anstellen soll. Er übersteht die Pocken-Epidemie in seiner Stadt ohne Probleme.

Er ist geimpft.

===

Als Reaktion auf den Montreal-Ausbruch wird 1887 in Kanada ein Impfgesetz verabschiedet, das Eltern dazu zwingt, ihre Kinder innerhalb von drei Monaten gegen die Pocken impfen zu lassen, was wiederum zu einer anderen Reaktion führt, einer Art von Impfreaktion sozusagen: Die »Anti-Vaccinaton League of Canada« wird im Januar 1900 gegründet.

Die Kanadier sind spät dran. Briten und Amerikaner gründen ihre Impfgegnervereinigungen teilweise deutlich früher. Und auch die Deutschen sind da schon seit Jahrzehnten organisiert empört über das Impfen. Ganz früh regen sich übrigens die Stuttgarter auf, ein paar zumindest, 1869, fünf Jahre bevor im Deutschen Kaiserreich überhaupt eine Impfpflicht beschlossen wird, gründet sich dort die erste Impfgegner-Organisation.

Immer wieder werden Prozesse geführt für das Recht am eigenen Körper, und weil die meist verloren werden, wird auch mit dem Willen Gottes argumentiert, gegen den das Impfen verstößt oder damit, dass man als Vegetarier doch unmöglich dem Einbringen von tierischen Materialien in den Körper zustimmen könne. Demonstrationen gegen die Impfpflicht haben teilweise mehrere zehntausend Teilnehmer, und in England geht ein Bild so viral, wie es eben damals gehen kann, und wird sehr populär. Es zeigt ein kuhähnliches Tier mit spitzen Zähnen und weit geöffnetem Maul. Vor dem Tier stehen Männer, die dem Monster körbeweise Kinder in den Rachen kippen. Die werden fleißig verdaut und als roter Kinderbrei hinten wieder ausgeschieden – und von einem Mann mit Hörnern und roter Haut im Gesicht, der garantiert absichtlich an den Teufel erinnert, auf einen Karren geschaufelt.

Und natürlich ist die Idee einer Impfung verrückt, heute noch und damals erst recht: Gesunden Menschen werden mit Absicht potenziell krankmachende Stoff in den Körper gebracht. Das mag wissenschaftlich verständlich sein, hat aber, so rein emotional betrachtet, keinen logischen Zusammenhang. Vor allem weil der Gegenbeweis fehlt. Ein Geimpfter, der aufgrund der Impfung nicht an einem Erreger erkrankt, kann nicht wissen, ob er ohne Impfung krank geworden wäre.

Klappt trotzdem.

===

Unser Körper ist ziemlich gut darin, Viren zu reproduzieren. Das klappt besser, als uns lieb ist, wir werden krank, weil Viren unsere Zellen besetzen und sie umfunktionieren in Virenfabriken. Der mRNA-Impfstoff macht sich das zunutze. Von dem Bild haben vermutlich die meisten schon mal gehört: Virenfabrik. Aber es ist etwas schief, denn eigentlich ist eine Zelle nicht nur die Fabrik, sondern auch die Planungsbude. Im Prinzip eher ein Firmengelände, Planung, Design, Marketing, Produktion, Vertrieb, alles vorhanden. Auf dem Gelände ist einerseits der Bauplan untergebracht, der genaue Anweisungen für die Herstellung des Produktes enthält. Andererseits steht dort aber auch das Werk. Nur geht es eben nicht um die Produktion von Jogginghosen, sondern darum, wie die Proteine zusammengesetzt sein müssen, damit aus ihnen Leben entsteht.

Im Zellkern liegt die DNA, in der die Erbinformation lagert. Das ist das Hauptquartier, da sitzt die Geschäftsführung, und dort liegt der Bauplan für die Produktion. Gebaut wird allerdings außerhalb des Kerns. Die Montagehalle ist zwar noch auf dem Gelände, in der Zelle, allerdings ein Stück entfernt. Damit die Leute in der Produktion aber überhaupt wissen, was gebaut werden soll, und nicht irgendeinen Quatsch produzieren, den am Ende keiner benötigt, braucht es einen Boten, den Fahrer sozusagen, der die Anweisungen der Geschäftsführung übermittelt. Und das ist die mRNA. Sie transportiert Informationen, es ist ihr Job, daily business, denn das tut sie auch ohne Virusinfektion. Das klappt, weil RNA und DNA sich ähnlich sind, evolutionsbiologisch, aber chemisch eben doch so verschieden, dass sie nicht zueinanderpassen und fusionieren können. Die mRNA wird im Zellkern erstellt und mit Information über den Bauplan für ein menschliches Protein vollgepackt.

Aber bei der Impfung eben nicht.

Die mRNA ist in diesem Fall künstlich hergestellt, synthetisiert, und kommt von außen. Sie ist mit einer Information beladen, die, je nach Virus, die Bauanleitung für ein Protein besitzt, das Teil eben dieses Virus ist, für uns harmlos, für unsere Immunabwehr aber gut erkennbar. Das Ziel ist es, die Fachleute in der Produktion ihren Job machen zu lassen – die synthetisierte mRNA fälscht die Anweisungen der Geschäftsführung für die Produktion. Bei der mRNA-Impfung wird also kein virales Antigen verimpft, sondern die Bauanleitung dafür. Die Zelle produziert den Impfstoff selber.

Die künstliche mRNA schafft es durch die Hülle in die Zelle – mit Hilfe eines Lipids, in das sie verpackt ist, das ist eine Fetthülle, und im Prinzip auch nichts anderes als ein Löffel Olivenöl oder ein Thunfischsandwich. Bei anderen Impfstoffen, etwa aus inaktivierten Viren oder Virenstücken, funktioniert das nicht. Sie gelangen nicht in die Zelle und erzeugen so zwar Antikörper, aber die T-Zellen, die körperfremde Antigene erkennen und vernichten, werden nur mäßig gut stimuliert, weil ihnen das entscheidende Protein eben nicht von der Zelle angeboten wird.

Aufgrund der unterschiedlichen chemischen Beschaffenheit kann die RNA sich nicht in die DNA schreiben, das steht oben schon, aber es schadet nicht, das zu wiederholen. Das passiert einfach nicht, weil dafür zwei Enzyme nötig sind, die die menschliche Zelle nicht hat. Die RNA müsste sich zuerst in DNA umwandeln, ohne diese Enzyme geht das aber nicht. Kann nicht passieren. Manche RNA-Viren können das zwar, HIV etwa, aber die bringen die Enzyme selber mit – wie ein Gast, der seinen eigenen Alkohol zur Party mitbringt, weil er weiß, dass das Zeug, das der Gastgeber anbietet, nicht genug Umdrehungen hat.

Das machen aber nur die wenigsten, die Getränke des Gastgebers reichen meistens aus, um sich gepflegt zu betrinken. Und das ist bei einer stinknormalen RNA auch so, sie hat einfach keinen (evolutionären) Grund, die Enzyme mitzubringen. Klappt ja auch so mit dem Kapern der Zelle.

Abgesehen davon kommt die mRNA nie mit der DNA in Berührung, die sitzt schließlich geschützt im Zellkern. Zudem ist RNA extrem instabil, und das gilt auch für mRNA – was wiederum der Grund ist, warum ein Impfstoff, der auf dieser Basis funktioniert, in der Fettblase versteckt wird, im Thunfischsandwich, um ihn überhaupt unbeschadet zur Zelle zu bringen. Normalerweise würde er sonst im Blut sofort zerfallen.

Und das passiert auch, sobald der Schutz durch die Fettschicht nicht mehr da ist: Die mRNA wird in der Zelle abgebaut.

Weil das alles auf einem Vorgang basiert, der im Körper ohnehin passiert, benötigt es auch keine Impfverstärker, das übernimmt einerseits das Fett und andererseits die RNA selber.

Der mRNA-Impfstoff benutzt unsere eigenen Zellen, um den Impfstoff selber zu produzieren – was ihn im Grunde nicht mehr zu einem Impfstoff macht, sondern zu einem Teil unseres Immunsystems.

Im Prinzip ist die mRNA-Impfung eine Idee von vorgestern. Dass mRNA erfolgreich in Lipide verpackt werden kann, Fettkügelchen, wird schon 1989 in San Diego bewiesen. Und die Ursprungsidee, im Sinne von »da könnte was gehen mit einer Impfung«, ist sogar noch mal älter, die kommt aus den 1970ern. Dabei war das Ziel der mRNA-Impfung immer ziemlich ambitioniert: die Medizin revolutionieren. Denn wenn das klappt, dann ist die Entwicklung eines Impfstoffs in Zukunft in wenigen Tagen erledigt, sobald die Sequenzierung eines Virus abgeschlossen ist, weil man nur noch den Bauplan in die Zelle schickt und ein Virus nicht mehr umständlich nachbauen muss.

In Zukunft müssen dann nur noch einzelne Bestandteile ausgetauscht werden, das System selber bleibt immer gleich und muss nur noch an Stellschrauben nachjustiert werden.

Wie bei einem Handy, das immer mal wieder eine neue App bekommt.

===

Phase 1
Es geht vor allem um die Sicherheit. Ein potenzieller Impfstoff wird in der Regel an weniger als hundert Freiwilligen durchgeführt. Die grundsätzliche Frage steht im Mittelpunkt: Vertragen sie ihn? Denn es geht erst mal nicht darum, eine Krankheit zu heilen oder den Gesundheitszustand der Teilnehmer zu verbessern: Die Probanden sind gesund und sollen das auch bleiben.

Phase 2
Einige hundert Personen. Die Sicherheit steht nach wie vor im Fokus. Es wird mit der Dosierung experimentiert. Erst jetzt wird untersucht, ob der Impfstoff eine Immunantwort hervorruft, und wenn er das tut, wie hoch die überhaupt ist. Eine Immunantwort, die geringer ist als

diejenige auf eine natürliche Infektion? Impfstoff gescheitert. Eine Immunantwort, die nur wenig höher ist? Impfstoff gescheitert. In Phase 2 schmieren die meisten ab.

Phase 3
Zehntausende Testpersonen. Eine Gruppe erhält den Impfstoffkandidaten, die andere ein Placebo – um festzustellen, ob die Impfung eine Krankheit verhindert. In Phase 3 ist die Standortwahl entscheidend, letztlich ist es die Suche nach einer Infektion. Schließlich infiziert man niemanden mit Absicht, das ist unethisch. Was bedeutet, dass man einen Ort benötigt, an dem die Wahrscheinlichkeit einer Infektion hoch ist. Die Probanden müssen dem Virus in der echten Welt begegnen. Stellt sich heraus, dass Menschen in der ungeschützten Placebo-Gruppe nicht mit der Krankheit in Kontakt gekommen sind, bedeutet dies, logisch, dass es keinen wirklichen Test gegeben hat. Ob der Impfstoff wirkt oder nicht, ist dann völlig unklar.

Bei einer Pandemie geht das schneller als im Normalfall, einfach weil es überall das Virus gibt. Und das ist auch einer der Gründe, warum viele der Impfstofftests bei SARS-CoV-2 in Brasilien stattfinden. Mit neokolonialer Attitüde hat das nichts zu tun, sondern eher damit, dass sich das Konzept des Seuchenschutzes dort auf höchster Regierungsebene, nun ja, nicht wirklich durchgesetzt hat. Die Wahrscheinlichkeit, sich das Virus einzufangen, ist da einfach höher.

===

Gerd Sutter arbeitet sechs Jahre lang beim Paul-Ehrlich-Institut in Langen, zwanzig Kilometer südlich von Frankfurt. Von 2003 bis 2009 ist er dort, Direktor und Professor, Leiter der Abteilung für Virologie. Das PEI, Bundesoberbehörde, ist zuständig unter anderem für die Bewertung und Zulassung von Impfstoffen, und Sutter bringt dort das Akademische mit dem Praktischen zusammen. Wie funktioniert das wirklich? Vor allem: Wie schnell geht es?

Nicht so sehr schnell. Die Produktion von Impfstoffen ist nicht die Produktion eines Smoothies. Nicht ein paar Dinge zusammenwerfen, und dann passt es schon. Äpfel, Birnen, ein paar Antikörper, dazu ein

Vektorvirus, so funktioniert das nicht. Verschiedene Impfstoffe benötigen teilweise verschiedene Infrastrukturen, man kann nicht mal einfach ein Werk umwidmen, die Abläufe sind andere, die Standards auch – und gerade am Anfang müssen sie erst mal etabliert werden. Ideen aus dem Labor großtechnisch umzusetzen, das dauert, und manchmal klappt es auch nicht und man muss irgendwas umbauen, obwohl am Anfang nichts darauf hindeutet. Das kommt vor, und daran ist dann auch niemand schuld.

Das ist so, weil ein Impfstoff sich nicht wirklich an einem anderen Impfstoff orientieren kann. Fertigt man eine Jeans, skinny fit, ist die Herstellung einer anderen, die eher weit ist und bequem, nicht so unterschiedlich, und selbst die Produktion eines Pullovers ist dann kein großer Unterschied. Stellt man einen Influenza-Impfstoff her, hat das mit einem für Polio erst mal überhaupt nichts zu tun – abgesehen davon, dass beides Impfstoffe sind. Und mit einem mRNA-Impfstoff schon gar nicht.

Das ist damals schon Thema: mRNA. Wird angedacht und ausprobiert. Sutter sagt: »Es ist jetzt nicht so, dass das gerade aus dem Vakuum gesprungen wäre.«

Und was die Forschungsstrukturen angeht und das Tempo: Die Amerikaner organisieren das anders. Da wird mehr Wert gelegt auf Wettbewerbsförderung. Und vor allem investieren sie mehr Geld. Viel mehr Geld. Fast um den Faktor 1000 mehr in ihre Infektionsforschung. Fördern dann aber punktuell. The Winner takes it all, zumindest fast alles. Während in Europa eine andere Kultur herrscht. Engere Zusammenarbeit. Was sich allerdings vielleicht auch aufgrund der Mangelsituation der Förderung so ergeben hat.

Sutter mag den Teamgeist am PEI, er ist gerne da und er mag die Hessen, und da hat er natürlich recht, das sind super Leute. Apfelwein, Ebbelwoi, na ja, gewöhnungsbedürftig, und die Eintracht zu sehen gegen Bayern in der Bahnhofskneipe in Langen, Bayernfans massiv in der Unterzahl, das hat ihn beeindruckt, denn davon erzählt er noch Jahre später. Aber weil ihm das Fliegenfischen in der Isar dann doch fehlt, und die Grundlagenforschung auch, wechselt er später an die LMU.

===

Im Normalfall dauert der Entwicklungsprozess eines neuen Impfstoffs zwischen zehn und zwölf Jahre. Die schnellstmögliche Ausnahme ist, bis SARS-CoV-2, der Impfstoff gegen Mumps. Bis zur Zulassung dauert es vier Jahre, Rekordzeit. Aber nur weil es lange dauert, heißt es nicht, dass es lange dauern müsste. Zehn Jahre Entwicklung bedeutet nicht: Zehn Jahre wird geforscht. Es bedeutet: Man verbringt ewig damit, auf eine Finanzierung zu warten. Anträge schreiben, Bewilligungen abwarten, das dauert. Behörden lassen sich Zeit, Studien kosten Geld. Die Rekrutierung der Probanden ebenfalls. Auch kleine Mengen Test-Impfstoff müssen produziert werden, und man muss auf Produktionsslots warten, weil die Infrastruktur nicht ad hoc verfügbar ist.

Und wenn das alles erledigt ist, erfolgt die Auswertung der Daten und im besten Fall die Zulassung, was teilweise auch noch jahrelang dauern kann. Weil die Gewinnaussichten bei einem Impfstoff zudem nicht besonders hoch sind, einmal erfolgreich geimpft und die Krankheit ist besiegt, wird auch nicht besonders viel investiert.

Pandemien sind die Ausnahme der Regel.

===

Eine Impfung ist immer die Simulation einer Infektion. So tun, als ob ein Angriff kommt, um die Abwehrmechanismen hochzufahren, um dann auf den echten Angriff reagieren zu können.

Impfungen verhindern weltweit zwischen zwei und drei Millionen Todesfälle jährlich, kommt auf die Krankheit an, die gerade kursiert. Weitere anderthalb Millionen könnten verhindert werden, wenn jeder Zugang zu Impfstoffen hätte oder sich impfen lassen würde.

===

Als sich die Amerikaner im Sommer 1976 auf die damals grassierende Schweinegrippe vorbereiten, schreibt Dr. Hans H. Neumann einen Leserbrief an die *New York Times*. Das Grippevirus ist Subtyp A/H1N1, auch für die Spanische Grippe 1918 verantwortlich, und die Wiederholung eines solchen Szenarios scheint der CDC sehr realistisch. Der Plan: Alle Amerikaner impfen. Neumann ist gebürtiger Österreicher. Er hat in Westsamoa gearbeitet, eine Lepra-Kolonie geleitet, kümmert sich als Arzt um sexuell übertragbare Krankheiten aller Art und ist Leiter der Abteilung für Krankheitsprophylaxe am Gesundheitsministerium in New Haven, Connecticut. Er unterstützt den Plan der Gesundheitsbehörden. Aber, sagt er, man muss das besser kommunizieren.

Nach der Impfung von einer Million Menschen kommt es damals in den USA zu rund 2300 Schlaganfällen und 7000 Herzinfarkten – innerhalb von zwei Tagen. Dazu kommen 9000 Lungenentzündungen in der ersten Woche, davon 900 tödlich. Weil der Impfstoff so gefährlich ist? »Weil diese Zahl den statistischen Erwartungen entspricht. Egal ob Impfungen stattgefunden haben oder nicht.« Er fragt: »Kann man von jemandem erwarten, der mittags eine Grippeimpfung und in der Nacht darauf einen Schlaganfall bekommt, dass er die beiden Ereignisse nicht irgendwie aufeinander bezieht?«

Er sagt voraus, dass Assoziationen wie diese, obwohl Ursache und Wirkung in keinem Zusammenhang stehen, die öffentliche Meinung in Zukunft gegen das Impfen drehen kann.

KAPITEL ACHT

Laufen lassen

Die Rassisten, die sagen, dass sie es nicht so meinen, gibt es, aber sie lügen. Wir sind ein Gefäß auf zwei Beinen. Sozialdarwinismus ist eine ganz miese Idee. Gneisenau stirbt im Gefecht, Rotwein mit Senf hilft dagegen nicht, und winter is coming. In Europa bestimmt die Rinderzucht die Debatte.

Feuerwehrmänner sind Helden, und Jogger können nicht die Tour de France gewinnen. An einem Virus arbeiten ist wie ein Buch auswendig lernen, aber manchmal sind Viren trotzdem wie Fernseher. Die SPD und Wilhelm II., das passt schon. Die Smashing Pumpkins waren früher besser.

Und wenn mehr Geld in die Vorsorge investiert wird, dann ist das immer gut.

Jemand ruft auf der Lungenstation in Pforzheim an und sagt, er hat ein Paket aus China bekommen, was macht er denn jetzt. Dann meldet sich jemand und fragt, ob es noch okay ist, chinesisch essen zu gehen. Und schließlich fährt jemand Straßenbahn und, shocking, ein Chinese sitzt drin oder auch nicht, jedenfalls ein Asiate, und die sehen doch sowieso alle gleich aus.
Weerawarna ist da selber am Telefon, er kommt gerade an, Schichtbeginn, Zufall, dass er rangeht.»Mein Name ist Thushira Weerawarna«, sagt er,»geboren bin ich in Colombo. Das liegt in Sri Lanka. Das liegt in Asien.«
Der Anrufer hat es nicht so gemeint.

===

Viren haben keinen eigenen Stoffwechsel. Sie können keine eigene Energie erzeugen und brauchen zu ihrer Vermehrung immer einen Wirt. Letztlich sind sie nicht mehr als eine leblose Sammlung von Genen, geschützt durch eine Eiweißhülle.

Während wir über rund drei Milliarden Basenpaare verfügen, kommen manche RNA-Viren, HIV etwa, auf gerade mal knapp 10 000, aber ihrem Erfolg tut das keinen Abbruch. Viren infizieren alles, was nicht bei drei auf dem Baum ist, und den Baum gleich dazu, Tiere, Pflanzen, Bakterien, andere Viren, auf allen möglichen Verbreitungswegen, sei es durch die Luft, als Schmierinfektion, durch Insekten oder durch kontaminierte Gegenstände. Die allermeisten Viren existieren weder in Tieren noch in Pflanzen oder Bakterien. Sondern frei, in unserer Umgebung. Vermutlich können sie aus sich selbst heraus komplexe Gene schaffen, weil sie sich ständig mit anderen Viren austauchen.

Wie sie genau entstanden sind, ist unklar, vermutlich gibt es sie schon seit Anbeginn des Lebens. Vielleicht sind sie einfach abgefallen von Einzellern, aber vielleicht gibt es auch keinen Punkt, an dem man eindeutig von Viren sprechen kann, denn vielleicht waren sie auch schon vor den Zellen da, als Parasiten sich selbst replizierender RNA-Ketten, aus denen später Gene wurden.

===

Der britische Evolutionsbiologe Richard Dawkins, bis zu seiner Pensionierung Professor an der Universität von Oxford, 2013 zum weltweit wichtigsten Denker gewählt und ganz sicher einer der einflussreichsten, argumentiert bereits in den 1970ern, dass es zwischen Tieren, also auch uns, und Mikroben gar keinen großen Unterschied gibt, was den biologischen Zweck angeht: Schließlich geht es nur darum, die Gene zu vermehren.

Viren, sagt er, sind vielleicht nicht belebt, die wichtigste Aufgabe im Zyklus des Lebens erfüllen sie aber sehr wohl, weil sie ihre Gene weitergeben, wenn auch über Umwege. Unser Körper ist eben das Transportmittel. Wir sind nichts anderes als ein Auto oder ein Zug, eine E-Mail oder Rauchzeichen, ein Weg der Informationsübermittlung. Gebaut nur zu diesem einen Zweck. Unsere Gene benutzen uns genauso.

Viren aber eben auch.

===

Sowohl der Wolf als auch der Elch haben Bandwürmer, selbe Art, unterschiedliche Entwicklungsstadien. Bandwürmer sind keine Viren, schon klar, Parasiten aber schon, und das Prinzip ist ähnlich, zumindest in diesem Fall, und als Gleichnis funktioniert es auch.

Im Darm des Wolfes lebend, beeinträchtigen die Würmer das Raubtier kaum. Sie können dort, nur dort, zu voller Größe wachsen und geschlechtsreif werden. Im Elch leben sie als Larve, weil er die Eier über die Pflanzennahrung aufnimmt, allerdings nicht im Darm. Dort schlüpfen sie zwar, aber das nutzt ihnen erst mal wenig, weil sie sich dort nicht weiterentwickeln können. Im ganzen Elch geht das nicht.

Und so bohren sich die Babybandwürmer durch die Darmwand und siedeln überall im Elchkörper, vor allem aber in der Lunge. Dort wachsen sie zu Zysten heran, in denen es von kleinen Bandwürmern wimmelt. Sie zerstören die Bronchien und die Blutgefäße der Lunge.

Im Laufe der Zeit wird so aus jedem Elch-Modelathlet ein körperliches und kurzatmiges Wrack – das so zu einer ziemlich leichten Beute für den Wolf wird. Der die kleinen Bandwürmer wiederum mit dem Elchfleisch verzehrt. In dessen Darm die Würmer sich entwickeln und geschlechtsreif werden. Der Wolf scheidet die Eier aus, der Elch frisst sie mit der Nahrung.

Räuber fangen Beute? Kann sein. Die Frage ist nur: Wer ist der Räuber, und wer ist die Beute?

===

Als der Brite Herbert Spencer, Soziologe und Philosoph, am 8. Dezember 1903 um 4.46 Uhr stirbt, hinterlässt er der Welt eine ziemlich bescheuerte und unglückselige Idee. Mitte des 19. Jahrhunderts sucht er ein Modell, um verschiedene gesellschaftliche Entwicklungsstufen zu erklären – und findet die Evolutionstheorie seines Zeitgenossen Charles Darwin. Er deutet dessen Aussage um, begründet den Sozialdarwinismus und erfindet den Begriff *survival of the fittest*. Aus der »natürlichen Auslese« wird so der »Kampf ums Dasein«. Aber dass der Stärkste überlebt, ist ein Missverständnis, war es schon immer.

Es ist derjenige, der sich am besten fortpflanzt. Egal wie.

Das gilt auch für Viren.

===

Von einzelnen Fällen abgesehen verschwindet SARS im Juli 2003, aber es ist, wie das ganz oft ist: Das Ende ist nur eine andere Form von Anfang.

Christian Drosten kann zum ersten Mal von außen auf die Sache blicken. Pandemie, zumal mit einem neuen Virus, das war etwas, das er vorher nur aus Büchern oder Filmen kannte. Die Realität ist weit weniger gruselig, kein Zombiefilm, dazu ist der Ausbruch letztlich zu klein und zu schnell eingedämmt. Aber technisch betrachtet …. dass seine eigene Methode funktioniert … dass man damit dann ein neues Virus findet … – »Irre«, sagt er. »Das ging ja seit Wochen rum in den Medien und dann ist das schon auch beeindruckend für einen selber. Aber eben in dem Moment auch nicht so spürbar, weil ständig was Neues passierte und man selbst nur ein kleiner Teil der ganzen Aufregung ist.«

===

Man muss sich nicht in ein Virus verlieben, das wäre romantisierend und übertrieben, aber Virologe ist man nicht, weil man einen Test baut oder irgendwas nachweisen kann. Das ist Handwerk, viele können das.

Zu einer Professionalisierung gehört, dass man sich für ein spezielles, eng umgrenztes Thema entscheidet. Dass man Erfahrung und Technik aufbaut, Expertise sammelt. Wissen schaffen. Neuland entdecken. Sich vertiefen und die Forschung nach vorne bringen. Das dauert Jahre. Nicht mit einem Virus arbeiten. An einem Virus arbeiten.

Es ist der Unterschied zu Immunologen, Epidemiologen oder auch Biochemikern. Alle benutzen Viren als Werkzeuge und Studienobjekte, aber ihr eigentliches Forschungsobjekt liegt dort nicht. Manchmal sind die Viren, die sie verwenden, nur Mittel zum Zweck, um Gene in die Zellen zu bringen etwa oder eine Krankheit bei Labormäusen auszulösen, die einer menschlichen Krankheit ähnelt.

Virologen arbeiten dagegen an einem Virus – oder einer zusammenhängenden Virusgruppe. Ebola, Hanta, HIV, Influenza, Coronaviren: kein echter Virologe ist in der Lage, all diese Erreger als Forschungsthema abzudecken. Wer bei einem Virus ein Experte ist, kann das nicht auch bei einem anderen sein. Niemand kann sich in wenigen Monaten tief einarbeiten – selbst wenn er Virologe ist. Dazu geht es bei jedem einzelnen Virus zu sehr in die Tiefe.

Letztlich ist das auch nicht anders als im Sport: Wer die Tour de France gewinnt, wird nicht Olympiasieger im 100-Meter-Sprint.

Er kann in seiner Freizeit aber joggen gehen.

===

An einem Virus arbeiten heißt nicht: nur ein Buch lesen. Es ist: alles darüber wissen. Unter welchen Umständen hat der Autor es geschrieben? Ist er dabei fast verrückt geworden und hat er dabei Tee getrunken, Kaffee oder Alkohol? Wo wurde der Kaffee angebaut und wo der Alkohol destilliert? Welche Druckmethode wird angewandt und wie heißt der Vater des Mannes, der die Druckerei gebaut hat? Was machen die Proteine des Virus? Was haben sie für eine Funktion? Kann man das beweisen, indem man Mutationen einbaut? Ist es ähnlich bei verwandten Viren? Spricht das Protein verwandter Viren in der Zelle das gleiche Protein an oder ein anderes? Wie wird es vermutlich weiter evolvieren?

Drosten hat sich im Sommer 2003 noch nicht entschieden.

Er liest das Buch und er weiß gerade so, in welchem Verlag es erscheint.

Aber weil er zufällig zeitgleich mit Hoe in Frankfurt ist, und dieser Zufall ihn an die Spitze spült, wird ihm die Entscheidung abgenommen. Es ist eine Chance und warum soll er sie nicht nutzen? Das Feld ist nicht so umkämpft wie andere. Nur wenige Wissenschaftler haben Coronaviren auf dem Schirm. Sie sind einerseits alltäglich. Und haben andererseits das Potenzial für eine Pandemie. Wenn das nicht spannend ist.

Er hat ein Buch vor sich.

Er will alles darüber erfahren.

===

Straßburg ist gerade mal einhundert Kilometer entfernt und im März 2020 hört Thushira Weerawarna, dass die Intensivstation der dortigen Uniklinik zu klein ist für die Masse an Patienten, die beatmet werden müssen. Er denkt: Wir können denen helfen. Er hat Platz auf der Intensivstation. Er geht zum Telefon, ruft im Krankenhaus in Straßburg an, sagt, wer er ist und dass sie ein paar Patienten schicken können. Die Franzosen können kein Englisch. Sie reden Französisch, er hat keine Ahnung, was sie wollen. Vielleicht, denkt er, sollte ich die Krankenhausleitung mal einweihen.

Das tut er dann, und alle sind dafür. Sie haben eine Oberärztin aus Kamerun, die könnte anrufen, sie kann hervorragend Französisch, aber die ist nicht da, Mutterschutz. Weerawarna erreicht sie erst am Abend, morgens um sieben ist mit den Franzosen vereinbart, dass Patienten nach Pforzheim verlegt werden.

Und dann bekommt Weerawarna einen Anruf aus Stuttgart. Ein Vertreter der Landesregierung ist am Apparat. Das geht nicht, sagt der Mann am anderen Ende der Leitung. Das muss von uns koordiniert sein. Sie können nicht einfach auf eigene Faust Menschen aufnehmen. Was, wenn wir die Betten für unsere Leute brauchen? Jetzt, sagt Weerawarna, lapidar, sind erst mal die anderen krank. Es wird sofort bürokratisch, wer zahlt das denn? »Ist mir egal«, sagt Weerawarna. Er bleibt gerne länger, daran soll es nicht scheitern. Er ärgert sich – und ruft einen Bekannten an, Bundestagsabgeordneter, Wahlkreis vor der Tür. Der sagt, ich kümmere mich, und das tut er dann. Innerhalb eines Tages ist alles geregelt.

Die Franzosen kommen mit dem Hubschrauber, vier Patienten, eine Ärztin. Sie kann kein Englisch, und deswegen malt Weerawarna einen Patienten auf ein Stück Papier, im Bett liegend, eine Maschine daneben und Schläuche in das Strichmännchen. Er kann: Leute beatmen. Er kann nicht: zeichnen. Es dauert ein bisschen, aber dann erkennt sie das Bild.

Sie schreibt: »180«.

Er kann das nicht glauben. 180 Patienten, die beatmet werden? »180?«, schreibt er.

Sie macht einen Haken unter die Zahl und nickt dabei.

Scheiße, denkt er. Er denkt: Ich muss den Zettel aufheben.

Er verliert ihn sofort.

===

Jon Snow heißt eigentlich Aegon Targaryen, und er muss eine Mauer bewachen, gegen alle möglichen Viecher kämpfen und gegen Soldaten und bleiche Zombies aus dem Eis auch. Er verliebt sich in eine etwas anstrengende Frau, die ungewöhnliche Haustiere hält, mit der er leider verwandt ist und die er trotzdem irgendwann tötet. Er könnte König werden, wird es aber nicht, weil er im Grunde seines Herzens Anhänger der republikanischen Staatsform ist.

Game of Thrones ist sehr kompliziert und noch viel blutiger, es hat hervorragende Dialoge, und irgendwann fangen die ganzen Kriege an zu nerven. Die Serie bekommt 59 Emmys und unzählige andere Auszeichnungen, und alle sind verdient. Es ist bestimmt die einzige Serie in der Geschichte des Fernsehens, die es schafft, acht herausragende Staffeln durch die letzten drei oder vier Folgen fast zu zerstören.

Und sie prägt einen Satz, der, anhand einer Kaffeetasse, Einzug findet in die deutsche Politik: Winter is coming.

===

Im März 2020 findet Graham Francis Medley, Professor für Modellierung von Infektionskrankheiten, London School of Hygiene & Tropical Medicine, dass man die Covid-19-Epidemie in Großbritannien einfach mal laufen lassen sollte.

Herdenimmunität, sagt er, das sei doch eine gute Idee und dazu müsse man erst mal gar nichts tun. Unter anderem kommt man damit bestimmt besser durch den Winter. Winter is coming. Er nennt das »a nice big epidemic«. Es ist seine Privatmeinung, und sie schließt zwangsläufig ziemlich viele Tote mit ein. Niemand sonst ist von der Idee begeistert, die britische Regierung rudert zurück, und auch die Schweden widersprechen, weil sie zwar auch vom Winter reden, der kommt, aber »Laufen lassen« tatsächlich niemals ihr Plan war.

Aber die Idee ist wie ein Zombie in »*The Walking Dead*«, immer wenn man denkt, jetzt ist es überstanden, taucht hinter irgendeiner Hausecke ein neuer auf. Sie wird umbenannt und anders etikettiert, aber ist doch dauernd da, auch in deutschen Talkshows. Im Oktober 2020 veröffentlicht eine Lobbyorganisation namens »*American Institute for Economic Research*«, die sonst damit beschäftigt ist, Sozialismus zu bekämpfen und den Klimawandel zu leugnen, ein Papier, das mit Wissenschaft wenig zu tun hat – aber so tut, und den Zweck verfolgt, Zweifel zu säen und freudige Schnappatmung in der YouTube-Blase der Seuchenleugner zu erzeugen. Es ist die gleiche PR-Taktik, die bei Zigaretten und Tabak angewendet wird und beim menschlichen Einfluss auf das Klima ebenfalls. Sie ist, das mal nebenbei, immer gleich: Es ist der Versuch, eine Minderheitenmeinung, die von Leuten vertreten wird, die keine Ahnung haben, aber schöne Titel, als gleichwertig zu präsentieren. Was sie nicht ist. Auch in Deutschland wird das angewendet, als, etwa zur selben Zeit, eine »Gemeinsame Position von Wissenschaft und Ärzteschaft« erscheint, an der, wie sich kurz danach herausstellt, weder besonders viel Wissenschaft noch Ärzteschaft beteiligt ist.

Die »Great Barrington Declaration« genannte Stellungnahme provoziert eine Reaktion von Tausenden Wissenschaftlern, echten diesmal, Epidemiologen, Virologen, Infektiologen, auch Sozialwissenschaftler und Katastrophenforscher sind dabei, Gesundheitsmanager und Professoren für Public Health. Sie alle veröffentlichen ein Memorandum. Es ist nach John Snow benannt, einem anderen, dem mit h, zu ihm kommen wir gleich, bezieht sich aber auch auf den aus Winterfell.

Herdenimmunität, schreiben sie, ist eine sehr schlechte Idee. Kein Wunder.

Herdenimmunität kommt aus der Rinderzucht.

===

Etwas über einhundert Jahre liegt es zurück, dass der Tierarzt George Potter aus dem ländlichen Kansas einen Text veröffentlicht im *Journal of the American Veterinary Medical Association*, 1916. Grundlage ist eine Beobachtung: Große Rinderherden im Mittleren Westen der USA erkranken an Brucellose, Stäbchenbakterium, gramnegativ. Die Krankheit tritt bei allen möglichen Tieren auf, bei Ratten, Hunden, Schafen und sogar Walen, aber in erster Linie infiziert das Bakterium Rinder. Die Rinderbrucellose ist ansteckend. Sie überträgt sich über fast alles, die Schleimhäute, vermutlich das Ablecken der Haut, über Schleim ganz generell und über Milch, Harn und Kot und Sex auch. Die Rinderbrucellose löst in erster Linie Frühgeburten aus, weswegen der Erreger bei Rindern auch genauso heißt, Brucella abortus. Weil die einzige Möglichkeit, die Krankheit zu besiegen, die Tötung der kompletten Herde ist, leben Züchter vor hundert Jahren in ständiger Angst vor der »ansteckenden Fehlgeburtlichkeit«, wie das damals auch genannt wird.

Potter findet die komplette Tötung übertrieben. Er argumentiert, dass man erst mal die Entwicklung abwartet und dann nur diejenigen keult, die für die Krankheit empfänglich sind. Mit den Überlebenden kann man ja weiterzüchten. Es ist die Umkehrung der bisherigen Strategie. Die kranken Tiere in der Herde zu lassen, sagt er, minimiert den wirtschaftlichen Schaden und sorgt dafür, dass langfristig eine Herde entsteht, die immun ist gegen den Erreger. Solange man keine Kühe von außerhalb in die Herde bringt, sozusagen die Grenze schließt – was bei kleinen Herden allerdings für Inzucht sorgt.

Inhaltlich ist sein Einfall aus der Not geboren, ein Konzept der Verzweiflung, weil man ohnehin nichts tun kann und Rinder mit der Krankheit auch nicht mehr verkauft werden können, niemand will sie essen. Die Seuche ist, wie viele andere Seuchen auch, ein wirtschaftlicher Totalschaden. Und so ist die Herdenimmunität eine »besser-als-nichts«-Idee, die von Anfang an sehr viel Tod mit einkalkuliert.

Nur eben nicht mehr den Tod von allen.

===

Weil es nach dem Zweiten Weltkrieg erstmals Impfstoffe in großem Maßstab gibt, bekommt der Begriff seine jetzige Bedeutung – und die ist eigentlich auch falsch. Durch Herdenimmunität wird niemand, der nicht geimpft ist, immun. Empfängliche Menschen sind nach wie vor empfänglich. Nur ist die Wahrscheinlichkeit, nicht krank zu werden, nicht so hoch, weil der Erreger inmitten aller Geimpften nicht bis zu den wenigen Ungeimpften durchkommt. Besser wäre also: Herdenschutz. Und der funktioniert nur, wenn die meisten Menschen solidarisch sind und mitmachen. Allerdings wirkt Herdenimmunität selber in die Evolution. Sie baut evolutionären Druck auf und kann neue Mutationen eines Virus fördern, Fluchtmutanten genannt, die im schlechtesten Fall sehr viel ansteckender werden können, um der Immunität der Herde auszuweichen und sie dabei so aufzuweichen, dass sie gar nicht erst entsteht. Aber bevor das missverstanden wird: Varianten eines Virus entstehen komplett zufällig – und zwar umso mehr, je öfter sich das Virus vermehrt. Also wenn die Inzidenz hoch ist.

Natürlich kann man mit einem Virus leben lernen, gibt ja Leute, die das offensiv vertreten, und das muss man auch, aber das kann man nicht am Anfang einer Pandemie tun, nicht bevor es eine Herdenimmunität gibt – weil das zwangsläufig zu sehr vielen Toten und einer zerstörten Ökonomie führt. Die Immunität der Population ist dabei der Endzustand, der Weg dorthin die Pandemie. Und die sollte man so ausbremsen, dass sie möglichst wenig Schaden anrichtet. Die Frage ist: Wie kommt man an dem Endzustand an? Mit wie vielen Toten und wie viel ökonomischer Zerstörung?

Das Leben mit dem Virus kann erst nach der Pandemie funktionieren. Dazu kommt: Epidemien finden immer in mehreren Wellen statt, weil Menschen sich nicht kontrolliert durchmischen, ist ja keine Versuchsanordnung, sondern in ihrer Peergroup unterwegs sind: St. Pauli-Fans hängen rum mit St. Pauli-Fans, Impfgegner mit Impfgegnern, Eltern mit Kleinkindern auf dem Spielplatz mit anderen Eltern mit Kleinkindern, und Reichsbürger treffen sich mit Reichsbürgern.

Das Virus braucht mehrere Anläufe, weil es immer nur die infiziert, die zu einer bestimmten Zeit miteinander Kontakt haben. Aber irgendwann haben es die alle gehabt, dann ebbt die Welle ab, völlig natürlich, was dazu führt, dass Menschen unvorsichtiger werden. Neue Kontakte entstehen, man fährt in den Urlaub, feiert Geburtstage, die Gesellschaft durchmischt sich erneut, ein Virus kann wieder Schwung holen: neue Welle.

Herdenimmunität ist eine Richtschnur für die Impfpolitik. Das Konzept ermöglicht es, Krankheiten mit Hilfe von Impfstoffen abzubremsen oder gar auszurotten. Und wenn es eilt und ein akuter Ausbruch stattfindet, dann sogar (erst mal) mit weniger Impfstoff als nötig. Um die Herdenimmunität zu erreichen, muss trotzdem später ein Mindestanteil an Immunisierten oder Durchseuchten erreicht werden.

===

William Herbert Foege, später Chef des CDC unter den Präsidenten Jimmy Carter und Ronald Reagan, sitzt 1967 in einer Lehmhütte in Nigeria, ohne Wasser und Strom. Für die Impfung ist das nicht so tragisch, schließlich ist er nicht mehr abhängig von flüssigem Impfstoff, wie das früher war. Das gefriergetrocknete Zeug, das es jetzt gibt, kann er in der Hosentasche mitnehmen, man muss es nicht mehr kühlen, es wird in großer Hitze nicht instabil, und man kann es erst an dem Tag anrühren, an dem man es braucht. Theoretisch eine große Sache, die die Impfbemühungen voranbringen sollte, praktisch trotzdem schwierig, weil gerade der Biafra-Krieg ausgebrochen ist, Bürgerkrieg mit interessanten Konstellationen, die Briten sind involviert und die USA, auf derselben Seite wie die Sowjetunion und Syrien, gegen Israelis und Portugiesen, die Franzosen und den Vatikan, die Situation ist entsprechend unübersichtlich, und Impfen steht auf der To-do-Liste der Kriegsparteien nicht besonders weit vorne. (Der Biafra-Krieg wird die Geburtsstunde von Ärzte ohne Grenzen, für die Carlo Urbani später den Friedensnobelpreis entgegennimmt.)

Foeges Frau und sein kleiner Sohn sind gerade evakuiert worden, er weiß noch nicht, dass er demnächst entführt wird (geht alles gut aus), und das Medizinstudium, das er gerade hinter sich gebracht hat in Harvard, kommt ihm jetzt gar nicht mehr besonders schlimm und kompliziert vor. Hab ich mir ja so ausgesucht, denkt er, denn Public Health will er schon immer machen, er ist großer Fan von Albert Schweitzer, und der ist auch nicht abgehauen, wenn es mal unangenehm wurde. Außerdem ist das sein erster richtiger Job nach der Uni, er will ihn nicht vermasseln, so kann er nicht anfangen im Berufsleben.

Er soll das Impfprogramm gegen die Pocken voranbringen, und das scheint aussichtslos. Ständig bricht die Krankheit in irgendeinem Dorf aus, die Pocken sind so hochansteckend und häufig, dass man auch versuchen könnte, den Regen zu bekämpfen. Um die Pocken in Schach zu halten, um gar eine Herdenimmunität zu erreichen, müssen rund 85 Prozent der Menschen, aller Menschen, geimpft werden, mindestens. Das ist logistisch schon im Frieden schwierig, und als ob das nicht reicht an schlechten Nachrichten, erfährt er auch noch, dass der benötigte Impfstoff leider erst in ein paar Monaten geliefert wird.

Foege sitzt herum mit seinem Team im Osten Nigerias. Er hat nur noch wenig Impfstoff. Und gerade kommt ein Funkspruch rein, Dorf in der Nähe von Ogoja, kann er da mal nachsehen, sieht nach Pocken aus, Hinterland, leider keine Straße. Foege fährt hin und sieht nach und ja, es sind die Pocken, Mist. Außerdem hat sich rumgesprochen, dass ein Impfteam zum Dorf unterwegs ist, und so sind auch die Bewohner der Nachbardörfer gekommen. Mehrere tausend Menschen stehen jetzt dort und wollen geimpft werden, niemand der Betroffenen hat die Idee, dass man die Pocken durch Vitamin C bekämpfen sollte oder die Seuche einfach mal durchlaufen lässt. Aber der Impfstoff fehlt. Die wenigen Dosen, die sie haben, reichen für gar nichts.

Das ist ziemlich frustrierend – und dann erinnert sich Foege an einen Job, den er als Teenager hatte. Er ist 16 Jahre alt, und er muss Geld verdienen, das Leben ist teuer, wenn man erwachsen wird und später sowieso, also fängt er an als Feuerwehrmann. Sein Arbeitgeber ist der U. S. Forest Service, er wird bei Waldbränden im Nordwesten der USA eingesetzt, Pazifikregion, es ist mehr ein Aushilfsjob, um Geld zu verdienen, als Berufung. Aber er lernt, dass es trockenes Holz braucht in der Nähe der Flammen, damit der Brand sich ausbreiten kann. Kein Holz, kein Feuer, am Ende ist das ein wenig wie Social Distancing, man bleibt weg von anderen Leuten, damit sich die Seuche nicht vermehren kann. Auf Impfen angewendet hat es noch keiner.»Seperate the fuel from the flames and the fire stops«, sagt er später, den Brennstoff wegnehmen, damit das Feuer stoppt, das sollte doch auch mit wenig Impfstoff zu schaffen sein. Wenn das Haus brennt, dann muss man ja auch nicht die Siedlung am Ende der Straße mit Wasser besprühen, sondern nur die Nachbarhäuser.

Und so stellt er Fragen: Wo sind die Pocken ausgebrochen? Wer hat sie bekommen? Was machen die Infizierten beruflich? Wo wohnen ihre Verwandten? Wie ist ihr Bewegungsradius? Das Virus hat keinen tierischen Wirt, es ist keine Zoonose und kann sich nicht irgendwo verstecken. Zur Ausbreitung benötigt es Menschen. Sie überlegen. Stellt euch vor, ihr wärt ein Virus, ihr seid unsterblich, und das Einzige, das ihr braucht für diese Unsterblichkeit, sind neue Opfer. Dazu kommt: die Inkubationszeit. Das kann eine Woche sein bei den Pocken oder auch drei, und in dieser Zeit können Infizierte die Krankheit überall hintragen. Einerseits. Andererseits bringt das Zeit, in der sie dem Virus zuvorkommen können. Foege sieht auf diverse Karten des Landes, und weil er noch nicht mit der CDC unterwegs ist, sondern Teil einer Krankenmission, die von einer Kirche finanziert wird und Gläubige einfach überall sind, bittet er per Funk Priester und Missionare aus dem ganzen Land, nach Fällen von Pocken zu suchen. Knapp einen Tag später hat er die ersten Berichte vorliegen, und sie fangen an: Impfen die Kontakte der Kranken. Familie, Freunde, Arbeitskollegen. Sie gehen aus von den Infizierten und werden dann langsam größer. Es ist wie ein Stein, den sie ins Wasser werfen und der dann Ringe bildet. Der Ansatz ermöglichte es, die begrenzten Ressourcen auf wenige Gebiete zu konzentrieren, von denen sie durch Überwachung wissen, dass sie ein hohes Risiko für Ausbrüche darstellen. Und dort impfen sie. Als die Pocken dann tatsächlich ausbrechen, läuft die Krankheit sich schnell tot. Überwachen und eindämmen.

William Herbert Foege, den jeder nur Bill nennt, erfindet die Ringimpfung. Eine immunologische Feuerschneise.

Und obwohl nach wie vor richtig ist, das 85 Prozent der Bevölkerung geimpft werden müssen, um eine Herdenimmunität gegen die Pocken zu erreichen, braucht das Team um Foege viel weniger, um die Seuche auszubremsen. Sie ist nicht weg, sie kann immer wiederkommen, und ausgerottet ist sie schon gar nicht. Ein Herdenschutz ist das nicht, nicht mal was Ähnliches, immunologisch naiv sind trotzdem noch alle, die nicht geimpft sind, aber der Erreger hat es schwerer, durch den Ring zu kommen. Sie haben sich Zeit erkauft, um eine große Impfung zu organisieren – und um auf den Impfstoff zu warten.

Später entdeckt Foege in den Daten, dass die Pocken in jedem Jahr aus dem Norden kommen und dass man da wohl besser mal strategisch vorgeht und erst mal den Norden impft und den Süden vernachlässigen kann.

Dennoch merkt das Team im April 1968, dass es eine Herdenimmunität selbst dann nicht wirklich gibt, wenn die Impfrate hoch ist – wenn der Erreger in den falschen Teil der Herde eingetragen wird.

Den Beweis führt Gott.

Oder zumindest seine Anhänger.

In Abakaliki, Verwaltungssitz des Bundesstaates Ebonyi, Südosten des Landes, residiert die evangelikale Kirche Faith Tabernacle, heute eine Megachurch, damals in den Anfängen. Die Impfrate in Stadt und Umgebung beträgt neunzig Prozent, sollte eigentlich reichen und tut es doch nicht, weil der statistische Wert im Einzelfall eben doch nichts weiter ist als Statistik. Ein Mitglied der Gemeinde wird krank. Wo die Ansteckung passiert, ist nicht nachzuvollziehen, vermutlich auf einem Markt außerhalb, aber klar ist, dass der Patient von einem Pastor besucht wird, der mit ihm betet. Der ist überzeugt: Einen Impfschutz braucht man nicht, solange man Gott an seiner Seite hat, aber Gott hat offenbar gerade Besseres zu tun – und so wird der Pastor krank. Und steckt erst mal zwei Kinder an. Mädchen und Junge, zehn und elf, Geschwister, Impfen ist übertrieben finden die Eltern, Gott wird es schon richten und vielleicht hat er das, vielleicht auch nicht, ob die Kinder überleben, ist nicht überliefert.

Es ist wie ein Labortest, die Gemeindemitglieder separieren sich selber. Mit den Ungläubigen haben sie wenig bis keinen Kontakt, und das ist zumindest für die ungeimpften Ungläubigen ziemlich vorteilhaft, denn bei ihnen funktioniert der Herdenschutz.

Weil das insgesamt gut läuft mit der Impfkampagne in Nigeria, schaden die infizierten Christen letztlich auch Foeges Karriere nicht. Er geht nach Atlanta und wird Leiter des Pockenausrottungsprogramms der CDC – und stößt erst mal auf Widerstand. Die Mitarbeiter im Außendienst in Asien und Afrika halten seine Idee der Ringimpfung für ein »typisches, hirnverbranntes und völlig realitätsfremdes Hauptquartier-Schema«, obwohl sie in Nigeria entstanden ist und schlicht auf der Auswertung von Information beruht, big data, nur in analog.

Bei aller Kritik, hilft ja nichts, der Mann ist jetzt der Chef, und so beschließt ein skeptischer CDC-Arzt in Sierra Leone, es einfach mal mit Überwachen und Eindämmen zu probieren, was soll's. Das westafrikanische Land ist eine der am stärksten durchseuchten Nationen der Welt. Innerhalb von neun Monaten sind die Pocken weggeimpft – und die Impfrate beträgt bis dahin nicht mal siebzig Prozent.

Später macht Foege die gleiche Arbeit für die WHO in Indien, und auch das ziemlich erfolgreich. Und noch ein bisschen später verleiht ihm Barack Obama die Presidential Medal of Freedom, die höchste zivile Auszeichnung der USA.

Hat er verdient.

===

Um die Pocken in der Berliner U-Bahn wegzuimpfen, sind ungleich höhere Anstrengungen nötig als bei Ebola in Vorpommern-Greifswald. Denn natürlich liegt es auch am Virus und an dem Ort, an dem es sich ausbreitet. Die Schwelle, an der Herdenimmunität, Herdenschutz, erreicht wird, hängt wiederum von der Reproduktionszahl ab, R_0. Generell gilt: Je höher R ist, desto mehr Menschen müssen geimpft werden, um Herdenimmunität zu erreichen. Masern etwa sind extrem infektiös. Ihr Basis-Reproduktionswert liegt zwischen 12 und 18, roundabout 15. Und das bedeutet, dass die Schwelle für Herdenimmunität rund 95 Prozent der Bevölkerung beträgt. Alles darunter? Pech gehabt.

Dazu kommt, dass Herdenimmunität kein statisches Phänomen ist. Manchmal verschwinden oder verblassen Impfstoffe nach einer gewissen Zeit, manche Leute vertrödeln Auffrischungen, lehnen sie ab, glauben, dass sie nichts nutzen. Sobald der Prozentsatz der geimpften Personen in einer Bevölkerung unter die Schwelle fällt, kann sich die ansteckende Krankheit wieder sehr schnell ausbreiten.

Dazu kommt: Die meisten Berechnungen der Herdenimmunität sagen nichts über das Verhalten einer Gesellschaft aus. Sie gehen nicht davon aus, dass es Interventionen des Staates gibt oder Verhaltensänderungen in der Bevölkerung – die sich ständig verändern, was wiederum den R-Wert ständig verändert. Herdenimmunitätsschwellen basieren meist auf Daten, die erst während eines laufenden Ausbruchs entstehen – weswegen das Konzept »Herdenimmunität« inmitten einer Pandemie oder an deren Anfang keine Orientierungshilfe ist.

Im aktuellen Fall: Vermutlich wird SARS-CoV-2 endemisch. Wir werden es kontrollieren können, aber es bleibt. Wie ein nerviger Nachbar, der in kurzen regelmäßigen Abständen sehr laute Partys feiert, und der zwar immer etwas Rücksicht nimmt, wenn man ihn anmotzt, der aber einfach nicht auszieht. Alle werden es bekommen, jeder. Was letztlich dazu führen wird, dass nur diejenigen krank werden, die neu dazukommen, Kinder eben, es wird zur Kinderkrankheit. (Was nicht heißt, dass es dann harmlos wird, aber – spekulier, spekulier – man wird es standardmäßig impfen.)

Die Strategie der Herdenimmunität zu Beginn einer Pandemie zu verfolgen bedeutet allerdings: Es gibt keine Strategie. Wäre das die Taktik des Militärs im Kriegsfall, würde man einfach die Waffen strecken und solange angegriffen werden, bis niemand mehr zum Angreifen da ist und die eigenen Leute alle tot, schwer verletzt oder geflüchtet sind.

Kann man machen.
Ist halt eine komische Strategie.
Macht deswegen vermutlich niemand.

===

Im Spätsommer 2003 ebbt die Aufregung ab, aber SARS bleibt interessant, und Drosten hat sich entschieden: Er bleibt dabei. Um das Virus kennenzulernen, muss er es zerlegen. Und das weckt seinen technischen Ehrgeiz, erneut. Er will etwas herstellen, das nicht jeder gut kann. Herausfordernd, aber nicht um der Herausforderung willen, sondern relevant im Sinne von »Forschung«.

Er will das Virus mutieren. Die RNA verändern. Er baut ein Reverses Genetik System für das neue Virus, zumindest ist das der Plan.

Reverse Genetik stellt die klassische Genetik von den Füßen auf den Kopf – weil sie nicht ein Merkmal beobachtet und dann nach dem Gen sucht, das es auslöst, sondern ein Gen verändert und dann schaut, was für Merkmale sich verändern.

Ein Virusforscher ist dann wie jemand, der verstehen will, wie ein Fernseher funktioniert. Er kann das Gehäuse aufmachen und sich ansehen, was darin verbaut ist, aber daraus wird er nicht viel schlauer, es erklärt die Funktion nicht. Das Betrachten: Das entspricht in etwa der Sequenzierung des Virus. Nimmt man hundert Fernseher und baut in jedem ein anderes Teil aus, und guckt, was sich verändert, das Leuchten der Farben, die Schärfe des Bildes, die Kontraste, der Ton und der Energieverbrauch, dann versteht man die Funktionsweise der einzelnen Teile. Die reverse Genetik ist das Werkzeug, mit dem man Teile ausbauen kann. Man kann sie aber auch an einer anderen Stelle wieder einsetzen oder sie nur leicht verändern, statt sie ganz auszubauen. Reverse Genetik ist das wahrscheinlich wichtigste Werkzeug der modernen Virologie.

Sie für ein Coronavirus aufzubauen ist 2003 eine eher ambitionierte Idee, weil das weltweit so gut wie niemand kann. Es ist ein Meisterstück. Es dauert über drei Jahre, bis es funktioniert.

===

Drosten arbeitet im Bernhard-Nocht-Institut, und das kann kaum besser liegen, denn man blickt über die Elbe auf Docks, Kräne und einfahrende Schiffe. Der Alte Elbtunnel liegt dort, an den Landungsbrücken laufen Touristen an Barkassen vorbei, und ganz hinten kommt irgendwann die Nordsee. SARS ist weg, aber die Astra-Brauerei ist im Sommer 2003 noch da und noch nicht weggezogen und braut nur ein paar hundert Meter weiter das gleichnamige Bier, weswegen immer ein Hopfengeruch über dem gesamten Viertel liegt. Die Herbertstraße ist nicht weit entfernt, und um die Ecke haben die Smashing Pumpkins ein paar Jahre zuvor ein Konzert gespielt, laut und draußen und umsonst, und weil D'arcy Wretzky damals noch am Bass war, war es alleine deswegen ein grandioses Konzert. Es gibt noch keinen Laborneubau am Institut, jeder Stein atmet die Luft der Kaiserzeit, und irgendwo im Keller lagern jede Menge Viren, mit denen man sich auf keinen Fall infizieren möchte. Ebola. Hanta. Gelbfieber. Dengue. Lassa. HIV. Tuberkulose. Marburgvirus. SARS. Alles da. Angeblich die zweitgrößte Virensammlung der Welt. Nur beim amerikanischen CDC gibt es mehr davon.

Folgt man der Straße, in der das Institut liegt, fast bis zu ihrem Ende, kommt man an eine Treppe. Man muss dort nicht lange rumstehen, bis jemand fragt, welche Drogen man benötigt. Die Verkäufer wechseln, das Angebot bleibt gleich. Weil dort immer irgendwer in seinem Urin liegt und irgendjemand anderes ihm, es ist immer ein Er, wieder auf die Beine hilft, ist St. Pauli ein stadtgewordenes Klischee. Der Stadtteil versammelt alles, was toll ist an einer Großstadt, und alles, was nervt, auf einer kleinen Fläche.

Hamburg ist, unterm Strich, Luft nach oben gibt es immer, eine ganz hervorragende Stadt. Aber nur ein paar Meter weiter, die Treppe runter, im Hafenbecken, beginnt eine Geschichte, die zeigt, wie man besser nicht agiert in der Seuchenpolitik.

Die Cholera muss einmal kurz erwähnt werden, obwohl kein Virus verantwortlich ist, zumindest nicht sofort, kommen wir gleich zu.

Der Auslöser ist ein Bakterium, Vibrio cholerae, von Robert Koch 1883 während einer Expedition nach Ägypten im Darm eines Patienten entdeckt und isoliert, seit dem Jahr 2000 vollständig sequenziert. Es ist die erste Pandemie der beginnenden Industrialisierung und die erste, die die moderne Gesellschaft so richtig erwischt. In insgesamt sechs Wellen zieht sie um den Globus.

Etwas despektierlich formuliert: Bricht die Krankheit aus und wird nicht behandelt, was im 19. Jahrhundert nicht wirklich möglich ist, scheißt man sich im Grunde zu Tode. Weil man sich zudem ständig übergibt, sterben Patienten letztlich an Flüssigkeitsverlust, bei zwei Drittel aller Kranken ist das der Fall. Und bei neun von zehn Kindern.

Allerdings merken die allermeisten Infizierten, auch hier: neun von zehn, nichts von ihrer Infektion, abgesehen von einem leichten Bauchgrummeln, wenn überhaupt. Das Bakterium weitergeben können sie trotzdem. Was die Bekämpfung mindestens komplex macht. Weil die Krankheit zudem durch verunreinigtes Trinkwasser (meistens) oder infizierte Nahrung (selten) übertragen wird und man sie vor dem Ausbruch nicht sehen kann, ist es hervorragend möglich, sie einfach zu leugnen: »Die Cholera existiert nicht«, zitiert das *Augsburger Tageblatt* am 22. August 1849 einen frühen Besserwisser, »es ist eine künstliche, politische Krankheit.« Und im gleichen Jahr taucht in den Chroniken der Stadt Stettin folgender Satz auf: »Denn die aufgeregte Menge stand, von einigen Unruhestiftern irregeleitet, in dem Wahn, dass man die Cholera- und Sicherungsmaßregeln nur gebrauche, um den gemeinen Pöbel auszurotten.« Als Beweis gilt, dass die Opfer oft blau sind im Gesicht, was zwar an der Dehydrierung liegt, von einigen medizinisch ahnungslosen Zeitgenossen aber als Beweis für eine Vergiftung mit Arsen gedeutet wird. Die Armen sind überzeugt: Die Cholera ist keine Seuche, sondern ein Programm, das dazu dient, sie umzubringen. Viele Wohlhabende ihrerseits glauben, dass die Armen schuld sind an dem Dilemma, schließlich wohnen sie im Dreck, und dass die Cholera geschaffen ist, um den politischen Umsturz von unten einzuleiten. Die Cholera widerspricht ihrem Selbstverständnis als Bürger. Man stirbt schlicht zu schnell, und der Tod hat nichts mit einem Duell zu tun, kein Mann gegen Mann, nichts mit Pistole oder Schwert, stattdessen ein Dahinsiechen auf dem Klo – ehrabschneidender geht es ja kaum.

Allen sozialen Schichten ist gemein, dass sie nicht wirklich glauben können, was da aus dem Osten kommt. Weswegen die Krankheit »asiatische Cholera« genannt wird. Sie kommt zwar aus Indien, das stimmt, insofern ist die geographische Zuordnung nicht falsch, dort ist die Krankheit seit Jahrhunderten endemisch. Vor 1817 hat sie den Subkontinent allerdings nicht verlassen. Dass sie es dann doch tut, ist eine Folge von Klimawandel und Globalisierung, damals schon.

Einerseits kühlt der Ausbruch eines Supervulkans in Indonesien den Planeten herunter, andererseits fassen die Briten Fuß in Indien, und die Krankheit verbreitet sich in der Folge mit deren Truppen Richtung Afghanistan und von dort nach Westen. Weil es sie aber im Rest der Welt vorher nicht gibt, keine europäische Variante, keine afrikanische und auch keine amerikanische, dient die geographische Zuordnung in erster Linie der Abgrenzung zu denjenigen, denen die Europäer keine besonders hohe zivilisatorische Entwicklungsstufe zutrauen.

Weil man daran eher nicht in Würde stirbt, sondern in seinen Fäkalien, ist es, im allgemeinen Verständnis, eine dreckige Krankheit von dreckigen Menschen.

===

Dem Staat Böses zu unterstellen und seinen Institutionen nicht zu vertrauen ist keine besonders innovative Idee.

Obwohl der preußische König in den 1830ern versichert, dass alles getan wird, was möglich ist, und um Anstand und Vertrauen bittet, ist es damit nicht besonders weit her. Ärzte gelten als Verschwörer und als Handlanger der Obrigkeit. Sie agieren entweder im staatlichen Auftrag oder profitieren von den Toten – schließlich brauchen sie Leichen zum Studieren und Experimentieren. Beweise? Die Toten werden sofort abtransportiert, und da kann man ja gar nicht sehen, an was sie wirklich gestorben sind. Außerdem wird der Ort des Sterbens danach desinfiziert, und wer weiß, was genau da versprüht wird. Was man aber weiß: Ärzte wollen die Überbevölkerung dezimieren und durch eine Quarantäne eine Inflation auslösen, um noch reicher zu werden. Europaweit kommt es immer wieder zu Unruhen gegen diejenigen, die den Staat repräsentieren: Polizei, Ärzte und Apotheker (Juden sind ausnahmsweise mal nicht schuld, meistens zumindest, wobei in Hamburg »Trödeljuden«, umherziehende Kurzwarenhändler, eingesperrt werden, weil man einfach mal unterstellt, dass von ihnen eine Infektionsgefahr ausgeht). Das Misstrauen führt dazu, dass Kranke nicht ins Krankenhaus gehen, obwohl dort die Versorgung besser ist und die Wahrscheinlichkeit zu überleben höher.

Der Erreger ist neu, und niemand weiß, wie er übertragen wird, es gibt zwei Thesen: entweder durch Ansteckung oder durch Miasmen, schlechte Luft. Die Preußen entscheiden sich für die moderne Wissenschaft, für die Ansteckung, schließlich ist das von der Pest bekannt. Das Militär errichtet einen Cordon sanitaire, einen Gürtel, der die Ausbreitung der Seuche verhindern soll. Die Ostgrenze wird komplett abgeriegelt.

Weil die preußische Grenzsicherung an diejenige Österreichs anschließt, werden insgesamt 6000 Kilometer überwacht. Wer nicht stoppt, wird erschossen, Grenzgänger müssen in Quarantäne. Reisen ist nur mit einer sogenannten »Legitimations-Karte« gestattet, die dem Reisenden die Gesundheit bestätigt. Das machen auch die Habsburger so. Sie sind erfahren in Seuchenschutz, ihre Militärgrenze besteht bereits seit dem 16. Jahrhundert – als Abgrenzung gegen die Pest. Der Schutzgürtel ist vermutlich die erfolgreichste Absperrung einer kompletten Landmasse, die es gibt: Während es jahrhundertelang immer wieder zu Ausbrüchen der Pest im Osmanischen Reich kommt, werden die Österreicher davon verschont.

Der Schutz vor der Cholera wird wie ein Krieg organisiert. Oberbefehlshaber der Preußen wird August Neidhardt von Gneisenau, er ist der Held der Befreiungskriege gegen Napoleon, und er hat mäßig Lust auf den Job, weil er glaubt, dass die Gefährlichkeit der Cholera übertrieben wird. Generalstabschef der Aufgabe ist Carl von Clausewitz, noch ein legendärer Militär. Neben dem Ansatz ist auch die Sprache militärisch. Die Cholera wird als »einrückender Feind« bezeichnet, der das Land besetzen will, die Toten sind »Schlachtopfer«, was sich nur in Nuancen von der Kriegserklärung von Emmuanel Macron im März 2020 unterscheidet. Und genau wie bei den Franzosen klappt die Strategie nur mittelgut. Gneisenau stirbt gar an der Cholera, sozusagen im Gefecht. Clausewitz muss in Quarantäne, übernimmt und stirbt drei Monate später, vermutlich ebenfalls an der Cholera (was letztlich nicht ganz geklärt ist, unstrittig ist allerdings, dass er sie hatte).

Die Krankheit lässt sich nicht aufhalten, im Sommer 1831 beginnt das Sterben in Berlin – und dann auch im restlichen Europa. Es dauert nicht lange, bis die Seuche politisch instrumentalisiert wird. Sie wird gleichgesetzt mit der Aufklärung. Oder dem Konservatismus, je nachdem, wer gerade die Deutungshoheit auf der politischen Bühne besitzt. Die Gewöhnung an den Tod beginnt schnell. Während Preußen, 13 Millionen Einwohner, in der ersten Welle 40 000 Tote beklagt, sterben in Spanien, ebenfalls 13 Millionen Einwohner, 300 000 Menschen. Was dann in Preußen zu einem Argument führt, das man auch schon mal gehört hat: Man darf die Kosten nicht aus den Augen verlieren. Einerseits wird die Staatskasse extrem belastet, das Militär kostet Geld, andererseits muss jede Stadt die Sicherungsmaßnahmen selber bezahlen. Und die Bürger zahlen bei ihrer eigenen Quarantäne zu, was ebenfalls nicht hilft, die Popularität der Maßnahmen zu steigern (pro Tag kostet der Aufenthalt in staatlichen Quarantäneanstalten fünf Groschen, Pferde sind billiger, die kosten zwei Groschen und sechs Pfennige – dafür gibt es allerdings kein Futter).

Tatsächlich ist Danzig nach Geschäftsschließungen, Absperrungen und Isolation durch das Militär im Frühsommer 1831 pleite, weswegen in Königsberg alles bleibt, wie es ist, keine Maßnahmen, zumindest vorerst. Das wird erst mal für gut befunden. »Die beunruhigenden Nachrichten über das Fortschreiten der Cholera sind unbegründet«, meldet die *Königsberger Zeitung* im Mai 1831, aber dann, Skandal, geht es doch los mit dem Sterben, was viel später, 1868, in einem Buch des Vereins für wissenschaftliche Heilkunde ausführlichst dokumentiert ist: »Der erste Cholerafall ereignete sich am 22. Juli in dem Hause Kneiphof, Holzwiese 11.« In Hausnummer 15 geht es weiter, und dann stoppt es nicht mehr, und das ist dann auch wieder nicht recht. Es wird gemeckert, der Staat beschützt uns nicht, und als der dann die Strategie ändert und schließlich doch alles zusperrt, passt der Bevölkerung das erneut nicht. Es gibt Unruhen. Aber mittlerweile ist dem Militär das zu blöd mit den Untertanen, diverse Bürger werden erschossen, Ruhe im Karton. Der Sachschaden beträgt 14 660 Taler.

Immer langsam, sagen die Ärzte, man muss sich ja nicht umbringen, der Ausbruch kann auch anders bekämpft werden. Sie empfehlen Rotwein mit Senf, was mindestens der Abhärtung des Magens dient, gegen die Cholera aber ist es nutzlos. Und so wird in der allgemeinen Erschöpfung die Miasmentheorie plötzlich zur vorherrschenden Meinung – obwohl es schon lange Zweifel an ihrer Richtigkeit gibt. Vermutlich der Grund, warum sie die Debatte bestimmt: Gegen schlechte Luft hilft auch keine Militärgrenze und kein zugesperrter Laden, da kann man einfach nichts machen.

Die Kostendiskussion verschwindet nie mehr wirklich und findet ihren Höhepunkt beim Ausbruch in Hamburg 1892. Er wird der letzte Cholera-Ausbruch in Deutschland sein. Und er ist der unnötigste.

Zwar ist die Wasserversorgung in der Hansestadt seit den 1840ern zentralisiert, aber eben auch auf die damalige Einwohnerzahl ausgelegt – und dementsprechend zu klein. Der Bau einer Sandfilteranlage, im restlichen Deutschen Reich mehr oder weniger Standard, wird in Hamburg ab 1872 erwogen. Und immer verschoben, weil die Anlage rund 22 Millionen Mark kostet. Zu teuer. Nutzt dem Handel nichts. Kann man kein Geld mit verdienen. Die Summe wird allerdings dann doch ausgegeben: für den Neubau des Rathauses. Das beeindruckt Handelspartner, hat man mehr von. Als die Seuche dann ausbricht, versuchen die Behörden das beliebte Konzept des Leugnens, gibt keinen Ausbruch, Unsinn, läuft alles, Einzelfälle, geht wieder von selber weg. Die offizielle Mitteilung: »Die Gerüchte, dass in unserer Stadt mehrfach Choleraerkrankungen mit nachfolgendem Tod in letzter Zeit vorgekommen sein sollen, bestätigen sich nicht.« Erst als auf dem Friedhof in Ohlsdorf bereits Massengräber angelegt werden, gibt man zu, dass ja vielleicht doch was dran sein könnte an dem Gerücht. Die Hamburger Ärzteschaft glaubt allerdings nach wie vor an schlechte Luft und behandelt die Kranken dementsprechend: bei einer Krankheit, die sich durch Durchfall und Erbrechen auszeichnet, verordnen sie Abführmittel. Es ist für die Genesung suboptimal.

Robert Koch kommt als Nothelfer aus Berlin und merkt, dass Hamburg noch viel mehr gespart hat. Obwohl die Seuche seit sechzig Jahren immer wieder durch Deutschland zieht, gibt es an der Elbe weder ausgebildetes Personal noch Isolierstationen. Und Krankenwagen, ja, das ist gerade schlecht. Ist ja alles sehr teuer, na ja, aber man hat immerhin vier im Einsatz, die sind allerdings ein bisschen älter und nicht so ganz flott.

Es ist nicht überliefert, ob Koch die Hände über dem Kopf zusammenschlägt, klar ist allerdings, dass er, mit kaiserlichem Backup, das

Kommando übernimmt und über den Senat wegregiert. Alles schließt: Schulen, Theater, Geschäfte, Bäder, Versammlungen werden verboten ebenso wie »Tanzlustbarkeiten«. Koch bemerkt sofort den Quell des Übels: Der Amerikakai, wo Tausende Auswanderer eng zusammengepfercht in Baracken leben. Ihre Fäkalien werden direkt in die Elbe geleitet, denn warum soll man Geld ausgeben für Leute, die das Land ohnehin verlassen wollen? Die Entnahmestelle für Trinkwasser ist nicht mal vier Kilometer entfernt. Niemals kann es das sein, sagen die Behörden, die hygienischen Verhältnis sind »sehr gut«, das Elbwasser sehr wohl trinkbar. Der Senat steht noch ein bisschen an der Seitenlinie und meckert, wird aber nicht mehr beachtet – und es kommt noch viel schlimmer für die altehrwürdigen Senatoren: Koch muss informieren. Er benötigt eine Organisation, die es schafft, Information über die Krankheit an möglichst viele Haushalte zu verteilen. Eine Behörde am besten. Gibt es in Hamburg aber in der notwendigen Form nicht, man regiert lieber schlank, ist viel billiger.

Am Ende verbündet sich Robert Koch, Verbündeter des deutschen Kaisers, mit der SPD, die eher nicht mit dem deutschen Kaiser verbündet ist. Aber der Feind meines Feindes ist mein Freund, und die Sozialdemokraten sind die einzige Organisation in Hamburg, die gut organisiert ist und die nötige Schlagkraft hat, um Hunderttausende Handzettel zu verteilen. Der Senat hat da vollends kapituliert und wird sich nie wieder erholen, 1901 zieht der erste Genosse in die Bürgerschaft ein, und Hamburg wird die Stadt der Sozialdemokratie.

Und das ist auch eine Folge der Ökonomie. Denn nicht nur Theater werden geschlossen, sondern auch Grenzen. Niemand will etwas zu tun haben mit den Hamburgern und ihre Waren kaufen schon gar nicht. Dänemark schließt die Grenzen, Einfuhren aus Hamburg werden in Übersee verboten. Ausländische Schiffe dürfen den Hafen nicht anlaufen, Schiffe, die bereits im Hafen liegen, ihn nicht mehr verlassen. Der wöchentliche Gesamtumsatz des Hafens sinkt von 50 Millionen Mark auf weniger als zehntausend. Die Werft Blohm & Voss entlässt über zwei Drittel ihrer Angestellten, von 3000 geht es runter auf 700 Mann. Die Eisenbahn stellt den Verkehr ein. Investitionen werden nicht getätigt, niemand konsumiert, viele flüchten. Die Wirtschaft kollabiert.

Denn auch wenn hin und wieder jemand einen Gegensatz konstruieren will: Seuchenbekämpfung ist ökonomisch sinnvoll. Am Ende beträgt der Schaden für die Stadt mindestens 430 Millionen Mark, verursacht durch langes Rumeiern und Leugnen. Ohne die Kosten für die Firmen und die Bürger.

Im benachbarten Altona, damals selbständig, passiert gar nichts. Kein Geschäft macht zu. Die Schulen sind offen. Alles bleibt normal. In der Stadt gibt es seit über dreißig Jahren eine Sandfilteranlage.

===

Das Bakterium, das Cholera auslöst, kommt überall vor, weltweit, in allen möglichen Flüssen, Seen, Tümpeln, und vermutlich hat es jeder schon getrunken. Denn das Bakterium ist völlig harmlos.

Es sei denn, es fängt sich einen Virus ein.

Das Virus infiziert das Bakterium, und das wird dadurch von einem harmlosen Gesellen zu einem Killer – und produziert ein Gift, das dazu führt, dass der Körper kein Wasser halten kann, konkret: dass die Dünndarmzellen zu einer extrem hohen Absonderung von Wasser, Natrium und Chlorionen angeregt werden. Das passiert allerdings nur im Menschen direkt, versucht man, den Effekt im Labor nachzuvollziehen, klappt es meist nicht. Der menschliche Organismus löst die Reaktion selber aus. Wie genau das passiert und warum, ist unklar, sorgt aber dafür, dass Opfer innerhalb weniger Stunden verdursten. Bioterrorismus ohne Terroristen, das macht die Natur schon selber.

Das klingt unschön, aber eigentlich ist es nichts Besonderes: Viren, die Bakterien infizieren, gibt es häufiger als Sand am Meer, und das ist vermutlich nicht mal eine Übertreibung. Sie heißen Bakteriophagen, und es gibt sie überall dort, wo Bakterien leben, also wirklich überall. Ein Phage ist auf bestimmte Bakterien spezialisiert und tötet sie. Was uns sogar manchmal hilft, etwa bei multiresistenten Krankenhauserregern.

Meistens ist der Vorgang völlig egal und belastet uns nicht weiter. So finden sich etwa auf hundert Gramm Fleisch vermutlich rund zehn Milliarden Bakteriophagen, Viren also, für Menschen ist das allerdings irrelevant.

Im Fall der Cholera ist es das nicht.

Choleraausbrüche gibt es immer wieder, und eigentlich befinden wir uns im Moment in der siebten Pandemie – nur bekommen wir in Europa davon wenig mit (an dieser Stelle bitte einmal kurz dem öffentlichen Gesundheitssystem danken und denjenigen, die sich um die Kanalisation kümmern). Der gesamte afrikanische Kontinent ist über einhundert Jahre frei von Cholera, bevor es 1970 wieder losgeht. Dasselbe gilt für Lateinamerika seit 1991 und Haiti seit dem Erdbeben im Jahr 2000.

Der Erreger wird oft eingeschleppt. Umwelteinflüsse helfen vermutlich, die Cholera mag warmes Wasser. Der Sommer 1892 ist sehr warm in Hamburg, die Wasserqualität schlecht, eine Einschleppung gab es auch, eins kommt zum anderen.

===

Als John Snow seine Ergebnisse präsentiert, finden das zwar alle interessant und spannend, aber auch blödsinnig, Unsinn, eine Hypothese, nichts weiter. Andererseits: Die Indizien, die er anführt, klingen schlüssig, er hat eine hervorragende Reputation – und es kostet nichts. Und so beschließen die Beamten der Stadt am 7. September 1854, den Griff der Wasserpumpe in der Broad Street abzumontieren.

Und John Snow erfindet die Epidemiologie, und die Geschichte der Pumpe wird ihre Gründungslegende.

Dabei ist Cholera nicht wirklich sein Spezialgebiet. Snow hat, als er vor den Rat tritt, ein Beatmungsgerät für Neugeborene entwickelt, er referiert über Lungen und den Brustkorb und ist Spezialist für den Sauerstoffaustausch. Er ist einer der berühmtesten Ärzte des Landes und Mitglied in allen möglichen königlichen Wissenschaftsgesellschaften, weil er die Idee eines amerikanischen Zahnarztes perfektioniert: die Narkose. So sehr verfeinert er sie, dass er im ganzen Land Anästhesien durchführen muss. Alle wollen seinen Rat, er wird der erste Spezialist der Welt und so gut, dass er sogar die Königin narkotisieren darf.

Aber jetzt nervt er ein bisschen.

Verseuchtes Wasser könnte für den Ausbruch in Soho verantwortlich sein, damals ein Vorort von London. Snow wohnt um die Ecke, er hat es nicht weit, und so läuft er die Gegend ab, aus der gerade alle fliehen, und unterhält sich mit Bewohnern. Er etabliert damit, quasi aus Versehen und nebenbei, die Vorgehensweise der Epidemiologie: rumlaufen, reden, Daten erfassen. Er ist dabei nicht wirklich am Wohl der einzelnen Patienten interessiert. Nicht, dass er nicht will, dass sie gesund werden, vor allem aber will er, dass eine Krankheit erst gar nicht ausbricht. Er interessiert sich für das große Ganze, und damit schafft er die Charakteristik für das Fachgebiet »Epidemiologie« – was seither immer mal wieder für Missverständnisse sorgt, weil es nun Ärzte gibt, die Dinge sagen, die sich nicht am Einzelschicksal orientieren und epidemiologische Vorhersagen und Infektionsstatistiken eben nicht individualistisch gelten, sondern immer eine größere Population im Blick haben, Menschen, Dromedare oder Ratten, ganz egal.

Zwar hat Snow während seiner Ausbildung Erfahrung gemacht mit der Cholera und ihren Opfern, aber das haben viele. Die Krankheit ist schließlich endemisch. Es ist eine verrückte Idee, die er da hat. Jeder weiß doch, dass es an der schlechten Luft liegt. Snow seinerseits findet, dass das eine verrücke Idee ist. Ein paar Jahre zuvor hat er ein Buch veröffentlicht, in dem er darüber spekuliert, dass kleine Tierchen im Trinkwasser die Cholera auslösen und die Krankheit den Körper über den Mund erreicht, 35 Jahre vor Robert Koch eine Erklärung, die der Wahrheit sehr nahe kommt. Snow hat eine Karte dabei. Sie wird später ebenso legendär wie der Pumpenschwengel, und sie zeigt, dass sich die Infektionen nur in einem kleinen Umkreis um eine Wasserpumpe ereignen, ein paar Blocks zwischen Dean Street und Regent Street. Dort allerdings sehr heftig. In den ersten drei Tagen sterben 127 Menschen. 616 werden es insgesamt sein, in knapp einer Woche.

Woher die Verseuchung kommt, kann er allerdings nicht erklären. Klar ist, dass das Wasser zum Kochen und Trinken aus lokalen Brunnen geholt wird oder direkt aus der Themse. Der Fluss dient, genau wie die Elbe ein paar Jahrzehnte später, als große Entsorgungsstelle für Fäkalien. Genau wie die vielen Senkgruben in der Stadt, die oft nicht besonders weit entfernt sind von den Brunnen. Aus denen dann Bürger Wasser entnehmen und es ungefiltert trinken und verarbeiten.

Snow fragt sich durch die Gegend und erfährt, dass es Inseln gibt im Meer des Todes. Die Cholera macht einen Bogen um ein Gefängnis, 535 Insassen, und eine Brauerei, deren Mitarbeiter offensichtlich ebenso immun sind. Er sucht nach Gemeinsamkeiten und entdeckt schnell, dass beide ihren eigenen Brunnen besitzen. In Cafés und Pubs dagegen, die sich an der Pumpe bedienen, sterben die Kunden wie die Fliegen.

Epidemiologie ist eine wichtige Disziplin in der öffentlichen Gesundheitsvorsorge, beides geht Hand in Hand, und als der Pumpenschwengel abmontiert wird, ist auch das bewiesen. Weil es nicht mehr möglich ist, verseuchtes Wasser zu fördern und zu trinken, stoppt die Cholera fast augenblicklich.

Snow verfolgt am Ende fast alle Fälle zurück auf die Pumpe. Für die meisten Kollegen in der Ärzteschaft ist die Geschichte allerdings immer noch eine komische Hypothese, für die Stadtverwaltung sowieso. Das Gesundheitsministerium gibt einen Bericht heraus: »Wir sehen keinen Grund, uns diesen Glauben zu eigen zu machen.« Snows Ideen werden als »Vorschläge« abgetan. Für die Säuberung der Senkgruben und den Bau einer Kanalisation, die den Namen auch verdient, muss man praktischerweise so erst mal nichts tun.

Ist auch billiger.

KAPITEL NEUN

Ein historischer Fußabdruck

Die meisten Museen sind eine Festplatte, aber die DNA ist eine Mischung aus Windows 10 und einer alten Teetasse. Lautsein hat mit Rechthaben nichts zu tun. Über eine Million Schweine werden getötet, weil Kleinkinder jahrelang nerven. Wir sind eine Insel. Hessen ist super, man muss aber mal raus. Eine Giraffe hat Ähnlichkeiten mit Indiana Jones, Konrad Adenauer sitzt zwischen Löwen, und Franz Josef Strauß wird durch Insekten ersetzt.

Über Masken muss man nicht diskutieren und über die Inzidenz auch nicht. Fledermäuse erziehen ihre Kinder wie Menschen. Amerikaner sind übergewichtig. Glücksspiel geht meistens nach hinten los.

Und wenn es keine Fledermäuse gäbe, dann wäre es auf dem Kiez viel langweiliger.

Bernhard Misof steht im ehemaligen Büro von Konrad Adenauer. Es ist außerdem die ornithologische Bibliothek, und er sagt: »Biodiversität ist die Gesamtsumme der lebenden unterschiedlichen Artenvielfalt und ihre Interaktionen.« Er meint: Alles beeinflusst alles. Und alles, was existiert, ist Biodiversität, denn Ökosysteme sind nun mal letztlich nichts als das Zusammenspiel verschiedener Arten. Und das gilt auch für Erreger.
Nebenan wimmelt es von Fledermäusen und Insekten. Manche sind seit hundert Jahren tot, andere noch länger und ein paar etwas weniger lange.
Sie sind alle voller Viren.

===

Misof ist 2007 schon ein paar Jahre im Naturkundemuseum Alexander Koenig, 53113 Bonn, Adenauerallee 160. Er ist einerseits nur so halb vorbereitet, als das Telefon klingelt und die Kollegen sagen, er soll mal rangehen, andererseits wird der Anrufer eine Tür einrennen, die ohnehin schon offen ist, weil Misof sich mit der Anfrage, die dann kommen wird, schon länger beschäftigt. Geh halt mal ran, sagen die Kollegen, du bist schließlich derjenige mit der Molekularbiologie, dem ganzen komischen Kram, sie können mit dem Anrufer nichts anfangen. Der hat eine ganz verrückte Anfrage. Eigentlich wollen wir das nicht.
Misof kennt das schon. Alles, was moderner ist als Dinge in ein Regal einzuräumen, wird zu ihm weitergeleitet, na gut, denkt er, ich kann ja mal gucken, was der Typ will. Der Anrufer hat gerade eine Professur in Bonn angenommen, er ist noch nicht lange in der Stadt. An der Uniklinik gibt es gerade neue Berufungen, und der Mann am ande-

ren Ende der Leitung baut dort ein neues Institut auf. Bisher wurde die Virologie am Institut für Mikrobiologie mit erledigt, der Schwerpunkt lag auf der Versorgung der Patienten mit Virus-Diagnostik. Jetzt soll ein ganz neues Institut für Virologie entstehen.

Das Ziel: mehr Forschung.

Okay, sagt Misof, er kennt den Mann nicht. Der ist gerade aus Hamburg gewechselt, vom Bernhard-Nocht-Institut, mit einem kleinen Team, denn das ist oft so: Wenn der Kopf wechselt, kommt der Körper mit, das Team, ohne das wenig geht. Wie im Kulturbetrieb. Ein neuer Intendant bringt neue Leute mit und neue Ideen, und eines der neuen Stücke ist eigentlich eine Frage: Ist es nicht möglich, aus Fledermäusen aus der Sammlung des Museums, schon ewig tot, DNA zu extrahieren, um zu schauen, ob da auch Viren-DNA zu finden ist? Kann man nicht Viren aus Fledermaus-Gewebeproben isolieren?

Huch, denkt Misof, der fragt ja, was ich die ganze Zeit schon denke.

»Klar«, sagt er zu Christian Drosten. »Wir können sofort loslegen.«

===

Viren sind keine Lebewesen. Zumindest nicht, wenn man nach den zehn Kriterien geht, die irgendwann mal aufgestellt wurden, um Leben zu definieren. Danach ist eines der wesentlichen Kriterien, dass lebende Systeme selbsterhaltende Systeme sein müssen. Und das ist bei Viren nicht der Fall. Viren können ihre Erbanlagen nicht selbständig verdoppeln, sie haben keinen eigenen Stoffwechsel. Ein Virus benötigt andere Systeme, um zu überleben: Zellen.

Viren bestehen, je nach Virus-Familie, entweder aus DNA und einem Proteinmantel oder aus RNA und einem Proteinmantel, aus sonst nichts. Gar nichts. Sie haben keine Zellhülle, sie haben keine Zelle, in der sich alles abspielt. Sie haben keinen Zellkern. Wo sie herkommen, wie genau sie entstanden sind, wie alt sie sind: eigentlich alles unklar. Aber vielleicht waren Viren Teile von früheren Genomen, die sich selbständig gemacht haben, so was kann passieren. Das wissen wir, weil das in unserem Genom auch manchmal passiert. Wenn sich Zellen teilen, können Schnipsel verlorengehen. Das würde aber be-

deuten, dass Mehrzeller zuerst da waren und Viren danach entstanden sind.
Aber vielleicht war die erste belebte Welt auch eine RNA-Welt. DNA kann sich zwar ohne RNA nicht kopieren, umgekehrt klappt das aber schon. RNA kann sich selber replizieren. Weil sehr viele Viren RNA-Viren sind, kann es daher sein, dass sie ein Überbleibsel einer Zeit mit primitiverem Leben sind. Erst später hätte sich dann daraus DNA entwickelt.
Die DNA-Welt, so wie wir sie heute kennen, wäre demnach ein später entstandenes Update. Weniger fehleranfällig, nicht so energieintensiv, mit einer größeren Speicherkapazität für komplexere Informationen. Aber immer noch ziemlich unübersichtlich.
Ein bisschen wie Windows 10 statt Windows XP.

===

Jede Veränderung im Genom hat einen sogenannten historischen Footprint – und der kann analysiert werden. Wenn sich allerdings etwas so schnell verändert, dass eine Veränderung im Laufe von wenigen Generationen schon wieder mit einer neuen Veränderung überschrieben wird, ist der historische Footprint nicht mehr vorhanden. Was bei Viren der Fall ist. Sie mutieren einfach zu schnell, um sie zurückverfolgen zu können.
Anders gelagert ist es, wenn die Viren Teil der DNA eines Organismus sind.
Anhand der viralen DNA innerhalb des Genoms kann man etwa zurückanalysieren, dass bestimmte Viren im Menschen von kleinen Säugern oder von Fledermäusen stammen. Woher die das dann wiederum bekommen haben oder wie die Viren damals funktionierten, ist wiederum nicht klar. Aber die Methode funktioniert auch, um in Fledermäusen Viren zu finden.
Und da macht es gar nichts, wenn sie seit dreihundert Jahren getrocknet an der Wand eines Museums hängen.

===

Die Sequenzierung von DNA ist auf verschiedenen Wegen möglich. Sequenziert man möglichst viele kurze Stränge an DNA, was gerade die vorherrschende Methode ist, kann man sie bioinformatisch später schnell wieder zusammensetzen. So ist es möglich, ziemlich flott viele Genome zu analysieren. Aber das geht auf Kosten der Sequenzierungstiefe. Sie bezeichnet, wie oft man einen Schnipsel sequenziert, der genau auf der gleichen Position im Genom liegt, so dass eine redundante Information entsteht und Sequenzierfehler ausgeschlossen werden können. Die Sequenziertiefe erhöht die Sicherheit. Redundanz ist in dem Fall gewünscht, dann ist sicher, dass das Ergebnis, nun ja, sicher ist. Bei einer geringen Sequenziertiefe und einer dadurch geringeren Redundanz besteht eine große Wahrscheinlichkeit von fehlerhaften Puzzlezusammensetzungen, weil dann sehr viele Lücken darin vorkommen. Ein ungefähres Bild entsteht zwar, aber die genauen Zusammenhänge liegen im Unklaren.

Um beim Puzzle zu bleiben: 5000 Teile, groß und unübersichtlich und jedes verdammte Teil sieht auf den ersten Blick gleich aus. Und dann setzt man sich also hin und sortiert. Erst mal die Ränder, und dabei eben auch alle gelben Teile, das bietet sich an, davon gibt es so viele. Und da hockt man dann, und draußen wird das Wetter besser, es regnet nicht mehr, und die Sonne kommt raus, aber man bleibt noch ein wenig dabei, und irgendwann ist man so weit und hat den Rand zusammengebaut, und da weiß man dann schon mal, dass das Puzzle viereckig ist und nicht rund. Und weil die gelben Teile sowieso rumlagen, hat man die eben auch noch zusammengesetzt, und man sieht, dass es auf dem Bild irgendwie hell ist. Und dann klingelt es, und der beste Kumpel kommt vorbei und fragt, ob man nicht lieber ein Bier trinken will, und da lässt man das eben sein mit dem Puzzle und trinkt lieber ein Bier, kann aber sagen: »Ich habe herausgefunden, dass es etwas mit Licht zu tun hat.«

Ob das Licht aber von einem Autoscheinwerfer kommt, der nur an ist, weil mitten in der Nacht eine Frau mit ihren Kindern vor dem gewalttätigen Ehemann flüchten muss, oder ob es daher rührt, dass die Sonne im Mai fröhlich scheint, die glücklich verliebte Familie einen Ausflug macht und die beiden Kinder eine Mohnblume auf einer grünen Wiese pflücken, das kann man nicht wissen.

Und so ist das mit der Sequenziertiefe.
Besser, man trinkt das Bier später.

===

Die Kuratoren im Museum finden die Idee nur so mittelmäßig gut, denn um Viren-DNA zu finden, muss man die Sammlungsstücke zerschneiden, nicht kaputtschneiden und nicht vollständig zerstören, aber ein bisschen eben schon.

Lebende Viren findet man nicht mehr, aber die Tiere sind gut konserviert und die Techniken mittlerweile so entwickelt, dass man auch aus dem ältesten Material DNA extrahieren, sequenzieren und zusammensetzen kann. Und bei einer großen Sequenziertiefe bekommt man letztlich alles mit, was in dem untersuchten Organismus zum Zeitpunkt seines Todes Teil der DNA ist. Wer tiefer gräbt, findet meistens mehr.

»Wenn wir ein Genom sequenzieren, dann machen wir das so, dass wir nicht eine einzige Zelle nehmen, das könnten wir heutzutage mittlerweile auch, sondern wir nehmen zum Beispiel Muskelgewebe oder wir extrahieren die DNA gleich aus diesem ganzen Organismus.« Das ist über Nacht fertig. Misof sagt: »Kein Thema.« Was länger braucht, ist die bioinformatische Analyse. Das Zusammensetzen dauert mindestens einen Monat, oft auch länger. Es ist die eigentliche Herausforderung. »Das Sequenzieren, die Generierung der Daten, das ist Pipifax heutzutage«, sagt Misof. Moderne Biologie hat wenig zu tun mit dem, was damals in den Schulbüchern stand, Informatik ist der Kernaspekt moderner Evolutionsbiologie, und ohne Computer kann man sich zwar Schmetterlinge ansehen, viel mehr aber auch nicht.

Die DNA in dem alten Material ist degradiert, was ein anderes Wort ist für »zerbrochen«, nur noch in Schnipseln vorhanden. Aber wie das mit allen Schnipseln ist: Man kann sie wieder zusammensetzen. In jeder Zelle gibt es einen Kern, und in diesem Kern liegt die vollständige Information der Erbanlagen. Heißt: In jeder Zelle findet sich degradierte DNA separat, Zelle für Zelle, zerbrochen in Einzelteile. Aber weil das in jeder Zelle passiert, kann man einfach vergleichen. Wenn in einer Zelle hier ein Schnipsel ist und in der anderen dort, dann ergibt das ein vollständiges Bild, das man im Computer zusammensetzen kann.

Wie ein Archäologe, der sich fragt, aus welcher Teekanne das Bildungsbürgertum wohl 1743 getrunken haben mag. Und dann entdeckt er tief im Wald in Sachsen ein Haus von damals, bisschen zugewuchert, ist ja schon älter, aber im Großen und Ganzen noch okay. Und im Wohnzimmer entdeckt er eine Teekanne. Sie ist hingefallen und in tausend Teile zersplittert. Im Nebenraum findet sich die gleiche Kanne, gleiche Produktlinie, gleiches Blumenmuster, ebenfalls in tausend Teile zersplittert. Und so geht das weiter: Sie findet sich auch im Zimmer nebenan und im Keller, auf dem Dachboden und im Schuppen. Und dann setzt man das eben alles wieder zusammen, ist ein Haufen Arbeit, aber was bei der einen Kanne fehlt, ist wahrscheinlich bei der anderen noch vorhanden. Weil sich aber auch vieles doppelt, kann man daraus auch auf die Struktur schließen. Und am Ende hat man eben eine vollständige Teekanne, vielleicht auch zwei, Meißener Qualitätsprodukt.

Letztlich ist diese Entwicklung der Grund, warum Sammlungen in Museen auf der ganzen Welt plötzlich eine ganz andere Relevanz haben. Wenn es um Evolutionsbiologie geht und Viren miteinbezogen werden, kann man am Ende vielleicht die ganz große Frage beantworten: Sind Viren dafür verantwortlich, dass ganze Populationen ausgestorben sind? Allerdings ist es zu früh, das zu beantworten. Diese Art der Arbeit beginnt gerade erst.

Denn holt man Gewebe etwa aus alten Fledermäusen, die an Museumswände gepinnt sind, und findet dort Viren, dann kann man die gleiche Fledermausart ansehen, so sie denn noch existiert, und nachsehen, ob die Tiere immer noch die gleichen Viren in sich tragen. Und weil das Immunsystem versucht, das Virus loszuwerden, und das Virus wiederum versucht, das Immunsystem auszutricksen, verändern sich beide ständig, was auch die DNA betrifft. Und wenn man dann weiß, wann die Tiere gesammelt worden sind, kann man das in einen zeitlichen Rahmen setzen – um zu verstehen, wie schnell Viren tatsächlich auf den Angriff des Immunsystems reagieren können. Daraus wiederum kann man Rückschlüsse ziehen für die Gegenwart, denn das Prinzip hat sich nicht verändert.

Misof demonstriert das mit zwei Kaffeetassen, Koevolution, er schiebt sie auf dem Tisch hin und her. Wenn die eine ihre Position verändert, verändert sich kurz danach auch die Position der anderen, weil ihr Bezugspunkt die andere Tasse ist. Virus und Immunsystem. Er sagt: »Das ist superspannend.«

Weiß man, wie schnell sich Viren verändern, und kann Rückschlüsse ziehen, wie sie mit dem Wirt interagieren, ist es möglich, Virendiversität kennenzulernen. Und vor allem: Abzuschätzen, was das für den Wirt bedeutet. Für uns.
Um zu wissen, was kommen könnte.
Bevor es kommt.

===

Sammlungsstücke sind auch nichts anderes als große Datenmengen – und ein Museum ein Datenzentrum.

Museen gibt es lange, teilweise länger als Staatsformen und garantiert länger als einzelne Datenträger. Universitäten haben dagegen keine Langzeit-Datenspeicherung, und Forschung über mehrere Jahrzehnte wird dort auch eher nicht finanziert, im Gegenteil: Sie werden schulischer und betreiben weniger Grundlagenforschung. Und wenn eine Professur neu besetzt wird, wird ein neuer Forschungszweig zur Verfügung gestellt – und in ein paar Jahren oder wenigen Jahrzehnten wird es wieder umorganisiert.

Museen sind die einzigen Einrichtungen, die über eine lange Zeit Daten erheben und pflegen. Und das bedeutet: Museen sind die Einzigen, die langfristige Informationen zu den unterschiedlichen Viruslinien bereitstellen können. Wo kamen Viren vor und wo ihre Wirte? Wie haben sie sich verändert? Hat Livingston in Afrika irgendwas gesammelt, was uns heute betrifft? Aus dem Material, das in Museen liegt, könnte man sich vermutlich ansehen, wann frühere Pandemien stattgefunden haben. An der Veränderung im Genom der toten Tiere.

Muss man nur machen.

===

Die Urkunde ist im Museum ausgestellt. »Unter der segensreichen Regierung Sr. Majestät des Deutschen Kaisers und Königs von Preußen Wilhelm II. wurde der Grundstein zu diesem Gebäude ›Museum

Alexander Koenig‹ am 3. September 1912, dem 48. Geburtstage der Ehefrau des Erbauers, gelegt.« Aber zwei Jahre später wird es gleich zweckentfremdet, wer braucht schon tote Vögel, wenn es ein paar Kilometer weiter im Westen tote Soldaten gibt. Das Museum wird zum Lazarett für das deutsche Heer umfunktioniert. Die Tiersammlung wird im Keller eingemauert, man weiß ja nie, und da bleibt sie auch nach dem Krieg, die Franzosen ziehen ein und nutzen das Gebäude als Kaserne. Sie bleiben bis 1926. Weil Alexander Koenig zwischendurch revolutions- und hyperinflationsbedingt pleitegeht und die Weimarer Republik einspringt und dann kollabiert, zieht es sich alles etwas hin, und der richtige Museumsbetrieb geht erst 1934 los. Dauert nicht lange, bis verfügt wird, dass im Keller ein Luftschutzbunker eingerichtet wird. »Technisch ist der Einbau der Räume durch Einziehen von massiven Wänden, Verstärkung der Decken zur Aufnahme der Trümmerlast möglich« steht auf dem Dokument von damals, und ab 1943 ist das Haus geschlossen. Es gibt Wichtigeres als den Museumsbetrieb – und das gilt auch nach Kriegsende: Der Parlamentarische Rat zieht ein.

Der tagt im Erdgeschoss, in dem Raum, der eigentlich die Savanne ist – die Giraffe ist zur Eröffnungsfeier am 1. September 1948 mit einem grauen Vorhang verdeckt, weil sie zu groß ist und zu schwer, und deswegen kann man sie nicht rausräumen. Sie ist viel zu unhandlich, und wenn man sie kippt, könnte sie kaputtgehen, und das will nun auch niemand. Also werden die Büffel woandershin gestellt und die Elefanten auch, aber die Giraffe eben nicht. Und so steht sie da, verdeckt, aber das Gerücht geht um, dass der Vorhang zu kurz ist, und während die Versammlung aus den drei Westzonen, elf Landesparlamente, über einen demokratischen Neuanfang in Deutschland redet, sieht sie darüber hinweg und beaufsichtigt Adenauer und Robert Lehr, Theodor Heuss, Carlo Schmid und Paul Löbe, wie sie Deutschland rechtsstaatlich organisieren. Ob der Vorhang wirklich nicht passt, ist nicht beweisbar, denn niemand hat das fotografiert, aber das Gerücht hält sich sehr hartnäckig. Die Giraffe steht heute unter Denkmalschutz, kein Wunder, schließlich ist sie Gründungsmitglied der Bundesrepublik Deutschland – und heißt deswegen »Bundesgiraffe«, was ein wenig an Indiana Jones und die Bundeslade erinnert.

Im Hof wird eine Montagehütte angebaut, weil das Gebäude renoviert wird, bevor die Regierung einzieht. Die Bauleitung sitzt dort. Das, was man heute mit Containern macht, war damals eben aus Holz, muss ja schnell gehen, wird danach ohnehin abgerissen.

Passiert aber nicht, die Hütte bleibt stehen bis 2004. Und das Amt Blank zieht ein, noch bevor es das Amt Blank wird, unter anderem sitzt Franz Josef Strauß hier, als einer der Leiter des Amtes, und plant die deutsche Wiederbewaffnung. Im Museum selber befinden sich die Büros mehrerer Minister und Teile des Bundeskanzleramtes. Die Bundesregierung nutzt das Montagehaus (und Teile des Museums) noch ein paar Jahre – obwohl vorne mittlerweile wieder der Museumsbetrieb stattfindet. Weil die Neuorganisation der deutschen Armee als Bundeswehr Gestalt annimmt, kommen immer wieder ehemalige Wehrmachtsoldaten zum Interview in das Montagehaus, man braucht schließlich Personal, und andere Leute hat man nicht.

Und als die Regierung Ende der 1950er die Hütte endgültig an das Museum zurückgibt, sind, von kurzen Ausnahmen abgesehen, eigentlich zum ersten Mal keine Soldaten mehr vor Ort

Das Montagehaus wird für die Insektensammlung genutzt.

===

Heute stehen im Erdgeschoss wieder Elefanten und Löwen. Es gibt ein Wasserloch und einen Affenbrotbaum, Paviane, Zebras, ein Nashorn und Termiten und Antilopen und eben die Bundesgiraffe und was man so hat in einer Savanne. Beinahe wäre hier der Plenarsaal entstanden. Das Gebäude soll der Bundestag werden, das denken fast alle, es ist so imposant und macht schwer was her, und außerdem ist es als eines der wenigen Gebäude ziemlich unversehrt durch den Zweiten Weltkrieg gekommen, viel Auswahl gibt es ohnehin nicht.

Weil es sich eingespielt hat mit dem Parlamentarischen Rat, finden die ersten Kabinettssitzungen der ersten Bundesregierung der Bundesrepublik Deutschland hier statt. Die großen Runden, für die man einen Plenarsaal benötigt, sind im Hörsaal und die kleinen Kabinettssitzungen im Raum nebenan. Aber dann macht man es doch nicht, das Haus ist zu klein, man muss zu viel umbauen, und es gibt noch ein anderes Problem, auch nicht unbedeutend: Es ist zu schön.

Deutschland hat den Krieg verloren, aber das sieht man nicht, wenn man durch die Räume geht. Es sieht pompöser aus als bei den Briten und Franzosen, und das scheint Adenauer unklug, ein wenig mehr Demut ist vielleicht nicht schlecht, und strategisch ist es auch nicht optimal, wenn der Verlierer besser aussieht als die Sieger und man auf deren Wohlwollen angewiesen ist. Und so lässt er die Wände seines Büros mit grauen Vorhängen abhängen, damit es möglichst trostlos aussieht. An der Wand hängt ein riesiges Ölgemälde eines Elefanten, schräg gegenüber gibt es Porträts von Löwen und Tigern, und die anderen Wände sind Bücherregale aus Edelhölzern, verziert und geschmückt wie die Stuckdecke, auf jedem Quadratzentimeter, und befüllt mit dem naturwissenschaftlichen Wissen des 19. Jahrhunderts, in Leder gebunden. Eigentlich. Aber die Vertreter der Siegermächte bemerken das während der Verhandlungen nicht. Der Raum gehört zur Gründungsgeschichte der Bundesrepublik. Das Büro sieht noch aus wie damals. Verändern darf man nichts, es ist ein Stück deutsche Geschichte, eingebunden in ein Stück Naturgeschichte. Alles steht unter Denkmalschutz. Es ist das ehemalige Arbeitszimmer von Alexander Koenig, es ist für knapp zweieinhalb Monate das Büro von Konrad Adenauer, und so kommt man im Museum an der engen Verbindung des Gebäudes zur Geschichte des Landes nicht vorbei. Am Eingang, links, steht die deutsche Fahne, es gibt eine Gedenktafel für den Parlamentarischen Rat, aber weil es eigentlich um Naturkunde geht, steht das Skelett eines Riesenhirsches nur zwei Meter daneben.

Misof sitzt ein Stockwerk höher, sein Büro war früher das Vorzimmer von Adenauer. Er trägt ein weites T-Shirt einer Skatermarke und Sneakers und oft kommen Menschen in sein Büro, immer ältere Männer, die etwas mitteilen wollen oder Fragen haben, oder so tun, als hätten sie Fragen, um mal Hallo zu sagen. Hobbyforscher, die früher echte Forscher waren. Mathematiker, Physiker, viele von ihnen ehemalige Professoren der nahen Universität, mittlerweile alle in Pension, die immer mal was mit Tieren machen wollten und deswegen jetzt im Museum helfen.

Molekulare Biodiversitäts- und Evolutionsforschung, das macht Bernhard Misof im Prinzip schon sein ganzes Leben. Biologie mit einem starken theoretischen Hintergrund. »Ich wollte schon als Vierjähriger Biologe werden«, sagt er: »Es gab für mich überhaupt keine andere Alternative.«

Er hat die Bücher noch, die sein Großvater ihm gegeben hat. »Der sogenannte Seitz«. Der Seitz, Adalbert, beschäftigte sich mit Schmetterlingen, rauf und runter, von rechts nach links und zurück, große und kleine. Er war der Fachmann schlechthin, Direktor des Frankfurter Zoos und Kurator im Senckenberg Museum, ebenfalls in Frankfurt, und weil er in Gießen studiert hat und man aus Hessen auch mal raus muss, auch Reisender mit zig Forschungsreisen in die Tropen. Das Buch wird 1912 aufgelegt, es geht um Großschmetterlinge, und am Ende gibt es über ein Dutzend Bände, immer neue, selbst dann noch, als der Seitz längst tot ist. Es sind Misofs erste Bücher. Er ist noch nicht in der Schule, als er sich mit Schmetterlingen beschäftigt, so schön findet er sie. Er kann sich nichts anderes vorstellen, als Naturforscher zu werden. Bis er in der Schule entdeckt, dass er Mathematik auch ziemlich schön findet. Und Philosophie. Und das kombiniert er dann alles: Biologie mit mathematischem Hintergrund und einem starken philosophischen Interesse.

Misof geht in die USA. Yale, eine der besten Universitäten der Welt. Er forscht dort jahrelang und bereitet seine Doktorarbeit vor, und weil er dort arbeitet, steht er in einer Reihe mit anderen Studenten von dort. Hillary Clinton und Bill und Tom Wolfe, den beiden Bushs, Oliver Stone und Sigourney Weaver.

Ellen Louise Ripley.

Die mit der intergalaktischen Schlupfwespe.

===

Die klassische Lehrmeinung, sagt Misof, ist, dass Parasit und Wirt koevolvieren, dass sie sich einen Rüstungswettlauf liefern und sich so gemeinsam ändern und aneinander anpassen. Oder besser: angepasst werden, weil das keine bewusste Entscheidung ist. Vor seiner Tür warten Studenten, er hat jetzt keine Zeit, noch einen Kaffee?

Er sagt: »Wenn das stimmt, würde das bedeuten, dass es für einen Parasiten extrem schwer ist, auf einen anderen Wirt zu wechseln. Wenn ich also einmal auf einem Wirt gelandet bin, durch Zufall, dann muss ich auf dem bleiben und gemeinsam evolvieren.«

Ist ja nicht so, dass es dafür keine Beispiele gibt. Wale haben Flöhe. Die kommen nur dort vor und sind extrem stark angepasst. Sie haben eine Koevolution mit dem Wal durchlebt und leben in seinen Innenohren. Die können nirgendwo anders hin. Wenn das aber der Normalfall ist, dann würde das bedeuten, dass Wirtswechsel von Viren eigentlich nie oder nur selten erfolgen. Und das bedeutet dann wiederum, dass die Geschichte von Viren, oder Bakterien und Parasiten, sehr eng an die Geschichte der Wirte gekoppelt ist. Er macht das Fenster zu, war ganz schön laut, eine große Straße ist direkt vor der Tür, aber dann macht er es sofort wieder auf, nach einer Sekunde, Durchzug ist besser während einer Pandemie. Aber was, wenn das die Ausnahme ist? Wenn der Spillover vielleicht gar nicht so ungewöhnlich ist?

Schließlich sind in den letzten Jahren sehr viele neue Viren aufgetaucht, viele verwandt, Coronaviren in Insekten zum Beispiel. Bei ihnen ist es vermutlich relativ leicht, von einem Wirt zum nächsten zu springen. Wäre das nicht der Fall, hätten sich diese Viren vom Anbeginn höheren Lebens wenig verändert in ihren Wirten und ihren Ökosystemen. Das ist einfach wenig wahrscheinlich, denn dann wären sie vermutlich nicht so eng verwandt. Misof sagt: »Vielleicht sind die Wirte eher stepping stones, wie Inseln in einem großen Meer, und die Viren nützen uns nur, um immer weiter hüpfen zu können.« Dann wäre unser einziger Zweck, eine Verbindung zu schaffen in einer Virenwelt. Und weil Viren etwa innerhalb der Wirbeltiere relativ leicht wechseln können, vor allem zwischen Gruppen von relativ nah verwandten Tieren, Schimpansen und Menschen und Fledermäusen, ist das tatsächlich eine Möglichkeit. Im Prinzip braucht man dann eigentlich nur einen nahen Kontakt – und dann kommt es darauf an, ob sich das neue Virus bei uns etablieren kann oder nicht. Und das ist kaum vorhersagbar.

»Bei SARS1«, sagt er, »hatten wir einfach unendlich großes Glück, dass das Virus viel gefährlicher war.« Klingt erst mal nicht nach unendlich großem Glück, aber ist die alte Geschichte: Wechselspiel zwischen Virus und Wirt. Ein Virus, das tötet, bevor jemand herumlaufen kann, hat keine große Chance, von einem Wirt auf einen anderen überzuspringen. Dieses Virus kann man totisolieren, es wird innerhalb von kürzester Zeit verschwinden. Und genau das ist bei SARS1 passiert.

Misof sagt: »Und SARS2 liegt genau richtig. Das Virus ist leicht übertragbar und so wenig tödlich, dass Individuen es ständig unterschätzen, aber so tödlich, dass es für Gesellschaften als Ganzes eine Riesengefahr ist.«

===

Zwischen Intensivstation und Workshops hat Thushira Weerawarna einen Termin beim Chef der örtlichen Universität in Brașov, was bedeutet: ebenfalls Chef der medizinischen Fakultät. Der reicht zur Begrüßung die Hand und ist beleidigt, als das nicht erwidert wird. »Was soll das bringen?«, fragt er. Er sagt, er nimmt das Risiko auf sich. Das ist doch alles übertriebener Westkram. Was für Mädchen. Lachen. Haha. Er ist sehr laut, fast schreit er, wie das solche Leute immer machen, weil sie Lautstärke mit Überzeugungskraft verwechseln und nicht merken, dass Rechthaberei mit Rechthaben nichts zu tun hat. Niemand fragt, aber er erzählt von der Einschränkung der Freiheit, erinnert mich an früher, schwurbel, so schlimm war es im Kommunismus nicht, blablaba, ich lasse mir nichts sagen, blublublub, wer sagt uns, dass es das Virus wirklich gibt, gähn.

Auf seinem Posten ist er möglicherweise eine Fehlbesetzung.

===

Die Idee, dass es eine Symbiose mit Viren geben könnte, taucht erstmals nach dem Zweiten Weltkrieg auf. Was, wenn Viren sich gemeinsam mit ihren Wirten entwickelt haben? Unter bestimmten Umständen könnte das doch die Überlebensfähigkeit des Wirtes erhöhen. Die Idee bleibt eine Minderheitenmeinung.

Das hat sich geändert.

Wir haben in unserem Magen das Mikrobiom, früher Darmflora genannt, unterschiedliche Bakterien, die uns helfen, die Nahrung zu verdauen. Es gibt Viren, die Bakterien attackieren, die Bakteriophagen. Und wahrscheinlich sind die Bakterien in unserem Darm nicht alleine. Schließlich gibt es Viren überall dort, wo es zelluläres Leben gibt, sie sind ein Bestandteil von Zellen und Genomen. Bakteriophagen kontrollieren Bakterien. Der Vorgang findet statt, seit es erstes Leben auf der Erde gibt, es gibt ihn überall, auch auf und in uns, und es ist schlicht extrem unwahrscheinlich, dass ausgerechnet unser Darm die Ausnahme ist. Im Gegenteil: Mittlerweile geht man davon aus, dass zu jedem Lebewesen eine Gesamtheit von Viren gehört, noch kleiner, noch mächtiger, noch artspezifischer, noch mehr im Verborgenen lebend: das Virom.

Möglicherweise kontrolliert das Virom das Mikrobiom. Es würde dann die Bakterien in Schach halten und dafür sorgen, dass das Mikrobiom funktioniert, wie es das tut. Wenn wir die ganzen Phagen aus unserem Darm eliminieren, würden wir dann sterben? Vielleicht. Vergiftet oder gefressen von unseren eigenen Bakterien? Unmöglich, das nachzuweisen, aber ausgeschlossen ist das nicht.

Was zu Ende gedacht dann nichts anderes bedeutet als: Wir werden von Viren kontrolliert.

===

Elysia chlorotica ist eine Seeschnecke, die an der Ostküste der USA im Brackwasser lebt.

Das Tier sieht aus wie ein Blatt und verhält sich auch so: Es kann aus Licht Energie gewinnen. Das geht, weil zu irgendeinem Zeitpunkt in der Evolution Gene vom Zellkern der Alge, die die Schnecke als Jungtier frisst, in deren Zellkern übergewechselt sind – mit Hilfe von Retroviren, die sowohl in der Schecke als auch in der Alge vorkommen. Grüne Chloroplasten, Zellen, die Photosynthese betreiben, durchziehen den Schneckenkörper wie Lichterketten und stellen aus dem Sonnenlicht unter anderem Kohlenhydrate her. Das funktioniert so effektiv, dass der Mund der Schnecke sich bald zurückbildet, weil er nicht mehr zur Nahrungsaufnahme gebraucht wird. Kaum dass die Schecke ihre Eier abgelegt hat, vermehren sich die Viren, die dem Tier bisher ein angenehmes Leben ermöglicht haben, explosionsartig. Sie überschwemmen die Organe, die Schnecke stirbt. Das passiert unabhängig davon, wo das Tier lebt, selbst im Aquarium ist das der Fall. Die Viren, die das Tier ernährt haben, sorgen so für die Auslöschung der kompletten Generation – schließlich ist sie nach der Eiablage zu nichts mehr nütze.

===

Es gibt keine Rache des Regenwaldes oder ähnlich romantisch überhöhten Unsinn. Viren haben es nicht auf uns abgesehen. Ihr einziges Ziel und Zweck ihrer Existenz ist das Überleben. Werden wir krank, dann weil wir zufällig im Weg sind.
Die klassische evolutionsbiologische Erklärung für ein Virus, das uns schnell tötet, ist: Es ist ein Unfall der Evolution. Um mal Ebola zu nehmen: Das Virus ist angepasst an irgendeinen Wirt, den wir wahrscheinlich noch nicht kennen, und wenn es in den Menschen übertragen wird, ist es so unangepasst und so virulent, dass das Immunsystem damit überhaupt nicht umgehen kann. Es kollabiert. Und der Wirt stirbt. Was bedeutet, dass das Ebolavirus im Menschen sofort wieder verschwindet. Unfall eben. Der Mensch ist nicht gemeint.
Für den gilt: falsche Zeit, falscher Ort. Pech gehabt.

===

Wenn die Karotten wachsen, dann vermehren sich die Hasen. Was dazu führt, dass es ganz viele Füchse gibt. Zuerst fressen die Hasen alle Karotten, dann die Füchse alle Hasen, und am Ende sterben auch sie – und mit ihnen das ganze Ökosystem. Es sei denn, es gibt ein Feintuning: Haben die Füchse eine Virusinfektion, dann geht es allen Füchsen eine Zeitlang ziemlich schlecht. Und die Hasen haben dann wieder die Gelegenheit, sich zu vermehren. Bis zu dem Punkt, an dem irgendein Hase ziemlich krank wird. Niemand kontrolliert dann das Wachstum der Karotten. Aber kurz bevor das Feld ausgelaugt ist, taucht wahrscheinlich ein Karotten-Virus auf – das Feld kann sich erholen.
Viren sichern das Überleben von Ökosystemen.
Und das gilt auch auf mikrobakterieller Ebene.
Weil Viren auch Bakterien infizieren und so dafür sorgen, dass keine Bakterienart zu dominant wird, tragen sie zur Artenvielfalt im ganz Kleinen bei. Klingt komisch, mikrobiologische Artenvielfalt, wird

aber ganz schnell ganz wichtig, wenn man weiß, dass sie dadurch den Kohlen- und Nährstoffkreislauf in den Weltmeeren massiv beeinflussen. Und somit alles, was daranhängt.

Vermutlich tragen Viren zur Aufrechterhaltung des ökologischen Gleichgewichts des Planeten bei.

===

Ganz klar, Japanische Enzephalitis. Der Arzt ist sich sicher, als Mohammed Salih, Architekt, 28 Jahre alt, am 17. Mai 2018 ins Baby-Memorial-Krankenhaus in Kozhikode, bisschen kleiner als Frankfurt, eingeliefert wird. Es ist 2 Uhr am Morgen. Hatte der Patient Kontakt mit Vögeln oder Schweinen, oder wurde er von einer Mücke gestochen? Schulterzucken. Wir sind in Südwestindien, Bundesstaat Kerala, man wird ständig von Mücken gestochen.

Na ja, sagt der Arzt, Fieber, Schüttelfrost, Kopfschmerzen, wir kriegen das hin, wir kennen das, stabilisieren ihn erst mal, das wird schon. Aber dann beginnt Mohammed Salih damit, sich zu erbrechen. Er macht einen sehr verwirrten Eindruck, und es geht ihm immer schlechter, in wenigen Stunden. Und gar nichts wird.

Und die Ärzte beginnen zu zweifeln. Kann das sein? Schon klar, ein Drittel der Patienten kann an der Enzephalitis sterben, aber das geht viel zu schnell, außerdem sind Erwachsene meist immun. Und wenn man ehrlich ist: So richtig passen die Symptome nicht. Seine Arme hängen an ihm, als gehören sie nicht zu seinem Körper, schlaff und ohne Reflexe. Sein Herz rast mit über 180 Schlägen pro Minute, sein Blutdruck pumpt, als ob es kein Morgen gäbe, und vielleicht gibt es das auch nicht. Sind wir mal ehrlich, sagen sie, wenn das Enzephalitis ist, dann ist es jedenfalls eine sehr eigene Ausprägung.

Die Ärzte beginnen Tests, ein Symptom nach dem anderen können sie ausschließen und eine Krankheit nach der anderen auch. Eine Vergiftung ist ebenfalls unwahrscheinlich. Toxine können enzephalitisähnliche Symptome auslösen, aber da hat man kein Fieber. Tollwut? In Indien endemisch, jedes Jahr sterben Zehntausende. Eine mögliche Ursache für Enzephalitis wäre es, aber der Rest passt nicht so richtig.

Und dann erfahren sie, war vorher keine Zeit, dass Sabith, der zwei

Jahre jüngere Bruder des Patienten, knapp zwei Wochen zuvor ähnliche Symptome hatte. Ach? Wir geht es ihm denn? Eine nachvollziehbare Frage, und die Antwort ist: Sabith ist tot.

Eine durch Mücken übertragene Krankheit, die zwei Personen in einem Haushalt ansteckt? Das ist möglich, aber statistisch extrem unwahrscheinlich.

Die Ärzte hören dann noch, dass der Vater übrigens auch erkrankt ist und die Tante ebenfalls. Was immer Mohammed Salih hat, Japanische Enzephalitis ist es nicht.

===

Der positive Text kommt einen Tag später. Die Ärzte haben eine Probe des Patienten an ein Labor geschickt, knapp dreihundert Kilometer entfernt. Wir haben keine Ahnung, was das sein könnte, könnt ihr mal nachsehen, und das tun sie im Labor, und die PCR ergibt: Nipah.

Meldepflichtig an die WHO. Zum ersten Mal überhaupt ausgebrochen im September 1998 in Malaysia, im Dorf Kampung Sungai Nipah. Zuerst husten Schweine, aber das erkennt damals niemand, weil niemand darauf achtet. Warum auch? Man kann nur erkennen, was man auch kennt, und niemand rechnet mit einer Erkrankung unter Schweinen, zumindest nicht mit so einer. Dann erkranken Schweinezüchter und Landarbeiter, weil aber niemand auf die Schweine achtet, bringt es keiner in einen Zusammenhang. Kein Problem, sagen Politik und Gesundheitsbehörden damals schnell, keine Panik, wir haben alles unter Kontrolle: Es ist die Japanische Enzephalitis. Das ist übel, aber wir kriegen das hin, wir wissen, wie man damit umgeht, ein paar Maßnahmen zur Mückenkontrolle, und dann ist das Problem gelöst. Gesundheitsteams kommen in das Dorf und nebeln alles ein. Zwar gibt es nun keine Mücken mehr, aber krank werden die Menschen immer noch. Junge Leute, gesund, können am nächsten Tag nicht mehr laufen, nicht mehr sprechen, sich nicht mehr bewegen. Es ist eine Krankheit, die aus Menschen Zombies macht. *The Walking Dead*, nur ohne walking. Irgendwas muss ihr Gehirn attackieren, manche Opfer sind komplett gelähmt, aber bei vollem Bewusstsein. In Nipah ist jede Familie betroffen. Fast. Moslems werden nicht krank. Kein einziger. Sollte es einer Mücke beim Stechen nicht egal sein, welche Religion man praktiziert?

Kaw Bing Chua zweifelt. Und er scheint der Einzige zu sein. Chua ist Arzt, Hausarzt, nichts Besonderes, später dann Facharzt für Kinderheilkunde, aber er hat keine Lust mehr auf seine Patienten, kann sie einfach nicht mehr ertragen. Hier eine Erkältung, da eine Schwellung, der kleine Schatz hat Husten, das Kindchen hat Bauchweh, er langweilt sich zu Tode und ist frustriert. Er ist vierzig Jahre alt, als er überlegt, dass er noch mal was anderes machen will. Er beginnt zu studieren, Molekulare Virologie an der Universität Malaya, Kuala Lumpur, und ist gerade zufällig Trainee im Labor, als er eine Probe eines Patienten auf den Schreibtisch bekommt – das Labor ist gerade mal eine Autostunde von Nipah entfernt. Es ist Sonntag, ein lauer Spätsommerabend, niemand im Labor, keiner hat Interesse, es ist ja ohnehin die Japanische Enzephalitis, und so darf Chua ran. Er experimentiert mit der Probe, beimpft Zellkulturen mit der Flüssigkeit und sieht den Zellen beim Sterben zu. Es scheint, als ob ein anderes Virus dafür verantwortlich ist, Paramyxovirus. Puh, denkt er, das ist was Ähnliches wie die Masern. »Ein Schauer lief mir über den Rücken«, sagt Chua.

Aber niemand will ihm zuhören. Und wenn es doch mal jemand tut, denken die: Ach wie putzig, der Kinderarzt. Er ruft den Laborleiter an, kommen Sie mal bitte, ich muss Ihnen was zeigen, ich glaube, dass die Krankheit eine andere Ursache hat. Der Professor findet das unsinnig, er hat keine Lust, ins Labor zu fahren. Chua, sagt er, soll mal lieber seine Experimente wegwerfen, das ist Zeitverschwendung, ist ohnehin alles falsch. Chua sagt: »Ich musste Leute anflehen, damit sie mir glauben.« Er ist nicht überzeugend genug. Die Menschen sterben weiter.

Aber Chua hat Jahre seines Lebens mit heulenden Kleinkindern verbracht, so schnell ist er nicht kleinzukriegen. Er überlegt ein bisschen und ruft den Professor dann erneut an. Tut ihm leid, sagt er, er hat sich geirrt, wie dumm von ihm. Weiß er auch nicht, was für ein Bock ihn da geritten hat, Entschuldigung. Schon gut, sagt der Professor, jeder macht Fehler. Er glaubt, sagt Chua, jetzt auch, dass es die Japanische Enzephalitis ist, aber leider sind die Labore in Malaysia nicht gut genug und er würde so gerne weiter an dem Erreger forschen. Das Problem ist ja gelöst, er ist ohnehin nur Student, ihn braucht ja keiner im Land, könnte er sich nicht auf die Wissenschaft konzentrieren und vielleicht in die USA gehen, um dort weiter an dem Erreger zu arbeiten?

Der Professor findet, dass das eine gute Idee ist. Er schickt ihn zu einer Außenstelle des CDC nach Fort Collins in Colorado. Dort werden zwar Krankheiten erforscht, die von Moskitos übertragen werden, aber eben nicht ausschließlich. Chua fliegt in die USA, Nipah hat er in einer Tasche im Handgepäck dabei, liegt im Rucksack, haben Sie was zu verzollen? Nein, und das entspricht nicht unbedingt dem Sicherheitsprotokoll.

Kaum in den USA, bittet er die amerikanischen Kollegen um einen Gefallen. Vielleicht können sie sich mal eine Probe ansehen, die er mitgebracht hat. Klar, sagen die, immer her damit. Und dann bestätigen sie Chuas Entdeckung: ein Paramyxovirus. Wie die Masern, aber bisher unbekannt. Hat halt ein bisschen mehr Schwung. Was mit Wumms. Die Masern auf Speed.

Und Chua ruft in Malaysia an. Hört auf, Moskitos zu bekämpfen. Es kommt aus Schweinen. Deswegen bekommen es Moslems nicht. Diesmal glauben sie ihm, auch weil das Sterben nicht aufhört.

In der Folge werden über eine Million Schweine getötet, es ist die größte Vernichtungsaktion in der Geschichte des Landes und radiert die komplette Schweineindustrie aus. Sie wird sich nie wieder ganz erholen. Die Züchter ... Pech gehabt, aufs falsche Tier gesetzt, macht halt was anderes. Weil es aber schon vorher Gerüchte gegeben hat, dass Schweine irgendwie mit drinhängen, liegt der Umsatz ohnehin schon am Boden, der Handel ist nicht beschränkt, aber keiner kauft die Produkte. Schweinefleisch und Fußpilz, imagemäßig eine Liga, und so tut es nicht weh, dem Geschäft den Rest zu geben.

Mit den Schweinen verschwindet die Krankheit. Augenblicklich.

Am Ende haben sich 265 Leute infiziert, 105 von ihnen sterben. Es ist der erste Nipah-Ausbruch – und es wird der harmloseste sein.

Weil so wenige Menschen sterben.

===

Für Nipah gibt es keine Impfung. Das Virus, Verwandter der Masern und von Mumps, hat nur Nachteile, aber einen Vorteil dann doch. Man muss sich nicht darüber streiten, ob es eine Kinderkrankheit ist, und man sie vielleicht doch lieber im Einklang mit Mutter Natur einfach mal durchleben muss, Licht, Liebe, Umarmung, bisschen Globuli hier, um einen Baum tanzen da, und gut ist.

Wahrscheinlich wird niemand von der Stärkung des Immunsystems reden, Nipah-Partys wird es keine geben und die ganzen leidigen Diskussionen darüber, ob man wirklich eine Maske im Supermarkt tragen muss, bleiben einem vermutlich auch erspart.

===

Die Frage bleibt: Woher bekommen es die Schweine?

Es dauert jahrelang, bis das Rätsel gelöst ist. Erste Hinweise, dass Flughunde Träger des Virus sein könnten, gibt es bereits im Jahr 2000, aber erst 2007 wird das Virus im Urin eines Tieres nachgewiesen, Spezies *Pteropus lylei*, in Thailand. Wie die Übertragung ins Schwein funktioniert, ist spekulativ, aber vermutlich essen die Tiere von Flughunden angefressene Früchte und infizieren sich über den Speichel.

Es wird dann klar, dass das schon seit Jahren so geht. Nur sind die Ausbrüche klein, die Schweinefarmen ebenso, manchmal stirbt ein Bauer, aber eine Epidemie wird es nie. Und dann, es sind die 1990er, erlebt Malaysia einen ökonomischen Aufschwung. Familien steigen in die Mittelschicht auf. Das Land macht den Fehler, den alle machen, wenn sie zu Geld kommen: Der Fleischkonsum steigt. Massentierhaltung, veränderte Landwirtschaft, Schweine auf engem Raum, Rodung von Urwald, um mehr Platz zu haben für mehr Schweinefarmen. Es ist kein besonders neues Muster, ändern wir die Art und Weise, wie wir mit Tieren umgehen, setzen wir neue Krankheiten frei, aber wir folgen ihm seit Jahrtausenden.

Und die Flughunde passen sich an, sie gehen dahin, wo sie Futter finden. Auf Farmen etwa. Ohne Regenwald, ihrem natürlichen Habitat, bleibt ihnen wenig anderes übrig. Wie der Erreger dabei zwischen ihnen zirkuliert, ist bisher nicht ausreichend erforscht. Daten dazu gibt es nur wenige, aber das Virus wird hauptsächlich über den Urin und über den Speichel ausgeschieden, dazu soziale Interaktion, sind ja gesellige Tiere, und fertig ist die Infektionslaube.

Alle Kranken in Malaysia haben direkten Kontakt zu Schweinen. Den Tieren selber passiert nichts, aber sie stecken sich untereinander an, Tröpfcheninfektion. Und Menschen bekommen es von ihnen, beim Schlachten, beim Füttern, beim Im-selben-Raum-Sein.

Im Frühjahr 1999 gibt es in Malaysia keine großen Schweinefarmen mehr. Die Regierung verbietet außerdem das Pflanzen von Obstbäumen in der Nähe von Schweinegehegen. In Malaysia tritt nie wieder ein Fall auf. Eine direkte Übertragung von Mensch-zu-Mensch gibt es nicht, kein einziges Mal.

Das wird sich ändern.

===

Das Protokoll in Indien sieht vor, dass das National Institute of Virology in Pune, Bundesstaat Maharashtra, noch testen muss, und dann erst gilt das Ergebnis als bestätigt, aber diese Vorschrift kümmert niemanden, es eilt. Das Krankenhaus wird sofort informiert, und auch der staatliche Gesundheitsapparat wartete nicht auf die Bestätigung.

Spezialisten aus Delhi rücken an, ein Team in Schutzanzügen, National Centre for Disease Control, NCDC. Noch am gleichen Tag untersuchen sie das Haus der Familie von Mohammed Salih. Es ist leer. Sie nebeln die Umgebung ein, falls es doch die Mücken sind, und sammeln Proben, so richtig glaubt das niemand, aber man weiß ja nie. Das einzige Leben, das sie finden, sitzt in einem Käfig, ein paar einsame Kaninchen. Sie sind offenbar länger nicht gefüttert worden. Sie gehören dem kleinen Bruder. Er mochte Tiere so gerne, werden die Nachbarn später erzählen. Und die Kinder in der Umgebung mochten seine Tiere, sie kamen manchmal zu Besuch, um mit ihnen zu spielen. Oh, denkt das Team, das ist schlecht. Sabith ist Klempner, er kommt rum, und auch das ist nicht gut. Die Krankheit zieht wie eine marodierende Armee durch seinen Körper, überfallartiger Angriff. Am 2. Mai 2018 geht es ihm hervorragend, am 3. Mai bekommt er Fieber. Am 5. Mai ist er tot.

Und obwohl das keine lange Zeitspanne ist und es ihm schnell schlecht geht: Letztlich steckt er, über Umwege, 23 Menschen an. 21 sterben.

Die Stadt, in der die Familie wohnt, Perambra, ist mittelgroß. 70 000 Einwohner. Panik bricht aus, Familien verlassen die Stadt, und der Preis für FFP2-Masken geht durch die Decke.

Als schließlich die Bestätigung aus Pune kommt und die Beamten bekanntgeben, dass sich das Virus durch Früchte verbreiten könnte, bricht der Markt für Obst ein. Dass es sich bei den Früchten ausschließlich um angefressene, von Flughunden halb verzehrte Mangos handeln könnte, spielt keine Rolle, alles andere wird ebenfalls nicht mehr angefasst.

Wie Sabith sich angesteckt hat, ist bis heute ungeklärt. Die Familie hält keine Schweine, ein Kontakt mit Flughunden ist nicht bekannt. Das Virus wird durch den Verzehr von Nahrungsmitteln weitergegeben, die mit Körperflüssigkeiten infizierter Tiere kontaminiert werden, aber es ist nicht besonders wahrscheinlich, dass Sabith Salih, Klempner und Kaninchenfreund, irgendwelche Früchte vom Boden aufliest und sie isst. Er hat keinen Kontakt mit einer infizierten Person, zumindest nicht, dass das bekannt ist.

Aber die Seuche wird eingedämmt, bevor sie größer wird. Und so sind es einerseits zwar 21 Tote bei 23 Infizierten, und alle stecken sich über die Luft an, Tröpfcheninfektion, zudem ist nicht geklärt, wie Patient 0 sich infiziert hat, und das ist alles sehr erschreckend. Andererseits: Es ist super gelaufen. Könnte kaum besser sein, die Inder sind erleichtert, denn zum Glück ist die Seuche dort ausgebrochen, wo das indische Gesundheitssystem am widerstandsfähigsten ist. Alle haben sofort reagiert, Patienten isoliert, Kontaktpersonen aufgespürt, die Diagnostik lief gut, ein Team war schnell vor Ort, die Infektion wurde nachverfolgt – und durch all das gestoppt. Mehr kann man nicht wollen. Und der Erreger hat, alle einmal durchatmen, Glück im Unglück, sehr schnell getötet. Der Ausbruch kann so innerhalb kürzester Zeit mit der geringstmöglichen Anzahl von Toten eingedämmt werden.

Denn bei allen Ausbrüchen aller Seuchen gilt: Die Inzidenz muss unten sein, Kellerniveau, und am besten noch tiefer. Denn auch wenn es auf den ersten Blick nicht schlimm aussieht, gilt, dass es umso schwieriger wird, eine Infektionskrankheit einzudämmen, je mehr Patienten innerhalb einer bestimmten Zeitspanne infiziert sind.

Mehr Infizierte bedeutet, dass das Virus mehr Möglichkeiten hat zu mutieren. Und wenn eine Mutation entsteht, die den Erreger während einer frühen Infektion unauffälliger oder übertragbarer macht, bevor eine Person erkrankt, kann die Zahl der infizierten Menschen viel höher sein, bevor der Ausbruch bemerkt wird. Bei Nipah wäre es eine Katastrophe.

Es ist diesmal nicht passiert.

Es gibt keinen Grund anzunehmen, dass das der letzte Ausbruch ist.

===

»Sajeeshetta, bin schon fast auf dem Weg. Ich glaube nicht, dass ich dich wiedersehen kann. Tut mir leid. Bitte pass auf unsere Kleinen auf. Mit viel Liebe und Küssen«.

Lini Puthussery, Krankenschwester, 28 Jahre alt, Mutter von zwei kleinen Kindern, pflegt Mohammed Salih. Sie steckt sich an, es geht ihr schnell schlechter. Die kurze Notiz, die sie an ihren Mann schreibt, wird das Letzte sein, was sie erledigen kann. Später wird eine Auszeichnung in ihrem Namen gestiftet, für herausragende Arbeit im Gesundheitssektor, der »Best Nurse in Public Service Award«.

Aber da ist sie schon lange tot.

===

»Bei Nipah«, sagt Mirjam Knörnschild in Berlin, »sind die Übertragungswege relativ klar.« Sie sagt: »Nipah ist eine furchtbare Krankheit, aber sie ist relativ einfach zu verhindern.« Und sie ist ein gutes Beispiel, warum Grundlagenforschung mit Fledertieren ziemlich sinnvoll ist.

Das Naturkundemuseum in Berlin ist, ähnlich wie das Forschungsmuseum Alexander Koenig in Bonn, zugleich Museum und Forschungsinstitut. Fast alles sind Langzeitprojekte aus allen Teilen der Welt, und da lernt man dann, dass Fledermäuse Dialekte sprechen, die sich im Laufe der Zeit verändern, neue Einflüsse von außen kommen dazu, alte Idiome verschwinden. Man erfährt, dass Fledermaus-Mütter Babysprache mit ihren Kindern sprechen, dutsie, dutsie, tüdellüt, lang und breit, die Worte gekaut, hohe Töne, spitzer Mund, was man eben automatisch macht, wenn man ein Kleinkind vor sich hat. Bei Menschen hilft der übertriebene Singsang dem Baby, die Sprache besser zu lernen. Und das ist bei Fledermäusen ganz genauso. Fledermaus-Mütter verändern ihre Klangfarbe, wenn sie mit einem Jungtier sprechen. Ihre Stimme hat eine andere Tonlage und wechselt sofort, wenn ein erwachsenes Tier in die Nähe kommt, macht man selber ja auch so. Weiß man über die Kommunikation Bescheid, weiß man eben auch, wer was von wem will – und wie die Flugrouten verlaufen. Im Fall von Nipah hilft es, Leben zu retten.

Nipah wird, zumindest in Teilen, direkt vom Flughund auf den Menschen übertragen. In den allermeisten Fällen über verunreinigten Palmsaft. Knörnschild sagt: »Das ist ein ganz gut verstandenes System.« Dass sie dann gestikulierend erklärt. Sie wird schnell enthusiastisch, wenn es um Fledermäuse geht, was ja nur bedeutet: alles richtig gemacht bei der Berufswahl. Bei Nipah weiß man, wo der Mensch-Tier-Kontakt stattfindet. Und dann kann man ihn verhindern. Sie sagt: »Darum geht es.« Den Palmsaft abkochen, tötet den Erreger. Und setzt man ein kleines Metallgitter auf die Palmsaft-Sammelbehälter, billig herzustellen, schnell gemacht, erreicht der Flughund den Saft nicht mehr, Problem gelöst. Leben und leben lassen.

===

Nipah ist einer der Kandidaten, den die WHO für die nächste Pandemie im Auge hat.

Die Übertragung findet durch Schmierinfektionen statt und kontaminierte (rohe) Lebensmittel auch. Tröpfcheninfektionen kommen vor, manchmal öfter, manchmal weniger oft, aber nicht immer. Derzeit liegt die effektive Reproduktionszahl bei 0,3 bis 0,5, die Ausbrüche laufen sich immer wieder tot.

Die Familienmitglieder Masern und Mumps sind beide hochansteckend, und Nipah hat ebenfalls eine respiratorische Komponente, man ist ja schließlich verwandt. Das Virus kann durch Husten übertragen werden, mit Luft nach oben, da geht noch was, kleine Veränderungen am Virus vorausgesetzt, bessere Anpassung an den Menschen. Vermutlich erzeugt es im Moment einfach nicht genug infektiöse Partikel, die über die Luft übertragen werden oder die infizierte Menschen ausat-

men. Bisher kommt es nur zu sporadischen Übertragungen durch die Luft, hin und wieder mal, zu wenig für eine Pandemie.
Darauf wetten, dass das so bleibt? Kann man machen. Aber wie das so ist mit Wetten, langfristig gesehen. Manchmal verliert man. Und manchmal gewinnen die anderen.
Das Virus muss ein einziges Mal Glück haben.
Wir andauernd.

===

Kleines Gedankenexperiment:
Ein Virus, Sterblichkeit von zwei Prozent, läuft ungehindert über den ganzen Planeten, es gibt keine Impfung, vielleicht ist es eine Grippe. Es gäbe Dutzende Millionen Tote. Es wäre nicht der Zusammenbruch der Zivilisation.
Ein Virus, das in seiner Spitze eine Sterblichkeit von 91 Prozent hat, durch die Luft übertragbar, wird zur Pandemie. Es gibt keine Impfung. Zivilisation?
Nipah ist die Inspiration für Steven Soderbergh, als er 2011 den Film *Contagion* dreht.

===

Eine Infektion mit Nipah wird mit der PCR nachgewiesen, Hals- und Nasenabstrich, aus Urin und Blut geht das in dem Fall aber auch. Später im Krankheitsverlauf und nach der Genesung erfolgt die Prüfung auf Antikörper mit ELISA, dem Enzym-Immunosorbent-Assay.
Trotzdem muss man die Infektion erst mal erkennen. Denn Kopfschmerzen, Übelkeit, Husten und Halsschmerzen, manchmal auch Kurzatmigkeit, das kann alles Mögliche sein. Nicht erkannt ist das schlecht für den Infizierten, weil seine Überlebenschance zumindest nicht steigt, und für die Gesellschaft ist es auch eher nicht gut. Man läuft rum und ist ansteckend, die Anfangssymptome sind leicht vernachlässigbar und fesseln in der Regel nicht ans Bett.
Früherkennung ist umso wichtiger, weil die Inkubationszeit bis zu drei Wochen beträgt und Patienten ohne Symptome das Virus übertra-

gen können. Vermutlich gibt es Superspreader, zumindest gibt es erste Indizien dafür, und das macht eine eventuelle Übertragung unvorhersehbar. Die leichten Symptome gehen dann über in eine Schwellung des Gehirns, das geht relativ flott, aber auch das kann man noch falsch einordnen, weil der Kopf zwar stark schmerzt, aber es ist eben: ein Kopfschmerz. Geht man ja nicht zwingend davon aus, dass man kurze Zeit später orientierungslos wird und verwirrt und maximal zwei Tage später ins Koma fällt. Und das war es dann in der Regel. Und wenn nicht, haben die Überlebenden sehr oft neurologische Schäden oder eine veränderte Persönlichkeit, weil die Infektion direkt aufs Gehirn geht.

Im Durchschnitt sterben rund sechzig Prozent aller Infizierten.

Auch Infektionen, die erst viel später ausbrechen, gibt es, Monate oder sogar Jahre später. Wie bei den Masern. Und was in fast zehn Prozent der Fälle auch vorkommt: Die Krankheit bricht erneut aus, ein Rezidiv einer Gehirnentzündung, kann man sich auch Besseres vorstellen.

Bisher findet der Spillover immer in Südostasien statt, Ausbrüche sind bekannt aus Malaysia, aus Singapur und von den Philippinen, vor allem aber aus Bangladesch und Indien – und bei den beiden letztgenannten in beängstigender Regelmäßigkeit, fast jährlich. Wenn in einem Dorf in Nordbangladesch jedes Jahr eine Handvoll Schweinebauern sterben, klingt das nicht nur weit weg, aus europäischer Sicht, sondern auch ziemlich irrelevant.

Könnte man argumentieren, dass man sich vielleicht erst mal um was anderes kümmern sollte, Cholera etwa, sterben sehr viel mehr Leute dran. Stimmt. Aber sich um das eine zu kümmern, muss nicht heißen, dass man das andere vernachlässigt. Bangladesch ist eines der am dichtesten besiedelten Länder der Welt, zudem eines der ärmsten. Bisher läuft sich das Virus tot, die Virenlinie ist momentan ein evolutionärer Verlierer, weil es immer irgendwann nicht weitergeht. Menschen sind sogenannte »dead end hosts«. Eine Sackgasse.

Es kann sein, dass die Letalität bei einem Virus wie Nipah schon zu hoch ist, um eine Pandemie auszulösen, weil es (noch) zu moderat übertragbar ist. Menschen sterben meistens, bevor sie andere infizieren. Aber Evolution ist Ausprobieren, und jeder Spillover tut das. Denn wenn es klappt, ist die Belohnung die Erschließung eines neuen Lebensraums: uns. Und ein hoch übertragbares Virus kann sich immer auch eine hohe Mortalität leisten.

Wo die Grenze verläuft zwischen Mortalität und Übertragbarkeit, an der möglichst wenig Wirte sterben und das Virus dennoch gut übertragbar ist, und ob sich das Verhältnis zwischen Tod des einen und Überleben des anderen von selber einpendelt, weiß niemand. Es weiß auch niemand, ob es eine solche Grenze überhaupt gibt.

Eigentlich verläuft die Mutation eines Virus immer über dessen Verbreitung und nicht über die Sterblichkeit des Wirtes. Die meisten Mutationen eigentlich tödlicher Viren sind für den Menschen daher erst mal gut. Eine erhöhte Ansteckungsrate geht fast immer einher mit einer Verminderung der Sterblichkeit. Einerseits.

Andererseits: Unterstellt man, dass Viren und ihre Wirte sich gemeinsam entwickelt haben, dann haben beide im Laufe der Zeit ein Gleichgewicht erreicht, in dem sowohl Wirt als auch Virus bequem überleben können – für eine verwandte Art gilt das aber nicht. Tödlichkeit beim Übersprung ist dann nicht mehr Zufall oder blöd gelaufen, sondern möglicherweise ein Mechanismus in der Evolution, von dem beide etwas haben: Das Virus kann sich ungestört in dem neuen Wirt vervielfältigen, schließlich hat der nichts entgegenzusetzen. Und der alte Wirt profitiert, in dem das Virus Platz für seine Art schafft – schließlich ist es eine körpereigene Massenvernichtungswaffe. Die praktischerweise nur die anderen umbringt.

Ist die konkurrierende Art stark dezimiert, hat der Ursprungswirt mehr Nahrung, mehr Platz, mehr Ressourcen. Einen evolutionären Vorteil. Und das Virus weiterhin einen Rückzugsort, schließlich kann es immer im alten Wirt überleben, wird von ihm mit Energie versorgt und darf sich kopieren.

Das amerikanische Grauhörnchen verdrängt mittlerweile auch in Europa das rote Eichhörnchen. Lange nimmt man an, dass es daran liegt, dass die Nordamerikaner einfach dickere und aggressivere Nahrungskonkurrenten sind, Nordamerikaner eben, aber mittlerweile ist klar, dass die Tiere ein Virus mitschleppen, ein Pockenvirus, das ihnen selber nichts ausmacht. Im Gegenteil: Es hilft ihnen, ihre europäischen Verwandten zu beseitigen und deren Lebensraum zu besetzen. Und das ist nicht die Ausnahme: Es gibt Herpesviren, die manchen

Affenarten egal sind, andere hingegen massenhaft töten. Während der Erreger in der Regel bei Menschen nur nervt, aber keine großen Schäden verursacht, gilt das nicht für Herpes B, Macacine alphaherpesvirus 1, McHV-1, Herpesvirus simiae. Für Makaken und Rhesusaffen, aber auch Paviane und Meerkatzen ist das Virus harmlos, infizieren wir uns, verwandeln sich Teile unseres Gehirns ziemlich oft in einen blutigen Matsch. Unbehandelt sterben rund achtzig Prozent der Infizierten.

Menschen sind weder Flughunde noch Hörnchen, und Äffchen sind wir auch nicht. Aber Säugetiere sind wir alle.

Und je mehr Menschen, wie in Bangladesch, auf kleinem Raum leben mit schlechtem Gesundheitssystem, das keine Kapazitäten hat, Krankheiten zu überwachen, und es regelmäßig zu einem Spillover kommt: desto öfter bekommt die Evolution eine Chance. Desto häufiger kann das Virus üben. Desto perfekter kann die Übertragung werden. Desto besser kann es sich an Menschen anpassen.

Desto wahrscheinlicher ist, dass die Sackgasse irgendwann zur Durchgangsstraße wird.

Und vielleicht passiert das auch schon. Bekannt ist, dass es von Nipah zwei verschiedene Linien gibt, genetisch und geographisch unterschiedlich. NiV-M, Malaysia, hohe Wahrscheinlichkeit zu sterben, Schweine dienen als Verstärker, und NiV-B, Bangladesch, case fatality rate, CFR, zwischen 67 und 91 Prozent, deutliche höhere Wahrscheinlichkeit zu sterben, Schweine spielen für die Übertragung keine große Rolle mehr.

Menschen schon.

===

Das Nipah-Virus ist ein Generalist. Schweine bekommen es, das hatten wir schon, aber Hamster auch. Katzen, Hunde, Ziegen und Schafe. Pferde und Frettchen. Das Virus braucht keinen Zwischenwirt, aber meistens hat es einen. Es wird nicht verschwinden, wenn Flughunde verschwunden sind, im Gegenteil: Es wird unberechenbar.

Oder wir fangen langsam mal an, die Lebensräume von Flughunden zu schützen.

===

Viele Fledertierarten fressen Insekten, und das beseitigt ziemlich viele Viren, weil die wiederum in Mücken zirkulieren, die Überträger von Krankheiten wie Malaria und Gelbfieber sind. Tatsächlich fressen die Tiere sehr viel mehr Insekten als Vögel. Die Höhle Khao Chong Pran, knapp einhundert Kilometer westlich von Bangkok, ist touristisch äußerst beliebt, weil dort Dutzende Buddha-Bildnisse hängen – und über zweieinhalb Millionen Fledermäuse wohnen. Kurz vor Einbruch der Dämmerung gehen alle gleichzeitig auf Nahrungssuche (dauert über eine Stunde, bis alle unterwegs sind). Jedes Tier frisst in etwa sein eigenes Körpergewicht, 12 bis 15 Gramm an Beutetieren. Was alleine im Umfeld dieser einen Höhle rund 17 Tonnen Insekten bedeutet, pi mal Daumen – pro Nacht. Da es zudem Arten gibt, die in einer Nacht rund einhundert Kilometer zurücklegen, bedeutet das, dass sie auch Insektenschwärme fressen, die über größere Entfernungen wandern. Im Oktober 2015, beweisen amerikanische Forscher in einem Freiluftexperiment, dass der Schutz der Tiere eine äußerst lukrative Angelegenheit ist. »Bats ... provide valuable services to society«, Fledermäuse leisten wertvolle Dienste für die Gesellschaft, einfach weil sie fressen und Bauern so Pestizide sparen und eine bessere Ernte einfahren. Insgesamt sollen die Tiere alleine in den USA knapp vier Milliarden Dollar an jährlichen Leistungen erbringen – was Fledermausschutz zu einer extrem lukrativen Angelegenheit macht. Das gilt ähnlich für Reis und Mais, Baumwolle und Kakao, für Raps ebenso und sogar für den deutschesten aller Bäume: Eichen kommen sehr viel besser klar, wenn sie dort wachsen, wo Fledermäuse leben. Weil sie deren Schädlinge fressen. Die Tiere haben zudem eine wichtige Rolle als Samenverbreiter – rund ein Drittel der wirtschaftlich wichtigen Hölzer Afrikas gehören zu Gattungen, deren Samen von Fledertieren transportiert werden.

Die kalifornische Obstproduktion baut maßgeblich auf Fledermauskot auf. Die Carlsbad-Höhlen in New Mexico, Heimat von siebzehn verschiedenen Arten von Fledermäusen, eine halbe Million Tiere im Sommer und doppelt so viele im Winter, liefern im frühen 20. Jahrhundert jahrzehntelang Fledermausguano, eine Mischung aus verschiedenen Phosphaten und Nitraten, für die Produktion von allen möglichen Früchten ins Central Valley.

Und, auch nicht unwichtig, Agaven werden von verschiedenen Blütenfledermäusen bestäubt. Und nur von ihnen.

Ohne blaue Agave keinen Tequila.

Und zumindest das wäre ja für jede Feier ein großer Verlust.

4
**HIV.
Pocken.
Verschwörungen.**

KAPITEL ZEHN

Alles Zufälle

Die Seuche, die keiner kennt, tötet Millionen, aber schützt vor einer anderen. Ronald Reagan ist nicht an Aids erkrankt, seine Probleme sind anders gelagert. HIV springt ständig über, ein Hautarzt aus Wien findet seinen Nachnamen zu gewöhnlich, und ein Schreibfehler stigmatisiert.

Franzosen sind den Amerikanern voraus. Wir bestehen zu großen Teilen aus Müll, aber das nennt heute keiner mehr so. Wasser hat trotzdem kein Gedächtnis. Unser Genom und das Bezirksamt Altona sind sich ähnlich. Manchmal ist ein Kompromiss auch virologisch die beste Lösung.

Und wenn die Brüste von Angelina Jolie ein Thema sind, dann auch deswegen, weil die meisten Kinder zum Glück keinen Nierenkrebs bekommen.

Adam Castillejo ist in Caracas geboren, er wohnt in London, ist 23 Jahre alt und stirbt. Zumindest denkt er das: Er ist HIV-positiv. Routinecheck, das Ergebnis trifft ihn mit voller Wucht. 2003 gibt es zwar bereits Medikamente, die das Virus in Schach halten, doch ohne die lebenslange Einnahme wird er die Infektion nicht überstehen.

Er fängt an, sich nur noch gesund zu ernähren, entdeckt den Radsport für sich, geht joggen, wird zum regelmäßigen Schwimmer und Dauergast im Fitnessstudio. Und vor allem: Die Medikamente wirken. Vielleicht wird er doch nicht sterben. Das Virus wird ihn zwar nicht mehr verlassen, aber er wird lernen, damit umzugehen. Es sieht gut aus. Acht Jahre lang.

Und dann stirbt er erneut.

Wieder eine Routineuntersuchung. Wegen seiner HIV-Infektion muss Castillejo regelmäßig in eine Klinik. Und dabei fällt auf, dass er Lymphdrüsenkrebs hat. In einem fortgeschrittenen Stadium.

Mal sehen, was noch geht, das ist der Ansatz, aber so richtig viel scheint nicht mehr zu gehen. Chemotherapien folgen. Schlägt eine Therapie an, muss die HIV-Medikation angepasst werden, da die vorhergehende dann nur noch geringe Wirkung zeigt. Castillejo kämpft an zwei Fronten, zwei Gegner, einer unangenehmer als der andere, und wenn er sich zu sehr um den einen kümmert, wird er von dem anderen überrannt. Seine Ärzte haben damit keine Erfahrung, wie auch, sie probieren aus, versuchen, erzielen manchmal kleine Erfolge, aber meistens scheitern sie. Castillejo wird schwächer und schwächer, und so macht er sich bereit zum Sterben.

Und dann findet er Ian Gabriel, Chelsea & Westminster Hospital. Der ist Experte für hämatologische Krebserkrankungen. Er forscht zur Immunologie bei Stammzelltransplantation, der Biologie der natür-

lichen Killerzellen und der HIV-bezogenen Hämatologie, zudem ist er Spezialist bei krebsbezogenen Komplikationen bei HIV-Patienten. Er ist der Mann für Castillejo. Und er erklärt sich bereit: Sollte es einen genetisch passenden Spender geben, führt er eine Transplantation durch. In seiner Datenbank findet er nicht nur einen Spender, der passen würde, einen Deutschen, sondern der Mann ist auch noch Träger von Delta32.
Delta32 schützt vor Aids.

===

Für jede Krankheit gilt: Es sterben nie alle. Irgendjemand kommt immer durch, und bei HIV kann das an einer Mutation liegen auf einem Gen namens CCR5.

Das HI-Virus nutzt ein Zellprotein, um an die Zellen anzudocken, und das wird von dem Gen CCR5 codiert. Schloss und Schlüssel. Die Mutation Delta32 verkürzt das Protein, das Virus kann nicht mehr an den Rezeptor binden. Das Schloss wird ausgetauscht, der Schlüssel bleibt gleich, die Tür bleibt zu. Rund ein Prozent der europäischen Bevölkerung hat eine Veränderung der Genanlage von beiden Eltern geerbt, homozygot nennt sich das, und das macht die Träger im Grunde immun gegenüber HIV (was allerdings nur für HIV-1 gilt, nicht für HIV-2, aber da HIV-1 der mit Abstand am weitesten verbreitete Stamm ist, ist das ein ziemlich guter Schutz vor einer Infektion). Weltweit gibt es nur einen einzigen Fall einer HIV-Infektion bei der Mutation.

Zudem haben etwa zehn Prozent der Europäer eine zumindest partielle Resistenz, weil Delta32 von einem Elternteil vererbt wurde – die Erkrankung verläuft langsamer. Der Anteil ist sehr viel höher als bei der afrikanischen und asiatischen Bevölkerung. Ziemlich sicher ist die Mutation Delta32 auch ein Schutz gegen die Pocken, was die Häufigkeit bis heute erklärt, mit der ursprünglichen Entstehung aber nichts zu tun hat.

Zum ersten Mal aufgetaucht ist die Mutante wohl vor rund 2500 Jahren. Vermutlich hat eine Seuche, Viruserkrankung, der Genmutation zum Erfolg verholfen. Welche das gewesen sein könnte, weiß niemand, aber um eine Mutation in einem Gen erfolgreich zu machen, muss sie oft gewütet haben und lange. Sie muss sich immer wieder zurückgezogen haben in einen tierischen Wirt, um dann erneut überzuspringen. Vermutlich war sie ziemlich tödlich – nur so kann der Selektionsdruck hoch genug sein. Weil Menschen ohne die Mutante einfach gestorben sind, bevor sie sich fortpflanzen konnten. Und das hilft eben zufällig auch bei HIV.

Weil niemand dabei war und man aus dem Erbgut die Art der Seuche nicht lesen kann, gibt es viele Spekulationen. Die zurzeit wahrscheinlichste Annahme: Es war ein hämorrhagisches Fieber.

So was wie Ebola.

===

Aber weil alles einen Preis hat, gilt das auch hier: Wer Träger der Mutation beider Gene ist, ist zwar gegen HIV-1 so gut wie immun, stirbt aber eher an anderen Krankheiten. So ist etwa die Wahrscheinlichkeit, eine Influenza nicht zu überleben, um das Vierfache höher.

Wenn allerdings rundherum alle anderen an einem hämorrhagischen Fieber sterben oder später an den Pocken oder noch später an Aids, dann ist es auch egal, ob man mit sechzig Jahren das Zeitliche segnet. Den besseren Deal hat man dann trotzdem gemacht. Und diejenigen, die nur mit einem mutierten Gen ausgestattet sind, haben ohnehin die gleiche Lebenserwartung wie diejenigen ohne Genmutation.

Hat man ja auch oft, dass ein Kompromiss die beste Lösung ist.

===

Timothy Ray Brown ist »The Berlin Patient« und zu diesem Zeitpunkt der einzige Mensch der Welt, der wirklich von einer HIV-Infektion geheilt ist. Er hat Aids und Leukämie, und als letzten Ausweg bekommt er 2007 an der Charité eine Stammzelltransplantation. Von einem Spender, der die Delta32-Mutation besitzt – nachdem seine Blutstammzellen durch eine Strahlentherapie abgetötet sind.

Nach der Transplantation ersetzen die neuen Stammzellen die bisherigen. Nach und nach baut sich ein neues Immunsystem auf. Mitsamt der Resistenz gegen das HI-Virus. Browns Gesundheitszustand ist nach der Operation monatelang kritisch. Stirbt er, stirbt er nicht, zwischendurch liegt er im Koma, es ist kein Selbstgänger. Aber es funktioniert.

In den folgenden Jahren macht sich Ernüchterung breit. Die Wiederholung des Erfolgs klappt bei keinem weiteren Patienten. Immer wieder meldete sich das HI-Virus zurück. Oder der Patient stirbt an seiner Krebserkrankung.

Als acht Jahre später Adam Castillejo an der Reihe ist, ist es kein Tag zu früh, sein Gesundheitszustand lässt nicht viel Zeit. Die Medikamente schlagen nicht mehr an, die HI-Viren in seinem Körper beginnen, Resistenzen zu bilden. Die Operation läuft gut, aber sie wird nicht die einzige bleiben, Infektionen treten auf, Castillejo magert ab, Geschwüre bilden sich in seinem Mund, er verliert Teile seiner Hörfähigkeit. Der Patient wird von über vierzig Ärzten betreut. Doch er überlebt. Und überlebt und überlebt. Er ist schwach, und mehr als einen kurzen Spaziergang schafft er nicht am Tag. Aber er stirbt nicht. Und als er im Oktober 2017 die Medikamente absetzt, die HIV unterdrücken sollen, passiert: nichts. Das HI-Virus breitet sich nicht wieder aus. Es ist nicht einmal vorhanden. Keine Spur.

17 Monate später tritt sein Ärzteteam vor die Presse und verkündet die Heilung von HIV.

===

Castillejo ist der zweite Mensch, der jemals von HIV geheilt wird – und bald der einzige Überlebende. Am 29. September 2020 stirbt der »Berlin Patient« im Alter von 54 Jahren in Palm Springs.

Timothy Ray Brown stirbt nicht an HIV. Bis zuletzt ist das Virus verschwunden. Er ist von HIV geheilt, er hat seine erste Leukämie-Erkrankung überlebt. Doch im Gegensatz zu dem Virus kommt der Krebs zurück.

===

Am 5. Juni 1981 erscheint im *Morbidity and Mortality Weekly Report*, *MMWR*, ein zwei Seiten langer Artikel mit dem nichtssagenden Titel:

»Pneumocystis Pneumonie – Los Angeles«. Er beschreibt einen Teil des Krankheitsbilds, das später als Aids bezeichnet wird.

Der *MMWR* ist das Mitteilungsblatt der CDC, der Centers for Disease Control and Prevention. Das Blatt ist eine Mischung aus Routine und Pragmatismus, es dient der Information, nicht wirklich der Forschung, jeden Freitag wird es an Tausende Krankenhäuser und Gesundheitsbehörden verschickt, wissenschaftliches Ansehen gibt es dort keins zu gewinnen.

Eigentlich soll der Text im *New England Journal of Medicine* erscheinen, doch die Redaktion hält den Inhalt für nicht dringlich genug, sie will erst mal prüfen, eilt nicht. Der Autor ist anderer Meinung. Er hat es eilig, der Artikel muss schnellstmöglich veröffentlicht werden. Vielleicht gibt es mehr Fälle wie diejenigen, die er beobachtet hat. Vielleicht steht eine Epidemie vor der Tür – und so wird es eben der *MMWR*.

Michael Stuart Gottlieb ist 32 Jahre alt, Immunologe und experimentiert eigentlich mit Mäusen. Er ist Assistenzprofessor und seit vier Monaten Dozent an der University of California in Los Angeles. Im November 1980 stößt er eher zufällig auf die Krankenakte eines 30-jährigen Patienten. Der Patient leidet an einer schweren Pilzinfektion im Kehlkopf und kann kaum noch atmen. Gottlieb lässt ihm Lungengewebe entnehmen. Die Probe ergibt: Der Patient hat eine Lungenentzündung, verursacht durch einen Pilz. Äußerst selten, äußerst merkwürdig. Noch merkwürdiger sind die Blutwerte des Patienten: Sein Blut weist so gut wie keine T-Helferzellen auf. Gottlieb recherchiert, liest alles, was ihm zur Verfügung steht – und findet nichts. Die medizinische Literatur hat keine Erklärung für die Erkrankung seines Patienten.

Bis April 1981 tauchen vier weitere Fälle in drei verschiedenen Krankenhäusern in Los Angeles auf. Männer allesamt. In ihrer Lunge wächst ein Pilz, in ihrer Mundhöhle ein anderer. Eigentlich kann das nicht sein, die Pilze sollten überhaupt nicht auftauchen, und wenn, dann schnell wieder verschwinden, das Immunsystem wird eigentlich mit ihnen fertig. Alle fünf haben fast keine T-Zellen mehr, die weißen Blutkörperchen sind für ein Funktionieren des Immunsystems unerlässlich. Und da ist noch eine Sache: Alle Männer sind homosexuell. Ob das etwas mit der Erkrankung zu tun hat, weiß Gottlieb nicht, aber kann das Zufall sein? Er hat ein ziemlich ungutes Gefühl und ist sich sicher, dass seine Fälle keine zufälligen Einzelfälle sind. Es muss noch mehr von ihnen geben. Und so entscheidet er sich, die medizinische Öffentlichkeit zu informieren.

Eigentlich lautet die Überschrift: »Pneumocystis-Pneumonie bei homosexuellen Männern – Los Angeles«. Den Zusatz »bei homosexuellen Männern« streicht die Redaktion des CDC-Blatts allerdings lieber vorsorglich, man will keine Stimmung machen und keine Vorurteile schüren, außerdem ist die Datenlage dünn, und vielleicht ist das ja auch nur Zufall.

Vier Wochen später ist diese Hoffnung schon vorbei, denn ein neuer Text erscheint, ebenfalls im *MMWR*: »Das Kaposi-Sarkom und die Pneumocystis-Pneumonie bei homosexuellen Männern – New York City und Kalifornien«. Diesmal heißt der Autor Alvin Friedman-Kien. Ein Dermatologe aus New York. Auch in seine Praxis kommen Männer, die unter dem von Gottlieb beschriebenen Pilzbefall leiden. Aber eben nicht nur. Friedman-Kien ist Hautarzt, mit Pilzen in der Lunge kennt er sich nicht aus. Die Männer sind bei ihm in Behandlung wegen blau-bräunlicher Flecken auf ihrer Haut. Er diagnostiziert eine äußerst seltene und im Normalfall eher wenig aggressive Krebsform: das Kaposi-Sarkom. 26 Fälle behandelt er. 26 Homosexuelle.

Bald sind es 26 Tote.

===

HIV-2 ist die weniger aggressive Variante. Es ist weniger virulent, schlechter übertragbar, weniger im Körper von Infizierten ausgebreitet, und oft bricht Aids trotz der vorhandenen Immunschwäche nicht aus. Es kommt nur in Teilen Westafrikas vor.

HIV-1 ist für 90 Prozent aller Infektionen verantwortlich und weltweit verbreitet. Es wird in verschiedene Gruppen unterteilt, die mit den Buchstaben M, N, O und P bezeichnet werden. HIV-1 M ist der Superstar, überall zu Hause, die mit Abstand erfolgreichste Variante, zuerst auffällig geworden und dann geblieben. Spricht man von Aids, meint man eigentlich HIV-1 M. Main. Die Hauptgruppe. Ohne HIV-1 M gäbe es keine Pandemie und HIV wäre nur ein nerviges Virus unter vielen. HIV-1 O kommt hauptsächlich in Kamerun,

Gabun und Äquatorial-Guinea vor, HIV-1 N und HIV-1 P überhaupt nur bei wenigen Menschen. Und nicht nur in ihrer Ausbreitung unterscheiden sich diese Viren, sondern vor allem auch in ihrer Abstammung. Der Ursprung der O- und P-Variante liegt in Gorillas, M und N lassen sich auf Schimpansen zurückführen. HIV-2 hat hingegen offenbar seinen Ursprung in der westafrikanischen Affenart Rußmangabe – und wird sogar in acht verschiedene Gruppen unterteilt. HIV ist nicht nur einmal übergesprungen. Der Spillover ist einer der erfolgreichsten. Mindestens zwölf Übersprünge auf Menschen gibt es.
Wahrscheinlich mehr.
Wahrscheinlich regelmäßig.

===

Eine Arbeitsgruppe an der Rockefeller University in New York und eine weitere am Los Alamos National Laboratory untersuchen 1998 die Probe eines Bantu-Mannes, und sie stoßen auf ZR59, Zaire 1959. Eine Gewebeprobe, Großraum Kinshasa. Sie ist HIV-positiv und belegt, dass die Virus-Gruppe schon 1931 in der Bevölkerung vorhanden gewesen sein muss.

Und 2008 arbeitet der Biologe Michael Worobey an der University of Arizona mit einer Probe namens DRC60, Democratic Republic of the Congo 1960. Jahrzehntelang lagert sie in einem Archiv der Universität in Kinshasa. Auch diese Probe, die von einer Frau stammt, ist HIV-positiv. Ihre genetische Analyse ergibt, dass das Virus zu diesem Zeitpunkt seit bereits ungefähr vierzig Jahren in dieser Region zirkuliert. Worobey vergleicht seine Probe mit ZR59. Das Virus weist einige genetische Unterschiede auf. Doch es stammt aus derselben Gruppe, HIV-1 M. Anhand der Mutationsrate des Virus errechnet er, wann genau zum letzten Mal ein gemeinsamer Virus-Vorgänger existierte.

Er kommt auf 1908.
Plus minus zwei oder drei Jahre.

===

Irgendwo in der Grenzregion von Kamerun und dem Kongo, zwischen den Flüssen Ngoko und Sangha, wo Menschen und Schimpansen in naher Umgebung zueinander leben, entsteht HIV.

Nur in dieser Region lebt eine Schimpansen-Unterart, die ein Virus in sich trägt namens SIV, Simianes Immundefizienz Virus. SIV ist HIV genetisch sehr ähnlich. Ein Jäger könnte einen Schimpansen erlegt haben. Beim Zerlegen schneidet er sich in die Hand. Die Verletzung ist nicht groß, er merkt es kaum, aber wie viel Platz brauchen Viren, um von einem Wirt zum nächsten zu wechseln? Das Blut des Jägers vermischt sich mit dem des Schimpansen. Zuerst in der Hand, dann im Blutkreislauf, der Erreger wandert in seinem Körper umher, mutiert, passt sich an, die Software optimiert sich für die Hardware. Und vermehrt sich fortan im Körper des Menschen. Es ist die Cut-Hunter-These, ein Jäger, der sich geschnitten hat.

SIV ist ursprünglich kein Schimpansen-Virus, und die Tiere haben mit ihm letztlich das gleiche Problem wie Menschen mit HIV. SIV ist eine Mischung verschiedener Viren, die eigentlich bei anderen Affen vorkommen, bei Rotkopfmangaben und Weißnasenmeerkatzen. Beide Affenarten werden von Schimpansen gejagt. Die Schimpansen infizieren sich irgendwann offenbar mit beiden Viren, die sich in ihrem Körper zu einem gemeinsamen Virus kombinieren. Ihr Virus ist damit ein Hybridvirus – und verhält sich in Schimpansen ähnlich wie HIV in Menschen: Nach Jahren entwickeln sich Symptome, die Aids ähnlich sind und die Tiere töten.

Dabei ist SIV eigentlich ein natürlich vorkommendes Virus, zumindest in Afrika bei Tieraffen und bei einigen Menschenaffen auch. Mehr als vierzig Arten, die mit ihren jeweiligen SIV-Erregern infiziert sein können, sind bekannt. Und bei diesen Arten ist die Infektion harmlos. Bei Schimpansen aber eben nicht. Bei ihnen scheint das SI-Virus relativ jung zu sein, ein paar hundert Jahre möglicherweise erst, und so kommt es mit ziemlich vielen Anlaufschwierigkeiten daher. Wie HIV eben auch.

Aber selbst die Cut-Hunter-These erklärt nicht den später erfolgten pandemischen Siegeszug des Virus. Denn der Schimpansen-Jäger hat vielleicht mehrere Menschen infiziert, die wiederum weitere angesteckt haben, aber auch dann wäre die Infektion eine regional begrenzte geblieben. Vielleicht ein Problem in Zentralafrika, egal für den Rest der Welt.

Das Virus musste nicht nur den Ort wechseln, es brauchte, was Pandemien immer brauchen: Zufälle.

===

Aids reist per Boot.

Auf dem Sangha entlang geht es Hunderte Kilometer weit in den Kongo, zweitlängster Fluss Afrikas, wasserreichster Strom des Kontinents, artenreich. Er ist Autobahn, Hauptverkehrsstraße, Rückgrat der Infrastruktur, er versorgt alles und jeden. HIV reist ohne Hindernisse bis Brazzaville und Léopoldville, in die Stadt, die heute Kinshasa heißt, benannt zu Ehren des belgischen Königs Leopold II., Schlächter, Ausbeuter, Verstümmler des Landes und seiner Bevölkerung. Um 1920 kommt HIV an, der erste Schritt auf einer Weltreise, die bis heute dauert. Damals ist die zukünftige Metropole ein Dorf, gerade 1600 Menschen leben in diesem Außenposten Belgiens, Kolonialreich Belgisch-Kongo, 1881 als Handelsstation gegründet. Aber HIV hat Glück.

Drei Jahre später wird Léopoldville zur Hauptstadt von Belgisch-Kongo. Und damit beginnt der Aufstieg der Stadt. Mitte der 1930er lebten bereits 40 000 Menschen dort, zehn Jahre später rund 125 000, und Ende der 1950er ist Léopoldville mit 400 000 Einwohnern die größte Stadt Zentralafrikas. Für ein Virus, das auf engen menschlichen Kontakt angewiesen ist, ist das nicht das Schlechteste.

Und Kontakt gibt es zuhauf. Denn so weit weg von Belgien sind die Belgier etwas einsam – und überwiegend Männer. Weswegen sie Gebrauch machen von femmes libres, Hausfrauen, die jeweils nur für wenige Hausherren arbeiten, aber für einsame Europäer ein unschlagbares Serviceangebot liefern: Kochen, Reden, Sex. Das läuft für HIV schon gut, aber weil sich das nur auf ein paar wenige Männer beschränkt, reicht es noch nicht aus. Die Belgier führen zudem medizinische Programme ein, fortschrittlich und engagiert soll das sein, und eigentlich ist es das auch, aber Spritzen sind aus Glas, keine Wegwerfartikel und Mangelware – und weil der Bedarf groß ist, werden sie ständig benutzt, abgespült mit warmem Wasser, desinfiziert mit Alkohol, wenn überhaupt. Schon besser für HIV. Aber es reicht immer noch nicht.

Dennoch: Als der Kongo 1960 unabhängig wird, zirkuliert das Virus bereits und hat Subtypen gebildet. Mit der Unabhängigkeit steigen Armut und Arbeitslosigkeit erheblich. Und das einstige Modell der femmes libres entwickelt sich weiter: zur Prostitution. Anfang der 1960er explodiert die Zahl der Infizierten.

Und dann kommen die Haitianer.

In den frühen 1960ern ziehen Einwohner des Inselstaats nach Léopoldville. Sie sprechen Französisch, haben Wurzeln in Afrika und helfen dem Land. Denn eine ganze, belgische Gesellschaftsschicht verschwindet mit der Unabhängigkeit aus dem Kongo. Erfahrene Menschen in Verwaltungsdingen, Lehrer und Techniker sind Mangelware. Die UNESCO hilft, indem sie qualifizierte Kräfte anwirbt. In Haiti steht es politisch und ökonomisch nicht zum Besten, weshalb viele Haitianer gerne kommen.

Manche gründen vor Ort Familien, während andere die Freiheit fernab der Familie genießen. Mit der Machtübernahme Mobutus, Diktator und Massenmörder, angetreten mit dem Ziel der Afrikanisierung, beginnt jedoch die Zeit der Haitianer im Kongo zu Ende zu gehen. Zwischen 1965 und 1970 gehen die meisten wieder zurück in ihre Heimat. Und nehmen HIV mit.

Haiti wird ein Zwischenstopp, ein erster Schritt in den größten Markt, denn das Produkt ist hervorragend, unschlagbar erfolgreich, und wird nachgefragt: Blut. Der Handel mit Blutplasma ist Anfang der 1970er ein lukratives Geschäft für das haitianische Unternehmen Hemo Caribbean. Haitianer spenden, Amerikaner konsumieren. Wie immer: Arm gibt Reich. Tausende Liter verkauft Hemo Carribean monatlich in die USA. Niemand sucht im Blut nach HIV, weil man nicht suchen kann, was man nicht kennt.

Währenddessen sorgt die Bürgerrechtsbewegung in den USA endlich für eine selbstbewusste Homosexualität, zumindest für die Anfänge. Aktivisten engagieren sich, Organisationen werden gegründet, und im »Stonewall Inn«, einer Bar in Greenwich Village, 53 Christopher Street, stößt die New Yorker Polizei auf heftige Gegenwehr. Clubs und Saunen für Schwule entstehen, Männer bekennen sich offen zu ih-

rer Homosexualität. In New York und San Francisco entwickeln sich große Szenen.
Drei verschiedene Dinge. Alle unabhängig voneinander. Eigentlich hat keines davon mit den jeweils anderen zu tun.
Aber sie machen HIV zur Pandemie.

===

Das Virus wird die Familie von Arvid Darre Noe auslöschen, aber das kann er noch nicht wissen, als er 1961 mit einem norwegischen Frachtschiff in See sticht. Die Route führt an der Westküste Kameruns entlang. Er genießt das Leben, er ist Teenager, gerade mal 15 Jahre alt, er gibt alles, auf dem Meer und an Land in Westafrika auch.

Ein paar Jahre später verabschiedet er sich vom Ozean. Zwar befördert er weiterhin Ware, jetzt allerdings als Fernfahrer durch Europa. Er heiratet und wird Vater. Und er fühlt sich nicht mehr ganz so fit wie zu Zeiten seiner Seefahrten. Gelenkschmerzen und Lungenentzündungen machen ihm immer wieder zu schaffen. Aber die ihm verschriebenen Medikamente schlagen an. Bis zum Jahr 1975. Dann verschlechtert sich sein Gesundheitszustand dramatisch. Und nichts hilft mehr. Gegen seine Symptome ist kaum noch etwas zu machen. Auch bei seiner Frau und seiner Tochter treten sie auf und werden immer schlimmer. Am 4. Januar 1976 stirbt seine achtjährige Tochter, drei Monate später, noch vor seinem 30. Geburtstag, er selbst. Im Dezember stirbt auch seine Frau.

Rund zehn Jahre später erweisen sich aufbewahrte Blutproben von allen dreien als HIV-1 positiv.

===

Grethe Rask kommt 1977 nach Dänemark, um zu sterben. Sie fühlt sich erschöpft und ausgelaugt. Ihr Körper ist schwach, ihre Lymphknoten geschwollen. Die vergangenen fünf Jahre verbrachte sie in Zaire, in dem Land, in dem sie bereits 1964 schon mal als praktizierende Ärztin unterwegs war. Sie hilft denjenigen, die kaum Zugang zu Medikamenten und Gesundheitsversorgung haben.

Ab 1972 leitet sie ein kleines Krankenhaus auf dem Land. Das Hospital in Abumombazi im Norden von Zaire hat sie selbst aufgebaut. Einwegspritzen und Gummihandschuhe sind ein rares Gut. Doch das schreckt sie nicht ab. Hätte sie optimale Bedingungen gewollt, wäre sie in Dänemark geblieben. 1975 wechselt sie in ein Krankenhaus nach Kinshasa. Es ist das größte medizinische Institut der Stadt. Und sie ist Chefchirurgin. Zwei Jahre arbeitet sie dort für das Rote Kreuz. Jetzt aber kann sie nicht mehr. Bereits seit mehreren Jahren hat sie das Gefühl, dass irgendetwas mit ihr nicht stimmt. Sie hat chronischen Durchfall und nimmt ab. Ihre Erschöpfungszustände lassen das Arbeiten nicht mehr zu. Das Atmen fällt ihr schwer. Sie ist Ärztin, sie weiß, dass es ernst ist.

Die dänischen Ärzte sind sich sicher, dass sich ihre Kollegin in Afrika etwas eingefangen haben muss. Nur was? Rasks Gesundheitszustand wird immer bedenklicher. Sie bekommt Atemnot, in ihrem Mund breitet sich eine Pilzinfektion aus. Blutproben zeigen einen extremen Mangel an T-Zellen. In ihrer Lunge siedelt sich ein weiterer Pilz an. Die Entzündung der Lunge ist zu viel für ihren Körper. Grethe Rask ist 47 Jahre alt, als sie am 12. Dezember 1977 stirbt. Niemand weiß warum.

Neun Jahre später wird ihr Blutserum erneut untersucht.

Aids.

===

Um eine Epidemie zu erkennen, braucht es jemanden, der sie erkennt, es braucht eine Häufung der Fälle, und so bleiben die Skandinavier Einzelschicksale, und das ändert sich erst mit einem Flugbegleiter.

Und weil ein Österreicher, der eigentlich Kohn heißt, aber diesen Namen zu langweilig findet, eine sehr seltene und eher uninteressante Krebsform beschreibt.

Moriz Kaposi ist Hautarzt aus Wien und er stellt 1872 bei fünf Männern aus Südeuropa eine komische Hautkrankheit fest, dunkle Flecken auf der Haut. Sie kommen außerdem auf den Schleimhäuten vor und im Darm. Es sind Tumorknoten, ausgelöst durch ein Herpes-Virus, aber das weiß noch niemand. Im Jahr zuvor hat Kaposi einen neuen

Namen angenommen, Kaposi eben, weil es so viele Kohns gibt in der Wiener Ärzteschaft und er nicht verwechselt werden will. Er kommt aus Kaposvár, mittelgroße Stadt an einem Fluss namens Kapos, und da bietet sich das fast an. Kaposi, findet Kaposi, ist eine gute Idee.

Später wird er Mitglied der Leopoldina und gründet die Deutsche Dermatologische Gesellschaft mit, aber richtig bekannt wird er erst mit Gaëtan Dugas, Kanadier, Flugbegleiter bei Air Canada, schwul, seit 1980 Flecken am ganzen Körper.

Eigentlich ist Dugas Frisör, aber sein Leben Haaren zu widmen erscheint ihm nicht erfüllend. Also zieht er nach Vancouver – und wird Steward. Häufig ist er zwischen den großen Städten Nordamerikas unterwegs. Und er liebt seine Freiheit, auch seine sexuelle. Sein Schwulsein will er sich nicht verbieten lassen. Warum sollte er auch? Die Szene ist gewachsen, selbstbewusster geworden. Wo er landet, findet er Gleichgesinnte. Er ist attraktiv, und er kommt gut an. Zwischen 1972 und 1984 hat er, wie er selbst schätzt, zweieinhalbtausend Sexualpartner. Das Wort »Superspreader« scheint für ihn erfunden. Im April 1982 zeigt sich: Dugas lässt sich mit der Infektion von neun Männern in Los Angeles, 22 in New York City und neun in acht anderen Städten in Verbindung bringen. Insgesamt haben mindestens vierzig der ersten 248 Aids-Kranken in den USA eine Verbindung zu Dugas. Er scheint das Zentrum eines Clusters zu sein. Der Beginn von allem.

Und obwohl Dugas sich selbst nur irgendwo unwissentlich angesteckt hat, obwohl er selbst eines der ersten Opfer der sich ausbreitenden Pandemie ist, geht er für viele Jahre als Patient 0 in die Geschichte ein, als derjenige, der eine Pandemie gestartet hat – was nicht stimmt.

Es ist ein Schreibfehler.

===

Dugas stirbt im März 1984, und kurz zuvor verfolgt das CDC sexuelle Verbindungen von schwulen und bisexuellen Männern zurück, insbesondere in Kalifornien und New York. Nur kommt der kanadische Frisör eben nicht aus Kalifornien und aus New York auch nicht. Weil aber das CDC an der Westküste der USA mit der Arbeit beginnt und mehrere Männer den gleichen Geschlechtspartner haben, Dugas eben, bekommt er intern den Vermerk »Patient O«, der Buchstabe, nicht 0, die Zahl. Der Buchstabe O steht für »Out of California«.

Dugas wird später von vielen Medien als Soziopath dargestellt, der absichtlich andere Männer mit dem Virus ansteckt – wenn ich sterbe, dann sollt ihr auch draufgehen –, aber das stimmt nicht wirklich, obwohl er bis zuletzt sein Sexualverhalten nicht ändert. Dugas glaubt, dass er alles unter Kontrolle hat, es geht ihm relativ lang relativ gut, und er hat noch nie von einem Krebs gehört, der ansteckend ist. Warum sollte das ein Virus sein? Er tut, was viele tun, denen die Wahrheit nicht passt, das hat sich in den letzten Jahrzehnten nicht geändert: Er leugnet lange. Und vielleicht kann man auch nichts anderes erwarten, es ist eine neue Krankheit, ausgelöst durch ein neues Virus. Verwirrung, Angst und Ungewissheit bestimmen die Realität von Gaëtan Dugas.

Aber er hilft dennoch, so gut er kann: Als das CDC ihn befragt, kann er nur einen kleinen Teil seiner Sexualpartner der letzten drei Jahren nennen, zehn Prozent vielleicht, aber die detailliert: Es sind 75 Namen.

Als der Bericht bei der CDC auf dem Tisch liegt und vorbereitet wird für eine Veröffentlichung, wird aus dem Buchstaben eine Zahl, aus Versehen. Niemand in der Behörde sieht Dugas als Ausgangspunkt von HIV an, niemand stellt ihn in den Mittelpunkt.

Aber als die Studie 1984 endgültig erscheint, steht es dort, abgesegnet von der CDC. Patient 0. Und das bleibt Dugas jahrelang: der Schuldige an Aids in Nordamerika. Aber so funktionieren Pandemien nicht, haben sie nie, werden sie nie.

Einer alleine ist nie schuld.

===

Anhand von Blutserumproben aus den Jahren 1978 und 1979 von Hepatitis-B-Patienten aus New York City und San Francisco rekonstruiert Micheal Worobey (derjenige, der auch DRC60 analysierte) fast vierzig Jahre später den Weg des Virus.

Von Haiti gelangt es zwischen 1969 und 1973 nach New York City. Von hier aus nach Pennsylvania, New Jersey, Georgia und 1976 nach San Francisco. 1978 gibt es bereits eine Vielzahl an HIV-1-Stämmen in den USA. Sie alle basieren auf demjenigen, der von Haiti nach New York City importiert wird. Offenbar erreicht HIV-1 nur einmal das Land. Aber Gaëtan Dugas war es nicht. Auch von New York City nach San Francisco konnte er das Virus nicht gebracht haben. Die Virenvariante, die ihn infiziert hatte, ist genetisch zu weit entfernt von der Urform, sie zirkulierte bereits in der Bevölkerung.

===

Am 27. Juli 1982 lädt das CDC die Betreiber von Blutbanken, Vertreter von Bluter-Organisationen, Aktivisten aus der Homosexuellenbewegung und Vertreter der Food and Drug Administration zu einer Konferenz. Der Grund: Die Behörde ist sich sicher, dass die neue Krankheit auch über Blutspenden übertragen werden kann. Für die Betreiber der Blutbanken ist das ein Angriff auf ihre Geschäftsgrundlage und für die Aktivisten einer auf ihre Bürgerrechte. Das Treffen endet ohne Ergebnis.

Fast zumindest. Denn immerhin einigt man sich auf einen Namen: Aids.

===

15. Oktober 1982, Weißes Haus, Pressekonferenz, kein besonderer Anlass. Der Raum ist voll, unter anderem anwesend: Lester Kingsolving, Reporter beim Radio, und Larry Speaks, Pressesprecher von Ronald Reagan. Kingsolving fragt nach einer schrecklichen neuen Krankheit namens Aids, die die schwule Gemeinschaft heimsucht. Es ist das erste Mal, dass die Krankheit im politischen Washington angesprochen wird.

853 Menschen sind in den USA an Aids gestorben.

INNEN. PRESSERAUM. HELLES LICHT.

KINGSOLVING

»Hat der Präsident irgendeine Reaktion auf die Verlautbarung der Centers for Disease Control in Atlanta, dass A-I-D-S jetzt eine Epidemie ist und es mehr als 600 Fälle gibt?«

Speaks steht hinter dem Pult des Pressesprechers. Hinter ihm wiederum: ein blauer Vorhang, daran befestigt ist das Schild »The White House. Washington.«

SPEAKS
»A-I-D-S? Habe ich noch nie gehört ...«

KINGSOLVING
»Mehr als ein Drittel von ihnen ist gestorben. Es ist bekannt als Schwulenpest.«

(Gelächter im Saal)

KINGSOLVING
»Nein, wirklich .... Das ist eine ernste Sache. Ich meine: Jeder dritte, der es bekommt, stirbt. Und ich fragte mich, ob der Präsident davon weiß?«

SPEAKS
»Ich habe es nicht. Haben Sie es?«

(Gelächter im Saal)

KINGSOLVING
»Sie haben es nicht. Ich bin erleichtert, das zu hören.«

SPEAKS
»Haben Sie es?«

Speaks macht eine kurze Pause, während die Menschen im Saal weiter lachen.

SPEAKS
»Sie beantworten meine Frage nicht.«

KINGSOLVING
»Nein, habe ich nicht.«

SPEAKES
»Woher wollen Sie das wissen?«

(Gelächter im Saal)

KINGSOLVING
»Mit anderen Worten, sieht das Weiße Haus das als einen großen Witz an?«

SPEAKES
»Nein, ich weiß nichts darüber, Lester.«

KINGSOLVING
»Weiß der Präsident, weiß irgendjemand im Weißen Haus über diese Epidemie Bescheid, Larry?«

SPEAKES
»Das glaube ich nicht. Ich glaube nicht, dass es irgendeine …«

KINGSOLVING
»Niemand weiß es?«

SPEAKES
»Es gibt keine persönlichen Erfahrungen, Lester.«

KINGSOLVING
»Nein, ich meine, ich dachte, Sie würden …«

SPEAKES
»Ich habe mich heute morgen gründlich bei Dr. Ruge erkundigt …«

Untertitel: Persönlicher Arzt des Präsidenten.

SPEAKES
… und er hatte keine Patienten hier, die an Aids leiden oder was immer das auch ist.«

(Gelächter im Saal)

KINGSOLVIG
»Der Präsident hat keine Schwulenpest, wollen Sie das damit sagen, oder was?«

SPEAKES
»Nein, das habe ich nicht gesagt.«

KINGSOLVIG
»Haben Sie das nicht gesagt?«

SPEAKES
»Ich dachte, ich hätte Sie vorhin drüben im Außenministerium gehört. Warum sind Sie nicht dortgeblieben?«

(Gelächter im Saal)

KINGSOLVIG
»Weil ich Sie liebe, Larry, darum.«

(Gelächter im Saal)

SPEAKES
»Oh, ich verstehe. Lassen Sie uns das anders formulieren, Lester.«

(Gelächter im Saal)

KINGSOLVIG
»Ich ziehe das zurück.«

SPEAKES

»Das hoffe ich doch.«

===

Patrick Joseph Buchanan, später Kommunikationsdirektor im Weißen Haus, bezeichnet Aids als »Vergeltung der Natur für widernatürliche Handlungen«. Es ist Mai 1983, und er kommentiert in einer Zeitungskolumne die Epidemie: »Die armen Homosexuellen – sie haben der Natur den Krieg erklärt, und jetzt rächt sich die Natur in grausamer Weise an ihnen.«
Und Ronald Reagan selber sagt noch 1989 ähnlich wissenschaftlich Fundiertes: »Vielleicht hat uns der Herr diese Seuche gebracht, weil unerlaubter Sex gegen die Zehn Gebote verstößt.«
Insgesamt zeigt die Reagan-Administration wenig Interesse an Virus und Krankheit. Dem CDC werden sogar Gelder gekürzt.

===

Shirley Bassey, großartige Sängerin, gefühlt alle James-Bond-Songs gesungen, singt 1998 einen Song namens »History Repeating«.

»And I've seen it before
And I'll see it again
Yes I've seen it before
Just little bits of history repeating.«

===

»Mei, des sind halt Aussätzige.«
    Peter Gauweiler, CSU, Innenmister in Bayern, im Februar 1987 im *Stern*.

===

Es ist ein Retrovirus. Der Molekularbiologe Luc Montagnier vom Pariser Institut Pasteur vermutet das als Ursache schon länger. Seit 1972 ist er Leiter der Virologischen Abteilung. Er ist mit der Studienlage an krebsverursachenden Retroviren bei Tieren vertraut und erkennt Ähnlichkeiten.

Auch Robert Gallo, der das Laboratory of Tumor Cell Biology am National Cancer Institute in Bethesda leitet, fallen Ähnlichkeiten auf. Und zwar zu HTLV, dem Human T-cell Leukemia Virus, ein Leukämievirus, das er kurz zuvor entdeckt hatte. Das erste Retrovirus beim Menschen. Für Gallo ist das was Persönliches, er ist 13 Jahre alt, als seine jüngere Schwester an Leukämie stirbt. Sollte es sich bei dem Aids-Erreger um ein ähnliches Virus handeln?

Montagnier und seiner Kollegin Françoise Barré-Sinoussi gelingt schließlich im Januar 1983 die Isolation eines neuen bislang unbekannten Virus. Es ist äußerst aggressiv und tötet alle Wirtszellen in der Laborkultur. Barré-Sinoussi muss ständig neue Lymphozyten hinzufügen, um ihm auf die Spur zu kommen. Im Frühjahr 1983 melden sie ihren Fund dem CDC und Robert Gallo.

Am 20. Mai 1983 erscheinen im Magazin *Science* zeitgleich Paper der Forschungsgruppen um Montagnier und Gallo. Beide geben an, ein neues Virus gefunden zu haben, das für Aids verantwortlich sein könnte. Ein humanes Retrovirus. Während in dem Artikel von Montagnier und Barré-Sinoussi allerdings tatsächlich das HI-Virus beschrieben wird, liegt Gallo falsch: In seinem Text ist HTLV der Hauptdarsteller. Erst mehrere Monate später gelingt auch Gallo die Isolation des neuen Virus. Bestätigt wird der Fund im Frühjahr 1984 dann schließlich von einer Gruppe um den Wissenschaftler Jay A. Levy an der University of California in San Francisco.

===

Über die Blutbahn gelangt das HI-Virus in den Körper. Es hat eine Größe von 100 Nanometern, ist damit ungefähr 100-mal kleiner als die T-Zelle, also die Helferzelle des Immunsystems. Nach dem Andocken an die Wirtszelle und dem Eindringen schreibt es im Zellkern mit Hilfe eines Enzyms, seine RNA in DNA um, oder genauer: Es stellt eine DNA-Kopie des RNA-Viruserbguts her. Während RNA nicht in den Zellkern eindringen kann, gelingt dies aber der Virus-DNA. Einmal eingedrungen, verbindet sie sich mit der DNA der Wirtszelle – und bringt eine neue genetische Information in den menschlichen Zellkern. Die Virus-DNA wird schließlich wieder in RNA umgeschrieben. Zelle umprogrammiert, Job erledigt. Die Zelle produziert Viren, die wiederum neue Wirtszellen befallen.

Nach zwei bis vier Wochen erreicht die Zahl der HI-Viren im Körper ihren Höhepunkt, sie sind dann millionenfach in Blut, Sperma und Schleimhäuten von Vagina, Penis und Enddarm vorhanden. Antikörper schaffen es, das Virus wieder zurückzudrängen und die Anzahl zu reduzieren. Jahrelang. Aber das Virus bleibt aktiv. Und das Immunsystem wird immer schwächer. Denn die Anzahl der Helferzellen sinkt.

Es ist wie ein Guerillakrieg. Attacken aus dem Hinterhalt, die langfristig die Heimatarmee schwächen und die Moral zerstören. Und irgendwann kollabiert alles.

===

Robert Gallo entdeckt 1984 ein Virus, das er HTLV-3 nennt. Vorbild sind die von ihm isolierten Erreger HTLV-1 und HTLV-2. Die mutmaßliche Ursache von Aids sei jetzt endlich gefunden.

Ein paar nicht ganz kleine Probleme gibt es allerdings bei der Entdeckung: Abgesehen davon, dass das neue Virus ebenfalls ein Retrovirus ist, hat es wenig mit den beiden anderen zu tun. Und Gallo entdeckt etwas, das Luc Montagnier bereits in Paris entdeckt und LAV genannt hat. Dessen Team beweist zudem schon ein knappes Jahr zuvor, dass das neue Virus nicht der HTLV-Familie angehört. Gallo bringt zudem das Kunststück fertig, dass er das Virus in einer Probe entdeckt, die die Franzosen den Amerikanern zuvor überlassen haben – zusätzlich mit einer elektromikroskopischen Aufnahme des Virus. Er wusste, nach was er suchen muss. Was ihn trotzdem nicht daran hindert, sich auf einer Pressekonferenz am 23. April 1984 als alleinigen Entdecker zu feiern. Der Durchbruch, wird dort verkündet, ist nahe. Jetzt, wo man das Virus entdeckt hat, schätzen sie, dauert es vielleicht zwei Jahre bis zu einem Impfstoff.

Ein später in *Science* veröffentlichtes Foto von HTLV-3 zeigt Montagniers Virus, und die veröffentlichte Virus-Sequenz ist ebenfalls exakt die gleiche. Robert Gallo erklärt das mit Missverständnissen und Verwechslungen, war keine Absicht, Entschuldigung, jetzt stellt euch mal nicht so an, aber die Franzosen stellen sich an, vor allem, weil am Tag der Pressekonferenz Anwälte der US-Regierung Patentrechte für Gallos Aids-Test anmelden. Ein Patentbegehren der Franzosen für deren Test, im Dezember 1983 eingereicht, wird dagegen ignoriert. Es dauert Jahre, um den Streit auszuräumen.

Am 1. Mai 1986 verkündet das ICTV, das International Committee on the Taxonomy of Viruses, dass das Retrovirus, das das menschliche Immunsystem in die Knie zwingt, einen endgültigen Namen hat.

Sie nennen es HIV.

===

Leberhaken und Kopftreffer gleichzeitig. Sofort nachdem der Kampf begonnen hat. Und wenn der Gegner fällt, dann noch mal einen mit dem Knie mitgeben. Und nachtreten. Ständig. Immer. Will er sich aufrappeln: zutreten, so fest es geht. Vor allem: Nie nachlassen.

Es ist die Strategie, die David Ho wählt. Seit 1981 in der Aids-Forschung, wird er 1996 von *Time* zur Person des Jahres gewählt, und das ist so was von verdient, weil Ho Millionen Leben rettet. Im Juni desselben Jahres stellt er auf der Welt-Aids-Konferenz in Vancouver einen neuen Ansatz in der Behandlung von HIV vor. Er nennt ihn: *Hit early and hard*, und daraus wird dann *Hit hard and early*, aber das ändert am Ergebnis nichts.

So weit wie möglich zurückdrängen. An der Ausbreitung hindern. In Schach halten. Antiretrovirale Therapie nennt er den Ansatz. Es ist ein wahrer Medikamentencocktail. Er schafft es zwar nicht, das Virus zu eliminieren, aber er macht ein Überleben möglich. Nebenwirkungen der Behandlung: Ekzeme, chronischer Durchfall, Herzstiche, Zerstörung des Mikrobioms, überhöhte Leberwerte, Unruhe. Aber die Therapie verbessert sich immer mehr, die Lebensqualität der Infizierten steigt.

Was sich allerdings nicht verändert hat: Das Virus verschwindet nicht. In Osteuropa, in Asien und vor allem in Afrika tötet es weiter, und das würde es ohne Medikamente auch hier tun. Es gibt immer noch keine Impfung.

Und so besteht immer die Gefahr, dass das Virus Resistenzen gegen die eingesetzten Medikamente bildet.

===

Montagnier geht später den Weg von Mullis, dem PCR-Erfinder: Er redet Quatsch. Obst und Gemüse und Händewaschen, sagt er, sind ein völlig ausreichender Schutz gegen Aids. Ein gesundes Immunsystem reiche vollkommen aus. Bis heute gibt es zwar 38 Millionen Gegenbeweise, und die Zahl wächst leider immer noch, aber, ach Gott, das kann man ja auch mal übersehen.

Noch viel später wird er behaupten, dass SARS-CoV-2 in einem Labor zusammengebaut wurde, weil es Sequenzen des HI-Virus enthalte – was ebenfalls Blödsinn ist, weil diese Sequenzen nicht HIV-spezifisch sind und so kurz, dass sie nicht nur bei vielen anderen Viren vorkommen, sondern auch bei Bakterien. Zudem passen sie in jedes Modell natürlicher Evolution und binden relativ schlecht an menschliche Rezeptoren, was man im Labor bestimmt besser hinkriegen könnte.

Und zwischendurch sagt er, dass man mit Wasser Krankheiten erkennen kann, weil die nämlich Schwingungen aussenden, die Wassermoleküle verändern. Und dass das Wasser sich daran später erinnert.

Auch das ist, nun ja, Entschuldigung für das Wort, saublöd.

===

Gerd Sutter, der Sutter Gerd aus München, Tiermedizin, LMU München, Angler und Biergartenfreund, wollte Aids besiegen. Das war der Plan. Wegimpfen mit Hilfe der Pocken. Es ist Mittagszeit. Um die Ecke ist ein Restaurant, an einer Reithalle angeschlossen. So was wie das Vereinsheim, nur eben an Münchener Verhältnisse angepasst. Früher vielleicht Pommes und Bratwurst und Bier, jetzt Lachs aus Schottland und Weißwein aus Rheinhessen. Auf dem Weg kommt man, noch im Institut, an einem Raum vorbei, der eine Mischung ist aus Lesesaal und Konferenzraum. Es sieht sehr nach 1960er Jahre aus, die Amerikaner sind gerade auf dem Mond gelandet, Willy Brandt hat das Farbfernsehen auf der Funkausstellung per Knopfdruck gestartet, die Art von 1960. Im Regal stehen das *Deutsche Tierärzteblatt*, *Labor Praxis*, *Laboratory Animals*, aber auch *Bayerns Fischerei und Gewässer*. In der Nachbarschaft das Hauptquartier einer riesigen Versicherung, ein sehr normales Haus, könnte man auch drin wohnen, hat nichts von Stahl und Glas modernerer Büroarchitektur, eher was von Bauhaus. Ein wenig mit Efeu bewachsen, mehr Understatement geht gar nicht, und das ist ja vielleicht ganz gut für eine Versicherung.

Der Englische Garten ist wie ein Magnet, ständig kommen Menschen aus allen Ecken und biegen ins Grüne ab, und dann ist das Restaurant da, und beim Essen kann man in die Reithalle sehen, Kinder und Frauen trainieren. Hinter der Scheibe ist es staubig, und man muss schon husten beim Zusehen, vor der Scheibe wird gepflegt diniert, die Gäste tragen Anzug und Hemd und reden über ihr Ferienhaus in Italien, Polster mit Blümchenmuster, alles sehr gediegen. Im Hintergrund hoppeln die Pferde wie Hasen, auf ihrem Rücken wird geturnt, und vermutlich nennt sich das Voltigieren.

===

Sutter sagt: »Wir haben uns alle immer an den schwierigsten Zielen versucht. Man wollte was gegen Aids haben. Man wollte Krebs besiegen.« Drei Jahre dauert seine Doktorarbeit: »Das Genom des Vacciniavirusstammes Ankara und seine Änderung während der Attenuierung.« Kann man online bestellen in Bücherantiquariaten, 14 Euro, mit graphischen Abbildungen. Er schreibt sie teilweise in den USA. 1990 geht er an das National Institut of Health, NIH, in Bethesda, Maryland. Robert Gallo arbeitet um die Ecke. »Eine besondere Zeit«, sagt er.

Er hat sein Pockenvirus dabei, als er übersiedelt, er ist auf den Geschmack gekommen. Er sagt: »Es wäre gelogen, wenn ich sagen würde, dass ich aus dem Studium heraus Pockenviren machen wollte.« Er sagt außerdem: »So läuft das ja nicht.«

Es lief so: Er studiert Tiermedizin und will seine Doktorarbeit machen, in Toulouse, Ziel: Tierarzt. An Zoonosen denkt er nicht und an die Pocken auch nicht. Im Studium kommen immerhin Zoonosen vor, Tollwut spielt eine zentrale Rolle, und natürlich wird über die Möglichkeit gesprochen, dass Krankheiten vom Tier auf den Menschen übertragen werden können. Aber das ist bis dahin eher theoretisch. Und die Pocken kommen nicht mehr vor im Leben eines Mitteleuropäers. Sutter kann sich erinnern an den Pockenausbruch 1958 in Heidelberg, er war ein Kind. Er weiß das noch, weil die Pocken Ende der 1950er in Deutschland etwas sehr Einzigartiges sind. Ein Wolfsmensch. Ein Tech-Unternehmen, das Steuern zahlt. Die Pocken. Guckt man zweimal hin.

Und Toulouse klappt nicht.

Was jetzt? Einen Plan B hat er nicht. Was er auch nicht hat: Geld. Er ist Student und, wie die meisten Studenten, knapp bei Kasse. Und dann ruft sein ehemaliger Vorgesetzter aus der Bundeswehrzeit an, acht Jahre her. Der arbeitet an der LMU, er macht was mit Viren. Er sagt: »Hey du, Gerd. Ich suche dringend eine Doktorarbeit. Wir haben da ganz was Spannendes. Wir machen damit Virus-DNA, und du hast dich damals gar nicht so blöd angestellt in dem Labor.« Er sagt, er könne sich gut vorstellen, dass das klappt. »Würdest du das machen?« Sutter ist überrumpelt und überlegt kurz, aber wirklich nur ganz kurz, denn die Doktorarbeit ist bezahlt. Der ehemalige Vorgesetzte sagt: »Du kriegst 350 Mark im Monat.«

Sutter denkt: »Dann mache ich eben eine Doktorarbeit in Virologie.«

===

Das abgeschwächte Pockenvirus, mit dem Sutter arbeitet, MVA, ist in den 1970ern in München entwickelt. Die Methode, Vektorimpfstoff, so speziell, dass er dadurch sehr viel Leute kennenlernt. In den USA, unter anderem Bernard Moss, Bernie, über die Jahre ein Freund geworden, einer der besten Pocken-Virologen der letzten Jahrzehnte.

Moss arbeitet letztlich an etwas Ähnlichem: An einer neuen Technologie, um das Vaccinia-Pocken-Virus als Mechanismus für die Entwicklung neuartiger Impfstoffe zu nutzen. Und er leitet am NIH die Abteilung für Viruserkrankungen – die wiederum dominiert wird von einer Viruserkrankung, die sich gerade zur Pandemie aufschwingt. Relativ neu, vor ein paar Jahren erst entdeckt, die Leute sterben wie die Fliegen, und eigentlich sollte man jetzt bald mal einen Impfstoff haben für HIV.

Kann ich bei dir arbeiten, fragt Sutter.
Klar, sagt Bernie, amerikanisch-lässig. Komm halt vorbei.
Und das macht er dann. Sutter findet das total verrückt und ist verblüfft, weil Moss ein Star ist auf seinem Gebiet und er ein kleines Licht, aber der Star ist ein netter Star, und die Zusammenarbeit ist gut, und so bleibt Sutter vier Jahre. Sie brauchen eine Impfung, sie entwickeln eine neue Technik. Er fühlt sich am richtigen Platz.

Zwar ist die Technik neu, die Idee aber nicht. Sie wird seit Ewigkeiten versucht. Das Immunsystem anfixen, indem der Erreger präsentiert wird. Hilfe zur Selbsthilfe. Kein Wasser liefern, sondern zeigen, wie man einen Brunnen bohrt.

Denn während die Mehrheit der B- und T-Zellen mit Attacke beschäftigt ist, beteiligen sich einige der Zellen nicht – die Gedächtniszellen. Sie sind die Beobachter in einer Schlacht, die den Feind studieren. Sie merken sich die Oberflächenstruktur des Eindringlings. Sollte der später noch einmal in den Körper gelangen, verliert die Immunabwehr keine Zeit mit der Antwort. Weil die Gedächtniszellen auch funktionieren, wenn sie nur mit einem einzigen Antigen in Kontakt kommen, klappt das auch, wenn ein Impfstoff nur ein Molekül des Erregers und keinen lebenden Organismus enthält: Der Geimpfte wird nicht krank.

Funktioniert halt nur leider nicht bei HIV, weil sich das Virus ständig ändert.

===

HIV hat eine extrem hohe Mutationsrate pro Base pro Zelle, und falls es jemand genau wissen will: $(4.1 \pm 1.7) \times 10^{-3}$. Weil das nicht nur sehr hoch ist, sondern gleich mal die höchste jemals berichtete Mutationsrate für eine biologische Einheit, entsteht eine riesige Variabilität. Innerhalb von kürzester Zeit werden so viele verschiedene Varianten des Virus gebildet, dass die vorher schon angeregte spezifische Immunantwort gegen eine einzelne Komponente des Virus einfach nicht ausreicht.

Vermutlich liegt das an der Schlampigkeit der RNA-Synthese, das hatten wir weiter oben schon. Außerdem ist die Immunantwort ein komplexes Zusammenspiel zellulärer Komponenten und löslicher Komponenten – das wir noch nicht verstehen. Und Impfstoffforschung benötigt Daten. Ausprobieren und dann feststellen, ob etwas funktioniert oder nicht.

Was bedeutet: Man muss abwarten, ob sich Leute infizieren oder eben nicht. Das ist bei Pandemien, die über die Atemwege übertragen werden, viel einfacher. Will man das beschleunigen, müsste man Menschen absichtlich mit HIV infizieren und dann vergleichen. Und zwar Zehntausende.

Die Idee ist nicht so richtig gut.

===

Retroviren wie HIV schreiben ihre RNA in einer Wirtszelle mittels reverser Transkription in DNA um, die dann in den Zellkern eindringt und sich in das Genom integriert. Man sagt: sich in die Keimbahn inseriert. Es ist der Jackpot, weil das Immunsystem das Virus nicht mehr sieht. Es hat sich hinter der DNA des Wirtes versteckt. Das Leben ist für das Virus ab diesem Moment äußert angenehm. Schließlich gibt es dort weder Antikörper noch Immunzellen.

Das Virus gibt zwar seine Freiheit auf, muss sich dadurch aber nicht mehr um einen neuen Wirt kümmern, weil es automatisch weitergegeben wird: Die Infektion findet dann nicht mehr horizontal statt, sondern vertikal.

Das Virus wird fortan immer vermehrt, wenn sich seine Wirtszelle teilt – und vom Wirt weitergegeben, durch Sex etwa, wie bei HIV. Klappt das und kann das Immunsystem das Virus zuvor nicht abwehren, wird der Wirtskörper es nie wieder los.

Das Virus ist unsterblich geworden.

===

Wenn Retroviren in die Keimbahn des Wirtes eingedrungen sind, ist nichts anderes passiert als: Die Viren sind mit dem Wirt fusioniert. Dieser Prozess heißt Endogenisierung, und im Prinzip entsteht dabei ein neues Genom.

Weil ein Virus, und sei es noch so aggressiv, niemals alle Individuen einer Population tötet, werden immer ein paar Überlebende das neue Genom weitervererben. Blöd nur, wenn der Vorgang die theoretische Ebene verlässt: Und damit sind wir bei HIV. Letztlich ist das Aids-Virus nur der erste Schritt im Prozess der Endogenisierung. Nur dass wir eben das befallene Säugetier sind. Würden wir die Erkrankung laufen lassen, würden ein paar Individuen überleben und irgendwann wären alle immun. Und der Rest eben tot. Aber das wäre ein ziemlich großer Rest.

Mit dem Problem sind wir allerdings nicht alleine: Das Koala-Retrovirus sorgt für verschiedene Krebsarten bei Koalas, unter anderem Leukämie. Es nistet sich dauerhaft im Erbgut der Tiere ein und schwächt so das Immunsystem. Die Beuteltiere bekommen das *koala immune deficiency syndrome*, KIDS, das nicht zufällig fast genauso heißt wie Aids, *acquired immune deficiency syndrome*. Und genau wie HIV auf uns, ist vermutlich auch das Koala-Retrovirus erst vor wenigen Jahrzehnten auf die Tiere übergesprungen.

Vermutlich von Nagetieren.

===

Bis vor wenigen Jahren war es allgemeiner Konsens, dass neue Variationen in der DNA auf Fehlern in der Verdopplung beruhen. Ist eine einzelne Base betroffen, dann nennt man das Punktmutation. Mittlerweile weiß man allerdings, dass diese Erklärung nicht ausreichen kann, um Variationen zu erklären – einfach weil es in Genomen komplette Veränderungen gibt, die viel zu grob sind für einen kleinen Fehler.

Viren, die sich in die Keimbahn insertiert haben, sind Spielmasse für das Genom – und helfen uns, auf veränderte Umweltbedingungen zu reagieren. Codierte Gene, also der Teil, in dem in irgendeiner Form unser Menschsein versteckt sein sollte, machen gerade mal zwei Prozent unserer DNA aus. Teile von Viren, von denen wir wissen, dass sie Teile von Viren sind, dagegen finden sich in unserem Erbgut zu rund neun Prozent. Der überwiegende Anteil, rund sechzig Prozent unseres Genoms, besteht aus DNA, deren evolutionsbiologischer Nutzen unklar ist. Für den größten Teil unserer Erbanlagen können wir schlicht nicht sagen, wozu sie dienen. Früher nannte man den Teil Junk-DNA, Müll, aber das macht niemand mehr, denn das ist Viren-DNA, stillgelegte virale Elemente, auf die man aufbauen kann, wenn es nottut. Das Zeug, das die Basis liefert für Variabilität und evolutionäre Genetik. Schließlich sind viele funktionell wichtige Bausteine einer Zelle sehr alt. Sie kommen nicht nur bei Menschen vor, sondern auch bei anderen Wirbeltieren. Man nennt das »evolutionär konserviert«.

Der Rest ist das, was uns (vermutlich) hilft, uns an unsere Umwelt anzupassen.

Sind Viren Teil des Genoms, werden sie einfach mitkopiert von der Polymerase, das sind Enzyme, die von einem DNA-Strang die Kopie ablesen und eine neue Kopie der DNA aufbauen. Macht die Polymerase einen Fehler beim Kopieren, was ab und an passiert, ist ja keiner perfekt, dann kann das Virus darauf nicht mehr durch Mutation reagieren, weil es jetzt ein Teil von uns ist. Es kann passieren, dass es sich dann nicht mehr vermehren kann. Oder eine andere Funktion verliert. Und das war es dann mit dem Virus – und irgendwann später wird es von unserem Körper dann für etwas ganz anderes benutzt. Denn wenn es schon mal da ist, kann es sich ja auch nützlich machen, außerdem hat jeder seine Zuständigkeit, das ist im Körper auch nicht anders als auf dem Bezirksamt Hamburg-Altona.

Und das beeinflusst uns massiv.

Wir sind, was wir sind, weil wir einem ständigen Bombardement von Viren ausgesetzt sind.

Wahrscheinlich sehen wir sogar aus, wie wir aussehen, weil wir uns mit Viren infizieren.

===

Kann gut sein, dass eine frühe Form von HIV für blaue Augen verantwortlich ist. Aber das ist Spekulation.

Klar ist, dass virale Sequenzen, die irgendwann mal vor Urzeiten in uns hängengeblieben sind, bestimmte Gene regulieren, unter anderem das, was für den Aufbau der Augen zuständig ist. Das Brustkrebsgen BRCA-1 (das ist das mit Angelina Jolie) wird durch eine virale Sequenz in unserem Erbgut reguliert. Das gilt auch für ein anderes Gen, das für einen bösartigen Nierentumor bei Kleinkindern verantwortlich ist. Würde das nicht eingebremst werden, hätten die meisten Kinder Nierenkrebs – was mittelfristig für den Erhalt unserer Spezies suboptimal wäre. Zudem gilt: Viren in einer Zelle schützen vor anderen Viren von außen. Schließlich ist der Platz schon besetzt.

Und falls man mal an einer Diskussion teilnimmt über Ernährung und Low Carb: Das Gen, das für das Enzym verantwortlich ist, das Stärke abbaut und so dafür sorgt, dass Kohlenhydrate für den Körper verwertbar sind, wird ebenfalls reguliert von einer Sequenz, die früher mal ein Virus war.

===

Weil Retroviren über Generationen weitergegeben werden, sind sie eine unschätzbare Informationsquelle, um alte Viren zurückzuverfolgen. Gleichzeitig haben sie die Vielfalt der Evolution vielleicht am stärksten beeinflusst – denn wir sind nicht die Einzigen, die einer ständigen Konfrontation mit ihnen ausgesetzt sind. Das gilt auch für alle anderen Wirbeltiere: Vögel, Fische, Reptilien und Amphibien.

Aus Sicht eines Retrovirus sind wir auch nichts anderes als ein Mondfisch.

KAPITEL ELF

Irgendwas kommt immer durch

Die Kuhpocken kommen nicht aus der Kuh, aber das letzte Opfer aus Europa. Berlin ist auch nicht anders als Karlsruhe. Käsebrötchen und die PCR, das ist manchmal naheliegend. Die WHO rechnet nicht damit, die Pocken auszurotten. Damit die Impfung funktioniert, braucht es ziemlich viele Kinder.

Die angeborene Immunität ist das, was Mister Miyagi für Daniel LaRusso ist. Man kann sich durch die Apokalypse rammeln. Hochrüstung findet auch in unserem Mund statt, aber gegen Flöhe sehen wir trotzdem alt aus.

Und wenn nichts für immer ist, dann kriegen Wikinger vielleicht wieder Pocken.

Es gibt keine Ärzte in der Familie, keine medizinische Tradition. Niemand ist krank und muss gerettet werden. Und trotzdem: Anästhesist. Das ist der Plan, inspiriert vom Zivildienst im Rettungsdienst. Menschen helfen fühlt sich richtig an.

Naturwissenschaft und Technik findet er seit Jahren gut, in der Schule schon, und der Beruf verbindet die Disziplinen. Vor allem die Physiologie gefällt ihm. Das Fach macht das ganz große Fass auf, es ist die Lehre vom Leben, zumindest wenn man das biochemisch und physikalisch betrachtet. Weil da die Komplexität sichtbar wird, die das Leben ausmacht, vom Zellkern und der Zelle immer größer werdend, Gewebe, Organe, alle möglichen Flüssigkeiten, jedes für sich ein System und alle zusammen ein noch viel größeres. Wie funktioniert das zusammen, kann man Vorhersagen treffen, und was passiert, wenn sich ein System verändert? Wenn es verändert wird, künstlich beatmet etwa?

Und so entschließt er sich, nach dem Zivildienst Medizin zu studieren. Aber er vergisst, den Medizinertest zu machen, den Test für Medizinische Studiengänge, TMS, der damals zusammen mit der Abiturnote (meistens) über die Zulassung für das Fach entscheidet. Er muss ihn nachholen, aber er will nicht rumsitzen in der Zwischenzeit, und so zieht er zweimal um. Zuerst nach Dortmund, Chemietechnik, ein Semester für die Grundlagen, dann nach Münster, dasselbe für Biologie. Er macht alle Scheine, die man machen kann, und dann auch den Test für die Mediziner. Die ZVS, die Zentralstelle für die Vergabe von Studienplätzen, die jetzt anders heißt, schickt ihn nach Frankfurt. Seine Scheine werden anerkannt, und er startet gleich im zweiten Semester.

Um das Studium zu finanzieren, arbeitet er auf der Intensivstation. Oft im Nachtdienst, die schwersten Fälle, die schlimmsten Krankheiten, immer wieder Endzeitstimmung, und die Unausweichlichkeit des

Sterbens. Die Gewöhnung, die bei vielen eintritt, die diese Arbeit machen, setzt nicht ein.

Christian Drosten ist Mitte 20, und die Vorstellung, für den Rest seines Berufslebens den Tod um sich herum zu spüren, gefällt ihm nicht.

===

Thushira Weerawarna hat Nachtdienste. Einen nach dem anderen, immer weiter, bämbämbäm, schließlich muss das Studium finanziert werden, selbe Zeit, gleiche Stadt, anderes Krankenhaus, Sankt Katharinen, Frankfurt-Bornheim. Und auch hier: Er sieht Tote und das Sterben, und oft kann man gar nichts machen, und das ist eigentlich nicht der Plan. Er will mit dem Leben zu tun haben, Arzt sein, um zu retten und Menschen zu helfen. Nicht: sie in den Tod begleiten. Morgens um 6 Uhr fährt er zurück nach Marburg, da studiert er, isst eine Brezel, duscht, geht zur Uni. Er hat wenig Zeit, und das ist gut, denn ist er für sich, nimmt er die Toten mit in seine Wohnung. Packt sie fein säuberlich ein in Bornheim und verstaut sie irgendwo in seinem Gehirn, nur um sie zu Hause wieder auszupacken.

Und da sind sie dann und verschwinden erst mal nicht. Er weiß nicht, wie die Kollegen abschalten. Er versucht es, aber so richtig klappt das nicht. Trinkt er einen Kaffee in seiner Küche, dann tut er das mit den Krebskranken im Endstadium, geht er laufen, tänzeln die Herz-Kreislauf-Patienten um ihn herum, und sieht er fern, dann sitzen die Brandopfer mit ihm auf der Couch. Augen zu und durch, das kann man ja mal machen, aber nicht wenn es das ganzes Berufsleben dauern soll, und trotzdem: Jahrelang geht das so. »War alles ein bisschen anstrengend«, sagt Weerawarna.

So will er es auch nicht haben.

Er muss sich spezialisieren. Er braucht Luft zum Atmen.

Er wird Lungenarzt.

===

Christian Drosten hört eine Vorlesung über Molekularbiologie. Muss er nicht, aber es interessiert ihn: Klonierung von DNA in Bakterien,

Techniken zur Zellkultur, molekulare Ursachen von Krebs, DNA-Reparatur, Sequenzierung und PCR. So interessant findet er das, dass er später seine Doktorarbeit bei dem Professor macht, der die Vorlesung hält – und auch ein Thema bietet sich an, denn Drosten arbeitet beim Blutspendedienst, sein Doktorvater baut dort eine neue Gruppe auf, und obwohl Blutspenden nach weißen VW-Transportern klingt, nach Klapptischen und Käsebrötchen beim Feuerwehrfest, nebenbei wird bisschen Blut gespendet, wird es seine Eintrittskarte in die Hochtechnologie des Labors.

Man könnte, das ist die Idee, die Übertragung von Hepatitis C verhindern, beim Blutspenden, und das sollte man unbedingt, denn das Virus, RNA, einzelsträngig, kann eine chronische Infektionskrankheit verursachen, die wiederum zu Leberkrebs führen kann – immer wieder passiert das auch. Um das zu ändern, müsste man alle Blutspender mit der PCR testen. Nur: Die PCR ist eine Forschungsmethode, und jeden Tag kommen über 10 000 Blutspenden in die Blutbank. Wie soll man diese Menge mit der PCR schaffen? Ohne dass Fehler passieren?

In den USA gibt es eine neue Methode, die real-time quantitative PCR, bei ihr fällt das immer wiederkehrende umständliche Auswerten der PCR weg – was ein großer Durchbruch ist. Bisher ist eines der Hauptprobleme bei der massenhaften Durchführung der PCR, dass die DNA die Raumluft kontaminiert – und damit auch neue Proben. Es kommt daher häufig zu falsch-positiven Ergebnissen, damit kann man in der Diagnostik nichts anfangen. Ist dann schließlich alles falsch und muss nachgetestet werden, mit neuen Proben. Das Problem verhindert damals, dass die PCR breit eingesetzt wird. Die Methode gilt als fehleranfällig, zu empfindlich, unbeherrschbar. Die qPCR ändert das. Arbeitsschritte werden innerhalb der Maschine zusammengefasst, die Reaktionsgefäße bleiben geschlossen, eine Kontamination findet nicht mehr statt.

Es ist die Lösung eines der Hauptprobleme, die eine massenhafte Durchführung der PCR bis dahin verhindert, eine neue Technologie in einer bewährten Methode, in Europa nicht verbreitet, und als es losgeht, ist Drosten mittendrin. Die neue Gruppe beim Blutspendedienst, in der er dann arbeitet, ist übersichtlich groß, weswegen jeder alles machen und jedes Detail kennen muss.

Sie besteht aus zwei Leuten.
Drosten mitgezählt.

===

Das Gute an der neuen Methode: Sie ist für alle neu. Niemand hat einen Vorsprung. Drosten macht das drei Jahre, er ist noch nicht promoviert, aber ständig im Labor, und so wird er zwangläufig zum Experten für die qPCR.
Und dann suchen sie in Hamburg jemanden, der sich damit auskennt.
Drosten bewirbt sich.

===

Weerawarna macht sein praktisches Jahr in Leverkusen. In Köln ist er Arzt im Praktikum, dann geht er nach England, Canterbury. Am ersten Tag kommt er dort im Krankenhaus an, setzt sich an den vereinbarten Treffpunkt und wartet. Er wartet und wartet. Eine Frau sitzt neben ihm, scheint auch zu warten. Beide schweigen, irgendwann steht sie auf und will gehen. Offenbar hat sie schlechte Laune. »Alles klar bei dir?«, fragt Weerawarna. Sie sagt, sie soll hier auf einen deutschen Arzt warten, ihn abholen, aber der ist nicht aufgetaucht, sie sagt: »the fuckin' German.« Das kennt sie gar nicht von den Deutschen, sagt sie, so unzuverlässig, normalerweise sind die doch immer pünktlich.
Sind sie, sagt er. Weerawarna sagt, er ist der Deutsche, und sie fällt aus allen Wolken. »Krass«, sagt sie. Sie sagt, er ist so schwarzhaarig.

===

Zehn Jahre ist Christian Drosten in Bonn, bevor er 2017 auf den Lehrstuhl für Virologie der Charité wechselt. Über zwanzig Mitarbeiter folgen ihm.

===

Weerawarna kommt aus England zurück und will dann nach Berlin, in die Charité, das ist der Plan. Köln ist ihm zu klein geworden, er will mal was anderes haben. Er schreibt eine Bewerbung, wirft sie aber noch nicht ein. Erst mal die Eltern besuchen, nach Sri Lanka fahren, ein paar Wochen Urlaub machen und nichts tun. Nicht, dass sie ihn einladen in Berlin, und er ist in Asien. Macht er so, die Bewerbung liegt auf seinem Schreibtisch.

Nach ein paar Wochen in Sri Lanka fliegt er zurück – und trifft im Flugzeug eine Frau, in die er sich schockverliebt. Jetzt sofort. Wie konnte ich denn vorher leben? Sie wohnt in Karlsruhe, er war da noch nie zuvor, aber er sitzt im Flugzeug und denkt: Würde sie auf dem Mond wohnen, würde ich dahin ziehen. Ach Gott, denkt er, Berlin oder Karlsruhe, es wird kein großer Unterschied sein, und er weiß, dass das nicht stimmt, auch wenn er es noch hundertmal wiederholt. Aber man muss ja seinem Herz folgen, und das tut er dann. Er denkt: Jetzt geh ich erst mal nach Karlsruhe. Er landet in Pforzheim.

Äußerster Außenbezirk von Berlin.

===

Zum ersten Mal von SARS-CoV-2 hört Gerd Sutter um die Jahreswende 2019/2020. Er liest den gleichen PubMed-Newsletter wie die Berliner, Zufall, berufsbedingt. Und auch er denkt zu Beginn, dass das vielleicht Influenza sein könnte, weil der Text unklar ist und alles offenlässt.

Atypische Lungenentzündung. Alles und nichts.

Hm, denkt er, das könnte interessant sein. Er meint das rein wissenschaftlich. Er geht nicht davon aus, dass das eine Pandemie wird. Besorgt ist er nicht, aber das ändert sich.

Vielleicht, sagt er, fängt unser Immunsystem das irgendwann ein. Vielleicht entwickelt sich SARS-CoV-2 zu einem Schnupfen-Virus. Vielleicht auch nicht. Und wenn das so sein sollte, dann dauert es.

Sutter sagte: »Da muss man sicherlich in Jahren oder Jahrzehnten denken.«

===

Die adaptive Immunabwehr ist anpassungsfähig und relativ neu. Sie entsteht zusammen mit den ersten Wirbeltieren vor knapp 500 Millionen Jahren.

Die profitieren vermutlich davon, dass das Hochschaukeln zwischen Bakterien und Viren schon lange davor begonnen hat. Verschiedene Viren haben sich da bereits in Bakterien eingenistet, in Einzellern also, die sich später zusammentun. Bequem für das Virus und praktisch für den Wirt, weil es ihm dabei hilft, sich andere Viren vom Leib zu halten, schließlich nimmt man lieber das, was man schon kennt, auch wenn es nervt, als ein unbekanntes Risiko einzugehen, kennt man ja von sich selber ja auch zu Genüge.

Ständig greift irgendetwas an, das ist von Anbeginn des Lebens so, Viren, Bakterien, später Pilze und alle möglichen Parasiten – und das führt über Jahrmillionen vor der adaptiven Immunantwort, zur Herausbildung der angeborenen Immunantwort. Sie ist zuerst da, und ohne permanente Attacken hätte sie sich vermutlich nicht entwickelt. Nur wenn jemand dauernd Ärger macht, lernt man sich zu verteidigen, ohne die Attacken von Cobra Kai hätte Mr. Miyagi Daniel LaRusso niemals Karate beigebracht, und mit der angeborenen Immunantwort ist das auch nicht anders.

Bis heute ist sie weitgehend unverändert, selbst die einfachsten Organismen besitzen eine Immunantwort, Pflanzen sowieso. Sie ist ein guter erster Schutz, aber sie ist eher unspezifisch. An neue Bedingungen kann sie sich nicht besonders gut anpassen.

Während sie mit Beginn unseres Lebens da ist, muss die Fähigkeit zur Abwehr bei der adaptiven Immunabwehr in jedem einzelnen Individuum neu erworben werden. Sie hilft, sich auf neue oder sich verändernde Erreger einzustellen. Oder auf solche, die es schon mal in anderer Form gesehen hat – wie etwa bei der Schweingerippe 2009. Beide Systeme sind teilweise verzahnt und arbeiten zusammen. So entstehen etwa Impfreaktionen wie Fieber und Schüttelfrost, weil die angeborene Immunabwehr reagiert und das ist bei allen Menschen eben unterschiedlich stark. Eine starke Impfreaktion sagt aber nichts aus über die Bildung von Antikörpern gegen einen bestimmten Erreger – denn dafür ist die adaptive Immunabwehr zuständig. Sie ist das Feintuning.

Wie bei einem Mofa, dass auch erst schnell fährt, wenn man es frisiert hat.

===

Angriff. Verteidigung. Es ist ein ständiges gegenseitiges Hochrüsten. Dabei investieren wir nicht mal besonders viel. Beim Asiatischen Zitrusblattfloh dienen fünfzehn Prozent des Genoms ausschließlich dazu, Gift zur Abwehr von Erregern zu produzieren. Allerdings stellen auch wir permanent Antibiotika her. Unsere Mikroben produzieren es für uns.

Und wir trainieren: Ein Zungenkuss überträgt etwa achtzig Millionen Bakterien und Viren, selbst wenn er nur mäßig lange dauert. Zehn Sekunden reichen dafür aus. Paare, die durchschnittlich oft knutschen, sind sich daher ziemlich ähnlich. Zumindest was ihre mikrobakterielle Ausstattung im Mund angeht.

===

Die Australier erschießen das Tier und sprengen es in die Luft. Sie erschlagen es, legen Gift aus und benutzen Giftgas, aber das hilft alles nichts, und weil sie sich gar nicht mehr anders zu helfen wissen, bauen sie schließlich zu Beginn des 20. Jahrhunderts einen Zaun durch das halbe Land, über 3200 Kilometer lang. Hilft auch nicht.

Das Klima ist angenehm warm, das Futter gut und reichlich, es gibt keine Feinde und weil der Spitzname des Tieres auch nicht vom Himmel gefallen ist, vermehrt sich der Rammler, das europäische Wildkaninchen, wie verrückt, als es zusammen mit den ersten Siedlern und der First Fleet in Australien ankommt. Und frisst dabei leider den Einheimischen die Nahrung weg. Weil das einerseits die heimische Fauna bedroht und später auch die Landwirtschaft, gilt das Tier als Plage.

Bis 1951 das Myxomatosevirus eingeführt wird, ein Pockenerreger. Absichtlich. Mit einem Ziel: Auslöschung der Kaninchenpopulation.

Und das Experiment ist dramatisch erfolgreich. 99,8 Prozent aller Kaninchen sterben. Aber wenn der Wirt stirbt, stirbt auch das Virus, und obwohl es ein DNA-Virus ist und damit nicht besonders mutationsfreudig, bilden sich schnell Virus-Varianten, die nicht so tödlich sind für die Kaninchen. Und die wiederum bewegen sich ebenfalls genetisch, ein paar Tiere können das Virus besser ab als die meisten anderen. Sie überleben und vererben es.

Es bildet sich eine Balance, und letztlich verändert sich gar nichts. Und so wird 1995 die biologische Kriegsführung verschärft: mit der Chinaseuche. Das ist zumindest der umgangssprachliche Begriff, eigentlich heißt die Krankheit Rabbit Haemorrhagic Disease, RHD, ein Calicivirus, Spitzname: Kaninchen-Ebola. Es tut, was von ihm erwartet wird. Das Virus tötet in solchen Massen, dass ganze Landesteile hasenfrei sind. Die Mortalität liegt, wie schon zuvor, bei annähernd einhundert Prozent.

Annähernd.

Denn irgendein Hase mümmelt sich irgendwo durch die Apokalypse. Er trägt ein Virus in sich, ebenfalls ein Calicivirus, RCV-A1. Es ist ein Verwandter des Killervirus RHD – und völlig harmlos. Und noch besser: RCV-A1 sorgt für eine Kreuzimmunität. Und während rechts und links die Kollegen sterben, hoppelt der Hase in den Sonnenuntergang und trifft schließlich eine Hasendame, die ebenfalls unberührt ist von dem Chaos um sie herum. Sie gehen was trinken, verlieben sich und zeugen ein paar tausend Kinder. Und leben glücklich und zufrieden bis an ihr Lebensende – was in dem Fall etwas in der Zukunft liegt, da es in Australien nicht nur keine natürlichen Feinde gibt, sondern, dem Virus sei Dank, auch keine Nahrungsmittelkonkurrenz mehr durch andere Kaninchen.

Und so ist das, was zuerst klingt wie der totale Zusammenbruch der Population, letztlich nur Evolution. Denn die Kinder sind gegenüber der neuen Krankheit resistent. Kann man machen, was man will, aus der Wirt-Pathogen-Evolution kommt man nicht raus.

Letztlich sind wir auch nur Kaninchen.

===

Wenn eine Population eine evolutive Chance bekommt, einen Erreger tatsächlich zu bekämpfen, dann wird es in Zukunft das Problem mit diesem einen Virus nicht mehr geben. Irgendwer ist immer immun, gegen alles. Aber der Preis ist eben sehr hoch, und eine Milliarde toter Kaninchen ist etwas anderes als eine Milliarde toter Menschen. Hätte man die Pocken durchlaufen lassen, wäre rund die Hälfte der Weltbevölkerung gestorben – aber der Pockenerreger hätte den Überlebenden nie mehr Probleme bereitet.

===

Die Pocken sind schon weg, der letzte Fall liegt fast ein Jahr zurück, und demnächst wird die WHO sie offiziell für besiegt erklären. Es ist einer der größten Erfolge in der Geschichte der Medizin.

Und dann brechen die Pocken aus. In Birmingham, England.

Janet Parker, Fotografin, ist lange bei der Birmingham City Police und dokumentiert Tatorte. Weil ihr das aber auf Dauer zu anstrengend ist, unregelmäßige Arbeitszeiten, viel Tod und Gewalt, wechselt sie 1975 an die Medizinische Fakultät der Universität Birmingham. Sie ist 37 Jahre alt, verheiratet und hat gemeinsam mit ihrem Mann Joseph, Ingenieur, für 21 000 Pfund ein Haus gekauft, Stadtteil Kings Norton, Burford Park Avenue. Sie fährt einen Sportwagen, Triumph Spitfire, und sie findet, sie könnte mal was Beständigkeit im Leben haben. Die geregelten Arbeitszeiten in der Anatomieabteilung der Universität zieht sie den nicht planbaren Tatorteinsätzen vor. Außerdem ist die Art der Fotografie eine Herausforderung. Sie erstellt jetzt hauptsächlich Mikrofotografien von allen möglichen Krankheitserregern. Es macht ihr Spaß, und es läuft gut.

Bis zum 11. August 1978.

Es ist ein Freitag, das Wochenende steht vor der Tür, aber Parker ist nicht nach Ausgehen. Sie fühlt sich nicht besonders. Kopfschmerzen, erhöhte Temperatur und kleine rote Punkte bilden sich auf ihrem Rücken und in ihrem Gesicht. Der Ausschlag juckt, und sie hat Muskelschmerzen. Besser, ein Arzt schaut sich das mal an. Und der stellt eine Diagnose: Windpocken. Ihre Mutter ist skeptisch. Windpocken hatte Janet doch schon als Kind. Aber außer abzuwarten kann man ja nicht viel machen, und so warten sie, aber lange müssen sie das nicht tun, denn aus den roten Punkten werden Bläschen. Und wenige Tage später werden aus den Bläschen Pusteln. Und nicht nur werden es immer mehr, sie beginnen auch zu schmerzen. Vielleicht hat sie ja doch etwas anderes?

Im Auslandsurlaub war Janet Parker schon einige Jahre nicht mehr. Und welche außergewöhnliche Infektion in Birmingham sollte das denn sein? Trotzdem wird sie knapp anderthalb Wochen später in die Infektionsabteilung des East Birmingham Hospital verlegt.

Parker ist so geschwächt, dass sie ohne Hilfe nicht alleine stehen kann. Mehrere Ärzte beraten sich, doch kommen zu keinem Schluss. Sie wollen sich die Meinung eines Spezialisten für Infektionskrankheiten einholen. Also bitten sie am 24. August Professor Alasdair Geddes, sich die Patientin anzusehen.

Und der Tropenmediziner schöpft einen Verdacht.

===

Henry Bedson freut sich sehr. Die WHO hat ihm erlaubt, bis zum Jahresende weiter an den Pocken zu arbeiten. Seit fast zwanzig Jahren forscht er an ihnen, für seine Analyse der »phänotypischen Merkmale des Variola-Virus durch den Einsatz rekombinanter Viren im Kaninchen« erhält er 1964 den Doktortitel, seit kurzem ist er Leiter der neu gegründeten Abteilung für medizinische Mikrobiologie an der Medizinischen Fakultät der Universität in Birmingham. Er ist außerdem Mitglied der internationalen Kommission zur Beurteilung des aktuellen Stands der Pockenausrottung in Pakistan und Afghanistan.

Bedson ist in die Medizin geboren. Sein Vater ist Professor für Bakteriologie am London Hospital, seine Mutter forscht über die Wirkung und Zusammensetzung von Ölen und Fetten, sein Großvater väterlicherseits, Professor für Chemie in Newcastle. Henry Bedson, Professor seit 1976, guter Angler und Cricketliebhaber, will die Pocken verstehen – und sie dann auslöschen. Sein Labor ist nur eines von 13, die mit den Viren noch arbeiten dürfen, weltweit. Es ist klein, Raumnummer EG34, im Ostflügel des Universitätsgebäudes. Innerhalb des Labors gibt es den zusätzlichen Raum EG34B. Nur vier Mitarbeiter haben Zutritt. Auch er ist winzig und unterliegt klaren Sicherheitsregeln – die der WHO nicht streng genug sind. Sie will, dass das Virus nur noch in so wenigen Laboren wie möglich vorhanden ist. Das Sicherste vom

Sichersten soll es sein, und die zwei Räume von Bedson erfüllen die Anforderungen nicht, es gibt Sicherheitsbedenken, und so soll er seine Forschung sofort beenden und das Virus vernichten.

Bedson sieht das ein, im Prinzip, aber der Zeitpunkt scheint ihm zu früh, er hat noch nicht genug geforscht und noch was vor, und so schreibt er mehrere Briefe, in denen er darum bittet, seine Forschungen noch abschließen zu dürfen. Gemeinsam mit seinem Team vergleicht er das menschliche Pockenvirus mit tierischen Varianten wie den Affenpocken oder anderen verwandten Viren bei Nagetieren, die kurz zuvor entdeckt worden sind. Er analysiert und katalogisiert. Während heute eine DNA-Analyse nur wenige Stunden dauert, benötigt man 1978 viel Zeit, Tage, Wochen und manchmal sogar Monate, um ein Virus einordnen zu können. Könnte ein tierisches Pockenvirus so mutieren, dass es für den Menschen wieder eine verheerende Gefahr darstellt? Wie eng ist seine Verwandtschaft? Könnte sich das Pockenvirus doch irgendwo verstecken?

Es ist nicht unwichtig, was er tut, und das erkennt die WHO an. Sie gewährt eine Frist bis zum Jahresende 1978, aber dann ist Schluss. Bedson ist gerade aus dem Sommerurlaub mit seiner Familie zurückgekehrt, als er von der Entscheidung erfährt. Er ist glücklich und dankbar. Umgehend schreibt er einen Brief an die WHO, in dem er sich für die Verlängerung seiner Forschungsarbeit bedankt.

Noch am selben Tag, an dem Professor Henry Bedson seinen Dankesbrief an die WHO schreibt und abschickt, erhält er einen Anruf.

Es ist der 24. August, weit nach Feierabend, in den späten Abendstunden. Es gibt eventuell einen neuen Fall von Pocken. Nicht in Afrika, nicht in Asien, sondern hier, in Birmingham. Wäre gut, wenn er mal draufschaut. Außerdem, nun ja, könnte es sein, dass der Fall mit seinem Labor zusammenhängt.

Bedson versteht nicht.

Die Pocken in Birmingham?

Sein Labor?

===

Bedson selbst ist es, der eine Probe von Janet Parker untersucht, Bläschen-Flüssigkeit. Und was er unter dem Elektronenmikroskop sieht, lässt keine Zweifel zu. Er sieht nicht nur die Pocken, typische Größe, Quaderform der Viren, die charakteristische Struktur von Variola major. Er sieht seine Pocken. Es ist exakt der Pockenstamm, den er in seinem Labor analysiert. Erst im Juli hatte er ein Variola-major-Isolat aus Pakistan genauer untersucht. Einem Jungen entnommen, der an dem Erreger starb.

Auf die Nachfrage von Geddes, was er denn sehe, bringt Bedson kein Wort hervor. Wie versteinert ist er sprech- und bewegungsunfähig. Geddes schiebt Bedson zur Seite. Er blickt durch das Mikroskop und erkennt, was er befürchtet hat.

In der Nacht wird Janet Parker in das Catherine-de-Barnes Isolation Hospital in Solihull, eine Stadt am Rande Birminghams, 20 Minuten Fahrweg, verlegt. Im East Birmingham Hospital wird ihr gesamtes Bettzeug vernichtet.

Parker hat die Pocken, aber sie war geimpft. Nur: Die Impfung liegt zwölf Jahre zurück, empfohlen wird sie alle fünf. Und zwischen Ansteckung und Ausbruch der Krankheit können fast drei Wochen vergehen, ansteckend wird man mit Ausbruch der Symptome. Wen hat sie in der Zwischenzeit getroffen? An welchen Orten war sie? Eine Kette von möglichen Kontakten muss schnellstmöglich identifiziert werden.

Direkt am folgenden Tag werden 75 Menschen ausgemacht, mit denen Parker näheren Kontakt hatte, und unter Quarantäne gestellt. Umgehend erhalten sie eine Auffrischung ihrer Impfung. Am Ende werden es mehr als 3400 sein.

===

Niedergeschlagen, frustriert und vor allem unfähig, bei der Aufklärung des Falls zu helfen – denn am 30. August hatte man ihn, den Laborleiter, von seinen Aufgaben entbunden, das Labor geschlossen und ihn nach Hause geschickt –, verzweifelt Bedson an sich selbst. Ja, er hatte sein Leben dem Variola-Virus gewidmet, aber sollte sein Name derjenige sein, der auf Ewigkeit mit einem Pockenausbruch in Birmingham oder schlimmer mit einem Wiederausbruch der Pocken in England in

Verbindung stehen sollte? Er hatte immer gewissenhaft und ordentlich gehandelt, großen Wert auf Sicherheit gelegt. Wie konnte es nur dazu kommen?

Es kursiert ein Gerücht in Birmingham: Der verrückte Wissenschaftler hat einen eigenen Pockenstamm geschaffen, genetisch manipuliert und resistent gegen Impfstoffe. Vielleicht um seine Forschung zu retten. Das Telefon klingelt unaufhörlich. Journalisten wollen ihn sprechen. Sie wollen wissen, wie das passieren konnte.

Er hat keine Ahnung.

Aber er weiß, was er tun wird.

Am 1. September zieht sich Henry Bedson in die Hütte in seinem Garten zurück. Er verriegelt die Tür von innen. Er schneidet sich die Kehle durch.

===

Die Pusteln haben sich auf dem gesamten Körper von Janet Parker ausgebreitet. Sie fließen zusammen, werden zu einer einzigen Fläche. Gesicht, Arme, Oberkörper, Beine. Es gibt keinen freien Raum mehr. Nur eine schmerzende Schicht. Besucher sind keine erlaubt. Die Ärzte und das Pflegepersonal betreten ihr Zimmer nur in Schutzanzügen. Gesichter hinter Masken, Hände in Gummihandschuhen. Das Essen für die Patienten wird von außerhalb an einen weit entfernten Flügel des Krankenhausgebäudes angeliefert. Maximaler Abstand.

Parker verliert ihre Sehkraft. Auf einem Auge ist sie bereits erblindet. Das andere Auge ist getrübt, füllt sich ständig mit Sekret aus ihren Pusteln. Sprechen kann sie schon länger nicht mehr. Zu erschöpft ist ihr Körper. Sie hat Durchfall, ihre Nieren beginnen zu versagen. Ihre Lunge entzündet sich, und sie verliert das Bewusstsein.

Am 11. September 1978 morgens um 3.50 Uhr stirbt Janet Parker auf der Isolierstation der Catherine-de-Barnes-Klinik.

Am Tag der Beerdigung, es ist Donnerstag, der 14. September, sind die Straßen, die zum Friedhof führen, gesperrt. Unter keinen Umständen darf der Leichenwagen verunglücken, vielleicht sogar mit einem anderen Wagen kollidieren. Es ist die einzige Beerdigung an diesem Tag am Robin-Hood-Friedhof in Solihull. Ihre Mutter kann nicht an der

Beerdigung ihrer Tochter teilnehmen. Sie ist in Quarantäne – sie hat die Pocken ebenfalls, aber nur milde Symptome, weil die Impfung sie schützt. Janet Parker ist weltweit das letzte Opfer der Pocken. Am 16. Oktober 1978 wird Birmingham für pockenfrei erklärt.

===

Das Ende der Pocken beginnt 1958. Die Sowjetunion schlägt innerhalb der WHO vor, die Krankheit von der Bildfläche verschwinden zu lassen. Zwar wird der Vorschlag angenommen, doch überzeugt davon sind nur wenige. Zu groß die Skepsis. Wie soll man denn global ein dermaßen großes Vorhaben umsetzen? Im Kalten Krieg. Aber die Sowjetunion hat sich erstmals in die WHO eingebracht. Ihren Vorschlag abzulehnen wäre aus rein diplomatischen Gründen nicht besonders geschickt gewesen, einfach unhöflich. Die Zeit ist allerdings noch nicht reif für eine gemeinsame Strategie. Die Bekämpfung der Pocken wird den einzelnen Ländern überlassen,. Gerade mal rund 500000 Dollar investiert die WHO für die Koordinierung. Bis auf die Absichtserklärung passiert erst mal nicht wirklich was.

Und so wird weiter gestorben. Zwei Millionen Menschen sterben Mitte der 1960er noch jährlich an den Pocken, rund zehn Millionen infizieren sich.

Doch 1967 kommt endlich Schwung in die Sache. WHO-Chef Marcolino Gomes Candau will das Programm intensivieren, die USA sich verstärkt einbringen. Eine eigene Abteilung zur Ausrottung der Pocken wird geschaffen. Ein Leitfaden für alle Länder erstellt. Und erstmals wird auch Geld investiert. Fünf Prozent des WHO-Budgets. Keine herausragende Summe, aber immerhin. Innerhalb der nächsten zehn Jahre sollen die Pocken Geschichte sein.

Es dauert dann dreizehn Jahre. Am 8. Mai 1980 erklärt die WHO während ihrer 33. Vollversammlung die Pocken offiziell für ausgerottet: »Smallpox eradication has been achieved throughout the world. There is no evidence that smallpox will return as an endemic disease.«

===

Es beginnt mit dem Epidemiologen Donald Ainslie Henderson, er wird Leiter des WHO-Programms zur Ausrottung der Pocken. Zwar arbeitet er schon einige Jahre bei den CDC, doch der Fachwelt ist er reichlich unbekannt. Viele vermuten ein vorsorgliches Bauernopfer in dieser Personalentscheidung. Sollte das hochambitionierte und noch immer von vielen angezweifelte Programm misslingen, wäre schnell eine Person gefunden, der die Verantwortung zugeschoben werden kann.

Aber Henderson hat nichts gegen Verantwortung, im Gegenteil. Von Anfang an macht er sich das Projekt zu eigen. Er stellt ein Team zusammen, koordiniert, sucht den Kontakt mit Entscheidern in allen Ländern, macht sich ein Bild vor Ort, optimiert und lenkt. Er meint es ernst.

In den Ländern, in denen die Pocken noch vorkommen, sind jetzt WHO-Teams unterwegs. In jeder kleinsten, noch so abgelegenen Ecke. Mit Motorrädern, Jeeps oder Hubschraubern und mit Zelten für die Übernachtungen bepackt, stellen sie dem Virus nach. Auch tagelange Fußmärsche gehören dazu. Wüstengegenden, schwer zu erreichende Dschungelgebiete, Gebirge, unregierbare Bezirke, Rebellenhochburgen. Nicht selten riskieren die Mitarbeiter ihr Leben. In Äthiopien werden mehrere Helfer von Stammesältesten, die in ihnen eine Bedrohung sehen, erschossen.

Rund 150 000 Mediziner sind im Einsatz. Wirklich alle Erkrankten sollen gefunden und isoliert werden. Die Strategie lautet: Surveillance & Containment, Kontrolle und Eindämmung. Alle möglichen Kontaktpersonen sollen geimpft werden, egal wo sie sind, rund um die Ausbrüche herum, Ringimpfung, erfunden von William Herbert Foege, dem Fan von Albert Schweitzer.

Das ist kompliziert, teilweise gibt es mehrere tausend Cluster gleichzeitig, aber Pockenkranke sind in der Regel nicht zu übersehen. Zudem kann sich das Virus nicht verstecken. Es überträgt sich nur unmittelbar von Mensch zu Mensch. Einen tierischen Rückzugsort gibt es nicht, keinen Zwischenwirt, kein natürliches Vorkommen außerhalb des Menschen. Ist das Virus aus dem Menschen verbannt, ist es weg.

Mittlerweile ist die Herstellung des Impfstoffs so einfach geworden, dass die Entwicklungsländer einen großen Teil selbst produzieren können. Er kann zudem gefriergetrocknet werden und ist dadurch einen Monat lang ohne Kühlung haltbar, auch in einem Kaff im Regenwald. Die Kampagne zeigt schnell Erfolg: In 44 Ländern in Südamerika, West- und Zentralafrika, Ostafrika und im südlichen Afrika sowie in Indien und Indonesien kommen die Pocken 1967 vor – und dann werden jahrelang Monat für Monat etwa 120 Millionen Haushalte besucht. 1973 gibt es die Krankheit nur noch in fünf Ländern: Äthiopien, Bangladesch, Nepal, Pakistan und Indien. Vor allem der indische Subkontinent ist ein harter Brocken. Die gemeldeten Erkrankungen machen nur einen Bruchteil der tatsächlichen aus. Die Suche nach den Erkrankten gestaltet sich schwierig. 500 Millionen Einwohner, verteilt auf ungefähr 500 000 Ortschaften. Das klappt nie, das denken auch manche der Mitarbeiter bei der WHO, aber dann klappt es doch.

1975 gibt es den letzten Fall in Indien.

===

Edward Jenner ist Landarzt aus Berkley, Gloucestershire, Westengland, ein paar Kilometer von Bristol entfernt. Er ist ein guter Beobachter, und er beobachtet, dass Melkerinnen so was Ähnliches wie die Pocken bekommen, aber nicht so schlimm, vielleicht von den Kühen, so muss es wohl sein. Und dass sie später nicht an den Pocken erkranken.

1796 infiziert er James Phipps, acht Jahre alt, Sohn des Gärtners, mit den Kuhpocken. Ethisch ist das mindestens diskussionswürdig, und heute würde es als Menschenversuch gelten. Jenner wird demnächst 47, und so langsam wird es Zeit, dass er mal etwas ausprobiert, er hat eine steile These: Nach einer Kuhpockeninfizierung gibt es eine Immunität gegen Pocken. Er ritzt eine kleine Wunde in den Arm des Jungen, in die er die infektiöse Flüssigkeit der Kuhpocken überträgt. In den nächsten Tagen erkrankt der Junge, alles läuft nach Plan, die Erkrankung ist nicht schlimm und heilt schnell wieder aus. Aber sechs Wochen später wird es ernst: Jenner infiziert Phipps mit den Pocken. Er hat einem Pockenpatienten Flüssigkeit aus den Pusteln entnommen und träufelt sie in eine Wunde auf Phipps Arm. Er kann nicht wissen, ob er das Kind damit tötet, er hofft, dass es gut gehen wird, aber wie der Junge oder sein Vater den Vorgang finden, ist nicht überliefert, kann ja auch nach hinten losgehen. Aber das tut es nicht. Der Junge erkrankt nicht.

Die erste Schutzimpfung, auch Vakzination genannt, ist geboren. Und sie verdankt ihren Namen auch heute noch ihrem Ursprung, denn Vakzination leitet sich vom lateinischen Wort für Kuh ab, vacca. Jenner ist allerdings nicht der Erste, der impft, und auch nicht der Einzige, der die Wirkung der Kuhpocken beobachtet. Die Vakzination wird schon seit rund dreißig Jahren durchgeführt, in England und in Norddeutschland auch, von einem Lehrer aus Kiel, aber was soll's: Impfen fällt bis dahin eher in den Bereich »anekdotische Medizin«, manchmal macht es einer, niemand kann es richtig, manchmal geht es in die Hose, ich kenn den Bruder, dessen Freundin hat 'ne Schwester, deren Vater früher mal sein Fußballtrainer war, und der kennt jemanden, der impft. Jenner professionalisiert es. Er liefert einen wissenschaftlichen Beweis. Vor allem macht er es sicherer.

Denn die Pockenimmunisierung gibt es schon.

Vermutlich schon seit dem frühen 10. Jahrhundert gehen Heiler in China gegen die Krankheit vor. Weil die Seuche dort vor allem Kinder bekommen, die Erwachsenen sind immun oder tot, wird sie wie ein Tor beschrieben, zwischen den Lebenden und den Toten, eine Weggabelung, an der man richtig abbiegen muss, um noch mal geboren zu werden.

Vermutlich legt man zuerst Kleidungsstücke von ehemals an den Pocken Erkrankten einem Gesunden an. Später dann werden Partikel aus Pockenwunden Impflingen unter die Nasenlöcher gerieben oder Pusteln in den Arm geritzt. Die Idee: Bekämpfe Gift mit Gift. Die Methode ist gefährlich, weil niemand weiß, welche Dosis die richtige ist, man muss Pi mal Daumen vorgehen, und wenn das nicht so richtig funktioniert, stirbt man nach der Behandlung, wenn man Pech hat, entweder an den Pocken, oder, weil dabei alles mögliche mitübertragen wird, an einer anderen Krankheit. Tuberkulose etwa oder Syphilis, und dann hat man auch nichts gewonnen.

Es müssen so viele Erreger sein, dass das Immunsystem reagiert, aber eben nicht so viele, dass der Behandelte stirbt, das kann man nur durch Erfahrung lernen, und das ist vermutlich nicht gut für die ersten Menschen, die behandelt werden, denn je höher die Viruslast, desto schlechter die Prognose. Trotzdem ist die Methode, später Variolation genannt, nach dem Virus Orthopoxvirus variolae, sehr beliebt und wird ein Exportschlager. Ab dem 16. Jahrhundert nutzt man sie im Osmanischen Reich, die Technik ist da schon weiterentwickelt: Eiter aus Pockenwunden wird an bestimmten Stellen an Armen und Beinen unter die Haut gerieben. Die gesunden Menschen erkranken zwar im Anschluss an den Pocken, allerdings ist ihr Krankheitsverlauf im Regelfall eher ein milder.

Das spricht sich rum, und so hat die Variolation bald berühmte Fürsprecher: Benjamin Franklin (er hat einen Sohn an die Pocken verloren) ebenso wie Friedrich II. und König Ludwig XVI. Auch Katharina die Große unterzieht sich dieser Behandlung. Im Anschluss schreibt sie in einem Brief an Voltaire, dass Impfgegner »wahrhaftige Dummköpfe, ignorant oder einfach nur böse« sein müssen.

Und mit Jenners Methode wird die Impfung besser und sicherer.

Angefeindet wird er trotzdem. Es gibt viele Impfgegner unter den Ärzten, die ihm vorwerfen, dass er Menschen verunreinigt, weil er Serum aus einer Kuh gewinnt. Impfen, sagen die Ärzte, ist eine »Verjauchung menschlichen Bluts«. Impfen, sagen sie, ist nicht natürlich. Jenner impft kurze Zeit später seinen erst wenige Monate alten Sohn, so überzeugt ist er von seiner Methode. Dem Jungen geht es danach gut. Die Impfgegner überzeugt das trotzdem nicht, was schlicht bedeutet: Faktenresistenz ist keine neue Errungenschaft. Die Vakzination setzt sich trotzdem durch und löst die Variolation ab. Edward Jenner verzichtet auf ein Patent, um allen Menschen eine Impfung zu ermöglichen.

So bekommt er mächtige Freunde. Er wird in die Royal Society aufgenommen, wird Arzt von König George IV. und Bürgermeister seines Heimatortes. Sehr viel später schafft er es in einer BBC-Umfrage auf die Liste der 100 größten Briten aller Zeiten.

Weil Großbritannien sich gerade im Krieg mit Frankreich befindet und Napoleon seine komplette Armee hat impfen lassen, schreibt Jenner ihm einem Brief, in dem er um die Rückkehr englischer Kriegsgefangener bittet. Napoleon antwortet, er könne »einem der größten Wohltäter der Menschheit nichts verweigern«. Und lässt sie frei.

Und in München sitzt sehr viel später Gerd Sutter und freut sich. Er redet gerne über die Pocken. Sie sind sein Lieblingsvirus. »Ach«, sagt er,

»die Milchmädchengeschichte.« Er sagt, das ist ja nicht nur Jenner aufgefallen, sondern vielen anderen damals auch. »Hoppla«, sagt er, »die infizieren sich ja gar nicht.« Und jeder denkt, es sei die Kuh. Aber die Kuhpocken sind kein Kuhvirus.
Sutter sagt: »Der wirkliche Wirt ist eigentlich unbekannt.«

===

Im Keller schwimmt das MVA-Impf-Pockenvirus in einer Nährlösung. Die Flaschen im Kühlschrank sehen aus wie Hustenmittel, ein Dutzend davon stehen dort, Minimum Essential Medium Eagle, ein standardisiertes Nährmedium für die Zellkulturen, breite Verwendbarkeit, humane und tierische Zellen. Einer der wichtigsten Inhaltsstoffe ist L-Arginin, in Männer-Lifestyle-Magazinen empfohlen für die Potenz und den Muskelaufbau, und ob das hilft, steht mal ganz weit oben in den Sternen, aber Pockenviren finden es super. Der Hersteller der Laborausrüstung ist benannt nach einem Hamburger Schnösel-Stadtteil, die Mülleimer sind voller Einwegspritzen und Handschuhen, und um die Labormäuse zu besuchen, muss man sich komplett umziehen, um sie nicht mit Alltag zu verunreinigen.

Die Viren stehen in vereisten Metallboxen in Tiefkühlschränken. Es sieht ein bisschen aus wie im Freibad in den 1980ern, könnte auch Eis drin sein, Brauner Bär oder Ed von Schleck.

»Wir wissen«, sagt Sutter, »dass die Kuhpockenviren eine ganze Gruppe von verschiedensten Viren sind.« Und die kommen, sagt er, in Nagetieren vor, Mäusen, Ratten, Hörnchen. »Eigentlich sind das die Urpockenviren, die bei uns endemisch im Englischen Garten vorkommen.« Die Pocken rennen im Englischen Garten rum.

»Wir haben immer wieder mal eine Katze, die in der Tierklinik aufläuft – und die hat dann Pockenviren. Pusteln an der Lippe oder häufig vorne an den Pfoten. Und die holt sich das hier von den Nagetieren, die sie da fängt. Eigentlich ist das nur eine lokale Infektion, die relativ gutartig verläuft und die, wenn sich der Mensch infiziert, tatsächlich auch vor dem Variolavirus schützt.«

Der Impferfolg von Jenner ist möglich, weil er aus Versehen, konnte er noch nicht wissen, ein nahe verwandtes Pockenvirus genommen hat, um gegen das Variolavirus zu immunisieren. Denn das menschliche Pockenvirus, Variola major, steht nicht alleine, sondern ist Teil einer Klasse, die 13 Mitglieder hat, Orthopockenviren heißen die, meldepflichtige Tierseuche, lineare doppelsträngige DNA, Säugerpocken. Und für die sind Menschen erst mal auch nichts anderes als Schafe oder Elefanten oder Pferde oder Mäuse. Etwas, in dem es sich bequem leben lässt. Nur haben manche von ihnen die Fähigkeit überzuspringen und ihr Reservoir zu verlassen.

Sie teilen alle in nahezu identischer Weise Strukturproteinkomponenten. Das heißt: Viele Bereiche der Hülle und des Core-Proteins sind identisch. Bei den Impf-Virus-Vakzinia und dem Menschenpocken-Erreger, aber auch beim Kamelpocken-Virus, dem Mäusepocken-Virus oder eben dem Kuhpocken-Virus. Weil sie vermutlich alle aus Nagetieren kommen.

Nachdem man zuerst denkt, dass Jenner als Impfstoff gegen die Pocken ein Kuhpocken-Virus benutzt hat, geht man später davon aus, dass es Pferdepocken sind, aber die Wahrheit ist, dass es historisch nicht mehr nachvollziehbar ist, und am Ende ist es auch egal. Hat ja funktioniert. Vermutlich hat Edward Jenner sich einfach getäuscht, und das Virus zwar an einer Kuh verortet, aber Kuhställe vor zweihundert Jahren waren eben weniger hygienisch als heute, was wohl bedeutet, dass Nagetiere viel präsenter waren und Kühe viel mehr Kontakt mit ihnen hatten. Und so kam es wohl häufig vor, dass Kühe sich bei Mäusen ansteckten und dass es dann zu einer relativ gutartigen Lokalinfektion bei den Rindern kam, die sich eigentlich nur in der Haut ausgeprägt hat, mit vom Nagetier stammenden Orthopockenviren.

Die dann auf Milchmädchen überwechselten.

===

Die Wirkung der Impfflüssigkeit hält ungefähr zehn Tage. Nur so lange ist der Erreger infektiös. Und so wird Baumwolle mit der Flüssigkeit getränkt, um sie zu transportieren. Oder sie wird zwischen zwei Glasplatten gepresst und rundherum mit Wachs versiegelt, damit sie nicht austritt. Eine einfachere Methode für den Transport des Lebendimpfstoffs ist allerdings: im lebenden Objekt.

Es ist ein Kinderbusiness.

Denn die Pocken sind in Europa vor allem noch für Kinder extrem gefährlich. Die Vakzination wird also in erster Linie an ihnen durchgeführt. Und von Kind zu Kind – indem man einfach eins infiziert, aus den nach einigen Tagen entstehenden Pusteln Flüssigkeit entnimmt und mit der wiederum ein anderes Kind infiziert. So entsteht eine Kette an Infektionen und Vakzinationen. Und um den Impfstoff zu transportieren: nimmt man die Kinder einfach mit. Der Impfstoff erreicht so etwa Südfrankreich. Und selbst Ozeane, ach Gott, das bisschen Wasser, braucht man halt nur ein paar Kinder mehr.

Nur kurz nach Jenners erfolgreichem Experiment startet der spanische König Carlos IV. die »königliche philanthropische Impfstoff-Expedition«. In den amerikanischen Kolonien sollen Impfzentren aufgebaut werden. Mitsamt geschultem Personal, das weiß, wie man fachgerecht eine Vakzination durchführen muss. Immer wieder kommt es zu Pockenepidemien in der Neuen Welt. Für den Handel ist das nicht gerade von Vorteil, außerdem sind die Pocken etwas Persönliches. Wenige Jahre zuvor hat der König seine Tochter an die Seuche verloren. Und jetzt will er ihr einen ganzen Kontinent wegnehmen. Zudem haben die Spanier ja was gutzumachen in der Neuen Welt.

Und so bricht der Militärarzt Francisco Javier de Balmis am 30. November 1803 mit seinem Schiff von La Coruña auf. Er hat 22 Waisenkinder dabei, im Alter zwischen drei und neun Jahren, damit der Impfstoff immer schön frisch bleibt. Während der Überfahrt wird ein Kind nach dem anderen infiziert. Die Krankenschwester Isabel Zendal kümmert sich um die Kinder, die Menschenkette wird beständig aufrechterhalten. Unter keinen Umständen darf sie abbrechen – bis die Mission in Venezuela eintrifft. Der Arzt José Salvany, der ebenfalls an Bord ist, zieht von der Küste ins Landesinnere und verbreitet dort den Impfstoff. Balmis segelt weiter. Kuba, Mexiko und sogar über den Pazifik zu den Philippinen und nach China.

1806 kehrt Balmis zurück nach Spanien. Drei Jahre lang hat er mit der Mission den Impfstoff in die Welt getragen. Rund anderthalb Millionen Menschen geimpft – wegen 22 Kindern. Die sind alle wieder zurück in Spanien, es geht ihnen gut, sie sind gesund, und der König bedankt sich, indem er ihre Ausbildung und Erziehung finanziert.

Edward Jenner, der das ambitionierte Vorhaben verfolgt, schreibt: »Ich kann mir nicht vorstellen, dass die Annalen der Geschichte ein edleres und umfassenderes Beispiel für Philanthropie bieten als dieses.«

===

Eines der Projekte zur Bekämpfung der Corona-Pandemie wird 2020 in Spanien »Operación Balmis« genannt.

===

Die Pocken verschwinden nach Jenner noch lange nicht. Als es im Anschluss an den Deutsch-Französischen-Krieg 1870/71 zu einer Epidemie im Deutschen Reich kommt, sterben rund 180 000 Menschen, viermal mehr als im Krieg – rund 45 000 deutsche Soldaten sind gefallen. Der Grund für den Ausbruch: Die Krankheit grassiert im französischen Heer und kommt mit den Kriegsgefangenen ins Deutsche Reich. Im Gegensatz zu den Franzosen, die das eher lax handhaben, besteht in der preußischen Armee seit 1820 eine Impfpflicht. Was den Deutschen in der Auseinandersetzung einen strategischen Vorteil verschafft. Als Reaktion auf den Ausbruch wird 1874 im gesamten Land die Impfpflicht eingeführt. Sie bleibt 102 Jahre bestehen und ist damit eine der längsten Konstanten des Deutschen Kaiserreichs.

===

Wie sich Janet Parker mit den Pocken infiziert hat, ist nicht klar. Ihr Fotolabor befindet sich direkt über Bedsons Labor. Eine Untersuchungskommission kommt deshalb zu dem Schluss, dass sich das Virus wohl über einen Luftschacht bis in den oberen Raum verbreitet hat. Aber das wird schnell angezweifelt: Selbst wenn das Virus in den Schacht gelangt wäre, hätte man es mit einem extrem großen Verdünnungsfaktor in der Luft zu tun. Und warum hätte nur sie sich anstecken sollen? Möglicherweise sind nicht die Pockenviren zu Janet Parker gelangt, sondern Janet Parker zu den Pockenviren.
Eine der Spekulationen, es ist die wahrscheinlichste, geht so: Janet

Parker betritt Bedsons Labor, in dem seine Mitarbeiter an Pocken forschen, um ihnen privat bestelltes Fotomaterial auszuhändigen. Der Besuch der unteren Etage der Mikrobiologie ist zwar untersagt, kommt aber offenbar vereinzelt vor. Wie auch immer der genaue Kontakt ausgesehen haben könnte: Während alle Labormitarbeiter ausreichenden Impfschutz haben, ist der von Parker nicht mehr vorhanden.

===

Die Pocken sind keine Zoonose, aber eigentlich natürlich doch. Nur liegt ihr Spillover schon so lange zurück, dass er im Grunde nicht mehr zählt – und nicht mehr rekonstruiert werden kann. Ziemlich sicher scheint, dass es sie bereits im dichtbevölkerten Nildelta des Alten Ägyptens gibt. Vermutlich treten sie sogar schon vor 10000 Jahren in den ersten menschlichen Niederlassungen in dieser Region auf.

Der Papyrus-Text »Die Klagen des Ipuwer« beschreibt später, 1700 v. Chr., den Niedergang: »Seuche ist im Land. Blut ist überall. Es gibt keinen Mangel an Tod. Die zahlreichen Toten werden im Fluss begraben. Die Flut ist das Grab, während die Balsamierungsstätte zur Flut geworden ist.« Welche Seuche Ipuwer hier erwähnt, ist unklar. Doch die Haut einiger Mumien zeigen noch heute die für Pocken typischen Pusteln. Auch Pharao Ramses V. starb wohl 1157 v. Chr. an den Pocken.

Und auch die Bibel ist nicht pockenfrei. Die sechste Plage, die im Alten Testament über die Ägypter kommt, wird als »Geschwür, das Blasen schlägt« beschrieben, Zweites Buch Mose, Exodus, 9,23: »Und sie nahmen Ruß aus dem Ofen und traten vor den Pharao, und Mose warf den Ruß in den Himmel. Da brachen auf böse Blattern an den Menschen und am Vieh, so dass die Zauberer nicht vor Mose treten konnten wegen der bösen Blattern; denn es waren an den Zauberern ebenso böse Blattern wie an allen Ägyptern.«

Ausgehend von Ägypten verbreitet sich das Virus über den Seeweg nach Indien. Eventuell attackiert es im Industal die Truppen von Alexander dem Großen 327 v. Chr. Und auch Marc Aurels Legionäre machen wohl im Jahr 162 Bekanntschaft mit dem Virus – und bringen es mit in das Herz des Römischen Imperiums.

Immer wieder schauen die Pocken sporadisch in Europa vorbei. Mit dem islamischen Vormarsch auf der Iberischen Halbinsel im 8. Jahrhundert beginnen sie, sich langsam zu etablieren, aber erst mit den Kreuzzügen im 11. und 12. Jahrhundert nimmt die Verbreitung der Pocken in Europa Fahrt auf – zumindest glaubt man das lange. In vielen Gegenden Europas sind die Pocken im 15. Jahrhundert endemisch – und werden im 16. Jahrhundert in ganz Europa, Indien, China und weiteren Teilen Asiens zu einer der häufigsten Todesursachen.

Um das Jahr 1503 herum treffen die Pocken auf der Insel Hispaniola als Mitbringsel der Spanier ein. Sie benötigen gerade einmal vier Jahrzehnte, um bei der Eliminierung der heimischen Bevölkerung behilflich zu sein. Von mehr als einer Million Menschen bleiben 500 übrig. Nicht 500 000. 500.

Das Immunsystem der Einwohner der Neuen Welt ist vollkommen naiv. Mit den Viren der Spanier kommt es nicht klar. Nach Kuba, 1518, und Puerto Rico, 1519, fräsen sich die Pocken durch das Festland. 30 Millionen Azteken, so schätzen manche Historiker, leben zu dieser Zeit in Mittelamerika, 15 Millionen sterben innerhalb von sechs Monaten an den neuen Krankheiten, zu denen neben den Pocken auch die Masern gehören. Die Spanier haben auf ihrem Eroberungsfeldzug leichtes Spiel. Mit nur einer kleinen Truppe kann Hernán Cortés 1521 Tenochtitlán, eine Metropole mit 200 000 Einwohnern, eine der damals größten Städte der Welt, unterwerfen. Während die Einwohner des Kontinents sich massenweise infizieren, scheint die Krankheit an den Spaniern spurlos vorüberzugehen.

Mit dem Sklavenhandel beginnen sich auch die Seuchen weltweit auszubreiten. Sklavenschiffe bringen die tödlichen Erreger mit in die Kolonien. Um das Jahr 1588 gibt es auf dem gesamten südamerikanischen Kontinent Ausbrüche. Rund 100 Jahre nachdem die Pocken den südamerikanischen Kontinent erreichen, treffen sie im Gepäck von Siedlern aus Frankreich, Großbritannien und den Niederlanden in Nordamerika ein. Bei den dort lebenden Ureinwohnern wiederholt sich das Schicksal der Einwohner Südamerikas.

Mitte des 18. Jahrhunderts sind die Pocken in fast allen Ländern der Welt endemisch.

===

Das Büro von Terence Carleton Jones Kelly, von allen Terry genannt, Virologie der Charité, liegt gegenüber der Küche. Es ist zu klein für die vielen Menschen darin, ein Fahrrad steht in der Mitte, angelehnt an einen Schreibtisch, Jones ist der mit Abstand Älteste. Die Forschungsgruppe, die er leitet, ist eine junge Disziplin, computergestützte Virologie und Virusdiagnostik. Jones beschäftigt sich mit Paläovirologie, er sucht nach alten Viren in alten Knochen, denn DNA ist, zumindest sobald sie aus der Sequenziermaschine kommt, auch nur ein Speichermedium. Jones ist Programmierer und Computerwissenschaftler.

Er teilt sich auf zwischen dem Department of Zoology, University of Cambridge, und Berlin, denn so viele Leute, die beides gleichzeitig können, Programmieren und Virologie, gibt es auch wieder nicht. Noch nicht, denn wenn Viren Datenspeicher sind, dann sind Algorithmen eine Art Mikroskop – ohne das es in Zukunft nicht mehr gehen wird. Es kann in die Vergangenheit sehen. Um die Zukunft zu verstehen.

Im Sommer 2020 veröffentlicht Jones ein Paper. Zusammen mit Gerd Sutter, 29 Autoren insgesamt, echte Teamarbeit, jeder auf etwas anderes spezialisiert, um das Rätsel zu lösen. Aus Berlin und München sind Autoren dabei, aus Cambridge und Kopenhagen, Lund und Stockholm, aus Moskau und St. Petersburg und Malmö und Rotterdam, Amerikaner aus Chicago und Norweger aus Oslo beteiligen sich, Wissenschaftler aus Perth in Australien und sogar einer aus Jerewan in Armenien. Es ist wie eine internationale Organisation, zusammengebracht durch die Pocken, die es eigentlich seit vierzig Jahren nicht mehr gibt, aber vielleicht gilt das nur für den Moment, und deswegen sind sie alle zusammen. Die WHO im Kleinen.

Sie sagen: Die Pocken gibt es in Europa schon länger als gedacht.

Sie waren eher harmlos.

===

Das bisher älteste Skelett, in dem das Virus genetisch nachgewiesen werden kann, ist nur etwa 360 Jahre alt. Zumindest war das lange so. Denn für ihre Analyse untersucht das Team das Erbgut von fast 1900 Skeletten, in erster Linie die Zähne, manchmal auch Knochen aus dem Innenohr, zwischen 150 und mehr als 30 000 Jahre alt. 26 von ihnen, aus elf Grabstätten, haben die Pocken. Europäer allesamt, Wikinger, weitgereist und mobil und daher tolle Virenschleudern, einige mit Grabbeigaben und Frakturen in den Knochen, offenbar auf dem Schlachtfeld gestorben. »Dann kann die Erkrankung nicht so ganz dramatisch gewesen sein, wenn der noch kämpfen konnte«, sagt Sutter in München.

Sample VK 533 zum Beispiel, was Viking Age bedeutet, begraben auf der Insel Öland, schwedische Südostküste, gestorben irgendwann um das Jahr 800 herum, Mitte 50, Kämpfer. Und dann ein Teenager, ebenfalls aus Öland, um 640 gestorben. Mit den Pocken und nicht nur ein paar Jahrhunderte früher als bisher gedacht, sondern auch an einem Ort, an dem die Krankheit zu dieser Zeit überhaupt nicht hätten vorkommen dürfen. Die Ursprungsgeschichte kann also nicht stimmen. Die Kreuzfahrer haben sie zumindest nicht als Erste verbreitet. Weil bei vier Proben die nahezu vollständige Rekonstruktion des Virengenoms gelingt, wird zudem ersichtlich, dass sich das Pockenvirus der Wikinger von dem modernen Virus unterscheidet. Es ähnelt eher denen, die heute in Kamelen und Mäusen zirkulieren – und das macht es relevant für heute.

Denn ausgestorben ist nicht ausgestorben. Was für Säugetiere und Fische gilt, trifft auf Viren nur bedingt zu, theoretisch können die Mutationseigenschaften, die ein Virus früher hatte, wiederauftauchen, wenn das die Fitness des Virus erhöht. Die Analysen der unterschiedlichen genetischen Strukturen der Pocken legen die Vermutung nahe, dass das Virus im Laufe der Zeit virulenter wird – und trotzdem tödlicher.

»Wir denken«, sagt Sutter, »dass das eine Art Spezialisierung an den Wirt ist.« Aus den Laboren blickt man ins Grüne, das ist in Berlin so und in München auch, aber nur in München ist man schnell im Biergarten. Dann kann man ein Bier bestellen, das »Vollgas« heißt, im Englischen Garten sitzen und warten, bis die Pocken unter einem Busch hervorkommen, versteckt in einer Maus.

Sutter sagt: »Wenn wir unsere Urpocken anschauen: Die haben das am deutlichsten diversifizierte Genom und sehr viele Gen-Funktionen. Das sind interessanterweise eben auch Viren, die können tatsächlich ganz viele Wirte infizieren. Die haben ein breites Wirtsspektrum.« Ein Kuhpocken-Virus kann sich beim Menschen vermehren. Es kann sich im Nagetier vermehren. Es kann sich in der Ratte vermehren. In der Katze. Im Elefanten. Im Pferd. Was das menschliche Pockenvirus nicht mehr kann. »Die Hypothese ist: Die Pocken waren früher nicht so schlimm.« Denn das Wikinger-Virus besteht aus mehr aktiven Genen als das bislang bekannte. Das Genrepertoire ist im Laufe der Zeit kleiner geworden. In der großen Familie der natürlich vorkommenden Pockenviren tendieren diejenigen mit einer geringeren Anzahl an Genen zu einer höheren Sterblichkeitsrate. Je kleiner das Genom, desto tödlicher. Das menschliche Pockenvirus entwickelt sich erst zu einem Killer. Weil es besser übertragbar wird. Weil es sich besser an uns anpasst.

Das gerne gebrachte Argument, dass Viren harmloser werden, sobald das passiert, sollte vielleicht mal jemand den Pocken erzählen, die haben das nämlich nicht mitbekommen.

===

Kann sein, dass sich die leichte Übertragbarkeit und die Letalität parallel entwickelt haben. Das Wikinger-Variolavirus macht nicht besonders krank, ist aber wahrscheinlich auch nicht so leicht übertragbar. Aber irgendwann hat eine Mutation das verändert, das Virus kann sich dann durch Husten und Niesen und sogar einfach nur über Ausatmen übertragen. Und wenn etwas so leicht übertragbar ist, und vor allem so schnell, dann ist es aus Virensicht auch völlig egal, ob die Hälfte der Infizierten stirbt. Das Virus überlebt dann trotzdem. Es kann sich eine hohe Mortalität leisten.

Mutationen führen nicht zwangsläufig dazu, dass Viren weniger tödlich werden. Entscheidend ist der evolutionäre Vorteil für das Virus. Und der kann darin bestanden haben, dass es sich mit einem kürzeren Genom schneller replizieren kann und dadurch eine höhere Infektiosität gewinnt. Und sich so eventuell besser dem Angriff des Immunsystems entzieht.

Weiß man, was war, kann man wissen, was kommen wird, wenn sich nur ein paar Stellschrauben verändern. Und das passiert ständig. Sutter sagt: »Rein von der natürlichen Evolution, je nachdem, welche Wirte sich dann bieten, ist es ein natürliches biologisches Prinzip, dass es wieder passieren wird. Dass die Pockenviren, die es jetzt gibt, sich wieder auf den Menschen spezialisieren.«

Das wird nicht morgen passieren und übermorgen auch nicht, und auch im nächsten Jahr wird das alles noch kein Thema sein. »Uns fehlt natürlich das Verständnis, wie schnell sich so eine Genomänderung wirklich vollziehen kann«, sagt Sutter.

Weil in Eurasien die verschiedenen Kuhpocken endemisch sind und in Afrika die Affenpocken, passiert es aber vielleicht schon.

Die Infektionen mit Affenpocken in Afrika, 1958 erstmals nachgewiesen und manchmal »kleiner Cousin« der Pocken genannt, weil sich das Krankheitsbild klinisch nicht unterscheiden lässt, nehmen seit Jahren rasant zu – was daran liegt, dass nicht mehr gegen Variola major geimpft wird und die Pockenimpfung auch immer gegen alle tierischen Varianten der Krankheit schützt. Die Namen sind eigentlich irreführend, Kuh- und Affenpocken kommen beide aus Nagetieren, was schlicht bedeutet: Man bekommt sie nicht eingefangen. Sie werden nie vollständig ausgerottet werden und immer wieder die Artengrenze wechseln – womit sie auch schon begonnen haben. Was die Wahrscheinlichkeit erhöht, dass sie sich auf neuen Wegen über den Globus verbreiten und der Kontakt mit Menschen erneut steigt. Und so ist es auch nicht wirklich überraschend, dass der allerengste lebende Verwandte der Menschenpocken 1968 in einer Rennmaus gefunden wird, Speedy Gonzales, allerdings nicht in Mexiko, sondern in Afrika.

Orthopockenviren können ohne große Schwierigkeiten neue Arten besiedeln, das ist ihre Spezialität, was wiederum daran liegt, dass sie vermutlich das Talent besitzen, sich Gene von ihrem Wirt anzueignen. Die Viren bauen sich ihre Passgenauigkeit selber.

Und weil es außerdem noch verschiedene Schweregrade der Erkrankung bei Affenpocken gibt, manche Varianten bringen zehn Prozent der Betroffenen um, andere sind nur lästig, und keiner weiß, warum das so ist, haben vermutlich selbst relativ harmlose Pockenvarianten das Potenzial dazu, sehr unangenehm zu werden.

===

Im April 2003 bekommt ein Tierhändler in Texas 812 Nagetiere aus Ghana geliefert, Eichhörnchen, Siebenschläfer, Riesenratten, alles sehr putzig und als Haustiere beliebt. Der Texaner sendet die Tiere an eine Tierhandlung nach Illinois, wo sie mit Präriehunden untergebracht sind, auch putzig und ebenfalls als Haustiere beliebt. Nager und Nager gesellt sich gerne und tauscht sich auch gerne mal aus, und als der Tierhändler auf eine große Tauschbörse für Haustiere fährt, um die Tiere zu verkaufen, verteilt er das Affenpockenvirus, mit dem die Ratten die Präriehunde angesteckt haben, auf sechs amerikanische Bundesstaaten im Mittleren Westen. 79 Menschen werden krank.

Sie haben Symptome, wie man das bei den Pocken eben hat, Fieber, Kopfschmerzen, geschwollene Lymphknoten, Schüttelfrost, und dann geht es los. Ausschlag, der zu Bläschen übergeht, gefüllt mit Virenflüssigkeit, zuerst im Gesicht, dann immer weiter nach unten über den ganzen Körper verteilt, nach ein paar Tagen werden die Bläschen zu Krusten und Schorf. Von Mensch zu Mensch steckt sich niemand an, und es stirbt auch keiner, aber zweimal ist es knapp, ein Kind bekommt eine Hirnhautentzündung, und eine Frau erblindet.

Dass die Pocken in diesem Fall von einem Stamm kommen, der nicht so tödlich ist, ist pures Glück.

Das kann auch anders laufen.

===

Die Horrorvorstellung: Das Virus springt aus einem importierten Haustier in ein heimisches Nagetier, ein Kaninchen oder eine Ratte, verschwindet im Wald und wird endemisch. Die CDC sucht im Sommer 2003 nach Anzeichen dafür, kann keine finden, aber ist sich letztlich nicht sicher, ob es vielleicht doch passiert ist.

===

Dass die Infektionen mit Affenpocken in Afrika zunehmen, liegt nicht nur an der mangelnden Pockenimpfung, das würde den sprunghaften Anstieg der Fälle in den letzten Jahren nicht erklären. Der Kontakt nimmt zu: Durch die zunehmende Rodung der Urwälder und deren landwirtschaftliche Nutzung kommen Menschen öfter mit Nagetieren in Berührung.

===

Der Pockenstamm, der Janet Parker tötet, stirbt nicht mit ihr. Er wird eingesammelt von einem Team der CDC und lagert heute in einem Hochsicherheitslabor in Atlanta.

KAPITEL ZWÖLF

Verschiedene Wahrheiten

Die europäische Agrarpolitik ist leider keine Verschwörung, aber Deutschland trotzdem ein Hauptseminar. Die Meinung wird unterdrückt, man darf jede Meinung rauskrakeelen, und die Säbelzahnkatze verschwindet trotzdem nicht. Das amerikanische Gesundheitsministerium verweist nicht auf Facebook. Die Antwort hängt von der Frage ab, aber niemand weiß Bescheid.

Bildung ist nicht die Lösung. Auf einer Straße ohne Leitplanken fährt es sich schlecht. Bescheuerte Ideen sind auch nichts anderes als Schlaghosen. Darth Vader ist eine Impfmücke.

Und wenn Thanos lieber angeln gehen will, dann wäre das auch nicht verkehrt.

Im Frühjahr 2020 gilt Covid-19 Teilen der afrikanischen Bevölkerung als die »europäische Krankheit«. Sie kommt nicht aus China, 5G ist fein raus, und Bill Gates hat damit auch nichts zu tun. SARS-CoV-2 kommt aus einem Labor, irgendwo in Frankreich oder Belgien oder Großbritannien oder vielleicht auch Deutschland, denn denen kann man alles zutrauen, und einreisende Europäer sind biologische Waffen auf zwei Beinen, geschickt, um die Endstufe des Kolonialismus zu zünden: Mit Hilfe des Coronavirus will der weiße Mann Schwarzafrika endgültig in die Abhängigkeit stoßen.

Braucht man kein Virus, reicht eigentlich die europäische Agrarpolitik.

===

»Die Geschichte lehrt die Menschen, dass die Geschichte die Menschen nichts lehrt.«

Mahatma Gandhi (oder Georg Wilhelm Friedrich Hegel, dem wird das Zitat auch gerne zugeschrieben)

===

In München sitzt Armin Nassehi in seinem Büro und hat gute Laune. Er hat gerade *Tenet* im Kino gesehen, zum ersten Mal seit Monaten wieder da gewesen, großer Sicherheitsabstand zwischen den Zuschauern, ist ja alles schwierig im Moment. Hinter ihm, vor ihm, rechts und links, überall sind Bücher, selbst auf seinem Schreibtisch stapeln sie sich. Nur eine kleine Fläche ist zum Arbeiten frei. Ein Zitat von Adorno hängt an der Tür, dem großen Denker der Frankfurter Schule, und das erfüllt schon mal das Klischee, das man von einem Soziologen mit sich rumträgt.

Es ist Spätsommer, eine laute Minderheit geht auch in Bayern davon aus, dass SARS-CoV-2 nicht existiert. Es harmlos ist. Alles zu einer großen Verschwörung gehört. Tage zuvor findet eine dieser Demonstrationen statt, auf der kundgetan wird, dass Meinungen unterdrückt werden, um dann alle möglichen Meinungen rauszuhauen, und das ist zwar völlig absurd, fällt aber keinem der Teilnehmer auf.

Nassehi ist Soziologe, Kultursoziologie, Politische Soziologie, Religionssoziologie, Wissenschaftssoziologie, das volle Programm. Er macht das seit Jahrzehnten und ist einer der profiliertesten im Land, Lehrstuhl I, Institut für Soziologie, Ludwig-Maximilians-Universität München. Er berät alle möglichen Menschen und Organisationen und Parteien, Armin Laschet ist darunter und die Deutsche Nationalstiftung, manchmal die Leopoldina und Robert Habeck auch. In letzter Zeit denkt er viel über Protest nach, als Sozialform. Er sitzt auf einem schwarzen Ledersofa, die Möbel ebenfalls schwarz, alle Fenster auf, Durchzug, eine Flasche Wasser steht vor ihm auf dem Tisch, er ist alleine im Institut, was dann ja so ähnlich ist wie Home-Office.

Wundert ihn eigentlich nicht, sagt Nassehi, was im Sommer 2020 passiert, weil die Gesellschaft eigentlich keine Ahnung hat, wie Wissenschaft funktioniert. Er meint das gar nicht abwertend, im Gegenteil. Er findet das interessant, das sagt er oft, interessant, und das ist es zweifellos. »Wissenschaft produziert keine eindeutigen Antworten«, sagt er, »in dem Sinn, dass man sie eins zu eins in politische Entscheidungen übertragen kann.« Wissenschaft produziert Fragen.

Vor allem ist sie ein Prozess. Man stellt eine Hypothese auf und widerlegt sie, widerspricht und korrigiert oder eben auch nicht, jedenfalls überprüft man ständig. Nassehi sagt: »Die Erwartung an Wissenschaft ist eigentlich, dass jemand Eindeutigkeiten von sich gibt.« Er trinkt einen Schluck Wasser. Er sagt: »Die kriegt man halt nicht.« Zumindest nicht sofort. Und eine klare und unwidersprochene Anleitung bekommt man meistens auch nicht. Das kann Wissenschaft nicht leisten, weil es, per Definition, nicht ihr Ziel ist. Er sagt: »Aber das ist das, was wir erwarten.« Weil wir in Stereotypen denken, die wir irgendwo im Hinterkopf abgelegt haben, in einer Ecke, und die wir rausholen, wenn wir glauben, dass es passt – auch wenn wir uns stets für reflektiert halten. Und unser Bild der Wissenschaft ist, dass wir eindeutige Antworten erwarten. Der Experte soll sich gefälligst auskennen, schließlich muss man sich an irgendwas orientieren. Die stereotype Erwartung an den Experten ist daher, dass er Sicherheit vermittelt. Aber das klappt nicht. Kann nicht. Weil es sonst Glauben wäre und nicht Wissenschaft.

Nassehi und Drosten mailen sich, freundlicher Kontakt, immer mal wieder, sie überlegen, ein gemeinsames Interview zu machen. Die Situation aus virologischer und soziologischer Sicht, das hätte sich gut ergänzt, hat sich aber nicht ergeben, zu viel zu tun.

Vielleicht hätte es geholfen, denn Drosten erfüllt das Stereotyp eben nicht. Er macht, was man aus wissenschaftlicher Sicht machen kann. Er sagt: Unter den Voraussetzungen dessen, was wir im Moment wissen können, kann ich jetzt dies oder jenes sagen. Einschränkung. Relativierung. Und vor allem: ständiger Bruch der Erwartungshaltung. Und obwohl das wissenschaftlich alles korrekt ist, kann es dann passieren, dass jemand kommt, der Aussagen macht, die inhaltlich nur von überschaubarer Richtigkeit sind, der aber dann dennoch ernst genommen wird, weil es Ansagen sind und er damit das Stereotyp erfüllt, das seit Jahrhunderten gelernt ist: Der Wissenschaftler sorgt für Sicherheit.

Nassehi sagt: »Wir erleben während der Pandemie, wie sich die Gesellschaft in ein wissenschaftssoziologisches Hauptseminar verwandelt.« Braucht man mehrere Semester an der Uni zu, für das Verständnis von Wissenschaft, aber jetzt kann man in Echtzeit beobachten, wie wissenschaftliche Sätze zustande kommen. Man tastet sich ran an bestimmte Hypothesen und auch an verschiedene Perspektiven, weil das Forschung ist, und aus all diesen Erkenntnissen wird am Ende Wirklichkeit – die man wahrnimmt mit Hilfe von Parametern, die auch nicht vom Himmel fallen und plötzlich da sind, sondern die man erst finden muss, in der Geschichte, in der Mathematik, in der Biochemie, in einem Virus – und sie dann auf die jeweils aktuelle Situation anlegen. Welche passen wo? Der R-Wert, bestes Beispiel. Wichtig oder nicht? Sowohl als auch. Kommt darauf an, was man wissen will. Die

Antwort hängt von der Frage ab. Und das ist für jemanden, der von der Wissenschaft Orientierung erwartet, der GAU, weil sie das eben nicht sofort bietet. Und dann klingt das so, als ob sich Wissenschaft ständig selber widerspricht. Ist nicht der Fall. Nassehi sagt: »Das Verständnis von Wissenschaft ist der Kern des Problems, wie diese Krise in der Öffentlichkeit ankommt.« Dazu kommt, dass Wissen bei einem neuen Virus gerade erst entsteht. Es gibt keine Expertise, die man abrufen kann. Und das verunsichert.

Auf dem Weg zum Institut kommt man an einem Covid-19-Testzentrum vorbei, eingerichtet in einer Seitenstraße, Tempo-30-Zone, stört nicht weiter, gibt da ohnehin wenig Verkehr. Ein großes Schild entschuldigt sich bei den Anwohnern für die Unannehmlichkeit. Man weiß das Entgegenkommen sehr zu schätzen, steht dort. Die Wissenschaftssprache ist Englisch, gerade in Naturwissenschaften ist das der Fall, der Erkenntnisgewinn lebt vom Austausch, und der ist global und nur global, und das bedeutet, dass große Debatten abseits der deutschen Sprachgrenze stattfinden. Jenseits der deutschen Öffentlichkeit.

Aber es ist bestimmt zu viel der Kaffeesatzleserei und der Deutung von Zufällen, dass das Testzentrum tatsächlich »Walk-Through-Station« heißt.

===

Mitte 2019 geht in Wuhan alles seinen normalen Gang, niemand hat je von SARS-CoV-2 gehört, und in einer der größten Langzeitstudien, die es in Deutschland gibt, seit 2002 erhoben, gibt mehr als die Hälfte der Deutschen an, dass sie ihren Gefühlen mehr vertrauen als Experten. 45 Prozent glauben, dass geheime Organisationen großen Einfluss auf politische Entscheidungen haben. Fast ein Drittel, dass Politiker nur Marionetten anderer Mächte sind, und jeder Vierte ist sicher, dass Medien und Politik unter einer Decke stecken.

Das ist allerdings nicht neu: 1981 glauben vierzig Prozent der Bevölkerung an eine Lügenpresse, zumindest zeitweise, und ein Fünftel der Deutschen ist davon überzeugt, dass die Bundesregierung nur aus Befehlsempfängern der Amerikaner besteht. Männer sind anfälliger als Frauen, 43,9 Prozent im Vergleich zu 33,9 Prozent – was vielleicht daran liegt, dass Unkontrollierbarkeit nicht in das Bild anerzogener Männlichkeit passt, ist natürlich Spekulation, aber andererseits: Wenn die Säbelzahnkatze nicht durch lautes Grunzen verschwindet, dann kann da doch unmöglich eine Katze sein.

===

»Unter Intuition versteht man die Fähigkeit gewisser Leute, eine Lage in Sekundenschnelle falsch zu beurteilen.«

Friedrich Dürrenmatt, Schweizer Schriftsteller und Maler

===

»Wir erleben zurzeit die Nicht-Kalkulierbarkeit der Gesellschaft«, sagt Nassehi. »Wir glauben ja eigentlich immer daran, dass es so etwas wie rationale Möglichkeiten gibt, den ganzen Laden zu steuern.« Und das gibt es im Moment eben nicht. Wir leben in einer Welt, wo man das beim besten Willen nicht machen kann: konkrete Vorhersagen. Niemand kann das, geht nicht, kann man zwar behaupten, aber deswegen stimmt es noch lange nicht, gibt keinen Präzedenzfall.

Er zählt auf, Pandemie, internationale Politik, die Zukunft der Arbeit, Künstliche Intelligenz, alles weitgehend unkalkulierbar, vor allem, wenn es zusammen auftritt, so wie das im Moment ist. Es ist ein Auf-Sicht-Fahren, über die Autobahn rasen bei Nebel, und da fühlen sich nur die wenigsten so richtig wohl mit. »Die Routinen, die wir kennen, gehen verloren.« Und wenn dann nicht mal mehr Wissenschaft die Antwort geben kann, von der wir das aber erwarten, dann kann schon der Eindruck entstehen, dass es keine Wahrheit gibt und man sich seine eigene suchen muss.

Das Institut für Soziologie ist unauffällig untergebracht in einem ganz normalen Haus, Altbau, könnte man auch drin wohnen, hat so gar nichts von Büro. Im Hof stehen Bierbänke, die gerade keiner benutzen kann, und auf dem Parkplatz hängt ein Schild, das darauf hinweist, dass das zwar ein Gelände der Universität ist, der Freistaat Bayern aber trotzdem nicht dafür haftet, wenn man mit seinem Auto beim Rangieren gegen die Hauswand fährt. Vorne an der Straße zeigt ein gelbliches Schild auf grauer Schieferwand an, wo man sich befindet. Die Gegend ist gutbürgerlich. Auf einer Litfaßsäule gegenüber ist plakatiert: »Schönheit. Stärke. Leidenschaft.« Es ist nicht ganz klar, auf was sich das bezieht, aber weil zumindest »Leidenschaft« auch nach hinten losgehen kann, hätte man vielleicht noch »Intelligenz« mit aufnehmen können. Vielleicht aber auch nicht, denn Nassehi sagt: »Bildung ist oft nicht die Lösung.«

Wenn Leute überzeugt sind, dass der Aufklärer lügt, dann kann man so viel aufklären, wie man will, dann bleibt es eine Lüge. Und je genauer die Erklärung ist, umso stärker ist die Lüge. Das Erklären hilft überhaupt nichts.

Seit Jahren veröffentlicht Nassehi Texte in allen großen deutschen Medien, und wenn er das tut, bekommt er Post. Manchmal zustimmend, meistens allerdings nicht. Dann bekommt er Bilder geschickt aus Teheran, Motiv: Menschen werden in Fußballstadien an Kränen gehenkt, mit der sehr bestimmten Aufforderung, doch einfach wieder in seine Heimat zu gehen, oft allerdings etwas unfreundlicher formuliert. Und selbst wenn er das täte: Er hat es nicht weit. Nassehi ist Schwabe von Geburt, aufgewachsen und sozialisiert in Gelsenkirchen, Vater aus dem Iran, weswegen sein Nachname weder schwäbisch noch westfälisch klingt, aber wie zum Ausgleich hat er den deutschesten aller Vornamen bekommen. Als Autor repräsentiert Nassehi dann die Elite. Woraufhin alle mögliche Erregung bei ihm abgeladen wird. Und manchmal sind diejenigen, die ihm schreiben, selbst Anwälte und Ärzte und Unternehmer. Man hat zurzeit, sagt er, eine unglaublich starke Elitenkritik, gespeist ganz oft von den Eliten selbst, denn der Begriff ist schön dehnbar. Elite sind immer die anderen. Regierung, Medien, der Arzt um die Ecke.

Er sagt: »Darf ich mal was Soziologisches sagen?« Und das macht er dann und sagt, dass das Identitätsprobleme sind. Er muss ausholen, »also«, sagt er. Es führt einen Moment weg von Pandemien, und vor allem von dieser, aber letztlich dann doch wieder genau darauf zu. »Die linken Proteste der 1970er und 80er waren im Grunde Proteste gegen einen einengenden Staat. Und jetzt haben wir Proteste gegen die totale Öffnung.« Die Proteste im Zuge der Bankenkrise, die seien natürlich irgendwie links gewesen, einerseits, hätten andererseits aber eben auch darunter gelitten, dass das Geld kein Vaterland mehr habe. »Und das führt natürlich zu Identitätsproblemen.« Die Idee des Nationalstaates ist relativ neu, die meiste Zeit in der Geschichte verbrachten Menschen in Imperien, und natürlich ist der Nationalstaat nicht immer eine Erfolgsgeschichte, aber eben auch. Und vor allem ein Instrument der Abgrenzung – was keine Wertung ist, man könnte auch sagen: ein Instrument der Verwaltung.

»Der Nationalstaat hat auch etwas sehr Emanzipatorisches, weil er eine relativ niedrigschwellige Form der Zugehörigkeit produzieren und gleichzeitig innerhalb seiner Grenzen ökonomisch verteilen konnte. Die Kämpfe der Moderne waren eigentlich immer Kämpfe um Verteilung. Es ging um die Herstellung von Kontinuität und kontinuierlichen Lebensverläufen. Die Arbeiterbewegung hat dafür gekämpft, dass die Leute nicht von jetzt auf gleich irgendwo rausfliegen konnten. Und auch die bürgerliche Gesellschaft hat darum gekämpft, dass Lebensläufe kalkulierbar sind.« Wie lange muss ich arbeiten? Wann kommt die Rente? Kommt überhaupt eine? Lohnnebenkosten? Das ganze Paket, das mag im Einzelfall nerven, aber es gibt Planungssicherheit. Es ist alles relativ kalkulierbar. Nassehi sagt: »Und um diese Kalkulierbarkeit hat man sich gestritten.«

Er steht auf und holt noch eine Flasche Wasser. Er hat Pädagogik studiert zuerst, er erklärt gerne, »einen pädagogischen Impetus« nennt er das. Dann Philosophie, und eigentlich wollte er das werden: Philosoph. Er ist Student in Münster und schreibt gerade eine philosophische Arbeit, Todesvorstellung bei Heidegger, eher kein Thema für die Popkultur, und so ähnlich sagt das auch ein Professor in Soziologie, zweites Nebenfach. Der Mann sagt: Mein lieber Herr Nassehi, das ist doch völlig uninteressant. Zu weit weg vom echten Leben. Kommt nix bei raus, kann man sich schenken. Soziologisch damit weiterzumachen, das allerdings sei spannend. Solle er mal drüber nachdenken. Und so wird Armin Nassehi Soziologe, »mit Leib und Seele«, sagt er. Weil er wissen will, warum Menschen tun, was sie eben tun, obwohl sie im selben Moment auch tausend andere Dinge machen könnten. Und vor allem: Warum das so erwartbar ist und fast immer gleich. Er findet das interessant, »dass die Freiheitsgrade der Menschen riesengroß sind, unsere Regelmäßigkeit des Verhaltens aber auch.« Mit anderen Worten: Dass das Verlangen nach Freiheit immer nur zu dem genutzt wird, was man ohnehin im Alltag so macht.

Nassehi sagt: »Der Nationalstaat war insofern so etwas wie eine Arena. Und die war immer sehr demokratiefähig – mit allen Ausgrenzungen und Konflikten, die er eben auch produziert hat.« Weil das weniger anstrengend und auszehrend war. Er freut sich. »Das ist ja das Tolle: dass die Gegner der Regierung nicht mehr geköpft werden.« Sie können sich beteiligen, sogar im Parlament sitzen, wenn sie das wollen. Und dort argumentativ die Regierung dazu zwingen, bessere Gründe zu nennen für das, was sie aufgrund der Mehrheitsverhältnisse ohnehin tun kann. Sicherheit und Planbarkeit innerhalb einer klar strukturierten Einheit, nämlich dem Nationalstaat, der Dinge regelt und verteilt. Das ist eine historische Anomalie. In Deutschland existiert sie, mit der Gründung des Deutschen Bundes 1815, seit gerade mal etwas mehr als zweihundert Jahren – und gerät nun ziemlich unter Druck. Aber an die Grundidee der Kalkulierbarkeit und Kontrolle haben wir uns gewöhnt, und daran gibt's auch mal gar nichts auszusetzen, weil Sicherheit eine gute Sache ist. Nassehi nennt das Konstrukt »Leitplanken«, und er sagt: »Die Konflikte werden schriller, weil sie nicht mehr so stark in Leitplanken geleitet sind.« Und das macht es eben komplexer.

Denn wenn der Nationalstaat weniger regelt und weniger regeln kann, dann wird alles weniger greifbar und komplizierter, internationaler, Lösungen und Probleme. »Eine Pandemie ist doch das Symbol schlechthin für die verlorene Kontrolle«, sagt Nassehi. »Dass Leute hingehen müssen und sagen: Wir wissen es im Moment nicht. Das ist unglaublich schwer auszuhalten. Das ist genau das Problem. Für politische Entscheidungen erhöht das den Druck und das Komplexitätsniveau. Weil man auf Grundlage von Unsicherheit agieren muss.«

Konflikte werden personalisiert. Menschen machen das schon immer so, weswegen sie der Umgang mit Pandemien schon seit Jahrtausenden überfordert, ist halt niemand schuld und die Bekämpfung langwierig und komplex – was dazu führt, dass Krankheiten oft Nationen in die Schuhe geschoben werden oder Hexen oder Laboren in Wuhan.

Wenn die Leitplanken aber immer mehr wegfallen und die Arena größer wird, müsste man vielleicht gegen die Römischen Verträge zur Gründung der Europäischen Wirtschaftsgemeinschaft demonstrieren oder gegen die Entwicklung des Welthandels in den letzten vierzig Jahren, könnte man machen, kann man drüber reden. Aber das ist unübersichtlich, und das kann man nicht richtig gut schreien, und auf Plakaten geht es auch nicht nach vorne. Und vor allem macht es mehr Arbeit und ist ein gesichtsloser Prozess.

Und so nimmt die Personalisierung immer mehr zu. »In Bill Gates etwa«, sagt Nassehi, »wird alles hineinprojiziert, was man an den Eliten schrecklich findet: Viel Geld. Macht. Interessen. Dazu kommt, dass es eine sehr amerikanische Figur ist.« Er macht eine Pause. Und dann sagt er: »Vielleicht haben sich auch alle daran erinnert, wie oft Windows abgestürzt ist.« Er grinst. »Im Ernst: Man kann Bill Gates ja gar nicht besser erfinden. Der ist auf der einen Seite wahnsinnig mächtig, auf der anderen Seite ist er gemeinwohlorientiert. Aber er definiert selber, wie das mit dem Gemeinwohl ist.«

Wenn man schon personalisiert, dann kann das niemand sein, der unbekannt ist. Max Müller aus Saarlouis, Müllerweg 9, Vater von drei Kinder, liebender Ehemann, netter Kerl, wenn das der Oberverschwörer ist, ist das langweilig – weil ihn eben keiner kennt. Es ist ähnlich wie im Kino: Die Bösen müssen vorher eingeführt sein.

Letztlich ist die Unzufriedenheit mit der Corona-Politik also erwartbar. Und dass sie personalisiert wird, eben auch. Nassehi sagt: »Fast schon logisch.«

Früher hat man den Experten vertraut, weil sie Experten waren. Weil sie Expertise durch Jahre der Arbeit in einem bestimmten Feld erworben haben. Heute, ein paar Umdrehungen Elitenkritik, Entgrenzung und Unsicherheit später, wird Experten nicht mehr vertraut.

Weil sie Experten sind.

===

PubMed ist eine Suchmaschine, kostenlos, entwickelt Mitte der 1990er von der National Library of Medicine der USA, die wiederum eine Unterorganisation des National Institute of Health ist. Das NIH gehört zum amerikanischen Gesundheitsministerium und ist die mit Abstand wichtigste Behörde der USA für biomedizinische Forschung. Verschlagwortet sind dort mehr als dreißig Millionen Zitate und Abstracts, die auf Studien und medizinische Artikel in Fachzeitschriften verweisen wie *Science* oder *Lancet* oder noch speziellere wie das *Journal of Internal Medicine*, das sich nur an die Spezialisten unter den Spezialisten richtet und deren Leserschaft weltweit gerade mal 6800 Menschen umfasst. Die Studien reichen bis ins frühe 19. Jahrhundert zurück. Bei PubMed finden sich Biotechnologie, Zellbiologie, Genetik und Biochemie, aber genauso auch Zahn- und Veterinärmedizin. Die Datenbank wächst jährlich um mehrere hunderttausend Einträge, manchmal sogar eine Million pro Jahr.

Mitte Februar 2021 verzeichnet sie 268 864 Einträge zum Thema *RT-PCR*, dabei geht es um Grundlagen des Verfahrens genauso wie um sehr spezielle Einsätze wie etwa *Entwicklung von RT-qPCR- und halbgeschachtelten RT-PCR-Tests für die molekulare Diagnose des Hantavirus-Pulmonalsyndroms*. Gibt man *Virus* und *PCR* ein, kommen 83 621 Einträge, und bei den Schlagworten *Covid-19* und *PCR* erscheinen immerhin noch 4613 Studien. Wenn im Schnitt pro Studie rund fünf Wissenschaftler beteiligt sind, was gut möglich ist, weil Wissenschaft keine Soloveranstaltung ist, sind das alleine im letzten Fall 23 065 Verschwörer.

Auf Texte bei Facebook wird bei PubMed allerdings nicht verwiesen.

===

Thushira Weerawarna landet am Vormittag in Stuttgart. Eingeflogen kommt er aus Hermannstadt, Sibiu auf Rumänisch, besucht hat er erneut Kronstadt, Brașov. Zweiter Trip, Fortbildung Teil zwei, das tut dringend not, denn es gibt zu wenig Ärzte im Land – die Jungen wandern ab, angeblich sind es im ganzen Land noch rund eintausend Intensivärzte für 19 Millionen Einwohner, und die Alten haben mit der Technik noch nicht gearbeitet. Weerawarna war nicht lange dort, ein paar Tage nur. Aber besser als nichts. Mittlerweile hält er Vorträge und gibt organisatorische Tipps. Der Patientendurchlauf etwa muss anders organisiert werden, das muss schneller gehen, damit die Betten frei werden, weil es davon zu wenige gibt und zu viele Kranke. Weerawarna kommt aus einem Land, das zwischen Appellen und Durchgreifen schwankt – in ein Land, das zwischen Appellen und Durchgreifen schwankt.

Es ist kurz vor 10 Uhr, der Flughafen ist übersichtlich voll, fast keiner fliegt, und noch weniger Menschen fliegen nach Rumänien – und von dort ankommen tut schon gar keiner. Weerawarna holt sein Gepäck und sucht sich ein Taxi. Er will nach Hause, kurz ausruhen, er muss morgen wieder ins Krankenhaus. Er ist froh, dass er überhaupt wegdurfte, das ist mittlerweile nicht mehr selbstverständlich, auf seiner Station wird es jeden Tag voller.

Der Taxifahrer ist nicht jung und nicht alt, er fährt Mercedes, man ist schließlich in Stuttgart, die Fahrt verläuft ereignislos, ein bisschen zähfließender Verkehr, nichts Besonderes. Der Mann hinter dem Steuer trägt eine Baseballmütze, und zuerst schweigt er, aber weil die Strecke ein bisschen länger ist, geht der Smalltalk irgendwann los. Ein schöner Herbsttag, was machen Sie denn beruflich. Weerawarna antwortet einsilbig. Ach ja, sagt der Fahrer, interessant, was für ein Arzt sind Sie denn, Zahnarzt, Hautarzt, ach so, Intensivmedizin, Lunge, oh. Kurze Pause. Und dann: Aber dann wissen Sie ja am besten, dass das alles Panikmache ist. Alles total übertrieben. Dient nur der Kontrolle des Volkes. Der Weg in die Diktatur. Merkelregime.

Weerawarna stöhnt. Er hat keine Lust auf diese Gespräche, er muss sie in den letzten Wochen öfter führen. Menschen, die nicht wissen, für was die Abkürzung PCR steht, erklären ihm dann ausdauernd, dass die PCR nichts bringt oder manchmal auch zu viel, je nachdem. Und natürlich der Dauerbrenner, Blockbuster und Nummer 1-Hit: Es ist alles nicht gefährlicher als eine Grippe. Das kann man noch so oft widerlegen, es bringt nichts. Durch Argumente nicht wegzukriegen, egal, wie sehr man sich bemüht. Manchmal erklärt Weerawarna die PCR, und die Antwort ist: Glaube ich nicht. Ab und an widerlegt er das »die-Grippe-ist-gefährlicher«-Geschwätz, und die Antwort ist: Glaube ich nicht. Herrn Weerawarna wird dann gesagt, dahinter steckt eine große Sache, seien Sie nicht naiv, Geraune, Gegrunze. Wer die Lügen nicht erkennt, der ist doch verblendet. Manchmal denkt er, dass er in zwei Gesellschaften lebt, zwei Welten, die sich aus einem blöden Zufall heraus einen Planeten teilen müssen, für die aber völlig andere Gesetze gelten. Man kann noch so oft im Krankenhaus neben Sterbenden stehen und man kann noch so oft beweisen, dass der Tod an SARS-CoV-2 liegt, es wird nichts nutzen, wenn der Gesprächspartner einfach nicht glaubt, dass es so ist.

Manchmal denkt Weerawarna, dass Menschen, die ihn darauf ansprechen, von ihm Absolution wollen, eine Bestätigung ihrer Wahrheit, schließlich ist er vom Fach, und wir sind ja jetzt unter uns, zwinker, zwinker, decken Sie doch mal die Verschwörung auf. Aber es gibt nichts aufzudecken, und eine Absolution erteilen kann er auch nicht. Er überzeugt auch niemanden, nicht möglich, das ist noch nie passiert, weil er, wenn er die Tatsachen darstellt, die Realität abbildet, und die Realität ist nicht gut gelitten. Die Leute haben dann, Möglichkeit eins, Mitleid mit ihm, Sie werden auch nur ausgenutzt, merken Sie das denn nicht, oder, Möglichkeit zwei, sie sind empört. Sie auch? Teil der Verschwörer, das hätte ich nie gedacht. Hin und wieder, aber das ist schon das höchste der Gefühle, zweifeln die Leute ein bisschen an ihrem eigenen Konstrukt, nachdem sie sich mit ihm unterhalten haben, aber auch das ist nicht selbstverständlich.

Und deswegen sagt er beim Smalltalk oft, er ist Ozeanograph von Beruf oder Meteorologe, mit dem Ersten kann niemand was anfangen, die Leute sagen »Oh« oder »Interessant«, und weil sie nicht wissen, was sie darauf erwidern sollen, ist das Gespräch zu Ende, bevor es begonnen hat. Das Zweite ist hervorragend geeignet, um sich minutenlang über Allgemeinplätze auszutauschen, Sonne ist schön, Regen doof, die Wettervorhersage könnte besser sein, so was in der Art.

Aber jetzt ist es raus. Er ist Pneumologe, jetzt muss er was sagen. Panik, sagt er matt, muss man nicht haben. Aber ignorieren sollte man das eben auch nicht, und da sagt der Taxifahrer gar nichts. Respekt vor der Krankheit, sagt Weerawarna, Respekt ist ja generell nicht falsch. Der Taxifahrer stimmt zu. Respekt ist gut, aber man sollte doch auch mal die mit einer anderen Meinung respektieren. Weerawarna stöhnt. Er ist müde und erschöpft, er kommt gerade aus Rumänien und hat dem Krankenhauspersonal dort die Beatmung erklärt, er hat Menschen ersticken sehen und Schleim abgesaugt, er kennt das Virus und seine Auswirkungen, sein Job sind Lungenkrankheiten, er steht an der Front, und man könnte ja meinen, dass ihn das ein klein wenig mehr qualifiziert.

Seine Erwiderung kommt müde, manchmal hat er mehr Schwung, kommt auf die Tagesform und die Arbeitsbelastung an. Geteilter Meinung kann man über das Wetter sein, sagt Weerawarna, über die Leistung seines Fußballvereins und von ihm aus auch über Politik. Aber er sieht nicht, tut ihm leid, wie die abnehmende Fähigkeit der Lungenbläschen, Sauerstoff aufzunehmen, eine Meinung sein kann.

Und da grummelt der Taxifahrer ein bisschen, irgendwas in der Art von »wer weiß, woran das liegt, ob da wirklich dieses Corona schuld ist«.

Morgen früh, sagt Weerawarna dann, Sie holen mich ab, wir fahren hin, Sie kommen mit auf die Station. Der Taxifahrer ist erstaunt: Wirklich? Weerawarna nickt. Ich ziehe mir eine Schutzausrüstung an, sagt er. Sie müssen das aber nicht tun. Der Mann überlegt eine Sekunde.

Er möchte das dann lieber doch nicht machen.

===

Die *Zeit* lehnt ab, es ist ihr zu doof. Auch dem *Spiegel* kommt das komisch vor, und dem *Stern* ist es zu unwissenschaftlich. Aber die *taz* findet, dass das ein guter Scoop ist. Die These: Die Amerikaner sind schuld. Funktioniert im Umfeld der *taz* sowieso immer und in diesem Fall auch international. Kein Wunder, die Flughöhe könnte nicht größer sein: HIV kommt nicht aus Afrika, sondern aus Maryland.

Kreiert hat das Virus Robert Gallo, weswegen er auch als (Mit)Entdecker gilt, das ist Teil der Verschwörung. Entstanden als Biowaffe, um die Schwarzen alle umzubringen oder die Kommunisten, genau ist das nicht klar. Aufgedeckt hat das Ganze ein Mann namens Jakob Segal. Der kennt die Wahrheit, als Einziger, wie immer in solchen Fällen.

Segal ist in Sankt Petersburg geboren, was ihn rechtlich zum Russen macht, aber eigentlich ist er Deutscher. Er ist Professor und Leiter des Instituts für Allgemeine Biologie der Humboldt-Universität zu Berlin, damals aber schon im Ruhestand. Der Text in der *taz* erscheint am 18. Februar 1987. Es ist ein Interview, vermittelt und geführt von Stefan Heym. »Aids. Man Made in USA« ist Überschrift und These zugleich und seither nicht mehr totzukriegen. Segal ist damals bereits emeritiert, und er behauptet, dass das Virus 1979 in Fort Detrick entstanden ist, im S4-Labor von USAMRID, dem United States Army Medical Research Institute of Infectious Diseases.

Segal setzt damit auf die »Operation Infektion« auf. Die gibt es tatsächlich, und sie ist eine Idee des KGB, um die USA zu diskreditieren. Das Vorgehen ist damals wie heute: Desinformation. Die Vermischung von Realität mit Behauptungen. Das Gefecht auf einem Nebenkriegsschauplatz führen, damit die Lüge langsam einsickert. Nebelkerzen werfen. Sich auf ominöse Quellen und Pseudoexperten berufen. Im Juli 1983 veröffentlicht eine indische Zeitschrift einen anonymen Text eines besorgten amerikanischen Soziologen, der weder Amerikaner ist noch Soziologe, sondern ein Mitarbeiter des sowjetischen Geheimdienstes. Der falsche Wissenschaftler schreibt, dass er, natürlich, ganz klar, Einblick hat in ganz viele Dinge auf Regierungsebene. Er erzählt von geheimen CDC-Teams, die nach Afrika geschickt werden, um Viren zu suchen, die sich als Biowaffe eignen. Gefunden worden ist unter anderem HIV, scharf gemacht in, Fort Detrick, und leider aus dem Labor entwischt. Geheimdienstinformationen würden das bestätigen und leider, leider, könne er da nicht näher drauf eingehen. Aber nun könne es sein, dass sich HIV nach Indien verbreite. Die Behauptung erscheint danach so ähnlich noch ein paarmal und schafft es sogar ins Abendprogramm von CBS – und löst dabei so große Empörung und schlechte Laune in den USA aus, dass die UdSSR zurückrudert. Im August 1987 distanziert sich Gorbatschow in einer internen Mitteilung an die Amerikaner, im November die sowjetische Akademie der Wissenschaften öffentlich. Ein paar Monate später wird das nicht mehr behauptet, und 1992 gibt Jewgeni Primakow, damals Chef des Auslandsgeheimdienstes SVR und später russischer Premierminister, zu, dass »Operation Infektion« eine Idee des KGB ist.

Aber da ist Segals Unsinn schon in der Welt.

Die ersten Fälle, sagt er, gibt es 1979 in den USA, logisch, kommt ja von dort. 1981 folgt Westeuropa und 1983 erst Afrika. Zwar gibt es bereits Beweise über seropositive, tiefgefrorene Blutseren aus Afrika, die viel älter sind, aber das wischt Segal beiseite. Das ist, sagt er, eine Verschwörung, bewusste Desinformation, oder vielleicht auch ein Fehler bei den Tests, auf die kann man sich ja nicht verlassen. Die (richtige) These, dass HIV eine Mutante von SIV ist, dem Simianen Immundefizienz-Virus, dem Retrovirus, das bei manchen Affenarten Todesfälle durch Schädigung des Immunsystems verursacht, hält er für grundfalsch. Das sei ein »ungeheuerlicher Mutationssprung von einer Unterfamilie in die andere« und einfach nicht möglich.

Während der KGB immerhin erzählt, dass HIV ein natürliches Virus ist, geht Segal komplett von seiner Künstlichkeit aus, da es aus zwei Viren geschaffen worden sei. Und Viren, sagt er, sind in der Natur nicht zur Rekombination in der Lage (doch, das sind sie allerdings). Durch einen Laborunfall kommt es zur Freisetzung, es ist auch bei ihm ein Versehen, das immerhin. Damals schon gibt es Widerspruch aus Moskau. Virologen des Iwanowski-Instituts, hochangesehen, benannt nach Dmitri Iwanowski, dem Begründer der modernen Virologie, den hatten wir schon, der Mann mit der Tabakpflanze und dem Tabakmosaikvirus, machen Segal darauf aufmerksam, dass das nicht stimmen kann. Unsinn, muss man nur mal ins Erbgut sehen. Aber Segal ist das egal. Er sieht nicht ins Erbgut und besucht auch kein Labor von innen und weiß trotzdem alles besser – was ein wenig eine Parallele ist zu dem, wie andere ältere Herren bei einem anderen Virus ein paar Jahrzehnte später verfahren. Und noch eine Ähnlichkeit: Er meckert ständig. Segal beschwert sich beim Politbüro in Ostberlin über die aufsässigen Russen.

Das Politbüro ist sich zuerst uneinig, ob man die These verbreiten soll oder nicht, fühlt sich aber eigentlich nicht zuständig. Es wird hin und her überlegt und dann anders entschieden, als Segal das will: Er bekommt Forschungs- und Publikationsverbot, die These ist der SED zu steil. Außerdem gibt es Widerspruch von DDR- Forschern, und außenpolitisch passt es auch nicht so richtig in den Kram, da die DDR an guten Beziehungen zu den USA interessiert ist. Was Segal allerdings als Privatmann macht, ist der DDR- Führung egal, sie schiebt die Verantwortung von sich weg, da hat man keinen Einfluss drauf, schließlich ist er Sowjetbürger.

Und so verfasst Segal ein Manuskript. Er nennt es etwas holprig: »Aids: USA Home-made Evil, Not Made in Africa« und bringt es auf der Achten Konferenz der blockfreien Staaten in Harare, Zimbabwe,

Anfang September 1986 unter die Leute – mit Hilfe afrikanischer Journalisten. Kurz nach dem Gipfel erscheint in einer Simbabwer Zeitschrift die Besprechung eines Buches von Jakob Segal, das es zwar nicht gibt, das er aber angeblich zusammen mit seiner Frau Lili geschrieben hat, einer Immunologin. Und ein Forscherpärchen, das ein Buch schreibt, das mit der Mainstream-Wissenschaft aufräumt, das kann doch nicht verkehrt sein, oder?

Obwohl es Spekulationen gibt, dass Segal in die Kampagne des KGB eingebunden ist, lässt sich der Verdacht nie erhärten – weder Unterlagen der Stasi noch solche des KGB geben das her. Zwar ist Segal in den 1950ern inoffizieller Mitarbeiter des MfS, und später schlägt er der Staatssicherheit vor, dass ein missliebiger Kollege doch mal einen Autounfall haben könnte (hat er nicht), aber vermutlich ist die Beteiligung Segals an der »Operation Infektion« eine Verschwörungstheorie in der Verschwörungstheorie – und Segal einfach ein alter Mann, der gerne im Mittelpunkt steht.

Die 1980er sind das Jahrzehnt des Kalten Krieges, alle unterstellen allen alles, und biologische Waffen gibt es zweifellos. Warum es Aids nach wie vor gibt, ist allerdings ein Rätsel, schließlich hat Segal schon früh die Lösung des Problems: Die Krankheit kann durch die Bestrahlung mit ultraviolettem Licht geheilt werden. Kurz danach schiebt er eine weitere Lösung hinterher, noch einfacher: Aspirin. Regelmäßig eingenommen hilft das. Aber weil die Pharmaindustrie daran nichts verdient, wird die Lösung nicht propagiert. Das stimmt zwar alles nicht, aber wenn Fakten im Weg stehen, geht man eben drum herum.

In verschiedenen Ausführungen, mehr Knoblauch, mehr Zwiebeln, bessere Ernährung, das Immunsystem wird's schon richten, Olivenöl hilft auch, und HIV ist gar nicht schuld, ist der Unsinn nicht totzukriegen.

Leider bestimmt diese Idee unter Thabo Mbeki von 1999 bis 2006 maßgeblich die südafrikanische Gesundheitspolitik. Statt antiviraler Medikamente wird Rote Bete empfohlen, was wie ein Witz klingt, aber leider keiner ist. Laut Berechnungen der Universität Kapstadt und der Harvard School of Public Health führt das zu 343 000 Toten und 171 000 Neuinfektionen, zudem werden 35 000 Babys mit HIV geboren, was man mit entsprechenden Medikamenten hätte verhindern können.

Obwohl die Realität Jakob Segal jeden Tag aufs Neue widerlegt, führt das nicht dazu, dass er seine wirre These in Frage stellt. Noch ein Phänomen, das sich bis heute nicht geändert hat. Denn wie das oft ist, wenn man sich in eine Idee verrennt: Man bleibt dabei. Segal vertritt die »Aids-kommt-aber-aus-dem-Labor«-Geschichte bis an sein Lebensende. Nach der Wende schreibt er Bücher mit seiner Frau ... wir hatten das weiter oben, älterer Wissenschaftler, Professor im Ruhestand, nicht vom Fach, schreibt Bücher mit seiner Frau über ein Thema, von dem er eigentlich keine Ahnung hat, ... Ist eben Meinungsfreiheit, und kann man ja auch machen, ist aber Entertainment und hat mit Wissenschaft nichts zu tun.

Die *taz* rudert noch im Februar 1987 zurück, zumindest ein bisschen. Zehn Tage nach dem Interview erscheint ein weiteres. Diesmal: Meinrad Koch, Leiter der Abteilung Virologie im Robert Koch-Institut. Der sagt über das Interview von Heym mit Segal: »Stellenweise ist es brillant formuliert, gut aufgebaut, nur ist es Blödsinn. Ein übles, scheinwissenschaftliches politisches Machwerk. Ich schätze Stefan Heym sehr, ich habe alles, was er je geschrieben hat, manches sogar mehrfach gelesen, aber das ist übel.« Koch sagt: »Herr Segal ist 86 Jahre alt, manche der molekularbiologischen Befunde hat er entweder nicht verstanden oder er hat bewusst falsch wiedergegeben.«

Auch nix Neues übrigens, dass Schlagersänger involviert sind: Christian Anders, vor Jahrzehnten mal berühmt und mittlerweile egal, kommt zwar nicht aus Mannheim oder Dinslaken, sondern aus der Steiermark. Er beteiligt sich aber ebenfalls an der Verbreitung von Desinformation. Vor allem Aids hat es ihm angetan. Das ist nämlich künstlich erschaffen. Dazu kommt: Ebola ist erfunden. Alle Impfungen sind völlig nutzlos. Und Michelle Obama ist ein Mann. Was man halt so sagt in der Szene.

Aber letztlich gilt auch hier: Es fährt ein Zug nach nirgendwo.

===

Am Ende ist eine Verschwörungstheorie auch nichts anderes als eine Kiste mit alten Klamotten, die man im Keller findet: Hat man alles schon mal gesehen, bisschen angestaubt und passt nicht mehr so richtig, aber alles miteinander kombinierbar, und von Zeit zu Zeit wird es wieder so halb-modern, und dann kann man es noch mal anziehen.

Und was bei Hose und Hemd und Pullover ähnliche Schnitte sind, sind auch bei Verschwörungsgläubigen immer ähnliche Grundmotive: Irgendetwas wird unterbunden, meistens die freie Meinungsäußerung. Man ist Opfer und wird schlecht behandelt. Ist glücklicherweise aber erleuchtet und hat die Wahrheit gefunden. Es gibt eine verschworene Gemeinschaft, die Elite, die die doofen Massen lenkt, und dann ist es egal, ob das die Weltregierung ist, die Merkeldiktatur, eine Handvoll Virologen oder das internationale Finanzjudentum, denn antisemitisch angehaucht ist das auch immer. Alles mehr oder weniger austauschbar. Der gleiche kulturelle Fundus, seit Jahrhunderten.

Aber weil sich jeder legitimieren muss, immer, egal ob Demokratie, Diktatur oder Autokratie, und man das im Alltag auch ständig selber tut, machen das auch Verschwörungsgläubige, und so reden sie oft in wissenschaftlicher Form. Das hier bedeutet dies und dies kann nur jenes heißen, aufgrund dieser Erkenntnis ist die PCR falsch, diese Funktion meint das und hier ist ein wissenschaftlicher Beweis dafür, dass Masken Kinder töten. Und dabei werden Quellen immer falsch gedeutet, nicht verstanden, oder sie sind gleich kompletter Unsinn. Der Blog einer Heilpraktikerin ist zwar auch eine Quelle, aber eben keine gute, und ein HNO-Arzt mag kompetent sein, wenn es um Ohren geht und die Nase und den Hals, aber von Epidemiologie hat er dann trotzdem keine Ahnung. Aber weil die Art der Legitimation egal ist, solange es legitimiert ist, erklärt man eben den letzten Blödsinn mit einer absoluten Sicherheit. So ist es dann auch kein Widerspruch, dass Verschwörungserzählungen sich oft wechselseitig ausschließen, gehört ja alles zur Verschwörung.

Was man bei alten Klamotten aber gerne mal übersieht: Sie sind kaputt. Hier ein Loch, da eine Naht auf, ausgewaschen sind sie ohnehin, und der Schnitt war in den letzten Jahrzehnten auch nicht mehr modern. Außerdem ist man dicker geworden am Bauch und dünner

an den Armen. Sitzt nicht mehr richtig, und wahrscheinlich hat es das auch noch nie.
Anziehen kann man alten Kram trotzdem noch.
Es sieht dann halt nur alles ziemlich lächerlich aus.

===

»Das Spannende ist ja«, sagt Armin Nassehi in München, »dass die Linke früher eine Theorie hatte.« Ob die richtig war oder falsch und wie man die persönlich findet, das ist erst mal egal, aber es ist eine abstrakte Idee. Sie gibt die Richtung vor. »Das haben die Rechten eigentlich nie gehabt. Die brauchten das auch nicht, weil sie dachten, dass sie auf so was wie eine natürliche Ordnung zurückgreifen können. Und deshalb sind bei ihnen Verschwörungstheorien, die ja alle immer so etwas Antimodernes haben, naheliegender als bei den Linken.«

Zivilisations- und Kulturkritik geht immer von angeblich historisch gewachsenen natürlichen Verhältnissen aus, die dann automatisch geordnet sind und naturnah. Die Scholle steht im Mittelpunkt. Das Gesellschaftsbild, das so transportiert wird: der Mann mit dem Speer und die Frau mit den Kindern. Historisch war es zwar ganz anders, aber das ist das Bild, das kulturell seit langem benutzt wird. Im Gegensatz dazu wollten sich sowohl das Bürgerliche als auch die Linke historisch immer über die Natur erheben und eine neue Gesellschaft formen oder sie wenigstens gestalten. Deshalb können beide eher davon abstrahieren, woher man kommt.

An diesem Spätsommertag in München hat man die ganzen Demonstrationen noch im Ohr, die Tausende Menschen noch vor Augen und die Schilder, die sie durch die Gegend tragen, ebenfalls. Allerdings schadet es nicht, die Verhältnisse kurz zu ordnen. Bei jedem Heimspiel des FC St. Pauli sind mehr Leute im Stadion, als auf deutschen Straßen gegen die Corona-Politik demonstrieren, selbst wenn es gegen den SV Sandhausen geht. Die Demonstranten sind laut, aber eine freiheitliche Gesellschaft kann das aushalten und letztlich ist das, was laut und sichtbar ist, genau das: laut und sichtbar. Aber nicht unbedingt repräsentativ.

Armin Nassehi schlägt die Beine übereinander und sagt: »Das, was sich marginal fühlt, muss demonstrieren, damit es so aussieht, als sei es die Mehrheit.« Die Funktion von Protest bestehe darin, sagt er, etwas sichtbarer zu machen, als es eigentlich ist. »Sonst müssten die Leute ja nicht auf die Straße gehen und demonstrieren.«

Praktischer Nebeneffekt: Tut man so, als würde man für das ganze Volk sprechen, rückt man sich selber in ein revolutionäres Licht. Er sagt: »Das haben die Linken früher auch so gemacht.«

Anderes Gericht, gleiche Soße.

===

Kleben bleibt die Information nur, wenn man reinlatscht wie in Hundekot auf irgendeinem Bürgersteig in Hamburg-Mitte.

Dann ist sie sensorisch. Wir nehmen sie wahr. Denn in der Regel gilt: Information kann man nicht sehen und nicht riechen, mit dem Schmecken ist es etwas schwierig, und sie fühlt sich auch nach nichts an. Deswegen erzeugt sie keine Bilder. Wäre ja möglich, sich hinzustellen und zu kritisieren, dass die Gates-Stiftung einen nicht ganz kleinen Anteil am Budget der WHO finanziert. Denn natürlich kann man das blöd finden, und in der Tat ist das nicht optimal. Man könnte also sagen, dass man unzufrieden ist mit der Finanzstruktur der Weltgesundheitsorganisation, und dann darauf hinweisen, dass finanzielle Zusagen von Industriestaaten regelmäßig nicht eingehalten werden und man es schwierig findet, dass privates Geld Löcher stopfen muss, die es eigentlich nicht geben sollte. Und dagegen protestiert man dann. Ist aber nicht so übersichtlich und so schmissig wie: Bill Gates besitzt die WHO.

Beides deutet in dieselbe Richtung, aber nur Nummer 2 erzeugt sofort ein Bild. Wir drücken uns in Bildern aus, weil wir automatisch immer Bilder erzeugen. Die können wir besser abspeichern und daraus Aussagen ableiten, die sich besser im Gehirn verknüpfen. Und die sprachliche Entsprechung eines Bildes ist eine Geschichte.

Geschichten helfen uns, Dinge zu behalten und zu lernen, weil sie an Vorhandenes anknüpfen. An die Dinge, die wir kennen. Erfahrungen haben wir schließlich alle schon mal gemacht. Wenn Thor aus Asgard bei den Avengers keine Lust mehr hat, Gott zu sein, und lieber mit schlechter Laune auf der Couch sitzt und Bier trinkt, dann haben wir zwar keine Ahnung, was für einen Job man als Gott durchstehen muss, aber lustlos auf dem Sofa gesessen und mies gelaunt Bier getrunken haben wir alle schon mal. Und je mehr Anknüpfungsoptionen es gibt, desto besser können wir die Information einordnen, die über die Geschichte transportiert wird. Reine Information knüpft an gar nichts an. Die Moral von der Geschichte bleibt hängen, eben weil sie Teil einer Geschichte ist. Die Beschaffenheit eines Spike-Proteins interessiert nicht so richtig viele Leute. Es sei denn, es kommt aus einem Labor in China. Weil die Kommunisten, ojemine, die gelbe Gefahr, China übernimmt die Welt. Dann ist es wieder eine Geschichte, die an Bilder anknüpft, die wir schon im Kopf haben.

Ohne die Anbindung an eine Erzählung ist das Spike-Protein nicht nur reine Information, die an nichts anknüpft, sondern es ist zudem auch noch neu für uns. Dinge, die ganz neu sind, können wir nicht einordnen. Das liegt nicht daran, dass wir das nicht wollen, ist keine böse Absicht, unser Gehirn kann nicht anders. Es ist schlicht nicht so angelegt.

Geschichten vermitteln Stabilität und Selbstvertrauen. Sie helfen dabei, sich selbst bewusst zu werden. Selbstvergewisserung. Selbstbestätigung. Welche Rolle habe ich eigentlich im Leben? Welche Rolle die anderen? Im Grunde ist das schon so seit den ersten Höhlenmalereien. Gibt ja sonst keinen Grund, sich selber zu verewigen, Speer in der Hand, Malstein in der anderen, neben einer Zeichnung eines Bären, irgendwo in einer Höhle in Südfrankreich. Geschichten werden in unserem Langzeitgedächtnis abgespeichert, reine Informationen nicht, zumindest nicht so einfach. Und im Langzeitgedächtnis liegen die Geschichten dann rum, einsortiert im Regal, zusammen mit unseren Erinnerungen, und werden ähnlich emotional verknüpft.

Das klappt umso besser, je existenzieller es wird.

Und deswegen will Thanos auch das halbe Universum auslöschen und nicht angeln gehen. Drunter geht's halt nicht. Und dann braucht es eben Helden, die die ganze Sache durchschauen. Iron Man. Und wenn der nicht da ist und Captain America auch keine Zeit hat, dann tut es eben auch Silke aus Bad Bramstedt, die zusammen mit ihrem Mann Holger die Freiheit gegen die Virologenherrschaft verteidigt (Disclaimer: Die beiden gibt es nicht).

Denn Viren springen nicht einfach über (doch, tun sie, wenn ein paar Umstände passen). Das passt nicht in unsere Vorstellung von Geschichte, nicht in unsere Erfahrung von Erzählung. So einfach und so unspektakulär kann es ja nicht sein. Und deswegen braucht es einen Oberbösen, einen Geheimbund, eine Verschwörung, aber das kann Wissenschaft nicht liefern. Letztlich ist eine Verschwörungserzählung ein Hollywoodfilm, der gleiche Aufbau, Protagonisten und Antagonisten, Held und Antiheld, die Guten und die Bösen. Die letzte Schlacht. Man sollte Popcorn mitbringen.

Wenn die Geschichte dann noch emotional erzählt wird: Was kann es Besseres geben?

Darth Vader steht morgens auf, er ist übermüdet, weil er am Abend noch einen Film gesehen hat, statt ins Bett zu gehen, das ärgert ihn selber, das war ein echt langweiliger Mist, irgendein Monsterfilm, hat er schon wieder vergessen, so uninteressant war das. Er geht in die Küche und macht sich einen Toast mit Erdbeermarmelade. Und dann muss er mal das Kind wecken, das muss ja demnächst in die Schule, auf das ganze pubertäre Gehabe hat er jetzt schon keine Lust. Und während er das dann trotzdem tut, muss ja, geht er in Gedanken die Bestellungen durch, die er heute aufgeben muss, schließlich ist er nicht umsonst der Geschäftsführer der Drogerie um die Ecke. Er denkt: Ich muss eine Palette Mundwasser bestellen.

Kann man so erzählen, und ist vielleicht auch ganz unterhaltsam, hat aber nicht eine ganz so hohe Fallhöhe wie: Darth Vader sprengt hauptberuflich Planeten in die Luft und kämpft gegen seinen Sohn, der wiederum in seine Schwester verliebt ist, von der der Sohn lange nichts weiß. Er versucht, das Kind auf seine Seite zu ziehen, aber der Sohn kämpft dagegen an, denn er ist verbündet mit einer Macht, die ihn ein kleiner grüner Zwerg gelehrt hat, und an diesem Vaterkomplex wird sich letztlich das Schicksal der Galaxie entscheiden. Der Sohn tötet seinen Vater, aber der wird ihm zuvor noch die Hand abhacken.

In jedem Film gibt es ein Ziel. Wie in jeder Geschichte. Und da bringen wir was durcheinander, denn das mag in der Realität kurzfristig auch mal so sein, aber schon mittelfristig eben nicht mehr. Dinge passieren, Geschichte ist ziellos und Evolution erst recht. Niemand reitet irgendwann in den Sonnenuntergang, während der Abspann eingeblendet wird und ein Rausschmeißer-Song von AC/DC ertönt. Die Herrschaft der Virologen. Umvolkung. Adrenochrom und Pizzagate. Impfmücken. Die kommunistische Unterwanderung des Landes durch das Merkelregime. Funktioniert erzählerisch letztlich genauso wie ein Weihnachtswerbespot einer Supermarktkette.

===

Unsere Gesellschaft ist ein sehr komplexes System. »Das muss man sich klarmachen«, sagt Armin Nassehi. Politik, Ökonomie, Wissenschaft, Religion und Kultur haben sich schon lange verselbständigt und sind nicht wirklich miteinander koordiniert – was auch die Basis ist für ihre moderne Leistungsfähigkeit. Nassehi sagt: »Alles ist sehr ausdifferenziert.« Aber alles ist wechselseitig voneinander abhängig, und deshalb funktioniert es auch meistens. Die wirtschaftliche Entwicklung hat den größten Wohlstand der Geschichte produziert. Die Demokratie ist entstanden. Die Wissenschaften sind eine Erfolgsgeschichte, wir haben so viel Wissen angehäuft wie noch nie zuvor. Kunst und Kultur blühen, und obwohl die beiden großen Kirchen Mitglieder verlieren, ist sogar die Religion insgesamt wirkmächtiger geworden.

So unterschiedlich all das ist: Der Nationalstaat hat es bisher zusammengehalten. Er ist die große Klammer. Aber das wird schwieriger. Die Dinge lassen sich nicht mehr miteinander integrieren. Nassehi nennt das »Zielkonflikte«. Kaum, dass die ersten Covid-19-Fälle auftauchten und die Ausbreitung immer größer wurde, hat er damit gerechnet, dass diese Zielkonflikte auftauchen, Erfahrung des Berufs. »Und dann ist die Frage: Wie reagiert eine Gesellschaft eigentlich darauf? Und sie hat am Anfang das gemacht, was Gesellschaften immer machen. Es ist sehr naiv zu glauben, dass in den unterschiedlichen Bereichen der Gesellschaft unterschiedliche Probleme gelöst werden. Zielkonflikte entstehen dort, wo die Lösung in dem einen Bereich zu einem Problem in einem anderen wird.« Anders formuliert: Jeder kümmert sich um seinen Kram.

Jemand, der ein Unternehmen hat, hat ein Riesenproblem, wenn der Cashflow für ein paar Monate unterbrochen ist. Dann ist man schnell am Rande der Existenz. Ähnliches gilt für Familien. Homeschooling ist nicht nur anstrengend, weil die Kinder irgendwann nerven und das WLAN nicht richtig funktioniert, sondern weil es mit Erwartungen bricht, an denen wir unser Leben ausgerichtet haben: Kinder sind aus dem Haus, man geht arbeiten, zum Sport, was auch immer. Planbarkeit generell, schwierig bis unmöglich in einer Pandemie, wo man gegen etwas kämpft, das man nicht sieht und das sich nicht für unsere Erwartungen interessiert. Und dann kommen noch Wissenschaftler, Mediziner oder Virologen, die dies oder jenes empfehlen, aber manche Dinge später revidieren, und das widerspricht erneut jeder Erwartung. Und alle Erwartungen greifen ganz zwangsläufig in das Ziel der anderen Bereiche ein. Das geht gar nicht anders. Weil jeder Bereich für sich andere Ziele hat.

Nassehi sagt: »Sie können wissenschaftlich recht haben. Damit lässt sich aber noch lange keine Politik machen.« Politik muss dann Dinge durchsetzen, die das politische System an seine Grenze bringt, weil Politik letztlich auf Loyalitäten setzen muss, auf Massenloyalität, zehn Leute reichen nicht. Aber die Loyalität wird immer schwerer zu erreichen. »Und diese Zielkonflikte zusammenzubringen«, sagt Nassehi, »das ist die Herausforderung der modernen Gesellschaft.«

Eine Position, an der diese unterschiedlichen Stränge zusammenzubringen wären, eine Spinne im Netz, gibt es nicht. Politik kann zwar entscheiden, ist aber letztlich auch nur eine Komponente von vielen, die ein bestimmtes Problem lösen muss, nämlich bindende Entscheidungen fällen, die für alle gelten. Wie andere Bereiche aber damit umgehen und was für Folgen das dort hat, kann sie nicht vollständig kontrollieren – und das führt zu Unzufriedenheit. Letztlich ist das Problem unlösbar, aber weil es gelöst werden muss, hangelt man sich durch. Was die Unzufriedenheit verstärkt.

In autokratischen politischen Systemen scheinen die Dinge vordergründig besser koordinierbar zu sein. Weil es eine Zentralstelle gibt, mit absoluter Machtfülle. Letztlich geht aber auch das nur um den Preis einer autoritären und sehr zentralistischen Form der Kontrolle, was wiederum mit der demokratischen Ordnung nicht kompatibel ist. Wir bewundern China für seine Effizienz – aber das geht auf Kosten von Freiheitsrechten. Weil das einer effizienten Seuchenbekämpfung im

Weg steht, erzeugt selbst die Freiheit des Individuums in Ausnahmesituationen wie einer Pandemie Zielkonflikte.

Man kann Zielkonflikte autoritär überdecken, nur ist das weder trivial noch zwingend ein Erfolgskonzept: Alle Katastrophen des 20. Jahrhunderts, von rechts und von links, wurden auch dadurch ausgelöst, dass die Beseitigung von Zielkonflikten durch die Gleichschaltung der Gesellschaft unter politischen Ideen versucht wurde.

Und das passiert in westlichen Gesellschaften nicht – auch wenn von einer lauten Minderheit etwas anderes behauptet wird.

===

Nassehi erfährt relativ früh von SARS-CoV-2, noch im Januar 2020, als es im restlichen Land noch kein Thema ist. Und so kann er an sich selber beobachten, wie sich die Bedeutung des Themas langsam verändert. Eine chinesische Sache erst mal, bedeutungslos, hat mit uns nichts zu tun. Dann Italien, und obwohl er das Muster kennt und erkennt, dass er in Stereotypen denkt, tut er es. Er denkt: Na ja, Italien halt, kennt man ja. Es ist die Reaktion, die beinahe automatisch kommt und die man dann erkennen und wieder einfangen muss. Und als es die ersten Fälle gibt in Bayern, geht es ihm genau wie allen anderen: So schlimm wird es schon nicht sein. Nassehi sagt: »Es ist unglaublich schwer, sich an so eine Realität anzupassen.« Zumal wir aus Selbstschutz mit linearen Entwicklungen rechnen. Machen uns die Welt, wie sie uns gefällt. Nassehi sagt: »Dass exponentielle Entwicklungen zu erwarten sind, wissen wir intellektuell und abstrakt, aber wir glauben es erst im Nachhinein.« Denn exponentielles Wachstum hat mit unserer Lebensrealität nichts zu tun, alle unsere Erfahrungen sind linear, Job, Hobby, Kinder, was auch immer, unser Leben verläuft linear.

Armin Nassehi ist Optimist, »naiver Optimist«, sagt er und lächelt dabei. Er hofft, dass die Menschen verstehen, dass man Dinge niemals eins zu eins umsetzen kann, egal in welcher Richtung, weil sie sich im Prinzip immer gegenseitig im Weg sind. Aus den richtigen wissenschaftlichen Sätzen die richtigen politischen Entscheidungen abzuleiten ist daher im Prinzip nicht möglich und sogar selber ein Stereotyp. Versucht werden muss es trotzdem, und am besten läuft es vermutlich, wenn es gelingt, die Zielkonflikte dieser unterschiedlichen Systeme irgendwie in der Waage zu halten. Vielleicht war das Europa nach dem Zweiten Weltkrieg das goldene Zeitalter der Gesellschaft (wenn man die Ungleichheit zwischen den Geschlechtern mal ausklammert). Eine produktive Wirtschaft auf der einen Seite, ein Sozialstaat auf der anderen, Tarifverträge, die den sozialen Ausgleich organisieren, und ein System, das den Aufstieg ermöglicht, ökonomisch und politisch. Sicherheit und Chancen und dabei Risiken minimieren. Und das ist durchaus gut gelungen. »Kann man ja nicht anders sagen«, sagt Nassehi.

Nur ist das System jetzt eben ziemlich durcheinandergeraten. In dem Moment, in dem begonnen werde, über Öffnungen nachzudenken, springe der Motor der Gesellschaft wieder an, sagt Nassehi. Die Zielkonflikte nehmen zu. »Eine Gesellschaft kann nur mit dem reagieren, was sie bereits kennt.« Die Konflikte, ihre Dynamik, ihre Regeln, ihre Interessen und ihre Konflikte sind stabil und folgen den gelernten Mustern. Das kann kurz, sehr kurz, hinter einen Notfall zurücktreten, aber langfristig klappt das nicht, weil Systeme träge sind und nur langsam umlernen. Je komplexer das System, desto langsamer. »Erleben wir ja jetzt auch«, sagt er, »wie schwer ist es für Menschen, ihr Verhalten zu ändern.« Und das gelte nicht nur für die Gesellschaft, sondern auch, in abgeschwächter Form, auf individueller Ebene. Er sagt: »Ich bin zum Beispiel für mein Gewicht zu klein.« Und natürlich weiß er genau, wie man das ändert, ist ja kein Geheimnis, aber es gelingt ihm nicht. Er ist nicht alleine damit, und es gelingt nicht deswegen nicht, weil Leute nicht wollen, sondern weil die gewohnten Verhaltensweisen stärker sind als die Einsichten. Die Macht der Gewohnheit zu brechen erfordert Ausdauer. Trippelschrittchen auf einem langen Weg. Und auf gesellschaftlicher Ebene, mit vielen Mitspielern, ist das noch viel stärker. Es gibt Muster, die unglaublich stark sind.

Nassehi sagt: »Nicht-Wissen ist ja nicht nur ein Nicht-Wissen über virologische Zusammenhänge, sondern auch ein Nicht-Wissen darüber, wie man dieses komplexe System eigentlich angemessen steuert.«

Und die ehrliche Antwort wäre: Wir wissen es nicht genau. Wir geben unser Bestes. Aber das will keiner hören, wenn es existenziell wird. Was auch verständlich ist, weil existenzielle Fragen eben bedrohlich sind. Und dann kommen die, die es genau wissen. Populisten und Bes-

serwisser, Allesversteher und Big Man. »Das«, sagt Armin Nassehi, »ist übrigens ein ganz toller Indikator bei fast allen Problemen: Diejenigen, die reinkommen und sagen ›Zack, zack, so wird es gemacht‹, das sind meistens nicht die Schlauesten.«
Er sagt: »Das sind nicht die hellsten Kerzen auf der Torte.«

===

Karl Lauterbach ist nicht da. Sollte er aber. Zehn Minuten vorbei, sein Mitarbeiter versucht, ihn zu erreichen, aber das klappt nicht. Fünfzehn, der Mitarbeiter geht ihn suchen und kommt ganz lange nicht wieder. Zwanzig, niemand da, keiner auf dem Flur, der ganze Gebäudetrakt wirkt leer.

Ausschuss für Umwelt, Naturschutz und nukleare Sicherheit, das Haus ist nach Paul Löbe benannt, Sozialdemokrat, der Haupteingang liegt an der Konrad-Adenauer-Straße, eine städtebauliche große Koalition. Löbe und Adenauer sitzen nach dem Krieg zusammen mit der Bundesgiraffe im Museum Alexander Koenig in Bonn und gründen das Land – dort, wo jetzt Bernhard Misof an der Evolution und Genetik von Viren forscht. Die große Historie der Namen, im Paul-Löbe-Haus merkt man davon nicht wirklich was, das Gebäude ist erst Ende der 1990er gebaut. Es ist eines von denen, die man benötigt, um das Funktionieren zu gewährleisten. Viele Büros der Abgeordneten sind hier, Ausschüsse tagen, Mitarbeiter gehen an Telefone, Waschbetonwände und Metallgeländer. Lauterbach ist auch nach einer halben Stunde noch nicht da.

An der Wand von E 729, Besprechungsraum BL4, hängen Bilder eines Malers aus Leipzig. Schrankwände, zum Verstauen von Akten und Mänteln, gegenüber ist das Zimmer mit dem Kopierer, eine Frauenzeitschrift liegt im Regal, Titelzeile: Du bist super! Die Telefonanlage, alt und weiß verwaschen, macht gleich mal klar, dass Deutschland und die Digitalisierung eine eher sporadische Beziehung führen, man kennt sich, hat aber schon länger keinen Kontakt mehr gehabt. Im Flur rumpelt es, ein einsamer Praktikant schiebt einen Rollbehälter durch den leeren Gang und verteilt Post, es ist wie im Kino, nur dass kein vertrockneter Busch über den Gang geweht wird. Vierzig Minuten sind vorbei: Karl Lauterbach ist nicht da.

Er ist der Gesundheitsexperte der SPD, DER mit Großbuchstaben, omnipräsent, Dauererklärer, Wahlkreis 101, Leverkusen-Köln IV, aber im Gesundheitsausschuss sitzt er trotzdem nicht, was ein bisschen verrückt ist, sondern im Ausschuss für Recht und Verbraucherschutz. Dazu im Unterausschuss für Europarecht. Aber gehört werden hat, zumindest im Frühjahr 2021, nichts mit Ausschüssen zu tun: Fast eine halbe Million Menschen folgen Lauterbach auf Twitter, Talkshows ohne ihn gibt es keine mehr, und selbst Leute, die ihm vorwerfen, er würde Panik schüren, erkennen an: Er hat meistens recht gehabt.

»Das mit der Panik«, wird er später sagen, »ist eine Diffamierung.« Er findet das unfair, und das ist es auch. Er sagt das nicht beleidigt und auch nicht bitter, einfach als eine Feststellung. Eigentlich, wird er sagen, geht er da ja als Mediziner ran, ganz Arzt, »die Diagnose kann noch so mies sein, bringe nie ein Problem ohne Lösungsvorschlag«. Tatsächlich tut er das fast immer, ein Lockdown ist ja kein Selbstzweck, sagt er auch selber, »danach muss was kommen, sonst hat der Patient Bettruhe, aber keine Genesung«. Man kann seine Vorschläge nachlesen und in diversen Mediatheken ansehen, sie sind da, immer schon gewesen, aber wahrgenommen werden sie eher nicht. Die Headline bleibt hängen, und die ist fast immer verkürzt.

Man kann auch nachlesen: Seinen Lebenslauf. Im August 2020 veröffentlicht er ihn auf Twitter, eine Rechtfertigung als Folge ständiger Anfeindungen, und da finden sich dann Dinge wie »1989–1990 Master of Public Health an der Harvard School of Public Health mit Schwerpunkten Epidemiologie und Health Policy and management« und »1992–1995 Doctor of science in Health Policy and managment an der Harvard School of Public Health De. Sc.« Er hat außerdem ein Büro in Harvard, weil er dort manchmal lehrt, und seit 1998 ist er Leiter des Instituts für Gesundheitsökonomie und Klinische Epidemiologie der Medizinischen Fakultät der Universität zu Köln, aber das ruht seit 2005, weil er da in den Bundestag wechselt. Mit Titeln liest sich das dann: Prof. Dr. med. Dr. sc. Karl Wilhelm Lauterbach. Und das ist mit ziemlich großer Sicherheit sehr viel mehr medizinisches Fachwissen als das seiner Kritiker – was die aber nicht am Kritisieren hindert. »Es wird gerade wieder schlimmer«, wird er sagen, aber jetzt erst mal nicht, denn er ist immer noch nicht da.

Es ist ein bewährtes Prinzip, um Meinung zu steuern: Gefällt es mir nicht, was Leute sagen, diskreditiere ich sie. Obwohl es eigentlich um den Inhalt gehen sollte, gilt: Je härter die Angriffe, je persönlicher es wird und abseitiger, etwa, wenn auf Optik gezielt wird, desto mehr wird vom eigentlichen Thema abgelenkt.

Und ist das geschafft, muss ich mich inhaltlich nicht damit auseinandersetzen, was die Angegriffenen sagen. Klassische Strategie, funktioniert fast immer. Und ist die Marke einmal etabliert, dauert es lange, das Image wieder zu korrigieren – auch wenn es hundertmal nicht stimmt. Lauterbachs Marke ist: Panikmacher. Und das überspielt ziemlich viel, etwa auch, dass er gerade an einer Studie arbeitet, zusammen mit Modellierern des Robert Koch-Instituts und des Hemholtz-Zentrums für Infektionsforschung in Braunschweig. Zwölf Autoren, und nein, das ist nicht ungewöhnlich, sondern Standard. Und lösungsorientiert. »Potential benefits of delaying the second mRNA COVID-19 vaccine dose« erscheint in mehreren Teilen, der erste im Februar 2021.

In den 1980ern will Lauterbach Herzchirurg werden, das ist das Ziel, und er ist auf dem Weg dorthin. Er arbeitet bereits in einer Cardio-Klinik in San Antonio, Texas. Und da kann er weitermachen, wenn er will, der Arbeitsvertrag ist fertig, bitte hier unterschreiben, das Angebot steht, die Karriere ist vorgezeichnet. Und Lauterbach fällt auf: Alles, was die operieren, ist eigentlich verhinderbar. Würde es nicht sinnvoller sein, sich von vornherein zu kümmern? Er wechselt in den Bereich der öffentlichen Gesundheitsvorsorge, Public Health. Die Kollegen wollen ihm das ausreden: Wie kannst du das denn machen? Man verdient weniger Geld, bekommt weniger Ruhm, dafür mehr Anfeindungen. Er soll, sagen sie, sein Talent nicht wegschmeißen. Das sei doch ein Abstieg, müsse er doch einsehen.

Aber er macht weiter, und vielleicht ist das schon ein Teil seines Charakters, damals, durchziehen, im Sturm stehen. Trotz John Snow: Public Health hat ein Imageproblem, genau wie Epidemiologie, schon immer. Die öffentliche Auffassung von Gesundheit ist: Jemand ist krank, geht zum Arzt, ihm wird geholfen. Aber eine vernünftige Kanalisation und Händewaschen retten mehr Leben als die beste Krebsdiagnostik, war immer schon so, wird immer so sein, billiger ist es auch. Nur merkt das außerhalb einer Pandemie keiner.

Fünfzig Minuten sind vergangen, der Trakt ist immer noch völlig leer, wie evakuiert. Sitzungssaal 2600 ist um die Ecke, in dem Lauterbach sich meist aufhält in den Sitzungswochen. Man sitzt sich gegenüber im runden Saal, Besucher nehmen auf der Empore Platz.

Lauterbach war mal in der CDU, aber 1998 arbeitet er mit am Wahlprogramm von Gerhard Schröder, in der Gesundheitspolitik, SPD-Mitglied ist er nicht. Er wird trotzdem immer politischer, seine Expertise ist gefragt, er berät zwei Gesundheitsministerinnen, und eigentlich hat er diese Rolle bis heute nie aufgegeben. In den frühen 2000ern wird das zum Problem, weil es nicht nur Zeit kostet, die er in seinem eigentlichen Beruf nicht mehr zur Verfügung hat, sondern vor allem seine Glaubwürdigkeit als Wissenschaftler beschädigt. Eine glückliche Sache ist es auch deswegen nicht, weil der Berater am Ende doch nur berät, immer, er entscheidet nichts. Meistens muss er sogar vor die Tür gehen, wenn entschieden wird. Das ist bei Lauterbach auch so, und der empfindet das als Lose-lose-Situation. Er weiß, er muss etwas ändern, und letztlich gibt es dafür nur zwei Wege: Er geht in die Politik. Oder: Er lässt es mit der Politik. Karl Lauterbach entscheidet sich für Nummer 1 und hat es nie bereut. An über achtzig Gesetzen ist er beteiligt, teilweise tragen sie deutlich seine Handschrift. Mehr Einfluss als ein Herzchirurg hat er allemal.

Er ist nicht da, aber dann klingelt das Telefon. Karl Lauterbach ist dran und er sagt, dass es ihm leidtut. Er entschuldigt sich mehrfach, er hat den Termin nicht vergessen, aber er ist noch in einer Schaltkonferenz für die Ministerpräsidentenkonferenz, es gibt viel zu tun. Und in zehn Minuten hat er schon das nächste Meeting. Wollen wir es die Tage noch mal versuchen?

===

Der nächste Temin klappt. Online diesmal, vor einer Bücherwand, ein Bild von Willy Brandt steht im Regal, links ein anderes vom Central Park über einem grauen Sofa. Es ist Anfang April, er glaubt nicht, dass die Pandemie im Herbst vorbei ist. »Es wird neue Runden geben«, sagt er.

Und das liegt fast auf der Hand. Lassen sich viele nicht impfen, stellt sich vielleicht nie eine Herdenimmunität ein – zumal Herdenimmunität ohnehin nur bedeutet, dass das exponentielle Wachstum zu Ende ist. Die Krankheit wird deswegen nicht verschwinden. Der Impfschutz wird zudem vermutlich an Wirkung verlieren. Es wird immer neue Fluchtmutanten geben. Cluster in der Gesellschaft, die sich nicht impfen lassen, »Taschen in der Gesellschaft« nennt er das. Weil es außerdem immer wieder zu Einträgen aus anderen Ländern kommen wird, wird SARS-Cov-2 uns ein paar Jahre beschäftigen. »Auf anderem Niveau als jetzt« sagt Lauterbach, »aber das geht erst mal nicht weg.« Er sagt: »Ich wünschte mir, es wäre anders, aber es wird nicht so sein.« Und das bedeutet letztlich: Jeder, der nicht geimpft ist, wird es bekommen. Jeder. Zum Schluss haben es alle gehabt. Auch diejenigen, die abstreiten, dass das Virus überhaupt existiert. Und es wird immer schwere Fälle geben und Tote auch.

Wenn Lauterbach erklärt, hat er sofort eine Studie zur Hand, aus der er zitieren kann. Oft sitzt er bis zwei oder drei am Morgen und liest Paper. Und manchmal ruft er auch bei den Autoren an, in Harvard etwa, und lässt sich was erklären. Man kann mit ihm über Grundlagenwissenschaft reden, aber auch sehr anwendungsorientiert, etwa darüber, welche Mutanten noch entstehen können – und als Beispiel erklärt er gleich mal, wie die Spike-Proteine sich bei unterschiedlichen Mutationen unterscheiden und wie die Impfstoffe darauf wirken. »Leute, die neutral eingestellt sind«, sagt er, »erkennen an, dass ich relativ gut eingearbeitet bin.« Wichtig ist das Erklären, das sagt er mehrmals, allen alles erklären, weswegen man das Gefühl haben kann, dass er im Fernsehstudio wohnt, heute zu Gast bei Karl Lauterbach: Markus Lanz. Lauterbach glaubt an die Aufklärung, schließlich ist das Thema komplex, auch nach über einem Jahr noch, und man kann auch keinem vorwerfen, nicht alles zu verstehen, die meisten Menschen sind nun mal keine Wissenschaftler. Eine Meinung haben aber alle.

Und so ist das Ziel: Botschaften setzen. Gerade in Talkshows ist das relativ leicht, weil man da ohnehin immer ein Millionenpublikum hat. Und man ins Detail gehen kann, relativ zumindest, es ist kein Dossier, aber eben auch nicht nur eine Schlagzeile im Boulevard – obwohl oft eine daraus gemacht wird. Die Kombination aus Reichweite und relativem Detailreichtum, Long Covid, verschobenes Altersspektrum, Mutationen, kann man bei Twitter alles eben nicht besonders gut erklären, zu wenig Platz, und weniger Publikum hat man dort auch. Lauterbach findet, dass es nötig ist, sich mit denen auseinanderzusetzen, die nur die Überschriften lesen, wenn überhaupt.

Nur, was, wenn die das nicht finden? Mit seinen Auftritten bestimmt Karl Lauterbach die öffentliche Meinung, die wiederum auf den politischen Betrieb wirkt. Es ist eine Grauzone zwischen beiden Bereichen, pull und push, hier ein bisschen Ziehen, da ein bisschen Drücken, und dann ruckelt es sich ein, Wissenschaft und Politik.

Und das gefällt nicht allen. Obwohl das positive Feedback überwiegt, gibt es auch die anderen. Die, die massiv Druck machen und damit erreichen wollen, dass Lauterbach nicht mehr öffentlich auftritt – weil sie, warum auch immer, davon ausgehen, dass mit dem Überbringer der Nachricht auch die Nachricht verschwindet. Letztlich ist auch das vermutlich eine Bestätigung von dem, was er sagt, – denn wenn man davon ausgeht, dass er ohnehin nur Panik machen würde und keine Ahnung hätte, gäbe es auch keinen Grund, ihn anzugreifen. Nur denjenigen, den man ernst nimmt, attackiert man auch.

»Das ist nicht so erfreulich«, sagt Lauterbach, und das ist vermutlich die größte Untertreibung seit langem. Nach dem Gespräch dauert es keine Woche, bis irgendwer einen Farbeimer über sein Auto kippt. Es gibt eine Minderheit, die sich immer mehr radikalisiert. »Ich habe mich entschieden«, sagt er, »mit den Konsequenzen, die das für Teile meines Privatlebens hat, zu leben.« Es ist ein harter Satz, leicht dahingesprochen, entschlossen, alles einschließend.

Lauterbach hat Personenschutz, Agenten des BKA begleiten ihn überall hin, kauft er Brötchen, kann er ihnen gleich welche mitbringen, sie sind sowieso immer da – und begleiten ihn auch in die Bäckerei. Um ihn herum, vor seinem Haus, immer. Weswegen es vermutlich sein Auto trifft, es ist das leichteste Ziel. Vollschutz nennt sich das, und das klingt wie der Schutzanzug, den man tragen muss, wenn man sich einem potenziell tödlichen Virus aussetzt, und ein wenig ist das auch so.

Todesdrohungen bekommt er in regelmäßigen Abständen. Sein Name taucht auf Todeslisten auf, die sich im Netz finden. Es ist April 2021, als er von Verschwörungsgläubigen in einer Veranstaltung, die sich Prozess nennt, in Wahrheit aber eine Beleidigung des Rechtsstaates ist, zum Tode verurteilt wird. Zeugen sind geladen, die über ihn aussagen. Er sei komplett empathielos, heißt es da, und verdiene daher keine Gnade. Irgendjemand hat das gefilmt. Lauterbach musste es sich ansehen, aus Sicherheitsgründen, um einen Eindruck von der Bedrohung zu bekommen.

Er macht trotzdem weiter – auch als Impfarzt in Leverkusen und Köln. Immer wieder müssen Termine abgesagt werden, weil die Angst besteht, dass es Anschläge auf das Impfzentrum geben könnte, in dem er arbeitet. Das BKA ist ohnehin immer dabei.

Und das ist nicht übertrieben: In diversen Onlineforen wird er dargestellt als Hitman, Auftragskiller, der für eine Gruppe jüdischer Verschwörer arbeitet, denen es darum geht, Deutschland abzuschaffen. Da wird dann detailliert beschrieben, wessen Agent er sei und welche Agenda er angeblich vertritt. Ein Spindoctor, dem es gelinge, Merkel zu instrumentalisieren und die Regierung nach seiner Pfeife tanzen zu lassen. Klingt nicht nur irre, sondern ist es auch, aber es passiert dennoch. Im Sommer 2020 ist weniger los, aber richtig aufgehört hat das nie. »Der Wahnsinn«, sagt er, »hat eine Kontinuität bekommen.« Und je mehr er sich verbreitet, desto höher die Gefahr, dass jemand mitliest, der sich inspiriert und angesprochen fühlt. Wenn man nur laut genug ruft, wird es irgendjemand hören, auch die Gefährlichen.

An den Hass, sagt Lauterbach, kann man sich nicht gewöhnen, wie auch, er bekommt ihn täglich mit der Post angeliefert, analog und digital. »Die wollen, dass ich mich aus Sicherheitsgründen zurückziehe.« Will er aber nicht. Er sagt das noch mal, damit kein Zweifel aufkommt: »Ich habe mich entschieden weiterzumachen, aber ich habe ein relativ hohes Drohniveau.«

Ist nicht so, dass ihm das Spaß macht, er will nicht der Einzige sein, der im Feuer steht, aber es ist wie damals, Public Health statt Herzchirurgie: Er zieht durch, weil er an die Sache glaubt.

===

Nachweislich an Grippe gestorben wird eher selten. Der Exzess-Mortalität hat das unter ihrem Zweitnamen, Übersterblichkeit, allerdings zu einer Karriere verholfen, die ein Begriff aus der Statistik eher selten hinlegt. Dabei ist die Übersterblichkeit erst mal nichts weiter als ein vorübergehender Anstieg der Sterblichkeitsrate in einer bestimmten Bevölkerungsgruppe in einem bestimmten Zeitraum, Dicke, Dünne, Alte, Junge oder eben alle zusammen. Sie bezieht sich auf den Durchschnitt der Todesfälle, der aus den zurückliegenden Jahren berechnet wird. Das wird überall so gemacht und ist internationaler Standard. Wenn nun während einer Influenzasaison signifikant mehr Menschen sterben und die Todeszahlen über die Hintergrundmortalität hinausgehen, werden die Toten der Influenza zugeschrieben. Diese Übersterblichkeit fließt dann in die Grippe-Statistik ein.

Aber weil kein Mensch weiß, ob die in diesem Zeitraum verstorbenen Toten wirklich alle an der Grippe gestorben sind, ist die Exzess-Mortalität eigentlich nur die Zahl der mit Influenza in – zeitlichem – Zusammenhang stehenden Todesfälle. Mit den echten, nachgewiesenen und im Labor bestätigten Todesfällen, gemäß Infektionsschutzgesetz, IfSG §7 Nr. 25, pflichtgemäß zu melden an das zuständige Gesundheitsamt, hat diese Zahl nichts zu tun.

Tatsächlich ist die gerne zitierte Saison 2017/2018 die tödlichste Influenzasaison seit dreißig Jahren. Aber statt der Übersterblichkeit von 25 100 Toten, wie das von manchen Menschen gerne kommuniziert wird, sind es laborbestätigt nur 1674 Tote. Im Jahr darauf sind es 954, und zwischen Oktober 2019 und April 2020 sterben 411 Menschen an der Grippe. Noch ein paar Zahlen? In der Saison 2014/2015 gibt es 274 Tote, 2016/2017 722, dafür aber 2013/2014 nur 23 und 2007/2008 sogar nur 7.

An Grippe wird zweifellos gestorben, und das macht keinen einzelnen Todesfall weniger tragisch. Weil aber einerseits bei vielen Menschen eine Grundimmunität gegen Influenzaviren besteht und andererseits Impfstoffe existieren, sind es so viele dann doch nicht. Vermutlich.

Vielleicht aber auch doch. Nur müsste man, um das zu erkennen, mehr diagnostische Tests machen.

Die macht man übrigens mit der PCR.

===

Wissenschaftsfeindlichkeit entsteht nicht im luftleeren Raum. Weil das noch nie so war, machen wir kurz einen Schwenk zurück, nur ganz kurz, Augen zu und durch, es lässt sich leider nicht vermeiden: Es kommen Nazis vor.

Gerne benutzt wird der Begriff »Schulmedizin«, und das klingt dann so, als gäbe es zwei Richtungen in der Medizin, die miteinander streiten. So, als ob beide gleichwertig nebeneinanderständen. Das stimmt nicht.

Als der Begriff »Schulmedizin« im 19. Jahrhunderts entsteht, ist die Medizin gerade dabei, sich zu professionalisieren. Einerseits ist sie von sogenannten Naturärzten bestimmt, Menschen ohne medizinische Ausbildung, Quacksalber, die durch die Lande ziehen und irgendetwas empfehlen, was im Idealfall vielleicht hilft. Vielleicht hilft es aber auch nicht, dann hat man eben Pech gehabt. Anderseits dominiert noch die Vier-Säfte-Lehre von Polybos, klingt wie eine Figur in einem Asterix-Comic, ist aber der Schwiegersohn von Hippokrates. Sie wird weiterentwickelt von Galen, ebenfalls Grieche, bedeutendster Arzt des Römischen Reichs, und sie geht davon aus, dass Krankheit die Folge eines Missverhältnisses der vier Körpersäfte ist. Blut, Schleim, schwarze und gelbe Galle müssen immer in einem ausgleichenden Verhältnis zueinander stehen. Ist das nicht der Fall, wird man krank. Dann gilt es, die Säfte auszugleichen. Die Idee ist erstaunlich langlebig, sie verändert sich fast zweitausend Jahre nicht wirklich, weswegen auch im 19. Jahrhundert immer noch brachiale Methoden wie Aderlass und Brech- und Abführkuren angewendet werden – und genauso wirken, wie im alten Rom: Gar nicht (von einer Handvoll extrem seltener Krankheiten abgesehen).

Samuel Hahnemann, Arzt aus Sachsen, veröffentlicht in diesem Umbruch, 1831, *Ein Wort der Warnung an Kranke jeder Art.* Er warnt darin vor Medizin »alter Schule« und meint dabei vor allem die Ideen des Griechen. Insgesamt, schreibt er, müsse man dazu übergehen, die »allgemeine Lebenskraft« zu stärken, indem man Ähnliches mit Ähnlichem heile, und zwar in kleinen und kleinsten Mengen. Er ist inspiriert von der Pockenimpfung, fühlt sich von ihr bestätigt und erfindet damit die Homöopathie. Während eines Choleraausbruchs in London im selben Jahr in einem homöopathischen Krankenhaus der Stadt weniger

Patienten sterben als im Durchschnitt, wird die Idee schnell erfolgreich. Der Beweis scheint erbracht. Allerdings liegt die höhere Zahl an Überlebenden nicht an außergewöhnlichen Heilungsmethoden, sondern im Weglassen einer etablierten: Niemand macht Einläufe.

Hahnemann ist ausdrücklich kein Gegner der Impfung. Im Gegensatz zum Esoterikfan Rudolf Steiner übrigens, der später unter anderem Karma für den Ausbruch von Krankheiten verantwortlich macht, was letztlich nur bedeutet, dass man selber schuld ist, nun ja.

Hahnemann ist Arzt, auf solche kruden Ideen kommt er nicht, aber auch seine Anhänger lehnen evidenzbasierte Medizin ab. In ihrer Mehrheit sind sie der Ansicht, dass Erkenntnis nur durch die natürlichen menschlichen Instinkte zu erwerben ist. Wissenschaft kommt ihnen überschätzt vor. Der gesunde Menschenverstand, der viel später für jeden Unsinn herhalten muss, etabliert sich – ohne dass ihn allerdings bisher jemand so nennt. Das Wort »Schulmedizin« selber wird vermutlich 1876 erstmals benutzt, in den *Homöopathischen Monatsblättern*, einer Mitgliedszeitung für Laienärzte, mehr als dreißig Jahre nach Hahnemanns Tod. Es ist das Jahr, in dem es Robert Koch erstmals gelingt, den Erreger des Milzbrandes, das Bakterium *Bacillus anthracis*, zu kultivieren und seine krankmachende Wirkung nachzuweisen. Hahnemanns Anhänger bezweifeln allerdings, dass Bakterien wirklich krank machen, schließlich hatte auch er entsprechende Theorien angezweifelt. Und während sich die Medizin ständig weiterentwickelt, aus Fehlern lernt, besser wird, bleibt die Lehre der Homöopathie bis heute erstaunlich unflexibel und im Wesentlichen unverändert – sie steckt in einer eng definierten Schule fest –, dennoch wird »Schulmedizin« um die Jahrhundertwende endgültig zum Kampfbegriff gegen die mittlerweile dann doch schon sehr professionelle wissenschaftsbasierte Medizin.

Es passt in die Zeit. Aufbruch, alles ist möglich, Gott verliert an Bedeutung, das Bürgertum erstarkt, die Gesellschaft verändert sich massiv, die Fliehkräfte nehmen zu und trotzdem: Für einen Teil der Gesellschaft sind Dinge vorherbestimmt. Einerseits erreicht die Forschung neue Höhen, andererseits wird der Natur ein versteckter Wille zugesprochen. Aber weil das Bürgertum eben zu aufstrebend ist und zu gebildet, ist nicht mehr der Gott derjenige, der alles organisiert, sondern

»die Natur«, und damit wird an Bilder angeknüpft, die schon existieren, spätestens seit der Romantik. Eine Gesellschaft kann nur mit dem reagieren, was sie kennt, und Bilder sind wirkmächtig, hatten wir bereits, und so ist die Natur mystisch und voller Legenden, aber auch rein und edel. Gut. Positiv. Stark. Ist ja auch nachvollziehbar das Gefühl, muss man nur mal im Wald spazieren gehen. Dass das aber auch damals fast alles schon Kulturwald ist … Schwamm drüber.

Die Idee übersieht zudem, dass Natur keine Schuld und keine Moral kennt und Ökosysteme sich zwar die Waage halten, aber dennoch hochdynamisch sind und eben nur ausbalanciert, in dem Sinne, dass es ziemlich viele Individuen nicht schaffen, und das würde uns genauso gehen, würden wir nicht eingreifen. Die Tollwut hat sich aus Mitteleuropa schließlich nicht verabschiedet, weil es ihr hier nicht mehr gefallen hat, sondern durch Impfungen von Hunden und Impfködern für Füchse. Viren und Bakterien und auch Parasiten verbreiten sich in einem geeigneten Lebensraum, ob das eine Pfütze ist oder unser Darm, und das ist weder edel noch stark oder schön.

Trotzdem verkündet 1933 Reichsärzteführer Gerhard Wagner, dass Alternativmedizin der Schulmedizin häufig überlegen sei. Angestrebt werde eine »ganz neue, rein deutsche Heilkunst«, wie Erwin Liek, preußischer Arzt und Autor, Fan von Euthanasie und Eugenik, schon 1926 fordert. Da beschwert er sich, dass »die maßlose Überschätzung des formalen Wissens« den Blick trübe. Das Problem sei vielmehr »die Nichtachtung seelischer Einflüsse seitens der exakten Forscher«. So verliert denn auch der »Reichsbund für Homöopathie und Gesundheitspflege« keine Zeit und sendet im April 1933 eine Ergebenheitsadresse an Hitler, und weil das Klima so günstig ist, warnen nur wenig später die »Reichsdeutschen Impfgegner« aus Berlin-Schöneberg, Gotenstraße 36, Mitgliedsbeitrag 1,50 Reichsmark, vierteljährlich zu entrichten, mit großem Tamtam vor der Pockenschutzimpfung, »Schutz« dabei in Anführungszeichen gesetzt. Benutzt wird das Facebook dieser Zeit: ein Flugblatt. Hanns Bannach wird präsentiert aus Lintorf, Ratinger Land, Kleinkind und leider »vollkommen verblödet, dazu blind und krüppelhaft«. Am Stil hat sich wenig verändert in den letzten Jahrzehnten, ein Zeuge wird befragt, Arzt natürlich, tote Kinder ausgestellt, Wolfram und Günther, Zwillinge, verstorben an der Impfung, Forderungen gestellt. Es gehe nicht an, »dass das gesundheitliche Schicksal unserer Kinder und unseres Volkes den Händen naturferner und darum verirrter Medizin anvertraut bleibe«.

Wie solche Ärzte aussehen, zeigt wenig später das Nazi-Hetzblatt »Stürmer« in einer Karikatur. Dort steht, vor einem Plakat mit der Aufschrift »Aufforderung zur Impfung«, ein dicker Mann mit Hakennase, hämisch lächelnd, während er dem Kind einer blonden Mutter eine Spritze in den Arm drückt. Und damit das auch wirklich niemand missversteht, sagt sie: »Es ist mir sonderbar zu Mut – Gift und Jud' tut selten gut«. Die Homöopathie genießt erstmals in ihrer Geschichte staatliche Unterstützung. Schirmherr des »Internationalen Homöopathischen Kongresses« 1937 in Berlin ist Rudolf Heß.

Und obwohl die Rassenideologie der Nationalsozialisten gegen eine Impfung spricht, weil ja angeblich nur durch Abhärtung Veredlung entsteht, die reine Natur, der ganze Quatsch, wird Ablehnung der Impfung keine offizielle Politik.

Schließlich muss die Wehrmacht, den kommenden Krieg im Hinterkopf, durchgeimpft werden, weil im Osten nicht nur der Russe lauert, sondern auch das Fleckfieber.

Nicht impfen wäre da einfach zu gefährlich. (Im Fall des Fleckfiebers hat die Impfstoffentwicklung allerdings nicht so richtig funktioniert. Bis heute gibt es keinen Impfstoff, der Immunität vermittelt. Eine medikamentöse Prophylaxe ist aber möglich.)

===

Nur damit es mal erwähnt ist, der Vollständigkeit halber und bevor das jemand missversteht: Mit Sicherheit sind Impfgegner nicht per se Nazis, natürlich nicht, und das soll auch nicht so verstanden werden, und ganz bestimmt wollen auch nur ganz wenige Homöopathen Polen erobern. Aber die Attitüde hat eine Geschichte.

Und die sollte man sich ansehen, bevor man in dem Chor mitsingt.

===

Impfungen wirken vollkommen unabhängig davon, ob man sie gut findet oder nicht. Und Viren infizieren uns auch dann, wenn unser Organismus sich in bester Verfassung befindet.

===

Thushira Weerawarna ist noch nicht lange in Bonn und er hat ein Date. Er nimmt die *Bild*-Zeitung mit, er klemmt sie so lässig unter den Arm, wie es eben geht. Er ist stolz auf sich selber und will der Frau zeigen, dass er schon so gut Deutsch spricht, dass er sogar eine Zeitung lesen kann. Sie treffen sich in einer Bar. Die Frau guckt komisch. Er denkt: Was hat sie denn?

Sie sagt: Wir können das Date jetzt gerne haben, findet sie gut. Sie deutet auf die Zeitung. Sie sagt: »Aber so was liest man nicht.«

5
**Hanta.
Hendra.
Neue Viren.
Die Zukunft.**

KAPITEL DREIZEHN
Zwischen den Welten

Die Götter kennen sich mit Mäusen aus, aber Schüttelfrost führt trotzdem nicht immer in die Notaufnahme. Manche Viren sind so tödlich, dass sie keinen Namen haben. Schweine mit Ebola sind wie eine Vitamintablette, die USA und die UdSSR sind gleich vor einem Virus, und dienstags darf man nicht in Höhlen.

In diesem Teil kommt ein DJ vor, aber James Bond auch, und trotzdem ist der größte Bioterrorist von allen die Natur. Die Dänen sind führend im Beatmen. Die Pocken sind die Katze aus dem Sack. Manche Bausätze sind lebensgefährlich.

Und wenn Ordnung das halbe Leben ist, dann findet sich immer noch irgendwelcher Mist im Regal.

Als Merrill Bahe mit Atemproblemen ins Krankenhaus in Gallup, New Mexico, eingeliefert wird, gibt es eigentlich keinen Grund, besorgt zu sein. Er ist 20 Jahre alt und ein guter Sportler. Er ist der Star des örtlichen Laufteams und vollkommen gesund.
Er stirbt innerhalb von Stunden. Niemand weiß woran.
Und dann erzählt der Fahrer eines Krankenwagens dem leitenden Arzt Bruce Tempest, dass Bahes Verlobte ein paar Tage zuvor ebenfalls mit Atemproblemen ins Krankhaus gekommen ist.
Florena Woody, 21 Jahre alt, wird am 9. Mai 1993 in das Crownpoint-Health-Care-Krankenhaus eingeliefert, 32 Betten, im Osten des Navajo-Nation-Indianerreservates. Sie ist erkältet, zumindest hat sie Symptome: Kopf- und Gliederschmerzen, die Nase läuft, ein bisschen Husten, ein bisschen Fieber, ihr ist ein wenig übel. Nichts Wildes eigentlich. Sie hat den Tag in ihrem Trailer verbracht, um sich auszukurieren, in der Erwartung, dass es besser wird.
Aber das tut es nicht, und als sie das Krankenhaus erreicht, sind ihre Lippen blau verfärbt und ihre Haut ist grau. Ihr Fieber steigt auf 39 Grad, zudem bekommt sie Probleme mit der Atmung. Eine schnell angefertigte Röntgenaufnahme zeigt, dass die Symptome eins nicht sind: eine normale Erkältung. Die Aufnahme ihrer Lungenflügel ist komplett weiß, die Lunge ist schwer entzündet. Bald beginnt ihr Herz immer wieder auszusetzen, die Atmung geht schwerer und schwerer, und schließlich wird sie an ein Beatmungsgerät angeschlossen. Kurz darauf beginnt ihre Leber zu versagen. Ihr Blutdruck steigt und fällt in schneller Abfolge und ist nicht mehr zu kontrollieren. Als sie schließlich stirbt, ergibt die Autopsie, dass ihre Lungen doppelt so schwer sind, wie sie sein sollen, und voller Flüssigkeit. Ihre Todesursache ist unklar. Und bleibt es erst mal: Crownpoint, New Mexico 87313, Highway Junction 57, 2278 Ein-

wohner, liegt im Reservat der Navajo, das etwa so groß ist wie Bayern und über eigene Behörden verfügt. Steuerhoheit, Polizei, Gerichtsbarkeit – und einen eigenen Gesundheitsdienst, den Indian Health Service. Das zentrale Register für unerklärliche Todesfälle, das es in New Mexico gibt, eigentlich zuständig, aber im Reservat eben nicht, das Office of the Medical Investigator (OMI) in Albuquerque, erfährt nichts.

Bis Bruce Tempest sich erinnert. Hat er nicht in den letzten Monaten mehrere Patienten behandelt, alle mit schweren Lungenentzündungen? Er ruft die Kollegen in Crownpoint an – und am Ende des Tages haben sie fünf Fälle zusammengestellt, alle jung, alle unerklärlich, alle tödlich. Ein Cluster. Gallup, knapp 20 000 Einwohner und hauptsächlich berühmt für ein Hotel, in dem zu den Hochzeiten amerikanischer Westernproduktionen Kirk Douglas gewohnt hat und Humphrey Bogart, ist umgeben von Reservatsgebiet, aber liegt nicht im Reservat, zuständig ist Albuquerque. Als Tempest beim OMI anruft, sagt er: »Ich glaube, wir haben hier ein Problem.«

Innerhalb weniger Tage nimmt eine Task Force aus Experten des OMI, des CDC und des Indian Health Service die Arbeit auf. Die Gemeinsamkeiten der Fälle sind schnell klar: Leichte Erkältungssymptome, die schnell schlimmer werden. Eine entzündete Lunge, die beim Tod voller Flüssigkeit ist. Manche Patienten werden später »Ich ertrinke« schreien, bevor sie sterben.

Das Team geht detektivisch vor: Wo wohnten die Patienten? Bestand eine Verbindung zueinander? Teilten sie sich Wasser, Lebensmittel oder eine Wohnung? Hatten sie einen Lieblingsdiner?

Giftgase wie Phosgen werden in Betracht gezogen und Schwermetalle, aber man findet nichts davon in den Toten. Die Pest wird als Ursache vermutet und das Q-Fieber und weil Sekret in die Luftsäcke läuft, scheinen auch Filoviren eine Möglichkeit zu sein – schließlich ähnelt die überfallartige Flutung der Lungen mit Flüssigkeit dem hämorrhagischen Fieber, das massive innere Blutungen auslöst. Und so kommt auch Ebola in die engere Auswahl.

Allerdings wäre das neu, die Krankheit ist auf dem amerikanischen Kontinent noch nie aufgetreten. Es könnte eine Grippe sein, die aber untypisch verlaufen muss. Oder ein Giftstoff, der in der Natur vorkommt, den aber bisher niemand wahrgenommen hat. Nichts passt wirklich.

Während die Untersuchung läuft, erkranken innerhalb weniger Wochen ein Dutzend weitere Menschen, fast alle sterben. Die Todesrate beträgt zuerst schwindelerregende 75 Prozent, pendelt sich dann aber auf knapp fünfzig Prozent ein. Die Geschwindigkeit des Sterbens ist erschreckend: Patienten, die morgens im Bett sitzen und sich unterhalten, werden am Nachmittag an ein Beatmungsgerät angeschlossen und sind in der Nacht tot. Ausnahmslos alle Patienten kommen aus der Grenzregion der vier amerikanischen Bundesstaaten Utah, Colorado, New Mexico und Arizona, den sogenannten Four Corners. Die meisten sind Navajos.

Und auch deswegen wissen die Ermittler am 4. Juni schließlich, womit sie es zu tun haben. In etwa zumindest. In den Tagen zuvor hat einer der Männer, Ben Muneta, ein Meeting mit Medizinmännern der Navajo Nation. Muneta ist Mitarbeiter des Indian Health Service, er hat in Stanford Medizin studiert und als Epidemiologe bei den CDC gearbeitet. Sein Großvater war Medizinmann. Muneta bewegt sich zwischen den Welten. Er ist glaubwürdig, deswegen wird er eingeladen.

Auf dem Treffen erfährt er, dass es eine große Disharmonie in der Welt gäbe, weil sie abrücke von traditionellen Praktiken. Na ja, denkt er. Auf Disharmonie folge der Tod, das sei unabänderlich. Au Mann, denkt Muneta. Aber er hat auch das Gefühl, dass einer der Medizinmänner, der wichtigste, derjenige, der das Wort führt, ihm etwas verschweigt. Und so sprechen sie ein gemeinsames Gebet, das Treffen endet – und Muneta passt den Medizinmann ab. Normalerweise, sagt er, würde ich mich tagelang zu dir setzen, wir würden Zeremonien abhalten und der Toten gedenken, aber jetzt ist keine Zeit.

Wetter, erwidert der Medizinmann, habe die Disharmonie gebracht. 1918, sagt er, gab es etwas Ähnliches. Die Überlieferungen sprechen auch von 1933, als der Tod viele junge Navajo geholt habe. Es ist unheimlich, und Muneta fühlt sich unwohl. Der Tod kommt immer wieder zurück, sagt der Medizinmann, er ist ein Begleiter, und es war absehbar, dass das auch in diesem Jahr passiert. Muneta will wissen warum und bekommt auf seine Frage eine Gegenfrage zurück: Kennst du die Legende nicht?

Welche Legende?, fragt Muneta.

Die Maus, sagt der Medizinmann.

Sie spielt eine wichtige Rolle in der Schöpfungsgeschichte. Sie verteilt den Samen des Lebens in der ganzen Welt. Sie begründet die Ökosysteme und ist einer der Schöpfer des Planeten. Aber genauso kann sie auch den Tod verteilen, denn wenn sie eine Navajo-Hütte betritt und dort Nahrung herumliegen sieht und Abfall, dann ärgert sie sich so darüber, dass sie zur Strafe den stärksten und edelsten der Navajo zum Sterben auswählt. Mensch und Maus, sagt er, existieren in zwei Systemen, die völlig voneinander getrennt sein sollen – die Außen- und die Innenwelt. Aber manchmal vermischen sich die beiden Welten, und dann kommt die Maus und bringt etwas Böses mit aus der alten Zeit. In der Tradition der Navajo, sagt er, wird Kleidung verbrannt, wenn Mäuse sie berührt haben, aber seit dem Einzug der Missionare und deren Medizin wird das belächelt und die Legende weniger oft erzählt.

Muneta nickt. Mäuse. Verdammt, denkt er. Der Medizinmann sagt, dass die Harmonie gestört ist, wenn es ungewöhnlich milde Winter gibt, auf die übermäßiger Regen im Frühjahr folgt. Und Muneta weiß: Viel Regen bedeutet viele Pinienbäume, bedeutet viele Pinienkerne, bedeutet viele Mäuse. Bedeutet viele Tote.

Der Überträger ist gefunden. Und der Erreger auch, zeitgleich. Blutproben ergeben eine Kreuzreaktivität mit einem Virus, das erstmals in einem Appartement in Südkorea auftauchte, das Seoulvirus. SEOV ist ein Hantavirus, es ist der erste Hinweis. In den Tagen zuvor werden unzählige Viren untersucht, nichts hatte gepasst, aber auf den Anfangsverdacht hin wird ein PCR-Test entwickelt, und der ergibt schließlich sehr viele Gemeinsamkeiten mit Hantaviren. Zwar stimmen nicht alle Gensequenzen überein, allerdings sind die Gemeinsamkeiten zu groß, ein anderes Virus kommt nicht in Frage. Es ist ein neuer Erreger und doch wieder nicht. Eine bisher unbekannte Art der Hantaviren. Und der kommt in Nagetieren vor. In Mäusen.

Einerseits ist das nichts Besonderes, schließlich sind die Viren weltweit verbreitet, andererseits aber eben doch, denn sowohl die schweren Lungenentzündungen als auch die hohe Letalität sind neu.

Und die Frage bleibt: Welche Maus?

===

Hanta, benannt nach dem Fluss Hantan, Südkorea, Grenze zu Nordkorea. Im Koreakrieg erkranken mehr als dreitausend Soldaten der UN, starkes Fieber, Nierenversagen, bekannt in Asien seit den 1940ern, 1977 isoliert, in Deutschland meldepflichtig, RNA-Virus, Zoonose. Von Nagetieren auf Menschen übertragbar durch Bisse oder kontaminierte Lebensmittel, Speichel, Urin und Fäkalien. Meistens erfolgt die Infektion durch die Luft, durch das Einatmen von erregerhaltigem Staub, was einen Schutz schwierig macht, zumal der Erreger selbst getrocknet tagelang infektiös bleibt. Die Inkubationszeit beträgt bis zu drei Wochen.

Die Krankheit beginnt wie eine Erkältung, Husten, Gliederschmerzen, Schüttelfrost, Fieber, und biegt dann ab in eine sehr unangenehme Richtung. Wenn man Pech hat. Kommt auf den Virustyp an. Die Letalität schwankt zwischen unter einem Prozent und fünfzig, wobei die Amerikaner Pech haben und den schwersten Rucksack tragen und die Mitteleuropäer Glück, weil hier die harmloseren Virenvarianten vorkommen. Zwar nehmen auch in Deutschland die Komplikationen zu, warum auch immer, Nierenschäden, Blutgerinnungsstörungen, Angriff auf das zentrale Nervensystem, aber meistens passiert gar nichts, nicht mal Symptome. Und obwohl Südosteuropa nicht weit entfernt ist, ist es dort schon wieder anders: Anderes Hantavirus, zwölf Prozent Letalität.

Wenn der Erreger ausbricht, und zwar so richtig, dann überlebt man oder stirbt, es gibt weder eine Impfung noch eine Behandlung, die über eine Unterstützung des Körpers hinausgeht.

===

Als klar ist, dass vermutlich ein Hantavirus hinter dem Ausbruch steckt, ist eine andere Seuche schon in der Welt. Ende Mai titelt das *Albuquerque Journal*: MYSTERY FLU KILLS 6 IN TRIBAL AREA. Die Infektionen werden als Navajo-Krankheit dargestellt und die Menschen als Überträger gebrandmarkt, obwohl Infektionen sich, von einzelnen Ausnahmen abgesehen, nicht von Mensch zu Mensch übertragen. Navajo-Schulkindern wird eine Reise nach Kalifornien von ihren Gastgebern abgesagt, andere werden in Restaurants nicht mehr bedient. Talkmaster Larry King warnt vor Reisen in die Region, und die populäre Show »Good Morning America« tut das ebenso.

Die Notaufnahmen füllen sich unterdessen mit Menschen, die eine gewöhnliche Erkältung haben, aber davon ausgehen, in wenigen Stunden tot zu sein. Es wird Zeit, die Maus zu finden.

===

Am 7. Juni beginnen Teams damit, Nagetiere zu fangen – vor allem in den Häusern der Patienten, die die Krankheit nicht überlebt haben. Nachdem 1900 Tiere seziert und fast 10 000 Flaschen mit Blut- und Organproben analysiert sind, liegt elf Tage später ein Ergebnis vor: Es ist die gemeine Hirschmaus, Peromyscus maniculatus.

Und trotzdem ist das Ergebnis entmutigend.

Hirschmäuse leben einfach überall, in mehr als sechzig Arten kommen sie auf dem gesamten nordamerikanischen Kontinent vor. Eine Maus als Reservoirwirt, zumal eine solch gewöhnliche, bedeutet nichts anderes als: keine Chance, das Virus jemals auszurotten. Mehr als genug Rückzugsraum. Zumal man einer infizierten Maus ihre Infektion nicht ansieht. Hantaviren stören ihre Nagerwirte nicht. Infiziert ändert sich für eine Maus gar nichts, sie erfüllt ihren Mäusejob – und scheidet Virus in Urin, Kot und Speichel aus, der wiederum andere Mäuse infiziert. Menschen infizieren sich, weil sie Pech haben, falsche Dinge zur falschen Zeit am falschen Ort tun und sich so dem Erreger aussetzen, gibt keinen anderen Grund. Und wenn sie schnell sterben, fallen auch sie nicht auf.

Denn dazu braucht es ein Cluster, viele Menschen, die in kurzer Zeit in einem geographisch klar definierten Gebiet an einer ungewöhnlichen Krankheit sterben, vielleicht sogar in einer bestimmten Altersgruppe – wie in New Mexico, wo fast alle Patienten eher jung sind und letztlich 27 der 49 Infizierten die Krankheit nicht überleben, eine Todesrate von 55 Prozent. Und es braucht jemanden, der den Cluster als solchen erkennt. Ist das nicht der Fall, wimmelt es von zig Namen für ein und dieselbe Krankheit, sporadische Fälle, die nie einer verstanden hat und die alle zusammengehören, aber keiner hat es gemerkt, und irgendwann werden sie zu den Akten gelegt. Es kann also durchaus sein, dass die vermeintlich neue Krankheit schon seit Jahrzehnten existiert. Nur ist es niemandem aufgefallen.

Als das Team packt, fahren die Mitglieder mit einer Theorie nach Hause, die sich später bestätigen wird: Das nasse und milde Wetter des Vorjahres führt zu einer Rekordernte an Samen und Nüssen und Beeren, zudem wächst die Heuchschreckenpopulation. Was wiederum bedeutet, dass die Zahl der Mäuse explodiert, denn ein Weibchen kann, wenn es gut läuft, und 1993 läuft es wunderbar, in einem Jahr fünf Würfe mit vier Jungen zur Welt bringen. Die wiederum sind in weniger als zwei Monaten geschlechtsreif. Die American Association for the Advancement of Science, die größte wissenschaftliche Gesellschaft der Welt, die auch das Magazin Science herausgibt, wird schätzen, dass es bis zu zehnmal so viele Mäuse sind wie sonst. Vor allem dort, wo es zu den Spillovern kommt.

Und weil eine Sache noch fehlt, wird auch die zügig erledigt: Das Virus bekommt einen Namen, schließlich ist es eine neue Variante des Hantavirus. Der Canyon del Muerto ist in der Nähe des ersten Auftauchens und entsprechend der bisherigen Vorgehensweise, nach der Krankheitserreger nach den Orten benannt werden, an denen sie erstmals auftauchen, bekommt das Virus den Namen Muerto-Canyon-Hantavirus. Was aber den Navajo nicht passt, der Ort liegt schließlich im Reservat, in einem Nationalpark der jährlich Hunderttausende Besucher anlockt. Der Name ist schlecht für den Tourismus und schlecht fürs Image. Also wird das Virus umbenannt. Weil es an der Grenze der vier amerikanischen Bundesstaaten Utah, Arizona, Colorado und New Mexico auftaucht und die Gegend ohnehin als Four Corners bekannt ist, soll es »Four-Corners-Virus« heißen. Aber das gefällt noch viel mehr Leuten nicht: Allen, die dort wohnen. Und weil keinem was Besseres einfällt und weil vielleicht auch keiner mehr Lust hat, sich noch einen Korb einzufangen, bekommt das Virus einen sehr hilflosen Namen: Virus ohne Namen.

Allerdings auf Spanisch, weil das nicht ganz so peinlich klingt.

===

Das Sin-Nombre-Virus bricht bis heute immer mal wieder aus in den USA, und immer wieder sterben daran Menschen. An der Letalität hat sich nichts geändert und auch nicht daran, dass es keine Behandlung gibt, die über experimentelle Ansätze hinausgeht. Man stirbt oder überlebt.

Weil Mäuse überall vorkommen und man ihren Ausscheidungen gerade in wärmeren Ländern auch nicht wirklich entgehen kann, zumal sie in Staubform daherkommen, ist die einzige Methode, einer Ansteckung zu entgehen, eine, die seit Jahrtausenden bekannt und bewährt ist: die Tiere nicht ins Haus lassen. Glück haben.

Allerdings sind nicht alle Mausarten ein Wirt für das Virus, und ihm fehlt bisher die Fähigkeit, von Mensch zu Mensch zu wechseln. Aber kann das irgendwann passieren? Zwei Personen, die miteinander in Kontakt stehen, sind auch mit den Nagetieren, die im gleichen Gebiet vorkommen, in Kontakt, geht ja gar nicht anders. Ist daher schwer zu belegen. Einerseits. Andererseits gibt es Hinweise, Unsicherheiten inklusive, dass das Andes-Hantavirus, ANDV, Vorkommen in Chile und Argentinien, von Mensch zu Mensch übertragen wird.

Die Letalität bei ANDV ist die gleiche wie beim Sin-Nombre-Virus.

===

Rainer Ulrich, Genetiker, Prof. Dr., sitzt in einem Konferenzraum irgendwo im Hauptgebäude, Institut für neue und neuartige Tierseuchenerreger, Friedrich-Loeffler-Instituts, Ostseeinsel Riems, Bundesforschungsinstitut für Tiergesundheit. Man verläuft sich leicht, die Gänge sehen alle gleich aus, es ist aufgeräumt und riesig. 89 Labore unterschiedlicher Sicherheitsstufen, darunter auch diejenige für die übelsten alle Viren, S4, über 150 Ställe für alle möglichen Tiere, eigener kleiner Hafen, der aber nicht mehr genutzt wird. Eine Handvoll alte Bauwerke, der Tradition wegen, aber ansonsten alles sehr neu und modern. In regelmäßigen Abständen hängen Schilder an unscheinbaren Schränken, auf denen steht »Notfallschrank. Nur für Evakuierung.« Darin: Schutzanzug und Brille und Handschuhe, Duck-Tape, um alles zu verkleben, Gebäudepläne. Im Foyer hängen Wandbilder aus den 1950ern, Wissenschaft als Kunst, Tiere sezieren, ins Mikroskop sehen, Kulturen anlegen, sehr bunt und sehr beeindruckend. Der Schreibtisch von Friedrich Loeffler steht davor, abgesperrt mit einem Band, damit ihn keiner aus Versehen kaputt macht.

Ulrich arbeitet an Erregern, die in Nagetieren vorkommen, Mäuse, Ratten, Eichhörnchen, das sind seine Tiere. Und Hantaviren seine Erreger. In seinem Büro kann man sich nicht treffen, da ist kein Platz, alles voller Paper, zu viel Literatur, gestapelt auf dem Stuhl, dem Schreibtisch, dem Fußboden. Seit Jahrzehnten ist er auf Hanta spezialisiert. Zuerst an der Charité, seit 2004 am Friedrich-Loeffler-Institut, seit 2006 auf Riems. Ganz zu Beginn besteht seine Arbeitsgruppe nur aus ihm selber, sehr übersichtlich, aber immerhin geht keine Information auf langen Dienstwegen verloren. Das FLI ist wie das Robert Koch-Institut, nur für Tiere. Tierseuchen, Grundlagenforschung, angewandte Forschung, aber eine Differenzierung ist schwierig, weil Ersteres sehr oft zu Letzterem führt, dazu: Beratung des Bundesministeriums für Ernährung und Landwirtschaft.

Ulrich lehnt sich zurück im Stuhl. »Dann mal los«, sagt er. Der Tisch ist grau, die Stühle und die Wände auch, ein völlig austauschbarer Raum, alles entspricht modernstem Standard, aber zur ziemlich bunten Geschichte passt es nur bedingt.

Friedrich Loeffler ist einer dieser großen Forscher aus der an großen Forschern nicht armen Zeit um die Jahrhundertwende. Er ist Mitarbeiter von Robert Koch. Seine Arbeitskollegen sind Paul Ehrlich und Emil von Behring, Richard Pfeiffer und Carl Fraenkel, August von Wassermann und Erich Wernicke, alle mit riesigen Verdiensten, jeder mit Ehrengrab oder Denkmal oder beidem, und manche auch mit Nobelpreis. Es sind die Avengers der Mikrobiologie, und vielleicht die brillanteste Arbeitsgruppe, die es je gegeben hat. Loeffler entdeckt zusammen mit Paul Frosch, ebenfalls Mitglied des Teams, 1898 in den Stadtbahnbögen in Berlin, Nummer 262 und 264 nahe der Charité, das allererste Virus in der Tierwelt, das Maul-und-Klauenseuche-Virus – das ein paar Jahre später in Kansas die Überlegungen zur Herdenimmunität anstößt.

Er gründet später das erste virologische Forschungsinstitut der Welt. Es ist 1910, und er tut das auf der Ostseeinsel Riems, Bezirk Greifswald, nachdem er zuerst Experimente an der dortigen Universität durchgeführt hat, die zwar die Forschung an der Maul- und Klauenseuche voranbringen, aber auch immer wieder die Gegend kontaminieren. Andere Zeit, weniger Sicherheitsvorkehrungen und damals sowieso kompliziert bei Viren. Man hat es schwer als Rinder- und Schafzüchter in Greifswald um diese Zeit und deswegen, na ja, Herr Loeffler, danke für Ihren Einsatz, alles super so weit, aber wie wäre denn die Idee, dass Sie umziehen mit Ihrer Forschung, wir hätten da eine schöne Insel im Blick.

Erreichbar nur per Dampfer, das Schiff heißt zuerst ganz unbescheiden »Loeffler«, dann »Virusjäger«, es fährt bis Anfang der 1970er. Zudem wird eine Seilbahn gebaut, bereits 1926, damit man auch im Winter Mensch und Material auf die Insel schaffen kann, wenn das Meer gefroren ist. Aber irgendwann ist das alles zu mühselig, Kühe in der Seilbahn zu transportieren ist ohnehin keine gute Idee, und weil das Institut wächst und wächst, die Sicherheitsvorkehrungen immer besser werden und die DDR auf der Insel in erster Linie Impfstoff herstellen lässt, wird ein Damm aufgeschüttet. Man kann mit dem Auto hinfahren, kommt aber trotzdem nicht rein ohne Termin, Stacheldraht, Bewachung, der größte Teil der Insel ist Sperrgebiet. Riems ist angeblich die gefährlichste Insel der Welt, aber vielleicht … ist auch das Gegenteil wahr, und es ist die sicherste, die Sicherheitsvorkehrungen sind enorm. Ganz bestimmt ist es die einzige Insel, auf der ein Denkmal für Meerschweinchen steht. Sind so tolle Versuchstiere. Riems ist außerdem das modernste Tierseuchenforschungszentrum des Kontinents. Wenn man das möchte und vor allem für wissenschaftlich sinnvoll erachtet und der Versuch genehmigt wird, denn das muss vorher immer passieren – mehrere Stellen überprüfen, ob der Versuchszweck vernünftig ist –, dann kann man hier auch Schweine mit Ebola infizieren. Die Tiere sind vorhanden, das Virus und das entsprechende Labor auch, alles da. Gearbeitet wird mit allem, was Rang und Namen hat, mehr als 75 Erreger sind das, alle anzeigepflichtig in Deutschland und international. Viele Zoonosen dabei, aber auch reine Tierseuchen.

»Nur Viren«, sagt Thomas Mettenleiter, Biologe, Prof. Dr. Dr. h.c., Präsident des FLI, Lehrauftrag an der Universität Greifswald, molekulare Virologie, »spielen in der Champions League der Infektionserreger.« Er empfängt in seinem Büro, an der Wand stehen Warnschilder aus den Jahren der Tierseuchenbekämpfung, Signalfarben, große Schrift.

»Sperrbezirk. Maul- und Klauenseuche«, »Tollwut!«, »Schweinepest.

Unbefugter Zutritt verboten«, »Wegen Seuchengefahr Desinfektionszwang«, »Tierseuchenalarmplan«.

Im Moment laufen Arbeiten zu Ebola und Lassa, im Wesentlichen passiert das in der Zellkultur. Da wird zum Beispiel analysiert, welche Wirtsfaktoren einen Einfluss haben auf die Vermehrung von Viren. Kann man da was manipulieren? Gibt es eine Idee, um den Erregern den Eintritt in die Zelle zu erschweren, am besten für die ganze Virusfamilie? So was in der Art. »Da kann man aber auch ins Tier gehen«, sagt Mettenleiter. Und das muss man auch, denn wenn ein Impfstoff entwickelt wird für eine bestimmte Spezies, dann muss der auch ausprobiert werden. Geht ja nicht anders. Sensibles Thema, aber zum Spaß wird es nicht gemacht, und die Bedingungen sind so human, wie es eben geht, was komisch klingt, weil das immer mit dem Tod des Tieres endet, nichts verlässt den Stall lebend. Und dennoch ist das bis zum Ende um Längen besser, schonender, tierfreundlicher als beim durchschnittlichen landwirtschaftlichen Nutztierbetrieb. Und es ist auch die einzige Möglichkeit, man kann nichts abgeben auf Gnadenhöfe oder in Kinderhände, das wäre zu gefährlich. Die Erreger müssen da bleiben, wo sie sind, im Labor und im Tier.

Den toten Tieren werden alle möglichen Proben entnommen, auch um weniger Versuche machen zu müssen, und dann verschwinden sie, wortwörtlich. In der höchsten Sicherheitsstufe S4 bedeutet das: Behälter aus Edelstahl, darin eine Mischung aus hohem Druck, Kalilauge und hohen Temperaturen, und alles zersetzt sich innerhalb weniger Stunden. Übrig bleibt eine kleine Pfütze leicht bräunlicher durchsichtiger Flüssigkeit, mikrobiologisch steril, jede DNA abgetötet, virenfrei, nur noch ein bisschen Zucker und Mineralien drin, wie in einer Vitamintablette aus dem Naturkostladen. Kann man im Abfluss wegspülen, und theoretisch mit Menschen auch machen, und bei Verstorbenen in den USA, Australien und Großbritannien wird das auch tatsächlich angewendet.

Ist in dem Fall aber wohl eher was für Angehörige, die Emotionalität für überschätzt halten.

===

Vor Jahren, sagt Ulrich, gibt er ein Interview, und da wird er gefragt, ob er sich sich vorstellen kann, dass nordamerikanische Hantaviren auch in Deutschland heimisch werden. Ganz Wissenschaftler, antwortet er als Genetiker und Biologe, sein Zeithorizont liegt bei hunderttausend Jahren, vielleicht mehr, und dann sagt er: Klar, das kann er sich vorstellen. Ist auch nicht so, dass er nicht korrekt zitiert wird, aber sie besprechen halt den Zeitrahmen nicht, und als er nachsieht, liest es sich so, als ob er erwarten würde, dass das Virus von jetzt auf gleich, Montag auf Dienstag, in Deutschland auftreten könnte.

»Nein«, sagt er, »das ist nicht der Fall.« Das muss er erst mal loswerden. Dabei muss ein Spillover aber nicht immer von Tier auf Menschen stattfinden, ein Spillover ist es auch dann, wenn ein Virus von Mausart zu Mausart springt. Er sagt: »So eine Übertragung findet sehr, sehr selten statt.« Würde man die Hirschmaus nach Deutschland einschleppen, könnte das aber theoretisch passieren. Umgesiedelte Arten können sich behaupten, ist ja nicht so, dass das noch nie vorgekommen ist, Waschbär, Bisamratte, Grauhörnchen, und mit ihnen ihre Erreger, und deswegen ist auch der Handel mit Tieren von anderen Kontinenten eine ganz schlechte Idee.

===

Warum die Letalität bei verschiedenen Hantavirus-Spezies so unterschiedlich ist, weiß man nicht. Es gibt keine guten Modelle, um die Ursachen zu erklären. Aber um Menschen geht es dabei nicht, unser Leben oder Sterben ist nur ein Nebeneffekt. Die Viren sind an die Nagetiere angepasst, und diese Anpassung ist der Treiber der Veränderung. Ulrich sagt das wissenschaftlicher: »Man geht davon aus, dass die Evolution der Viren so erfolgt, dass sie sich immer besser adaptieren an die Nagetiere.« Hat mit Menschen nicht das Geringste zu tun, evolutionär gesehen.

Erfolg der Evolution misst sich daran, ob das Erbgut weitergegeben wird, und nicht daran, ob der Mensch bei einem Spillover getötet wird oder auch nicht. Und so ist es auch zu erklären, dass es verschiedene Hantaviren gibt – Hantaan, Puumala, Dobrava-Belgrad, Seoul, Sin-Nombre, Andes –, die zwar teilweise sehr eng miteinander verwandt sind, manche mehr, manche weniger, aber eine nahe Verwandtschaft heißt nicht unbedingt, dass sie ähnlich tödlich sind, das ist völlig unabhängig davon.

Und obwohl in Deutschland eine Erkrankung unter »ferner liefen« läuft, kann man auch hier an dem Virus sterben oder monatelang krank sein, passiert halt nur nicht so oft. Aber wenn doch, dann weiß niemand warum.

Ist es das, was ihn an Hantaviren fasziniert? Ulrich lacht, und das klingt etwas überrascht, als ob er die Frage ganz verrückt findet: Wie kann man denn Hantaviren nicht mögen? Er überlegt, er ist Genetiker, »mit dem Herzen«, sagt er, aber das spricht ja nicht gegen die Virologie, im Gegenteil. Bei Hanta gibt es keine reverse Genetik. »Ein bisschen erschütternd« findet er das.

Klassische Genetik ist: Ich habe einen Phänotyp, eine Mutante etwa, dem ich eine bestimmte genetische Veränderung zuordnen kann. Der Phänotyp ist zum Beispiel besonders ansteckend, aufgrund der Veränderung. Bei der reversen Genetik gehe ich genau umgekehrt vor. Ich kenne die Genomorganisation eines Virus, und ich spekuliere, dass eine bestimmte Region der genetischen Information eine Rolle spielt für den Phänotyp. Ich verändere die genetische Information und gucke dann, ob das stimmt. Wird meine Hypothese bestätigt und ändert sich der Phänotyp? Wird er ansteckender? In der Virologie ist das eine Standardmethode. Das geht bei fast allen Virusgruppen, Influenza etwa oder Coronaviren. Man kann sehen, was sich verändern könnte, auf was man sich einstellen muss. Bei Hantaviren aber geht das nicht, funktioniert nicht, warum nicht, weiß niemand, und seit Jahren scheitert ausnahmslos jeder, der sich damit beschäftigt.

Rainer Ulrich studiert in Halle, damals noch in der DDR, und das Studium ist so breit aufgestellt, dass ihn das für ziemlich viel qualifiziert, Pflanzen-, Mikroben-, Drosophila-Genetik, der Modellorganismus in der Genetik schlechthin, und später wechselt er an die Charité und arbeitet an der Genetik von Viren. Es ist 1983, der Kalte Krieg steuert auf seinen Höhepunkt zu, und er interessiert sich für Virologie. Er betritt das Büro des damaligen Institutsdirektors, und der fragt als Erstes: Wer hat Sie geschickt? Niemand hat das, Parteimitglied ist er auch nicht, keine Beziehungen sind im Spiel und keine Politik, er will an Viren arbeiten, und das passt, weil er genetische Grundlagen ja bereits mitbringt. Und so macht Rainer Ulrich dann seine Diplomarbeit am Zentralinstitut für Molekularbiologie an der Akademie der Wissenschaften der DDR, heute Teil des Max-Delbrück-Centrums für Molekulare Medizin, zu einem Virus namens Simian-Virus 40, Affenvirus 40, ein sehr pragmatischer Name, weil es das vierzigste im Affen entdeckte Virus ist, offiziell MmPyV1, Macaca mulatta polyomavirus 1, aber so nennt das niemand, sondern alle sagen nur SV40, was ein bisschen klingt wie TSV 1860.

Damals geht man davon aus, dass das Virus vielleicht Krebs auslöst bei Menschen, und Ulrich sagt: »Das war eine sehr, sehr schöne Zeit.« Was auf sympathische Art etwas nerdig ist, weil man ganz bestimmt wenige Leute trifft, die sich mit krebsauslösenden Viren beschäftigen und das als »schöne Zeit« in der Erinnerung abspeichern. Ob SV40, das mal nebenbei, wirklich Tumore hervorruft, ist auch nach Jahrzehnten noch nicht abschließend geklärt, in der Zellkultur sieht es so aus, die Zellen können sich ewig teilen, im Menschen gibt es dafür keinen Hinweis, was aber nicht heißt, dass es nicht passieren kann. Krebs bleibt auch hier das, was er immer ist: ein schwer zu erforschender mieser Unsympath.

Ulrich arbeitet dann an einem Rindervirus, beschäftigt sich mit der Diagnostik, und schließlich sagt der Chef des Instituts für Virologie: Du musst jetzt mal in die Sowjetunion. Sporen verdienen. Der nächste Karriereschritt. Aber da ist es schon nicht mehr wie immer, Veränderung liegt nicht mehr nur in der Luft, sondern die Luft besteht aus Veränderung, an jedem Montag demonstrieren Menschen, und Rainer Ulrich hat nicht das Gefühl, dass er jetzt weggehen muss, aber dann tut er es doch. Anfang Oktober 1989 fliegt er nach Riga, Lettische Sozialistische Sowjetrepublik, LSSR, und weil die Informationslage eher schlecht ist, verpasst er den Fall der Mauer und bekommt das erst einen Tag später mit. Spontan zurückfliegen ist undenkbar, geht logistisch einfach nicht, und so bleibt er da, wissenschaftlich ist das gut, menschlich auch, er mag die Kollegen – und zusammen leisten sie Pionierarbeit. Die Gruppe forscht an Virus-ähnlichen Partikeln, Virus-Like Particels, VLP, die aussehen wie Virenpartikel, aber kein genetisches Material besitzen und sich nicht vermehren können. Das Immunsystem erkennt sie dennoch genauso schnell wie Viruspartikel bei einer Infektion, was für Impfungen genutzt werden kann. Und das ist auch das Ziel: durch

Einbau von Teilen eines Virus in VLPs eines anderen Virus potenzielle Impfstoffe herzustellen.

Viren als Impfschlitten, das mag kompliziert klingen, aber im Kern ist die Idee ähnlich der, die auch Gerd Sutter knapp 7000 Kilometer weiter westlich ausprobiert, in Maryland, mit einem Pockenvirus. In Riga fusionieren sie Proteine von HIV mit einem Protein des Hepatitis-B-Virus und testen das in einer Maus, und dort kommt auch eine Immunantwort auf HIV, aber sonst passiert nichts weiter. Es geht um die prinzipielle Durchführbarkeit des Vorhabens, einen Impfstoff haben sie nicht im Sinn, und das ist anders als bei Sutter. Aber auch in der Maus zeigt sich, dass es schwer wird mit HIV, und letztlich geht es Ulrich im Sozialismus genau wie Sutter im Kapitalismus. Dem HI-Virus ist nicht beizukommen. Etwas episch überhöht könnte man sagen: Ost und West, verschiedene Gesellschaftssysteme, gleich vor einem Virus. Vereint im Scheitern an HIV.

»Als ich wiederkam, war das Land ein anderes«, sagt Rainer Ulrich. Er arbeitet zwar an der Charité, Institut für Virologie, aber angestellt ist er dort nicht. Das ändert sich am 15. Juni 1990, ein paar Tage später ist Einstellungsstopp.

Nach der Wende gibt es eine Forschungsinitiative, Wissenschaftler aus dem Osten des Landes mit denen aus dem Westen. Ulrich trifft Kollegen, die mit Hantaviren arbeiten, er hat seine Dissertation gemacht, ist noch nicht auf ein bestimmtes Virus spezialisiert und findet das interessant. Vielleicht, das ist die Grundidee, kann man die Erfahrungen einbringen, die er im Baltikum gemacht hat, VLPs, Genetik, mal sehen, was geht, und dann geht ziemlich viel. Hanta ergibt sich, wie sich Dinge eben ergeben, denn an der Charité wächst der Gedanke, dass man dringend mal jemanden braucht, der sich mit Nagetieren und ihren Viren auskennt.

Wenn, dann richtig, denkt Ulrich, und dann bitte so professionell, wie es geht, und so braucht er Nager, am besten aus allen Ecken des Landes, noch besser: aus allen Ecken überhaupt. Er beginnt damit, Kontakte aufzubauen zu jedem, der Bäume verwaltet. Zu jedem, der an Hantaviren in Deutschland forscht. Zu jedem, der Erreger von Nagetieren sammelt – und das macht er dann auch selber: sammeln. Mittlerweile kann man ihm tote Tiere mit der Post schicken, frische Ratte mit

Virenverdacht, er ist vermutlich der Einzige, der sich über so ein Paket freut. Und natürlich geht er auch selber los, um Tiere zu fangen. Und das entpuppt sich von Anfang an als nicht ganz so leicht. Das erste Mal fährt er raus im Frühjahr, es liegt Schnee, es sind die frühen 1990er, er hat gerade begonnen mit Hanta und keine Erfahrungen im Fangen von kleinen Nagetieren. Was kann schon so schwer daran sein?

Sie sind zu viert und wollen Hantaviren in Nagetieren im Nordosten nachweisen, gucken, ob sie welche finden. Es geht nach Mecklenburg-Vorpommern in ein Forstamt in der Nähe von Pasewalk. Ulrich sagt: »Dort wüsste man, wo man uns hinschicken soll.« Aber das stimmt nicht, niemand weiß, wo es Nagetiere gibt, die die Viren tragen könnten. Mäuse finden ist auch schwierig im Frühjahr, es ist eine schlechte Jahreszeit für Nagetiere. Sie fahren hin und her, finden nichts, bleiben mit dem Auto stecken, sind mehrere Tage unterwegs, verlaufen sich – und fangen am Ende nur etwas mehr als ein Dutzend Tiere, Mäuse jagen ist ein eher schwieriges Unterfangen. Von den wenigen gefangenen Tieren sind alle negativ.

Ulrich lernt gleich zu Beginn, wie man es besser nicht macht, und das ist ja auch nicht verkehrt, denn das passiert ihm nie wieder. Er sagt: »Eine ziemlich interessante Erfahrung«, und mittlerweile lacht er da auch. »Wenn man Nagetiere fangen will, sollte man ein bisschen Ahnung haben von Tieren. Und man braucht vorher einen Plan, was man eigentlich mit denen machen will.«

Etwa die Tiere nicht nur auf ein einziges Virus untersuchen. Wenn man sie schon mal hat, kann man auch gleich verschiedene andere Erreger in den Blick nehmen, schließlich tragen Nagetiere eine Vielzahl von Krankheitserregern: Hantaviren, aber genauso alle möglichen anderen, die für uns im Moment überhaupt keine Rolle spielen als Zoonose-Erreger.

Und dann zählt Rainer Ulrich ein paar Viren auf, alle in Nagetieren auffindbar, manche hat man schon mal gehört, die meisten noch nie. Er sagt: »Wir gehen erst mal nicht davon aus, dass diese Erreger auf den Menschen übertragbar sein könnten.« Er nennt Herpes-, und Papillomaviren. Und Coronaviren.

===

Man muss das Risiko nicht überbewerten. Die meisten Viren aus Tieren sind harmlos für den Menschen. Dennoch wissen wir relativ wenig über sie, insgesamt gesehen. Nicht mal, was alles in Tieren zirkuliert. Wäre das anders, könnten wir vielleicht abschätzen, welche von ihnen auf Menschen übertragbar sind. Und was das bei uns auslöst. Und dann könnten wir das Risiko eines Spillovers reduzieren, bevor eine Pandemie ausbricht. Daten sammeln kann also nicht schaden.

Das kann man in Mecklenburg machen.

Oder in Afrika.

===

Er ist gerade aus dem Jeep gestiegen, und weil sofort der Chief des Dorfes kommt und Christian Drosten die lokale Sprache nicht spricht, vertritt er sich die Füße. Er geht nicht weit weg von den Autos, er will sich auch nicht umsehen ohne Erlaubnis des Dorfchefs, aber ein paar Meter läuft er schon, und dabei geht er um ein Haus.

Er läuft um die Hütte, gar nicht besonders zielgerichtet, sie gruppiert sich mit anderen Häusern um den Dorfplatz, ein paar Dutzend Hütten, ein paar hundert Menschen, man kann gar nicht anders, will man nicht auf der Stelle tänzeln. Im Hintergrund beginnt der Wald. Die Höhle, derentwegen sie hier sind, ist ein paar Kilometer entfernt. Er steht vor einem Feuer. Ein Mann, vielleicht Mitte 30, sitzt dort, zerschlissene Kleidung, und bereitet sich eine Mahlzeit zu. Es gibt Rohrratte.

Rohrratte, grascutter genannt in Ghana, ist beliebt dort, teilweise größerer Fleischlieferant als Schwein und Rind und trotz des Namens mit Ratten nicht verwandt, sondern mit Stachelschweinen. Der Mann hat einen Stock in der Hand, und damit dreht er das Tier in der glühenden Holzkohle. Es ist einen halben Meter groß, etwas länger vielleicht, männlich, nicht ausgenommen, damit es innen schön saftig bleibt. Der Mann erschrickt ein wenig, kann ja keiner damit rechnen, dass da plötzlich ein schlaksiger Europäer auftaucht. Sie sehen sich an, eine Sekunde, Drosten blickt kurz zur Feuerstelle. Er macht eine entschuldigende Geste, er wollte nicht stören. Der Mann nickt.

Drosten geht zurück zum Auto. Von Bushmeat wird alles Mögliche übertragen, und wer weiß, welche Erreger in Rohrratten stecken.

Hoffentlich, denkt er, hat der Mann das Tier nicht tot im Wald gefunden.

===

Vor wenigen Tagen erst sind sie angekommen, Linienflug, kleines Team, kein großer Aufwand. Erst mal die Vorhut sein, um zu sehen, ob sich das überhaupt lohnt. Der erste Schritt vor dem zweiten, der Weg wird ohnehin lang, wie das eigentlich immer ist. Es ist Nachmittag, und noch immer ist es extrem heiß.

Kumasi ist eine trockene Stadt, ungemütlich und wüst, und an manchen Ecken sieht es aus wie bei Mad Max. 250 Kilometer entfernt von der Küste Ghanas, bisschen größer als Hamburg, manchmal größte Stadt des Landes, manchmal nicht, kommt drauf an, wer zählt und was man mitzählt. Die Stadt ist ehemals Hauptstadt des Aschantireichs, das wiederum zumindest teilweise Vorbild war für Marvels *Black Panther*, modern-europäisch organisiert, große Armee und die Einzigen weit und breit, die der europäischen Expansion in Afrika etwas entgegenzusetzen hatten, jahrhundertelang. Groß im Sklavenhandel, mehrmals die Briten besiegt, und während das Metall bei *Black Panther* »Vibranium« heißt, kaschiert der Name der britischen Kolonie, dessen Teil das Aschantireich dann letztlich doch wird, nicht wirklich, um was es ging: Goldküste.

Die Stadt hat relativ viele Grünanlagen. Sie liegt in der Regenwaldzone, umgeben von Dschungel, moderne Infrastruktur und Sitz von KNUST, der Kwame Nkrumah University of Science and Technology, an der auch Kofi Annan studierte. Die Uni ist angeblich die beste in Westafrika, und das Gesamtpaket macht die Stadt interessant für Forschungsprojekte aller Art.

Drosten ist seit Jahren hier, seit er am BNI in Hamburg forscht. Mittlerweile ist er nicht mehr jedes Mal dabei, wenn Teams aus seinem Institut nach Ghana fliegen, aber mehrmals im Jahr fährt irgendjemand. Es gibt ein Forschungszentrum in Kumasi, an dem deutsche und ghanaische Wissenschaftler an gemeinsamen Projekten arbeiten. Immer mal wieder sind die Deutschen länger vor Ort, und in Berlin arbeiten momentan zwei ghanaische Wissenschaftler in der Virologie der Charité. Die Beziehung ist über die Jahre immer tiefer geworden, so lange geht das schon, dass der Austausch mittlerweile Routine ist. Über vierzig Mitarbeiter am KNUST haben in Deutschland studiert. Die erste Doktorandin, die Drosten hatte, kam von hier, arbeitete mit ihm in Hamburg am Bernhard-Nocht-Institut – und ist seit langem wieder in Kumasi, jetzt als Professorin.

Sucht man Viren, ist der erste Schritt: Plätze finden, die für die Suche interessant sind. Möglichst viele unterschiedliche, schließlich ist Ghana nicht um die Ecke, Höhlen, Urwälder, große Bäume, das ist alles gut. Es ist die Verbindung zwischen Grundlagenforschung und angewandter Medizin, denn Virensuche und -analyse bedeuten einerseits, ein Stück Evolutionsbiologie zu verstehen, aber andererseits eben auch, besser gegen zukünftige Seuchen gewappnet zu sein, weil das auslösende Virus dann vielleicht schon bekannt ist oder zumindest aus der gleichen Spezies kommt. Und so ist das Ziel von Fledermausproben immer auch das Suchen und Finden von biologischer Diversität bei Viren. Je mehr drin ist, desto besser.

Das Team um Drosten arbeitet zusammen mit Ökologen und Agrarwissenschaftlern aus Ghana, weil die das Land kennen und Ideen haben, wo sich eine Suche nach Fledermäusen lohnen könnte. Aber manchmal finden auch die nichts. Ein ehemals guter Platz entpuppt sich dann als verlassen, oder ein Geheimtipp ist so geheim, dass selbst die Tiere davon noch nichts gehört haben.

Als Drosten zum ersten Mal im Land ist, fährt die Expedition tagelang durch die Gegend, er hat das Gefühl, jeden Baum gesehen zu haben. Sie müssen Höhlen finden, die zugänglich sind. Oder Plantagen, die von den Tieren angeflogen werden. Irgendwo in einem Gebiet, wo die Tiere schwärmen, wo man weiß, dass sie wiederkommen. Geht nicht darum, mit dem Auto vorfahren zu können, aber oberhalb eines Wasserfalls sollte es eben auch nicht sein. Sie müssen Ausrüstung dorthin tragen können, Netze spannen, die Möglichkeit haben, Tiere zu fangen, ohne sie aus Versehen umzubringen. Dazu kommt, dass verschiedene Fledermausarten sich alle extrem unterschiedlich verhalten. Manche fliegen nur in sechs Metern Höhe, manche fliegen nur über den Baumkronen, manche fliegen nur im Unterholz. Man muss also nicht nur genau wissen, welche Art man sucht, sondern für diese Art auch die idealen Bedingungen finden. Es ist mühsam, und am Anfang ist kein idealer Platz dabei.

Sie finden ihn im Zoo.

Drosten sitzt in Kumasi mit dem Team in einem Restaurant, Zoonähe, kaltes Bier, eine Ansammlung von Holzhäusern, kleiner Teich in der Mitte, Kirchen rundherum, und er überlegt, wie es weitergehen kann. Der Laden ist eine Mischung aus afrikanischen Klischees, Palmblattdächer, Bier mit Strohhalm, Holzhäuser und Masken an der Wand, und europäischen Erwartungen, Yamswurzel, Waffeln, bunte Cocktails. Das Team ist erschöpft, ein bisschen frustriert sind sie auch. Morgen noch mal ein Treffen mit den Kollegen aus der Agrarwissenschaft, mal sehen, ob noch was geht.

Der Zoo von Kumasi ist ein offenes Gelände am Rand der Innenstadt, viele Bäume. Drosten sieht hin, nicht zielgerichtet. Hat sich da was bewegt? Komische Blätter. Es dauert eine kurze Weile, bis seine Augen es entziffert haben. Bis sein Gehirn sortiert hat, dass die Masse, die dort hängt, nicht ein Organismus ist, nicht zum Baum gehört. Sondern dass es viele sind, sehr viele. Merkt man erst mal nicht, wenn man es nicht weiß.

Die Bäume sind voller Flughunde.

Jeder Baum, alle. Mitten in der Stadt. Auf dem Gelände des Zoos. Die Tiere schlafen in der Sonne, hängen rum und pennen, manchmal schubsen sie einen Nachbarn weg, mit einem Flügel, weil der zu eng sitzt und nervt, das ist die Bewegung, die Drosten wahrgenommen hat. Sonst tut sich nicht viel. »Oh«, sagt er, und die ghanaischen Mitglieder des Teams sehen sich fragend an. Wie? War doch klar, was erwartest du denn? Und das hier ist ja noch gar nichts. Am Abend sieht man die Tiere in der Luft, 400 000 sind es schätzungsweise.

Sie haben das nicht erzählt, weil sie dachten, das sei allgemein bekannt. Kommt nicht in Frage, weil: zu offensichtlich. Weiß doch jeder, dass die Tiere überall rund um den Zoo und in der Handvoll Botanischer Gärten sind. Klarer Fall von kultureller Verständigungsschwierigkeit. Tatsächlich sind die Tiere Kulturfolger, Füchse in London, Wildschweine in Berlin, Flughunde in Kumasi, und das liegt nicht daran, dass sie Menschen so gerne mögen, sondern dass die ihre Lebensräume zerstören und die Tiere eben irgendwohin müssen.

Im Zoo finden sie es bequem. Sie ziehen im späten Herbst dort ein, bekommen ihre Jungen im Februar und März, und im Mai ziehen sie weiter – entlang der Fruchtsaison ihrer Futterpflanzen quer über den afrikanischen Kontinent, südliche Richtung.

Einer der Männer geht zu einem der Bäume und klatscht ein paar Sekunden lang, aber das reicht, und der Baum ist mit einem Schlag leer. Eine riesige Wolke steht über ihm, Tausende Tiere, die kurz hektisch in der Gegend herumfliegen, dann merken, dass gar nichts ist und sich wieder in ihre Position hängen, rempel, rempel, passt alles. Ist einfach zu heiß für Bewegung. Wenn es dunkel wird, gegen 18 Uhr, fliegen alle gleichzeitig los, Nahrungssuche. Im Zoo sind es so viele Tiere, dass es knapp eine halbe Stunde dauert, bis alle weg sind.

Angeblich 162 Tierarten leben im Zoo und ganz sicher ist, dass sie so gehalten werden wie man das eher nicht machen sollte, in Deutschland aber bis in die 1980er auch gemacht hat. Gekachelte Räume, Metallkäfige und Drahtverhaue, Betonwände, alles zu klein, eher Gefängnis als Aufenthaltsort. Er passt sich an die Umgebung an, shanty town, alles sehr provisorisch. Das Gelände ist, läuft man Richtung Mitte, ein Dschungel im Dschungel der Stadt. Und nicht wirklich sehenswert wegen der Tiere in den Käfigen, sondern wegen der Tiere in den Bäumen – die dort nicht gehalten werden, sondern freiwillig da sind. Akazien, Feigenbäume, Palmen voller Flughunde, die dort sind, weil sie nicht gestört werden und Platz haben. Ein paar Wachmänner laufen herum, um Bäume und Tiere zu schützen gegen Rodung und Jagd, aber das hat mit den Flughunden nichts zu tun. Die werden als Plage angesehen. Wie Tauben in deutschen Innenstädten, nur eben viel mehr davon, eher riesige Insektenschwärme – und so werden sie auch behandelt.

Als Drosten mit seinem Team dort ankommt, denken die Leute im Zoo, dass da endlich Wissenschaftler kommen, die ihnen helfen, eine funktionierende Methode zu entwickeln, um die Viecher endlich auszurotten. Sie sind ein wenig enttäuscht, als sie erfahren, dass das nicht der Fall ist. Ach, Sie wollen die Tiere untersuchen, hm, na sei's drum.

===

Stundenlang ist das Team unterwegs, auf Straßen, die erst okay und dann immer weniger als solche erkennbar sind. Das Dorf ist nicht nur ein anderer Ort. Der Platz liegt auch in einer anderen Zeit. Von Kumasi ähnlich weit entfernt wie von Berlin. Die wenigsten Einwohner können lesen oder schreiben, sie sind Selbstversorger, Elektrizität gibt es keine, dafür Geisterheiler für die Krankheiten, die so anfallen.

Die ersten Leute sind in der Sekunde da, in der die Jeeps parken. Sie stehen etwas abseits des Dorfplatzes, aber weil lange keine Besucher von außerhalb mehr da waren, haben sich die Einwohner versammelt. Der Chef des Ortes lässt sich etwas Zeit, Chief, der heißt wirklich so, der Ortsvorsteher. Er ist zuständig für Fragen an unbekannte Besucher. Drosten steht im Hintergrund. Er sagt nichts, die ghanaischen Mitarbeiter übernehmen das. Sie sprechen die lokale Sprache, Drosten arbeitet mit einem Wissenschaftler der Landwirtschaftlichen Fakultät der Universität in Kumasi zusammen. Sein Vater war Kakaobauer, der Mann kennt sich in der Region aus. Er weiß, welche Witze man machen muss, welcher Smalltalk das Eis bricht und welche Komplimente funktionieren.

Er stellt die Kollegen vor, nette Typen, sagt er, Deutsche, sie interessieren sich für Fledermäuse in der nahen Höhle. Der Chief nickt.

»Was untersucht ihr denn?«

»Ob die Fledermäuse Krankheiten übertragen.«

An dem Punkt wird es manchmal kompliziert, weil das teilweise dazu führt, dass die Menschen vor Ort es nicht verstehen. Nicht, weil sie intellektuell dazu nicht in der Lage wären. Es ist schlicht nicht Teil ihres kulturellen Codes. Warum sollen Fledermäuse Krankheiten übertragen? Die kommen von den Göttern, das ist ja klar. Denn sosehr Jesus die Vorherrschaft in Kumasi besitzt, sechs Stunden entfernt hat er wenig zu melden. Oft dominieren Naturreligionen.

»Okay«, sagt der Chief. »Ist das gut für die Tiere? Oder schadet ihr ihnen?«

Gut für die Tiere, niemand will sie töten, aber je mehr man weiß, desto besser. Der ghanaische Kollege erklärt das nicht weiter, er könnte sagen, dass es dann einfacher ist, ihr Bild in der Öffentlichkeit zu korrigieren, aber das lässt er bleiben, weil das eine zu entfernte Idee ist – schließlich besteht die Öffentlichkeit hier nur aus ein paar Dutzend

Menschen, die alle größere Probleme haben als das Image von Fledermäusen.

Der Chief stimmt zu. Aber nicht heute.

»Warum denn nicht?«

Und dann stellt sich heraus, dass die Fledermaushöhle mit der örtlichen Naturreligion verbunden ist. Und da gibt es Tabus. Teilweise ganz einfach und übersichtlich, man muss sich nicht groß auskennen in lokalen Göttern oder Heilkunst. Man darf nur dienstags nicht rein. Oder mittwochs. Oder im März. Sonst geschieht etwas Schlimmes, manchmal ganz konkret und manchmal ist es auch unbestimmt, dann hat einfach die Dorfgemeinschaft kein Glück bei der nächsten Ernte.

Morgen, sagt er, ist das aber kein Problem. Morgen geht.

Der Chief bietet an, dass sie im Ort übernachten können. Die Forscher sehen sich an. Sie überlegen kurz. Es ist eine Abwägung. Jetzt wieder zurückfahren dauert, einerseits. Andererseits ist die Arbeit mit den Fledermäusen ohnehin in der Nacht, aber das würde bedeuten, den ganzen Tag im Ort zu verbringen. Sie entscheiden sich gegen die Übernachtung.

Danke, sagte der ghanaische Kollege zum Chief.

Er sagt: »Bis morgen.«

In der nächstgelegenen Kleinstadt gibt es ein Guest House.

===

Es müssen nicht immer Höhlen sein, Plantagen sind auch gut, aber in Höhlen ist der Ausflug der Tiere beobachtbar und vor allem berechenbar. Anflug, Abflug, wie lange sind die Tiere weg, wie viele gibt es in der Höhle.

Gefangen wird mit einem Netz. Es ist knapp zwanzig Meter lang und zwei Meter hoch, nimmt aber dennoch so wenig Platz weg, dass es einer alleine tragen und notfalls auch aufstellen kann. Nicht mal fester Untergrund für die Stangen wird benötigt, man könnte es auch in Bäume hängen und manchmal wird das auch gemacht, wenn eine Y- oder L-Form des Netzes den Flugweg der Tiere besser abdeckt.

Jeder im Team trägt Handschuhe und Mundschutz. Bei Coronaviren ist mehr nicht nötig, die Infektionsgefahr direkt aus dem Tier ist nicht übermäßig hoch. Das allerdings ist bei anderen Viren anders. In Höhlen, in denen man nach Ebola- oder Marburgviren sucht, würde das nicht reichen, da trägt man dann Schutzanzüge, Unterdruck, es gibt Desinfektionsduschen im Urwald, volles Programm, wie man das aus dem Kino kennt. Ein Vollschutz in der Feldforschung ist aber nicht die Regel. Zu wenig intensiv sind die Fänge, zu wenig ansteckend die Virenspezies, zu unpraktisch der Anzug. Die Arbeit ist kalkuliertes Risiko, schiefgehen kann immer was, aber normalerweise passiert das nicht, schließlich sind die Viren kein unbekanntes Terrain.

Ist das Netz gespannt, dauert es nicht lange, bis die Tiere sich in den Netzen verfangen, wenige nur, aber genug. Die Verletzungsgefahr für die Tiere ist gering. Speichel und Kot, darum geht es, die Proben werden mit normalen Wattestäbchen gesammelt. Blut ist schwieriger, schließlich ist alles zerbrechlich, man muss vorsichtig sein, und deswegen wird nur bei einigen wenigen Tieren etwas entnommen – mit sehr feinen Nadeln aus den Venen an den Flügelknochen, den Fingern der Fledermäuse.

Praktisch: Die Tiere geben meist vor Nervosität Kot ab, wenn sie untersucht werden. Man muss dann nichts weiter tun, als die Stücke einsammeln. Sie sind etwa so groß wie bei Mäusen und kommen noch im Feld in ein Röhrchen mit flüssigem Stickstoff, damit sie auf dem Weg nicht verderben. Später lassen sich dann die Viren nachweisen, nach denen man sucht: per PCR oder Zellkultur oder mit der Shotgun-Sequenzierung, die so heißt, weil sie im Prinzip genauso funktioniert, einmal draufgehalten und gucken, was man findet, die DNA zufällig fragmentieren und die daraus resultierenden Fragmente anschließend sequenzieren.

===

Manche Viren kann man nur in den Zellen der Tiere isolieren, in denen sie vorkommen. Selten, ganz selten, muss daher ein Tier für die Gewinnung von Zellkulturen getötet werden. Konkret bedeutet das in Drostens Fall: Während der ganzen Forschungsarbeit in Ghana, drei Jahre, etwa 40 000 untersuchte Höhlenfledermäuse, sind es weniger als zwanzig Tiere. Mehr ist nicht nötig, weil die gewonnenen Zellkulturen immortalisiert, unsterblich gemacht werden. Dazu wird ein Virusgen aus einem Affenvirus in die Zellen eingebracht, das bei Affen zu Tumoren führt. In der Zellkultur entsteht das Pendant zu einem Tumor, eine Zelllinie. Diese Zellen teilen sich endlos, sie treten nicht in das natürliche Programm des Zelltods ein, das bei direkt aus dem Tier entnommenen Zellen nach wenigen Generationen einsetzt. Die immortalisierten Zelllinien kann man unter standardisierten Kulturbedingungen herstellen, da die Zellen schnell und zuverlässig wachsen. Ein Tier muss dafür nie wieder sterben, im Gegenteil, vermutlich schützen die Zellen andere Fledermäuse: Die Frage nach der Virusherkunft aus Fledermäusen beschäftigt schließlich viele Virologen – und die müssen dann keine eigenen Fänge machen.

2007 hergestellt, wird mit den Zelllinien aus Ghana nicht nur in Berlin bis heute gearbeitet. Viele der von Drostens Team gesammelten Linien habe sich zum internationalen Standard entwickelt, sie werden in Deutschland und Europa benutzt, aber auch in Laboren in New York und Boston, in Galveston in Texas und bei der CDC in Atlanta.

Man muss neue Viren aber nicht finden. Man kann sie auch bauen.

===

Als der Niederländer Ron Fouchier im November 2011 in sein Büro bittet, ist der Kollege, mit dem er den Raum teilt, schwer genervt. Schon wieder muss er das Zimmer verlassen für ein Interview. Der Raum ist vielleicht zwölf Quadratmeter groß. Bücher stapeln sich aufeinander, überall Zettel. Fouchier entschuldigt sich bei seinem Kollegen. Er hat keinen Raum, der sich für Interviews eignet. Bis vor kurzem ist das nicht nötig.

Und dann verändert er H5N1, die Vogelgrippe.

So, dass sie sehr viel ansteckender ist. Er kombiniert die Todesrate der Vogelgrippe mit der Übertragbarkeit der Schweinegrippe. Insgesamt sterben im Labor siebzig Prozent der Versuchstiere. Führt man das Virus direkt in die Lunge ein, ist es müßig, von einer Todesrate zu sprechen, weil es keinen anderen Zustand gibt. 100 Prozent aller Tiere sterben. Der Tod tritt ein durch Lungenentzündung. Das ist bei Menschen, die an Vogelgrippe sterben, genauso. Es ist »wahrscheinlich eines der gefährlichsten Viren, die man erschaffen kann«, sagt Fouchier.

Er sitzt in Rotterdam. Erasmus-Universität, eine Ansammlung von weißen Quadern, mal hochkant, mal waagrecht, in der Nähe eine Kinderklinik, belebte Gegend. Durch eine Tiefgarage kommt man ins größte der Gebäude: Hier hat er sein Büro. 17. Stock, ein Vorzimmer, zwei Sekretärinnen. Warten Sie einen Moment. Smalltalk bis Fouchier kommt. »Sind Sie Amerikaner?« Nein. Mmh, Nicken, es sind fast nur Amerikaner, die kommen, sie geben sich die Klinke beinahe in die Hand. Und Europäer, wo sind die? »Die sind realistischer«, sagt eine der Frauen, nicht so voller Angst, man hat bei denen nicht das Gefühl, dass sie glauben, dass sofort die Welt untergeht. Aber auch in Europa wird im Herbst 2011 heftig diskutiert. Die Regierung der Niederlande besteht darauf, dass das Paper, das Fouchier publizieren will, unter die Richtlinie der EU zur Verhinderung der Verbreitung von Massenvernichtungswaffen fällt. Später werden die Forscher ihre Arbeit mehr oder weniger freiwillig für mehrere Monate unterbrechen, um eine breite Diskussion zu ermöglichen. Fouchier taucht auf, er bietet Kaffee aus Plastikbechern an.

Seit Wochen, sagt er, hat er nicht mehr selber geforscht, immer nur von der Forschung erzählt. Er hat Morddrohungen bekommen, wird beschimpft und gehasst und muss eine aufgeschreckte Öffentlichkeit beschwichtigen. Die Amerikaner haben sich in seine Forschung eingemischt und ihn aufgefordert, die Ergebnisse geheim zu halten, aus Sicherheitsgründen – weil er mit seinem modifizierten Virus Frettchen infiziert hat und die Viren sich danach über die Atemluft übertragen haben. Zumindest ist das die erste Aussage von Fouchier und seinem Team. Ein paar Monate später rudert er zurück, so schlimm war das gar nicht, sagt er dann, und es bleibt unklar, ob die Aussage nur ein Anpassen ist an den politischen Druck.

Frettchen sind bei Atemwegs-Infektionen, insbesondere bei Grippeviren, ein gutes Modell für den Menschen, weil die Rezeptoren, an denen das Virus bindet, denen von Menschen sehr ähnlich sind. Was bei Frettchen funktioniert, funktioniert in der Regel auch bei Menschen. Ein Virus, das von Mensch zu Mensch übertragbar ist, ist es auch von Frettchen zu Frettchen und löst dort genau die gleichen Symptome aus: Fieber, Schnupfen, Husten. Zweimal hat Fouchier das Virus genetisch verändert. Er hat es in die Nase der Tiere eingesetzt und dann auf die Evolution vertraut. Nach nur zehn Versuchen ist H5N1 so mutiert, dass sich das Virus durch die Luft überträgt und auch Frettchen tötet, die gar nicht mit den kranken Tieren in Kontakt kommen. Am Ende sind es nicht mehr als fünf Mutationen. Drei von ihnen sind bereits in infizierten Hühnern in der Natur aufgetreten. Gemeinsam.

Das, sagt Fouchier, sei das eigentlich Schockierende an den Experimenten. Bevor er mit den Versuchen beginnt, geht er davon aus, dass es fast unmöglich ist, ein solches Virus herzustellen. Aber letztlich, leider, ist es doch sehr einfach. Und vor allem zeigt es, dass manche Viren nur sehr wenige Schritte davon entfernt sind, sich so zu verändern, dass es wirklich ungemütlich wird.

Vielleicht ist das sogar schon passiert. Und wir haben es nur nicht mitbekommen, weil zufällig kein Mensch in der Nähe war oder es sich in einem Dorf im hintersten Winkeln von Vietnam abspielte, das keinen Kontakt zu Außenwelt hatte.

Vermutlich haben wir bisher einfach nur Glück gehabt.

===

Eigentlich ist eine Mutation in einem Virus erst mal schlecht für das Virus – denn Evolution selektiert nicht immer positiv. Gerade bei einer Mutationsrate, die so schnell ist, passieren häufig kleine Unfälle, die die Überlebenschance des Virus minimieren. Gibt es mehrere Viruslinien, wird sich immer diejenige durchsetzen, die eine höhere Fitness hat, sich also besser vermehrt.

Am Anfang, wenn das Virus gerade aus dem Tier gekommen ist und der Spillover noch nicht lange zurückliegt, gibt es keine Konkurrenzlinie. Dann kann es passieren, dass einer dieser Unfälle diese Gründungslinie auslöscht. Und wir nie etwas von ihr erfahren. Vermutlich passiert das sogar ziemlich häufig.

Oder sie vermehrt sich nicht so gut, überlebt für den Moment – und verschwindet mittelfristig. SARS1 hat früh in seiner Mensch-zu-Mensch-Übertragung Pech. Dummer Zufall, Gründereffekt genannt, founder effect. Er sorgt in diesem Fall dafür, dass das Virus ein Protein verliert – und dieses Protein hilft ihm, sich in der menschlichen Lunge besser zu vermehren. Ohne das Protein klappt das nicht besonders gut, SARS ist nicht so ansteckend, wie es sein könnte, der Ausbruch vergleichswiese klein.

Weil SARS2 dieses Protein hat, kann man sagen: Hätte bei Nummer 1 auch anders laufen können.

Und manchmal tut es das auch.

===

Am 4. Mai 2006 stirbt eine 37-jährige Hühnerhalterin in einem Dorf im nördlichen Sumatra an einer Lungenentzündung. Kurz zuvor sterben drei ihrer Hühner. Die Frau steckt ihre beiden Teenager-Söhne an, einen ihrer Brüder, ihre Schwester und deren Baby sowie einen zehnjährigen Neffen. Bis auf den Bruder sterben alle an Lungenentzündung, ausgelöst durch H5N1.

Das Kind steckt zuvor seinen Vater an, und auch der stirbt. Acht Infizierte gibt es, am Ende sterben sieben – und zwar innerhalb von wenigen Tagen. Zu schnell für das Virus, es kann sich nicht in neuen Opfern replizieren. Bei allen Toten wird eine höhere Viruslast nachgewiesen als jemals zuvor bei H5N1-Fällen. Und vor allem: Bis auf die Frau hat niemand Kontakt zu Hühnern.

Die WHO wird kurz danach die Übertragung zwischen Kind und Vater als ersten zweifelsfreien Fall werten, bei dem eine Mensch-zu-Mensch-Übertragung stattfindet – obwohl das bei den anderen Opfern vermutlich auch der Fall ist, aber die WHO will keine Panik verbreiten und rechnet daher alle möglichen Wahrscheinlichkeiten und Unwahrscheinlichkeiten mit ein. Aber bei diesem Fall kann es keinen anderen Weg geben.

Als der Sohn die Erkrankung an seinen Vater weitergibt, sind bereits sieben der acht RNA-Abschnitte des Virus mutiert, insgesamt 21-mal – und das bei einer sehr kurzen Übertragungskette. Dabei gibt es weniger Mutationen, je eher die Opfer sterben. Was einfach bedeutet, dass das Virus in einer unglaublichen Geschwindigkeit in Menschen mutiert und sich besser anpasst. Eine der Mutationen sorgt dafür, dass Amantadin seine Wirkung verliert, ein Medikament, das zur Behandlung von Influenza-A-Grippeviren eingesetzt wird.

An der Untersuchung ist Malik Peiris beteiligt. Mensch-zu-Mensch-Übertragung. Tröpfcheninfektion. Acht Infizierte. Sieben davon tot.

Im Juli 2006 erscheint ein Paper in *Nature*, und darin steht wissenschaftlich emotionslos: »It is interesting that we saw all these mutations in viruses that had gone human-to-human.«
»Interessant« ist zumindest nicht übertrieben.

===

H5N1 infiziert Hunde und Katzen. Pferde erkranken. Affen, Frettchen und auch Mäuse, und 2006 wird auf Rügen ein infizierter Steinmarder entdeckt. Säugetiere allesamt.
Wie Menschen und Schweine, die ebenfalls erkranken.
»Der größte Bioterrorist«, sagt Ron Fouchier 2011, »ist die Natur.« Sollte man also nicht lieber gefährliche Mutationen kennen, um sie bei ihrem tatsächlichen Auftreten schneller erkennen zu können? Damit man überhaupt weiß, was gefährlich ist, und nicht auf dem falschen Fuß erwischt wird? Das ist seine Idee.

Die Sicherheitsdebatte erreicht da ihren Höhepunkt. Die Amerikaner befürchten, dass Terroristen in afghanischen Höhlen ein Vogelgrippevirus nachbauen, wenn er sein Paper veröffentlicht – weil es den Weg zum Virus erklärt. Dass das so einfach dann doch nicht ist, spielt in der Debatte keine Rolle

Und abgesehen davon braucht man das Vogelgrippevirus dafür gar nicht.

Man könnte auch die Kinderlähmung nehmen.

===

$C_{332,652}H_{492,388}N_{98,245}O_{131,196}P_{7,501}S_{2,340}$

===

Eckard Wimmer aus Berlin, Mikrobiologe, Virologe, in New York lehrend und vor längerer Zeit bereits Amerikaner geworden, gelingt 2002 die vollständige chemische Synthese des Poliovirus. Um es zu synthetisieren, benutzt er lediglich den geschriebenen Aufbau des Genoms.

Wimmer arbeitet seit 1968 an dem Virus, er hat maßgeblich zu seiner Entschlüsselung beigetragen. Besser auskennen als er kann man sich mit dem Poliovirus vermutlich nicht. Seit seiner Arbeit ist der Bauplan des Erregers öffentlich zugänglich, 7750 DNA-Bausteine. Das ist nicht besonders groß und, ist man vom Fach, auch nicht besonders kompliziert nachzubauen, und so setzen Wimmer und sein Team Polio Base für Base neu zusammen – nach einem Plan aus dem Internet.

Aufgrund der Expertise von Wimmer ist Polio nicht zufällig die erste potenzielle Hochrisikokrankheit, die vollständig aus dem Labor stammt. Sein Team injiziert das künstliche Virus in Mäuse – und dort verwüstet es deren Körper genauso, wie es sein natürlicher Verwandter tun würde.

Wimmer wird damit einerseits zum Pionier der synthetischen Virologie, die den Computer als wichtigstes Arbeitsinstrument hat, und damit zum Vorbild einer ganzen Virologengeneration – und andererseits zum Hassobjekt. Schließlich hat er ein Virus erschaffen, das ausgelöscht werden soll. Und viel schlimmer: Nicht nur das Erbgut von Polio ist leicht per Suchmaschine als Formel online auffindbar. Das gilt genauso für die Pest, die Pocken und Anthrax, also Milzbrand.

Wimmer beabsichtigt etwas ganz anderes mit seinem Versuch. Er will keinen Killer erschaffen, weil ihm das Spaß macht. Es geht ihm gar nicht per se um die Herstellung, vielmehr soll es eine Botschaft sein. Viren können mittlerweile auch als Chemikalien betrachtet werden, sagt er. Jeder Chemiker kann das herstellen, vielleicht ist das ein wenig übertrieben, aber die Zutaten sind allesamt öffentlich zugänglich, im Handel erhältlich, und darüber müsste man mal nachdenken. Er schreibt das vier Jahre später in einem eigenen Paper. Alles kann immer wieder nachgebaut werden. Das gilt selbst für die Pocken.

Er schreibt: Nichts, was als Formel existiert, kann jemals wieder ausgelöscht werden.

===

Das Paper ist von 2009. Wimmer schreibt es zusammen mit Jeffrey Taubenberger und Terrence Tumpey, die sich auskennen mit der Wiederbelebung von Viren, seit sie vier Jahre zuvor die Spanische Grippe wieder zum Leben erweckt haben.

Die Methode ist nun mal möglich, schreiben sie, und damit muss man umgehen. Wenn es die Möglichkeit gibt, könnte man sie doch positiv nutzen. Sie schreiben: zum Beispiel, um mit gentechnisch veränderten Viren verbesserte Impfstoffe herzustellen, mit Hilfe von mRNA.

Die drei erwähnen ihre Fachgebiete, Polio und H1N1, die Spanische Grippe, aber noch ein anderes Virus, von dem sie denken, dass es zurückkommen könnte.

Sie schreiben: »Vielleicht noch ansteckender als zuvor.«
Sie meinen SARS.

===

Der Mann ist Mitte 60. Er ist dabei zu sterben, als er eingeliefert wird, nicht mehr ansprechbar, Lunge total zerstört. Die ersten Organe funktionieren nicht mehr, er muss operiert werden, ist aber hochinfektiös. Notfallprotokoll, Umorganisation des OP, Medikamente abstimmen auf künstliche Beatmung. Er hat die doppelte Chance zu sterben, und das wird er tun, wenn sich nichts ändert, Ersticken oder Blutvergiftung, das wird drei Wochen so gehen, aber am Ende reicht es. Er wird als geheilt entlassen, war knapp, sehr knapp.

Zwei Wochen später schreibt der Mann einen Brief. Er schreibt, was für ein mieses Scheißkrankenhaus das in Pforzheim doch sei. Er ist DJ, sehr erfolgreich, Party On, sie sollten mich mal sehen, da steppt der Bär, und er muss arbeiten, aber das kann er nicht ohne seine Kopfhörer, und er kann sie nicht mehr finden. Er ist sich sicher, dass er sie dabeigehabt hat, als er ins Krankenhaus eingeliefert wurde. Irgendjemand hat sie verschlampt, unmögliche Organisation, oder noch schlimmer, böswillig gestohlen. Außerdem, es ist wirklich nicht zu fassen und eine Unverschämtheit sondergleichen, hat der Fernseher auf seinem Zimmer nicht richtig funktioniert. Alles eine große Scheiße. Er verlangt, dass die Kopfhörer ersetzt werden, sonst leitet er juristische Schritte ein.

Thushira Weerawarna verliert kurz den Glauben an die Menschheit. Dann wirft er den Brief weg.

===

1952 bricht in Kopenhagen eine Polio-Epidemie aus. In den ersten sechs Wochen der Epidemie kommen täglich zwischen dreißig und fünfzig Patienten ins Krankenhaus, insgesamt werden es im Laufe des Jahres 2450 Kinder mit Atemlähmung sein. Die einzige Behandlungsmöglichkeit: eine Eiserne Lunge. Und das gilt durchaus wörtlich, denn das zuständige Krankenhaus hat tatsächlich nur ein einziges Gerät. Und obwohl viele Erkrankte die Eiserne Lunge nur in der Akutphase der Erkrankung benötigen, wird das Gerät von jedem Patienten teilweise wochenlang belegt. Panik bricht aus, denn ein schneller Nachschub an Geräten kann nicht organisiert werden. Es gibt nur wenige Hersteller, und die Technik ist aufwendig, weil sie mit Unterdruck arbeitet (weswegen ein handwerklich sehr begabter Hamburger Arzt 1947 bei der Polio-Epidemie in der Hansestadt kurzerhand ein Gerät selber baut – aus einem Weltkriegs-Torpedo, dem Getriebe eines Fischkutters und einem ausrangierten Motor, den bei der Deutschen Werft niemand mehr benötigt). In den ersten Wochen sterben in Kopenhagen 27 der 31 Polio-Kranken, deren Atmung versagt hat.

Krisen können das Beste aus Menschen herausholen, und das gilt auch für den Anästhesisten Björn Ibsen. Seine Idee: Das Gegenteil machen. Eine Überdruckbeatmung. Luft in die Lunge pressen. Dazu müsste man nur einen Schlauch in die Luftröhre einführen, durch einen Schnitt unterhalb des Kehlkopfes. Innerhalb einer Woche organsiert er 1500 Medizinstudenten, die in verschiedenen Schichten, 24 Stunden am Tag, sieben Tage in der Woche, ein Gemisch aus Sauerstoff und Stickstoff mit einem Blasebalg in die Lungen der jungen Patienten pusten. Per Hand. Dazu kommen 260 Schwestern, die die Patienten pflegen, und 27 Arbeiter, die bereitstehen, um die Gasflaschen jederzeit wechseln zu können – schließlich müssen über 300 Patienten mehrere Wochen lang künstlich beatmet werden. Um deren Versorgung zu vereinfachen, verändert Ibsen zudem die Strukturen. Polio-Opfer mit schweren Lungenproblemen werden zusammengelegt, in einem umgebauten Krankenpflege-Klassenzimmer, Teams werden zusammengestellt, die sich gemeinsam kümmern, ein höheres Verhältnis von Pflegern zu Patienten eingeführt. Der Däne erfindet damit die erste Intensivstation. Und hat Erfolg: Die Sterblichkeit fällt von 87 auf 22 Prozent.

Ob früher alles besser war oder nicht, ist ja Ansichtssache, manches ist jedenfalls gleich: Im Jahr darauf beatmet Ibsen einen Jungen, der an Tetanus erkrankt ist. Das Kind überlebt. Weil Ibsen als freiberuflicher Arzt arbeitet, schickt er dem Bürgermeister nach erfolgreicher Behandlung eine Rechnung, 17 Tage Behandlung, 10 000 Kronen. Der Stadt ist das zu teuer. Die Rechnung durchläuft mehrere Abteilungen, bis sich schließlich jemand findet, der den Betrag genehmigt.

Ibsen wird danach angestellt.

Um Geld zu sparen.

===

Die CDC in Atlanta verfügt über 451 Proben von 229 verschiedenen Stämmen des Pockenvirus. Die Russen lagern im Staatlichen Forschungszentrum für Virologie und Biotechnologie in Nowosibirsk 691 Proben von 120 Stämmen. Das russische Institut heißt »Vector«, das klingt wie bei James Bond, und sowohl sie als auch die Amerikaner haben ihre Viren während der Ausrottungskampagne in den 1970ern zusammengesammelt. Sie werden in Flüssigstickstoff-Gefrierschränken gelagert

Es sind die letzten Pockenviren.

Mehr oder weniger.

===

Es ist komplizierter als Polio, das Erbgut ist rund dreißig Mal so groß, 212 000 Basenpaare sind es, und alle kann man im Internet bestellen. Dann dauert es rund sechs Monate und kostet knapp 90 000 Euro, und dann sind die Pocken wieder da.

Im Januar 2018 machen zwei Wissenschaftler aus New York und Alberta ihren Versuch öffentlich: Sie haben die Pferdepocken synthetisiert, ausgestorben bis dahin, herzlich willkommen. Zusammengesetzt, in eine Zelle geschleust, fertig. Und damit ist die Katze endgültig aus dem Sack. Zwar sind die Pferdepocken für Menschen vermutlich nicht gefährlich, aber was mit ihnen geht, geht genauso mit Variola major, den Menschenpocken.

Mit der Herstellung der Pocken verhält es sich ähnlich wie mit Autorennen auf öffentlichen Straßen: Ist nicht erlaubt, illegal. Kein Labor darf mehr als ein Fünftel des Erbguts zusammensetzen, Hersteller von DNA müssen Bestellungen prüfen, um sicherzugehen, dass niemand einen Variola-Bausatz bestellt. Gerast wird trotzdem.

Die Geschichte zeigt, dass alles irgendwann gemacht wird, was gemacht werden kann. Und weil das insgeheim alle wissen, sind die beiden Pockenbestände, die es offiziell noch gibt in Russland und in den USA, auch noch immer nicht vernichtet – obwohl die WHO das bereits vor Jahrzehnten beschlossen hat. Ihren eigenen Beschluss aber nicht besonders konsequent verfolgt. Noch immer trifft sich das *WHO Advisory Committee on Variola Virus Research* regelmäßig in Genf. Und die Vermutung, dass das vielleicht notwendig sein könnte, ist zumindest nicht ganz abwegig, denn es gibt unzählige Firmen, die DNA für den Hausgebrauch herstellen. Ein Verbot ist unmöglich zu kontrollieren, die nordamerikanischen Wissenschaftler haben ihre Komponenten unter anderem aus Bayern bezogen. Die Wahrheit ist: Jedes halbwegs vernünftig ausgestattete Labor mit gut ausgebildetem Personal kann die Pocken herstellen.

Letztlich ist es egal, ob Viren physisch existieren oder ob sie nur eine Idee sind, deren Formel in einem Buch steht oder in einer Datei: Sie sind, einmal entschlüsselt, pure Information. Einmal in Umlauf gebracht, nicht mehr einzufangen.

Und so kann man sich die Diskussion darüber, ob die letzten Pocken ausgerottet werden sollen, in Zukunft eigentlich sparen: Sie wären nur so lange weg, bis jemand auf die Idee kommt, sie zu bauen.

===

Am 1. Juli 2014 räumt ein Angestellter der FDA, der Food and Drug Administration, der Behörde für Lebens- und Arzneimittel der USA, zuständig für die Überwachung ebenjener und dem Gesundheitsministerium unterstellt, einen Kühlraum auf. Nichts ist besonders gesichert. Es ist ein bisschen kühl, und man sollte dort nach Möglichkeit nicht übernachten, aber übermäßig kalt ist es auch wieder nicht. Eher einer dieser Kühlräume für die Fleischreifung, Rindfleisch trocken abhängen, Kartoffeln lagern ginge auch, vielleicht Wein.

Der Mann räumt ein bisschen Zeug hin und her. Alles Mögliche ist dort gestapelt, ausrangierter Laborkram aus Jahrzehnten, denn die FDA ist nicht immer zuständig. Zuvor ist der Raum Teil eines Laborkomplexes des NIH, des National Institute of Health, wichtigste Behörde für biomedizinische Forschung der USA, aber das ist länger her. Die Food and Drug Adminstration übernimmt in den 1970ern, aber auch die zieht irgendwann aus Gebäude 29A, Lincoln Drive, um ins Haupthaus. Und das Gebäude wird als Rumpelkammer benutzt.

Der Mann findet ein paar Pappkartons.

Er hat keine Ahnung, was da drin ist, sie sind nicht beschriftet und auch nirgends verzeichnet. Kein Mensch weiß von diesen Kartons. Niemand. Was soll schon sein, denkt er, und öffnet eine der Schachteln. Er findet Glasfläschchen, die schon lange nicht mehr benutzt werden. Sie sind mit geschmolzenem Glas versiegelt, und später wird man herausfinden, dass das dort seit den 1950ern keiner mehr gemacht hat. Viele der Fläschchen sind ebenfalls nicht beschriftet. Aber sechzehn von ihnen sind mit einem Hightech-Schutz versehen: einer Wattepolsterung.

Und diese sechzehn sind beschriftet, so viel Sorgfalt muss sein. Und so finden sich in einem Regal in Bethesda, Maryland, Vorort von Washington DC, dort wo Robert Gallo gearbeitet hat und später Gerd Sutter, beim Aufräumen die Pockenviren. Der Inhalt der anderen Fläschchen entpuppt sich später als Influenza, Mumps und Typhus. Hat jemand dort vergessen.

Kann ja mal passieren.

KAPITEL VIERZEHN

Muster

Die Liebe zu Pferden kann zum Tod führen, aber geimpfte Hunde werden trotzdem keine Autisten. Wer schon mal in der U-Bahn in London war, hat eine ungefähre Vorstellung davon, was der englische Schweiß ist, aber der hier meint was anderes.

Zombieerreger sind unwahrscheinlich, aber gegen Aliens sollten wir uns wappnen. Füchse sind Lebensretter, Biodiversität hilft selbst gegen Krankheiten, die wir noch nicht kennen, und wir benehmen uns wie ein Hochseilartist. Muster wiederholen sich. Vielleicht sterben wir alle an hitzigem Frieselfieber.

Und wenn Nashörner gegen Impotenz helfen, dann tun das Fingernägel auch.

Gerd Sutter muss los. Das war ein guter Termin, Danke, wir bleiben in Kontakt, sehr gerne, unbedingt. Er steht auf. Das Essen in der Reithalle war super. Ein letzter Blick in die Halle.

Die Virologie kam dazwischen, und deswegen war Gerd Sutter richtiger Tierarzt immer nur vertretungsweise, während des Studiums. Da hat er dann aber alles gemacht. Das volle Programm in weniger Zeit, kleine Tiere, große Tiere, alles gleichzeitig und flexibel. Es war gutes Geld, interessant dazu und abwechslungsreich. Er sagt: »Ein super Job.« Gegen Maul- und Klauenseuche hat er geimpft, hochansteckend, wirtschaftlich verheerend. Pro Rind hat man eine Mark bekommen, »eine Magerl«, sagt er, und das kann man gar nicht unsympathisch finden.

Von der Seite der Reithalle kann man aufs Außengände sehen. Die Tiere hoppeln immer noch wie Kaninchen durch das Oval. Vielleicht ist Voltigieren der merkwürdigste Sport der Welt, aber die Mädchen freuen sich. Die Trainerin klatscht in die Hände.

Wenn man Pech hat, stirbt man ziemlich elendig, weil man Pferde mag.

===

Das komplette Genom wird am 13. August 2018 veröffentlicht. 18 234 Basen. Der Code beginnt »accgaacaag« und endet mit »cggt«, und dazwischen sterben ein paar Pferde und eine Handvoll Menschen an einem Virus, das den Masern so ähnlich sieht, dass zuerst sogar der Name daran angelegt ist.

Und das dann in Hendra umbenannt wird, nach Hendra, 4625 Einwohner, in Immobilienprospekten angepriesen als »charmant« und »malerisch«, Vorort von Brisbane, Queensland, Australien.

Im September 1994 wird ein Rennpferd krank, zurückgetreten, es ist in Rente, ein großer Champion, soll jetzt mal den Lebensabend genießen, aber daraus wird nichts, denn *Drama Series* hört auf zu fressen und bekommt Fieber. Ihr Gesicht um das Maul ist geschwollen, und ihre Zunge baumelt im Mund herum, ohne Funktion, unsteuerbar. Was genau sie hat, kann der herbeigerufene Tierarzt nicht erkennen. Sie ist schwach, und das notiert er auch: »Allgemeiner Schwächezustand.« Er spritzt ihr ein Schmerzmittel und etwas Antibiotika und geht davon aus, dass sich das Problem damit erledigt hat.

Das Problem erledigt sich in der Tat, aber anders als beabsichtigt: In der Nacht beginnt Drama Series zu husten, Schaum kommt aus ihrer Nase, sie stürzt ein paar Mal, und dabei schabt sie sich das Fleisch von den Knochen – und dann stirbt sie zwei Tage nach den ersten Symptomen zuckend und schnaubend an irgendwas, das niemand deuten kann. Als der Tierarzt erneut kommt, klebt noch ein wenig Schaum vor den Nüstern von Drama Series. Der Trainer des Tieres hat den Rest abgewischt, mit der Hand, damit das sterbende Pferd besser atmen kann.

Später wird der Tod auf ein Virus zurückgeführt werden, Familie Paramyxoviridae, Henipavirus, behülltes RNA-Virus, noch nie aufgetreten, hat noch keiner je gesehen. Zwanzig Tiere leben insgesamt auf der Trainingsanlage für Rennpferde, zwanzig erkranken, zwanzig sterben. 14 Pferde direkt an dem Virus, die restlichen Tiere sind so krank, dass sie eingeschläfert werden müssen.

Und eine Woche später wird der Trainer krank. Der Stallbursche ebenfalls. Beide bekommen Fieber, sie husten und haben Halsschmerzen, es sieht aus wie eine Grippe, Kopfschmerzen, Müdigkeit, aber das ist es nicht. Beide haben sich bei Drama Series angesteckt, vermutlich an dem Sekret, das ihr aus der Nase schäumte. Speichel, Sekrete und Blut der Pferde enthalten Erreger, eine Tröpfcheninfektion ist aber auch möglich, wenn auch selten. Der Stallbursche erholt sich, aber der Trainer bekommt immer schlechter Luft, und so weist er sich selber in ein Krankenhaus ein – in dem er eine Woche später stirbt. Gleichzeitig hört alles auf zu funktionieren, Lunge, Nieren, Herz, die Organe stellen den Betrieb ein.

Vier Wochen vor dem Tod von Drama Series sterben knapp eintausend Kilometer nördlich zwei Pferde auf einer Ranch. Schaum vor der

Nase. Niemand weiß weswegen und, ach Gott, zwei tote Pferde, ärgerlich, aber kommt vor, muss man nicht weiter untersuchen, kostet Geld, und so stellt niemand eine Verbindung her. Ihr Besitzer wird kurz danach krank. Husten, Kopf- und Halsschmerzen, er erholt sich schnell – aber vierzehn Monate später wird er erneut krank, lästige Grippe, denkt er, schon wieder. Es wird schnell schlimmer. Er bekommt keine Luft mehr und schwere neurologische Ausfälle, und schließlich stirbt er an Multiorganversagen. Und erst da erkennen die Behörden ein Muster. Die Leiche wird obduziert, das Gehirn ist voller Viren – wie wenn die Masern Jahre später als SSPE zurückkommen,

Das Virus, das später Hendra genannt wird, ist zwar ziemlich tödlich und wird in die gleiche Biosicherheitsstufe einsortiert wie Ebola, ist aber dennoch nicht besonders ansteckend – wenn man kein Pferd ist. Und sich von kranken Pferden fernhält. Wird man allerdings doch krank, dann überlebt man oder eben nicht. Es gibt keine spezifische Behandlung, nur unterstützende. Weil auch gesund wirkende Tiere das Virus weitergeben können und die Krankheit bisher nur in Australien aufgetreten ist, schwerpunktmäßig an der Ostküste, rät das Gesundheitsamt von New South Wales offiziell davon ab, Pferde zu küssen. Dazu noch Händewaschen nach dem Umgang mit den Tieren, das sollte reichen, denn eine Mensch-zu-Mensch-Übertragung gibt es bisher nicht.

Einen Impfstoff für Pferde aber schon.

===

Impfen ist unmöglich, das geht gar nicht. Wer will schon, dass ein Giftcocktail injiziert wird, chemisch noch dazu und am Ende auch genverändert. Außerdem gibt es keine Langzeitstudien. Sowieso treten Nebenwirkungen auf, allergische Reaktionen, die zum Tod führen können. Die Impfgegner organisieren sich über Social Media. Die Bewegung wird immer größer. Es gibt Demonstrationen und Veranstaltungen und keine Anti-Impf-Bewegung in Australien hat jemals so schnell so viel Zugkraft gewonnen: Wie diejenige gegen die Hendra-Impfung unter Pferdebesitzern.

Weil ja alles Betrug ist. Der Impfstoffhersteller schürt Panik, alles nicht so schlimm mit Hendra. Außerdem ist die Wirksamkeit des Impfstoffes übertrieben, und das Risiko ist auch nicht ausreichend getestet. Und so ist rund die Hälfte aller Tiere in Australien nicht geimpft, plus minus zehn Prozent, je nach Landesteil.

Die Impfung gibt es seit acht Jahren, geimpfte Tiere sind noch nie erkrankt.

Am 20. März 2018 reichen 130 Pferdebesitzer trotzdem eine Sammelklage gegen den Hersteller des Impfstoffes ein.

===

Im Sommer 2017 weigert sich eine Hundehalterin aus Brooklyn, ihr Tier impfen zu lassen. Sie hat Angst, dass der Hund Autist wird.

===

Das Virus wird zwar zweimal bei Hunden nachgewiesen, aber die Tiere leben auf Farmen, auf denen Pferde mit dem Hendra-Virus infiziert sind. Keiner der beiden Hunde zeigt Anzeichen einer Erkrankung, und Hinweise auf ein Auftreten des Hendra-Virus bei anderen Tierarten gibt es nicht. Mit einer Ausnahme: Flughunde. Die Tiere haben ein riesiges Verbreitungsgebiet, von Ostafrika über Indien und die Philippinen bis nach Australien. Jahrhundertelang werden ihr Fell und ihre Zähne in manchen indigenen Kulturen als Währung benutzt. Pferde stecken sich an, wenn sie Futter fressen, das mit Urin oder Speichel von Flughunden kontaminiert ist. Eine Übertragung durch Zecken wird ebenfalls diskutiert.

Einen Spillover direkt von Flughunden auf Menschen gibt es nicht. Bisher auch keinen von Flughund zu Hund oder Hund zu Mensch.

Das Virus hat eine niedrige dreistellige Zahl toter Pferde zu verantworten. Einmal infiziert, liegt die Todesrate zwischen siebzig und achtzig Prozent, gibt da keinen Unterschied bei Pferden und Menschen – wobei sich Letztere sehr viel seltener anstecken. Von den sieben bisher infizierten Menschen haben vier nicht überlebt. Das sind zwar vier zu viel, aber in absoluten Zahlen spielt es keine Rolle. Hendra tritt zudem bisher ausschließlich in Australien auf. Es ist total vernachlässigbar. Eigentlich.

Aber letztlich ist es das nicht. Im Gegenteil: Es reiht sich ein und steht zusammen in einer Linie mit Afrika und Südostasien, dem Amazonas und auch mit den Wäldern Nordamerikas und Eurasiens.
Es ist Teil eines Musters.
Und das kommt ständig vor.

===

Hendra springt nicht einfach über aus Spaß an der Freude. Kein Virus tut das. Ist es in einem Flughund, bleibt es auch dort. Es sei denn, es bietet sich eine Gelegenheit.

Hendra bricht mit einer saisonalen Häufigkeit aus. Meistens im australischen Winter. Dann überschneidet sich die Brutzeit mit dem Auftreten des Virus – denn dann blühen die Bäume, auf die die Tiere als Nahrungsquelle angewiesen sind. Nur sind viele der Bäume, sehr viele, in den letzten Jahren für die Landwirtschaft und die Bebauung gerodet worden, in einigen Teilen des subtropischen Australiens mehr als 95 Prozent. Und so konzentrieren sich die Flughunde, die eigentlich nomadisch leben, in den wenigen Gebieten, in denen es noch Bäume gibt: in Parks. Auf Farmen. In Gärten. In Obstplantagen. Weil die kleineren Baumflächen aber keine großen Flughund-Populationen mehr ernähren können, wird der Radius, in denen sich die Tiere verteilen, immer größer – weil sie nicht verhungern wollen. Kleine Kolonien der Tiere in zig Obstplantagen und Vorgärten. Und bei Pferdehaltern, denn das Pferd als Zwischenwirt braucht es immer.

Das führt dazu, dass der Kontakt zu Menschen ganz automatisch zunimmt. Und so die potenzielle Verteilung des Virus. Tiere, die Stress haben, etwa weil sie nicht mehr so viel Futter finden, scheiden zudem mehr Virus aus. Das Risiko des Spillovers steigt zwangsläufig, geht gar nicht anders.

Und so ist es am Ende ziemlich einfach: Der beste Seuchenschutz ist der Schutz von Wäldern. Und das gilt in Australien bei Hendra genau wie überall sonst.

===

Es gibt Studien, die davon ausgehen, dass die Zahl der Pferde, die in einem Gebiet leben, in dem das Hendra-Virus zirkuliert, sich in den nächsten drei Jahrzehnten verdoppeln wird. Nicht weil die Zahl der Pferde sich verdoppelt. Sondern weil die Flughunde aufgrund des Klimawandels ihr Verbreitungsgebiet bis an die Südspitze Australiens ausweiten.

===

Seuchen kommen nicht zurück. Sie sind nie weg gewesen. Was für Europäer und Nordamerikaner gilt, ist für den Rest der Menschheit immer schon nur eine Wunschvorstellung. Und historisch ist die Zeit nach dem Zweiten Weltkrieg auch in den reichen Ländern des Westens die Ausnahme, die die Regel bestätigt.

Die Wahrnehmung von Seuchen ist zudem nie alleine von den Todeszahlen abhängig. Die Spanische Grippe? Nicht schön, aber vernachlässigbar, wenn man einen Weltkrieg kämpft und der Tod auch ohne Krieg zum Alltag gehört. Die Hongkong-Grippe 1968? Ärgerlich, aber in Vietnam wird gekämpft. SARS ist in Europa kein großes Problem, aber das wird in Taiwan und Südkorea ganz anders gesehen, und das wiederum bestimmt die Wahrnehmung von SARS2. Ebola? Selbst nach 2014 gilt: Irgendwo in Afrika. A/H1N1, das Virus der Spanischen Grippe, ist das gesamte Jahrhundert über virulent, nicht so tödlich, aber immer da und mit dem Potenzial, gefährlich zu werden, aber das Bewusstsein und die Wahrnehmung für die pandemische Gefahr haben eine Handvoll Virologen und Epidemiologen exklusiv.

Gibt ja genug Ablenkung.

===

Infektionskrankheiten treten immer auf, das wird weiterhin so sein, und das gilt auch für die sogenannten GCBRs, die *global catastrophic biological risks*. Sie sind »Ereignisse, bei denen biologische Stoffe – ob sie nun natürlich vorkommen, absichtlich erzeugt und freigesetzt oder im Labor hergestellt und entwichen sind – zu einer plötzlichen, außergewöhnlichen, weitreichenden Katastrophe führen könnten, die

die kollektive Fähigkeit nationaler und internationaler Regierungen und des Privatsektors zur Kontrolle übersteigt.« Unkontrolliert führen sie »zu großem Leid, zum Verlust von Menschenleben und zu nachhaltigem Schaden an nationalen Regierungen, internationalen Beziehungen, Volkswirtschaften, gesellschaftlicher Stabilität oder globaler Sicherheit«.

So definiert das zumindest im Mai 2018 das Center for Health Security der Johns Hopkins University in Baltimore, die weltgrößte Einrichtung ihrer Art und Maß aller Dinge im Bereich des öffentlichen Gesundheitswesens. Das Center tut das auf der Grundlage von 120 Interviews mit Leuten wie Robert Gallo (der mit dem HI-Virus) und Tom Ksiazek (derjenige, der mit den Proben von Carlo Urbani gearbeitet hat) und tonnenweise gesichteter Literatur.

Um eine Pandemie auszulösen, benötigt es demnach: eine effiziente Übertragbarkeit von Mensch zu Mensch. Eine beträchtliche Zahl von Todesfällen. Das Fehlen einer wirksamen oder weithin verfügbaren medizinischen Gegenmaßnahme, kein Medikament, kein Impfstoff. Eine immunologisch naive Bevölkerung. Faktoren, die eine Umgehung des Immunsystems ermöglichen, und einem Virus erlauben, sich an menschliche Zellen zu heften und sich einzuschleichen. Eine Verbreitung über die Atemwege. Die Fähigkeit zur Übertragung während der Inkubationszeit. Und vor allem: Viren. Keine Pilze, keine Bakterien, keine Prionen. Alles schlimm und im Zweifel Auslöser großer Epidemien, aber ohne das Potential der totalen globalen Verwüstung. Das schaffen nur Viren.

Die üblichen Verdächtigen, die sich auf den »Das-könnte-die-nächste-Pandemie-werden«-Listen der CDC, ihres europäischen Pendants ECDC und der WHO befinden, sind denn auch Ebola und Marburg, dazu Lassa, alles hämorrhagische Fieber, MERS und SARS folgen auf den Plätzen, die Top 10 schließen die Affenpocken ab. Beliebt für solche Vorhersagen sind außerdem das Nipah-Virus und das Krim-Kongo-Fieber, ebenfalls ein hämorrhagisches Fieber, das von Zecken übertragen wird, dann aber über Blut und Speichel und leider auch, und das ist anders als etwa bei Ebola, durch Aerosole und Tröpfcheninfektion den Wirt wechseln kann. Und obwohl Zecken nicht besonders mobil sind: Wird es wärmer, ist es nur eine Frage der Zeit, bis das Virus auch in Mitteleuropa Fuß fasst.

So tödlich die einzelnen Krankheiten auch sind: Es sind alte Bekannte.
Aber das muss nicht so bleiben.

===

Sporen aus dem All. Zombierreger, die von der Venus herüberwehen. Schleim, der uns verdaut. Viecher, die uns fressen wollen. Partikel, die Werwölfe aus uns machen. Pilze, die Körperfresser sind. Kann man alles vernachlässigen, muss man sich keine Sorgen machen.

Was immer gut an einen anderen Planeten angepasst ist, wird hier mit ziemlicher Sicherheit nicht zurechtkommen. Einfach, weil woanders andere Umweltbedingungen herrschen, und es vielleicht sogar andere Viren gibt, mit denen man klarkommen muss. »Eine gebietsfremde Mikrobenart«, schreibt das Center for Health Security, »wurde von unseren Befragten nicht als wahrscheinlich bedrohlich eingestuft.« Nichtsdestotrotz könne man ja bei Kontakt mit Aliens einfach aufpassen. »Für Exemplare, die solche nicht erdähnlichen Organismen beherbergen könnten, werden Bioeindämmungsverfahren auf höchstem Niveau erwogen.«

Schadet ja nichts.

===

Die echte Gefahr liegt allerdings um die Ecke: Mittlerweile gibt es mehr Nutztiere als wildlebende Tiere. Vier Prozent aller Säugetiere leben in freier Wildbahn, sechzig Prozent in Ställen (der Rest, das sind wir), die überwiegende Mehrzahl davon sind Rinder und Schweine. In absoluten Zahlen bedeutet das für 2020: 987 Millionen Rinder, knapp 680 Millionen Schweine, von Letzteren über die Hälfte in China. Bei Vögeln ist das Bild nicht ganz so schief, aber schief eben doch auch: Dreißig Prozent der Tiere leben in freier Wildbahn, der Rest, das waren 2018 23,7 Milliarden, endet irgendwann als Hähnchen. Und weil diese Tiere dank Jahrzehnten verfehlter Agrarpolitik auf immer weniger Farmen leben, heißt das nichts anderes als: Wir schaffen uns riesige Inkubatoren für Viruserkrankungen.

Denn einerseits kann nichts so hygienisch sein, dass Milliarden von Nutztieren weltweit abgeschottet von Erregern leben, andererseits nimmt mit der schieren Menge der Tiere auch deren industrielle Verarbeitung zu: Das Fleisch wird vermischt, verschiedene Arten in dieselben Wurstmarken verteilt und an Konsumenten weitergereicht, die sich global verteilen. Nathan Wolfe, amerikanischer Virologe, schreibt 2011: »Wenn Sie in einen Hot Dog beißen, beißen Sie buchstäblich in etwas, das nur ein paar Jahrzehnte zuvor eine ganze Farm gewesen wäre …. Die Verbindung von vielen tausend Tieren mit vielen tausend Konsumenten bedeutet, dass ein durchschnittlicher Fleischesser heutzutage im Laufe seines Lebens Fleischteile von Millionen Tieren konsumiert.«
Ist nicht besser geworden in den letzten zehn Jahren.

===

BSE, Bovine spongiforme Enzephalopathie, Rinderwahnsinn, verursacht durch Prionen, wird in Großbritannien erstmals im November 1986 bestätigt und ist zuerst nur eine weitere Tierkrankheit. Unangenehm zwar, und vermeidbar dazu, weil Tiere erkranken, die verseuchtes Fleisch- und Knochenmehl verfüttert bekommen, das aus gemahlenen und gekochten Resten kranker Artgenossen hergestellt wird. Aber für Menschen weitgehend unbedeutend.

Das ändert sich knapp zehn Jahre später. Da taucht erstmals nvCJD auf, eine neue Variante der Creutzfeldt-Jakob-Krankheit, die ebenfalls das Gewebe des Gehirns auflöst und in einen Schwamm verwandelt. Der Erreger wird über verseuchtes Rindfleisch übertragen – und hat eine jahrzehntelange Inkubationszeit. Noch Anfang der 2000er wird vermutet, dass Großbritannien eine massive Epidemie bevorsteht, und tatsächlich wird der Erreger bei Routineuntersuchungen im Mandel- und Blinddarmgewebe Tausender Briten festgestellt. Allerdings sind bis heute, Winter 2020, erst 231 Patienten erkrankt (und gestorben, die Todesrate beträgt einhundert Prozent). Das ist zwar nicht viel, andererseits hat es bisher noch nie einen Fall gegeben, der nicht in einem derjenigen Länder aufgetreten ist, in denen nicht auch die Rinderkrankheit BSE auftrat.

Zumal es völlig unklar ist, ob es bei den wenigen Toten bleibt. Neuere Vermutungen legen nahe, dass die Inkubationszeit bis zu fünfzig Jahre betragen kann, dass Prionen durch Bluttransfusionen und medizinisches Besteck übertragen werden können und sich auch Menschen infizieren, die aufgrund ihrer Gene bisher als immun gelten. Unzählige Menschen sind sogenannte stille Träger, neue Fälle wahrscheinlich, stellt der Ausschuss für Wissenschaft und Technologie des britischen Parlaments fest, der 2014 die Folgen von nvCJD und BSE untersuchte.

Nun ist auch das schon sieben Jahre her, fünfzig Jahre Inkubationszeit sind so lange, dass das fast egal ist, und ob es wirklich so kommt: wer weiß. Niemand kann das seriös vorhersagen. Vielleicht passiert auch gar nichts.

Dennoch sagt der Ausschussvorsitzende damals bei der Präsentation des Abschlussberichts: »Optimismus wird durch die verfügbaren Beweise nicht gestützt.«

Als Menschheit sind wir wie Philippe Petit. Das ist der französische Hochseilartist, der 1974 zwischen den Türmen des Word Trade Centers spazieren geht – in fast fünfhundert Metern Höhe. Er macht das insgesamt acht Mal.

Wir täglich.

Hoffentlich wird es nicht windig.

===

Bernhard Misof erfährt um die Jahreswende zum ersten Mal von SARS2. Er ist noch nicht sehr beunruhigt, er hat SARS im Kopf, das Neue wird sich schon wieder einbremsen lassen. Hat damals ja auch geklappt.

Er steht in der Savanne, dem Lichthof, dort, wo der Parlamentarische Rat gesessen hat, er sagt: »Wahrscheinlichkeiten, ob eine neue Pandemie auftritt oder nicht, kann man nicht berechnen.« Das geht nur, sagt er, wenn die Anzahl der Fälle, die möglich sind, endlich sind. Wie bei einem Würfel, sechs Seiten, die Wahrscheinlichkeit, eine bestimmte Seite zu würfeln, ist ein Sechstel. Wenn der Würfel unendlich viele Seiten hat, kann man keine Wahrscheinlichkeiten vernünftig angeben.

Bernhard Misof sagt: »Wir wissen noch gar nicht, was wir nicht wis-

sen.« Er geht zum Nashorn, gibt da eine gute Geschichte, passt zum Thema, Sekunde. »Das ist wirklich ein großes Problem«, sagt er. »Wir können die Komplexität des Problems so wenig einschätzen, dass wir keine Wahrscheinlichkeitsschätzungen abgeben können.«
Das macht das Problem wenig greifbar und leicht, es zu leugnen. Ändern tut es daran nichts.

===

Und selbst die Viren, die wir kennen, können sich so verändern, dass es ungemütlicher werden kann: Als SARS 2002 erstmals auftaucht, ist der Gedanke, dass es sich dabei um ein Coronavirus handelt, völlig abwegig – schließlich kennt man Coronaviren bis dato nur als Auslöser von leichten Erkältungskrankheiten. Nicht als Virus, das zehn Prozent aller Patienten umbringt. Und doch ist es passiert. Bevor Zika 2016 vor allem in Brasilien endemisch wird und das Gehirn von ungeborenen Kindern im Mutterleib zerstört, fristet es fast siebzig Jahre ein Dasein als harmloses Virus, das nur zufällig entdeckt wird (eigentlich sucht das Team damals nach Gelbfieber), und das dann, aufgrund seiner Ungefährlichkeit, niemand mehr beachtet. Und mittlerweile tut das auch keiner mehr: Zika ist, warum auch immer, an Theorien mangelt es nicht, kein größeres Problem mehr.

Obwohl bereits seit 1962 bekannt, tritt ein Virus namens D68, Enterovirus, das kein Mensch kennt, der nicht vom Fach ist, in den letzten Jahren vermehrt auf. Auf niedrigem Level zwar, aber eben öfter als früher. Warum das so ist, weiß niemand. Genauso unklar ist, warum D68 in den allermeisten Fällen völlig harmlos ist, manchmal aber eben auch eine Art Kinderlähmung auslöst und für die Patienten so endet wie die echte Kinderlähmung, Polio. Hochansteckend ist es jedenfalls, bis zu fünfzehn Millionen Infektionen gibt es pro Jahr, Tröpfcheninfektion, eine Behandlung gibt es nicht. Vielleicht nehmen die Lähmungen in Zukunft zu, vielleicht auch nicht. Vielleicht stagnieren die schweren Fälle auf niedrigem Level. Oder es wird harmlos.

Die Geschichte ist voller Seuchen, die aus dem Nichts kommen und dorthin auch wieder verschwinden. Im 15. und 16. Jahrhundert taucht der sogenannte Englische Schweiß auf. In fünf Wellen tötet er wohl bis zu fünfzig Prozent seiner Opfer, zuerst in England – bevor die Krankheit am 25. Juli 1529 per Handelsschiff nach Hamburg übersetzt und auf dem Kontinent weiterwütet. Im September sterben in Dortmund von 500 Infizierten 497. Schüttelfrost und Muskelschmerzen? Ein schlechtes Zeichen. Schwellungen im Hals, danach Nasenbluten? Nicht gut. Aber Zeit, um sich Gedanken zu machen, haben die wenigsten – weil der Englische Schweiß in rund zwölf Stunden tötet, wenn er sich Zeit lässt. Meistens geht es allerdings noch schneller. Es sterben fast ausschließlich Menschen zwischen 20 und 40, überwiegend Männer, nassgeschwitzt sind sie am Ende, und wenn sie die Krankheit überstehen, schützt das vor gar nichts. Eine Immunität gibt es nicht. Nach der letzten Welle 1551 verschwindet der Englische Schweiß für immer.

Aber vielleicht auch nicht, denn als Wolfgang Amadeus Mozart im Dezember 1791 mit 35 Jahren in seiner Wohnung in Wien stirbt, stellt der Totenbeschauer als Ursache das »hitzige Frieselfieber« fest. Das es heute nicht gibt – und auch damals nicht gab. Das Frieselfieber ist eine Verlegenheitsdiagnose, die immer dann zum Einsatz kommt, wenn niemand weiß, woran der Tote litt. Weil man nicht hinschreiben kann: »Keine Ahnung, woran der gestorben ist.« Festgestellt wird jedenfalls, dass Mozart nassgeschwitzt ist und die Schwellungen in seinem Hals so stark, dass er sich nicht mehr im Bett umdrehen konnte. Vor seinem Tod hat er hohes Fieber und heftige Rückenschmerzen und vor allem: Er ist nicht alleine. Mehrere Dutzend Männer, alle unter 40, sterben in Wien in diesem Jahr. An was genau? Hitziges Frieselfieber.

Manche Forscher vermuten, dass der Englische Schweiß ein Hantavirus ist, und was die Symptome und die Geschwindigkeit des Tötens angeht, könnte das durchaus sein, aber letztlich ist das nicht nachweisbar.

===

Viren wirken in ihren Wirten. Beide tauschen genetisches Material aus, was wieder neu zusammengewürfelt wird, etwa bei der Grippe im Schwein.

»Dass es wahrscheinlich ist, dass durch Rekombination neue Viren entstehen können, die supergefährlich für uns sein könnten«, sagt

Misof, »das können wir schon vorhersagen.« Das Nashorn steht in der hintersten Ecke, es ist etwas versteckt, und auf dem Weg zu ihm kommt man an der ganzen Tierwelt des südlichen Afrikas vorbei.

»Wir können nicht vorhersagen, welche Bausteine zusammengesetzt werden. Aber wir wissen, dass es potenziell gefährliche Bausteine gibt – und wenn die kombiniert werden, dann kann es richtig brenzlig werden. Das heißt, das Gebot der Stunde ist, diese Legosteine wirklich alle zu kennen und zu verstehen, um dann mindestens sagen zu können: Okay, das sind gefährliche Bausteine.« Und gegen die könnte man dann einen Impfstoff entwickeln, der unter Umständen auch bei der Rekombination von Viren-Sequenzen, die diese Bausteine enthalten, eingesetzt werden könnte. Aber im Moment ist selbst das schwer, weil wir die virale Diversität nicht wirklich gut kennen.

Das Nashorn hat keine Hörner.

===

Am 4. Juni 2020 steht Robert Redfield, damals Chef des CDC und damit möglicherweise der einflussreichste Virologe der Welt, vor einem Ausschuss im Repräsentantenhaus in Washington und sagt: »Wenn Sie glauben, dass wir auf diesen Ausbruch nicht vorbereitet waren: Warten Sie ab, bis wir eine wirkliche Bedrohung unserer Gesundheitsvorsorge erleben.« Er sagt das, bevor der Winter kommt, und vielleicht würde er das jetzt anders formulieren, aber was er meint, ist: SARS-CoV-2 ist nicht »the big one«.

Neben all den Klassikern, Influenza, Ebola, SARS, gibt es auf der Top-Ten-Liste der WHO immer auch »Krankheit X«, die wird wirklich so bezeichnet, weil niemand weiß, was das sein könnte. Niemand kennt das Virus, es ist bisher nirgends aufgetaucht, und vielleicht tut es das auch nie. Aber damit rechnen muss man eben immer. Wir wissen nicht, was wir nicht wissen.

Beobachten muss man also fast alles, und das ist eigentlich eine unlösbare Aufgabe – weil man auch nur beobachten kann, was man schon kennt. Und selbst dort ist es schwierig: Die Entwicklung des Influenzavirus wird ständig beobachtet, weltweit. Aber jeden Vogel und jedes Schwein kann man nicht überwachen. Und selbst wenn das ginge:

Neue Viren in Tieren zu finden, deren Verwandte für Menschen gefährlich sind, heißt nicht, dass die neuen das auch sind.

Theoretisch kann man das herausfinden: indem man menschliche Zellen im Labor mit den Viren infiziert. Man muss es nur machen. Aber das sagt sich leicht und ist in der Realität nicht umsetzbar. Zu teuer, zu aufwendig, zu Warum-eigentlich-passiert-vermutlich-ja-doch-nichts.

Und selbst wenn das neu isolierte Virus auf die menschlichen Zellen infektiös wirkt und sie zerstört – was es danach im Körper anrichten kann, ist noch mal was ganz anderes. Man müsste jemanden infizieren, um das zu sehen. Besser noch: man infiziert viele, um die Datenbasis zu verbreitern. Beides ist ehthisch mindestens fragwürdig. Und selbst danach müsste man den Weg weitergehen und einen Impfstoff entwickeln, für einen Spillover, der vielleicht nie stattfindet.

Oder man macht es ganz anders
Und das ist auch viel billiger.

===

Es kann nicht oft genug erwähnt werden, und deswegen kommt es noch mal, im ganzen Satz, schön plakativ: Der beste Schutz gegen Pandemien sind artenreiche und widerstandsfähige Ökosysteme. Das gilt genauso in den Tropen wie auf der Nordhalbkugel. In den Tropen ist das auffälliger, weil die Gebiete artenreicher sind, das ändert aber nichts daran, dass wir zuerst vor unserer eigenen Haustür kehren sollten. Riesige brandenburgische Agrarkolchosen und Massentierhaltung in Niedersachsen … beides nicht besonders widerstandsfähig, so ökologisch gesehen (für das Ökonomische gilt das im Übrigen auch, aber das ist ein anderes Thema).

Die Schätzungen für die Aussterberate durch uns, im Vergleich zu »vor uns«, schwanken zwischen hundertmal so schnell und tausendmal so schnell. Die Gesamtmasse der wildlebenden Säugetiere und der Fische hat rapide abgenommen, und die bewaldete Fläche ist um ein Drittel zurückgegangen, dafür ist alles, was wir produzieren, mittlerweile schwerer als die gesamte Biomasse des Planeten.

Keine andere Spezies hat in so kurzer Zeit den Planeten so verändert wie wir. Und wir tun das immer schneller. Um das Jahr 1800 waren wir eine Milliarde, das ist gerade mal 220 Jahre her. Jetzt sind wir fast acht Milliarden, hochmobil – und davon lebt über die Hälfte in Städten. Wären wir ein Zuchttier in einem Stall, gehalten von uns selber, würden wir uns vermutlich abschaffen, denn als Hochrisikospezies wären wir uns zu gefährlich.

===

Es ist Ende August 1999, als im Bronx Zoo in New York die Krähen tot vom Himmel fallen. Das ist ziemlich unheimlich, aber nicht das einzig Ungewöhnliche. Überall in der Stadt melden Menschen tote Vögel. Sie liegen in Vorgärten, Parks, auf Gehwegen und öffentlichen Plätzen.

Ziemlich zeitgleich, es ist der 23. August, meldet sich ein Arzt aus Queens beim New York City Department of Health, NYCDOH, und berichtet von einer komischen Krankheit bei einigen seiner Patienten. Die Menschen haben Fieber und Lähmungserscheinungen, ihre Muskeln schmerzen, sie sind schlapp und geistig nicht ganz auf der Höhe, irgendwie verwirrt. Acht Patienten sind es, sie wohnen alle in Queens, im Norden des Bezirks. Alle sind vorher gesund, keiner hat irgendwelche Erkrankungen, alle geben an, dass sie abends gerne vor die Tür gehen, zum Sport oder Spazieren oder um im Garten zu arbeiten. Im Laufe der nächsten Wochen nehmen die Fälle zu, bei Menschen und bei Vögeln, und es gibt erste Vermutungen, dass das eine mit dem anderen zu tun haben könnte.

In den Gehirnen der Vögel finden sich Entzündungen und Blutungen und vor allem haben sie neurologische Ausfälle, bevor sie sterben. Und dann sterben auch Menschen. An einer Gehirnentzündung.

Insgesamt werden es sieben Tote sein.

Das ist übersichtlich viel in New York, aber letztlich erkranken auch nur 59 Menschen, und das sind dann doch wieder zwölf Prozent. Und vor allem: Sie sterben am West-Nil-Virus. Das allerdings wird erst einige Wochen später klar, fünf Labore arbeiten daran, weil die Diagnose so ungewöhnlich ist: Das Virus ist zuvor, von einigen wenigen Ausnahme abgesehen, in der gesamten westlichen Hemisphäre noch nie aufgetreten.

Das Virus wird von allen möglichen Mückenarten übertragen, und meistens passiert dann gar nichts, aber manchmal eben doch. Wie es letztlich in die USA gekommen ist, ob zuerst in einer Mücke oder in einem Vogel, ist unklar.

Aber 1999 etabliert es sich. Fälle tauchen von nun an jährlich auf. Es ist nicht so, dass sehr viele Menschen erkranken, 2003, im bisher schlimmsten Jahr, sind es knapp 10 000 Fälle, aber doch so viele, dass man es nicht übersehen kann. Die Todesrate schwankt immer zwischen drei und fünfzehn Prozent. Die durchschnittliche Letalität beträgt fünf Prozent.

Aber es wird wärmer. Die Fälle werden zunehmen, denn die Vektoren, Virus-übertragende Mücken, haben es gerne warm. Allerdings gibt es noch eine andere Ursache, und sie ist mindestens genauso suboptimal, weil sie die Ökosysteme insgesamt weniger stressresistent gegen Veränderungen macht: schwindende Biodiversität.

Nur wenige Vogelarten sind effiziente Verbreiter des West-Nil-Virus. In den allermeisten Fällen kann sich der Erreger nicht in den Tieren durchsetzen, viele Arten sind keine geeigneten Wirte. Untersuchungen im Anschluss an den 1999er Ausbruch zeigen, dass das Virus Schwierigkeiten hat, sich zu etablieren, wenn die Vogelgemeinschaften aus möglichst vielen unterschiedlichen Arten bestehen, weil es weniger leicht von Tier zu Tier springen kann – was das Risiko einer Übertragung auf den Menschen verringert. Im Gegensatz dazu setzen sich in Gebieten mit einer geringeren Artenvielfalt immer Generalisten durch, Arten, die schon klarkommen, das sind immer wenige, und sie leben immer eng mit den Menschen zusammen, es sind Kulturfolger – sie erlangen Vorteile, weil wir alles in unserem Sinn umbauen.

Im Fall des West-Nil-Virus sind das Rotkehlchen. Sie sind überall dort, wo Menschen sind. Oft am Boden, in Reichweite der Mücken, und sie tragen große Mengen des Virus in sich, ohne irgendwas zu merken. Und zack, das Risiko für Menschen steigt.

Und bevor jetzt einer auf die Idee kommt, alle Rotkehlchen umzubringen: Es ist nicht möglich, den Planeten zu sterilisieren.

===

Die Borreliose breitet sich aus, weil in den fragmentierten Wäldern weniger Raubtiere wie Füchse und Opossums leben, die Mäuse fressen, die Borreliose-verbreitende Zecken beherbergen. Für die Ostküste der USA ist das belegt, und es gibt wenige Gründe anzunehmen, warum das in Europa anders sein sollte. Minus der Opossums.

===

Die Hörner sind abgesägt und liegen in einem Safe. Was den Wert angeht, ist das vermutlich der richtige Platz. Das Horn eines Nashorns bringt auf dem Schwarzmarkt rund 200 000 Euro. Es wird zu Pulver zermahlen, das von Chinesen benutzt wird, um ihr Liebesleben anzukurbeln, länger zu leben, mehr Glück zu haben, die Gründe sind verschieden. Aber weil es immer weniger Nashörner in freier Wildbahn gibt und die wenigen mittlerweile auch besser geschützt sind, oft zumindest, ist es für Wilderer billiger und weniger risikoreich, in Museen einzubrechen und dort toten Tieren die Hörner zu klauen. Im Moment passiert das regelmäßig.

Und irgendwann, knapp zwei Jahre her, klingelt das Telefon an der Kasse des Museums Alexander Koenig. Es ist die Telefonnummer, die man per Suchmaschine finden kann. Hallo, sagt eine Stimme, wir sind Studenten aus London, und wir studieren Nashörner, und wir wollen uns die verschiedenen Exemplare europaweit in den Museen mal ansehen, um eine vergleichende Untersuchung zu machen. Ach was, sagt die Frau am Empfang, und noch während des Gesprächs sagt sie in der Direktion Bescheid, und die hören zu, als die Studenten, die bestimmt keine sind, fragen: Haben Sie denn auch Nashörner? Interessant, aha, ja ja, wunderbar. Und eine Woche später wird eingebrochen, und die Hörner des Nashorns sind gestohlen. Sonst nichts.

Vermutlich zerreiben die Diebe sie zu einem Pulver, und damit könnte man dann auch Löcher in einer Wand zuschmieren, denn im Museum nehmen die Mitarbeiter die echten Exemplare sofort nach dem Anruf ab – und ersetzen sie durch Gipsattrappen. Vermutlich werden die genauso teuer an irgendeinen Asiaten verkauft wie die Originale, denn sonst interessiert sich niemand für Nashorn-Horn. Niemand für Haifischflossen. Und kein Mensch für Tigerschädel. Unwahrscheinlich, dass der Käufer etwas gemerkt hat, denn der Wirkeffekt ist der gleiche: Es gibt keinen. Weil sich das aber noch nicht überall herumgesprochen hat und auch nicht die Medizin im Vordergrund steht, sondern das soziale Prestige, das mit dem Konsum von vom Aussterben bedrohten Tieren einhergeht, ist mittlerweile das, was für die chinesische Medizin relevant ist, in den meisten Museen in Safes verschlossen.

Bushmeat in Afrika, das nach Europa geschmuggelt wird, Brüssel, London und Paris. Europäische Singvögel, die nach Japan gehen. Papageien auf dem Weg nach Deutschland. Der internationale Schmuggel mit Tieren und Tierteilen ist nach dem Drogenhandel und dem Waffenhandel der größte illegale Markt, den es gibt., Wobei die Zahlen schwanken, kommt drauf an, wen man fragt, es gibt Schätzungen zwischen zwanzig und zweihundert Milliarden Dollar, aber achtzig Milliarden ist eine Zahl, auf die sich viele einigen können. Und darauf: Viren sind dabei immer im Gepäck.

Schuppentiere etwa sind die am häufigsten illegal gehandelten Säugetiere weltweit. Allein 2018 werden 62 Tonnen geschmuggelte Schuppen sichergestellt, was bedeutet, dass es noch viel mehr sein müssen. Wie viele Individuen es überhaupt noch gibt, weiß niemand. Die Schwarzmarktpreise sind hoch, das Fleisch gilt als Delikatesse in, Überraschung, China, und die Schuppen in der traditionellen chinesischen Medizin als Wundermittel gegen fast alles, was man haben kann. Sie bringen rund eintausend Dollar pro Kilo. Das Schuppentier gilt im Winter 2020 als Zwischenwirt und Hauptverdächtiger bei der Übertragung von SARS-CoV-2 (wofür das Schuppentier nichts kann).

Die Schuppen sind aus Keratin. Genau wie die Hörner des Nashorns. Genau wie Fingernägel.

===

Massentierhaltung, Wildtierschmuggel, Zerstörung der letzten Lebensräume: Zoonosen sind nichts, das wie ein Unwetter über uns hereinbricht. Sie entstehen dort, wo Menschen und Tiere in engem Kontakt zusammenleben – und Populationen, egal ob von Menschen oder Kühen, groß genug sind.

Kleine Stämme, die nicht in Kontakt mit anderen stehen und sich über eine große Fläche verteilen, sterben oder werden gesund, ohne dass jemand anderes davon erfährt. Zu Risiken werden Zoonosen erst, als Siedlungen, Dörfer und später Städte entstehen. Mit dem Aufstieg der Landwirtschaft beginnt auch ihr Aufstieg. Jäger und Sammler wechseln den Lagerplatz und verlassen damit auch ihre Ausscheidungen, während Bauern es den Erregern leichtmachen, von einem Körper in den nächsten zu wechseln. Schließlich leben sie inmitten ihrer Exkremente. Vor allem aber leben sie mit ihren Nutztieren zusammen. So ist der engste Verwandte des Masernvirus nicht zufällig der Erreger der Rinderpest, und auch die Tuberkulose kommt eigentlich vom Rind.

Bauern machen Land urbar, sie legen Dämme an, roden Wald, lagern Nahrungsmittel und schaffen damit ideale Bedingungen für Mücken und Nagetiere. Und deren Erreger. Zudem verändert die Landnutzung auch die Tierwelt, das ist bis heute so. Manche Arten verschwinden, andere vermehren sich, und zu den Gewinnern gehören diejenigen, die Wirte für die unangenehmsten Viren sein könnten, etwa Nage- oder Fledertiere.

Die Gefahr von Zoonosen lauert nicht im unberührten Dschungel, sondern entsteht dann, wenn natürliche Areale in Ackerland, Weiden und städtische Flächen umgewandelt werden. Wir bauen keine Straßen in unberührte Natur. Wir bauen Viren-Highways. Viren verschwinden nicht mit ihren Wirten, sie suchen sich neue Lebensräume. Bevor das jemand mit Absicht missverstehen will: Das ist kein Plädoyer dafür, wieder in Höhlen zu ziehen. Außerdem, das sei der Vollständigkeit halber nun auch erwähnt: Die Landwirtschaft hat auch ziemlich viele Vorteile. Nur nicht so, wie wir sie gerade in erster Linie betreiben.

Denn wenn wir weiterhin Massentierhaltung okay finden, seien es Schweine in Europa oder Marderhunde in China, weiterhin die letzten abgelegenen Gebiete für uns erschließen, weiterhin Natur in Agrar- und Wohngebiete umwandeln und beste Böden zubetonieren, weiterhin Wälder am Amazonas und in den kaltgemäßigten Klimazonen zerstören und Biodiversität vernichten, weiterhin Verslumung einfach so hinnehmen und Müll produzieren, als gäbe es kein Morgen, und weiterhin zulassen, dass es immer wärmer wird auf dem Planeten, dann klingt das ziemlich schwülstig, wie ein Werbeplakat einer Umweltorganisation aus den 1970ern, aber dann sollten wir uns zumindest nicht wundern, wenn wieder ein Virus kommt, das uns als bequemes Habitat missversteht.

Und dann sterben wir alle an hitzigem Frieselfieber.

DANK

Dieses Buch beruht auf Interviews mit dem Wissenschaftler Christian Drosten, Melanie Brinkmann, Armin Nassehi, Gerd Sutter, Mirjam Knörnschild, Thushira Weerawarna, Conrad Freuling, Karl Lauterbach, Bernhard Misof & Rainer Ulrich. Dazu kommen Ron Fouchier in Rotterdam, Dennis Bente und Thomas Ksiazek in Galveston und Mzia Kutateladze in Tiflis.

Geholfen haben außerdem Florian Gloza-Rausch vom Fledermauszentrum Noctalis in Bad Segeberg, Patrick Stratman, Victor Corman, Ilia Semmler, Thomas Mettenleiter, Susanne Thiele, Christian Macedonski, Terry Jones, Oliver Wurm, Wolfgang Müller, Ulrike Holler und Marcus Kleinert. Letzterer ist vermutlich der beste Pfarrer der Welt. Wären alle so, hätte die Kirche kein Nachwuchs- und Legitimationsproblem. Danke fürs Zuhören. Danke auch an Erhard Eller und Gerhard Steinl, für ihre Hilfe bei der Recherche. Auch super und wichtig: Olga Weigel, die stundenlang mit mir spazieren ging und geduldig mein monothematisches Dozieren über Viren ertragen hat. Das war vermutlich spätestens ab der dritten Wiederholung ziemlich langweilig.

Ich verbeuge mich vor meinen Eltern, ganz tief, denn die haben es so was von verdient, Gunda und Thomas, ihr seid Top-Leute. Chapeau und danke für alles an Pia Westermann, deren großartige Food-Bilder man hier findet: www.peasandfennel.blog oder bei Instagram: westermann_pia. Und natürlich kriegt auch meine tolle Tochter hier ihre Danksagung, das braucht ja gar keinen Anlass: Danke, Clara. Auch für das Erden und Einbremsen, denn immer, wenn ich dachte, dass ich mich mit dem interessantesten Thema der Welt beschäftige und ihr davon erzählt habe, hat sie lange und ausdauernd gegähnt. Wir haben dann Filme von Marvel geguckt und dann noch DC durchgearbeitet und endlich mal alle Superhelden-Filme gesehen, die es gibt.

Apropos Superhelden: Bruder, ich ziehe jeden Hut, der jemals produziert wurde und das in Zukunft noch wird, besser hätte ich es ja einfach nicht erwischen können. Danke, Christoph.

QUELLEN

Um dieses Buch zu einem Ende zu bringen, wurden ein paar andere Bücher gelesen:

Spillover, David Quammen, 2012 .... Virus, Nathan Wolfe, 2011 .... Krise, Jared Diamond, 2019 .... Kollaps, Jared Diamond, 2004 .... Eine kurze Geschichte der Menschheit, Yuval Noah Harrari, 2011 .... Ebola. The natural and human history, David Quammen, 2014 .... Ebola. Profile of a killer virus, Dorothy H. Crawford, 2016 .... On the trail of Ebola. My life as a virus hunter, Guido van der Groen, 2016 .... Die kommenden Plagen. Neue Krankheiten in einer gefährdeten Welt, Laurie Garret, 1996 .... Parasitus Rex. Inside the bizarre world of nature's most dangerous creatures, Carl Zimmer, 2000 .... Gorilla Pathology and Health, John E. Cooper, 2017 .... And the Band Played on, Randy Shilts, 1987 .... The chimp and the river. How AIDS emerged from the african forest, David Quammen, 2015 .... Seuchen, Kai Kupferschmidt, 2018 .... Virusphere. Ebola, AIDS, Covid-19 and the hidden world of viruses, Frank Ryan, 2019 .... China Syndrome. The true story of the 21st century's first great epidemic, Karl Taro Grennberg, 2006 .... SARS: How a global pandemic was stopped, World Health Organization, 2006 .... How did it come to this, The Atlantic, 2020 .... Pale Rider. The Spanish Flu of 1918 and How it Changed the World, Laura Spinney, 2017 .... The Pandemic Century. A History of Global Contagion from the Spanish Flu to Covid-19, Mark Honigsbaum, 2019 .... House on Fire. The fight to eradicate smallpox, William H. Foege, 2011 .... Dancing with Death: Chance, Risk and Health, Stephen Senn, 2003 .... Die Herrscher der Welt. Wie Mikroben unser Leben bestimmen, Bernhard Kegel, 2015 .... Virolution. Die Macht der Viren in der Evolution, Frank Ryan, 2010 .... Deadliest Enemy. Our war against killer germs, Michael T. Osterholm, 2017 .... Of Mice, Men, and Microbes: Hantavirus, David

Harper & Andrea Mayer, 1999 .... Influenza. Die Jagd nach dem Virus, Gina Kolata,1999 .... The Pandemic Endgame, The Atlantic, 2021 .... The Origins of AIDS, Jacques Pépin, 2011 .... Fake Facts, Katharina Nocun/Pia Lamberty, 2020 .... Smallpox and its eradication, WHO, 1988 ... Story, Robert McKnee, 2000 ... Story Structure Architect, Victoria Schmidt, 2005

Verwendet habe ich während der Arbeit an diesen Seiten in erster Linie Wired, die New York Times, The Atlantic, The Lancet, Medscape, den Guardian und die Süddeutsche Zeitung. Gefühlt habe ich etwa eine Million Paper durchgearbeitet. Die Quellen, die sich hier gleich anschließen, sind in der Reihenfolge aufgeführt, wie sie im Text vorkommen. Weil ich immer wieder mal Teile des Buches von einer zur anderen Stelle verschoben habe, war das nicht anders zu gewährleisten – damit ich selbst nicht die Übersicht verliere. Letztlich ist es wie beim Hip-Hop, nur mit Viren: Wissenschaftssampling.

Wer bis hierhin gelesen hat: danke. Spannender wird es nicht mehr. Jetzt kommen die Credits – zusätzlich zu den gelesenen Büchern, weswegen auch nicht alle Informationen verlinkt sind, sondern eben in den Büchern stehen.

Alle Links sind geprüft in der ersten Märzwoche 2021.

Prolog

- Alien, Ridley Scott, 1979

Intro

- Was explodierte bei der kambrischen Explosion?, Douglas Fox, März 2016, https://www.spektrum.de/news/was-explodierte-bei-der-kambrischen-explosion/1404349
- Dating early animal evolution using phylogenomic data, Martin Dohrmann, Gert Wörheide, Juni 2017, https://www.nature.com/articles/s41598-017-03791-w
- Viren und Bakterien: Wir sind ein Teil von ihnen, Arno Widmann, März 2020, https://www.fr.de/kultur/gesellschaft/viren-bakterien-sind-teilihnen-13604619.html
- Viren: Winzig und seit Urzeiten auf der Erde, https://www.museumfuernaturkunde.berlin/de/ueber/neuigkeiten/viren-winzig-und-seit-urzeiten-auf-der-erde

- »Am Anfang war das Virus«, Ruth Reif, Juli 2015, https://www.tagesspiegel.de/wissen/ursprung-des-lebens-am-anfang-war-das-virus/11867530.html
- Die Struktur des Viruses, das Bakterien in heißen Quellen infiziert, ist enthüllt, Februar 2019, https://q-more.chemie.de/news/156251/die-struktur-des-viruses-das-bakterien-in-heissen-quellen-infiziert-ist-enthuellt.html
- Enorm viele Ozean-Viren sind merkwürdig verteilt, Jan Osterkamp, April 2019, https://www.spektrum.de/news/enorm-viele-ozean-viren-sind-merkwuerdig-verteilt/1641162
- Virus bläht Opfer auf 20-fache Größe auf, Lars Fischer, März 2021, https://www.spektrum.de/news/viren-blaehen-opfer-auf-die-20-fache-groesse-auf/1854412
- Marine DNA Viral Macro- and Microdiversity from Pole to Pole, Ann C. Gregory et al., April 2019, https://www.cell.com/action/showPdf?pii=S0092-8674%2819%2930341-1
- Die nützliche Seite der Viren, Sven Kästner, Januar 2021, https://www.deutschlandfunkkultur.de/bakterienbekaempfung-mit-phagen-die-nuetzliche-seite-der.976.de.html?dram:article_id=490422
- Der »Feind« in uns. Symbiotische Viren als Triebkräfte unserer Evolution?, Nadja Podbregar, November 2010, https://www.scinexx.de/dossier/der-feind-in-uns/
- Endogene Retroviren. Parasiten im Genom, Christina Hohmann, Februar 2010, https://www.pharmazeutische-zeitung.de/ausgabe-072010/parasiten-im-genom/

1 SARS-CoV-2. PCR. Spanische Grippe. Schweinegrippe. Kreuzimmunität.

- Deposition rates of viruses and bacteria above the atmospheric boundary layer, Isabel Reche et al., Januar 2018, https://www.nature.com/articles/s41396-017-0042-4
- Viruses carried to soil by irrigation can be aerosolized later during windy spells, Guillaume Girardin et al., Oktober 2016, https://link.springer.com/article/10.1007/s13593-016-0393-7
- Inventur bei unseren mikrobiellen Mitbewohnern, Juli 2012, https://www.scinexx.de/news/biowissen/inventur-bei-unseren-mikrobiellen-mitbewohnern/
- Planet Mensch: Mehr als 10 000 Bakterien, Juli 2012, https://sciencev2.orf.at/stories/1700102/index.html
- Molecular cartography of the human skin surface in 3D, Amina Bouslimani et al., März 2015, https://www.pnas.org/content/112/17/E2120
- Worlds Of Bacteria, Alive On Your Skin, Podcast: All things considered, Richard Harris, NPR, Mai 2009, https://www.npr.org/templates/story/story.php?storyId=104662183&t=1622714375000

- Study finds 1,000 species of bacteria on healthy humans, Karen Kaplan, Mai 2009, https://www.latimes.com/archives/la-xpm-2009-may-29-sci-skin-bacteria29-story.html
- Ökosystem Mensch, Volker Wildermuth, April 2014, https://www.deutschlandfunkkultur.de/sachbuch-oekosystem-mensch.950.de.html?dram:article_id=283294
- Du und dein Bakterienzoo, Katrin Blawat, Mai 2010, https://www.sueddeutsche.de/wissen/mikroben-beim-menschen-du-und-dein-bakterienzoo-1.149766
- Du bist doch Banane, September 2016, https://www.fluter.de/du-bist-doch-banane
- The Banana Conjecture, Dezember 2020, Natasha Glover, https://lab.dessimoz.org/blog/2020/12/08/human-banana-orthologs
- Do People and Bananas really share 50 percent of the same DNA?, Alia Hoyt, April 2021, https://science.howstuffworks.com/life/genetic/people-bananas-share-dna.htm
- Four Thousand Years of Concepts Relating to Rabies in Animals and Humans, Its Prevention and Its Cure, Arnaud Tarantola, Juni 2017, https://www.ncbi.nlm.nih.gov/pmc/articles/PMC6082082/
- Die Tollwut, R. Zanoni, Schweizerische Tollwutzentrale, Institut für Virologie und Immunologie, Bern; Oktober 2018
- The Coronavirus Is Never Going Away, Sarah Zhang, August 2020, https://www.theatlantic.com/health/archive/2020/08/coronavirus-will-never-go-away/614860/
- Bakterien, die als Biowaffen taugen, Angelika Jung-Hüttl, Markus Schulte von Drach und Jeanne Rubner, Mai 2010, https://www.sueddeutsche.de/wissen/biowaffen-bakterien-die-als-biowaffen-taugen-1.614083
- Bioteroristisch relevante bakterielle Erreger, S. R. Klee et al., November 2003, https://www.rki.de/DE/Content/Infekt/Biosicherheit/BGB_Sonderausgabe/02_Leitthema.pdf?__blob=publicationFile
- Excerpts from the Sumerian Laws of Eshnunna, Northern Babylonia ca. 1930 BCE, https://www.researchgate.net/figure/Excerpts-from-the-Sumerian-Laws-of-Eshnunna-Northern-Babylonia-ca-1930-BCE-a-Tablets_fig6_315629974
- Gefährliche Nähe, Sonja Kastilan, März 2017, https://www.faz.net/aktuell/wissen/erde-klima/oekotourismusgefaehrdet-affen-durch-krankheiten-14920425.html
- 100 Billionen Freunde, Hanno Charisius, März 2014, https://www.zeit.de/2014/12/mikrobiom-bakterien-darm
- Estimated global mortality associated with the first 12 months of 2009 pandemic influenza A H1N1 virus circulation: a modelling, Fatimah S. Dawood et al., 1. September 2012, study, https://www.thelancet.com/journals/laninf/article/PIIS1473-3099(12)70121-4/fulltext

- Wenn Tiere den Menschen anstecken, Dagmar Röhrlich, April 2018, https://www.deutschlandfunk.de/kampf-gegen-zoonosen-wenn-tiere-den-menschen-anstecken.724.de.html?dram:article_id=414993
- Urbanisierung erhöht Risiko für Krankheiten aus dem Tierreich, August 2020, https://www.sueddeutsche.de/wissen/coronavirus-zoonosen-krankheiten-1.4990360
- A history of rabies, Fielding D. O'Niell, https://www.tuckahoevet.com/post/a-history-of-rabies
- Early animal farming and zoonotic disease dynamics: modelling brucellosis transmission in Neolithic goat populations, Guillaume Fournie et al., Februar 2017, https://www.ncbi.nlm.nih.gov/pmc/articles/PMC5367282/
- So viele Viren prasseln dauernd auf uns ein, Daniel Lingenhöhl, Februar 2018, https://www.spektrum.de/news/so-viele-viren-prasseln-dauernd-auf-uns-ein/1541215
- Human Rabies Survivors in India: An Emerging Paradox?, Reeta Subramaniam, Juli 2016, https://journals.plos.org/plosntds/article?id=10.1371/journal.pntd.0004774
- Severe Acute Respiratory Syndrome Coronavirus as an Agent of Emerging and Reemerging Infection, Vincent C. C. Cheng et al., Oktober 2007, https://www.ncbi.nlm.nih.gov/pmc/articles/PMC2176051/
- Coronavirus family now a prime suspect in previous pandemics, Anthony King, Februar 2021, https://www.irishtimes.com/news/science/coronavirus-family-now-a-prime-suspect-in-previous-pandemics-1.4463053
- Analysis of cellular receptors for human coronavirus OC43, C. Krempl, 1995, https://pubmed.ncbi.nlm.nih.gov/8830510/
- An uncommon cold, Anthony King, Mai 2020, https://www.ncbi.nlm.nih.gov/pmc/articles/PMC7252012/
- Did a coronavirus cause the pandemic that killed Queen Victoria's heir?, Robin MkKie, Mai 2020, https://www.theguardian.com/world/2020/may/31/did-a-coronavirus-cause-the-pandemic-that-killed-queen-victorias-heir
- Circulation of genetically distinct contemporary human coronavirus OC43 strains, Leen Vijgen et al., Juni 2005, https://pubmed.ncbi.nlm.nih.gov/15914223/
- Isolation and characterization of a bat SARS-like coronavirus that uses the ACE2 receptor, Xing-Yi Ge et al., Oktober 2013, https://www.nature.com/articles/nature12711
- How Bats Might Have Tamed the Coronavirus, Katharine Wu, Mai 2020, https://www.theatlantic.com/science/archive/2020/05/dont-blame-bats-coronavirus/611434/
- Nächtliche Helfer, Kerstin Viering, Dezember 2015, https://www.spektrum.de/news/naechtliche-helfer/1389512

- Increasing Awareness of Ecosystem Services Provided by Bats, Simon J. Ghanem, Christian Voigt, April 2012, https://www.researchgate.net/publication/259196512_Increasing_Awareness_of_Ecosystem_Services_Provided_by_Bats
- Bat pest control contributes to food security in Thailand, Thomas C. Wanger et al., März 2014, https://www.sciencedirect.com/science/article/abs/pii/S000632071400038X
- Bats initiate vital agroecological interactions in corn. Josiah J. Maine, Justin G. Boyles, Oktober 2015, https://www.pnas.org/content/112/40/12438
- Mit Schnaps Fledermäuse schützen? Mexiko zeigt, wie es geht, Enrique Gili, Januar 2017, https://www.dw.com/de/mit-schnaps-fledermäuse-schützen-mexiko-zeigt-wie-es-geht/a-37346537
- Economic Importance of Bats in Agriculture, Justin G. Boyles et al., April 2011, https://science.sciencemag.org/content/332/6025/41
- Eine Milliarde sparen mit Fledermäusen, Jan Osterkamp, September 2015, https://www.spektrum.de/news/eine-milliarde-sparen-mit-fledermaeusen/1365873
- How Scientists Could Stop the Next Pandemic Before It Starts, Jennifer Khan, April 2020, https://www.nytimes.com/2020/04/21/magazine/pandemic-vaccine.html
- How to find the next pandemic virus before it finds us, Lindsey Konkel, April 2020, https://www.sciencenewsforstudents.org/article/finding-nextpandemic-virus-before-it-finds-us
- The Non-Paranoid Person's Guide to viruses escaping from labs, Rowan Jacobsen, Mai 2020, https://www.motherjones.com/politics/2020/05/the-non-paranoid-persons-guide-to-viruses-escaping-from-labs/
- Complete Genomic Sequence of Human Coronavirus OC43: Molecular Clock Analysis Suggests a Relatively Recent Zoonotic Coronavirus Transmission Event, Leen Vjigen et al., Januar 2005, https://jvi.asm.org/content/79/3/1595
- Coronavirus possibly caused a million deaths in 1890, says Marc Van Ranst, Maïthé Chini, Juni 2020, https://www.brusselstimes.com/news/belgium-all-news/116859/coronavirus-possibly-caused-million-deaths-in-1890-says-marc-van-ranst/
- Six Talking Apes, Erin Wayman, August 2011, https://www.smithsonianmag.com/science-nature/six-talking-apes-48085302/
- Zellpiraten. Die Geschichte der Viren – Molekül und Mikrobe, Andrew Scott, 1990, https://link.springer.com/book/10.1007/978-3-0348-6121-2
- Der rätselhafte Virus, Michael Engel, August 2009, https://www.deutschlandfunkkultur.de/der-raetselhafte-virus.954.de.html?dram:article_id=144543
- Martinus W. Beijerinck, Luca Prono, https://www.britannica.com/biography/Martinus-W-Beijerinck

- International Astronomical Union (IAU) Working Group for Planetary System Nomenclature (WGPSN), Planetary Names: Crater, craters: Beijerinck on Moon, Oktober 2010, https://planetarynames.wr.usgs.gov/Feature/664
- A Translation of the Eight Books of Aul. Corn. Celsus on Medicine, Aulus Cornelius Celsus, 1831
- Die Geschichte der Virenforschung, Matthias Eckoldt, Mai 2021, https://www.deutschlandfunkkultur.de/versuche-zufaelle-und-ein-skandal-die-geschichte-der.976.de.html?dram:article_id=496790
- Tobacco Mosaic Virus and the Study of Early Events in Virus Infections, John G. Shaw, März 1999, https://www.jstor.org/stable/56728?seq=1
- Tobacco Mosaic Virus, M. H. V. Van Regenmortel, 2008, https://www.sciencedirect.com/topics/agricultural-and-biological-sciences/tobacco-mosaic-virus
- Die Mikroskope von Antoni van Leeuwenhoek, https://www.deutsches-museum.de/en/collections/meisterwerke/meisterwerke-iii/mikroskope/
- Die Entdeckung der Viren und anderer suborganismischer infektiöser Agenzien, Gerhardt Drews, 2010, https://link.springer.com/chapter/10.1007/978-3-642-10757-3_7
- Regeneration des Thymus, EuroStemCell, https://www.eurostemcell.org/de/regeneration-des-thymus
- How Covid Sends Some Bodies to War With Themselves, Moises Velasquez-Manoff, August 2020, https://www.nytimes.com/2020/08/11/magazine/covid-cytokine-storms.html
- Tödliche Reaktion des Immunsystems, Mai 2010, https://www.sueddeutsche.de/leben/spanische-grippe-toedliche-reaktion-des-immunsystems-1.862303
- Immunsystem gegen Virus: Warum Ältere kränker werden, Karin Pollack, April 2020, https://www.derstandard.de/story/2000116696403/immunsystem-gegen-virus-warum-aeltere-kraenker-werden
- Thymus, Manuela Mai, Juli 2016, https://www.netdoktor.de/anatomie/thymus/
- Bright Scientists, Dim Notions, George Johnson, Oktober 2007, https://www.nytimes.com/2007/10/28/weekinreview/28johnson.html?_r=3&adxnnl=1&oref=slogin&ref=science&adxnnlx=1193583001-IE12EKQeJt1sjwCUOYPVWg&oref=slogin
- LSD: The geek's wonder drug?, Januar 2006, https://www.wired.com/2006/01/lsd-the-geeks-wonder-drug/
- Gone Surfing, The biomedical scientist, September 2019, https://www.thebiomedicalscientist.net/science/gone-surfing
- Kary Mullis, the Genius of a Scientist, the Eccentricity of a Celebrity, Javier Yanes, Dezember 2019, https://www.bbvaopenmind.com/en/science/leading-figures/kary-mullis-the-genius-of-scientist-the-eccentricity-of-celebrity/

- The Man Who Photocopied DNA and Also Saw a Talking Fluorescent Raccoon, Jonathan Jarry, August 2019, https://www.mcgill.ca/oss/article/technology-history/man-who-photocopied-dna-and-also-saw-talking-fluorescent-raccoon
- An interesting aside, Bill Chalker, Frühjahr 1999, http://www.cufos.org/Abductions/strange_evidence_addendum.html
- A Hunk of Burnin' Love on a Chain: Weird science: Nobel laureate Kary Mullis has a new ›discovery‹ for us – jewelry that preserves the DNA of Elvis … and lots of other dead folks, Rick Weiss, Oktober 1995, https://www.latimes.com/archives/la-xpm-1995-10-19-ls-58742story.html
- Charité Universitätsklinikum Berlin, FAQ-Liste zu SARS-CoV-2, Wissenswertes rund um die PCR, https://www.charite.de/klinikum/themen_klinikum/themenschwerpunkt_coronavirus/faq_liste_zum_coronavirus/
- Rechtsmedizin Universitätsklinikum Heidelberg, https://www.klinikum.uni-heidelberg.de/fileadmin/inst_rechts_verkehrsmed/pdfs/Genetik.pdf
- Pathogennachweis mittels real-time PCR, Institut für Produktqualität, https://www.produktqualitaet.com/de/lebensmittel/mikrobiologie/nachweis-lebensmittelpathogene.html
- Authentizitätskontrollen: Echt oder unecht?, Deutsche Landwirtschafts-Gesellschaft, 4/2016, https://www.dlg.org/de/lebensmittel/themen/publikationen/magazin-dlg-lebensmittel/authentizitaetskontrollen-echt-oder-unecht
- What is PCR (polymerase chain reaction)?, your genome, https://www.yourgenome.org/facts/what-is-pcr-polymerase-chain-reaction
- Quantitative real-time PCR: a powerful ally in cancer research, Simone Mocellin, et al., Mai 2003, https://www.cell.com/trends/molecular-medicine/fulltext/S1471-4914(03)00047-9
- Advances in PCR Diagnostics for Cancer and Medical Mycology, Charya Wickremasinghe, Dezember 2019, https://www.technologynetworks.com/diagnostics/articles/advances-in-pcr-diagnostics-for-cancer-and-medical-mycology-327901
- Statistical evaluation of beer spoilage bacteria by real-time PCR analyses from 2010 to 2016, Jennifer Schneiderbanger et al., März 2018, https://onlinelibrary.wiley.com/doi/full/10.1002/jib.486
- Sequencing the apple genome, Science Learning Hub New Zealand, https://www.sciencelearn.org.nz/resources/846-sequencing-the-apple-genome
- Sequencing shark DNA, Science Learning Hub New Zealand, https://www.sciencelearn.org.nz/resources/1942-sequencing-shark-dna
- Using PCR in medicine, Science Learning Hub New Zealand, https://www.sciencelearn.org.nz/resources/2307-using-pcr-inmedicine
- What is PCR used for?, Science Learning Hub New Zealand, https://www.sciencelearn.org.nz/image_maps/35-what-is-pcr-used-for

- Polymerase chain reaction (PCR). A technique used to amplify, or make many copies of, a specific target region of DNA, Khan Academy, https://www.khanacademy.org/science/ap-biology/gene-expression-and-regulation/biotechnology/a/polymerase-chain-reaction-pcr
- Einführung in die PCR, Chemgapedia, http://www.chemgapedia.de/vsengine/vlu/vsc/de/ch/16/biochem/pcr/pcr_einfuehrung/einfuehrung.vlu/Page/vsc/de/ch/16/biochem/pcr/pcr_einfuehrung/primer.vscml.html
- Wichtige Informationen zur Real-Time PCR, ThermoFisherScientific, https://www.thermofisher.com/de/de/home/life-science/pcr/real-time-pcr/real-time-pcr-learning-center/real-time-pcr-basics/essentials-real-time-pcr.html
- Permian metabolic bone disease revealed by microCT: Paget's disease-like pathology in vertebrae of an early amniote, Yara Haridy et al., August 2019, https://journals.plos.org/plosone/article?id=10.1371/journal.pone.0219662
- Existierten Viren schon vor 290 Millionen Jahren?, Daniela Albat, August 2019, https://www.scinexx.de/news/medizin/existierten-viren-schon-vor290-millionen-jahren/
- How masks went from Don't-Wear to Must-Have, Megan Molteni, Juli 2020, https://www.wired.com/story/how-masks-went-from-dont-wear-to-must-have/
- Tuberkulose und andere durch Luft übertragbare Infektionserkrankungen: Krankenhaushygiene zur Vermeidung und Eindämmung, Helga Haefner et al., https://www.springermedizin.de/emedpedia/praktische-krankenhaushygiene-und-umweltschutz/tuberkulose-und-andere-durch-luft-uebertragbare-infektionserkrankungen-krankenhaushygiene-zur-vermeidung-und-eindaemmung?epediaDoi=10.1007%2F978-3-642-41169-4_9
- COVID-19 Outbreak Associated with Air Conditioning in Restaurant, Guangzhou, China, 2020, Jianyun Lu et al., Juli 2020, https://wwwnc.cdc.gov/eid/article/26/7/20-0764_article
- Turbulent Gas Clouds and Respiratory Pathogen Emissions. Potential Implications for Reducing Transmission of COVID-19, Lydia Bourouiba, März 2020, https://jamanetwork.com/journals/jama/fullarticle/2763852
- Übersicht über Infektionen aufgrund von respiratorischen Viren, Breanda L. Tesini, Juli 2020, https://www.msdmanuals.com/de-de/profi/infektionskrankheiten/respiratorische-viren/übersicht-über-infektionen-aufgrund-von-respiratorischen-viren
- Edgar (Patient Zero) Hernández, M. J. Stephen, Dezember 2009, http://content.time.com/time/specials/packages/article/0,28804,1945379_1944882_1944913,00.html
- Little Boy Zero: The Swine Flu Statue of Mexico, Ella Morton, Februar 2015, http://www.slate.com/blogs/atlas_obscura/2015/02/05/the_edgar_hernandez_swine_flu_statue_in_la_gloria_mexico.html

- Mexican boy's case may provide answers in swine flu outbreak, Eduardo Soto, April 2009, https://www.latimes.com/archives/la-xpm-2009-apr-29-fg-mexico-flu-victim29-story.html
- SGT Albert Martin Gitchell, Dwight Jon Zimmerman, November 2020, https://de.findagrave.com/memorial/21935798/albert-martin-gitchell
- 1918 Pandemic (H1N1 virus), Centers for Disease Control and Prevention, März 2019, https://www.cdc.gov/flu/pandemic-resources/1918-pandemic-h1n1.html
- Photos show how San Francisco had to convince its »mask slackers« to wear masks after many defied the law while the 1918 Spanish flu pandemic seized the city, Katie Canales, Juni 2020, https://www.businessinsider.com/san-francisco-anti-mask-league-1918-spanish-flu-pandemic-2020-5?r=DE&IR=T
- The Long Beach Telegram and The Long Beach Daily News, Januar 1919, https://www.newspapers.com/image/?clipping_id=50368314&fcfToken=eyJhbGciOiJIUzI1NiIsInR5cCI6IkpXVCJ9.eyJmcmVlLXZpZXctaWQiOjYwODMxMDMwNywiaWF0IjoxNTk5MDQwNzIwLCJleHAiOjE1OTkxMjcxMjB9.i4MTvWPUJUQSfuZAHtkyzsTlyekMGm78nL03idNsiJg
- Why October 1918 Was America's Deadliest Month Ever, Christopher Klein, Mai 2020, https://www.history.com/news/spanish-flu-deaths-october-1918
- There are 2 ways to get from Lavrentiya to Teller by plane, https://www.rome2rio.com/s/Lavrentiya/Teller
- The Virus detective/Dr. John Hultin has found evidence of the 1918 flu epidemic that had eluded experts for decades, Elizabeth Fernandez, Februar 2002, https://www.sfgate.com/magazine/article/The-Virus-detectiveDr-John-Hultin-has-found-2872017.php
- The Deadliest Flu: The Complete Story of the Discovery and Reconstruction of the 1918 Pandemic Virus, Douglas Jordan et al., Dezember 2019, https://www.cdc.gov/flu/pandemic-resources/reconstruction-1918-virus.html
- Dogged scientist unearthed Alaska victims of horrific flu pandemic to help pinpoint cause, Ned Rozell, Mai 2016, https://www.adn.com/science/article/dogged-scientist-who-unearthed-alaska-victims-horrific-flu-pandemic/2014/11/22/
- Long-frozen body may yield flu clues, Mary McKenna, Februar 1998, https://marynmckenna.com/wp-content/uploads/dlm_uploads/2017/09/February-1998.pdf
- Pvt. Roscoe Vaughan (Vaughn), GENI. a My heritage company, Januar 2018, https://www.geni.com/people/Pvt-Roscoe-Vaughan/6000000074833770905
- Die Pandemie-Ära hat bereits 1918 begonnen, Brigitte Fritz-Kador, Juli 2020, https://www.rnz.de/wissen/wissenschaft-regional_artikel,-spanische-grippe-die-pandemie-Aera-hat-bereits-1918-begonnen-_arid,523579.html

- Pain and Profits: The History of the Headache and Its Remedies in America, Janice Rae McTavish, 2004
- Aspirin: The Extraordinary Story of a Wonder Drug, Diarmuid Jeffreys, 2005
- Under the sun (a memoir of Dr. R. W. Burkitt, of Kenya), Joseph Richard Gregory, 1951,
- The Plague Years: The Great Influenza, Bob Frost, 1998, http://www.historyaccess.com/thegreatinfluenca.html
- Into the Wild. Twice. For Mankind, Michael McKnight, Mai 2020, https://www.si.com/more-sports/2020/05/27/johan-hultin-the-virus-hunter
- Britain and the 1918–19 Influenza Pandemic: A Dark Epilogue, Niall Johnson, 2006, https://books.google.de/books?id=0TWAAgAAQBAJ&pg=PA160&lpg=PA160&dq=Mowure+Kodwo&source=bl&ots=idnw8w18uH&sig=ACfU3U2CSTLCtXsDxukuNYfUIsjWe6dl4A&hl=de&sa=X&ved=2ahUKEwj7pZL0r5DsAhVJ-6QKHVglCwgQ6AEwAXoECAUQAQ#v=onepage&q=Mowure%20Kodwo&f=false
- A Terrible New Weapon of War: The Spanish Flu Had Its Own Share of Conspiracy Theories, Ofer Aderet, März 2020, https://www.haaretz.com/israel-news/.premium-the-spanish-flu-had-its-own-share-of-conspiracy-theories-1.8713448
- Pandemie vor hundert Jahren: 1918 wütete die »Spanische Grippe« in Reutlingen, April 2020, https://www.gea.de/reutlingen_artikel,-pandemie-vor-hundert-jahren-1918-wütete-die-spanische-grippe-in-reutlingen-_arid,6251645.html
- Die Spanische Grippe von 1918/1919 in Köln: Darstellung durch die Kölner Presse und die Kölner Behörden, Victoria Daniella Lorenz, April 2011, https://repository.publisso.de/resource/frl:4149112-1/data
- The public health response, Human virology at Stanford, Robert Siegel, Juni 20202, https://virus.stanford.edu/uda/fluresponse.html
- Eine halbe Milliarde Eier für die Grippeimpfung, März 2018, https://www.deutsche-apotheker-zeitung.de/news/artikel/2018/03/26/eine-halbe-milliarde-eier-fuer-die-grippe-impfung
- Toter Hund gegen Grippe, Sandra Trauner, Oktober 2007, https://www.n-tv.de/wissen/Toter-Hund-gegen-Grippe-article235166.html
- Discovery and characterization of the 1918 pandemic influenza virus in historical context, Jeffery K. Taubenberger et al., Mai 2008, https://www.ncbi.nlm.nih.gov/pmc/articles/PMC2391305/
- Opening Pandora's Box: Resurrecting the 1918 Influenza Pandemic Virus and transmissible H5N1 bird flu. Leoard C. Norkin, April 2014, https://norkinvirology.wordpress.com/tag/johan-hultin/
- Flu Fighter: Terrence Tumpey, Ph.D., Centers for Disease Control and Prevention, Mai 2018, https://www.cdc.gov/flu/pandemic-resources/1918-commemoration/pandemic-flu-fighter-terrence-tumpey.htm

- Lethal Virus Comes Out of Hiding, Gina Kolata, Februar 1998, https://www.nytimes.com/1998/02/24/science/lethal-virus-comes-out-of-hiding.html
- Virus-Fahndung auf einem Friedhof in Alaska, Wolfgang Wiedlich, September 2020, https://ga.de/news/wissen-und-bildung/virus-fahndung-auf-einem-friedhof-in-alaska_aid-53444007?output=amp
- During the so-called influenza epidemic in 1918, I was …, William H. Grisham, November 1940, https://sentinel.christianscience.com/issues/1940/11/43-13/during-the-so-called-influenza-epidemic-in-1918-i-was
- Die Spanische Grippe (im Spiegel des sozialdemokratischen Vorwärts), Stefan Müller, 2020, https://www.fes.de/themenportal-geschichte-kultur-medien-netz/geschichte/spanische-grippe
- Louis Armstrong Remembers How He Survived the 1918 Flu Epidemic in New Orleans, History Music, April 2020, https://www.openculture.com/2020/04/louis-armstrong-remembers-how-he-survived-the-1918-flu-epidemic-in-new-orleans.html
- Characterization of the 1918 influenza virus polymerase genes, Jeffery K. Taubenberger et al., Oktober 2005, https://www.nature.com/articles/nature04230
- World Health Organization, Global Influenza Programme, Pandemic Influenza Risk Management, A WHO guide to inform & harmonize national & international pandemic preparedness and response, Mai 2017, https://apps.who.int/iris/bitstream/handle/10665/259893/WHOWHE-IHM-GIP-2017.1-eng.pdf;jsessionid=DD48035577EE360C76571D81CBB6E52F?sequence=1
- World Health Organization, WHO Pandemic Phase descriptions and main actions by phase, https://www.who.int/influenza/resources/documents/pandemic_phase_descriptions_and_actions.pdf
- Food-Based Dietary Guidelines around the World Eastern Mediterranean and Middle Eastern Countries, Concetta Montagnese et al., Juni 2019, https://www.researchgate.net/figure/WHO-Regions-WHO-Member-States-are-grouped-into-six-regions-Each-region-has-a-regional_fig1_333761265
- Is swine flu going to be the next pandemic?, Andrew Preston, Juli 2020, https://theconversation.com/is-swine-flu-going-to-be-the-next-pandemic-141825
- Als die Welt im Fieber lag, Jörg Albrecht, Juni 2018, faz., https://www.faz.net/aktuell/wissen/spanische-grippe-wie-eine-epidemie-gesellschaften-veraenderte-15479161.html
- Die Spanische Grippe und ihr Erbe, Sonja Kastilan, Juni 2018, https://www.faz.net/aktuell/wissen/spanische-grippe-wie-eine-epidemie-gesellschaften-veraenderte-15479161.html#mutter-aller-pandemien
- Bei der Schweinegrippe kam alles anders, NDR Info Podcast Coronavirus-Update, Mai 2020, https://www.ndr.de/nachrichten/info/42-Bei-der-Schweinegrippe-kam-alles-anders,audio684806.html

- Rätsel um den Ursprung der Schweinegrippe, Mai 2010, https://www.sued deutsche.de/wissen/patient-null-raetsel-um-den-ursprung-der-schweinegrippe-1.448967
- The Places That Escaped The Spanish Flu, Richard Gray, Oktober 2018, https://www.bbc.com/future/article/20181023-the-places-thatescaped-the-spanish-flu
- Why the flu of 1918 was so deadly, David Robson, Oktober 2018, https://www.bbc.com/future/article/20181029-why-the-flu-of-1918-was-so-deadly
- The flu that transformed the 20th Century, Laura Spinney, Oktober 2018, https://www.bbc.com/future/article/20181016-the-flu-that-transformed-the-20th-century
- Coronavirus Is Very Different From the Spanish Flu of 1918. Here's How, Gina Kolata, März.2020, https://www.nytimes.com/2020/03/09/health/coronavirus-is-very-different-from-the-spanish-flu-of-1918-heres-how.html

2 Ebola. SARS. R-Wert.

- Die Geheimwaffe der Schlupfwespen, Nancy Beckage, Februar 1998, https://www.spektrum.de/magazin/die-geheimwaffe-der-schlupfwespen/823993
- Viren als Komplizen, Nadja Podbregar, November 2010, https://www.scinexx.de/dossierartikel/viren-als-komplizen/
- Polydnaviruses of Parasitic Wasps: Domestication of Viruses To Act as Gene Delivery Vectors, Gaelen Burke rt al., März 2012, https://www.ncbi.nlm.nih.gov/pmc/articles/PMC4553618/
- When parasitic wasps hijacked viruses: genomic and functional evolution of polydnaviruses, Elisabeth Herniou rt a., September 2013, https://www.ncbi.nlm.nih.gov/pmc/articles/PMC3758193/
- Darwin's Classic Monster: The Parasitoid Wasp, Michael Byrne, April 2015, https://www.vice.com/en/article/4x38gj/darwins-monsters-parasitoid-wasps
- Lessons From an Insect's Life Cycle: Extreme Sibling Rivalry, Carl Zimmer, August 2007, https://www.nytimes.com/2007/08/14/science/14wasp.html?ref=science
- HERITAGE: ›Green monkey‹ incident dominated news in 1976, Frogg Moody, März 2018, https://www.salisburyjournal.co.uk/news/16112305.heritage-green-monkey-incident-dominated-news-1976/
- Geoff Platt, Ebola Victim, https://de.scribd.com/document/296227989/Geoff-Platt
- Tod ohne Grenzen, Florian Siebeck & Christina Hucklenbroich, Oktober 2014, https://www.faz.net/aktuell/gesellschaft/ebola-epidemie-in-westafrika-tod-ohne-grenzen-13198590.html

- Science Direct, Zaire Ebola Virus, https://www.sciencedirect.com/topics/agricultural-and-biological-sciences/zaire-ebola-virus
- Human activities link fruit bat presence to Ebola virus disease outbreaks, Jésus Olivero et al., Oktober 2019, https://onlinelibrary.wiley.com/doi/full/10.1111/mam.12173
- Seeking the Source of Ebola, David Quammen, Juli 2015, https://www.nationalgeographic.com/magazine/2015/07/ebola-epidemic-medical-science-outbreak/
- Bats, Volume 34, Ausgabe 1, The mysteries of Ebola, https://www.batcon.org/article/the-mysteries-of-ebola/
- BAT CONSERVATION AFRICA (BCA), Position Statement on Bats and Ebola, https://www.batswithoutborders.org/uploads/2/2/0/3/22031478/bca-position-statement_bats-and-ebola.pdf
- Bats as putative Zaire ebolavirus reservoir hosts and their habitat suitability in Africa, Lisa K. Koch et al., August 2020, https://www.nature.com/articles/s41598-020-71226-0
- How Humanity Unleashed a Flood of New Diseases, Ferris Jabr, Juni 2020, https://www.nytimes.com/2020/06/17/magazine/animal-disease-covid.html
- The Beautiful Tree, the Bats, and the Boy Who Brought Ebola, Nicholas St. Fleur, Dezember 2014, https://www.theatlantic.com/health/archive/2014/12/the-beautiful-tree-the-bats-and-the-boy-who-brought-ebola/384158/
- ›Like Poking a Beehive‹: The Worrisome Link Between Deforestation And Disease, Nathan Rott, Juni 2020, https://www.npr.org/2020/06/22/875961137/the-worrisome-linkbetween-deforestation-and-disease?t=1608733852788
- Q&A: How Ebola epidemic was traced to bat-filled hollow tree in Guinea, Charlie Fidelman, Januar 2015, https://montrealgazette.com/news/local-news/qa-how-ebola-epidemic-was-traced-to-bat-filled-hollow-tree-in-guinea
- Ebola, Bats and Evidence-Based Policy, James Lionel Norman Wood et al., August 2015, https://www.researchgate.net/publication/280872861_Ebola_Bats_and_Evidence-Based_Policy
- Assessing the Evidence Supporting Fruit Bats as the Primary Reservoirs for Ebola Viruses, Siv Aina Jenssen Leendertz et al., August 2015, https://www.eva.mpg.de/documents/Springer/Leendertz_Assessing_EcoHealth_2015_2192648.pdf
- Die erste Ebola Epidemie, Balint Földesi, https://www.biomol.com/de/ressourcen/biomol-blog/die-erste-ebola-epidemie
- 40 Years Later, Some Survivors of the First Ebola Outbreak Are Still Immune, Ed Yong, Dezember 2017, https://www.theatlantic.com/science/archive/2017/12/forty-years-later-some-survivors-of-the-first-ebola-outbreak-are-still-immune/548339/
- Recent Common Ancestry of Ebola Zaire Virus Found in a Bat Reservoir, Roman Biek et al., Oktober 2006, https://journals.plos.org/plospathogens/article?id=10.1371/journal.ppat.0020090

- Genomic surveillance elucidates Ebola virus origin and transmission during the 2014 outbreak, Stephen K. Gire et al., August 2014, https://www.ncbi.nlm.nih.gov/pmc/articles/PMC4431643/
- My journey back to ground zero, Peter Piot, Mai 2014, https://www.ft.com/content/4c1711c2-d004-11e3-a2b7-00144feabdc0
- How Ebola got its name, Oktober 2014, https://www.spectator.co.uk/article/how-ebola-got-its-name
- World Health Organization, Ebola virus disease, Februar 2021, https://www.who.int/news-room/fact-sheets/detail/ebola-virus-disease
- Der Tod in der Thermoskanne, Johannes Dieterich, August 2014, https://www.stuttgarter-zeitung.de/inhalt.die-entdeckung-von-ebola-der-tod-in-der-thermoskanne.0b3eca52-4f8d-44af-9ac5-efa81221d672.html
- Ampulle platzt im Handgepäck, Jörg Schäfer, August 2014, https://www.aerztezeitung.de/Panorama/Ampulle-platzt-im-Handgepaeck-242420.html
- Als eine Kordel noch vor Ebola schützen sollte, Jörg Schäfer, August 2014, https://www.welt.de/gesundheit/article131289260/Als-eine-Kordel-noch-vor-Ebola-schuetzen-sollte.html
- »Was zum Teufel ist das?«, Der Spiegel, 39/2014, https://www.spiegel.de/spiegel/print/d-129339546.html
- Was vor 50 Jahren in den Behringwerken geschah, Andreas Austilat, August 2017, https://www.tagesspiegel.de/gesellschaft/erster-ausbruch-des-marburg-virus-was-vor-50-jahren-in-den-behringwerken-geschah/20176074.html
- Risks Posed by Reston, the Forgotten Ebolavirus, Diego Cantonni et al., Dezember 2016, https://msphere.asm.org/content/1/6/e00322-16
- Emerging Infectious Diseases, Chapter 9-Ebola Virus Disease, Pierre Formenty, 2014, https://reader.elsevier.com/reader/sd/pii/B9780124169753000091?token=7536707805DF6088A85EE092053DDCB6ECEE1E33E8D737E135456E7D505E3F2B505A719170DB7BFA66A3EF97A6F4C831
- Transmission of Ebola Virus Disease: An Overview, Suresh Rewar MPharm et al., November-Dezember 2014, https://www.sciencedirect.com/science/article/pii/S2214999615000107
- New Bombali ebolavirus found in Kenyan bat, University of Helsinki, April 2019, https://www.sciencedaily.com/releases/2019/04/190402113131.htm
- Detection of Ebola Virus Antibodies in Fecal Samples of Great Apes in Gabon, Ilich M. Mombo et al., November 2020, https://pubmed.ncbi.nlm.nih.gov/33255243/
- Ebola-Like Marburg Virus Found in Sierra Leone Bats, Januar 2020, https://scitechdaily.com/ebola-like-marburg-virus-found-in-sierra-leone-bats/
- How Ebola Adapted to Us, Ed Yong, November 2016, https://www.theatlantic.com/science/archive/2016/11/how-ebola-adapted-to-us/506369/

- Reston virus in domestic pigs in China, Yangyang Pan et al., Mai 2014, https://pubmed.ncbi.nlm.nih.gov/22996641/
- Filoviruses are ancient and integrated into mammalian genomes, Ferek J. Taylor et al., Juni 2010, https://pubmed.ncbi.nlm.nih.gov/20569424/
- Ebola rapidly evolves to be more transmissible and deadlier, Debora Mackenzie, November 2016, https://www.newscientist.com/article/2111311-ebola-rapidly-evolves-to-be-more-transmissible-and-deadlier/
- Ebola virus mutations do not affect pathogenicity, Vincent Racanielle, Mai 2018, https://www.virology.ws/2018/05/10/ebola-virus-makona-mutations-do-not-affect-pathogenicity/
- Recently Identified Mutations in the Ebola Virus-Makona Genome Do Not Alter Pathogenicity in Animal Models, Andrea Marzi, Mai 2018, https://www.cell.com/cell-reports/fulltext/S2211-1247(18)30569-2
- Different effects of two mutations on the infectivity of Ebola virus glycoprotein in nine mammalian species, Yohei Kurosaki et al., Februar 2018, https://www.microbiologyresearch.org/content/journal/jgv/10.1099/jgv.0.000999
- Public Health England, Ebola: overview, history, origins and transmission, August 2020, https://www.gov.uk/government/publications/ebola-origins-reservoirs-transmission-and-guidelines/ebola-overview-history-origins-and-transmission
- Royal Free London NHS, Infectious diseases: Our history, https://www.royalfree.nhs.uk/news-media/news/infectious-diseases-our-history/
- Cultural Contexts of Ebola in Northern Uganda, Barry S. Hewlett et al., Oktober 2003, https://www.ncbi.nlm.nih.gov/pmc/articles/PMC3033100/
- Conquering Death from Ebola: Living the Experience of Surviving a Life-Threatening Illness!, Gerald Amandi Matua, Juni 2002, https://www.researchgate.net/publication/267328224_Conquering_Death_from_Ebola_Living_the_Experience_of_Surviving_a_Life-_Threatening_Illness
- Ecologic and Geographic Distribution of Filovirus Disease, A. Townsend Petersin et al., Januar 2004, https://www.ncbi.nlm.nih.gov/pmc/articles/PMC3322747/
- Investigating the zoonotic origin of the West African Ebola epidemic, Almudena Mari Saéz et al., Dezember 2014, https://www.embopress.org/doi/full/10.15252/emmm.201404792
- Meet the scientists investigating the origins of the COVID pandemic, Smriti Mallapaty, Dezember 2020, https://www.nature.com/articles/d41586-020-03402-1
- Hell in the Hot Zone, Jeffrey E. Stern, Oktober 2014, https://archive.vanityfair.com/article/share/6228a505-4d18-47a7-a053-6337292065d8

- Early transmission and case fatality of Ebola virus at the index site of the 2013–16 west African Ebola outbreak: a cross-sectional seroprevalence survey, Joseph W. S. Timothy et al., Februar 2019, https://www.thelancet.com/journals/laninf/article/PIIS1473-3099(18)30791–6/fulltext
- World Health Organization, Ground zero in Guinea: the Ebola outbreak smoulders – undetected – for more than 3 months, https://www.who.int/csr/disease/ebola/ebola-6-months/guinea/en/
- Give Bats a Break, Merlin D. Tuttle, Frühjahr 2017, https://issues.org/give-bats-a-break/
- Fruit bats as reservoirs of Ebola virus, Eric M. Leroy, November 2005, https://www.nature.com/articles/438575a
- Hunt for Ebola's wild hideout takes off as epidemic wanes, Ewen Callaway, Januar 2016, https://www.nature.com/news/hunt-for-ebola-s-wild-hideout-takes-off-as-epidemic-wanes-1.19149
- Testing New Hypotheses Regarding Ebolavirus Reservoirs, Siv Aina Jensen Leendertz, Januar 2016, https://www.mdpi.com/1999-4915/8/2/30/htm
- Studies of Reservoir Hosts for Marburg Virus, Robert Swanepoel et al., Dezember 2007, https://www.ncbi.nlm.nih.gov/pmc/articles/PMC2876776/
- Professor Robert Swanepoel, Department Medical Virology, Zoonoses Research Unit, https://www.up.ac.za/the-genomics-research-institute/article/1929285/professor-robert-swanepoel
- Friedrich Loeffler Institut, Krim-Kongo-Hämorrhagisches-Fieber, https://www.openagrar.de/servlets/MCRFileNodeServlet/openagrar_derivate_00023067/Steckbrief-Krim-Kongo-28-08-2019.pdf
- The reemergence of Ebola hemorrhagic fever, Democratic Republic of the Congo, 1995. Commission de Lutte contre les Épidémies à Kikwit, A. S. Khan et al., Februar 1999, https://pubmed.ncbi.nlm.nih.gov/9988168/
- Mitteilungen des Arbeitskreises Blut des Bundesministeriums für Gesundheit, Filovirus – Auslöser von hämorrhagischem Fieber, Bundesgesundheitsblatt 2018, https://www.rki.de/DE/Content/Kommissionen/AK_Blut/Stellungnahmen/download/Filoviren.pdf?__blob=publicationFile
- Field Investigations of an Outbreak of Ebola Hemorrhagic Fever, Kikwit, Democratic Republic of the Congo, 1995: Arthropod Studies, Paul Reiter et al., März 1999, https://www.researchgate.net/publication/13301633_Field_Investigations_of_an_Outbreak_of_Ebola_Hemorrhagic_Fever_Kikwit_Democratic_Republic_of_the_Congo_1995_Arthropod_Studies
- PLAGUE WARRIORS, LAURIE GARRET, August 1995, https://www.vanityfair.com/news/1995/08/ebola-africa-outbreak
- Experimental Inoculation of Plants and Animals with Ebola Virus, Robert Swanepoel et al., Oktober 1996, https://wwwnc.cdc.gov/eid/article/2/4/96-0407_article

- Epidemiologic investigation of Marburg virus disease, Southern Africa, 1975, J. L. Conrad et al., November 1978, https://pubmed.ncbi.nlm.nih.gov/569445/
- Detection of a questing Hyalomma marginatummarginatum adult female (Acari, Ixodidae) in southern Germany, Helge Kampen et al., OKtober 2007, https://link.springer.com/article/10.1007/s10493-007-9113-y
- Älteste bekannte Spinne starb mit einer Lektion für uns, Stephen Leahy, Mai 2018, https://www.nationalgeographic.de/tiere/2018/05/aelteste-bekannte-spinne-starb-mit-einer-lektion-fuer-uns
- Modelling filovirus maintenance in nature by experimental transmission of Marburg virus between Egyptian rousette bats, Amy J. Schuh et al., Februar 2017, https://www.nature.com/articles/ncomms14446
- Identifying Reservoirs of Infection: A Conceptual and Practical Challenge, Daniel T. Haydon et al., December 2002, https://pubmed.ncbi.nlm.nih.gov/12498665/
- Assembling evidence for identifying reservoirs of infection, Mafalda Viana et al., Mai 2014, https://pubmed.ncbi.nlm.nih.gov/24726345/
- Ebola haemorrhagic fever in Zaire, 1976, Report of an International Commission, Bulletin of the World Health Organization, 1978, https://www.ncbi.nlm.nih.gov/pmc/articles/PMC2395567/
- A case of Ebola virus infection, R. D. Emond, et. al., August 1977, https://pubmed.ncbi.nlm.nih.gov/890413/-----
- Airborne and animal transmission of disease in pig herds, https://www.thepigsite.com/disease-and-welfare/managing-disease/airborne-transmission-and-other-methods
- Swine acute diarrhea syndrome coronavirus replication in primary human cells reveals potential susceptibility to infection, Caitlin E. Edwards et al., Oktober 2020, https://www.pnas.org/content/117/43/26915
- National Center for Biotechnology Information, Swine acute diarrhea syndrome coronavirus, Oktober 2020, https://www.ncbi.nlm.nih.gov/Taxonomy/Browser/wwwtax.cgi?id=2032731
- How China's ›Bat Woman‹ Hunted Down Viruses from SARS to the New Coronavirus, Jane Qiu, Juni 2020, https://www.scientificamerican.com/article/how-chinas-bat-woman-hunted-down-virusesfrom-sars-to-the-new-coronavirus1/
- World Health Organization, Current WHO global phase of pandemic alert: Avian Influenza A(H5N1), Current phase of global alert, https://www.who.int/influenza/preparedness/pandemic/h5n1phase/en/
- World Health Organization, Current WHO phase of pandemic alert (avian influenza H5N1), https://www.who.int/influenza/human_animal_interface/h5n1phase/en/

- Fatal swine acute diarrhoea syndrome caused by an HKU2-related coronavirus of bat origin, Peng Zhou et al., April 2018, https://www.nature.com/articles/s41586-018-0010-9
- New SARS-like virus from bats implicated in China pig die-off, Lisa Schnirring, April 2018, https://www.cidrap.umn.edu/news-perspective/2018/04/new-sars-virus-bats-implicated-china-pig-die
- New coronavirus emerges from bats in China, devastates young swine, April 2018, https://www.nih.gov/news-events/news-releases/new-coronavirus-emerges-bats-china-devastates-young-swine
- The re-emerging of SADS-CoV infection in pig herds in Southern China, Ling Zhou et al., Juni 2019, https://pubmed.ncbi.nlm.nih.gov/31207129/https://onlinelibrary.wiley.com/doi/10.1111/tbed.13270
- Fatal swine acute diarrhoea syndrome caused by an HKU2-related coronavirus of bat origin, Peng Zhou et al., Juni 2017, https://www.swinehealth.org/wp-content/uploads/2018/04/Zhou2018-Nature.pdf
- Airborne Detection and Quantification of Swine Influenza A Virus in Air Samples Collected Inside, Outside and Downwind from Swine Barns, Cesar A. Corzo et al., August 2013, https://www.ncbi.nlm.nih.gov/pmc/articles/PMC3738518/
- Fledermäuse sind Reservoire für teils gefährliche Erreger, Nike Heinen, Februar 2020, https://www.tagesspiegel.de/wissen/coronavirus-fledermaeusesind-reservoire-fuer-teils-gefaehrliche-erreger/25498866.html
- Mutationen – ein Tauziehen zwischen Virus und Wirt, Dana Thal, Februar 2021, https://www.zoonosen.net/mutationen-ein-tauziehen-zwischen-virus-und-wirt
- DNA vs. RNA – 5 Key Differences and Comparison, Ruairi J Mackenzie, Dezember 2020, https://www.technologynetworks.com/genomics/lists/what-are-the-key-differences-betweendna-and-rna-296719
- RNA- und DNA-Strukturen, Stefan Simm, Dezember 2015, https://www.uni-frankfurt.de/59388711/1_RNA_DNA_Struktur.pdf
- Ribonucleic Acid (RNA), National Human Genome Research Institute, https://www.genome.gov/genetics-glossary/RNA-Ribonucleic-Acid
- DNA vs. RNA – Differences & Similarities, Gabi Slizewska, https://www.expii.com/t/dna-vs-rna-differences-similarities10205
- Difference Between DNA and RNA Nucleotides, Lakna Panawala, März 2017, https://www.researchgate.net/publication/315724074_Difference_Between_DNA_and_RNA_Nucleotides
- Zwei ungleiche Schwestern DNA und RNA, Ilka Lehnen-Beyel, September 2012, https://www.wissenschaft.de/umwelt-natur/zwei-ungleiche-schwestern-dna-und-rna/

- 30 Differences between DNA and RNA (DNA vs RNA), Sagar Aryal, Februar 2020, https://microbenotes.com/differences-between-dna-and-rna/
- Robert Koch-Institut, RKI zu humanen Erkrankungen mit aviärer Influenza (Vogelgrippe), Februar 2021, https://www.rki.de/DE/Content/InfAZ/Z/ZoonotischeInfluenza/Vogelgrippe.html
- Weltweiter SARS-Alarm. Eine neue Seuche auf dem Vormarsch?, Wolfgang Preiser et al., 2/2004, https://www.forschung-frankfurt.uni-frankfurt.de/36050344/forschung-frankfurt-ausgabe-2-2004-weltweiter-sars-alarm-eine-neue-seuche-auf-dem-vormarsch.pdf
- Program for Monitoring Emerging Diseases (ProMED), International Society for Infectious Diseases, About ProMED, https://promedmail.org/about-promed/
- The Biggest Mystery: What It Will Take To Trace The Coronavirus Source, David Cyranoski, Juni 2020, https://www.scientificamerican.com/article/the-biggest-mystery-what-it-will-take-to-trace-the-coronavirus-source/
- Trump ›owes us an apology.‹ Chinese scientist at the center of COVID-19 origin theories speaks out, Jon Cohen, Juli 2020, https://www.sciencemag.org/news/2020/07/trump-owes-us-apology-chinese-scientist-center-covid-19-origin-theories-speaks-out
- When SARS pushed an infectious diseases doctor toward god, Tan Huey Ying, Mai 2018, https://saltandlight.sg/faith/sars-step-towards-god/
- Germ City. How SARS changed the face of air travel, Amanda Aronczyk, September 2018, https://www.wnyc.org/story/germ-city-how-sars-changed-face-air-travel/
- Doctor who survived SARS warns against complacency in tackling MERS, David Sun, Juni 2015, https://www.tnp.sg/news/singapore/doctor-who-survived-sars-warns-against-complacency-tackling-mers
- Hong Kong hotel is eliminating memories of SARS, Februar 2004, https://www.taipeitimes.com/News/world/archives/2004/02/23/2003099824
- ›Bird flu‹ death in Hong Kong raises fears, Will Knight, Februar 2003, https://www.newscientist.com/article/dn3418-bird-flu-death-in-hong-kong-raises-fears/
- Robert Koch-Institut, Epidemiologisches Bulletin, SARS-Epidemie im Jahr 2003: Ein Rückblick auf die Aktivitäten des RKI (Teil 1), Februar 2004, https://www.rki.de/DE/Content/Infekt/Krankenhaushygiene/Erreger_ausgewaehlt/SARS/SARS_pdf_02.pdf?__blob=publicationFile
- Weitere Verdachtsfälle in Deutschland und weltweit, März 2003, https://www.faz.net/aktuell/gesellschaft/sars-lungenentzuendung-weitere-verdachtsfaelle-in-deutschland-und-weltweit-191911.html
- Sars-Patienten in Frankfurt geht es besser, Nicola Sieg, März 2003, https://www.tagesspiegel.de/gesellschaft/panorama/sars-patienten-in-frankfurt-geht-es-besser/399552.html

- Vermutlich ein Coronavirus, Christina Hohmann, März 2003, https://www.pharmazeutische-zeitung.de/inhalt-14-2003/medizin1-14-2003/
- Suche nach dem Virus des schweren akuten respiratorischen Syndroms (SARS), Vera Zylka-Menhorn, 2003, https://www.aerzteblatt.de/archiv/36228/Suche-nach-dem-Virus-des-schweren-akuten-respiratorischen-Syndroms-(SARS)
- Bernhard-Nocht-Institut für Tropenmedizin, Studie zum SARS-assoziierten Coronavirus, April 2003, https://www.bnitm.de/aktuelles/mitteilungen/132-studie-zum-sars-assoziierten-coronavirus-veroeffentlicht/
- A Novel Coronavirus Associated with Severe Acute Respiratory Syndrome, Thomas G. Ksiazek et al., Mai 2003, https://www.nejm.org/doi/full/10.1056/NEJMoa030781
- Identification of a Novel Coronavirus in Patients with Severe Acute Respiratory Syndrome, Christian Drosten et al., Mai 2003, https://www.nejm.org/doi/full/10.1056/NEJMoa030747
- SARS – my personal battle, Hoe Nam Leong, Mai 2011, https://pubmed.ncbi.nlm.nih.gov/21094092/https://www.ncbi.nlm.nih.gov/pmc/articles/PMC7106031/
- An Interview with WHO spokesman Dick Thompson, Perry Girsham, Sommer 2003, https://www.nasw.org/sites/default/files/sciencewriters/html/sum03tex/whospoke.htm
- Robert Koch-Institut, Labordiagnostische Untersuchungen im Rahmen der Ausbruchsaufklärung, August 2014, https://www.rki.de/DE/Content/Infekt/Ausbrueche/Labordiagnostik/Labordiagnostik_node.html
- How The New Coronavirus Might Be Like SARS: Hospital Spread, Maryn Mckenna, Mai 2013, https://www.wired.com/2013/05/coronavirus-sars-hospitals/
- SARS: The people who risked their lives to stop the virus, Kevin Fong, August 2013, https://www.bbc.com/news/magazine-23710697
- Stories from the forgotten heros of SARS, Simon Usborne, August 2013, https://www.independent.co.uk/life-style/health-and-families/features/stories-forgotten-heroes-sars-8757844.html
- FAQ: Severe Acute Respiratory Syndrome, Deborah Mackenzie, April 2003, https://www.newscientist.com/article/dn3570-faq-severe-acute-respiratory-syndrome/
- Vietnam Took Lead In Containing SARS, Ellen NakashimaMai 2003, https://www.washingtonpost.com/archive/politics/2003/05/05/vietnam-took-lead-in-containing-sars/b9b97e91-b325-42f9-98ef-e23da9f257a0/
- SARS in Singapore: surveillance strategies in a globalising city, Peggy Tao et al., Juni 2005, https://www.ncbi.nlm.nih.gov/pmc/articles/PMC7132468/
- Robert Koch-Institut, Meningokokken, invasive Erkrankungen (Neisseria meningitidis), Februar 2014, https://www.rki.de/DE/Content/Infekt/EpidBull/Merkblaetter/Ratgeber_Meningokokken.html

- Leben mit dem Virus, Matthias Schepp, April 2003, https://www.stern.de/gesundheit/sars-leben-mit-dem-virus-3351862.html
- MMWR Weekly, Severe Acute Respiratory Syndrome – Singapore, 2003, Mai 2003, https://www.cdc.gov/mmwr/preview/mmwrhtml/mm5218a1.htm
- ›This is different now‹: Doctor who treated first Sars patient says S'pore is better prepared for Wuhan coronavirus, Justin Ong, Februar 2020, https://www.todayonline.com/singapore/doctor-who-treated-first-sars-patient-says-singapore-better-prepared-wuhan-coronavirus
- Infection control for SARS in a tertiary paediatric centre in Hong Kong. T. F. Leung et al., März 2004, https://www.journalofhospitalinfection.com/article/S0195-6701(03)00467-5/abstract
- SARS in Hong Kong: from Experience to Action, THE EPIDEMIC, https://www.sars-expertcom.gov.hk/english/reports/reports/files/e_chp3_21.pdf
- SARS: experience at Prince of Wales Hospital, Hong Kong, Brian Tomlinson, Mai 2003, https://www.thelancet.com/journals/lancet/article/PIIS0140-6736(03)13218-7/fulltext
- Ten years on, the SARS outbreak that changed Hong Kong, März 2013, https://www.bangkokpost.com/world/340648/ten-years-on-the-sars-outbreak-that-changed-hongkong
- Environmental Transmission of SARS at Amoy Gardens, Kelly R. McKinney et al., Mai 2006, https://www.neha.org/sites/default/files/jeh/JEH5.06-Feature-Environmental-Transmission-of-SARS.pdf
- Carlo Urbani, Lorenzo Savioli, April 2004, https://www.theguardian.com/news/2003/apr/21/guardianobituaries.highereducation
- Carlo Urbani, Fiona Fleck, April 2003, https://www.ncbi.nlm.nih.gov/pmc/articles/PMC1125733/
- SARS tötet seinen Entdecker. März 2008, https://www1.wdr.de/stichtag/stichtag3658.html
- »Carletto« ist tot, Thomas Migge, März 2003, https://www.tagesspiegel.de/gesellschaft/panorama/carletto-ist-tot/402462.html
- Index Patient and SARS Outbreak in Hong Kong, Raymond S. M. Wong et al., Februar 2004, https://www.ncbi.nlm.nih.gov/pmc/articles/PMC3322929/
- Role of air distribution in SARS transmission during the largest nosocomial outbreak in Hong Kong, Y. Li et al., Dezember 2004, https://onlinelibrary.wiley.com/doi/full/10.1111/j.1600-0668.2004.00317.x
- Legislative Council Select Committee to inquire into the handling of the Severe Acute Respiratory Syndrome outbreak by the Government and the Hospital Authority, Chapter 6, Outbreak at the Prince of Wales Hospital, https://www.legco.gov.hk/yr03-04/english/sc/sc_sars/reports/ch6.pdf

- Hong Kong's ›dirty teams‹: medical workers at the front line of the war against the coronavirus share their stories and fears, Elizabeth Cheung, März 2020, https://www.scmp.com/news/hong-kong/health-environment/article/3077429/hong-kongs-dirty-teams-medical-workers-front-line
- This Podcast will kill you, Episode 43 M-m-m-my Coronaviruses, März 2020, http://thispodcastwillkillyou.com/wp-content/uploads/2020/03/Ep-43-Coronavirus-transcript.pdf
- United Nations University, Hitoshi Oshitani, https://unu.edu/author/hitoshi-oshitani
- Department of Health Hong Kong, Outbreak of Severe Acute Respiratory Syndrome (SARS) at Amoy Gardens, Kowloon Bay, Hong Kong. Main Findings of the Investigation, 17 April 2003, https://www.info.gov.hk/info/sars/pdf/amoy_e.pdf
- The SARS Epidemic: The Path: From China's Provinces, a Crafty Germ Breaks Out, Elizabeth Rosenthal, April 2003, https://www.nytimes.com/2003/04/27/world/the-sars-epidemic-the-path-from-china-s-provinces-a-crafty-germ-breaks-out.html
- Etablierung von Hochdurchsatz-PCR-Testsystemen für HIV-1 und HBV zur Blutspendertestung, Christian Drosten, Frankfurt/Main 2001, http://scans.hebis.de/46/50/78/46507864_toc.pdfhttp://cbsopac.rz.uni-frankfurt.de/DB=2.1/SET=2/TTL=1/CLK?IKT=8502&TRM=Etablierung+von+Hochdurchsatz-PCR-Testsystemen+für+HIV-1+und+HBV+zur+Blutspendertestung&COOKIE=U203,K203,I251,B1999++++++,SN,NDefault+login,D2.1,Ee2d9b583-1,A,H,R93.230.117.8,FY
- Hamburg.de, Gebietssteckbrief Wohlwillstraße, März 2008, https://www.hamburg.de/contentblob/84144/46bceb7d757aa6de46d640dd20b9e024/data/st-paulis5-wohlwillstr-gebietssteckbrief-dl.pdf
- Epidemiologic Clues to SARS Origin in China, Rui-Heng Xu, Juni 2004, https://www.ncbi.nlm.nih.gov/pmc/articles/PMC3323155/
- How Zhang Dejiang helped create Hong Kong's fatal SARS epidemic, Ilaria Maria Sala, Mai 2016, https://qz.com/687706/how-zhang-dejiang-helped-create-hong-kongs-fatal-sars-epidemic/
- Severe acute respiratory syndrome (SARS), Valerie Chew, Februar 2020, https://eresources.nlb.gov.sg/infopedia/articles/SIP_1528_2009-06-03.html
- Epidemiology and cause of severe acute respiratory syndrome (SARS) in Guangdong, People's Republic of China, in February, 2003. N. S. Zhong et al., Oktober 2003, https://www.thelancet.com/journals/lancet/article/PIIS0140-6736(03)14630-2/fulltext
- Will the Real Chinese Leaders Please Stand Up?, Elizabeth C. Economy, Oktober 2012, https://www.cfr.org/blog/will-real-chinese-leaders-please-stand

- Zhang Dejiang: rise of the iron-fisted enforcer, Fiona Tam, September 2012, https://www.scmp.com/news/china/article/1030269/zhang-dejiang-rise-iron-fisted-enforcer
- World Health Organization, Severe Acute Respiratory Syndrome (SARS) – multi-country outbreak – Update 25, April 2003, https://www.who.int/csr/don/2003_04_09/en/
- From SARS to 2019-Coronavirus (nCoV). U.S.-China Collaborations on Pandemic Response, Jennifer Bouey, Februar 2020, https://www.rand.org/content/dam/rand/pubs/testimonies/CT500/CT523/RAND_CT523.pdf
- The rumouring of SARS during the 2003 epidemic in China, Zixue Tai et al., Mai 2011, https://onlinelibrary.wiley.com/doi/10.1111/j.1467-9566.2011.01329.x
- China Silences Critics Over Deadly Virus Outbreak, Li Yuan, Januar 2020, https://www.nytimes.com/2020/01/22/health/virus-corona.html
- The SARS epidemic and its aftermath in China: A political perspective, Yanzhong Huang, 2004, https://www.ncbi.nlm.nih.gov/books/NBK92479/
- Der Gast aus Zimmer 911 und seine tödliche Fracht, Anett Klimpel, November 2012, https://www.welt.de/gesundheit/article110851252/Der-Gast-aus-Zimmer-911-und-seine-toedliche-Fracht.html
- This hotel is infamous as ground zero for a SARS ›super spreader‹ in the 2003 outbreak – here's what happened, Tom Huddleston Jr., Februar 2020, https://www.cnbc.com/2020/02/14/hong-kong-hotel-hosted-super-spreader-in-the-2003-sars-outbreak.html
- SARS Signals Missed in Hong Kong, Ellen Nakashima, Mai 2003, https://www.washingtonpost.com/archive/politics/2003/05/20/sars-signals-missed-in-hong-kong/50ff4807-4862-4229-8bbd-ec5932b5c896/
- World Health Organization, Update 95 – SARS: Chronology of a serial killer, https://www.who.int/csr/don/2003_07_04/en/
- Confusion in China Over Mystery Illness, Elisabeth Rosenthal, März, 2003, https://www.nytimes.com/2003/03/28/world/confusion-in-china-over-mystery-illness.html
- Schweres akutes respiratorisches Syndrom – SARS – in der Arbeits- und Umweltmedizin, Miriam Lenz et al., Oktober 2005, https://www.rki.de/DE/Content/Infekt/Krankenhaushygiene/Erreger_ausgewaehlt/SARS/SARS_pdf_07.pdf?__blob=publicationFile
- Family tragedy spotlights flu mutations, Declan Butler, Juli 2006, https://www.nature.com/articles/442114a
- Analysis of the basic reproduction number from the initial growth phase of the outbreak in disease caused by vectors, Rosangela Peregrina Sanchez et al., November 2013, https://www.fields.utoronto.ca/programs/scientific/13-14/BIOMAT/presentations/dengue.pdf

- This Podcast will kill you. Episode 43, M-M-M-My Coronaviruses, Februar 2020, http://thispodcastwillkillyou.com/wp-content/uploads/2020/03/Ep-43-Coronavirus-transcript.pdf
- Covid-19 and Living Through a New American Revolution, Virginia Heffer-nan, Juni 2020, https://www.wired.com/story/covid-19-new-american-revolution/
- The Basic Reproduction Number and the Final Size of an Epidemic, James Watmough, April 2009, https://www.researchgate.net/publication/300123381_The_Basic_Reproduction_Number_and_the_Final_Size_of_an_Epidemic
- Complexity of the Basic Reproduction Number (R_0), Paul L. Delamater et al., Januar 2019, https://www.ncbi.nlm.nih.gov/pmc/articles/PMC6302597/
- Age-Strutured Modeling for the directly transmitted Infections – I: Characterizing the basic reproduction number, C. H. Dezotti et al., März 2010, http://www.ime.unicamp.br/~hyunyang/publications/chapter/2011_biomat10_dezotti.pdf
- How Inhomogeneous Site Percolation Works on Bethe Lattices: Theory and Application, Jingli Ren et al., März 2016, https://www.nature.com/articles/srep22420
- Vorbild oder Sorgenkind?, Felix Lill, Juli 2020, https://www.zeit.de/2020/25/japan-coronavirus-tests-infektionen?utm_referrer=https%3A%2F%2Fwww.google.com
- Most People With Coronavirus Won't Spread It. Why Do a Few Infect Many?, Carl Zimmer, Juni 2020, https://www.nytimes.com/2020/06/30/science/how-coronavirus-spreads.html
- Karaoke mit dem Virus, Hanno Charisius, Juni 2020, https://www.sueddeutsche.de/wissen/coronavirus-superspreading-1.4937305
- Achtung, ansteckend, Berit Uhlmann, September 2020, https://www.sueddeutsche.de/gesundheit/coronavirus-superspreading-1.5037358?reduced=true
- Days After a Funeral in a Georgia Town, Coronavirus ›Hit Like a Bomb‹, Ellen Barry, März 2020, https://www.nytimes.com/2020/03/30/us/coronavirus-funeral-albany-georgia.html
- Curches Were Eager To Reopen. Now They Are Confronting Coronavirus Cases, Kate Conger, Jack Healy, Lucy Tompkins, Juli 2020, https://www.nytimes.com/2020/07/08/us/coronavirus-churches-outbreaks.html
- Jeder könnte Superspreader sein, Kai Kupferschmidt, Mai 2020, https://www.zeit.de/wissen/gesundheit/2020-05/coronavirus-ansteckung-covid-19-patienten-schutzmassnahmen-infektionsherde
- Coronavirus-Update: Die rote Murmel kontrollieren, Folge 44, Mai 2020, https://www.ndr.de/nachrichten/info/44-Coronavirus-Update-Die-rote-Murmel-kontrollieren,podcastcoronavirus216.html

- To Beat Covid-19, You Have to Know How A Virus Moves, Adam Rogers, Wired, Mai 2020, https://www.wired.com/story/to-beat-covid-19-you-have-to-know-how-a-virus-moves/
- How a small Spanish town became one of Europe's worst Covid-19 hotspots, Giles Tremlett, Juni 2020, https://www.theguardian.com/world/2020/jun/04/spain-la-rioja-small-town-one-of-europes-worst-covid-19-hotspots
- The Science Behind Orchestras' Careful Covid Comeback, Gregory Barber, Juli 2020, https://www.wired.com/story/the-science-behind-orchestras-careful-covid-comeback/
- What The W. H. O. Meant To say About Asymptomatic People Spreading The Coronavirus, Amy Davidson Sorkin, Juni 2020, https://www.newyorker.com/news/daily-comment/what-the-who-meant-to-say-about-asymptomatic-people-spreading-the-coronavirus
- Social Distancing Is Not Enough, Derek Thompson, Mai 2020, https://medium.com/the-atlantic/social-distancing-is-not-enough-5c56e9301304
- Corona-Leugner sind für höchste Infektionszahlen seit Monaten verantwortlich – wieder einmal, Fabian Kretschmer, August 2020, https://www.fr.de/politik/vorkaempfer-corona-evangelikale-fundamentalisten-suedkorea-90026278.html
- Sekte in Südkorea wird zur Brutstätte des Coronavirus, Februar 2020, https://www.stern.de/panorama/weltgeschehen/suedkorea--mehrals-80-infizierte---sekte-wird-zurbrutstaette-des-coronavirus-9150522.html
- What settings have been linked to SARS-CoV-2 transmission clusters? [version 2; peer review: 2 approved], Quentin J. Leclerc et al., Juni 2020, https://wellcomeopenresearch.org/articles/5-83
- Was die Reproduktionszahl R bedeutet, Oktober 2020, https://www.br.de/nachrichten/wissen/was-bedeutet-die-reproduktionszahl-r,RwQHkDb
- Strategies for mitigating an influenza pandemic, Neil M. Ferguson et al., April 2006, https://www.nature.com/articles/nature04795
- The role of superspreading in Middle East respiratory syndrome coronavirus (MERS-CoV) transmission. A. J. Kucharski et al., Juni 2015, https://www.eurosurveillance.org/content/10.2807/1560-7917.ES2015.20.25.21167#abstract_content
- Modeling influenza epidemics and pandemics: insights into the future of swine flu (H1N1), Brian J. Coburn et al., Juni 2009, https://bmcmedicine.biomedcentral.com/articles/10.1186/17417015-7-30
- Overestimated mutation rate, Fabio Bergamin, April 2018, https://ethz.ch/en/news-and-events/eth-news/news/2018/04/overestimated-mutation-rate.html
- Health Service Ireland, Varicelle-Zoster, Varicella hospitalization notifiable outbreak notifiable, März 2020, https://www.hse.ie/eng/health/immunisation/hcpinfo/guidelines/chapter23.pdf

- The basic reproduction number (R_0) of measles: a systematic review, Fiona M. Guerra et al., Juli 2017, https://www.thelancet.com/journals/laninf/article/PIIS1473-3099(17)30307-9/fulltext
- The MATH of Epidemics/Intro to the SIR Model, Trefor Bazett, März 2020, https://www.youtube.com/watch?v=Qrp40ck3WpI
- Transmissibility of 1918 pandemic influenza, Christone E. Mills et al., Dezember 2004, https://pubmed.ncbi.nlm.nih.gov/15602562/
- Epidemiologischer Steckbrief zu SARS-CoV-2 und COVID-19, Robert Koch-Institut, Februar 2021, https://www.rki.de/DE/Content/InfAZ/N/Neuartiges_Coronavirus/Steckbrief.html
- High Contagiousness and Rapid Spread of Severe Acute Respiratory Syndrome Coronavirus 2, Steven Sanche et al., Juli 2020, https://pubmed.ncbi.nlm.nih.gov/32255761/
- Modeling influenza epidemics and pandemics: insights into the future of swine flu (H1N1), Brian J. Coburn et al., Juni 2009, https://pubmed.ncbi.nlm.nih.gov/19545404/
- Clinical and Epidemiological Aspects of Diphtheria: A Systematic Review and Pooled Analysis, Shaun A. Truelove et al., Juni 2020, https://pubmed.ncbi.nlm.nih.gov/31425581/
- George Macdonald, Royal College of physicians, https://history.rcplondon.ac.uk/inspiring-physicians/georgemacdonald
- Macdonald, Professor George, Wellcome Library, http://archives.wellcomelibrary.org/DServe/dserve.exe?dsqIni=Dserve.ini&dsqApp=Archive&dsqCmd=Show.tcl&dsqDb=Catalog&dsqPos=78&dsqSearch=(Sources_guides_used%3D%27Africa%3A%20East%20Africa%27)
- Adult vector control, mosquito ecology and malaria transmission. Oliver J. Brady et al., März 2015, https://academic.oup.com/inthealth/article/7/2/121/663241
- A Tale Of Two Epidemics: Malaria (1930-1960) And Covid-19 (2016 - 20??), Rajan Philips, Mai 2020, https://www.colombotelegraph.com/index.php/a-tale-of-two-epidemics-malaria-1930-1960-andcovid-19-2016-20/
- The abundance threshold for plague as a critical percolation phenomenon, S. Davis et al., Juli 2008, https://www.nature.com/articles/nature07053
- Coronavirus-Update: Abstandsgebot auch draußen ernst nehmen. Folge 45, Juni 2020, https://www.ndr.de/nachrichten/info/coronaskript222.pdf
- This Overlooked Variable Is the Key to the Pandemic, Zwynep Tufekci, September 2020, https://www.theatlantic.com/health/archive/2020/09/k-overlooked-variable-driving-pandemic/616548/
- High SARS-CoV-2 Attack Rate Following Exposure at a Choir Practice – Skagit County, Washington, March 2020, Lea Hammer et al., Mai 2020, https://www.cdc.gov/mmwr/volumes/69/wr/mm6919e6.htm

- Clustering and superspreading potential of SARS-CoV-2 infections in Hong Kong, Dillon C. Adam et al., September 2020, https://www.nature.com/articles/s41591-020-1092-0
- Epidemiology and transmission of COVID-19 in 391 cases and 1286 of their close contacts in Shenzhen, China: a retrospective cohort study, Qifang Bi et al., April 2020, https://www.ncbi.nlm.nih.gov/pmc/articles/PMC7185944/
- Ross, Macdonald, A Theory for the Dynamics and Control of Mosquito-Transmitted Pathogens, David L. Smith et al., April 2012, https://www.ncbi.nlm.nih.gov/pmc/articles/PMC3320609/
- Malaria Site, Roland Ross Biography, März 2015, https://www.malariasite.com/ronald-ross/
- Deterministic Critical Community Size for the SIR System and Viral Strain Selection, Marcilio Ferreira Dos Santos & César Castilho, Mai 2020, https://www.biorxiv.org/content/10.1101/2020.05.08.084673v1.full
- Seasonality and critical community size for infectious diseases, R. M. Cullen et al., August 2000, https://www.cambridge.org/core/services/aop-cambridge-core/content/view/F913A555E84A24F38AE7FBC939D4EE74/S144618110001289Xa.pdf/seasonality-and-critical-community-size-for-infectious-diseases.pdf
- Introducing the Outbreak Threshold in Epidemiology, Matthew Hartfield et al., Juni 2013, https://www.ncbi.nlm.nih.gov/pmc/articles/PMC3680036/
- McKendrick, Anderson Gray, Encyclopedia of mathematics, September 2016, https://encyclopediaofmath.org/wiki/McKendrick,_Anderson_Gray
- William Ogilvy Kermack Biography, Royal Society Publishing, https://royalsocietypublishing.org/doi/pdf/10.1098/rsbm.1971.0015
- Modellierung von Epidemien mit einem einfachen Modell (SIR-Modell und SARS-CoV-2-Daten), Oliver Rheinbach, April 2020, https://blogs.hrz.tu-freiberg.de/numerikundco/2020/04/24/modellierung-von-epidemien-mit-einem-einfachen-modell-sir/
- SIR-Modell, August 2020, https://flexikon.doccheck.com/de/SIR-Modell
- Superspreading and the effect of individual variation on disease emergence, J. O. Lloyd-Smith et al., November 2005, https://www.nature.com/articles/nature04153

3 Masern. Impfen. Herdenimmunität. Cholera. Nipah.

- Seasonality & critical community size for infectious diseases, R. M. Cullen, A. Korobeinikov, W. J. Walker, November 2001, https://www.cambridge.org/core/services/aop-cambridge-core/content/view/F913A555E84A24F38AE7FBC939D4EE74/S144618110001289Xa.pdf/seasonality-and-critical-community-size-for-infectious-diseases.pdf

- Mehr als 200 000 Menschen starben 2019 an den Masern, November 2020, https://www.spiegel.de/gesundheit/masern-mehr-als-200-000-menschen-starben-2019-nach-angaben-der-weltgesundheitsorganisation-an-masern-a-2b08c125-25ad-49a1-b65f-98a1831f026c
- Wie die Masern auf den Menschen kamen, Nadja Podbregar, Juni 2020, https://www.scinexx.de/news/medizin/wie-die-masern-auf-den-menschen-kamen/
- Measles virus and rinderpest virus divergence dated to the sixth century BCE, Ariane Düx et al., Juni 2020, https://science.sciencemag.org/content/368/6497/1367
- Masern – was sie gefährlich macht, Ulrike Gebhardt, Juni 2017, https://www.spektrum.de/wissen/was-macht-masern-gefaehrlich/1465491
- Junk Science Week: Vaccinating the ›herd‹, Lawrence Solomon, Juni 2014, https://financialpost.com/opinion/junk-science-week-vaccinating-the-herd
- The Critical Community Size for Measles in the United States, M. S. Bartlett, 1960 & Dezember 2018, https://rss.onlinelibrary.wiley.com/doi/10.2307/2343186
- The tragic 1824 journey of the Hawaiian king and queen to London: history of measles in Hawaii, Stanford T Shulman[1], Deborah L Shulman, Ronald H Sims, August 2009, https://pubmed.ncbi.nlm.nih.gov/19633516/
- Death in Hawaii: The epidemics of 1848–1849, Robert C. Schmitt & Eleanor C. Noryke, 2001, https://core.ac.uk/download/pdf/5014607.pdf
- Samoa lifts state of emergency over measles epidemic, Dezember 2019, https://www.bbc.com/news/world-asia-50938250
- The Anti-vaccination Movement: A Regression in Modern Medicine, Azhar Hussain, Syed Ali, Madiha Ahmed, Sheharyar Hussain, Juli 2018, https://www.ncbi.nlm.nih.gov/pmc/articles/PMC6122668/
- Masern könnten den Menschen schon vor zweieinhalbtausend Jahren geplagt haben, Juni 2020, https://www.derstandard.de/story/2000118187827/masern-koennten-den-menschen-schon-vor-zweieinhalbtausend-jahren-geplagt-haben
- Die Masern sind älter als bisher angenommen, Lena Bueche, Juni 2020, https://www.nzz.ch/wissenschaft/masern-das-virus-ist-aelterals-bisher-angenommen-ld.1561386
- Masern entstanden schon vor 2500 Jahren, Nadja Podbregar, Juni 2020, https://www.wissenschaft.de/gesundheit-medizin/masern-entstanden-schon-vor-2500-jahren/
- Der Urahn der Masern, Astrid Viciano, Juni 2020, https://www.sueddeutsche.de/gesundheit/masern-erreger-medizin-1.4941895
- Sind Masern ein Produkt der ersten Großstädte?, Jan Dönges, Juni 2020, https://www.spektrum.de/news/sind-masern-ein-produkt-der-ersten-grossstaedte/1745162

- Genetische Überraschung beim Einhorn-Wal, Martin Vieweg, Mai 2019, https://www.wissenschaft.de/umwelt-natur/genetische-ueberraschung-beim-einhorn-wal/
- Geschichte der Tierärztlichen Fakultät München, J. Peters, V. Weidenhöfer, https://www.vetmed.uni-muenchen.de/fakultaet/geschichte/index.html
- BASG – Bundesamt für Sicherheit im Gesundheitswesen, Impfstoffe, https://www.basg.gv.at/konsumentinnen/wissenswertes-ueber-arzneimittel/arzneimittel/impfstoffe
- Stellungnahme des Wissenschaftlichen Beirats des Paul-Ehrlich-Instituts, Bundesinstitut für Impfstoffe und biomedizinische Arzneimittel, zur Qualität und Sicherheit von Impfstoffen, https://www.bundesgesundheitsministerium.de/fileadmin/Dateien/3_Downloads/I/Impfen/Impfen_Stellungnahme_Wiss_Beirat_PEI.pdf
- Wie schädlich ist Aluminium wirklich?, Andrea Wille, Sigrid März, September 2020, https://www.quarks.de/gesundheit/so-schaedlich-ist-aluminium-wirklich/
- Andrew Wakefield: The fraud investigation + The Doctor Who Fooled the World: Science, Deception, and the War on Vaccines, Brian Deer, September 2020, https://briandeer.com/mmr/lancet-summary.htm
- Smallox, A great and terrible Scourge, U. S. National Library of medicine, https://www.nlm.nih.gov/exhibition/smallpox/sp_variolation.html
- The history of vaccines, an educational resource by the college of physicians of Philadelphia, Januar 2018, https://www.historyofvaccines.org/content/articles/history-anti-vaccination-movements
- Going viral in the online anti-vaccine wars, Alex Green, Dezember 2017, https://wellcomecollection.org/articles/Whf_BSkAACsAgwil
- The anti-vaccination movement that gripped Victorian England, Greig Watson, Dezember 2019, https://www.bbc.com/news/uk-england-leicestershire-50713991
- Die Geschichte der Impfgegner, Tom Fugmann, März 2021, https://www.mdr.de/zeitreise/impfen-impfgegner-geschichte-des-impfens-100.html
- Medizingeschichte: Geschichte der Schutzimpfung, April 2003, https://www.deutsche-apotheker-zeitung.de/daz-az/2003/daz-17-2003/uid-9640
- Der Impfspiegel. 300 Aussprüche ärztlicher Autoritäten über die Impffrage und zwar vorwiegend aus neuerer Zeit, Herausgegeben vom Impfzwanggegnerverein zu D r e s d e n, Dresden 1890, https://www.impfkritik.de/upload/pdf/zeitdokumente/der-impfspiegel.pdf
- Seuchengesetzgebung in den Deutschen Staaten und im Kaiserreich vom ausgehenden 18. Jahrhundert bis zum Reichseuchengesetz 1900, Bärbel-Jutta Hess, Heidelberg 2009, http://archiv.ub.uni-heidelberg.de/volltextserver/10458/1/dissertation_15_02_10.pdf

- Impfen und zweifeln – Damals wie heute, Thomas Meißner, Oktober 2019, https://www.aerztezeitung.de/Politik/Impfen-und-zweifeln-Damals-wie-heute-402566.html
- How health care providers should address vaccine hesitancy in the clinical setting: Evidence for presumptive language in making a strong recommendation, Robert M. Jacobson et al., April 2020, https://pubmed.ncbi.nlm.nih.gov/32242766/
- How Scientists Could Stop the Next Pandemic Before It Starts, Jennifer Kahn, April 2020, https://www.nytimes.com/2020/04/21/magazine/pandemic-vaccine.html
- What if the First Coronavirus Vaccines Aren't the Best?, Carl Zimmer, August 2020, https://www.nytimes.com/2020/08/27/health/covid-19-vaccines.html
- Coronavirus: what will happen if we can't produce a vaccine?, Sarah Pitt, August 2020, https://theconversation.com/coronavirus-what-will-happen-ifwe-cant-produce-a-vaccine-144307
- Herd Immunity Is Not a Strategy, James Hamblin, August 2020, https://www.theatlantic.com/health/archive/2020/09/herd-immunity-is-not-a-strategy/615967/
- Who Discovered the First Vaccine?, Cody Cassidy. Juni 2020, https://www.wired.com/story/who-discovered-first-vaccine/
- A Vaccine Reality Check, Sarah Zhang, Juli 2020, https://www.theatlantic.com/health/archive/2020/07/covid-19-vaccine-reality-check/614566/
- Front-Runners Emerge in the Race for a Covid-19 Vaccine, Megan Molteni, Mai 2020, https://www.wired.com/story/frontrunners-emerge-in-the-race-for-a-covid-19-vaccine/
- Historiker im Interview: »Zwangsimpfungen bringen nichts«; Sonja Fröhlich, März 2019, https://www.haz.de/Nachrichten/Wissen/Uebersicht/Historikerim-Interview-Zwangsimpfungen-bringen-nichts
- The First Shot: Inside The Covid Vaccine Fast Track, Brooke Jarvis, Mai 2020, https://www.wired.com/story/moderna-covid-19-vaccine-trials/
- »RNA-Viren sind gefährlich, weil sie sich schnell weiterentwickeln«, Ronja Münch, April 2020, https://www.campus-halensis.de/artikel/rna-viren-sind-gefahrlich-weil-sie-sich-schnell-weiterentwickeln/
- The 1885 Montreal Smallpox Epidemic, James H. March, März 2015, https://www.thecanadianencyclopedia.ca/en/article/plague-the-red-death-strikes-montreal-feature
- Montreal's smallpox epidemic, The New York Times, August 1885, https://timesmachine.nytimes.com/timesmachine/1885/08/14/103631615.pdf?pdf_redirect=true&ip=0
- COVID-19 anti-vaxxers use the same arguments from 135 years ago, Paula Larsson, Oktober 2020, https://theconversation.com/covid-19-anti-vaxxers-use-the-same-arguments-from-135years-ago-145592

- Dictionary of canadian biography, Carl Ballstadt, http://www.biographi.ca/en/bio/ross_alexander_milton_12E.html
- »Victims of Vaccination?«: Opposition to Compulsory Immunization in Ontario, 1900–90, Katherine Arnup, 1992, https://www.utpjournals.press/doi/pdf/10.3138/cbmh.9.2.159
- The Medical Heritage Library, Anti-Vaccination, http://www.medicalheritage.org/resource-sets/vaccines/anti-vaccination/
- The anti-vaccinator, and advocate of cleanliness, Alexander Milton Ross, 1885, https://archive.org/details/101235983.nlm.nih.gov
- Der Erste seiner Art, Linda Fischer, November 2020, https://www.zeit.de/wissen/gesundheit/2020-11/impfstoffentwicklung-corona-impfstoff-erbgut-klinische-phasen-forschung/komplettansicht
- Politics, Science and the Remarkable Race for a Coronavirus Vaccine, Sharon LaFraniere rt al., November 2020, https://www.nytimes.com/2020/11/21/us/politics/coronavirus-vaccine.html?action=click&module=Top%20Stories&pgtype=Homepage
- The End of the Pandemic Is Now in Sight, Sarah Zang, November 2020, https://www.theatlantic.com/health/archive/2020/11/vaccinesend-covid-19-pandemic-sight/617141/
- Safety and immunogenicity of a mRNA rabies vaccine in healthy adults: an open-label, non-randomised, prospective, first-in-human phase 1 clinical trial, Martin Alberer et al., Juli 2017, https://www.thelancet.com/journals/lancet/article/PIIS0140-6736(17)31665–3/fulltext
- Warum die RNA-Impfung dein Erbgut nicht verändert, Martin Moder, November 2020, https://www.youtube.com/watch?v=GBq_l2llyzo
- Three decades of messenger RNA vaccine development, Rhein Verbeke et al., August 2019, https://www.researchgate.net/publication/335373402_Three_decades_of_messenger_RNA_vaccine_development
- Influenza, The Hundred-Year Hunt to cure the 1918 Spanish Flu Pandemic, Jeremy Brown, Oktober 2019, https://www.goodreads.com/quotes/9655690-in-a-letter-to-thenew-york-times-dr-hans
- Dr. Hans H. Neumann, Mai 1987, Section 1, Seite 37, https://www.nytimes.com/1987/05/25/obituaries/dr-hans-h-neumann.html
- Death of famous philosopher, Herbert Spencer passes away, Dundee Evening Telegraph, Dezember 1903, https://www.britishnewspaperarchive.co.uk/Search/Results?BasicSearch=%22herbert%20spencer%22&PhraseSearch=herbert%20spencer&RetrieveCountryCounts=False&MostSpecificLocation=lewes%2C%20east%20sussex%2C%20england&SortOrder=score
- How scientists could stop the next pandemic before it starts, Jennifer Khan, April 2020, https://www.nytimes.com/2020/04/21/magazine/pandemic-vaccine.html

- What if the First Coronavirus Vaccines Aren't the Best?, Carl Zimmer, November 2020, https://www.nytimes.com/2020/08/27/health/covid-19-vaccines.html
- Coronavirus: what will happen if we can't produce a vaccine?, Sarah Pitt, August 2020, https://theconversation.com/coronavirus-what-will-happen-ifwe-cant-produce-a-vaccine-144307
- Herd Immunity Is Not a Strategy, James Hamblin, September 2020, https://www.theatlantic.com/health/archive/2020/09/herd-immunity-is-not-a-strategy/615967/
- Warum natürliche Herdenimmunität bei COVID-19 kein geeignetes Konzept ist – das sagen deutsche Virologen dazu, Michael van den Heuvel, Oktober 2020, https://deutsch.medscape.com/artikelansicht/4909402?src=mkm_demkt_201023_mscmrk_decoronavirus_nl&uac=263214MR&impID=2634384&faf=1
- A mathematical model reveals the influence of population heterogeneity on herd immunity to SARS-CoV-2, Tom Britton et al., August 2020, https://science.sciencemag.org/content/369/6505/846
- COVID-19 | The Myth of Herd Immunity, Christopher Murray, Oktober 2020, http://www.healthdata.org/video/covid-19-myth-herd-immunity
- British Society of Immunology, Viruses versus vaccines: the economics of herd immunity, Philippa Middlemas et al., https://www.immunology.org/public-information/bitesized-immunology/pathogens-and-disease/viruses-versus-vaccines-the-economics
- Infectious Diseases Society of America, »Herd Immunity« is Not an Answer to a Pandemic, Thomas File, Oktober 2020, https://www.idsociety.org/news--publications-new/articles/2020/herd-immunity-is-not-ananswer-to-a-pandemic/
- What Fans of ›Herd Immunity‹ Don't Tell You, John M. Barry, Oktober 2020, https://www.nytimes.com/2020/10/19/opinion/coronavirus-herdimmunity.html
- A ›herd mentality‹ can't stop the COVID-19 pandemic. Neither can a weak vaccine, Nsikan Akpan, Oktober 2020, https://www.nationalgeographic.com/science/2020/10/natural-herd-immunity-mentality-cannot-stop-coronavirus-weak-vaccine-cvd/
- Stellungnahme der Gesellschaft für Virologie zu einem wissenschaftlich begründeten Vorgehen gegen die COVID-19 Pandemie, https://www.g-f-v.org/node/1358
- Warum natürliche Herdenimmunität eine Illusion ist, Linda Fischer, Oktober 2020, https://www.quarks.de/gesellschaft/wissenschaft/warum-natuerliche-herdenimmunitaet-eine-illusion-ist/
- We cannot rely on magical thinking: Herd immunity is not a plan, Gigi Kwik Gronvall & Rachel West, Oktober 2020, https://www.statnews.com/2020/10/16/we-cannot-rely-on-magical-thinking-herd-immunity-isnot-a-plan/
- The Association for Professionals in Infection Control and Epidemiology, Herd Immunity, Dezember 2020, https://apic.org/monthly_alerts/herd-immunity/

- A history of herd immunity, David Jones & Stefan Helmreich, September 2020, https://www.thelancet.com/journals/lancet/article/PIIS0140-6736(20)31924-3/fulltext
- The pursuit of herd immunity is a folly – so who's funding this bad science?, Trish Greenhalgh, Oktober 2020, https://www.theguardian.com/commentisfree/2020/oct/18/covidherd-immunity-funding-bad-science-antilockdown
- Coxiellose: Gefahr für Schwangere bei Mensch und Tier, Jil Schuller, März 2020, https://www.bauernzeitung.ch/artikel/coxiellose-gefahr-fuerschwangere-bei-mensch-und-tier
- Bayerisches Landesamt für Gesundheit und Lebensmittelsicherheit, Brucellose der Rinder, Schweine, Schafe und Ziegen. März 2012, https://www.lgl.bayern.de/tiergesundheit/tierkrankheiten/bakterielle_pilzinfektionen/brucellose/index.htm
- Analysis: A short history of herd immunity, Jordan Fenster, September 2020, https://www.ctpost.com/local/article/Analysis-A-short-history-of-herd-immunity-15597151.php
- Entscheidung der Kommission vom 15. Juli 2002 zur Zulassung von Brucellavakzinen im Rahmen der Richtlinie 64/432/EWG des Rates, Amtsblatt Nr. L 194 vom 23/07/2002 S. 0045–0046, https://eur-lex.europa.eu/legal-content/DE/TXT/HTML/?uri=CELEX:32002D0598&from=SL
- Euroimmun, Brucellose bei Rindern, https://www.vet.euroimmun.de/produkte/wiederkaeuer/brucella.html
- Prof. W. W. C. Topley, F. R. S.. A. N. Drury, Februar 1944, https://www.nature.com/articles/153215a0
- The spread of bacterial infetiction. The problem of herd-immunity, W. W. C. Topley, & G. S. Wilson, Mai 1923, https://www.ncbi.nlm.nih.gov/pmc/articles/PMC2167341/pdf/jhyg00291-0051.pdfhttps://www.ncbi.nlm.nih.gov/pmc/articles/PMC2167341/
- The false promise of herd immunity for COVID-19, Christie Aschwanden, Oktober 2020, https://www.nature.com/articles/d41586-020-02948-4
- Evolution of Measles Elimination Strategies in the United States, Walter A. Orenstein et al., Mai 2004, https://academic.oup.com/jid/article/189/Supplement_1/S17/821924
- Centers for Disease Contril and Prevention, Measles History. November 2020, https://www.cdc.gov/measles/about/history.html
- Life before Vaccines – my story, Margot Smith, April 2018, https://www.berkeleywellness.com/healthy-community/contagious-disease/article/life-vaccines-my-story
- Junk Science Week: Vaccinating the ›herd‹, Lawrence Solomon, Juni 2014, https://financialpost.com/opinion/junk-science-week-vaccinating-the-herd

- Weniger gefährlich als die Grippe?, Patrick Gensing, März 2020, https://www.tagesschau.de/faktenfinder/corona-grippevergleich-101.html
- Robert Koch-Institut, Bericht zur Epidemiologie der Influenza in Deutschland Saison 2018/19, 2019, https://influenza.rki.de/Saisonberichte/2018.pdf
- Robert Koch-Institut, Influenza, Übersicht, Februar 2021, https://www.rki.de/DE/Content/InfAZ/I/Influenza/IPV/IPV_Node.html
- Wie bestimmt das RKI Todesfälle bei Grippe?, Celine Müller, Oktober 2019, https://www.deutsche-apotheker-zeitung.de/news/artikel/2019/10/04-10-2019/mild-oder-schlimm-wie-war-die-letzte-grippesaison/chapter:2
- Universitätsmedizin Rostock, Institut für medizinische Mikrobiologie, Virologie und Hygiene, Influenza, Januar 2021, https://imikro.med.uni-rostock.de/fileadmin/Institute/hygiene/Dokumente/Hygiene/HMB/Influenza.pdf
- Bundesministerium der Justiz und für Verbraucherschutz, Gesetz zur Verhütung und Bekämpfung von Infektionskrankheiten beim Menschen (Infektionsschutzgesetz – IfSG), https://www.gesetze-im-internet.de/ifsg/__7.html
- Bill Foege: A Prankster for Positive Disruption, Tom Paulson, Mai 2014, https://www.plu.edu/nsci/news/bill-foege-a-prankster-for-positive-disruption/
- 2001 Mary Woodard Lasker Public Service Award, Smallpox eradication implementation, http://www.laskerfoundation.org/awards/show/smallpox-eradication-implementation/
- Calling the Shots, Tom Griffin, https://www.washington.edu/alumni/columns/top10/calling_the_shots.html
- Rollins School of Public Health, About Bill Foege, https://www.sph.emory.edu/departments/gh/fellows/foege/billfoege/index.html
- Interview Transcript with Mrs. Paula Foege, Conducted at the Centers for Disease Control and Prevention in Atlanta, Georgia, Juli 2006., https://www.globalhealthchronicles.org/items/browse?type=17&collection=1&sort_field=Dublin+Core%2CTitle&page=3&output=omeka-xml
- World Health Organization, Faith tabernacle smallpox epidemic, David Thompson & William Foege, Oktober 1968, https://apps.who.int/iris/bitstream/handle/10665/67462/WHO_SE_68.3.pdf?sequence=1&isAllowed=y
- Pandemia. Podcast, Folge: Haiti, Mai 2020
- FAZ Essay, Podcast Folge 110, Als die Cholera nach Europa kam, Oktober 2020
- Bayerische Akademie der Wissenschaften, Podcast, Grippe, Pest und Cholera – Seuchen in der Geschichte, https://badw.de/die-akademie/presse/podcast/podcast-details/detail/grippe-pest-und-cholera-seuchen-in-der-geschichte.html
- Bundesinstitut für Risikobewertung, Fragen und Antworten zu Bakteriophagen, November 2019, https://mobil.bfr.bund.de/cm/343/fragen-und-antworten-zu-bakteriophagen.pdf

- Bakteriologie: Cholera – die Rätsel beginnen sich zu lösen, Juli 2001, https://www.deutsche-apotheker-zeitung.de/daz-az/2001/daz-30-2001/uid-1153
- Die Quelle der Cholera, Kai Kupferschmidt, November 2017, https://www.sueddeutsche.de/gesundheit/infektionskrankheiten-die-quelle-der-cholera-1.3743914
- British, Society for Immunology, John Snow's pump (1854), https://www.immunology.org/john-snows-pump-1854
- BBC History, John Snow (1813–1858), http://www.bbc.co.uk/history/historic_figures/snow_john.shtml
- University of Los Angeles, Department of Epidemiology, School of Public Health, Mapping the 1854 Broad Street Pump Outbreak, https://www.ph.ucla.edu/epi/snow/mapsbroadstreet.html
- University of Los Angeles, Department of Epidemiology, School of Public Health, John Snow and the Broad Street Pump, https://www.ph.ucla.edu/epi/snow/snowcricketarticle.html
- Die Entdeckung der Viren, Inka Reichert und Remo Trerotola, Juli 2019, https://www.planet-wissen.de/natur/mikroorganismen/viren/pwiedieentdeckungderviren100.html
- Susanne Wisnitzka, @Donauschwalbe, September 2020, https://twitter.com/Donauschwalbe/status/1310676401905905664/photo/1
- Woran erinnert euch diese Reaktion auf Cholera?, Andreas Bergholz, Mai 2020, https://www.volksverpetzer.de/allgemein/cholera-1831/
- Französische Zustände, Artikel 6, Cholera in Paris, Heinrich Heine, April 1832, http://www.heinrich-heine-denkmal.de/heine-texte/cholera.shtml
- Blick in die Geschichte: Als Spezialraketen angeblich Cholera verbreiteten, Helmut Schmidbauer, Mai 2020, https://www.merkur.de/lokales/schongau/schongau-ort29421/blick-in-geschichte-als-spezialraketen-angeblich-cholera-verbreiteten-13781895.html
- »Es ist eine böse Zeit«, Manfred Vasold, April 2003, https://www.zeit.de/2003/19/A-Cholera?utm_referrer=https%3A%2F%2Fwww.google.com
- Die Cholera erreicht Preußen, Mai 2006, https://www.wissenschaft.de/zeitpunkte/die-cholera-erreicht-preussen/
- Der Cholera-Aufstand von 1831, Hans Lippold, Mai 1968, https://archiv.preussische-allgemeine.de/1968/1968_05_11_19.pdf
- Preussische Provinzial-Blätter, Herausgegeben von dem Vereine zur Rettung verwahrloster Kinder zu Königsberg, zum Besten der Anstalt, Band 7, Königsberg 1832, Seite 164 ff., https://books.google.de/books?id=m7AOAAAAYAAJ&pg=PA166&lpg=PA166&dq=universitätsrichter+grube&source=bl&ots=AzSKvV5KVb&sig=3GcF1Q1p6W_nlkOh5sdn6mnfUCU&hl=de&sa=X&ei=fSSFULHNGIjftAa0_4DYCg&sqi=2#v=onepage&q=universitätsrichter%20grube&f=false

- Die Cholera-Epidemie 1831, Christopher Jütte, August 2015, https://www.dhm. de/lemo/kapitel/vormaerz-und-revolution/alltagsleben/die-choleraepidemie-1831. html
- Karl Friedrich Burdach, Rückblick auf mein Leben, 4. Die Cholera, http://www. zeno.org/Naturwissenschaften/M/Burdach,+Karl+Friedrich/Rückblick+auf+mein+Leben/3.+Die+Reife/B.+Zweites+Stadium/c.+Dritter+Abschnitt/4.+Die+Cholera
- Die Cholera in Königsberg und Landsberg, Pr. Eylau, Irmi Gegner-Sümkler, April 2014, https://www.genealogie-tagebuch.de/?p=6385
- Die Choleraepidemien in Königsberg, Bericht im Auftrag. des Vereins für Wissenschaftliche Heilkunde W. Schiefferdecker. Königsberg, 1868, https://digital.zbmed.de/gesundheitspflege/content/structure/4444238
- Berlin in Zeiten der Cholera, Olaf Briese, März 2020, https://www.tagesspiegel.de/kultur/seuchen-von-frueher-berlin-in-zeiten-der-cholera/25644704.html
- Medizingeschichte: Preußen im Kampf gegen die Cholera, Birgit Nolte-Schuster, September 2007, https://www.aerzteblatt.de/archiv/56970/Medizingeschichte-Preussen-im-Kampf-gegen-die-Cholera
- Mit russischen Migranten kam der Tod an die Elbe, Berthold Seewald, August 2017, https://www.welt.de/geschichte/article167807958/Mit-russischen-Migranten-kam-der-Tod-an-die-Elbe.html
- 1892: Die Cholera wütet in Hamburg, April 2020, https://www.ndr.de/geschichte/schauplaetze/1892-Die-Cholerawuetet-in-Hamburg-,choleraepidemie100.html
- Cholera in Hamburg: Ein Lehrstück im Umgang mit Epidemien, Fred Langer, https://www.geo.de/wissen/22929-rtkl-hansestadt-im-jahr-1892-cholera-hamburg-ein-lehrstueck-ueber-den-umgang-mit
- Frühe Großstädte und ihre Hygieneprobleme – Die Choleraepidemie in Hamburg 1892, Raphaela Heihoff, http://wwwhomes.uni-bielefeld.de/esteinberg/pdf/stadtgeschichte/neuzeit/fruehe_grossstaedte_und_ihre_hygieneprobleme_die_choleraepedemie_in%20_hamburg_1892.pdf
- Viruses and Nutrient Cycles in the Sea: Viruses play critical roles in the structure and function of aquatic food webs, Steven W. Wilhelm, Oktober 1999, https://academic.oup.com/bioscience/article/49/10/781/222807
- Deposition rates of viruses and bacteria above the atmospheric boundary layer, Isabel Reche et al., Januar 2018, https://www.nature.com/articles/s41396-017-0042-4
- Marine viruses – major players in the global ecosystem, Curtis A. Suttle, Oktober 2007, https://www.nature.com/articles/nrmicro1750
- The Last Universal Common Ancestor (LUCA), Simple or Complex?, Patrick Forterre et al,. Juni 1999, https://www.journals.uchicago.edu/doi/10.2307/1542973

- Here a virus, there a virus, everywhere the same virus?, Mya Breitbart, Juni 2005, https://www.cell.com/trends/microbiology/comments/S0966-842X(05)00108-3
- Phage as agents of lateral gene transfer, Carlos Canchaya et al., August 2003, https://www.sciencedirect.com/science/article/abs/pii/S1369527403000869?via%3Dihub
- American society for microbiology, Norovirus, Elizabeth Robilotto et al., Januar 2015, https://cmr.asm.org/content/28/1/134
- Online etymology dictionary, virus (n.), https://www.etymonline.com/word/virus
- International Committee on Taxonomy of Viruses ICTV, Virus Taxonomy: 2019 Release, EC 51, Juli 2019, https://talk.ictvonline.org/taxonomy/
- A Review on Viral Metagenomics in Extreme Environments, Sonia Dávila-Ramos et al., Oktober 2019, https://www.ncbi.nlm.nih.gov/pmc/articles/PMC6842933/
- Trillions Upon Trillions of Viruses Fall From the Sky Each Day, Jim Robbins, April 2018, https://www.nytimes.com/2018/04/13/science/virosphere-evolution.html
- Schutz des Koalas lässt Aids-Forscher hoffen, Ronald Knauer, Dezember 2009, https://www.zeit.de/gesellschaft/zeitgeschehen/2009-12/koala-epidemie-australien
- Der Feind in uns – Symbiotische Viren als Triebkräfte unserer Evolution, Nadja Podbregar, Juli 2013, https://link.springer.com/chapter/10.1007%2F978-3-642-375484_12
- Eine Schnecke, die Photosynthese betreibt, Janine Jung, Februar 2012, https://www.junge-wissenschaft.ptb.de/fileadmin/paper/bis_2017/pdf/juwi-97-2013-03.pdf
- Geheime Helfer, Nadja Podbregar, November 2010, https://www.scinexx.de/dossierartikel/geheime-helfer/
- The Viruses That Made Us Human, Carrie Arnold, September 2016, https://www.pbs.org/wgbh/nova/article/endogenous-retroviruses/
- Ancient Viruses Are Buried in Your DNA, Carl Zimmer, Oktober 2017, https://www.nytimes.com/2017/10/04/science/ancient-viruses-dna-genome.html
- Ancient Viruses, Once Foes, May Now Serve as Friends, Carl Zimmer, April 2015, https://www.nytimes.com/2015/04/23/science/ancient-viruses-once-foes-may-now-serve-as-friends.html?action=click&module=RelatedCoverage&pgtype=Article&region=Footer
- Study Finds Surprising Benefit of Viral DNA: Fighting Other Viruses, Carl Zimmer, März 2016, https://www.nytimes.com/2016/03/03/science/study-finds-surprising-benefit-of-viral-dna-fighting-other-viruses.html?action=click&module=RelatedCoverage&pgtype=Article&region=Footer

- Pflanzenforschung.de, RNA-Welt-Hypothese, https://www.pflanzenforschung.de/de/pflanzenwissen/lexikon-a-z/rna-welt-hypothese-10197
- Pflanzenforschung.de, Die Welt zwischen DNA und Proteinen, Dezember 2014, https://www.pflanzenforschung.de/de/pflanzenwissen/journal/die-welt-zwischen-dna-und-proteinen-rna-ist-weit-mehr-10544
- Schwämme genetisch komplexer als gedacht, August 2010, https://www.scinexx.de/news/biowissen/schwaemme-genetisch-komplexer-als-gedacht/
- Die Entwicklung des modernen Menschen, November 2020, https://www.br.de/wissen/homo-sapiens-evolution-geschichte-moderner-mensch-100.html
- Das Nipah-Virus – WWAS-Halloweenfolge 2020, Lars Fischer, Oktober 2020, https://www.spektrum.de/video/das-nipah-virus-wwas-halloweenfolge-2020/1785986
- Friedrich-Loeffler-Institut, Nationales Referenzlabor für Henipaviren, https://www.fli.de/de/institute/institut-fuer-neue-und-neuartige-tierseuchenerreger-innt/referenzlabore/nrl-fuer-henipaviren/
- Nipah virus: Anatomy of an outbreak, Priyanka Pulla, Januar 2020, https://www.thehindu.com/news/national/kerala/anatomy-of-anoutbreak-how-kerala-handled-thenipah-virus-outbreak/article24060538.ece
- What is the connection between fruit bats and Nipah virus?, Priyanka Pulla, Mai 2018, https://www.thehindu.com/sci-tech/health/what-is-the-connection-between-fruit-bats-and-nipah-virus/article24001397.ece
- Nipah virus outbreak in India, Patralekha Chatterjee, Juni 2018, https://www.thelancet.com/action/showPdf?pii=S01406736%2818%2931252-2
- Establishment of an RNA polymerase II-driven reverse genetics system for Nipah virus strains from Malaysia and Bangladesh, Bryan D. Griffin et al., August 2019, https://www.nature.com/articles/s41598-019-47549-y
- Centers für Disease Control and Prevention, What is Nipah Virus?, Oktober 2020, https://www.cdc.gov/vhf/nipah/about/index.html
- Nipah virus dynamics in bats and implications for spillover to humans, Jonathan H. Epstein et al., November 2020, https://www.pnas.org/content/117/46/29190
- Nipah: The Very Model of a Pandemic, Robert Kessler, https://www.ecohealthalliance.org/2018/03/nipah
- Nipah Virus Reappears 1 Year After Deadly Outbreak, Sara Karlovitch, Juni 2019, https://www.contagionlive.com/view/nipah-virus-reappears-1-year-after-deadly-outbreak
- Zoonoses-With Friends Like This, Who Needs Enemies?, Stephen G. Baum, 2008, https://www.ncbi.nlm.nih.gov/pmc/articles/PMC2394705/
- Deutsches Primatenzentrum, Leibniz-Institut für Primatenforschung, Abteilung Infektionsbiologie, Einfluss von Herpes Simplexviren auf die Gesundheit von

Menschen und nicht-menschlichen Primaten, https://www.dpz.eu/de/abteilung/infektionsbiologie/virusdiagnostik/herpes-simplexviren-von-primaten.html
- Affen in Florida tragen tödliches Virus, Lars Fischer, Januar 2018, https://www.spektrum.de/news/affen-in-florida-tragen-toedliches-virus/1532351
- Vorsicht, ansteckender Mensch, Tina Baier, 1Mai 2010, https://www.sueddeutsche.de/wissen/gefaehrliche-erreger-vorsicht-ansteckender-mensch-1.137391-2
- Neues Pockenvirus bedroht junge Eichhörnchen, Leibniz-Institut für Zoo- und Wildtierforschung (IZW), August 2017, https://www.forstpraxis.de/neues-pockenvirus-bedroht-junge-eichhoernchen/
- Nipah Virus: The Dreadful Outbreak in India, Shibani Datta et al., Februar 2019, https://biomedres.us/fulltexts/BJSTR.MS.ID.002675.php
- The real Contagion virus is out there and it's causing virologists to worry, Anthony King, Oktober 2020, https://www.irishtimes.com/news/science/the-real-contagion-virus-is-out-there-and-it-s-causing-virologists-to-worry-1.4387162
- A Taste For Pork Helped A Deadly Virus Jump To Humans, Micheleen Doucleff et al., Februar 2017, https://www.npr.org/sections/goatsandsoda/2017/02/25/515258818/a-taste-for-pork-helped-a-deadly-virus-jump-to-humans?t=1612015922471-----
- Animal models of disease shed light on Nipah virus pathogenesis and transmission, Emmie de Wit et al., Januar 2015, https://pubmed.ncbi.nlm.nih.gov/25229234/https://www.ncbi.nlm.nih.gov/pmc/articles/PMC4268059/
- Here's what the terrifying Nipah virus can teach us about the spread of COVID-19, Rob Jordan, November 2020, https://www.weforum.org/agenda/2020/11/nipah-virus-covid-19coronavirus-pandemic-health-professor/
- World Health Organization, Nipah virus, Mai 2018, https://www.who.int/news-room/fact-sheets/detail/nipah-virus-----
- Remdesivir (GS-5734) protects African green monkeys from Nipah virus challenge, Michael K. Lo et al., Mai 2019, https://pubmed.ncbi.nlm.nih.gov/31142680/
- Molecular biology of Hendra and Nipah viruses, Lin-Fa Wang et al., April 2001, https://www.sciencedirect.com/science/article/abs/pii/S1286457901013818?via%3Dihub#!
- The Lancet, Nipah virus outbreak in India, Patralekha Chatterjee. Juni 2018, https://doi.org/10.1016/S0140-6736(18)31252-2
- Virology Blog, Nipah virus at 20, Vincent Racaniello, Dezember 2019, https://www.virology.ws/2019/12/12/nipah-virus-at-20/-----
- Temasek Lifesciences Laboratory, Kaw Bing CHUA, MD, Ph.D, Senior Principal Investigator, http://www.tll.org.sg/group-leaders/kaw-bing-chua/

- Tracing the origin of Nipah, Haritha Sharly Benjamin, Juni 2019, https://www.onmanorama.com/kerala/top-news/2019/06/04/tracing-the-origin-of-nipah-virus-dr-kaw-bing-chua.html
- How a student broke the rules to save Malaysia from the Nipah virus, Februar 2017, https://www.malaymail.com/news/malaysia/2017/02/27/how-a-student-broke-the-rules-to-save-malaysia-from-the-nipah-virus/1323919

4 HIV. Pocken. Verschwörungen.

- HIV und AIDS – Geschichte einer Pandemie, David Beck, Dezember 2020, https://www.swr.de/swr2/wissen/hiv-und-aids-geschichte-einer-pandemie-swr2-wissen-2020-1201-100.html
- Aidserreger verdreifachte seine Ansteckungsrate, Lars Fischer, Oktober 2014, https://www.spektrum.de/news/aids-erreger-verdreifachte-seine-ansteckungsrate/1311032
- HIV-Infektion: Kind hat HIV seit neun Jahren unter Kontrolle, Lars Fischer, Juli 2017, https://www.spektrum.de/news/kind-hat-hiv-seit-neun-jahren-unter-kontrolle/1485329
- AIDS-Verschwörung: Woher kam HIV wirklich?, Erhard Geißler, Juli 2012, https://www.spiegel.de/geschichte/aids-verschwoerung-woher-kam-hiv-wirklich-a-947657.html
- Berlin patient: First person cured of HIV, Timothy Ray Brown, dies, James Gallagher, September 2020, https://www.bbc.com/news/health-54355673
- AIDS. Der lange Weg zu einer Impfung, Sonja Klein,. Juli 2020, https://www.spektrum.de/news/der-lange-weg-zu-einer-hiv-impfung/1753038
- The Reagan Administration's Unearthed Response to the AIDS Crisis Is Chilling, Richard Lawson, Dezember 2015, https://www.vanityfair.com/news/2015/11/reagan-administration-response-to-aids-crisis
- Meine HIV-Heilung hat alles verändert, Dirk Ludigs, März 2017, https://magazin.hiv/2017/03/06/meine-hiv-heilung-hat-alles-veraendert/)
- The ›London Patient‹: Five Takeaways Apporva Mandavilli, März 2020, https://www.nytimes.com/2020/03/09/health/london-patient-hiv-castillejo-takeaways.html
- H. I. V. Is Reported Cured in a Second Patient, a Milestone in the Global AIDS Epidemic, Apoorva Mandavilli, März 2019, https://www.nytimes.com/2019/03/04/health/aids-cure-london-patient.html
- The ›London Patient‹, Cured of H. I. V., Reveals His Identity, Apporva Mandavilli,. November 2020, https://www.nytimes.com/2020/03/09/health/hiv-aids-london-patient-castillejo.html

- HIV-Epidemiologie: Wie, wann und mit wem kam AIDS in die USA?«, Jan Osterkamp, Oktober 2016, https://www.spektrum.de/news/wie-wann-und-mit-wem-kam-aids-in-die-usa/1427439
- HIV-Evolution: Wie Affen-Immunschwächeviren plötzlich den Menschen eroberten, Jan Osterkamp, August 2019, https://www.spektrum.de/news/wie-affen-immunschwaecheviren-ploetzlich-den-menschen-eroberten/1668882
- HIV-Therapie: Kann HIV ganz geheilt werden?, Jan Osterkamp,. März 2019, https://www.spektrum.de/news/kann-hiv-ganz-geheilt-werden/1627902
- Courage und Feigheit, Marc Pitzke, Juni 2011, https://www.spiegel.de/geschichte/30-jahre-aids-a-947231.html
- HIV weiß, wie man sich gut versteckt, Annika Röcker, August 2020, https://www.spektrum.de/news/hiv-weiss-wie-man-sich-gut-versteckt/1761825)
- Ein neues Medikament am Horizont, Annika Röcker, Juli 2020, https://www.spektrum.de/news/neues-hiv-medikament-wirkt-anders-und-laenger-als-bisherige/1748140
- Welt-AIDS-Konferenz: Kampf gegen HIV und AIDS verläuft schleppend, Juli 2020, https://www.spektrum.de/news/kampf-gegen-hiv-und-aids-verlaeuft-schleppend/1749480
- Nach Stammzelltherapie – Zweiter HIV-Patient gilt als geheilt, März 2020, https://www.spiegel.de/wissenschaft/medizin/hiv-zweiter-patient-gilt-nach-stammzelltherapie-als-geheilt-a-26439171-9784-46e5-865a-bf6c142eda0f
- Second patient free of HIV after stem-cell therapy, Matthew Warren, März 2019, https://www.nature.com/articles/d41586-019-00798-3?sf208904909=1
- HIV-Immunität wird mit höherer Mortalität erkauft, Juni 2019, https://www.pharmazeutische-zeitung.de/hiv-immunitaet-wird-mit-hoeherer-mortalitaet-erkauft/
- CCR5 delta 32 (PCR, AFLP), https://www.charite.de/fileadmin/user_upload/microsites/m_cc05/ilp/referenzdb/10567697.htm
- The Genetic Mutation Behind the Only Apparent Cure for HIV, Martha Kempner, März 2019, https://www.thebodypro.com/article/genetic-mutation-behind-hiv-cure
- The geographic spread of the CCR5 Delta32 HIV-resistance allele, John Novembre et al., Oktober 2005, https://pubmed.ncbi.nlm.nih.gov/16216086/
- Origin of CCR5 – Delta 32 Mutation, http://www.gavilan.edu/library/lgdocuments/sample_ppt_originofccr5delta32mutation.pdf
- MMWR Weekly, Pneumocystis Pneumonia – Los Angeles, Juni 1981, https://www.cdc.gov/mmwr/preview/mmwrhtml/june_5.htm
- Who was the first human AIDS patient?, http://www.microbiologybook.org/lecture/firstpatient.htm

- Patient Zero: Correcting the record on a Media-Made Gay AIDS Villain, Neal Broverman, Mai 2018, https://www.hivplusmag.com/stigma/2018/5/14/patient-zero-correcting-record-media-made-gay-aids-villain
- Listen to Reagan's Press Secretary Laugh About Gay People Dying of AIDS, Mark Joseph Stern, Dezember 2015, http://www.slate.com/blogs/outward/2015/12/01/reagan_press_secretary_laughs_about_gay_people_dying_of_aids.html?via=gdpr-consent
- Extremely High Mutation Rate of HIV-1 In Vivo, José M. Cuevas et al., September 2015, https://journals.plos.org/plosbiology/article?id=10.1371/journal.pbio.1002251
- The discovery of HIV-1, Sonja Schmid, November 2018, https://www.nature.com/articles/d42859-018-00003-x
- Als Robert Gallo das HI-Virus nicht entdeckte, April 2009, https://sciencev1.orf.at/news/155519.html
- Aids – Der Kampf um Ruhm und Geld, Justin Westhoff, April 2009, https://www.tagesspiegel.de/medizingeschichte-aids-der-kampf-um-ruhm-und-geld/1795394.html
- U.S. Department of Health and Human Services, A timeline of HIV and AIDS, https://www.hiv.gov/hiv-basics/overview/history/hiv-and-aids-timeline
- Nein, in SARS-CoV-2 wurden nicht im Labor Sequenzen von HIV eingefügt, Alice Echtermann, Mai 2020, https://correctiv.org/faktencheck/2020/05/20/nein-in-sars-cov-2-wurden-nicht-im-labor-sequenzen-von-hiv-eingefuegt/
- Prion-like Domains in Eukaryotic Viruses, George Tetz et al., Juni 2018, https://www.nature.com/articles/s41598-018-27256-w
- Electromagnetic Signals Are Produced by Aqueous Nanostructures Derived from Bacterial DNA Sequences, Luc Montagnier, Juni 2009, https://www.researchgate.net/publication/45272907_Electromagnetic_Signals_Are_Produced_by_Aqueous_Nanostructures_Derived_from_Bacterial_DNA_Sequences
- How latent viruses cause breast cancer: An explanation based on the microcompetition model, Hanan Polansky, August 2019, https://www.ncbi.nlm.nih.gov/pmc/articles/PMC6716096/
- A Human endegenous retrovirus located in the human BRCA1 gene locus, Lars Hofmann, 2002, http://archiv.ub.uni-marburg.de/diss/z2002/0463/pdf/dlh.pdf
- The common mechanisms of transformation by the small DNA tumor viruses: The inactivation of tumor suppressor gene products: p53, Arnold Levine, Februar 2009, https://www.sciencedirect.com/science/article/pii/S0042682208006399
- In BRCA1 and BRCA2 breast cancers, chromosome breaks occur near herpes tumor virus sequences, Bernard Friedenson, April 2021, https://www.biorxiv.org/content/10.1101/2021.04.19.440499v1.full

- The yin and yang of kidney development and Wilms' tumors, Peter Hohenstein et al., März 2015, https://www.ncbi.nlm.nih.gov/pmc/articles/PMC4358399/
- The non-pathogenic Australian rabbit calicivirus RCV-A1 provides temporal and partial cross protection to lethal Rabbit Haemorrhagic Disease Virus infection which is not dependent on antibody titres, Tanja Strive et al., Juli 2013, https://www.ncbi.nlm.nih.gov/pmc/articles/PMC3733936/
- Kaninchenkrieg in Australien, Michael Lenz, April 2015, https://www.spektrum.de/news/kaninchenkrieg-in-australien/1340509
- Pocken, Robert Koch-Institut, 2013, https://www.rki.de/DE/Content/Infekt/Biosicherheit/Agenzien/bg_pocken.pdf?__blob=publicationFile
- Did a good turn for medical colleagues cost smallpox victim Janet Parker her life?, Andy Richards, April 2018, https://www.birminghammail.co.uk/news/good-turn-medical-colleagues-cost-14511601
- Diverse Strains of Smallpox Virus Were Widespread in Viking Age, New Study Shows, Juli 2020, http://www.sci-news.com/archaeology/viking-age-smallpox-08675.html
- Lunch Break Science: Smallpox in Viking DNA, Terry Jones, Oktober 2020, https://www.youtube.com/watch?v=Ijh4BUt6O_o
- Diverse variola virus (smallpox) strains were widespread in northern Europe in the Viking Age, Barbara Mühlemann et al., Juli 2020, https://pubmed.ncbi.nlm.nih.gov/32703849/
- DNA from Viking people reveals the unexpected history of smallpox, Michael Le Page, Juli 2020, https://www.newscientist.com/article/2249835-dna-from-viking-people-reveals-the-unexpected-history-of-smallpox/
- Even the Vikings had smallpox, Deutsches Zentrum für Infektionsforschung, Juli 2020, https://www.dzif.de/en/even-vikings-had-smallpox
- Neue Studie zur Evolution des Pockenvirus in Science, Charité Universitätsmedizin Berlin, https://www.charite.de/service/pressemitteilung/artikel/detail/schon_die_wikinger_hatten_pocken/
- Die Rückkehr der Pocken, Sonia Shah, Januar 2014, https://www.spektrum.de/news/die-rueckkehr-der-pocken/1220676
- Diverse variola virus (smallpox) strains were widespread in northern Europe in the Viking Age, Barbara Mühlemann et al., Juli 2020, https://science.sciencemag.org/content/369/6502/eaaw8977/tab-figures-data
- Pet Prairie Dogs Suspected in U.S. Monkeypox Outbreak, Sarah Graham, Juni 2003, https://www.scientificamerican.com/article/pet-prairie-dogssuspecte/
- Spectrum of infection and risk factors for human monkeypox, United States, 2003, Mary G. Reynolds et al., September 2007, https://pubmed.ncbi.nlm.nih.gov/18252104/

- Monkeypox outbreak among pet owners, James Maskalyk, Juli 2003, https://www.ncbi.nlm.nih.gov/pmc/articles/PMC164943/
- Monkeypox 2003 U.S. Outbreak, Tomislav Mestrovic, August 2018, https://www.news-medical.net/health/Monkeypox-2003-US-Outbreak.aspx
- Monkeypox, Minnesota Department of Health, https://www.health.state.mn.us/diseases/monkeypox/index.html
- The Lonely Death of Janet Parker, BirminghamLive, http://janetparker.birminghamlive.co.uk/
- The Lonely Death of Janet Parker, BirminghamLive Podcast, https://play.acast.com/s/janetparker
- Pocken: Endsieg über die Seuche, März 1979, https://www.spiegel.de/spiegel/print/d-40350430.html
- Pest, Cholera, Corona. Die größten Epidemien aller Zeiten, Spiegel Edition, 2/2020
- Smallpox and its Eradication, Frank Fenner et al., 1988, https://apps.who.int/iris/handle/10665/39485
- Der rätselhafte Tod der Janet Parker, Hans Gelderblom, September 2018, https://www.tagesspiegel.de/wissen/epidemien-der-raetselhafte-tod-der-janet-parker/23094834.html
- Die Ausrottung der Pocken, Hans Gelderblom, Juni 1996, https://www.spektrum.de/magazin/die-ausrottung-der-pocken/823065
- Viking Age Smallpox Complicates Story of Viral Evolution, James Gorman, Juli 2020, https://www.nytimes.com/2020/07/23/science/smallpox-vikingsgenetics.html
- Schon die Wikinger hatten die Pocken, Torsten Harmsen, August 2020, https://www.berliner-zeitung.de/gesundheit-oekologie/schon-die-wikinger-hatten-die-pocken-li.95715
- The horrifying story of the last death by smallpox, Esther Inglis-Arkell, August 2013, https://io9.gizmodo.com/the-horrifying-story-of-the-last-death-by-smallpox-1161664590
- Kleine Geschichte der Pocken oder wie 22 Waisenkinder die Welt impften, Daniel Meßner, Richard Hemmer, April 2020, https://www.spektrum.de/kolumne/kleine-geschichte-der-pocken-oder-wie-22-waisenkinderdie-welt-impften/1727988
- Pocken? Durch die Wikinger verbreitet?, Nadja Podbregar, Juli 2020, https://www.scinexx.de/news/medizin/pocken-durch-die-wikinger-verbreitet/
- Mit magischen Formeln gegen Seuchen, Tanja Pommerening, April 2020, https://www.spiegel.de/geschichte/epidemien-im-alten-aegypten-mit-magischen-formeln-gegen-seuchen-a-3362632f-cb2d-406f-9a3f-a36564d45fdc
- How smallpox claimed its final victim, Monica Rimmer, August 2018, https://www.bbc.com/news/uk-england-birmingham-45101091

- Henry Samuel Bedson Biography, Royal College of Physicians, P. Wildy Gordon Wolstenholme, https://history.rcplondon.ac.uk/inspiring-physicians/henry-samuel-bedson
- Vikings had smallpox and may have helped spread the world's deadliest virus, St. Johnßs College, University of Cambridge, Juli 2020, https://www.sciencedaily.com/releases/2020/07/200723143733.htm
- Smallpox and other viruses plagued humans much earlier than suspected, Laura Spinney, Juli 2020, https://www.nature.com/articles/d41586-020-02083-0/email/correspondent/c1/
- 26. Oktober 1979 – WHO gibt Ausrottung der Pocken bekannt, Oktober 2019, https://www1.wdr.de/stichtag/stichtag-who-pocken-ausrottung100.html
- Die Aids-Verschwörung, Wolfgang Gast, Mai 2020, https://taz.de/Die-taz-und-Fake-News/!5685689/
- »HIV« ist kein gentechnologisches Produkt, Kuno Kruse, Februar 1987, https://taz.de/!1870021/
- Die AIDS-Verschwörung. Das Ministerium für Staatssicherheit und die AIDS-Desinformationskampagne des KGB, Douglas Selvage & Christopher Nehring, BF informiert, 33/2014, https://www.bstu.de/assets/bstu/de/Publikationen/BFi33_Selvage_AIDS.pdf
- Der Virus des Misstrauens, Felix Denk, Dezember 2014, https://www.fluter.de/der-virus-des-misstrauens
- Operation Denver – Aids-Desinformation von KGB und Stasi – Jakob Segals Fort-Detrick-These, Ulrich Würdemann, April 2015, aus: The Mitrokhin Archive: The KGB in Europe and the West, Christopher Andrew & Vasili Mitrokhin, 2000, https://www.2mecs.de/wp/2015/04/fort-detrick-these-aids-kgb-stasi-segal/
- Operation INFEKTION, Soviet Bloc Intelligence and its AIDS Disinformation campaign, Thomas Boghardt, Dezember 2009, https://digitallibrary.tsu.ge/book/2019/september/books/Soviet-Bloc-Intelligence-and-Its-AIDS.pdf
- Disinformation squared: Was the HIV-from-Fort-Detrick myth a Stasi success?, Erhard Geissler & Robert Hunt Sprinkle, Herbst 2013, https://www.jstor.org/stable/43287281?seq=1
- How East Germany Fabricated the Myth of HIV Being Man-Made, Anders Jeppsson, August 2017, https://journals.sagepub.com/doi/full/10.1177/2325957417724203
- Das Aidsvirus als Geschöpf des Klassenfeinds, Erhard Geissler, Januar 2010, https://www.tagesspiegel.de/wissen/verschwoerungstheorien-das-aidsvirus-als-geschoepf-des-klassenfeinds/1371428.html
- Estimating the lost benefits of antiretroviral drug use in South Africa, Pride Chigwedere et al., Dezember 2008, https://pubmed.ncbi.nlm.nih.gov/19186354/

- AIDS and the Scientific Governance of Medicine in Post-Apartheid South Africa, Nicoli Nattrass, April 2008, https://academic.oup.com/afraf/article/107/427/157/30448
- The Pandemic's Big Mystery: How Deadly Is the Coronavirus?, Donald G. McNeil Jr, Oktober 2020, https://www.nytimes.com/2020/07/04/health/coronavirus-death-rate.html
- Global HIV & AIDS statistics – 2020 fact sheet, UNAIDS, https://www.unaids.org/en/resources/fact-sheet
- Verlorene Mitte – Feindselige Zustände, Andreas Zick/Beate Küpper/Wilhelm Berghan, https://www.fes.de/forum-berlin/gegen-rechtsextremismus/mitte-studie/
- Gefühlte Wahrheit, Jan Stremmel, Juli 2020, https://www.sueddeutsche.de/leben/bauchgefuehl-intuition-1.4962556?reduced=true
- Heilmittel oder Humbug?, Juni 2012, https://www.pharmazeutische-zeitung.de/ausgabe-262012/heilmittel-oder-humbug/
- Verschwörungstheorie sorgt für Verunsicherung, Februar 2016, https://www.nzz.ch/wissenschaft/medizin/verschwoerungstheorie-sorgt-fuer-verunsicherung-1.18691988
- Wie das AIDS-Virus nach Fort Detrick kam, Jan Feddersen, Wolfgang Gast, Januar 2010, https://taz.de/!506354/
- Dialogues: The Science and Power of Storytelling, Wendy Suzuki et al., Oktober 2018, https://www.jneurosci.org/content/38/44/9468.full
- The Storytelling Brain: How Neuroscience Stories Help Bridge the Gap between Research and Society, Susana Martinez-Conde et al., Oktober 2019, https://www.jneurosci.org/content/39/42/8285.full
- Why Your Brain Loves Good Storytelling, Paul J. Zak, Oktover 2014, https://www.paladinww.com/uploads/6/5/0/8/65089471/why_your_brain_loves_good_storytelling__1_.pdf
- »Wir denken sehr gerne in Bildern« – Was Storytelling in unserem Gehirn bewirkt, Februar 2017, https://www.newsaktuell.de/blog/was-geschichten-im-gehirn-bewirken/
- Der Begriff der Wissenschaft in der Medizin, J. Köbberling, Mai 2005, https://www.awmf.org/fileadmin/user_upload/Die_AWMF/Service/Gesamtarchiv/AWMF-Konferenz/Der_Begriff_der_Wissenschaft_in_der_Medizin.pdf
- Wie viel Nazi-Ideologie steckt im Begriff »Schulmedizin«?, Christian Kreil, November 2019, https://www.derstandard.de/story/2000109455158/wie-viel-nazi-ideologie-steckt-im-begriff-schulmedizin
- Die Allöopathie. Ein Wort der Warnung an Kranke jeder Art. Samuel Hahnemann, 1831, https://books.google.de/books?id=ORk4AAAAMAAJ&printsec=frontcover&hl=de#v=onepage&q&f=false

- Homöopathie statt »Allopathie«, Nadja Podbregar, März.2010, https://www.scinexx.de/dossierartikel/homoeopathie-statt-allopathie/
- Von der deutschen Heilkunde zur Komplementärmedizin, März 2018, https://www.addendum.org/homoeopathie/geschichte-der-homoeopathie/
- Enzyklopädie Medizingeschichte, Werner E. Gerabek et al., Erwin Liek, 2005
- »Wir können doch gar nicht, was wir behaupten«, Veronika Hackenbroch, Juli 2010, https://www.spiegel.de/wissenschaft/medizin/fruehe-homoeopathie-studie-wir-koennen-doch-gar-nicht-was-wir-behaupten-a-706337.html
- Something in the air, Kaitlyn Tiffany, Mai 2020, https://www.theatlantic.com/technology/archive/2020/05/great-5gconspiracy/611317/
- Burning Cell Towers, Out of Baseless Fear They Spread the Virus, Adam Satariano, Davey Alba, April 2020, https://www.nytimes.com/2020/04/10/technology/coronavirus-5g-uk.html
- Michael Butter: »Verschwörungstheorien sind nicht neu.«, Felix Schlagwein, Mai 2020, https://www.dw.com/de/michael-butter-verschwörungstheorien-sind-nicht-neu/a-53488287
- The Role of Cognitive Dissonance in the Pandemic, Elliot Aronson, Carol Tavris, Juli 2020, https://www.theatlantic.com/ideas/archive/2020/07/role-cognitive-dissonance-pandemic/614074/
- Reichsdeutscher Impfgegner: Monatsschrift der Reichs-Impfgegner-Zentrale e. V., 1933, https://zdb-katalog.de/title.xhtml?idn=023740043&tab=3
- Impfgegner sind wie Alkolenker – verantwortungslos, Christian Kreil, Juni 2020, https://www.derstandard.de/story/2000117681081/impfgegner-sind-wie-alkolenker-verantwortungslos
- Impfgegner – Zwischen Wahn und Wissenschaft, Utz Anhalt, Mai 2017, https://www.heilpraxisnet.de/naturheilpraxis/impfgegner-zwischen-wahn-und-wissenschaft-20170503274900/
- Flugblatt-Sonderdruck aus »Reichsdeutscher Impfgegner«, Juli 1933, https://www.efi-heidenheim.de/media/Sonderdruck$20Reichsdeutsche$20Impfgegner$201933.pdf
- Die Masern – ein Esoterikschaden, Christian Kreil, März 2015, https://www.derstandard.at/story/2000012798141/die-masern-ein-esoterikschaden

5 Hanta. Hendra. Neue Viren. Die Zukunft.

- Bornaviren in exotischen Hörnchen und einheimischen Spitzmäusen – eine neue Gefahr für den Menschen, Valerie Allendorf et al., Friedrich-Loeffler-Insitut, Eliomys, März 2018
- Increasing preparedness by networking: The Network »Rodent-borne pathogens«, Rainer G. Ulrich, Friedrich-Loeffler-Institut, Januar 2020

- The British, the Indians, and Smallpox: What Actually Happened at Fort Pitt in 1763?, Philip Ranlet, Sommer 2000, https://journals.psu.edu/phj/article/view/25644/25413
- Death at the Corners, Denise Grady, Januar 1993, https://www.discovermagazine.com/health/death-at-the-corners#.UVDARxmzI7A
- Hantavirus-Infektionen beim Menschen – auch in Hessen 2017 rasant angestiegen, Landesbetrieb Hessisches Landeslabor, Juni 2018, https://lhl.hessen.de/veterinärmedizin/virologie-serologie/virologie/hantavirus-infektionen-beim-menschen-auch-hessen-2017
- Tracks of Mystery Disease Lead to New Form of Virus, Natalie Angier, Juni 1993, https://www.nytimes.com/1993/06/11/us/tracks-of-mystery-disease-lead-to-new-form-of-virus.html
- In Gallup, surrounded by the Navajo Nation, a pandemic crosses paths with homelessness, hate and healers, J. Weston Phippen, Juni 2020, https://nmpoliticalreport.com/2020/06/22/in-gallup-surrounded-by-the-navajo-nation-a-pandemic-crosses-paths-with-homelessness-hate-and-healers/
- Tracking a mysterious killer virus in the southwest, Steve Sternberg, Juni 1994, https://www.washingtonpost.com/archive/lifestyle/wellness/1994/06/14/tracking-a-mysterious-killervirus-in-the-southwest/5e074ccd-7d88-41c0-9dc4-c0edcc1cd16e/
- The mystery viruses far worse than flu, Zaria Gorvett, November 2018, https://www.bbc.com/future/article/20181101-the-mystery-viruses-far-worse-than-flu
- Cracking a deadly mystery flu, Leslie Linthicum, Mai 2013, https://www.abqjournal.com/198247/cracking-a-deadly-mystery-flu.html
- Hantavirus, mice and flashbacks to 1993, Linda Richards, September 2012, https://www.redlandsdailyfacts.com/2012/09/10/hantavirus-mice-and-flashbacks-to-1993/
- Four Corners Disease, R. Jayaprada, Januar 2013, https://de.slideshare.net/RangineniPrada/four-corners-diseasejp-seminar
- The virus that rocked the Four Corners reemerges, Susan Borowski, Januar 2013, https://www.aaas.org/virus-rocked-four-corners-reemerges
- A description of a Navajo healing ceremony for hantavirus, Oktober 2001, https://apha.confex.com/apha/129am/techprogram/paper_25224.htm
- History of grey squirrels in the UK, März 2014, https://www.telegraph.co.uk/news/earth/wildlife/10705527/History-of-grey-squirrels-in-UK.html
- »Black Panther« meets history, and things get complicated, Sebastian Smee, Mai 2018, https://www.washingtonpost.com/entertainment/museums/black-panther-meets-history-and-things-get-complicated/2018/05/25/acf1fbf6-5dfe-11e8-a4a4-c070ef53f315_story.html

- Afrikanische Flughunde tragen gefährliches Virus, Juli 2009, https://www.scinexx.de/news/biowissen/afrikanische-flughunde-tragen-gefaehrliches-virus/
- Overview of german supported projects at KNUST, Januar 2016, https://www2.daad.de/medien/german_supported_projects_at_knust__ghana.pdf
- Henipavirus RNA in African Bats, Jan Felix Drexler et al., Juli 2009, https://journals.plos.org/plosone/article?id=10.1371/journal.pone.0006367
- How Bats Might Have Tamed the Coronavirus, Katherine Wu, Mai 2020, https://www.theatlantic.com/science/archive/2020/05/dont-blame-bats-coronavirus/611434/
- NABU Schleswig-Holstein, Was geht ab am Kalkberg?, Februar 2016, http://schleswig-holstein.nabu.de/natur-und-landschaft/nabuschutzgebiete/segeberger-kalkberg-kalkberghoehlen/12951.html
- Stadt Bad Segeberg, Kalkberg und Fledermäuse, https://www.bad-segeberg.de/Tourismus-Kultur/Tourismus/Kalkberg-Fledermäuse-und-Noctalis
- Origin of the H5N1 storm, Vincent Racaniello, Juli 2012, https://www.virology.ws/2012/07/10/origin-of-the-h5n1-storm/
- The Bird Flu that Man Built: Controversial H5N1 Research to be Published in Part, Jason Hayes, April 2012, http://www.diseasedaily.org/diseasedaily/article/bird-flu-man-built-controversial-h5n1-research-be-published-part-41812
- Journal Publishes Details On Contagious Bird Flu Created In Lab, Nell Greenfieldboyce, Juni 2012, https://www.npr.org/blogs/health/2012/06/21/155504336/journal-publishes-details-on-controversial-bird-
- »Unsere Viren sind keine Biowaffen«, Lydia Klöckner, Januar 2013, https://www.spektrum.de/news/unsere-viren-sind-keine-biowaffen/1182393
- Problematische Virusbastelei, Deutschlandfunk, Juli 2002, https://www.deutschlandfunk.de/problematische-virusbastelei.676.de.html?dram:article_id=19733
- Seuche aus dem Baukasten, Kai Kupferschmidt, Juli 2017, https://www.sueddeutsche.de/gesundheit/pocken-seuche-aus-dem-baukasten-1.3576102
- The test-tube synthesis of a chemical called poliovirus: The simple synthesis of a virus has far-reaching societal implications, Eckard Wimmer et al., Juli 2006, https://www.ncbi.nlm.nih.gov/pmc/articles/PMC1490301/
- Synthetic viruses: a new opportunity to understand and prevent viral disease, Eckard Wimmer et al., Dezember 2009, https://www.nature.com/articles/nbt.1593
- How Canadian researchers reconstituted an extinct poxvirus for $100,000 using mail-order DNA, Kai Kupferschmidt, Juli 2017, https://www.sciencemag.org/news/2017/07/how-canadian-researchers-reconstituted-extinct-poxvirus-100000-using-mail-order-dna
- Rinderpest, smallpox, and the imperative of destruction, The Lancet Infec-

tious Diseases, August 2019, https://www.thelancet.com/journals/laninf/article/PIIS1473-3099(19)30358–5/fulltext
- Synthetic horsepox viruses and the continuing debate about dual use research, Ryan S. Noyce et al., Oktober 2018, https://journals.plos.org/plospathogens/article?id=10.1371/journal.ppat.1007025
- Construction of an infectious horsepox virus vaccine from chemically synthesized DNA fragments, Ryan S. Noyce et al., Januar 2018, https://journals.plos.org/plosone/article?id=10.1371/journal.pone.0188453
- Wenn Viren aus dem Labor entkommen, Massimo Sandal, April 2020, https://www.spektrum.de/news/risiken-in-der-virenforschung/1727156
- Mehr als die Hälfte der beatmeten Covid-19-Patienten verstorben, Juli 2020, https://www.zeit.de/wissen/gesundheit/2020-07/corona-studiekrankenhauspatienten-beatmet-verstorben-sterblichkeit/seite-2
- The Risks of Normalizing the Coronavirus, Clayton Dalton, Mai 2020, https://www.newyorker.com/science/medical-dispatch/the-risks-of-normalizing-the-coronavirus
- Intensive care medicine is 60 years old: the history and future of the intensive care unit, Fiona E. Kelly et al., August 2014, https://pubmed.ncbi.nlm.nih.gov/25099838/
- Ein Hamburger Mediziner entwickelte Eiserne Lunge, Gisela Schütte, Juni 2000, https://www.welt.de/print-welt/article517648/Ein-Hamburger-Mediziner-entwickelte-Eiserne-Lunge.html
- Wie eine Polio-Epidemie der 1950er-Jahre heute Corona-Patienten das Leben rettet, Klaus Bachmann, https://www.geo.de/wissen/gesundheit/22960-rtkl-erfindung-der-intensivmedizin-wieeine-polio-epidemie-der-1950er-jahre
- Der dänische Anästhesist Björn Ibsen – ein Pionier der Langzeitbeatmung über die oberen Luftwege, Louise Reisner-Sénélar, November 2009, https://d-nb.info/999147323/34
- Smallpox vials, decades old, found in storage room at NIH campus in Bethesda, Lena H. Sun & Brady Dennis, Juli 2014, https://www.washingtonpost.com/national/health-science/smallpox-vials-found-in-storage-room-of-nih-campus-in-bethesda/2014/07/08/bfdc284a-06d2-11e4-8a6a19355c7e870a_story.html
- Six vials of smallpox discovered in U.S. lab, Jocelyn Kaiser, Juli 2014, https://www.sciencemag.org/news/2014/07/six-vials-smallpox-discovered-us-lab
- The Smallpox Destruction Debate: Could a Grand Bargain Settle the Issue?, Jonathan B. Tucker, https://www.armscontrol.org/act/2009_03/tucker
- World Health Organization, WHO Advisory Committee on Variola Virus Research, 21st meeting, November 2019, https://www.who.int/publications/i/item/9789240012998

- Wie Deutschland auf einen Pocken-Anschlag reagieren würde, Hinnerk Feldwisch-Drentruo, Juli 2017, https://www.deutsche-apotheker-zeitung.de/news/artikel/2017/07/20/wie-deutschland-auf-einen-pocken-anschlag-reagieren-wuerde
- Anti-Vaxxers Are Targeting a Vaccine for a Virus Deadlier Than Ebola, Brendan Borrell, Juli 2018, https://www.theatlantic.com/science/archive/2018/07/anti-vaxxers-horses-hendra/559967/
- New South Wales Gouvernment, Hendra virus fact sheet, April 2020, https://www.health.nsw.gov.au/Infectious/factsheets/Pages/hendra_virus.aspx
- Hendra virus, complete genome NCBI Reference Sequence: NC_001906.3, August 2018, https://www.ncbi.nlm.nih.gov/nuccore/NC_001906?%3Fdb=nucleotide
- Not a Shot!, Colin Mixson, August 2017, https://www.brooklynpaper.com/not-a-shot-anti-vax-movement-prompts-brooklynites-to-withhold-inoculations-from-their-pets-vets-say/
- Case claims vaccine maker overstated Hendra virus risk, John Ellicott, August 2019, https://www.theland.com.au/story/6355621/hendra-vaccine-under-microscope-in-court-class-action/
- Horse owners launch $53 million class action against Hendra vaccine maker Zoetis, Hilary Cassell, März 2018, https://www.abc.net.au/news/rural/2018-03-21/classs-action-launched-against-hendra-vaccine-makers/9572480
- How the Pandemic Defeated America, Ed Yong, September 2020, https://www.theatlantic.com/magazine/archive/2020/09/coronavirus-american-failure/614191/
- Jedes zweite Säugetier ist ein »Nutztier«, Juni 2018, https://albert-schweitzer-stiftung.de/aktuell/jedes-zweite-saeugetier-ist-ein-nutztier
- Number of cattle worldwide from 2012 to 2020 (in million head), Mai 2020, https://www.statista.com/statistics/263979/global-cattle-population-since-1990/
- Number of pigs worldwide in 2020, by leading country (in million head), Mai 2020, https://www.statista.com/statistics/263964/number-of-pigs-in-selected-countries/
- Centers for Disease Control and Prevention, variant Creutzfeldt-Jakob disease (vCJD), Oktober 2018, https://www.cdc.gov/prions/vcjd/risk-travelers.html
- Number of chickens worldwide from 1990 to 2019 (in million animals). Februar 2021, https://www.statista.com/statistics/263962/number-of-chickens-worldwide-since-1990/
- Robert Koch-Institut, Die variante Creutzfeldt-Jakob-Krankheit (vCJK), Bundesgesundheitsblatt – Gesundheitsforschung – Gesundheitsschutz 2010, https://www.rki.de/DE/Content/Infekt/Krankenhaushygiene/Erreger_ausgewaehlt/CJK/CJK_pdf_12.pdf?__blob=publicationFile
- Cases of vCJD still to emerge after mad cow disease scandal, Juli 2019, https://www.bbc.com/news/uk-scotland-48947232

- *(gelöscht)*, https://www.parliament.uk/business/committees/committees-a-z/commons-select/science-and-technology-committee/news/140718-bto-report-to-be-published/
- Science and Technology Committee, Oral evidence: variant Creutzfeldt-Jakob Disease (vCJD), HC 846, November 2013, http://data.parliament.uk/writtenevidence/committeeevidence.svc/evidencedocument/science-and-technology-committee/variant-creutzfeldtjakob-disease-vcjd/oral/3969.pdf
- Der lange Schlaf der Prionen, John Collinge, Juni 2006, https://www.wissenschaft.de/umwelt-natur/der-lange-schlaf-der-prionen/
- The mystery viruses far worse than the flu, Zaria Gorvett, November 2018, https://www.bbc.com/future/article/20181101-the-mystery-viruses-far-worse-than-flu
- European Center for Disease Prevention and Control, Quenstions and answers on influenza pandemics, https://www.ecdc.europa.eu/en/pandemic-influenza/facts/questions-and-answers
- Centers for Disease Contol and Prevention, Viruses of Special Concern, April 2019, https://www.cdc.gov/flu/pandemic-resources/monitoring/viruses-concern.html
- 10 infectious diseases that could be the next pandemic, Mai 2020, https://www.gavi.org/vaccineswork/10-infectious-diseases-could-be-next-pandemic
- Johns Hopkins Bloomberg School of public health Center for Helath Security, The Characteristics of Pandemic Pathogens, 2018, https://www.centerforhealthsecurity.org/our-work/pubs_archive/pubs-pdfs/2018/180510-pandemic-pathogens-report.pdf
- How Scientists Could Stop the Next Pandemic Before It Starts, Jennifer Kahn, April 2020, https://www.nytimes.com/2020/04/21/magazine/pandemic-vaccine.html
- Robert Koch-Institut, Epidemiologisches Bulletin, Zum Nachweis von Enterovirus D68 bei gehäuftem Auftreten schwerer Atemwegserkrankungen in den USA, November 2014, https://www.rki.de/DE/Content/Infekt/EpidBull/Archiv/2014/Ausgaben/46_14.pdf?__blob=publicationFile
- USA: Erneuter Anstieg von Erkrankungen durch Enterovirus D68, April 2019, https://www.aerzteblatt.de/nachrichten/102081/USA-Erneuter-Anstieg-von-Erkrankungen-durch-Enterovirus-D68
- What if a deadly infuenza pandemic broke out today, Rachel Nuwer, November 2018, https://www.bbc.com/future/article/20181120-what-if-a-deadly-influenza-pandemic-broke-out-today
- Ursache rätselhafter Kinderlähmung gefunden?, Daniel Lingenhöhl, Januar 2018, https://www.spektrum.de/news/ursache-raetselhafter-kinderlaehmung-gefunden/1535507

- Enterovirus D68 Subclade B3 Circulation in Senegal, 2016: Detection from Influenza-like Illness and Acute Flaccid Paralysis Surveillance, Amary Fall et al., September 2019, https://www.nature.com/articles/s41598-019-50470-z
- Enterovirus D68 – The New Polio?, Hayley Cassidy et al., November 2018, https://www.ncbi.nlm.nih.gov/pmc/articles/PMC6243117/
- The next pandemic is already coming, unless humans change how we interact with wildlife, scientists say, Karin Brulliard, April 2020, https://www.washingtonpost.com/science/2020/04/03/coronavirus-wildlife-environment/
- How to find the next pandemic virus before it finds us, Lindsey Konkel, April 2020, https://www.sciencenewsforstudents.org/article/finding-nextpandemic-virus-before-it-finds-us
- »RNA-Viren sind gefährlich, weil sie sich schnell weiterentwickeln«, Ronja Münch, April 2020, https://www.campus-halensis.de/artikel/rna-viren-sind-gefahrlich-weil-sie-sich-schnell-weiterentwickeln/
- Serienkiller »Englischer Schweiß«, Andrea Jessen, Januar 2018, https://link.springer.com/article/10.1007/s00058-018-3304-2
- Der Englische Schweiß des Jahres 1529 in Deutschland: Eine medizinhistorisch-differentialdiagnostische Betrachtung, Erich Püschel, 1958, https://www.jstor.org/stable/20774500?seq=1
- Geheimnis um Mozarts Tod gelüftet, Dezember 2009, https://www.wissenschaft.de/allgemein/geheimnis-um-mozarts-tod-gelueftet/
- Wolfgang Amadeus Mozart (1756–1791): Genaue Todesursache bleibt uner-kannt, Reinhard Ludewig, 2006, https://www.aerzteblatt.de/archiv/49961/Wolfgang-Amadeus-Mozart-(1756-1791)-Genaue-Todesursache-bleibt-unerkannt
- Covid-19 Is Bad. But It May Not Be the ›Big One‹, Maryn McKenna, Juni 2020, https://www.wired.com/story/covid-19-is-bad-but-it-may-not-be-the-big-one/
- Before an Animal Disease Becomes a Human Epidemic, Cari Romm, August 2015, https://www.theatlantic.com/health/archive/2015/08/animal-disease-zoonotic-research-health/400910/
- Ist der Mensch lernfähig?, Judith Schalansky, März 2020, https://www.sueddeutsche.de/kultur/coronavirus-schuppentierchina-1.4862197
- Corona: Sind Pangoline das fehlende Bindeglied?, Nadja Podbregar, Mai 2020, https://www.scinexx.de/news/biowissen/corona-sind-pangoline-dasfehlende-bindeglied/
- How Humanity Unleashed a Flood of New Diseases, Ferris Jabr, Juni 2020, https://www.nytimes.com/2020/06/17/magazine/animal-disease-covid.html
- Künstlich hergestellte Produkte haben wohl erstmals mehr Masse als alle Lebewesen, Dezember 2020, https://www.spiegel.de/wissenschaft/mensch/anthropozaen-kuenstlich-hergestellte-produkte-ueberwiegen-erstmals-die-masse-aller-lebewesen-weltweit-a-9f577654-7140-4199-a20f-39fcb30e78fa

- New York City reports first cases of West Nile virus, August 1999, https://www.history.com/this-day-in-history/nyc-reports-first-cases-of-west-nile-virus
- Center for Disease Control and Prevention, Outbreak of West Nile-Like Viral Encephalitis – New York, 1999, https://www.cdc.gov/mmwr/preview/mmwrhtml/mm4838a1.htm
- The Outbreak of West Nile Virus Infection in the New York City Area in 1999, Denis Nash et al., Juni 2001, https://www.nejm.org/doi/full/10.1056/nejm200106143442401
- Risk of human-to-wildlife transmission of SARS-CoV-2, Sophia Gryseels, Luc De Bruyn et. al., Oktober 2020, https://onlinelibrary.wiley.com/doi/10.1111/mam.12225
- Reverse Zoonotic Disease Transmission (Zooanthroponosis): A Systematic Review of Seldom-Documented Human Biological Threats to Animals. Ali. M Messenger, et. al., Februar 2014, https://journals.plos.org/plosone/article?id=10.1371/journal.pone.0089055